LE TEMPLE
DE
LA GLOIRE.

Révolution française. (République)

INTRODUCTION.

La révolution française, que les uns datent de 1789, les autres de 1787, que d'autres font remonter à 1771, a commencé à l'époque où Louis XIV, ébloui de l'éclat de son règne, osa dire : *L'état, c'est moi.* Dès ce moment, la scission fut prononcée entre la nation et le prince; les hostilités commencèrent sans que la guerre fût déclarée; et la haute noblesse, jusqu'alors rivale de l'autorité souveraine, vint se ranger comme auxiliaire autour du trône, et affaiblir les rois de tous ses préjugés, de tous ses intérêts, de toute son anarchie et de toutes ses prétentions. L'orgueil de Louis XIV sut enchaîner les noms les plus illustres à l'exercice des fonctions les plus serviles : l'avarice et la vanité se dédommagèrent de la honte par des richesses et par des cordons; et les provinces ne furent plus considérées que comme des métairies destinées à alimenter le maître du château et sa domesticité.

Cependant un petit nombre de familles, soutenues par de grands souvenirs, ne pouvaient se soumettre à tant d'humiliation, et se tenaient encore debout, à l'époque où les funérailles du grand roi furent signalées par les réjouissances du peuple et par l'abandon des courtisans. Mais les mœurs de la régence triomphèrent de toutes les résistances, et la coupe de Circé eut plus de pouvoir que les ordres d'un monarque absolu. Le peuple, affaissé sous le poids d'une aussi puissante coalition, ne pouvant plus invoquer l'appui du roi contre les nobles, ni compter sur l'opposition des nobles contre le despotisme du roi, n'eut plus qu'à gémir, et à attendre des désordres de la cour le soulagement de ses maux. Les finances, base essentielle de la tranquillité des états, parce que leur prospérité est le résultat de toutes les autres prospérités, la récompense d'une sage économie, et le gage d'une bonne administration; les finances étaient épuisées à la mort de Louis XIV. Le système de Law, dénaturé et rendu plus funeste encore par l'avidité insatiable des grands seigneurs, porta le désordre à son comble, familiarisa le gouvernement avec le mot infâme de banqueroute, et il n'y eut plus de digue à la dilapidation. Tout le règne de Louis XV et celui de Louis XVI, malgré l'économie personnelle de ce prince, furent consacrés à une expérience dangereuse. La cour, ennemie éternelle de la nation, pour nous servir des expressions de

LE TEMPLE DE LA GLOIRE,

Nicolas Le Fèvre, savant précepteur du prince de Condé et de Louis XIII, voulut s'assurer jusqu'à quel point on pouvait disposer des sueurs du peuple et insulter à ses larmes : il n'était pas possible que l'arc, toujours tendu de plus en plus, ne finît enfin par se rompre. Le moment fatal de cette rupture est celui que la noblesse indique comme le commencement de la révolution.

Les parlemens, ces vieux corps interposés entre le trône et la nation, corporations de juges, occupées à se séquestrer du peuple pour s'affilier à la noblesse, puissantes sous les minorités, actives dans les troubles, inertes sous le despotisme, ne considérant que la mollesse de Louis XV, et le croyant mineur, parce qu'il languissait sous la tutelle de ses maîtresses et de ses favoris, avaient tenté quelques efforts, sinon pour la liberté, du moins contre l'arbitraire. Victorieuse de l'épouvantable institution des jésuites; vengeresse, en les proscrivant, et de tant de rois immolés, et de tant de familles en deuil, et de tant de crimes ignorés, la magistrature voulut juger les agens du gouvernement; le gouvernement la brisa, et crut, en la foulant aux pieds, avoir renversé les derniers obstacles qui pouvaient s'opposer à sa marche et à ses entreprises. Mais une puissance jusqu'alors presque inaperçue, et avec les armes de laquelle l'autorité même avait cru pouvoir se jouer sans conséquence, s'éleva, et vint placer son tribunal sur les débris de tous les tribunaux : la magistrature de l'opinion publique succéda aux magistratures exilées. Lorsque celles-ci, sous le règne de Louis XVI, revinrent s'asseoir sur leurs sièges, il ne fut plus possible d'enlever à l'opinion la puissance dont chacun avait concouru à la revêtir, et les peuples eurent un interprète qu'il était temps encore pour les rois d'écouter et de comprendre. La cour, qui avait plaidé devant cette autorité contre les parlemens, et les parlemens qui l'avaient invoquée contre la cour, ne tardèrent pas à méconnaître sa juridiction, pendant leur courte alliance; et lorsque après une rupture nouvelle, ils voulurent derechef y recourir, l'opinion prononça une sentence terrible, et condamna sans retour leurs prétentions respectives.

Au milieu de tous ces débats scandaleux, les dilapidateurs étaient infatigables; ils s'arrachaient les dernières faveurs du monarque débonnaire, et mettaient au pillage les domaines de la couronne. Le trésor étonné voyait ses dernières ressources converties en pensions honteuses, destinées à récompenser des manœuvres qu'il eût fallu punir. Calonne même, le financier le plus ingénieux, le ministre le plus complaisant, l'amant le plus généreux, désespéra de la fortune publique. Une assemblée des notables du royaume parut un remède à tant de maux, et le roi, dont les oreilles étaient sans cesse frappées des protestations de respect et d'amour du clergé et de la noblesse, ne douta point de la prompte et salutaire intervention de la noblesse et du clergé. Les calculs de son cœur furent trompés. Vainement il offrit de faire, dans les dépenses de la cour, pour quarante millions de réformes; vainement son ministre prouva que cent millions suffiraient pour couvrir le déficit : la noblesse et le clergé, qui, moyennant une rente foncière de cinq millions ou une rente viagère de dix millions, pouvaient sauver la monarchie, furent sourds à la voix du souverain, et leur crédit fut assez fort pour faire exiler et proscrire le ministre désolé qui dévoila à tous les regards leur ingratitude et leur félonie. Un archevêque ambitieux vint assister cette cour à ses derniers momens. Le parlement refusa d'enregistrer de nouveaux impôts, *sans le consentement préalable des Etats-généraux;* et l'archevêque stupéfait, voulant perfectionner les inventions du chancelier Maupeou, essaya de créer les *cours plénières* et les *grands bailliages,* avortons morts-nés et produits informes du désespoir de l'impuissance. L'archevêque de Sens, chassé, courut à Rome recevoir le chapeau de cardinal. C'est un vieil usage de récompenser toujours ceux dont les fautes compromettent le salut de la patrie.

La reconnaissance aveugle du roi et du Saint-Père ne sauvait pas l'état; et Necker, rappelé au ministère malgré les préventions de Louis XVI et l'aversion de sa cour; Necker qui, en combattant les assertions de Calonne, avait prouvé que les dilapidations de la cour avaient occasioné, depuis 1776, un milliard quarante-six millions d'emprunts, fit résoudre à la convocation indispensable des États-généraux. Il fit plus; et, en dépit de la protestation des princes dirigés par les courtisans, il procura au tiers-état, qu'on se proposait d'écraser, une représentation double, c'est-à-dire, égale à celle des deux autres ordres. La cause du peuple fut gagnée. Au retour de la séance du conseil où le roi venait de prendre cette décision, il trouva le portrait de Charles Ier, roi d'Angleterre, suspendu dans son cabinet à la place du portrait de son aïeul. On conçoit difficilement comment on osait se servir alors des moyens qu'avait employés la trop fameuse Dubarry pour effrayer Louis XV, lorsque ce prince était tenté de céder aux instances des parlemens. Cette femme avait fait acheter, pour cet effet, le beau tableau de Van-Dyck qui faisait partie d'une collection précieuse de M. le comte de Thiers, dont l'impératrice de Russie avait fait l'acquisition. Ainsi l'idée d'une catastrophe épouvantable se renouvelait, pour la seconde fois, dans les petits appartemens du monarque, et un roi vertueux était soumis aux mêmes épreuves qu'une femme sans pudeur avait fait subir, dix-huit ans auparavant, à un prince épuisé par ses débauches. Les rois sont donc punis bien rigoureusement de l'isolement impolitique où ils se tiennent, et de l'impossibilité à laquelle ils se condamnent d'entendre quelques voix véridiques et désintéressées.

Pour exciter la défiance du roi, pour l'aigrir et pour l'entraîner à des mesures extraordinaires, il fallait faire naître des émeutes, et il fallait en placer le premier foyer dans la capitale. Les bourses, que nous avons vues si peu disposées à s'ouvrir, se délièrent tout-à-coup pour salarier le crime; et une foule de gens sans aveu, réunis à quelques ouvriers, pillèrent la maison d'un fabricant respectable, dans le faubourg St.-Antoine. L'argent trouvé dans les poches des malheureux morts ivres dans les caves, et les aveux de ceux qu'on put arrêter, prouvèrent qu'aucun moyen ne serait négligé pour ensanglanter la discussion solennelle qui allait s'ouvrir entre les abus et les réformes, entre la nation et les privilégiés. Ce fut sous de tels présages que les *Etats-généraux* se réunirent. Les ordres, séparés pour vérifier les pouvoirs de leurs membres, ne pouvaient s'accorder sur la grande question du mode des votes; et l'extrême maladresse du garde-des-sceaux chargé de les concilier, ayant aigri le tiers-état qu'il voulait humilier, quoiqu'il ne fût lui-même issu que d'un bourgeois de Blois, cet ordre se constitua *Assemblée nationale*. La noblesse et le clergé coururent implorer l'intervention du roi. L'archevêque de Paris, leur orateur, prêtre vertueux, mais d'un esprit très-borné, joua le rôle d'un missionnaire, harangua le roi un crucifix à la main, et il eut la gloire d'obtenir que les portes du lieu où devait se réunir l'Assemblée nationale fussent fermées. Le tiers-état, chassé du lieu de ses séances, erra dans Versailles avec son président à sa tête, et se présenta, sans succès, chez les Récollets et à l'église de Saint-Louis. Il allait tenir sa séance dans la place d'armes, lorsqu'on lui suggéra de se réunir dans le Jeu de paume : aussitôt l'Assemblée se rend dans cette salle; et là, elle prêta le serment, à jamais célèbre, de ne se séparer qu'après avoir donné à la France une constitution. Le bon abbé de Juigné n'avait pas prévu que ses succès auraient un pareil résultat. Deux jours après, cent cinquante membres du clergé se réunissent à l'Assemblée nationale. Le 23 juin, le roi, toujours entraîné par ses courtisans, se rend aux Etats-généraux avec tout l'appareil de la royauté; il y fait lire une longue déclaration où il casse les actes du tiers-état comme illégaux; il conserve, comme droits inaliénables, les dîmes, les cens, les droits seigneuriaux et féodaux; et, entre autres dispositions, il décide que les séances des Etats-généraux seront secrètes. Il ordonne, en sortant, que chaque ordre se retire à l'instant dans le local qui lui est destiné. La noblesse et le clergé obéissent, l'Assemblée nationale reste en séance. M. de Brézé, tirant son origine d'un marchand près de Loudun, et grand-maître des cérémonies, s'étant présenté, couvert, pour renouveler les ordres du roi, mais ayant été forcé de mettre chapeau bas, reçut du président cette réponse : « Allez dire au roi, votre maître, que « lorsque la nation française est assemblée, elle n'a d'ordre à recevoir de « personne. » Le fameux d'Agoult, officier des gardes-du-corps, celui-là même qui, l'année précédente, avait fait enlever, au milieu du parlement et en présence des pairs, les conseillers Montsabert et d'Esprémesnil, entre et ordonne à l'assemblée de se séparer. La salle était environnée de troupes et de canons. « Nous sommes ici, s'écrie Mirabeau, par la volonté du peuple : « nous n'en sortirons que par la force des baïonnettes. » Et pour que ces deux déclarations ne fussent point vaines, l'Assemblée nationale décréta que la personne de chaque député était inviolable, et que tout auteur ou exécuteur d'ordres attentatoires à la liberté des membres de l'Assemblée serait traité comme traître à la patrie. Le 25 juin, quarante-sept membres de la noblesse vont se réunir à l'Assemblée; le roi invite les deux ordres à compléter cette réunion, qu'on lui avait fait défendre, deux jours avant, d'une manière si impérieuse, et la nation put croire que désormais aucune dissidence ne retarderait son bonheur et n'altérerait son repos.

Il n'est pas de notre sujet de détailler tous les actes du gouvernement qui dissipèrent ces espérances; de raconter l'approche des troupes et surtout des régimens étrangers; le renvoi des ministres qui paraissaient investis de la confiance publique; les symptômes de la disette, multipliés pour exciter une insurrection; les provocations du régiment de Royal-Allemand appelé de Valenciennes, et les exploits de son colonel, le prince de Lambesc, au milieu du jardin des Tuileries. On voulait effrayer le peuple, on l'exaspéra; on croyait le réduire, on lui apprit le secret de ses forces; on le menaça, il prit la Bastille; on venait d'être cruel à son égard, on le rendit féroce. Les hommes qui attendaient leur triomphe d'une insurrection prirent la fuite devant les insurgens, et les imprudens qui avaient provoqué l'orage virent la foudre éclater sur leurs têtes. L'émigration, dont l'exemple fut malheureusement donné par des princes du sang, et qui avait pour but avoué d'invoquer le secours des armées étrangères contre la nation, augmenta la défiance, aigrit tous les cœurs, et donna lieu à cette explosion générale qui organisa, comme par magie, trois millions de gardes nationaux sur le sol de la France.

Les députés, qui ne transigeaient point avec leur conscience, et qui, s'appuyant sur les vertus et sur la religion du roi, croyaient servir la monarchie en hâtant l'adoption de toutes les mesures propres à apaiser l'effervescence générale, se concertèrent pour poser les vraies bases de la liberté publique. Dans la nuit mémorable du 4 août 1789, les nobles eux-mêmes firent avec enthousiasme l'abandon de tous leurs priviléges, et leur bonne foi voulut tellement se signaler en cette circonstance, que M. de Juigné, archevêque de Paris, le même qui avait occasioné le serment du Jeu de paume, fit décréter un *Te Deum* pour remercier Dieu d'avoir inspiré tant de désintéressement à la noblesse et au clergé; et que M. de Lally-Tolendal, qui devait bientôt abandonner la France au moment du danger, redevenir sujet et pensionnaire de l'Angleterre, fit proclamer le roi *restaurateur de la liberté française*. Cette liberté cependant eut long-temps à gémir du regret subit des privilégiés qui, satisfaits de la popularité qu'ils venaient d'acquérir, employèrent tous leurs efforts pour empêcher Louis XVI de sanctionner leurs sacrifices, et laissèrent encore ce malheureux prince seul en butte à la haine générale que devait produire cette opposition qu'ils avaient provoquée. Chaque jour on s'appliquait à le compromettre davantage; et l'on peut dire que si, à cette époque, le peuple français conspirait contre le despotisme et la féodalité, la cour conspirait avec la même ardeur contre le roi, censeur sévère des vices de ceux qui l'entouraient, dégoûté du cynisme de leurs mœurs et mécontent de leurs profusions. Par une fatalité qui tient à l'atmosphère dans laquelle les rois se trouvent enveloppés, et à l'éducation qu'ils reçoivent (hélas! quel peuple, quel individu peut se vanter de mépriser les erreurs qui l'ont bercé dans son enfance?), Louis XVI se voyait, comme Henri III, placé à la tête de ces nouveaux ligueurs; son nom, sa présence, ses trésors, ses affections et jusqu'à sa volonté apparente, tout fortifiait une conspiration dont il devait être la victime. Ce fut ainsi qu'après avoir pris solennellement la cocarde tricolore, symbole de l'union qui devait

INTRODUCTION.

s'établir entre la nation, son roi et les lois, on le rendit témoin et par conséquent complice des orgies de ses gardes qui, le 1er et le 3 octobre 1789, sous le prétexte de fêter l'arrivée du régiment de Flandre, reçurent des dames de la cour des cocardes blanches, foulèrent aux pieds la cocarde que l'on appelait à juste titre nationale, et firent retentir leurs salles de menaces et de vociférations, au milieu d'une abondance de comestibles qui contrastait avec l'horrible disette dont le peuple gémissait. Le chef d'un parti contraire, dont les projets de vengeance mûrissaient depuis le combat naval d'Ouessant, et qui, en détrônant le roi, ne se proposait pas de reconnaître des maîtres dans les petits-fils de Louis XV, fut accusé d'avoir regardé ces fameux et impolitiques banquets comme une occasion favorable d'exercer son ressentiment : on lui attribua l'insurrection des 5 et 6 octobre, et les excès qui ensanglantèrent le palais de Versailles. Peut-être, dans ces momens d'une agitation générale, les provocations des gardes et les dangers que courait la représentation nationale avaient-ils suffi pour créer ce grand mouvement, et pour faire comprendre aux Parisiens qu'ils triompheraient plus aisément du fléau de la famine, s'ils possédaient dans leurs murs le roi et tout son gouvernement. L'Assemblée suivit à Paris Louis XVI et les débris de sa cour : car beaucoup de ses serviteurs, plus irrités de leurs pertes personnelles que désireux de défendre et de consoler leur maître, l'avaient abandonné. Il fallait du courage pour rester auprès de sa personne; il fallait un cœur tendre pour pleurer avec lui. La foule des courtisans est bientôt éclaircie quand un monarque est malheureux.

Louis XVI, s'il eût été doué d'un plus grand caractère, et surtout de cette franchise que Henri IV, élevé avec le peuple, avait trouvée sur les coteaux du Béarn, pouvait encore sauver la royauté; mais, dirigé par des flatteurs et des ministres faux et stupides, livré à des prêtres fanatiques, espèce d'hommes qui n'ont rien de plus sacré qu'eux-mêmes, et qui appellent toujours la religion en garantie de leurs intérêts, ce prince fut conduit, de combats en capitulations, de sermens en infractions, de harangues solennelles en correspondances mystérieuses, d'acceptations authentiques en protestations secrètes, à la fuite du 21 juin 1791, tentative funeste dans laquelle le roi des Français, voyageant sous le nom d'un valet-de-chambre, avait été amené jusqu'à renoncer à toute considération publique, et à annuler ainsi d'avance le nouveau contrat qu'il devait signer avec la nation.

Entre son arrestation à Varennes et sa dernière acceptation de la constitution, des démonstrations hostiles, provoquées par les princes émigrés, aggravaient le malheur de sa position. Gustave III, prince d'une vivacité excessive, d'une grande affabilité, d'une ardeur infatigable, se croyait né pour la guerre. Il lui paraissait noble et glorieux de s'acquitter envers la cour de France de l'appui qu'il en avait reçu pour renverser, en 1772, les institutions qui gênaient le pouvoir absolu d'un roi de Suède; et l'idée d'une coalition de souverains, à la tête de laquelle il paraîtrait en Europe, souriait à son imagination romanesque. Catherine, qui avait une bien autre politique, n'en promettait pas moins d'envoyer ses Russes avec les Suédois pour être débarqués sur les côtes de l'Océan, pour marcher sur Paris, et pour y donner la main aux émigrés, aux Piémontais, aux Espagnols, qui devaient pénétrer sans obstacle par le Rhin, les Alpes et les Pyrénées. Ce beau projet était déjà avorté, lorsque le moderne Agamemnon fut assassiné, le 16 mars 1792, dans un bal, au milieu de ses courtisans, par un gentilhomme, Jean-Jacob Ankarstroom, auquel Gustave avait pardonné lors de l'insurrection de l'armée suédoise, en 1788. La famille du meurtrier fut autorisée à quitter son nom pour celui de Lowen-Stroom.

Mais un danger plus réel semblait menacer la France. L'empereur d'Allemagne, Léopold II, qui venait de succéder à son frère Joseph II, s'était réuni à Frédéric-Guillaume II, neveu et héritier du grand Frédéric; ces deux souverains avaient eu, pendant le mois d'août 1791, une célèbre conférence dans le château de Pilnitz, à trois lieues de Dresde, en présence de l'électeur de Saxe qui y fut appelé, et d'un prince français qui s'y trouva sans y avoir été invité. C'était sur le terrain où l'oncle du roi de Prusse apprenait, en 1756, que le père de Léopold le mettait au ban de l'empire pour avoir détrôné le grand-père de l'électeur. Ce dernier devait éprouver là des souvenirs bien pénibles. Il ne perça dans le public, de cette fameuse entrevue, qu'une déclaration dont nous consignerons le texte dans cet ouvrage, comme premier monument des longues hostilités dirigées contre la nation française, et comme modèle de ces actes diplomatiques où les stipulations sont toujours exprimées d'une manière vague, incertaine et conditionnelle. En lisant cet acte, les émigrés seuls crurent le peuple vaincu et la révolution terminée, sauf les vengeances dont ils se proposaient de la faire suivre.

« Sa Majesté l'empereur et sa Majesté le roi de Prusse, ayant entendu

« les désirs de Monsieur et de M. le comte d'Artois, *se déclarent conjoin-*
« *tement* qu'elles regardent la situation où se trouve actuellement le roi
« de France, comme un objet d'un intérêt commun avec toutes les puis-
« sances de l'Europe. Elles *espèrent* que cet intérêt ne peut manquer
« d'être reconnu *par les puissances dont le secours est réclamé,* et qu'en
« conséquence elles ne refuseront point d'employer, conjointement avec
« leursdites Majestés, les moyens les plus efficaces, *relativement à leurs*
« *forces,* pour mettre le roi de France en état d'affermir, dans la plus
« parfaite liberté, les bases d'un gouvernement monarchique, également
« convenable aux droits des souverains *et au bien-être de la nation fran-*
« *çaise.* Alors, et *dans ce cas,* leursdites Majestés, l'empereur et le roi de
« Prusse, sont résolues d'agir promptement, d'un mutuel accord, avec les
« forces nécessaires pour obtenir le but proposé et commun. En attendant,
« elles donneront à leurs troupes les ordres convenables pour qu'elles soient
« *à portée* de se mettre en activité.

« A Pilnitz, le 27 août 1791.

« Signé Léopold, Frédéric-Guillaume. »

Les mots, *par les puissances dont le secours est réclamé,* indiquaient une conférence précédente : elle avait eu lieu, en juillet 1791, à Pavie. L'Angleterre, qui depuis 1789 exerçait une trop grande influence sur nos désordres, avait été l'âme de ces deux traités dont on n'avouait pas les plus redoutables stipulations. Les puissances secondaires de l'Allemagne furent portées à croire que tous les souverains de deuxième et de troisième ordre devaient être successivement dépouillés de leurs états, pour faciliter le partage de l'Europe en six grandes monarchies dont la France ne ferait point partie. Ce dernier royaume devait être morcelé au profit de l'Autriche, de la Prusse, de l'Angleterre, de l'Espagne et de la Sardaigne. Mais ce qui semblait incroyable, c'était le plan de faire rentrer les Etats-Unis d'Amérique sous le pouvoir de la Grande-Bretagne, pour anéantir sur la terre ce modèle d'un gouvernement où les hommes, affranchis du joug des priviléges et des outrages de l'inégalité, sont tous soumis aux mêmes lois, ont des droits égaux à toutes les magistratures, et jouissent en paix de leurs travaux et de la liberté. L'existence, vraie ou supposée, de ces articles secrets jeta tellement l'alarme parmi les électeurs, margraves et autres princes qui n'avaient point été appelés aux conférences, que les cours de

Vienne et de Berlin se crurent obligées de les rassurer à cet égard, de nier formellement que ces articles eussent été adoptés, et de protester que le traité de Pilnitz n'avait pour but que le salut de l'empire, le maintien de la constitution germanique, enfin le rétablissement de l'ordre et de la puissance royale en France. C'était donc ainsi que les principales puissances de l'Europe répondaient à cette déclaration solennelle de l'Assemblée constituante : « La nation française renonce à entreprendre aucune guerre dans « la vue de faire des conquêtes; elle n'emploiera jamais ses forces contre la « liberté d'aucun peuple. »

Dès 1792, et lors de la rentrée de M. le comte d'Aranda au ministère, l'Espagne renonça au traité de Pavie. On remarqua qu'aucun des princes qui, soit directement, soit indirectement, avaient accédé à ces traités, ne vit, sur son trône, la fin du siècle dont le terme cependant était si rapproché. Léopold et Gustave moururent en 1792; Catherine et Victor-Amédée, en 1796; le roi de Prusse, en 1797. On pouvait assimiler à un trépas réel l'affection mentale qui vint frapper de nouveau, et pour le reste de sa vie, le roi Georges, au gouvernement duquel il fallut absolument substituer une régence. Louis XVI, au nom duquel on avait provoqué une intervention qui probablement s'étendait au-delà de ses désirs, fut celui qui périt le plus misérablement. On est fondé à penser qu'il ne regarda ces divers traités que comme des démarches comminatoires, et qu'il ignora même celles des dispositions qui devaient être si fatales à l'existence de son royaume, puisque, dans sa lettre du mois de décembre 1791, un mois et demi après son acceptation définitive de la constitution, il présente, comme une idée nouvelle, la réunion d'un congrès des principales puissances de l'Europe, appuyé d'une force armée. Ce congrès et ces troupes devaient avoir pour but d'en imposer aux factieux de la France, de donner les moyens d'établir un ordre de choses plus désirable, et d'empêcher les idées de réforme de gagner les autres états de l'Europe. M. le baron de Breteuil était seul dans le secret de ces propositions, qui venaient d'être communiquées aux rois d'Espagne et de Suède, et à l'impératrice de Russie. Le confident était l'auteur du projet, ainsi qu'il l'avait été de l'évasion du mois de juin 1791, et c'était une faute nouvelle qu'il faisait commettre au prince qui l'honorait de sa trop aveugle confiance. Comme ces actes mystérieux étaient en opposition avec toutes les proclamations officielles du roi, et avec les instances ostensibles qu'il multipliait pour rappeler auprès de sa

INTRODUCTION.

personne ses parens et les autres émigrés, ceux-ci purent se croire autorisés dans leur refus de rentrer en France autrement que les armes à la main, et dans la critique insultante qu'ils publièrent des nouvelles institutions du royaume. De là naquit, dans l'intérieur de la nouvelle Assemblée nationale, installée le 1ᵉʳ octobre 1791, cette monstrueuse opposition connue sous la dénomination de *Montagne*, contre laquelle essaya de lutter une autre opposition plus riche en grands talens, mais moins audacieuse et moins farouche, et qui bientôt devait être victime de l'éruption du volcan dont les laves dévorantes allaient couvrir la France entière.

Les troubles, les meurtres se multiplient dans l'intérieur; partout, au dehors, les relations diplomatiques se brisent avec éclat; et la cour s'inquiète peu de voir avilir le caractère de ses ambassadeurs. Des ministres nouveaux se succèdent, les uns aux autres, avec une rapidité qui dénote l'absence de tout gouvernement; les dénonciations occupent la tribune nationale : on s'essaie aux proscriptions, l'affreux bonnet rouge sert de coiffure et de ralliement; et, dans ce désordre général, le roi dénonce, le 31 mars 1792, à l'Assemblée, un traité que les princes ont conclu, deux mois avant, avec le prince de Hohenlohe. Par ce traité, que nous voyons encore exécuté aujourd'hui, le prince allemand devait fournir aux princes français un régiment d'infanterie pour le service de leurs Altesses, qui garantissaient l'existence *à perpétuité* de ce corps au service de la France, à condition même que ce régiment ne serait jamais employé directement ni indirectement contre aucun état de l'empire germanique. Le régiment de Hohenlohe avait l'assurance de jouir de tous les droits et privilèges accordés aux autres régimens allemands; et le roi devait confirmer, en personne, tous les brevets délivrés par leurs Altesses, ou, en leur nom, par le colonel propriétaire, qui créait en même temps un *ordre du Phénix* dont on voit même encore des gentilshommes français ne pas dédaigner de se décorer. Malheureusement pour la cour, les princes avaient rendu la dénonciation du roi tardive et illusoire, en publiant, dès le 10 septembre 1791 et le 1ᵉʳ mars 1792, des manifestes menaçans contre la France; il semblait être de la destinée d'un roi mal conseillé d'exciter la méfiance, et par tout ce qu'il faisait mal, et par ce qu'il refusait de faire, et autant par son inaction que par ses actes intempestifs. Fatalité inséparable de ces gouvernemens irrésolus dont les vœux secrets sont en opposition avec les protestations publiques, et qui, jouets de conseils intéressés, se détachent aveuglément des masses nationales pour devenir les instrumens d'une faction particulière !

La cour et les jacobins, également impatiens de précipiter la France dans des hostilités dont chaque parti espérait un résultat bien différent, entraînèrent le roi à proposer la déclaration de guerre au nouveau roi de Bohême et de Hongrie, qui fut bientôt proclamé empereur d'Allemagne sous le nom de François II. Rien n'était préparé pour soutenir cette guerre : les places étaient dégarnies, les corps étaient désorganisés. L'émigration avait fait de la désertion un point d'honneur, et des régimens entiers, égarés par quelques nobles, passaient au service de l'ennemi; ils allaient offrir leurs bras pour reforger les fers honteux dont la constitution française venait de les affranchir. Trois armées sont formées à la hâte; celle du nord, forte de cinquante mille hommes, dont sept à huit mille de cavalerie, borde la frontière, depuis Dunkerque jusqu'à Philippeville; celle du centre ou de la Moselle, composée de soixante-deux mille hommes, dont huit mille de cavalerie, s'étend depuis Philippeville jusqu'à Bitche; et celle du Rhin, qui comptait environ quarante mille hommes de pied et neuf mille chevaux. On annonçait ainsi le projet de défendre les trois points par lesquels les armées combinées de la Prusse et de l'Autriche paraissaient vouloir pénétrer en France, c'est-à-dire la Flandre, la Champagne et l'Alsace. Le vieux Luckner était à la tête de l'armée du Rhin; Rochambeau commandait celle du nord, et celle de la Moselle était sous les ordres de La Fayette. Les deux premiers avaient été nommés maréchaux de France, à la fin de 1791, sur une autorisation qu'avait sollicitée le ministre de la guerre, Narbonne, qui en écrivit à l'Assemblée nationale. On ne voit point que le roi ait su mauvais gré à son ministre de cette communication directe et inconstitutionnelle, tandis que, six mois après, il ne pardonna point au général Servan, alors son ministre de la guerre, la proposition également directe de la formation d'un camp de réserve de vingt mille hommes, pour assurer la défense de Paris. Nicolas, baron de Luckner, âgé de soixante ans, né en Bavière, avait acquis sa réputation d'habile partisan, au service des ennemis de la France qui se l'attacha par une capitulation spéciale, lors de la paix de 1763, moyennant une gratification annuelle de 36,000 francs. Il était évident que l'âge de ce vieux guerrier le rendait peu propre à faire valoir les principaux talens qu'il avait été à même d'acquérir dans le métier des armes. Luckner montra du

INTRODUCTION.

moins, jusqu'à sa mort injuste et déplorable, un dévouement sincère à sa patrie adoptive; et nous allons le voir donner un plan de campagne dont l'exécution aurait promptement terminé les hostilités. La guerre de l'indépendance des Etats-Unis de l'Amérique septentrionale nous a fourni l'occasion de faire connaître le comte Vimeur de Rochambeau, si glorieusement récompensé par le Congrès (tome 1er, page 329); mais il n'avait qu'un an de moins que le maréchal de Luckner, et il paraissait devoir succomber sous le poids des nouveaux travaux auxquels il allait avoir à se livrer. Il s'en était expliqué ainsi à l'Assemblée nationale, le 21 juin 1791, lorsqu'il était venu protester de son dévouement à la patrie, à l'époque de la fuite de Louis XVI.

Cet événement avait donné lieu de proclamer un grand principe; c'est que le devoir le plus saint, le plus impérieux imposé aux hommes réunis en société, est de tout sacrifier à l'honneur, à la gloire et à l'indépendance de la patrie. Il n'y eut alors aucun dissentiment. Un nouveau serment fut décrété; il était conçu en ces termes : « Je jure d'employer les armes remises dans « mes mains à la défense de la patrie, et à maintenir, contre tous ses en- « nemis du dedans et du dehors, la constitution décrétée par l'Assemblée « nationale. » Parmi ceux qui s'empressèrent de prêter ce serment, on distingua les généraux Rochambeau, La Fayette, Gouvion, Crillon l'aîné, Custine, Montesquiou, d'Elbecq, d'Aboville, Noailles, Valence, d'Aumont, Liancourt, Menou, d'Aiguillon, d'Orléans, Boufflers, Dillon, La Touche, Biron, Bouthilliers, Barbantane; les colonels Latour-Maubourg, Tracy, Dedelay, Praslin, Charles et Alexandre Lameth, Toulongeon, Labadie, Chabrillant, Folleville, Sombreuil, Jessé, Puysai, Silleri, La Rochefoucauld, Dubois-Crancé, Vogué, d'Usson, Luynes, d'Avarey, d'Harambure, Crussol, Mortemart, Gouy-d'Arcy, Montcalm, Lusignan, du Fay, Beauharnais, Colona, Randon, d'Ambly, Estagnole, Montmorency, Lamarck, Bureaux, Périgny, Villeblache, Toustain, Castellane, Rostaing, Rochegude, tous avantageusement connus dans l'armée, et presque tous demeurés fidèles à ce serment mémorable. L'opinion des hommes éclairés fut même unanime à ce point, que les officiers-généraux, membres de l'Assemblée, et qui, n'étant point employés, auraient pu garder le silence, sollicitèrent, par l'organe de M. de Luynes, l'honneur de se lier à la défense du territoire par le même engagement. Nous regardons cette époque comme l'une des plus glorieuses pour le patriotisme français, et le dévouement de tant de guerriers comme un modèle offert par eux aux méditations de la postérité.

Les exploits de La Fayette dans le Nouveau-Monde (tome 1er, page 328) auraient suffi pour justifier la confiance du gouvernement; mais une longue série de services plus essentiels rendus par ce général à sa patrie, comme député à l'Assemblée constituante, et comme chef et organisateur de la garde nationale de Paris, en motivant la reconnaissance et l'espoir des bons citoyens, l'avaient mis en butte aux ressentimens de la cour et à la haine de ces hommes exagérés qui voulaient envahir le pouvoir, et qui affectaient de vouloir élever une liberté sanguinaire sur la ruine de toutes les institutions. La Fayette ne devait pas résister long-temps aux efforts des deux partis qui s'irritaient également, l'un de son noble dévouement, l'autre de sa constante modération. Des cachots infects, des chaînes pesantes, allaient bientôt punir, sur une terre étrangère, le député français qui avait proclamé les droits imprescriptibles de l'homme et du citoyen, et le général qui avait réclamé l'inviolabilité d'un roi constitutionnel.

Les trois généraux ayant été mandés à Paris, Luckner, peu initié dans les intrigues du cabinet des Tuileries, développa franchement le plan de campagne qu'il croyait le plus propre à favoriser le succès des armées françaises. Il voulait franchir le Rhin à Strasbourg par le pont de Kell, où le margrave de Bade ne pouvait offrir aucune résistance. Une colonne, dirigée à droite vers Offenbourg, se serait emparée du Brisgaw, de Fribourg, et des passages des montagnes de la Forêt-Noire. Une autre colonne, marchant par Rastadt et descendant le long de la rive droite du Rhin, aurait occupé les états de Bade, de la Hesse, de Nassau, jusqu'à Coblentz, et, bloquant le fort de Cassel, aurait facilité le siége de Mayence par une troisième colonne restée en-deçà du Rhin, et chargée de réduire la rive gauche de ce fleuve jusqu'à l'embouchure de la Moselle. Enfin un quatrième corps, muni de tout l'attirail d'un pont volant, et remontant le Rhin jusqu'aux frontières de la Suisse, aurait secondé les opérations importantes exécutées dans les vallées de la Kintzig. L'armée du centre ou de la Moselle, chargée de la réorganisation des anciens corps et de la formation de ceux de nouvelle levée, aurait recruté l'armée du Rhin, qui aurait vécu aux dépens de la coalition; et l'armée du nord aurait attendu les succès de Luckner, pour profiter des dispositions que l'on supposait aux habitans de la Belgique pour secouer le joug des gouverneurs envoyés par la maison d'Autriche.

Toutes les chances étaient en faveur de ce plan : la cour le fit rejeter; et Rochambeau, effrayé des premiers signes de l'insubordination des troupes et de la pénurie générale qu'elles éprouvaient, insista pour faire adopter le système de la défensive; ce ne fut pas non plus son avis qui triompha. Le général Dumouriez, qui venait de remplacer, comme ministre des affaires étrangères, M. de Lessart mis en accusation, et qui avait fait déclarer la guerre à l'empereur, fit décider l'offensive; et ce fut Rochambeau qui, malgré sa répugnance, ou peut-être à cause de cette répugnance, fut chargé de commencer les hostilités, au-delà des frontières de la Flandre autrichienne. Les débuts ne furent pas heureux. Le brave Gontaut-Biron, que nous avons vu combattre avec gloire pour la liberté en Amérique, sous le nom de duc de Lauzun, reçut l'ordre de s'approcher de Mons, où Dumouriez était persuadé que le peuple se souleverait en faveur des Français. Ce peuple, contenu par les troupes autrichiennes, ne put faire aucune démonstration; et Biron, qui était parti du camp de Famars sous Valenciennes, qui, ayant campé à Quievrechain, traversé le ruisseau qui va se perdre dans les inondations de la ville de Condé, avait pris Quievrain et battu les avant-postes de l'ennemi placé sur les hauteurs de Bossu, fut tout-à-coup obligé de rétrograder, et d'occuper les bois de Bossu pour y passer la nuit dans une position respectable. A dix heures du soir, le 28 avril 1792, les régimens de dragons de la Reine et de Colonel-Général montent à cheval sans aucun ordre, fuient au grand trot, et crient de tous côtés que l'armée est trahie. C'est en vain que Biron accourt pour éclairer ceux qui ne sont que trompés; c'est en vain que le valeureux Dampierre, colonel du régiment de la Reine, seconde les efforts de son général et de son ami : ils ne peuvent rallier qu'un certain nombre de dragons, et les fuyards vont jusqu'à Valenciennes semer le bruit que Biron a déserté, et que la cavalerie ennemie a pénétré dans le camp. Le général Beaulieu profite de ce désordre, dont il est exactement informé, pour poursuivre les Français, pour piller leur camp; et il n'est arrêté que par l'artillerie que Rochambeau place à la hâte sur les hauteurs de Sainte-Sauve, près de l'Escaut, pour protéger la retraite des six bataillons et des six escadrons qui s'étaient montrés sourds au commandement de Biron. Le régiment de Vintimille, infanterie, le second bataillon des volontaires de Paris, et les hussards d'Esterhazy, se distinguèrent par une fermeté, un courage et surtout une discipline qui ajoutèrent à la honte des autres corps. Le bataillon de Paris avait, malgré la lassitude de tous les soldats, traîné à bras un canon pris sur les Autrichiens, et ce canon était demeuré en son pouvoir.

Dans cette première affaire, le général eut à se louer des généraux Fleury et Rochambeau, fils du maréchal; des adjudans-généraux Beauharnais, Alexandre Berthier qui avait combattu en Amérique, Foissac et Pontavice; de ses aides-de-camp Preissac et Levasseur, dont le dernier fut blessé; de l'officier d'artillerie Dubuch qui fut également blessé, et des deux fils aînés du duc d'Orléans qui, accourus à l'armée comme volontaires, à l'âge de dix-neuf et de dix-sept ans, voyaient le feu pour la première fois, et déployaient devant l'ennemi beaucoup de courage et de sang-froid. Le brave Pie, grenadier au 47e régiment (Lorraine), blessé dans la déroute, prie Alexandre Beauharnais de l'achever, et il le prend à témoin qu'il meurt auprès de son fusil, avec le désespoir de ne pouvoir plus s'en servir. Beauharnais le fit transporter à Valenciennes.

Le même jour, une fuite plus humiliante, parce qu'elle fut accompagnée de scènes plus déplorables, signalait une autre expédition sur Tournay.

Théobald Dillon, maréchal-de-camp, avait reçu l'ordre de sortir de Lille sur le soir, avec trois bataillons, huit escadrons, formant ensemble à peu près trois mille hommes, et six pièces de canon, et de faire des démonstrations hostiles sur Tournay. Il devait, d'après ses instructions, se refuser à tout engagement sérieux. A peine était-il arrivé à Baisieu, le 29, vers une heure du matin, qu'il apprit que le général autrichien, prévenu de son mouvement par des transfuges, était déjà arrivé sur les hauteurs de Marquain, à la tête de trois mille hommes. Bientôt les éclaireurs en viennent aux mains de part et d'autre, et les avant-postes ennemis sont repoussés; mais Dillon ordonne la retraite. L'ennemi tire au hasard quelques volées de canon; et quoique aucun boulet ne pût atteindre les escadrons de l'arrière-garde, l'alarme est subitement jetée parmi eux; ils se précipitent sur l'infanterie, en criant : « A la trahison ! sauve qui peut ! » Un désordre épouvantable est le résultat de cette défection : canons, caissons, bagages, tout est abandonné, tout encombre la chaussée. Théobald au désespoir veut rassurer ses troupes, elles l'outragent; il veut employer son autorité, un cavalier le blesse d'un coup de pistolet tiré à bout portant. L'ennemi survient, la déroute est plus complète; et cette troupe de forcenés, qu'une marche plus tranquille aurait préservée des moindres accidens, laisse une moitié d'entre eux expirer sur la route de lassitude et de faim, tandis que l'autre moitié vient semer dans Lille la terreur et le désespoir. La garnison s'assemble tumultueusement à la porte de Fives; et, malgré la brillante conduite du régiment des chasseurs de Languedoc (6e), Berthois, colonel, commandant le génie, et qui par zèle avait accompagné le général, est désigné comme ayant l'un des premiers crié : sauve qui peut ! On le saisit, on le pend aux créneaux de la ville. Dillon arrive, porté dans une voiture : on se précipite sur lui, on le massacre à coups de baïonnettes, on traîne son cadavre au milieu de la place, et on le brûle, comme pour le punir d'une trahison dont il était la plus déplorable victime. Dupont son aide-de-camp, jeune homme plein d'esprit et de courage, et dont la fortune militaire devait essuyer tant de vicissitudes, échappa, comme par miracle, à cette cruelle catastrophe.

Rien ne peut mieux faire connaître dans quel dessein des crimes aussi odieux étaient excités, que le bruit hautement répandu du massacre de trois chasseurs ennemis, faits prisonniers au commencement de l'action. Des écrivains français ont recueilli cette fable, quoique le général comte d'Happoncourt, dans son rapport envoyé au maréchal de Bender, ait déclaré formellement que non seulement il n'avait eu ni tués, ni blessés, ni égarés, mais que les trois chasseurs pris par les dragons français en avaient été abandonnés dans leur retraite précipitée, et étaient rentrés sous leurs drapeaux. La version contraire, réunie aux horreurs de cette journée, avait pour but de rendre la guerre atroce, les ennemis implacables; de porter jusqu'à l'excès la défiance des soldats français envers leurs officiers, et de menacer ceux-ci d'une mort ignominieuse, s'ils ne se décidaient à abandonner l'armée et à tourner leur fer contre leur patrie infortunée. Ne voyait-on pas Marat prêcher l'assassinat des généraux, dans son *Ami du Peuple,* et l'abbé Royou s'applaudir des revers de l'armée, dans son *Ami du Roi?* Une espèce de fatalité voulait que ce dernier eût été rédacteur d'un journal honoré de la protection de MONSIEUR, comte de Provence, et que le second eût été, comme médecin, attaché à la maison de M. le comte d'Artois. Les plus sages députés regardaient ces deux écrivains, qui semblaient si opposés l'un à l'autre, comme payés néanmoins sur la même caisse, et dirigés vers un même résultat.

Quarante jours après la catastrophe de Lille, une voix, digne de rappeler à l'armée toute l'importance de la discipline militaire, et à la nation française tous les droits du malheur, porta la consolation dans le sein des familles éplorées de Théobald Dillon et de Pierre-François Berthois. Sur le rapport de M. Carnot l'aîné, que l'une et l'autre fortune devait tant éprouver par la suite, un décret, rendu le 9 juin 1792, assura des pensions aux veuves et aux enfans de ces deux victimes. Ce fut par ce rapport que l'on apprit que le dernier des enfans de Théobald, né le jour même où l'expédition était sortie de Lille, avait été arraché le lendemain à ceux qui le portaient au baptême, et précipité dans les mêmes flammes avec le cadavre de son père. La mère, forcée de se dérober aux recherches de quelques cannibales, fut sauvée avec ses trois autres enfans, Auguste, Edouard et Théobald, par les soins du respectable général d'Aumont, qui avait empêché l'ennemi de pénétrer dans Lille avec les fuyards. Ce fut aussi dans la même occasion, et sur la proposition de Carnot, que Pierre Dupont, dont nous venons de parler, et son frère Antoine Dupont-Chaumont, aide-de-camp du général d'Aumont, et faisant les fonctions d'adjudant-général, qui tous deux avaient été blessés, furent déclarés susceptibles d'obtenir, avant le temps exigé par les lois, la décoration militaire.

L'armée du Rhin, sous les ordres d'un général plus décidé que Rochambeau, était moins malheureuse. Luckner avait à la fois bravé les menaces qu'on lui avait adressées, et les propositions criminelles qu'on avait osé lui faire : ce vieux guerrier devait payer de sa tête sa franchise et son dévouement. Il fut obligé d'insister sur l'ordre qu'il avait donné à Custine de s'emparer de Porentruy et des gorges de cette principauté. Custine fit exécuter ce coup de main par quinze cents hommes que conduisait le général Ferrières, si maltraité dans certaines biographies, mais si noblement vengé par les éloges de Carnot et de Prieur (de la Côte-d'Or), et par les témoignages d'affection que lui ont donnés, au mois de septembre 1792, ses camarades de l'armée du Rhin. La prise de possession de Porentruy ne fut point meurtrière : les Français au contraire furent accueillis comme des libérateurs. Le prince évêque de Bâle, qui, depuis la réformation, n'exerçait aucune autorité à Bâle, avait conservé la souveraineté de Porentruy sur les confins de l'Alsace et de la Franche-Comté. Les habitans étaient sujets d'un prêtre catholique, qui du moins laissait professer les deux religions dans ses états. Par une

INTRODUCTION.

autre singularité, le chapitre de Bâle avait une autre résidence que celle du prélat; ce qui prouverait que des chanoines ne sont pas d'une nécessité indispensable à un évêque. Le prince, à l'approche des Français, quitta la ville avec ses gardes et un petit corps d'Autrichiens à sa solde, et se réfugia à Bienne, sur les bords du lac de ce nom, à la vue de cette île Saint-Pierre, où l'on croit voir encore errer l'ombre du plus étrange et du plus éloquent des philosophes. Custine fit retrancher la montagne de Laumont, pour garder les défilés de Fribourg, de Bienne, de Bâle et de Soleure.

Voulant neutraliser l'énergie de Luckner, on lui avait enlevé dix mille hommes. On craignait qu'il ne prévînt l'arrivée des quinze mille Autrichiens que la cour de Vienne envoyait dans le Brisgaw, et qu'il ne répondît trop promptement aux invitations qui lui étaient adressées de la rive droite du Rhin, où on l'attendait, disait-on, non pour lui livrer des batailles, mais pour lui donner des fêtes. Rochambeau dégoûté envoie sa démission; et il y persiste, malgré les témoignages d'estime et de confiance que lui prodigue l'Assemblée nationale, et l'offre que fait le vieux Luckner d'aller servir sous ses ordres. Luckner, laissant à Custine le commandement de l'armée du Bas-Rhin, fut envoyé pour remplacer Rochambeau, avec la mission de pénétrer dans le comté de Flandre, tandis que le général La Fayette couvrirait sa droite, et menacerait à la fois les places de Mons et de Bruxelles. Cette armée du centre n'était pas mieux approvisionnée que les autres, et la cour du gouverneur-général des Pays-Bas paraissait jouir d'une sécurité parfaite. Le 10 mai, le général Servan remplace au ministère le général de Grave qui donne sa démission. Servan, frère d'un illustre avocat-général au parlement de Grenoble, avait publié, en 1780, et sous le titre du *Soldat-Citoyen, des vues patriotiques sur la manière la plus avantageuse de pourvoir à la défense du royaume.* Cet ouvrage, commencé en 1760 et terminé en 1771, était annoncé comme ayant été imprimé *dans le pays de la liberté.* Nous indiquons cette singularité, parce qu'elle prouve, avec beaucoup d'autres écrits, la tendance générale des esprits, particulièrement dans l'armée, et à une époque bien antérieure à la révolution. D'ailleurs, ces vœux ardens pour les améliorations ne déplaisaient point à l'autorité, puisqu'en 1788 l'auteur du *Soldat-Citoyen* était sous-gouverneur des pages. Il coopéra plus tard au Dictionnaire militaire de l'Encyclopédie méthodique, et à l'Histoire des guerres, avec MM. de Grimoard et Auguste Jubé. L'attitude grave de

Servan ne pouvait réussir à la cour. Enhardi par la confiance de l'Assemblée, il imagina de la provoquer à demander à chaque canton de la France l'envoi, pour la fédération du 14 juillet 1792, de cinq volontaires armés et équipés, et dont la réunion pourrait former ensuite un camp de vingt mille hommes au nord de la capitale. Le but du ministre était évidemment de se précautionner en même temps, et contre l'invasion de l'ennemi, et contre les hommes exagérés qui avaient juré la perte du trône et de la constitution. Il devait déplaire également et aux courtisans et aux jacobins : aussi les Tuileries donnèrent-elles à ce camp projeté les qualifications les plus odieuses, tandis que Roberspierre publiait un mémoire violent, et faisait signer des pétitions contre cette réunion. Cet homme, aperçu seulement à cause de sa loquacité dans l'immortelle Assemblée constituante, s'agitait alors dans les clubs de Paris, et cherchait à s'emparer de la direction de la multitude, pour arriver au pouvoir, à la vengeance et à la tyrannie. Peut-être n'était-il que l'instrument d'excitateurs plus habiles.

Le roi, dont la destinée était d'être toujours trompé, renvoya son ministre; et l'Assemblée décréta que Servan emportait l'estime et les regrets de la nation. Ce décret n'était pas propre à calmer l'effervescence générale, d'autant plus que, dans la même séance, on en étendit les dispositions à deux autres ministres que Dumouriez faisait aussi congédier, et dont on regardait la retraite comme le signal d'une nouvelle proscription du parti constitutionnel, qui d'ailleurs n'était déjà plus assez fort pour résister, et à la cour qui le décréditait, et à la faction sanguinaire des nouveaux jacobins qui allait l'anéantir. La cour, si elle eût voulu se réunir à ceux qui désiraient franchement la constitution, toute la constitution, et rien que la constitution, se serait sauvée avec la France de tous les maux que sa mauvaise foi fit naître, et que sa pusillanimité ne sut pas guérir. Des imprudences multipliées et une organisation vicieuse entraînèrent la suppression de la nouvelle garde du roi, qu'il eût été plus convenable d'épurer et de contenir; et le prince, en conservant à toute cette garde ses appointemens, obéit à de perfides conseils, lorsqu'il croyait peut-être ne suivre que l'impulsion de sa bienfaisance. Cet acte inconsidéré provoqua les plus graves accusations contre M. de Cossé-Brissac, commandant de cette garde; et cet officier, que de vieilles habitudes de chevalerie faisaient remarquer sans le rendre ridicule, fut envoyé à la haute-cour d'Orléans. C'est de là qu'il devait être ramené, peu de temps

INTRODUCTION.

après, avec cinquante autres prisonniers, dans la ville de Versailles, pour y être immolé par des gens féroces, horribles émules des assassins du 2 septembre, à Paris.

Louis XVI ayant refusé de sanctionner, et le décret relatif au camp des vingt mille hommes, et celui du mois de novembre de l'année précédente qui exigeait un serment de la part des prêtres (car on avait commis la faute de les regarder comme des fonctionnaires publics), une multitude effrénée pénétra, le 20 juin, dans le palais des Tuileries, sous le prétexte de présenter une pétition au roi pour obtenir le rappel des ministres et la sanction des décrets. Ce prince, abandonné alors de presque toute sa cour, n'ayant auprès de lui que le vieux maréchal de Noailles-Mouchy et un très-petit nombre d'anciens serviteurs, montra dans cette circonstance un calme et une fermeté admirable. Sa qualité distinctive était de ne point paraître ému à l'aspect des dangers : peut-être cette impassibilité l'éloigna-t-elle des précautions qu'il eût dû prendre pour les prévenir. Nous citons avec d'autant plus de complaisance le dévouement du duc de Mouchy, que la duchesse son épouse avait été contrainte depuis long-temps, par des sarcasmes, de quitter un grand emploi. Les familles qui avaient profité de sa disgrâce étaient déjà loin de la reine et de son époux; elles avaient fui de la France aux premières approches du danger.

Vingt mille citoyens signèrent à Paris une pétition, pour demander vengeance de l'outrage fait au chef suprême du pouvoir exécutif. Il n'en aurait pas fallu le quart pour s'y opposer. Laisser faire et se plaindre est le propre de ces masses inertes qui, chez toutes les nations, ne savent prêter à la majesté des lois qu'un appui tardif qui en encourage la violation. La Fayette, qui, du camp de Maubeuge, avait, dès le 16 juin, réclamé en faveur de la constitution et pressenti les excès des anarchistes, vint lui-même demander, le 27, justice à l'Assemblée de la journée du 20 juin. Les courtisans furent encore assez aveugles pour applaudir au peu de succès d'un général qui exposait sa vie pour défendre un principe qui seul pouvait garantir leur existence. Tel était le désordre que la méfiance et l'exagération avaient introduit dans l'intérieur de l'empire, que de toutes parts arrivaient des adresses entièrement opposées les unes aux autres. Ici on réclamait une réparation solennelle en faveur de la royauté; là on prononçait déjà le mot de déchéance. Le trône semblait être un bâtiment détaché du port par un coup de vent, et devenu, sans équipage et sans pilote, le jouet des vagues d'une mer orageuse : un dernier effort fut tenté pour le sauver. Une commission extraordinaire, nommée à cet effet, présenta, le 30 juin, un rapport rempli de sagesse et de sensibilité. L'organe de cette commission ne pouvait être suspect aux véritables amis de la liberté nationale. Emmanuel Pastoret, publiciste, criminaliste, historiographe et moraliste distingué, était auteur d'un éloge de Voltaire. En proclamant, le 6 février 1791, le savant M. Poiret curé nouveau et constitutionnel de St.-Sulpice, et en présentant au peuple ce vénérable vieillard, supérieur de l'immortelle congrégation de l'Oratoire, M. Pastoret avait rendu un hommage authentique au droit imprescriptible des fidèles de choisir leurs pasteurs ; il n'avait pas dissimulé que les hypocrites, qui, feignant de pleurer sur le christianisme, invoquaient le ciel contre le vœu du peuple et du roi, pouvaient être précisément les mêmes qui avaient trompé le roi et opprimé le peuple. Dans le même mois, il avait hautement réclamé contre les assertions de ceux qui lui attribuaient la fameuse déclaration liberticide du 23 juin 1789. Invoquant comme une récompense les calomnies et la haine des ennemis de la patrie, il rappelait, dans sa note du 23 février, que ses principes étaient connus long-temps avant la constitution française, et il disait que le magistrat qui, dès 1787, parlait de la majesté nationale et de la souveraineté du peuple, ne pouvait être accusé d'avoir attendu le règne de la liberté pour la défendre. Enfin, dans la séance du 3 janvier 1792, voyant l'Assemblée prête à repousser l'offrande que faisait un Anglais, il s'était écrié : « Qu'importe qu'il soit « Français ou qu'il ne le soit pas ! N'est-il pas temps que les hommes libres « reconnaissent qu'ils sont tous de la même famille ? » Il aurait été difficile de choisir un rapporteur qui présentât plus de garanties : aucun n'aurait pu mieux justifier la confiance de ses collègues.

Décidée à dire la vérité tout entière, la commission des douze déclarait que lorsque des ennemis agitaient l'intérieur, d'autres ennemis (qu'elle aurait pu indiquer comme associés aux premiers) veillaient, hors de l'empire, sous un voile trompeur, mais respecté. « Le fanatisme, ajoutait-elle, cachait la « douleur d'avoir perdu le patrimoine fécond de la crédulité des peuples. « Une coalition impie associait et confondait ses intérêts avec ceux de ces « grands d'autrefois, qui ne pardonnaient pas à nos institutions nouvelles « d'avoir fait écrouler le colosse antique de leur puissance féodale. » Passant

INTRODUCTION.

à l'examen de la conduite des pouvoirs constitués, dont la sollicitude n'avait jamais été excitée par de plus graves circonstances politiques, l'auteur du rapport parle de l'influence du pouvoir judiciaire que son penchant naturel entraîne à s'étendre au-delà des bornes qui lui sont tracées, ainsi qu'une longue expérience l'a démontré chez tous les peuples. Il regrette que la philosophie, qui avait présidé à la rédaction du nouveau code pénal, s'y soit montrée avec un visage trop sévère; qu'elle y ait mal gradué la proportion des peines et des délits, et qu'elle ait trop souvent laissé prononcer la peine de mort, *peine,* dit-il, *absurde et barbare,* contre laquelle il faut espérer que la raison ne poussera pas toujours des cris inutiles. Cependant il signale le danger plus pressant de l'inaction des tribunaux; et justifiant la haute-cour nationale de la lenteur qui lui était reprochée, reconnaissant que la liberté française périrait si le glaive dont la loi menace les conspirateurs demeurait toujours suspendu sur leurs têtes sans les frapper, il annonce que bientôt plusieurs jugemens rendus presque à la fois, à la suite de longues formalités, en assurant le triomphe de l'innocence, vont assurer aussi le châtiment de ces hommes *ambitieux de l'esclavage,* qui firent tant d'efforts pour étouffer la liberté naissante, et reconquérir *le despotisme anéanti par la volonté générale du peuple français.*

« L'inaction, poursuivait le rapporteur, a été plus justement reprochée au
« pouvoir exécutif. Frappés du souvenir d'une ancienne puissance, ses agens,
« depuis la révolution, obéissaient lentement à l'expression du vœu national.
« Ils ne concevaient pas encore que leur trône se fût écroulé; et ils pour-
« suivaient de leurs regrets comme de leurs espérances le temps où, véri-
« tables monarques, les ministres gouvernaient despotiquement la France,
« sous l'autorité apparente d'un seul homme qui n'était que le prête-nom et
« l'électeur de la souveraineté. » Puis, après avoir prouvé que la nation, par les pétitions et les adresses, par la liberté des discours et des écrits, s'est procuré les moyens d'avoir de bonnes lois et de faire réformer les mauvaises, il ajoute : « La puissance exécutive a trop vu des entraves là où ne sont que
« des bornes. Non seulement limiter un pouvoir, ce n'est pas l'enchaîner ;
« mais n'en pas limiter un, ce serait amener insensiblement la destruction de
« tous les autres. » Tout en fulminant contre les excès du 20 juin, tout en réclamant la sévérité des lois contre leurs criminels auteurs, M. Pastoret propose de dénoncer au roi, et de l'inviter à éloigner de sa personne les

coupables instigateurs des maux de la France, qui, loin de prêter le serment civique, ont, par leurs écrits, blasphémé la constitution avec une audace impie, et qui cherchent à le tromper par une opposition sacrilége de la religion et de la loi.

De tous les dangers le plus grand dont la patrie fût alors menacée, la commission reconnaissait que c'était celui auquel les prétextes religieux donnaient naissance. « Il ne peut, disait-elle, exister un culte qui défende
« d'obéir aux lois; *et si ce culte existait, il faudrait en purger la terre.*
« L'obéissance et le respect pour les autorités établies sont au contraire un
« précepte formel du christianisme. Cependant il n'est pas de moyens que
« plusieurs de ses ministres n'emploient pour égarer et pour séduire : ils
« en ont pour tous les caractères, pour toutes les consciences; ils subjuguent
« l'homme scrupuleux par la crainte du remords, l'homme timide par des
« menaces, l'orgueilleux par l'espérance de la domination et les promesses
« de la gloire; ils appellent faux pasteur le prêtre ami de la constitution; ses
« discours sont impies, ses actions sacriléges; le mariage qu'il bénit est un
« concubinage honteux, dont la malédiction divine frappe d'avance la pos-
« térité. Leurs efforts sont surtout dirigés contre les habitants des campagnes;
« et plus d'une fois ces hommes simples et vertueux se laissèrent entraîner
« par des insinuations perfides. La tolérance des cultes et la liberté des
« opinions ne peuvent aller jusqu'à l'impunité de la désobéissance et du
« crime.... » Le rapporteur annonce que des mesures répressives sont indispensables; et il espère que la loi nouvelle que la commission proposera sera adoptée par le roi, dont le refus de sanctionner le dernier décret sur les prêtres a laissé les maux croître et se fortifier.

Ce même rapport développe admirablement les devoirs des législateurs à l'égard de l'instruction publique, que Pastoret appelle la police de la nature, parce qu'elle tend aussi à prévenir les fautes, en ôtant jusqu'à l'idée de les commettre. Il traite d'une foule d'autres moyens de détails, et finit par inviter tous les membres de l'Assemblée à bannir toute méfiance et toute division. « On vous a souvent répété : *La constitution ou la mort;* et moi
« je vous dis : *L'union ou l'esclavage.* »

La commission ne négligea pas de jeter ses regards et d'appeler l'attention sur l'attitude hostile que la France avait été obligée de prendre. « Une guerre
« est entreprise, avait-elle dit, pour défendre notre liberté. Jamais les peuples

« sortis de l'esclavage ne furent plus grands que lorsque leur patrie était
« menacée. Si la France, gouvernée par un despote, résista seule à l'Europe
« entière, serait-elle moins puissante quand elle a brisé ses fers, quand elle
« a autant de soldats que de citoyens? Non, l'armée d'un tyran est bornée;
« mais celle d'un peuple libre ne l'est pas : c'est lui tout entier...... »

Deux actes authentiques du roi investissaient d'une grande force, et, pour ainsi dire, d'une grande autorité, les deux passages les plus importans de ce célèbre rapport : celui qui concernait la constitution civile du clergé, et celui qui était dirigé contre les émigrés. Au mois de janvier 1791, M. Verdier, curé de Choisy-le-Roi, ayant été élu évêque constitutionnel de Rouen, avait cru devoir solliciter de Louis XVI la permission d'accepter, et le roi lui avait répondu que non seulement il le lui permettait, mais même qu'il le lui ordonnait. Il est vrai que ce vénérable vieillard fut ensuite accablé de tant de menaces anonymes, qu'il révoqua son acceptation; mais les ordres qu'il avait reçus du roi n'en étaient pas moins un gage de la franchise avec laquelle ce prince avait concouru à la réorganisation de l'église de France. Il est vrai encore que, six mois plus tard, Louis XVI signala, comme un des principaux motifs de sa fuite, l'obligation où il s'était trouvé d'entendre la messe d'un curé constitutionnel; mais on devait le regarder comme mieux éclairé sur un scrupule que son aïeul Henri IV aurait eu bientôt levé, puisque le roi avait, depuis cette époque, accepté solennellement la constitution française avec toutes ses conséquences. Quant aux émigrés, voici comment il venait de s'en expliquer dans une proclamation envoyée, la veille, aux armées françaises. « J'ai déploré d'abord l'égarement des officiers qui, par
« de faux préjugés, abjuraient des sermens volontaires et sacrés; mais depuis
« que vous avez combattu pour la patrie, je suis profondément indigné
« contre ceux qui passent lâchement à l'ennemi, et abandonnent le poste
« d'honneur où ma confiance les avait placés; *je les regarde comme mes*
« *ennemis personnels,* comme les ennemis les plus dangereux de l'état, et
« *il en coûtera moins à ma sensibilité lorsque je verrai s'appesantir sur*
« *eux toute la rigueur des lois.* » Quand un roi, qui venait de résister seul, et avec une fermeté inébranlable, aux instances tumultueuses de trente mille hommes attroupés, parlait un tel langage, quel bon citoyen aurait osé révoquer en doute sa franchise et la loyauté de ses expressions? C'est dans cette même proclamation que les Français lisaient ces mots : « Quel

« spectacle imposant que la réunion des citoyens soldats et des soldats
« citoyens combattant pour la liberté, et résolus de la sauver ou de périr!
« Je n'ai pu voir qu'avec la plus vive satisfaction les soldats français.....
« prouver que *l'amour de la patrie et celui de la liberté sont les bases*
« *de toutes les vertus guerrières*...... Songez que la liberté consiste à
« n'obéir qu'aux lois, et qu'elle établit, pour premier devoir, de leur être
« fidèle. *Le roi s'y est soumis avec empressement et sans réserve.* Puisse
« cet exemple vous encourager à braver tous les dangers plutôt que de
« manquer à ce que vous avez juré d'observer!..... *Vos succès vous sont*
« *garans* de la reconnaissance de vos concitoyens, de l'estime des repré-
« sentans de la nation, et de *l'amour du roi des Français*. »

Tant que l'honneur ne sera point exilé de dessus la terre; tant que le devoir des peuples sera d'obéir à la voix de ceux qui les gouvernent et qui réclament l'exécution des lois; tant que les hommes reconnaîtront les droits sacrés de la patrie, cette proclamation royale fera la gloire de ceux qui ont combattu sous les drapeaux de la nation, et le désespoir des Français qui se sont armés contre elle.

Les divisions intestines servaient les projets de l'ennemi, et les armées françaises restaient privées des moyens de prévenir les immenses rassemblemens qui se pressaient dans la Belgique et sur la rive gauche du Rhin. Les troupes commandées par La Fayette s'étaient essayées sous Philippeville dans diverses affaires dont la direction avait été confiée au brave Gouvion; ce nom devait devenir familier dans les fastes de la gloire. Gouvion avait quitté les fonctions de député pour combattre sous son ancien chef et son ami. Les fourrages des Autrichiens venaient d'être enlevés par le colonel Lallemand, du 11e régiment de chasseurs à cheval; le 23 mai, Gouvion avait repoussé une vive attaque près de Florennes, où s'étaient distingués le même colonel Lallemand, le colonel Victor Latour-Maubourg, avec le 3e régiment de chasseurs qu'il commandait, les 55e et 83e régimens de ligne, les volontaires de la Marne et de la Côte-d'Or, les grenadiers du 6e de ligne, l'adjudant-général Desmottes, le colonel de Villione, les lieutenans-colonels Cazotte et Champlan, les capitaines de Gaule et Blondeau, les capitaines d'artillerie Demannecourt et Barrois, qui résistèrent avec beaucoup de sang-froid à des troupes très-supérieures en nombre. Gouvion, attaqué le 11 juin sur la Glisuelle où il avait hasardé l'avant-garde du camp retranché de Maubeuge, et ne pouvant être secouru que tardivement, à cause d'un ouragan qui avait intercepté le bruit du canon de l'artillerie à cheval, s'était vaillamment défendu, en reployant ses troupes avec beaucoup d'ordre. MM. de Narbonne, de Ligneville et de Tracy étaient venus l'appuyer avec un renfort d'infanterie et de cavalerie. L'ennemi avait rétrogradé dans son ancien camp; et cette journée aurait été heureuse pour les Français, si un boulet de canon n'eût terminé la vie de Gouvion, homme brave, général actif, citoyen dévoué, ami courageux. L'armée et la France entière furent sensibles à cette perte. On avait vu le général Gouvion, major-général de la garde parisienne, exposer ses jours pour arracher des victimes à la fureur révolutionnaire, et donner, au milieu des troubles civils, un exemple inutile aux passions toujours trop aveugles, et à la mauvaise foi toujours trop éclairée. MM. Diebdal et Cazotte, lieutenans-colonels des volontaires de la Côte-d'Or, périrent dans ce combat. Ce dernier, âgé de soixante-quinze ans, ancien officier d'artillerie, venait de se distinguer à l'attaque près de Florennes. Un autre vieillard du même nom, protégé d'abord par la piété filiale qui trouva grâce devant des bourreaux, devait bientôt succomber sous la rage d'assassins qui se disaient des juges.

De son côté, Luckner avait repris la petite place de Bavai, en Flandre, dont les Autrichiens s'étaient emparés par un coup de main; il était entré dans Ypres, Menin et Courtray. Il avait combattu, devant cette dernière place, avec le général Valence et l'adjudant-général Jarry; c'était alors que, pressé de ne point s'exposer comme un soldat, et de ménager des jours nécessaires à son armée, Luckner s'était écrié : « Laissez-moi faire, mes amis, les balles respectent les braves. » Les événemens du 20 juin étaient venus ralentir l'ardeur du maréchal, qui reconnaissait d'ailleurs que l'armée française avait peu d'appui à espérer des peuples belges; et, dès le 30 juin, privé des forces qu'il avait réclamées, il ordonna l'évacuation de Courtray. Le général Jarry, qui, par sa conduite postérieure, prouva que ses vœux n'étaient point d'accord avec ses devoirs, prétexta quelques coups de fusils tirés sur les Français, pour ordonner l'incendie des faubourgs de cette ville si commerçante, et pour exciter ainsi la haine et le ressentiment contre les Français. M. Jarry, nommé lieutenant-général après cette expédition, émigra, fut arrêté par les Autrichiens eux-mêmes, et obtint de pouvoir expier le crime que les ennemis lui reprochaient, en se réunissant aux armées dites catholiques et royales, qui eurent bientôt la mission d'incendier et de dévaster l'ouest de la France. De malheureux Belges insurgés, et oubliés à Courtray, furent pendus ou fusillés par ordre du gouverneur-général des Pays-Bas.

Cependant de nouvelles dispositions furent adoptées par le ministère français. La Fayette eut le commandement des frontières depuis Dunkerque jusqu'à Montmédi, dans le pays Messin; et Luckner revint commander depuis Longwi jusqu'au Rhin. Dumouriez, dépouillé de ses ministères et accouru aux armées, se trouva, dans le même moment, chef d'une division de l'armée de Luckner qui lui ordonnait de le rejoindre à Metz, et général en chef par intérim, et en attendant Arthur Dillon, de l'armée du nord, que Luckner avait laissée sans instructions, sans administrations et sans argent, au général Beurnonville. Aussitôt après, Luckner fut nommé généralissime : l'armée du Rhin fut divisée entre Biron et Kellermann : ce dernier ayant le commandement sur la Saare. C'est donner une idée suffisante du désordre introduit dans les mesures de défense qu'il était si urgent d'adopter; et afin que l'Europe en fût bien informée, Dumouriez s'empressa de rendre compte au président de l'Assemblée nationale, sous le prétexte qu'il ignorait s'il existait un ministre de la guerre. Il n'ignorait pas du moins qu'il avait un chef. Puisque le général Dumouriez ne fut point puni de son indiscrétion, les hommes méfians purent croire qu'elle ne contrarierait pas les vues du gouvernement. L'ennemi, de son côté, s'occupait de tenir les Français en haleine le long de la Flandre, pour masquer ses opérations décisives sur le Rhin. Le duc Albert de Saxe-Teschen, époux de l'archiduchesse Christine, sœur aînée de la reine de France et gouvernante des Pays-Bas, commandant, près de Mons, un camp de vingt mille hommes, avait détaché six mille Autrichiens pour surprendre la petite ville d'Orchies, afin d'intercepter la communication entre Lille, Douai et Valenciennes. Il avait en même temps fait insulter le camp de Famars, au-delà de l'Escaut, pour mieux tromper Dumouriez. Orchies, quoique munie d'un double fossé et d'un mur crénelé, n'avait point été mise en état de défense : sa garnison n'était composée que de soixante soldats du 76ᵉ, envoyés de Dunkerque, et commandés par M. Desmarets; d'un bataillon de la Somme, fort de cinq cents hommes, de trente dragons, et de deux pièces de canon. Ces braves, investis par des troupes dix fois plus nombreuses, et qui s'étaient approchées, pendant la nuit du 13 au 14 juillet, à la faveur des blés, résistèrent pendant deux heures à trois attaques différentes. Les volontaires de la Somme et le capitaine Dutay se couvrirent de gloire. La garnison se battit de rue en rue, et fit enfin sa retraite sur St.-Amand, n'ayant perdu que peu de monde, et ayant tué vingt-un hommes à l'ennemi, qui emmena onze chariots remplis de ses blessés ; mais le général Marassé, accourant de Douay avec quatre cents hommes, forçà les Autrichiens d'évacuer cette ville. Ils ne la quittèrent qu'après l'avoir pillée, et après y avoir égorgé, sans défense, deux administrateurs du département du Nord, le maire d'Orchies et le commandant de la garde nationale. Cruelle initiative prise par les émigrés qui servaient de guides aux ennemis, et d'où l'on pouvait augurer avec quelle barbarie ils se proposaient de faire cette guerre.

L'Assemblée nationale était fatiguée des plaintes de Dumouriez qui, par ambition, mettait l'anarchie dans l'armée, comme il l'avait mise dans le gouvernement. Elle perdait le temps à écouter les accusateurs et les défenseurs du général La Fayette, et les débats interminables entre les administrations du département et de la commune de Paris : enfin son agitation était augmentée par le récit des diverses tentatives faites à l'ouest et au midi pour déployer l'étendard de la guerre civile. Le général Canclaux avait été obligé de sévir dans le département du Finistère, et le sang avait déjà coulé dans la Lozère et dans l'Ardèche. Un Dusaillant, qui, l'année précédente, avait trempé dans un complot tendant à livrer Perpignan aux Espagnols, venait d'attaquer et de prendre le château de Bannes, dans le Bas-Languedoc. Cet ancien page du roi consentait à commander, mais il n'avait pu se déterminer à obéir, et tous ses efforts s'étaient tournés à faire insurger ses soldats contre le général Conwai, que les princes avaient envoyé de Coblentz, pour prendre le commandement en chef de l'armée du midi, chargée des bénédictions du vieux Castellanne, ex-évêque de Mende. M. Conwai, pour plaire aux Anglais, avait, en 1789, ruiné Pondichéry où il commandait, et repoussé ignominieusement les ambassadeurs de Tipoo-Sultan, le seul allié que la France eût dans l'Inde. Les droits de ce général étaient incontestables. Le comte Dusaillant, bientôt investi dans Bannes, avait voulu s'évader, déguisé en prêtre; il avait été fusillé avec deux cents de ses complices. Tous ces détails parvenaient à l'Assemblée, sans l'intermédiaire du pouvoir exécutif que son apathie ou son incapacité semblait déjà isoler de la nation. Ses amis les plus zélés, ceux du moins qui protestaient le plus hautement de leur amour, semblaient bien plus occupés à le compromettre qu'à le défendre. Ce fut dans de telles conjonctures que l'Assemblée, après avoir entendu un rapport solennel, décréta que la patrie était en danger, et que tous les citoyens étaient appelés à sa défense.

Au moment même où ce décret, affranchi inconstitutionnellement de la sanction royale, était rendu, trois grandes armées ennemies menaçaient les frontières, par le Brisgaw, par le Luxembourg et par les Pays-Bas, et tous les ministres, qui d'ailleurs ne pouvaient surmonter l'influence d'une direction secrète et invisible, donnaient leur démission. Les désertions multipliées d'officiers, qui entraînaient à leur suite cette foule de recrues levées par eux dans leurs terres, ou enlevées par mille moyens à la corruption des villes, se trouvaient amplement remplacées par l'affluence des volontaires qui, de presque tous les points de la France, étaient accourus pour défendre le sol de la patrie. Mais les forces disponibles étaient réduites à deux cent cinquante mille hommes distribués en quatre armées : quarante-cinq mille au nord, pour garder quarante-cinq lieues de frontières; cinquante mille hommes au centre, pour défendre cinquante lieues; cinquante-cinq mille hommes sur les soixante-dix lieues bordées par le Rhin, ou, si l'on veut, depuis Besançon jusqu'à Bitche; et quarante mille hommes seulement à l'armée du midi que commandait M. de Montesquiou-Fezensac, ancien premier écuyer de Monsieur, frère du roi, et qui, au mois d'août 1791, avait répondu avec dignité à l'injonction que ce prince lui avait faite de lui donner sa démission. Cette armée du midi, à laquelle on demandait vingt bataillons pour renforcer l'armée du Rhin, avait à défendre quatre-vingt-cinq lieues de côtes, depuis Genève jusqu'à la mer et aux Pyrénées, à maintenir le règne des lois dans des contrées agitées, et à résister à l'invasion méditée par les généraux du roi de Sardaigne, qui se trouvaient à la tête de soixante mille hommes. Le reste des troupes était consacré à la garde des places, qui toutes étaient dans un état déplorable, et dénuées d'artillerie et de munitions.

Le nombre des ennemis croissait de toutes parts avec rapidité. Trente mille Prussiens étaient à Coblentz; les Autrichiens se complétaient dans le Brisgaw, et dix-huit mille hommes étaient réunis dans le camp de Manheim. Les cours de Vienne et de Berlin ne cachaient plus le double projet de garantir toutes les puissances du danger dont on les croyait menacées par la propagation des principes de liberté qui avaient triomphé en France, et

INTRODUCTION.

de rétablir, dans ce dernier royaume, le gouvernement monarchique, avec toute son indépendance. Il n'est cependant pas inutile de faire observer qu'à cette époque, où l'irritation des divers cabinets était à son comble, Vienne et Berlin s'exprimaient ainsi, dans leur déclaration au ministre de Danemarck : « Toutes les puissances réunies n'ont pas sans doute le droit « d'exiger d'une grande nation, comme la France, que tout se rétablisse « absolument sur l'ancien pied : on pourra accepter quelques modifications à « l'ancien gouvernement; c'est-à-dire celles que le roi, usant de sa volonté « libre, voudra y mettre, avec le consentement des représentans légitimes « de la nation. » Le ministre danois, en s'excusant de prendre part à la coalition, quoiqu'il en approuvât le principe, disait : « Au reste, depuis « l'acceptation de la constitution, les souverains, qui ne sont pas l'objet « direct de la déclaration de guerre faite par la France, n'ont plus de motifs « pour s'armer contre elle, puisque le roi se croit et se dit libre. Les puis-« sances voisines pourraient seules avoir quelque intérêt de préserver leurs « états de l'infection des principes français, qui se répand comme le poison « le plus actif et le plus dangereux. »

Ainsi, lorsque le succès des ennemis paraissait assuré; lorsque les instances des émigrés soulevaient l'Europe presque tout entière; lorsque la nation française, déchirée par les factions, se trouvait elle-même entraînée au-delà du but qu'elle s'était proposé d'atteindre, les déclarations les plus hostiles proclamaient trois principes qui feront la garantie éternelle de ses droits. L'ancien régime ne saurait être rétabli chez elle : le roi, du consentement de ses représentans légitimes, pouvait modifier les institutions monarchiques; et les souverains, auxquels la France ne déclare point la guerre, n'ont point de motifs de s'armer contre elle, sauf à ses voisins à préserver l'esprit de leurs peuples de la contagion des principes qui tendent à rendre à l'espèce humaine tout son bonheur et toute sa dignité.

Dans ces graves circonstances, les généraux français, qui voyaient l'orage grossir, et tous les moyens d'attaque s'agglomérer sur des territoires limitrophes, restaient comme pétrifiés devant le droit de neutralité réclamé par les princes qui laissaient leur territoire, leurs forteresses, leurs magasins à la disposition des ennemis. Ce fut alors qu'un membre du comité diplomatique, un député de la Corse, M. Pozzo-di-Borgo, réservé à jouer un jour un rôle bien opposé, prononça, du haut de la tribune nationale, au nom des comités diplomatique et militaire, et de la commission extraordinaire des douze, ce discours mémorable :

« Les Autrichiens et les Prussiens réunis se sont établis sur le territoire de l'empire : déjà leurs magasins y sont formés, et ils font des préparatifs pour envahir vos provinces frontières. Par une fatalité inexplicable, nos armées sont retenues en-deçà de nos frontières : elles voient avec inquiétude tous ces préparatifs se former sous leurs yeux; mais jusqu'ici ni le roi ni les généraux n'ont pensé à attaquer ces noyaux d'armées, ni à détruire ces magasins, sous *le vain prétexte* de la neutralité de l'empire. Votre commission a senti qu'il était nécessaire d'une explication de la part du corps législatif, pour donner aux opérations de l'armée toute la latitude possible; qu'il n'était plus permis, sans compromettre le succès de vos armes, de laisser occuper les postes, établir les garnisons et les campemens sur un territoire dont la neutralité est ouvertement violée par nos ennemis. La mesure qu'ils m'ont chargé de vous proposer n'est qu'un moyen de défense qui donnera toute la latitude nécessaire aux opérations militaires; et quelques observations suffiront pour la justifier aux yeux du monde impartial.

« La nation française avait cru assurer la paix à l'Europe, en renonçant, par un article de sa constitution, à la guerre offensive et aux conquêtes; elle se promettait sans doute de mettre un terme aux malheurs des peuples, et de détruire les jalousies et *les haines que les gouvernemens surent si bien exciter entre les nations pour les rendre l'instrument de leur ambition ou de leur avarice;* mais cette doctrine, fondée sur la justice, réclamée par l'humanité et l'intérêt de tous, *ne pouvait s'accorder avec la fureur sanguinaire des despotes.* A peine on a parlé des droits du peuple, que *ceux qui les tiennent dans les fers, depuis les bords glacés de la Baltique jusqu'à la Méditerranée,* ont conspiré contre les Français, par cela même qu'ils avaient déclaré ne point vouloir usurper le territoire de leurs voisins, et n'armer leurs bras que dans le cas d'une défense légitime. L'Autriche ambitieuse avait déjà préparé ses bataillons; elle menaçait de vous dicter des lois, *et de vous prescrire le genre de despotisme sous lequel vous devez gémir.* Tous les Français ont demandé vengeance d'un *outrage dirigé contre l'indépendance nationale,* et vous avez commencé la guerre que vos ennemis avaient déjà déclarée de fait par leurs dispositions évidemment hostiles.

« Cet acte a accéléré le dénouement de toutes les conspirations secrètes que le temps aurait encore rendues plus funestes à la liberté publique. Par un étrange renversement de la politique européenne, le successeur du grand Frédéric a arboré, en faveur de nos ennemis, les drapeaux triomphans à Lignitz et à Prague, et le maître de la Silésie est compté aujourd'hui au nombre des alliés de la maison d'Autriche.

« La confédération germanique, dont l'indépendance est naturellement garantie par la France, qui *seule peut la préserver de l'immortelle ambition de l'Autriche,* a vu avec joie cette ligue formidable se former pour détruire votre constitution; plusieurs princes même sont réputés y avoir accédé : déjà les armées ennemies ont inondé leur territoire; et, à la faveur de la neutralité, les campemens, les quartiers, les magasins et les autres dispositions militaires s'exécutent sans inquiétude. Le temps viendra où ces puissances, comme tant d'autres, aveuglées dans leurs propres intérêts, sortiront enfin de l'erreur dans laquelle elles paraissent se plaire aujourd'hui. *La ligue du nord prescrit à l'Europe entière une servitude générale,* et montre de toute part un front menaçant : selon son système, *la Pologne ne doit voir finir les horreurs de la guerre qu'avec le sacrifice de son indépendance;* les libertés de l'Allemagne sont détruites par le changement de la politique prussienne; *la France doit être livrée aux angoisses d'une guerre intestine* et aux coups des bataillons étrangers, *jusqu'à ce que, cédant aux torrens des maux qu'on lui prépare, elle soit livrée dans un état de faiblesse à la discrétion de ces nouveaux protecteurs.* C'est alors que la balance politique étant renversée, *le sort des autres puissances leur sera soumis, et que, forts de leurs soldats mercenaires, couverts de fer et avides d'or, toutes les usurpations leur deviendront faciles.*

« C'est aux Français à préserver le monde de ce terrible fléau, et *à réparer la honteuse insouciance ou la malignité perfide de ceux qui voient avec indifférence la destruction de tout genre de liberté sur la terre.* Les peuples courageux et sagement gouvernés sont la providence du monde; et les Français seuls, *en combattant les ennemis communs du genre humain,* auront la gloire de rétablir *l'harmonie politique qui préservera l'Europe d'une servitude générale.*

« Quels que soient le nombre et les forces de nos ennemis, nous ne pouvons pas succomber dans la lutte sanglante, mais glorieuse, qu'on nous prépare. Un peuple immense qui sent ses forces et sa dignité, réuni d'intérêts et par les lois, protégé par une grande armée et des places fortes, sur un territoire qui, par sa contiguité et l'heureuse correspondance de ses parties, fournit une masse solide de puissance, ne peut *jamais* devenir la proie des rois combinés contre lui. Soumis comme nous à l'inconstance des événemens, aux dépenses incalculables de la guerre, et ayant un ennemi de plus à combattre *dans la force et la vérité de nos maximes,* le moindre choc doit renverser nos agresseurs et altérer leur accord ; car jamais il n'exista de traité solide entre des ambitieux qui soutiennent la cause de l'injustice ; mais *les vrais Français, dont l'intérêt public a fait une confédération fraternelle, n'ont pas de défection à craindre.* Les dangers de la patrie exciteront le courage de ses enfans ; c'est dans les dangers, dans les malheurs même, que les âmes s'exaltent et réunissent toute leur énergie. *Nous avons tous contracté une dette immense envers le monde entier, c'est l'établissement et la pratique des droits de l'homme sur la terre.*

« La liberté, féconde en vertus et en talens, nous prodigue les moyens de l'acquitter tout entière. Ils espèrent sans doute, nos ennemis, dans les dissentions passagères qui nous agitent ; ils en augurent la désorganisation de notre gouvernement. Non, nous n'accomplirons pas leurs coupables espérances ; nous sentons bien que, dans l'état des choses, un changement dans nos institutions politiques amenerait nécessairement l'interrègne des lois, la suspension de l'autorité, la licence, le déchirement dans toutes les parties du royaume, et la perte inévitable de la liberté. Notre vigilance conservera sans détruire, mettra les traîtres dans l'impuissance de faire le mal ; et, avec la stabilité du gouvernement, nous ôterons aux ambitieux toutes les chances qu'ils se préparent dans les changemens et les révolutions perpétuelles des empires : ainsi, réunissant l'énergie à la sagacité, nous pourrons parvenir à des succès glorieux.

« Le roi nous dénonce de nouveaux ennemis ; et *nous déclarons au roi que l'intention des Français et son devoir est de les combattre et de les repousser,* quelque part qu'ils soient, tant qu'ils persisteront à se montrer nos agresseurs.

« Le pays qui contient dans son sein les forces destinées à nous détruire, n'est pas en droit de réclamer la neutralité ; c'est lui qui l'a violée le premier, s'il a accepté de bon gré les bataillons ennemis, permis les magasins, l'éta-

INTRODUCTION. 35

blissement des quartiers et les autres préparatifs de guerre. Si, au contraire, il y a été forcé, ces troupes alors sont ses ennemies et les nôtres, et nous sommes en droit de les combattre; et ce serait une prétention bien étrange que celle de vouloir fixer les limites de notre défense à une neutralité violée par nos agresseurs, et qui sert d'appui à toutes leurs entreprises. Loin de nous de vouloir faire partager les horreurs de la guerre à ceux qui n'exercent pas d'hostilités envers la nation française; mais puisque leur territoire est le point d'appui de nos ennemis déclarés, il ne doit plus être sacré pour nous; et la justice nous autorise à faire les dispositions nécessaires à notre conservation, et à regarder comme soumis aux lois de la guerre tous les établissemens que nos ennemis y ont déjà formés.

« Telles sont les explications que vos comités ont crues nécessaires pour assurer la marche des opérations militaires contre toute crainte mal fondée qui pourrait s'élever dans l'âme de ceux qui commandent nos armées; ils m'ont en conséquence chargé de vous présenter le projet de décret suivant :

« L'Assemblée nationale, après avoir entendu le rapport de sa commission
« des douze, et de ses comités diplomatique et militaire réunis, déclare que
« le roi est chargé de repousser par la force des armes tout ennemi déclaré
« en état d'hostilités imminentes, ou commencées contre la nation française,
« et de le faire attaquer et poursuivre partout où il conviendra, d'après les
« dispositions militaires. »

Ce décret fut adopté sur-le-champ et à l'unanimité; et nous ne saurions constater trop solennellement par quelle voix furent proclamées les vues ambitieuses de la coalition, la sainteté des principes qui armèrent la France, et par quel député fut donnée la garantie que *les vrais Français, dont l'intérêt public avait fait une confédération fraternelle, n'avaient aucune défection à craindre.*

Malheureusement les dispositions de l'Assemblée étaient tardives. Le duc Charles-Guillaume-Ferdinand de Brunswick, placé à la tête des troupes autrichiennes et prussiennes, imagina de lancer de Coblentz, le 25 juillet 1792, un manifeste aussi peu mesuré qu'il était impolitique. Tout en déclarant, comme l'avait fait le roi de Prusse, un mois avant, que les puissances dont il dirigeait les armées n'entendaient point s'immiscer dans le gouvernement intérieur de la France, sorte de promesse qui ne coûte rien avant la victoire, il venait, disait-il, relever le trône et l'autel, et détruire l'anarchie.

Il promettait de faire punir, comme rebelles au roi, tous les Français qui seraient pris les armes à la main combattant contre les troupes alliées; et l'on vient de voir que Louis XVI faisait un devoir à ces mêmes Français de repousser l'ennemi et de défendre le territoire. Paris était menacé d'une subversion totale, et les Parisiens de supplices, en cas d'attentat envers la personne du roi ou quelque membre de la famille royale; et comme la coalition se fondait sur la supposition que le roi de France n'était pas libre, on regardait d'avance comme non avenue toute déclaration contraire, émanée de la personne de ce prince. Ses plus cruels ennemis n'auraient pu rien publier de plus funeste à son existence. Le duc de Brunswick, plus capable que tout autre d'apprécier à leur juste valeur les espérances outrées de quelques courtisans, n'avait cependant jugé la France que sur leur rapport; il s'était laissé persuader que l'expédition qu'il méditait ne lui offrirait pas de plus grandes difficultés que la promenade militaire qu'il avait faite en Hollande, cinq ans avant, pour faire triompher le stathouder du parti des patriotes.

Les menaces du général ennemi augmentèrent la circonspection des amis de la cour et la rage des révolutionnaires. De toutes parts ceux-ci firent arriver des adresses qui réclamaient la déchéance du roi. La plus impérieuse, la plus insultante fut présentée par les volontaires arrivés de Marseille; de Marseille, où le peuple venait de pendre des nobles et des prêtres insermentés : contrée malheureuse, où chaque réaction se marque avec du sang ! Cette longue agonie du pouvoir fut enfin terminée par la terrible journée du 10 août. Après toutes les fautes, tous les excès, tous les crimes dont nous avons parlé, rien ne hâta davantage cette fatale catastrophe, dans laquelle les révolutionnaires prétendirent avoir seulement prévenu la cour, que le passage du Rhin effectué, le 1er et le 2 août, entre Spire et Manheim par trente mille Autrichiens et quelques milliers d'émigrés, sous les ordres du prince de Hohenlohe, et l'arrivée des princes français à Trèves, le 4, avec le roi de Prusse et une armée de quatre-vingt mille hommes. La nouvelle de ces diverses marches fut publiée en même temps que la dernière déclaration du duc de Brunswick, et les meneurs n'hésitèrent plus à lancer la foudre contre une cour à laquelle on attribuait cette invasion, et que les ennemis avaient eu l'imprudence de proclamer leur alliée.

Les grandes infortunes qui furent le résultat du 10 août appartiennent sans doute aux annales de la France, mais elles n'ont rien de commun avec

INTRODUCTION.

le Temple de la Gloire. Il nous a suffi de familiariser nos lecteurs avec les principaux événemens qui ont amené la chute d'un trône qui, trop souvent, et par des imprudences qu'enfantait la faiblesse, a paru seconder les tentatives des êtres criminels ou inconsidérés qui ont conspiré contre lui. Chaque parti, gêné par quelques liens, en voulant s'en affranchir, n'a fait que les échanger contre la mort ou contre des fers. Expérience redoutable, qui, malgré ses traces profondes et les plus sombres souvenirs, est peut-être encore perdue pour les hommes.

C'est ici que devrait se terminer l'*Introduction* de la plus importante partie de notre ouvrage. En qualifiant ainsi les volumes consacrés au récit des principaux faits d'armes de la révolution française, nous ne craignons pas d'être démentis par l'histoire. Sans doute le siècle de Louis XIV a présenté à nos regards de grands guerriers et développé de grands événemens; sans doute le courage des Français a été remarquable partout où il a fallu combattre; et, s'il faut le dire, il fut d'autant plus méritoire qu'alors, et pendant les deux règnes suivans, une caste privilégiée et essentiellement dédaigneuse s'en attribuait toute la gloire et en recueillait tout le prix. Mais à quelle distance n'ont point été placées l'une de l'autre ces deux époques, et par la différence des buts que les hostilités voulaient atteindre, et par la disparité des résultats que de si longues guerres ont obtenus. Là, un accroissement de quelques provinces, la punition de quelques marchands, l'exercice d'une protection impuissante, la conquête ruineuse d'un héritage équivoque, et, après un demi-siècle de gloire, de longs jours d'humiliation; ici, les plus grands intérêts qui puissent s'agiter sur la terre : un peuple luttant seul pour son indépendance; des coalitions sans cesse renaissantes pour la lui ravir; mille traités pour lui imposer des fers, mille victoires pour les briser; toutes les passions déchaînées dans son sein pour épuiser ses forces; tous les genres de servitude sous le masque de la liberté. Les supplices, la mort, la gloire partout, le désespoir nulle part; une nation tout entière affaissée sous le poids de ses lauriers; vingt ans de victoires, une heure de défaite; dix mille noms nouveaux acquérant le vernis de l'antique, et inscrits par l'honneur et la reconnaissance au temple de mémoire; un géant enchaîné sur un rocher, au milieu des mers, comme si l'on craignait que son ombre même n'épouvantât les continens; un prince enfin ne rentrant dans sa patrie, et ne remontant sur son trône, qu'en proclamant des principes trop long-temps méconnus, et qui font la gloire et la sécurité de sa nation; cette nation récompensée ainsi de ses longs combats, et pouvant se reposer dans le bonheur. Mais il n'est pas donné aux hommes d'obtenir de si grands biens sans éprouver de grandes résistances; et la liberté est un présent que les dieux vendent bien cher. Il n'entre point dans notre projet de déguiser aucune des rudes épreuves que le Français eut à subir avant d'atteindre à l'objet de tous ses vœux; mais les plus rudes ne furent point lorsqu'il eut à combattre les peuples armés contre lui, soit qu'il lui fallût délivrer le sol de la patrie de leur présence, soit qu'il lui fût donné d'aller venger sur tant de capitales étrangères les menaces si souvent renouvelées contre la sienne; soit que son sang ait arrosé des contrées lointaines, soit que la mort l'ait frappé sur le seuil même de ses demeures, et en défendant ses foyers. Il n'accuse les destins que de l'avoir contraint à déchirer ses propres entrailles; que d'avoir introduit la guerre, la plus cruelle de toutes les guerres, dans le sein de sa famille; d'avoir couvert les parens du sang de leurs parens; d'avoir immolé tant d'hécatombes à des déités barbares, et d'avoir, par un raffinement de cruauté, choisi sous les mêmes toits, auprès des mêmes pénates, et les sacrificateurs et les victimes. C'est cette longue guerre sociale que nous nous sommes interdits de décrire; et si nous avons détourné nos regards des ridicules de la Fronde, quel voile épais ne nous sera-t-il pas permis de jeter sur les scènes sanglantes qui affligèrent le midi, l'ouest et la Vendée! Cependant nous en signalerons l'odieuse existence, comme pour servir de leçon imposante aux nations; et dans cet aperçu, qui ne saurait trouver place que dans notre Introduction, nos lecteurs seront encore consolés par la peinture de quelques nobles caractères, et par le récit rapide de quelques actions généreuses.

NOTICE ABRÉGÉE DE LA GUERRE DE LA VENDÉE.

Les contrées maritimes de la France, arrosées par la Charente, par la Loire et par la Mayenne, furent de tout temps le théâtre de la guerre civile. De tout temps des familles illustres, qui se flattaient d'avoir eu le même berceau que celui de leurs souverains, ont entretenu dans ces provinces un esprit d'indépendance funeste à leur repos, à leur civilisation et à leur prospérité. Les guerres de religion y ont exercé un grand ravage, surtout dans le Poitou et dans la Saintonge, la noblesse et les prêtres se prêtant un mutuel secours

pour propager les fables les plus absurdes sur l'origine miraculeuse de certaines maisons, et sur l'existence supposée des reliques les plus propres à déconsidérer la sainteté du culte des chrétiens. Non contens des souvenirs glorieux que l'histoire conservait de l'union des Armoriques et du courage des Francs, les Poitevins et les Bretons accueillaient des fables imaginées par d'obscurs historiens anglais qui peuplaient leur pays des réfugiés de la Grande-Bretagne, fuyant, à la fin du cinquième siècle, la domination des Saxons et des Anglais. Cette fiction, entretenue soigneusement par le gouvernement des insulaires, avait facilité toutes les tentatives de l'Angleterre, assurée de rencontrer sur le sol de la France des hommes qui s'autorisaient de vieilles traditions pour n'être pas Français. Les prêtres, comme les anciens druides leurs prédécesseurs, avaient religieusement maintenu l'ignorance, sœur de la superstition; et les temps modernes se chargeaient de justifier ce qu'avait écrit un auteur latin, près de deux cents ans avant l'ère chrétienne :
« Voulez-vous, pour vous enrichir, dépouiller et tuer impunément vos
« voisins, allez vers les bords de la Loire; là tout est permis : on y prononce,
« au pied d'un chêne, des sentences de mort qu'on écrit sur des ossemens. »
Le féroce et fanatique Carrier, président, sous l'arbre de la liberté, à tant d'horribles boucheries, n'avait donc pas même le mérite de l'invention; il avait eu des modèles à des époques bien plus rapprochées. Rien ne ressemble plus aux désordres et aux barbaries dont la génération présente a été témoin et victime, dans les départemens de l'ouest et du midi, que les désordres et les barbaries qui affligèrent les mêmes provinces, pendant les guerres civiles, sous Charles IX. Dans le seizième comme dans le dix-huitième siècle, la religion servit de voile à l'avarice, à la vengeance et à l'ambition. A une époque comme à l'autre, les récriminations enfantèrent de nouvelles calamités, et l'on vit naître entre les partis une horrible émulation.

Depuis le massacre de Vassi en 1562, jusqu'au massacre de la Saint-Barthélemi en 1572, l'histoire de la France est l'histoire d'un peuple de cannibales. D'un côté, les Guise, les Montmorency, les ducs d'Etampes, de Nevers et de Montpensier, Matignon, Villars, d'Anville, Terride, St.-André, La Fayette, Apchon, Desbordes, Saizay, Chavigny, Puy-Gaillard, Mirepoix, Fourquenaux, Joyeuse, de Suze, Sommariva, Serbelloni, La Fare, Maugiron, Lamotte-Gondrin, d'Escars, Tavannes, l'évêque de Cahors, le cardinal de Lorraine, le cardinal d'Armagnac, presque tous les prêtres, la moitié des Suisses, et le féroce Montluc; de l'autre, le prince de Condé, les Châtillon, les Coligny, les Rohan, les Crussol, les La Rochefoucauld, les Duras, Bouillon, Dreux, Genlis, Montgommery, Saint-Etienne, Balanty, Isartieux, Mémy, Sainte-Gemme, Arpajon, Marcastel, du Bordet, Piles, Grammont, La Rivière, Boissy, Baudiné, Poyet, Blacon, d'Entragues, le cardinal de Châtillon, l'autre moitié des Suisses, et le cruel des Adretz; tous, ils immolèrent la population, détruisirent et les églises, et les temples, et les forteresses, et les villes. Ils égorgèrent leurs prisonniers, violèrent, éventrèrent, noyèrent les femmes et les filles, ensanglantèrent les fleuves, s'associèrent les bourreaux et les malfaiteurs, jouirent de l'horrible spectacle des supplices, insultèrent aux souffrances de leurs victimes, et osèrent se repaître des lambeaux de leur chair palpitante. Les parens trahirent leurs parens, les pères sollicitèrent la mort de leurs fils, et les fils mirent au nombre de leurs prouesses le trépas odieux des auteurs de leurs jours. Les catholiques, guidés par des prêtres fanatiques, se croyaient justifiés par des motifs de religion; les protestans, par des motifs de vengeance. Une cour, livrée à toutes les turpitudes de la prostitution, souriait à ces égorgemens; elle applaudissait au duc de Guise qui, prévenu que les siens avaient compris beaucoup de catholiques dans le massacre de Blois, avait répondu tranquillement : « C'est « un petit malheur. Au reste, il n'y a que trop de peuple en France; j'en « ferai tant mourir, que les vivres y seront à bon marché. » On a reproché le même propos à Roberspierre et à ses satellites : étaient-ils dans le secret de ces grands seigneurs, et se croyaient-ils leurs exécuteurs testamentaires? Beaucoup de contemporains seraient bien étonnés s'ils savaient aujourd'hui comment la postérité, sur des pièces officielles, résoudra un jour cette étrange question. Ainsi Dol, Autrain, Angers, Poitiers, Tours, le Mans, Toulouse, Nantes, Fougères, Orange, Avignon, Valence, Toulon, et tant d'autres villes, tant d'autres villages, n'ont éprouvé que les mêmes abominations dont leur histoire avait conservé le cruel souvenir, et dont avaient eu à gémir les mêmes contrées, ainsi que Châlons, Sens, Nevers, la Charité, Châtillon, Gien, Montargis, Aurillac, Moulins, Issoudun, Vendôme, Rouen, Lectoure, Agen, Montauban, Béziers, Beaucaire, Montpellier, le Dauphiné, le Gévaudan, les Cévennes, le pays de Foix, la Bourgogne, la Provence, et la capitale elle-même. Toulon fut livré aux Anglais comme le Havre l'avait été, car les guerres civiles de France ont toujours cela de particulier, que les hommes armés contre le gouvernement appellent l'étranger à leur secours, et ne croient pas leur fer suffisant pour déchirer le sein de leur patrie.

Nous laissons à d'autres la tâche douloureuse de célébrer les exploits des Baudry-d'Asson, des Gigot-d'Elbée, des Cathelineau, des Stofflet, des Arthur Bonchamp, des Danguy, des Ripault, des Flamingue, des Lucas-Championnière, des Charette, des Savin, des Vieille-Vigne, des Laroche-Jacquelin, des Lescure, des Marigny, des Talmont, des Scépeaux, des d'Autichamp, des Mesnard, des Villeneuve, des Rostaing, des Herbaut, des Verteuil, des Delaunay, du curé Bernier, de tant d'autres prêtres et d'évêques, enfin de ces héros de la chouannerie, négociant toujours avec les troupes, et toujours égorgeant les voyageurs, les femmes et les paysans désarmés. Leurs fréquens et inutiles succès eurent leur source dans l'art trop facile de séduire des esprits grossiers auxquels des imposteurs persuadaient que Dieu même leur avait confié le triomphe de sa cause. Les malheureux ! ils périssaient pour aggraver le poids des fers dont ils étaient chargés; ils croyaient mériter le ciel en ensanglantant la terre; et n'avons-nous pas vu des femmes veiller auprès des cadavres putréfiés de leurs époux, de leurs pères ou de leurs enfans, et attendre avec confiance leur résurrection promise par un évêque? Quelle religion que celle qui autoriserait un tel charlatanisme, et quels ministres que ceux qui croiraient honorer la divinité en trompant ainsi les hommes !

Le gouvernement adopta, pendant long-temps, des mesures peu propres à éclairer, à calmer les esprits, et à terminer les hostilités. Ce n'était pas seulement des troupes de nouvelles levées qu'on envoyait combattre des bandes fanatiques; le commandement de ces troupes était encore donné à des généraux qui n'avaient jamais été soldats, à des hommes qui n'avaient fait leurs premières armes que dans les clubs ou dans les comités révolutionnaires, et qui, fort embarrassés de savoir comment combattre les rebelles, prenaient toujours néanmoins l'engagement de les exterminer. Rien n'eût été moins politique, et rien aussi n'était plus difficile. Le théâtre de l'insurrection, excitée d'abord par les prêtres insermentés, et renouvelée ensuite par le refus de concourir à la levée des trois cent mille hommes, était établi dans cette partie du Poitou et du pays nantais appelée *le Bocage*, ayant pour limites, au nord, le cours de la Loire depuis son embouchure jusqu'au Pont-de-Cé, au-dessus de Saumur; à l'est, la Tourraine; à l'ouest, l'océan; et au midi, l'Aunis, la Saintonge et l'Angoumois. D'après les nouvelles divisions territoriales de la France, ce théâtre s'étendait sur des portions des départemens de la Vendée dont il tira son nom, de Maine-et-Loire, des Deux-Sèvres et de la Loire-Inférieure. Des collines peu élevées, des vallées étroites et peu profondes, des ruisseaux plutôt que des rivières; chaque champ, chaque prairie, tous d'une modique étendue, environnés d'une haie vive et de grands arbres très-rapprochés; là des marais inabordables, ici des terrains incultes, chargés de grands genêts et de joncs marins ou ajoncs épineux; tous les chemins encaissés, étroits, bourbeux, n'aboutissant qu'à des espèces de carrefours où l'homme du pays lui-même a bien de la peine à retrouver sa route : cet homme solitaire, ignorant, mélancolique, crédule, sobre, irascible et superstitieux. Quel pays et quelle matière pour agiter le flambeau des guerres civiles et religieuses, et pour perpétuer l'incendie! L'Angleterre, qui proscrit le catholicisme, se chargea de seconder nos catholiques, comme le cardinal de Richelieu, qui persécutait les protestans en France, les avait soutenus en Allemagne. La religion, pour les gouvernemens, n'est qu'un instrument sur leur territoire, et une arme sur le territoire des autres. Souvent cette arme et cet instrument se retournent contre eux-mêmes; mais, héritiers aveugles de la politique cruelle des Juifs, ils doivent en supporter les honteux inconvéniens, puisqu'ils n'hésitent point à en recueillir les sanguinaires avantages. C'était donc là où des hommes, sans expérience et sans éducation, croyaient pouvoir accourir, se montrer et vaincre. De mémorables défaites furent le prix de leur présomption, et l'échafaud quelquefois devint le prix de leurs défaites. Cependant, il faut le dire, le mérite et la victoire étaient encore plus souvent punis que l'ineptie et les déroutes. Mais ce qui surtout n'était susceptible d'aucun pardon, c'était d'avoir appartenu à l'ancienne caste privilégiée, et d'avoir néanmoins épousé les intérêts de la nation; c'était d'avoir coopéré au triomphe des principes éternels de toute association humaine, et d'avoir concouru à la défense de la patrie. L'une des plus illustres victimes que devait atteindre cette sentence fatale et secrète, cette espèce de *jugement vémique*, était le duc de Biron que nous avons vu combattre en Amérique et sur nos frontières, que nous verrons sauver Custine et conquérir le comté de Nice. Personne cependant plus qu'un Biron n'avait eu le droit de faire des vœux pour qu'en

France le joug de l'arbitraire fût brisé, et pour que le règne de la loi devînt la garantie de tous les citoyens. Tous ceux qui virent sur les lieux combien il était facile de guérir cette plaie du corps social, et qui, non initiés dans le secret criminel de certains gouvernans, eurent l'imprudence d'indiquer le remède, payèrent de leur tête leur indiscrète véracité. Quand, malgré tous les soins de ces gouvernans, des succès trop marqués semblaient devoir hâter le terme de la guerre, aussitôt les mesures les plus désastreuses étaient prescrites : l'incendie dévastait toutes les campagnes, toutes les propriétés, et le désespoir recrutait les armées des rebelles. De son côté, le gouvernement britannique, trop bien d'accord avec les directeurs secrets du parti que nous pouvons nommer ultra-révolutionnaire, voulait bien entretenir, mais non faire triompher les royalistes. Se bornant à des promesses pompeuses, envoyant des armes, fabriquant à Jersey des poignards et de faux assignats, il ne déploya que deux fois les apparences d'une grande coopération, l'une pour déverser la honte sur les chefs après lesquels soupiraient les insurgés, l'autre pour assister et pour aider au massacre d'un trop grand nombre de Français égarés, mais dignes par leur courage de ne s'être immolés que pour la patrie. Le prince de Talmont, Laroche-Jacquelin, d'Autichamp et Charette reconnurent trop tard la perfidie de ce gouvernement, dont Charette fit même fusiller deux agens; et les expéditions de Quiberon et de l'Ile-Dieu s'éleveront avec celle de Toulon dans l'histoire, comme des monumens déplorables de la plus cruelle politique, et comme des témoins éternellement accusateurs.

L'auxiliaire le plus puissant de l'Angleterre, comme intéressé à la prolongation de la guerre intestine, fut la division qui s'établit d'abord entre les chefs des armées vendéennes, et ensuite entre les directeurs de la chouannerie. La rivalité entre Charette et Stofflet devint célèbre et funeste à leur parti. Ces deux chefs, dont l'un était ancien lieutenant de vaisseaux, et l'autre ancien garde-chasse, avaient cependant scellé une première réconciliation par l'assassinat d'un autre chef, Bernard de Marigny, homme intrépide et chéri des paysans. Il trouva dans ses deux collègues des accusateurs et des juges; et Charette, enhardi par ce crime, fut près d'immoler aussi Stofflet à sa jalousie et à son ambition. C'était ainsi que le gouvernement révolutionnaire faisait condamner à mort les braves Biron, Westermann et Beysser. Le général François Moulin avait mieux aimé se brûler la cervelle à Chollet, que de tomber entre les mains des rebelles; et l'intrépide Haxo, poursuivant Charette, mais abandonné de ses troupes à la Roche-sur-Yon, a son cheval tué sous lui, et reçoit une balle qui lui perce la cuisse. Trois Vendéens s'avancent pour le prendre; il renverse le premier d'un coup de sabre, et, s'appuyant contre un arbre, il semble à lui seul menacer toute l'armée ennemie. Charette, qui estimait sa valeur et l'humanité qui avait toujours accompagné ses exploits, avait recommandé qu'on respectât ses jours; mais Jean Arnaud, maréchal, n'osant s'approcher de ce guerrier redoutable, chargea froidement son fusil de trois balles, et termina sans danger la vie de ce guerrier généreux. Haxo, dont le nom doit se reproduire avec gloire dans nos dernières et mémorables campagnes, faisait partie de cette immortelle armée de Mayence qui, après mille prodiges et les horreurs d'un long siége, avait répondu à d'indignes calomnies en venant périr, presque tout entière, dans ces contrées malheureuses.

A la tête de cette garnison, il fut facile de distinguer, et ce loyal Aubert-Dubayet, général habile, ministre intègre, fier négociateur, et ce jeune Marceau si ambitieux, si impatient d'acquérir de la gloire, comme s'il eût su que ses jours étaient déjà comptés, et ce Kléber que la nature semblait avoir jeté dans le moule des héros d'Homère, et qui, comme le bouillant Achille, ne devait périr que par un assassinat. Ils retrouvaient dans l'ouest le sage Canclaux qui, avec Beysser, avait repoussé quatre-vingt mille Vendéens qui voulaient s'emparer de Nantes. Ils avaient été secondés par Baco de la Chapelle, ex-constituant, maire de cette importante cité, et qui, blessé sur le champ de bataille, n'en était pas moins resté à la tête de ses braves concitoyens. Emmanuel Grouchy, qui devait bientôt donner à sa division, révoltée contre sa destitution comme noble, le même exemple de soumission que Germanicus avait donné à son armée, et qui, combattant ensuite comme simple soldat, devait préluder à de plus grandes destinées, marchait alors sous les ordres de Canclaux. Le général Coustard décidait l'hésitation de sa cavalerie devant Saumur, par un mot à jamais célèbre : « Où nous envoyez-vous donc, s'écrient les cavaliers auxquels il prescrit « d'aller enlever une batterie ennemie? — A la mort, répond froide- « ment le général; » et la batterie est aussitôt prise par ces braves que malheureusement l'infanterie abandonne. Kléber, nouveau Chevert, ordonne à Schouardin de mourir au pont de Clisson, avec ses chasseurs de Saône-et-

INTRODUCTION.

Loire, pour protéger la retraite de son armée : « Oui, général, avait répliqué Schouardin. » Les Spartiates français saisissent leurs armes, s'embrassent, arrêtent l'ennemi, et meurent dans ces nouvelles Thermopyles. Une foule de traits semblables ont brillé à la lueur des torches incendiaires, et ils seront reproduits lorsque l'histoire de cette guerre déplorable pourra être retracée par une main impartiale. Ce sont de riches débris enfouis sous des décombres; et ces décombres, qui oserait déjà les remuer, s'il se sent pénétré de ce saint respect que doivent inspirer les ossemens de nos frères?

Cependant un homme s'était distingué, parmi les chefs vendéens, par sa douceur et son humanité; son épouse (car les femmes, auxquelles la pudeur et leur faiblesse interdisent le séjour des camps, n'avaient point hésité à prendre part à la guerre civile) eut aussi des droits à la reconnaissance des prisonniers français. Arthus de Bonchamp venait d'être blessé mortellement, avec d'Elbée, à la bataille de Chollet; et il présidait encore au passage de la Loire, que Westermann négligeait d'inquiéter à Saint-Florent-le-Vieil. Les Vendéens avaient traîné, jusqu'à cette petite ville, cinq mille de leurs prisonniers qu'ils avaient tirés de Chollet; et, comme la précipitation avec laquelle s'effectuait le passage ne permettait pas de les transporter sur la rive droite, on proposa de les fusiller tous. Parmi les vociférateurs qui réclamaient le plus hautement ce massacre, et qui excitaient les soldats à prendre l'initiative, était un vieil habitant du département de Mayenne-et-Loire, qui, à son nom de Cesbron, avait ajouté celui d'Argonne, et qui, chargé du commandement de Chollet, s'était, comme tant d'autres, décoré de la croix de Saint-Louis. Ce vieillard féroce, en conduisant ces mêmes prisonniers, en avait déjà fait tuer plusieurs sur la route; et ses vœux inhumains allaient être accueillis, lorsque madame de Bonchamp accourut, fit retirer Cesbron, et obtint, de son mari expirant, la liberté de tous ces Français. Parmi eux il y avait un Régulus. Haudaudine, si son nom a été fidèlement conservé, négociant à Nantes, ayant été pris dans un combat précédent, avait été choisi par le comité royal de Montaigu pour aller à Nantes négocier un échange des prisonniers; mais on lui avait signifié que de son retour dépendait le sort de tous ses compagnons d'infortune. L'échange est cruellement refusé par les conventionnels, qui ordonnent même à Haudaudine de rester à Nantes. L'honneur et l'humanité lui donnaient un conseil contraire. Ce vertueux Français s'échappe, et va reprendre ses fers. Tant de magnanimité n'avait point ému les royalistes, et Haudaudine aurait, avec cinq mille autres prisonniers, reçu la mort, si Bonchamp, quittant la vie, ne leur eût rendu à tous la liberté. Le bienfait sollicité par sa généreuse épouse ne s'effaça point de leur mémoire. Plusieurs d'entre eux étaient à Nantes, lorsque madame de Bonchamp, prise à son tour, allait être condamnée à mourir. Elle trouve aussitôt autant de défenseurs qu'elle avait sauvé de victimes; tous sollicitent pour elle, tous rappellent et son courage et son bienfait. Des juges, jusques alors inexorables, n'osent résister à de telles instances; la sentence fatale s'échappe de leurs mains, et le jour marqué pour son supplice devient pour une femme sensible un jour de gloire et de triomphe. Ainsi, dans ces vallées inondées de sang, l'humanité en deuil trouva, mais trop rarement, où reposer ses regards attendris.

Granville, Angers et quelques autres villes avaient montré qu'on pouvait résister aux Vendéens; plusieurs généraux les avaient vaincus; et parmi ceux dont l'histoire signalera la valeur et la modération, on distinguera Beaupuy, Tilly, Prat, Mermet, mourant avec son jeune fils sur le champ de bataille, et ce général Travot auquel seul Charette put se résoudre à rendre les armes; Travot qui, vingt ans après, concourut à pacifier le même pays qu'il avait concouru à vaincre, et qui, victime de nouvelles fureurs, devait un jour éprouver la plus rigoureuse des destinées, celle de se survivre à lui-même, et d'exister sur la terre, étranger à sa gloire, à toutes ses affections, et aux plus honorables souvenirs. Hâtons-nous de détourner nos regards; la vue d'un si noble débris nous ferait répandre trop de larmes.

Le démon de la guerre civile fut contraint de ployer sous le génie plus puissant de l'amour de la patrie. Ce génie s'était identifié avec l'âme de l'un des plus jeunes, de l'un des plus brillans guerriers de l'armée française. Hoche, déjà couvert de gloire, à un âge où tant d'autres s'interrogent encore sur le choix d'une carrière, s'avançait du pied de l'échafaud où les ennemis de la France l'avaient traîné, et venait, après tant de preuves de courage, exercer sa prudence, son sang-froid et sa sagacité. D'illustres amis l'accompagnent; La Barollière, Hédouville, Chérin sont les confidens de ses vastes pensées. Il arrive : fier, à juste titre, des lauriers cueillis sur la Moselle et sur le Rhin, il gémit d'être obligé d'y joindre ceux de Quiberon. Mais dès que l'étranger s'est éloigné de nos côtes, Hoche ne veut plus vaincre des Français : il entreprend de les conquérir. Sa présence arrête l'effusion du

INTRODUCTION.

sang, rétablit les communications; tous ces départemens, à la voix d'un héros, et, il faut le dire, du plus séduisant des hommes, apprennent qu'ils ont une patrie commune, que des barbares ont trop long-temps abusé de leur crédulité. Tous les habitants de l'ouest apportent aux pieds du général Hoche leurs armes, leurs protestations et leurs cœurs : la Vendée est pacifiée. N'anticipons point sur les temps, et ne parlons pas encore de la mort d'un héros qui semblait appelé à garantir son pays de tous les genres de despotisme, et dont les soldats et la patrie ont pleuré la fin prématurée.

Nous voici parvenus au terme des aperçus qu'il fallait donner sur une époque douloureuse; c'était un aveu pénible, nous l'avons fait rapidement. Qu'il nous suffise de savoir, ainsi que nous l'avons démontré, qu'aucune horreur n'a déshonoré ces temps malheureux qui n'ait eu lieu précédemment, dans les mêmes contrées, et aux époques regardées comme les plus glorieuses par les partisans du pouvoir absolu. Disons hardiment qu'autrefois des noms, bien autrement illustres aux yeux du vulgaire, ont figuré dans ces horribles excès, et que, dans un temps comme dans un autre, les calamités dont la France eut à gémir prirent toujours leur source dans la résistance opiniâtre d'une minorité rebelle aux lois de l'état, minorité qui puisa ses forces dans l'orgueil déçu et dans le fanatisme exalté. Disons que l'alliance proposée au trône, non par les autels, mais par quelques-uns de leurs ministres, finit toujours par être funeste à la royauté qu'ils isolèrent du peuple, lorsque tous ses soins, tous ses efforts devraient tendre à s'identifier avec la masse des nations. Disons que ceux qui élèvent les princes dans leur jeunesse, et qui les environnent dans l'âge mur, les trahissent, et deviennent les premiers, les plus criminels artisans de leurs infortunes et de leur perte, s'ils leur cachent ces leçons imposantes de l'histoire, et si, par des motifs honteux d'intérêt personnel, ils flattent leurs préjugés et leurs passions, plutôt que de les soutenir dans le chemin de la bienfaisance, de la modération et de la gloire. Un roi, qui permettait qu'on lui adressât la parole, disait : « Je ne « reçois de bon avis que de ceux qui ne me demandent jamais rien. » Ce roi-là léguait à ses successeurs un talisman plus précieux que l'anneau de Gygès.

Cependant le trône de France, qui s'était isolé des appuis que lui assurait la constitution, et qui avait préféré de s'établir sur un terrain mouvant que ses ministres de confiance avaient mal sondé, venait de s'écrouler avec fracas.

INTRODUCTION.

Louis XVI avait expié bien moins les erreurs et la corruption de ses conseillers, que l'affranchissement de l'Amérique; et l'Angleterre était enfin parvenue à rendre commune à la France la page la plus sanglante de son histoire. Mais les calculs d'une puissance rivale furent long-temps déjoués, et le peuple qu'on espérait anéantir va déployer ses forces et son courage. Des assassins soudoyés auront beau renouveler, dans Paris et dans quelques autres villes, les massacres de 1418, commis par les Bourguignons sur les Armagnacs, et ceux de 1572 exécutés par les seigneurs catholiques sur les protestans : ces crimes feront gémir, mais ils n'ébranleront point le corps social. Les peuples, qui jamais ne peuvent se rendre complices des factions étrangères, ont une vigueur qu'elles ne sauraient soumettre à leurs calculs et à leur influence. Mille passions vont s'agiter dans l'intérieur de la France; mais un million de Français va se précipiter sur les frontières, et quatorze armées vont naître pour repousser les coalitions de l'Europe. De jeunes guerriers vont contraindre de vieux généraux à recommencer leurs études militaires; mais il manquera aux meilleurs tacticiens le vrai secret de vaincre, aussi long-temps qu'en conduisant leurs troupes stipendiées, ils ne pourront que leur commander de se battre pour un maître, et qu'en marchant à la victoire, les Français, fiers de leur indépendance, pourront chanter : « Combattons pour « la gloire, et sachons mourir pour la patrie et la liberté ! »

LE TEMPLE DE LA GLOIRE.

LE TEMPLE
DE LA GLOIRE.

RÉVOLUTION FRANÇAISE.

PREMIÈRE PÉRIODE,
DU 10 AOUT 1792, AU 10 AOUT 1802.

La France, en brisant des liens antiques et jusques alors vénérés, en acceptant un gouvernement improvisé sous le nom de république, espérait au moins se soustraire au despotisme de cette oligarchie ministérielle qui, depuis quelques siècles, s'était approprié tous les trônes de l'Europe, et qui, sous le nom de divers potentats, régnait de fait sur toute l'espèce humaine. Mais la France secouait un joug pour en subir un autre, et la terreur, aux mains sanglantes, accourait pour s'asseoir et pour régner sur d'illustres débris.

Cependant des puissances éternellement rivales s'étaient réunies pour envahir le territoire français. L'orgueil national fut réveillé; le sentiment de l'indépendance appela tout le peuple aux armes, et, sans suspendre ses déplorables dissentions, il courut combattre ceux qui projetaient de l'asservir.

LANDAU, THIONVILLE, RODEMACK, MONTMÉDI.

Les places de Landau, de Rodemack, de Thionville et de Montmédi furent celles où l'ennemi put commencer à apprécier le caractère français, et à prévoir de quelle nature serait la lutte qui allait s'engager.

Nous avons déjà fait la remarque très-importante que le prince de Hohenlohe avait franchi le Rhin, entre Spire et Manheim, dans la nuit du

1er au 2 août 1792, et non le 10 août, comme beaucoup de relations ont consenti à le dire, pour atténuer l'influence inévitable de cette agression sur la terrible insurrection de la journée du 10, à Paris. L'armée du prince était composée de Prussiens, d'émigrés et d'Autrichiens, à la tête desquels était le comte de Lerbach. On faisait monter cette armée à quatre-vingt mille hommes. Dès le 27 juillet, Biron, commandant l'armée du Rhin, était arrivé à Weissembourg, pendant que, sur son invitation, Kellermann, général de l'armée de la Sarre, avait occupé Herxeinheim, près de Landau. Le 29, Biron s'était rendu auprès de Kellermann, et les deux généraux avaient résolu, dans un conseil de guerre, que leurs deux armées se réuniraient pour marcher à l'ennemi, dès que l'on connaîtrait sur quel point il voudrait tenter le passage. Le 31, au soir, le général Biron manda au général Kellermann qu'il allait camper, dans la nuit même, derrière les lignes de la Qeiche, à la droite de Landau, en s'appuyant à Guermesheim (position qu'avait prise le maréchal de Saxe en 1743), et qu'il le priait de camper à la gauche, en tenant les gorges d'Anweiller. Kellermann exécuta le mouvement indiqué; il vint occuper Arzheim; mais le général Biron se contenta de détacher Custine avec trois mille hommes, pour faire une reconnaissance sur Spire, et il écrivit à Kellermann pour l'inviter à prêter une partie de sa cavalerie et de ses grenadiers. Cette expédition ne fut pas heureuse, parce qu'au même moment l'ennemi en tentait une autre de son côté avec des forces supérieures. Le prince Joseph Broglie, major en second, qui commande le 8e de chasseurs à cheval, refuse de marcher, parce qu'il n'en reçoit pas l'ordre par écrit. Le 19e de cavalerie, Royal-Normandie, oppose le même refus : enfin le 1er régiment, Royal-Dragons, enlevé par son colonel Muratel et son lieutenant-colonel Tholozan, s'élance et charge avec la plus grande vigueur. Il n'était composé que de deux cents chevaux : bientôt il fut enveloppé par huit cents hussards de Wurmser, et cependant il tint ferme pendant plus d'une heure. Kellermann, qui s'était avancé avec Victor Broglie et Schelden, voyant que les grenadiers de Salm-Salm, Allemand, commandés par le lieutenant-colonel Ruttenberg, restent dans les vignes de Dancheim où ils étaient placés, et qu'ils ne veulent faire aucun mouvement pour secourir le 1er de dragons, envoya le 9e régiment de cavalerie, Artois, qui dégagea le peu qui restait encore de ces braves. Custine, le lendemain, destitua Joseph Broglie à la tête de ses chasseurs; et soit qu'il eût à se plaindre d'avoir été

LANDAU, THIONVILLE, RODEMACK, MONTMÉDI.

trop peu secondé, soit, comme l'a écrit le général Kellermann, que celui-ci eût trop hautement blâmé ses dispositions, il s'éleva entre ces deux généraux, depuis cette première affaire, une rivalité et une haine dont leur patrie eut lieu de s'affliger, et qui fit naître, de part et d'autre, les dénonciations les plus indécentes.

Ce fut alors que Custine reçut du généralissime Luckner l'ordre de s'enfermer dans Landau, dont la garnison était principalement composée d'un régiment suisse. Le brave de Blou, nommé à cette époque maréchal-de-camp, venait de succéder, dans le commandement de cette place importante, au général Martignac, qui, l'ayant abandonnée, venait d'être destitué par Luckner, et qui imagina d'aller sans ordre prendre le commandement d'Huningue. On assure que Custine, après être entré à cheval dans Landau, par une brèche de murailles tombées en ruine, fit décharger les pièces de canon, dans lesquelles on ne trouva que de la cendre au lieu de poudre. Custine se hâta de mettre à l'abri d'un coup de main cette place si importante et si négligée; et l'une de ses meilleures dispositions fut d'imprimer et de distribuer aux troupes les propositions particulières que lui avait adressées le baron de Fumel, pour livrer aux princes français la ville de Landau. L'ennemi, informé de ces détails par deux capitaines d'artillerie qui désertèrent, ne pouvant compter ni sur la surprise, ni sur la séduction, abandonna ce siége, et se dirigea, sans être inquiété, sur Thionville, par la vallée de Neustadt et le duché de Deux-Ponts. Nous n'avons pas oublié qu'en 1704 M. de Laubanie s'était couvert de gloire à Landau, qu'il n'avait rendu qu'après soixante-neuf jours de tranchée ouverte, et après avoir été aveuglé par l'éclat d'une bombe (tome 1er, page 267).

Dans les murs de Thionville était un général moins irascible, moins présomptueux que Custine, mais aussi brave et aussi dévoué. Félix Wimpffen, maréchal-de-camp depuis le mois de mars 1788, avait, comme le défenseur de Landau, combattu en Allemagne lors de la guerre de sept ans, et en Amérique, pour la liberté des États-Unis; comme lui, il avait été membre distingué de l'Assemblée constituante. Sa valeur lui avait procuré, dès l'âge de vingt-cinq ans, la croix de Saint-Louis, et sa brillante intrépidité lui valut une pension et le grade de brigadier devant Gibraltar. La Fayette, qui se connaissait en bravoure et en loyauté, avait confié la défense de Thionville à ce franc et généreux guerrier, qui sut électriser les habitants et la garnison de cette ville célèbre qui n'avait encore cédé qu'au fameux duc de Guise en 1558, et au grand Condé en 1643. Grâce au caractère noble et enjoué du général, les travaux de la garnison se changeaient en fêtes, et les dangers en plaisirs. Partout ailleurs on se plaignait de l'inexpérience des canonniers : à Thionville, elle disparaissait par l'exercice et l'émulation. Une masse, établie par les canonniers eux-mêmes, se grossissait des amendes payées par les maladroits, et fournissait des primes à ceux qui démontaient une pièce dans les redoutes ennemies. Cette récompense était donnée au milieu des plus vives acclamations. Le duc de Brunswick, accoutumé à regarder les menaces comme un puissant auxiliaire, se hâta de l'employer vis-à-vis de Wimpffen, qui lui répondit : « Vous pouvez mettre tout à feu et à sang, « vous pouvez commettre toutes les horreurs dont vous menacez Thionville; « mais il n'est en votre pouvoir de faire commettre une lâcheté ni à moi, « ni aux citoyens que je défends, ni aux braves que je commande. » La garnison ne craint pas de placer sur les remparts un cheval de bois avec une botte de foin, et d'y joindre cette inscription : « Quand par ce cheval le foin « mangé sera, Thionville se rendra. » Les ennemis irrités dressent des grils et des batteries de mortiers : pendant quinze heures Thionville est bombardée. Le zèle des habitans prévient tous les malheurs : les mèches des bombes et des obus sont partout éteintes aux cris de *vive la liberté!* Félix Wimpffen, dont la garnison n'était que de cinq mille hommes, est assez audacieux pour prendre l'offensive. Le 7 septembre, à la pointe du jour, il fait une sortie, étonne les Prussiens, les Autrichiens et les émigrés par un grand appareil de forces qu'il n'a pas, fait cinq cents prisonniers, et enlève, à la vue du camp ennemi, un magasin tellement approvisionné qu'il fallut cent trente chariots pour l'évacuer : opération que Wimpffen sut terminer en deux heures. Le même jour, il détruit un autre magasin; et, quelques jours après, ayant d'abord rompu le pont de bateaux que les ennemis avaient vis-à-vis de Cathenon, au-dessous de Thionville, il passe lui-même dans une barque avec quatorze soldats, égorge une garde avancée, pénètre dans un magasin considérable, fait enfoncer les tonneaux de vivres, de farine, d'eau-de-vie, et fait tout jeter dans la Moselle.

Comment triompher d'un général aussi actif? Beaucoup de ceux qui dirigent l'attaque n'imaginent pas que l'on puisse être inaccessible à l'appât des richesses : l'honneur de Wimpffen fut marchandé; on lui offrit secrètement un million s'il consentait à livrer la place. « Volontiers, répondit-il, si la « donation est passée par devant notaire. » Que de honte et d'infamie auraient été prévenues, s'il avait toujours fallu recourir à cette formalité préalable! Cependant la garnison s'affaiblissait, quoiqu'elle eût été rejointe par les braves du château de Rodemack, et le général imagina de demander du secours à Metz. Mais Thionville est cernée; il faut traverser le quartier des Autrichiens, car il est impossible, sous leurs yeux, de remonter en bateau la Moselle. Trois hussards se dévouent; ils partent au grand galop : deux tombent morts, et le troisième, arrivant à Metz, couvert de blessures, remet les dépêches dont il est porteur. La vigueur de Wimpffen rendit inutiles les secours qu'il réclamait, et l'ennemi, découragé et humilié, se tint sur la défensive jusqu'au moment où la victoire de Valmy lui fit lever le siége.

La petite ville de Montmédi, département de la Meuse, a le même honneur. Le général Ligneville fait jurer à la garnison de n'entendre à aucune proposition avant que la brèche ne soit praticable. En vain le général Clairfait investit la place, le 31 août, avec vingt-sept mille Autrichiens; en vain prépare-t-il des grils pour tirer à boulets rouges, rien n'ébranle ce petit nombre de braves; et, suivant le plan adopté par les coalisés de n'entrer que dans les forteresses dont la trahison devait leur ouvrir les portes, Clairfait convertit le siége en blocus, et court rejoindre les Prussiens qui pénètrent en Champagne. Ligneville harcelle l'ennemi, lui enlève ses vivres, et il ne néglige même pas de combattre par des proclamations énergiques les manifestes du duc de Brunswick. Montmédi, comme Thionville, devait être délivré par le combat décisif de Valmy.

Nous avons dit que les portes de Thionville s'étaient ouvertes pour la petite garnison de Rodemack. Ce château avait pour commandant le lieutenant-colonel Emmanuel Laharpe, né dans le pays de Vaud, et proscrit de la Suisse, condamné même à la peine capitale pour avoir réclamé contre l'aristocratie de Berne. Il s'acquittait de l'asile que la France lui avait donné, en combattant pour elle. Enfermé dans le château de Rodemack, au nord de Thionville, avec le 4ᵉ bataillon de Seine-et-Oise, il reconnaît qu'il ne peut faire une longue résistance. Mais, trouvant dans cette situation même le motif d'une résolution héroïque, il harangue ses officiers, il leur peint la honte de recevoir des fers; et tous ils jurent de ne négliger aucun moyen pour se défendre, mais que, si la résistance devient impossible, ils feront sauter les fortifications, et se feront jour à travers l'ennemi pour se retirer sur Thionville; enfin que, si toute retraite leur est interdite, une ressource leur restera : ce sera d'ouvrir les portes aux assiégeans, de mettre le feu aux mines, et de tout faire sauter à la fois, attendu qu'en aucun cas de braves gens ne sauraient se rendre prisonniers. Voilà l'homme que des écrivains stipendiés ont peint comme n'ayant qu'un esprit vulgaire. Il sut communiquer son enthousiasme à ses frères d'armes; et cette résolution, que l'on croirait recueillie par un voyageur sur un rocher des Thermopyles, fut signée par tous les officiers dont les noms doivent être conservés : Laharpe et Mathis, lieutenans-colonels; Bouillet, Rennes et Camus, capitaines; Dumont, Frère et Duvivier, lieutenans; Housset, Blancard, Brune et Peynier, sous-lieutenans, et Maly, adjudant. Ceux de ces braves auxquels le sort des combats permettra de prolonger leur carrière, ne tarderont pas à reparaître avec gloire; mais l'un d'eux est destiné à les surpasser tous, et par ses exploits, et par son élévation, et par ses grandes qualités, et par les circonstances épouvantables qui accompagnèrent ses derniers soupirs.

Luckner ne veut point que ce noble dévouement enlève à la patrie de si vaillans défenseurs; il leur ordonne d'abandonner Rodemack. Laharpe parvient, malgré l'ennemi, à sauver toute l'artillerie et les munitions de ce fort; et c'est ce convoi qu'il fit entrer avec son bataillon dans Thionville.

Beaurepaire, ex-capitaine au 2e régiment de carabiniers, ayant quarante ans de services, chef du 1er bataillon de Maine-et-Loire, fut moins heureux à Verdun, place forte et d'une haute importance pour la sûreté de la Champagne. Il avait pour compagnons d'armes les chefs de bataillon Marceau, Lemoine et Dufour, qui surent inscrire si honorablement leurs noms dans les fastes de la gloire. La garnison n'était que de trois mille cinq cents hommes; mais de tels chefs ont toujours de vaillans soldats. Le prince de Hohenlohe-Kirchberg, le général Kalkreuth, le duc de Brunswick et le roi de Prusse en personne, ayant investi Verdun avec une armée de quatre-vingt mille hommes, cette place reçut, le 30 août, à dix heures du matin, la sommation de se rendre; et, sur la réponse négative du commandant, le bombardement commença de trois batteries différentes, à six heures du soir, se prolongea jusqu'à deux heures du matin, et recommença, le 1er septembre, pendant quatre heures consécutives. Quelques bourgeois alarmés, et qui, dès l'approche de l'ennemi, avaient fait piller les magasins militaires par la populace, accoutumée à vivre des profusions de l'ancien clergé de Verdun dépendant de l'archevêque, électeur de Trèves, voulurent capituler. En vain Beaurepaire oppose les lois de l'honneur; en vain le jeune et bouillant Marceau prouve la possibilité de se défendre; en vain Lemoine et Dufour protestent qu'ils ne signeront aucune capitulation, les municipaux plus nombreux décident qu'on ouvrira les portes; et leur délibération est si prompte, qu'elle ne stipule aucune garantie en faveur de la garnison. Beaurepaire, au désespoir, se brûle la cervelle au milieu du conseil, et cette scène attendrissante ne change rien aux déterminations de la bourgeoisie. Un M. Alexandre-Joseph de Neyon, chef du 2e bataillon de la Meuse, et qui se trouvait plus ancien en grade que les trois guerriers qui partageaient l'opinion de Beaurepaire, se soumit aux propositions de Kalkreuth. Lemoine, avec Maine-et-Loire, ses deux compagnons, et le bataillon de la Charente, s'enferme dans la citadelle qu'il trouve dépourvue de vivres et de munitions. Mais là, du moins, il peut réclamer et il obtient pour la garnison les honneurs de la guerre, ses armes, ses bagages, deux pièces de quatre avec leurs caissons, et un fourgon pour emmener avec elle le corps du brave Beaurepaire. Cet honorable convoi se dirigea sur Sainte-Menehould, et ces braves se réunirent à l'armée de Kellermann. On demande à Marceau, qui a tout perdu, ce qu'il veut qu'on lui rende : « Un sabre pour nous venger, répond ce jeune héros. » Le duc de Brunswick s'empressa de prendre possession d'une place qui lui avait si peu coûté, et quelques habitans firent au roi de Prusse un accueil qu'ils devaient payer bien cher dix-huit mois après; car Neyon et les officiers municipaux furent condamnés à mort, le 24 avril 1794, ainsi que cinq femmes et huit filles qui n'avaient point hésité à se présenter devant le roi avec des corbeilles de fleurs. Actrices imprudentes et malheureuses de ce spectacle honteux si souvent renouvelé devant les vainqueurs, et qui ne leur inspire que le mépris pour cette portion turbulente d'un sexe dont la modestie, le calme et la timidité sont le plus bel apanage.

On a écrit, à cette occasion, que la prise de Verdun avait frappé de stupeur les *révolutionnaires;* qu'ils dissimulèrent alors leurs ressentimens et leur fureur; mais que, peu de temps après, la victoire ayant ranimé leur audace, ils se vengèrent en faisant condamner à mort *vingt* jeunes demoiselles, etc. Voici la vérité. Parmi ces filles, il y en avait de vingt-six, de trente-cinq et de quarante-huit ans, dont on s'était servi pour égarer les autres; deux demoiselles, âgées de dix-sept ans, ne furent condamnées qu'à une longue détention. Les révolutionnaires furent si peu atterrés, que l'époque où l'on apprit la trahison de Verdun fut celle de l'horrible massacre des prisonniers arrivant d'Orléans à Versailles; et, le 12 septembre, long-temps avant la victoire de Valmy, l'Assemblée nationale décréta les honneurs du Panthéon pour Beaurepaire, avec cette inscription sur sa tombe : « Il aima mieux se « donner la mort que de capituler avec les tyrans. » Expressions où il serait difficile de reconnaître le sentiment de la stupeur. Enfin, s'il est vrai de dire que les *révolutionnaires* avaient beaucoup à redouter des succès de l'ennemi, on doit convenir, en même temps, que la France entière courait alors les mêmes dangers, et que si la fortune n'en eût décidé autrement au moulin de Valmy, le 20 septembre 1792, la nation française était replacée pour long-temps sous le joug de la féodalité. Ce serait donc mal envisager cette grande époque de notre histoire, que de regarder les *révolutionnaires* comme seuls intéressés au triomphe de nos armées.

La conduite des Prussiens à Longwi, qui leur avait cédé presque sans résistance avant qu'ils se présentassent devant Verdun, prouvait assez ce que l'ennemi réservait aux amis de l'indépendance nationale, puisqu'ils osèrent condamner à la potence le seul officier municipal qui n'eût pas voulu souscrire à la capitulation. On sait que ce malheureux n'échappa que par une espèce de miracle au sort que le commandant prussien lui avait réservé : le clou se détacha, le patient tomba d'une grande hauteur ; et, avant qu'on ne pût le saisir de nouveau, il eut assez de présence d'esprit pour fuir avec une grande rapidité, et rejoindre les avant-postes de l'armée française. Déjà la populace avait incendié la maison de ce magistrat; mais qui pouvait autoriser un officier prussien à disposer de ses jours? C'était ainsi que des hulans, au combat de Drucheim, ayant pris deux volontaires, les avaient déshabillés, leur avaient mis un bonnet rouge, et en avaient déjà pendu un, lorsque l'autre se jeta sur le pistolet d'un hulan, lui brûla la cervelle, et parvint à rejoindre le corps de Kellermann ; c'était ainsi que les ennemis préludaient à la guerre. Le malheureux Lavergne-Champlorier, d'Angoulême, lieutenant-colonel du régiment de Rouergue, 58ᵉ d'infanterie, et qui s'était chargé imprudemment, pendant trente-six heures, du commandement de Longwi, finit, après une longue détention, après même un premier jugement favorable, par payer de sa tête une capitulation qui, comme à Verdun, avait été l'ouvrage des habitans. Il y a lieu de croire que, par sa condamnation du 31 mars 1794, dans laquelle on eut la cruauté de comprendre sa jeune épouse, en punition d'un cri arraché par le désespoir, Lavergne expiait bien moins la reddition de Longwi qu'il n'avait pu empêcher, que la publication des trahisons nombreuses dont il s'était trouvé enveloppé, et qu'il fit connaître dans le Moniteur du 30 septembre 1792. Les détails contenus dans son adresse aux Français ont tous les caractères de la candeur et de la vérité. Cet infortuné avait vingt-quatre ans de service ; il avait reçu la croix de Saint-Louis avant le terme ordinaire ; et, né roturier, il était parvenu au grade de lieutenant-colonel, en marchant toujours avec les compagnies de chasseurs ou de grenadiers.

LANDAU, THIONVILLE, RODEMACK, MONTMÉDI.

Retiré dans ses foyers, il fut rappelé dans son régiment affaibli par l'émigration. Il fut étonné de la situation où il trouva les travaux de la place qu'on lui donnait à défendre, et dans laquelle le général Berruyer, qu'il remplaçait, lui déclara qu'il avait refusé de compromettre quarante-deux ans de service, quatorze campagnes et onze blessures. Le colonel du régiment d'Angoulême, 34ᵉ d'infanterie, avait également refusé le commandement, mais il refusa aussi d'obéir à un inférieur; et l'exemple de l'ex-comte de Sérent produisit une insubordination presque générale, et dont le 1ᵉʳ bataillon de la Côte-d'Or et le 4ᵉ bataillon des Ardennes, qui avait pour chef le brave Paul Bruyère, surent seuls se préserver. L'adjudant-général d'Arblay, ainsi que les officiers du génie et de l'artillerie qui étaient chargés des travaux de la place, et qui les avaient entièrement négligés, passèrent à l'ennemi, auquel ils indiquèrent les côtés les plus faibles. Les poudres étaient tellement avariées, que les bombes lancées de la place tombaient dans les ouvrages extérieurs. Les bourgeois se cachant dans leurs caves, au lieu d'éteindre le feu, comme le faisaient ceux de Thionville, Lavergne en chargea des soldats qui s'abandonnèrent, sous les yeux de leurs officiers, aux excès les plus répréhensibles; enfin les émissaires de l'ennemi parcouraient la ville en colportant ses menaces, et glaçaient tous les cœurs. Lavergne fut contraint de capituler par la ville et par la garnison, si l'on en excepte les chefs des bataillons de la Côte-d'Or et des Ardennes. Lavergne, en exposant tous ces faits, ne craignit pas de témoigner tout le mépris et toute l'indignation que lui avaient fait éprouver les propositions d'un émigré, son ancien camarade dans le régiment de Rouergue : c'était une nouvelle preuve de la marche régulièrement adoptée pour occuper nos places frontières sans coup férir; et l'on ne peut dissimuler que de si nombreuses tentatives, même en échouant, n'aient concouru à motiver cette défiance qui a si long-temps été le désespoir des généraux et le fléau de nos armées.

Cependant un événement d'une haute importance avait concouru à augmenter la division des esprits dans l'intérieur, et l'inquiétude du peuple sur les frontières. Le général de La Fayette, que nous avons vu, dans notre introduction, se prononcer peut-être avec trop d'éclat contre les mouvemens populaires du 20 juin, dont la répression ou la punition appartenait au pouvoir exécutif, venait de s'élever également contre la révolution du 10 août, et paraissait craindre beaucoup plus les agitateurs qui renversaient le trône, que les ennemis qui envahissaient le territoire de la France. Les vertus personnelles de ce général, l'illustration de toute sa vie, le courage avec lequel il avait coopéré à établir les bienfaits de la révolution et à en réparer tous les maux, donnaient un grand poids à son opinion, et semblaient lui promettre le concours de nombreuses volontés particulières pour appuyer sa résistance. Il faut convenir que, quelque respectables que pussent être alors ses intentions, elles devaient échouer devant la vigueur du nouveau gouvernement, et qu'en les manifestant à une époque où il lui était impossible de les faire triompher, il compromettait, sans aucune compensation, le parti constitutionnel, ses amis, et même les têtes augustes dont il embrassait la défense. La loyauté de son caractère, et la persuasion où il était que la constitution se trouvait abondamment pourvue de tous les moyens qui devaient en garantir la stricte exécution, lui fermèrent les yeux devant l'abyme où le précipitait son dévouement. Bientôt il reconnut son impuissance, soit pour décider son armée à le soutenir, soit pour protéger les administrateurs qu'il avait initiés dans ses projets. Poursuivi par l'Assemblée même qui, deux jours avant le 10 août, avait pris sa défense, il lui fallut abandonner son poste, et même quitter cette patrie qu'il avait si noblement servie et illustrée. Il fut victime d'une autre erreur, et il reconnut trop tard que les puissances étrangères ne mettaient aucune différence entre les amis de la constitution et les fauteurs de l'anarchie. Arrêté sur le territoire ennemi, qu'il traversait avec ceux des officiers qui l'avaient suivi, il est traîné de prison en prison, et il va expier à Olmutz, dans une longue et cruelle captivité que viennent partager sa femme et ses deux filles, le crime d'avoir servi la liberté sur les deux hémisphères. Ses fers ne seront brisés que par la paix de Campo-Formio, et sa liberté sera un des trophées de nos victoires.

Au surplus, dès le moment de son arrestation, voici la déclaration qu'il rendit publique, et que signèrent avec lui ses compagnons d'infortune. On croit lire une de ces lettres que de malheureux naufragés se hâtent d'enfermer dans des corps flottans, et de confier aux vagues de la mer, dans l'espoir qu'un jour leurs familles et leur patrie pourront connaître ce dernier témoignage de leur souvenir, de leurs regrets et de leur existence.

« Les soussignés, citoyens français, arrachés par un concours impérieux de circonstances
« extraordinaires au bonheur de servir, comme ils n'ont cessé de le faire, la liberté de leur
« pays, n'ayant pu s'opposer plus long-temps aux violations de la constitution que la volonté
« nationale a établie, déclarent qu'ils ne peuvent être considérés comme des militaires ennemis,
« puisqu'ils ont renoncé à leurs places dans l'armée française, et moins encore comme cette
« portion de leurs compatriotes que des intérêts, des sentimens ou des opinions absolument
« opposées aux leurs, ont portés à se lier avec les puissances en guerre avec la France, mais
« comme des étrangers qui réclament un libre passage que le droit des gens leur assure, et dont
« ils useront pour se rendre promptement sur un territoire dont le gouvernement ne soit pas
« actuellement en état d'hostilité contre leur patrie.

« *Signé* LA FAYETTE, Alexandre DE LAMETH, LATOUR-MAUBOURG, LAUMOY, DUROURE,
« A. MASSON, SICARD, BUREAU-PUZY, Victor LATOUR-MAUBOURG, Victor GOUVION,
« LANGLOIS, SIONVILLE, A. ROMEUF, CURMER, Phil. C. DAGRIN, L. ROMEUF, PILLET,
« LACOLOMBE, V. ROMEUF, C. LATOUR-MAUBOURG, Al. D'ARBLAY, SOUBEYRAN, C. CADI-
« GNAN, LALLEMAND. »

Six de ces officiers reçurent des passe-ports pour la Hollande; mais le général Latour-Maubourg et Bureau-Puzy ne furent point séparés du sort affreux réservé à La Fayette. C'était l'Assemblée constituante que les ennemis de la France poursuivaient et persécutaient dans ces trois célèbres personnages.

Ainsi, même en quittant leur patrie, ces Français ne se séparaient point de la nation, bien persuadés que c'est de ce côté que les hommes en société ont été placés par la nature, et que c'est toujours de ce côté que les gens d'honneur restent attachés par le devoir. Mais les catastrophes qui suivirent cette fuite malheureuse, ou qui en furent le résultat, semblèrent se réunir pour prouver combien la révolution française se jouait de la prudence des hommes, et combien il est vrai de dire que l'immense abyme ouvert sous les pas de tous, reçut et confondit ensemble toutes les victimes. L'estimable Kersaint, dont nous avons indiqué quelques faits d'armes (tome 1er, pages 316 et 317), était l'un des commissaires de l'Assemblée nationale envoyés à l'armée de La Fayette, et que la municipalité de Sedan avait momentanément mis en arrestation. Le dévouement de ce député à la constitution n'était pas suspect : néanmoins il ne faisait aucun doute de la trahison des ministres du roi, dont il déclarait avoir trouvé partout des traces dans sa mission. Tous les officiers municipaux de Sedan furent mis en jugement pour l'attentat qu'ils avaient porté à la représentation nationale. Mais, qui l'aurait pu prévoir? Kersaint, que leur mort devait venger bien au-delà de ses désirs, car il avait intercédé pour leur pardon, était tombé lui-même sous la hache révolutionnaire (4 décembre 1793) six mois avant eux. Le courage

LANDAU, THIONVILLE, RODEMACK, MONTMÉDI.

qu'il eut de se récuser pour juge de Louis XVI le fit comprendre dans la trop fameuse proscription des 31 mai, 1er et 2 juin; découvert dans une retraite à Ville-d'Avray, il périt avec tant d'illustres collègues, et ce fut ensuite à ses mânes, qui ne demandaient que l'indulgence pour expiation, qu'on immola, le 3 juin 1794, vingt-huit municipaux de Sedan, recommandables par leur âge, par leurs vertus, et par l'importance du commerce auquel ils étaient adonnés.

Outre les émigrés et les auxiliaires que l'on attendait de la Russie, voici quelle était la force des coalisés destinés à envahir la France à l'époque du 10 août 1792:

Dans le Brabant, treize mille Prussiens étaient réunis à cinquante-neuf mille Autrichiens; dans le pays de Luxembourg, vingt-six mille Autrichiens marchaient avec seize mille Prussiens; ceux-ci, au nombre de vingt-quatre mille hommes, occupaient le Palatinat, avec vingt-huit mille Autrichiens, et quarante-un mille Autrichiens et Prussiens traversaient le Brisgaw : ce qui formait un total de deux cent sept mille hommes. Il serait difficile de calculer, avec une grande exactitude, quelles étaient alors les forces réelles de la France au milieu du désordre produit par l'émigration des officiers, par le séjour momentané de ceux qui n'étaient demeurés que pour désorganiser leurs régimens, par la défection de plusieurs corps, la plupart étrangers, qui passèrent successivement à l'ennemi, et par l'arrivée tumultueuse des volontaires qui accouraient, de toutes parts, pour défendre les frontières, mais qu'on ne pouvait, qu'avec beaucoup de lenteur, organiser, armer et habiller. Les meilleurs renseignemens que nous puissions donner à cet égard se trouvent dans les travaux du plus habile ministre de la guerre, du plus grand administrateur que la France ait possédé pendant ses années de combats et de victoires. M. Pétiet, qui mourut sénateur au mois de mai 1806, et qui eut la gloire d'être loué par le célèbre Monge; M. Pétiet, ancien subdélégué de l'intendance de la province de Bretagne, où le peuple le choisit ensuite pour procureur-général-syndic, et pour son représentant; M. Pétiet, commissaire-général des armées de l'Ouest, de Brest et de Cherbourg, et qui, arrêté par les insurgés et prêt à être fusillé, n'eut besoin que de se nommer pour recevoir des ennemis l'hommage dû à ses vertus, à son désintéressement, à son humanité, fut appelé, par le Directoire exécutif, au ministère de la guerre. Pourquoi faut-il que cette immense administration ait été sitôt enlevée à des mains aussi exercées et aussi incorruptibles? Nous lisons dans son premier rapport, modèle admirable d'ordre, de recherches et d'exactitude, que deux mois après la bataille de Valmy, c'est-à-dire au mois de décembre 1792, la France n'avait que cent trente-neuf mille hommes présens sous les armes, dont sept mille étaient dans l'intérieur, cinquante mille dans l'armée du Nord réunie à celle de la Belgique, onze mille dans celle des Ardennes, vingt-un mille sur la Moselle, et cinquante mille sur le Rhin. Le mois suivant, le total s'élève à cent quatre-vingt-quatorze mille hommes, parce qu'on y voit figurer l'armée des Pyrénées-Orientales pour trente-six mille hommes, et les armées d'Italie et des Alpes pour vingt mille environ. C'est ici le moment de remarquer que l'accroissement des soldats français devint rapide et prodigieux; qu'au mois de germinal an II (avril 1794) la France eut sept cent vingt mille hommes sous les armes, et qu'au mois d'octobre suivant elle a même compté jusqu'à sept cent cinquante mille combattans, époque fameuse où l'*effectif* montait à un million cent soixante-neuf mille hommes.

Comme nous ne faisons point un traité de la guerre, et que notre but n'est que de recueillir les principaux événemens glorieux pour notre patrie, nous ne reviendrons plus sur ces sortes de détails. Mais, afin que nos lecteurs puissent à loisir calculer combien de soins et de dépenses exigent la réunion et la marche des troupes, disons-leur que, seulement pour une armée de cent cinq mille combattans, composée de quatre-vingt-un mille huit cent quatre fantassins, dix-huit mille quatre cents cavaliers, et quatre mille huit cents artilleurs, on compte dix-neuf mille huit cent soixante-dix-neuf chevaux; que l'état-major des divers corps monte à douze cent quatre-vingt-dix-huit hommes et à treize cent deux chevaux; que le service des diverses administrations exige, à la suite de cette armée, dix-huit mille cinq cent vingt-cinq hommes et trente-deux mille huit cent soixante-quatre chevaux; qu'en résultat, une armée de cent cinq mille combattans se trouve composée de cent vingt-quatre mille hommes et de cinquante-quatre mille chevaux; c'est-à-dire que, sur les théâtres de la guerre où il est permis de conserver ces proportions, l'état-major forme un quatre-vingtième des combattans; les employés à la suite sont entre le cinquième et le sixième de ce même total, et le nombre des chevaux s'élève à un peu plus que la moitié des combattans. Poussons plus loin cet aperçu. Pour nourrir une semblable armée, il faut 343,956 sacs de farine, de 200 livres chacun, ou 404,712 sacs de froment, pour 143,315 rations; 39,237 bœufs; 42,109 muids de vin pour fournir les rations d'eau-de-vie et de vinaigre; enfin, pour les fourrages et la paille de couchage, 3,777,385 quintaux de foin, 1,546,250 quintaux de paille, et 53,140,000 boisseaux d'avoine. Nous ne parlerons ni de l'habillement ni de l'équipement, ni des effets de campement, ni de l'armement, ni des immenses approvisionnemens d'artillerie nécessaires à une telle armée. Si, au calcul de ces innumérables consommations, on ajoute tout ce qui se perd par négligence, par défaut d'ordre, par inexpérience, par spéculations criminelles, par difficulté de routes, par marches rapides et imprévues des divers corps, et tout ce qu'exigent et dilapident les troupes elles-mêmes, on pourra se faire une idée de ce que coûtent aux états et à l'agriculture ces terribles déplacemens de populations armées que la politique et l'ambition lancent au loin, et du désordre épouvantable qui en résulte, lorsque ces grandes catastrophes privent tout-à-coup deux cent mille soldats de leurs approvisionnemens, et de la ressource si cruelle des réquisitions. Ce désordre est le même quand la mauvaise foi préside à l'organisation ou à la manutention des magasins. S'il en faut croire Dumouriez, son armée, après la victoire de Jemmapes, fut arrêtée sur la Meuse par le défaut de subsistances; six mille chevaux d'artillerie moururent de faim à Tongres et à Liége; enfin, les blés des Pays-Bas allaient à Nantes, revenaient de Nantes à Paris; on les faisait moudre à Montmartre et à Corbeil, et on renvoyait les farines dans les Pays-Bas. Ce n'était cependant plus alors les ministres de Louis XVI que l'on pouvait accuser de trahison. Le général Dumouriez dit, dans ses mémoires où la causticité de son esprit se fait quelquefois sentir, que les meneurs des Jacobins et de la Gironde voulaient également traîner la guerre en longueur. Ainsi, les peuples et les armées étaient victimes des factions, après comme avant la chute du trône; et le sang des hommes n'était pas plus épargné par ceux qui s'en proclamaient les amis, que par ceux qu'on avait accusés d'en être les oppresseurs.

BATAILLE DE VALMY.
Kellermann — 20 Septembre 1792.

LE TEMPLE DE LA GLOIRE.

BATAILLE DE VALMY,

20 septembre 1792 (Kellermann).

Le roi de Prusse, maître de Verdun et de Longwi, avait résolu de marcher droit sur Paris à travers la Champagne. Dumouriez, qui se plaint beaucoup de l'insubordination des troupes, avait refusé d'obéir à La Fayette qui lui avait prescrit de lever le camp de Maulde, entre Tournay, Orchies et Saint-Amand, pour venir le joindre à Sedan. Dès que La Fayette eut quitté le commandement, et que Dumouriez lui eut succédé, ce général, aussi ambitieux qu'il était brave, actif et spirituel, se hâta de rejoindre l'armée du centre, et d'envoyer Arthur Dillon occuper les défilés de l'Argone, entre l'Aisne, la Marne et la Meuse, dont le duc de Brunswick avait eu l'imprudence de ne point s'emparer. Ce général, dont la réputation colossale reçut un si grand échec dans cette campagne, ne sut point empêcher la petite colonne de Dillon de prendre possession de la côte de Bième, si importante pour l'ennemi, entre Clermont et Sainte-Menehould. La prévoyance du général Dumouriez lui procura les moyens d'exécuter une marche hardie, et de donner, en disputant le terrain pied à pied, le temps aux secours que lui amenaient Beurnonville de la Flandre, et Kellermann de la Lorraine, de le joindre près de Sainte-Menehould, ville célèbre par une grande quantité de siéges soutenus dans les onzième, quinzième, seizième et dix-septième siècles, mais déchue entièrement de son antique gloire et privée de ses anciennes fortifications.

Kellermann, avec dix-huit mille hommes composant l'armée de la Moselle, et renforcés d'un secours de quatre mille hommes qu'il avait reçus de l'armée du Rhin, campait, le 18 septembre, à Dampierre-le-Château; et le 19, il occupa, à la gauche et en équerre de l'armée de Dumouriez, la position que celui-ci avait déterminée d'avance, à Dommartin-la-Planchette, et qu'il fit indiquer à Kellermann par un officier d'état-major qui se trouva sur les lieux. Cette position était mauvaise : à droite, elle était séparée de Dumouriez par l'étang le Roi; à gauche, elle était dominée par les hauteurs du moulin de Valmy, et enfin il avait à dos le ruisseau de l'Auve, dont les deux rives sont très-marécageuses. Pour se replier sur l'armée de Dumouriez, en cas d'échec, il lui aurait fallu franchir un défilé étroit entre l'étang et le ruisseau. Kellermann, frappé des dangers de cette position, se hâta d'aller s'en expliquer avec Dumouriez, en présence de tout son état-major, et de le prévenir qu'il allait repasser le ruisseau, et camper sur les hauteurs de Dampierre-sur-Auve et de Voilemont, en conservant ses communications libres avec Châlons-sur-Marne que ses instructions lui prescrivaient de protéger. Dès le moment même, il donna ses ordres en conséquence au colonel Schawembourg, son chef d'état-major, officier si connu déjà par son courage, sa fermeté et son amour pour la discipline militaire. Ces détails sont fournis par M. le maréchal Kellermann lui-même, qui s'est élevé contre les assertions de quelques écrivains qui lui ont reproché d'avoir occupé sa mauvaise position, malgré les avis du général Dumouriez. Les dangers de cette situation n'avaient point échappé à l'ennemi; aussi prévint-il le mouvement prescrit par Kellermann.

Dès les trois heures du matin, le 20 septembre, les armées prussiennes et autrichiennes, qui tournaient le dos au pays qu'elles voulaient conquérir, s'avancèrent sur trois directions différentes. Elles avaient déjà dépassé le village de Hans et la rivière de Bionne, environ à une lieue de Valmy. Il n'était plus temps de repasser l'Auve pour occuper Dampierre et Voilemont; mais, ne pouvant rester dans la position dangereuse qui lui avait été assignée, Kellermann résolut, en marchant à l'ennemi, de chercher un champ de bataille plus favorable. Les avant-gardes étaient aux prises. Le général Després-Crassier, qui commandait celle de Kellermann, fut promptement soutenu par la réserve que conduisaient les généraux Valence et de Lange: cette réserve était composée de carabiniers, des escadrons de dragons à la tête desquels combattait le général de Chartres, et de deux compagnies d'artillerie légère. Valence, avec beaucoup de sang-froid, se déploya sur les hauteurs en avant du chemin de Gisancourt à Valmy; il étendit son front sur une seule ligne, et se maintint en masquant toute la plaine en arrière, où l'ennemi devait supposer des corps d'infanterie. Le général Pully, à la tête de la cavalerie, présente de même une ligne imposante; et cette vigoureuse contenance empêche qu'on n'entreprenne de tourner Kellermann par sa gauche, où les renforts envoyés par Dumouriez, et composés de trois mille hommes commandés par le général Stengel, n'arrivent que plusieurs heures après.

BATAILLE DE VALMY.

Kellermann prit sur-le-champ une position avec sa seconde ligne, appuyant la droite au village de Valmy, sur les hauteurs; la gauche descendant jusqu'au ruisseau de l'Auve, dans la direction de la maison de la poste, occupant le village de Gisaucourt et le château de Maupertuis. Incertaine des projets du duc de Brunswick, la première ligne avait d'abord gardé sa position, d'après les ordres de Kellermann, pour couvrir la gauche de l'armée de Dumouriez; elle vint ensuite se réunir à la seconde, mais sur un terrain trop resserré pour pouvoir agir avec succès. Il semblait qu'on ne fût pas encore revenu d'une première surprise. L'armée des coalisés s'était mise en bataille sur les hauteurs de la Lune; sa droite vers l'étang de la Croix, sa gauche se déployant sur la plaine, et se rapprochant du ruisseau de la Bionne. Les hauteurs du moulin de Valmy, de ce moulin qu'on aurait dû raser pour ôter un point de mire aux canonniers ennemis, appuyaient la droite de l'armée française : ce poste n'est qu'un tertre élevé, dont la crête étroite et escarpée avait été couronnée de six pièces de douze par les soins du général Valence. Le général Stengel, qui l'occupait, fut détaché sur la droite, au-delà de Valmy. Le feu commença de part et d'autre vers sept heures du matin; il fut maintenu et reçu avec une égale vigueur. A neuf heures, l'ennemi démasqua une nouvelle batterie vers son centre, en avant et à droite de la maison de la Lune. Kellermann, qui était accouru sur les lieux, eut son cheval tué sous lui; il était alors au centre de sa ligne à examiner les mouvemens de l'ennemi, avec le général d'Aboville et le colonel d'artillerie Senarmont, dont les lumières, le sang-froid et la bravoure ont jeté tant d'éclat sur les opérations de nos armées. Qui croirait qu'on a reproché cet événement au général? Le cheval de Senarmont fut bientôt blessé par un autre boulet de canon; l'escorte de Kellermann et le régiment de carabiniers qui le suivaient souffrirent beaucoup. Tandis que l'ennemi faisait de grands mouvemens dans sa ligne, ses obus mettaient le feu à trois caissons d'artillerie près du moulin de Valmy. Le désordre fut grand. La première ligne rétrograda, l'artillerie à cheval rétablit le feu; la première ligne reprit sa position, et la présence des généraux acheva de la raffermir. Kellermann fait alors placer une autre batterie, dans le dessein d'attirer l'attention de l'ennemi, et de soulager les troupes placées au moulin de Valmy. Brunswick avait éprouvé qu'une vive canonnade n'effrayait pas les Français : il voulut savoir s'ils résisteraient de même à une attaque de vive force. Il était d'ailleurs encouragé par le rapport d'un capitaine de carabiniers qui venait de passer du côté des Prussiens, et de le prévenir du peu de troupes qu'avait Kellermann. En effet, vingt-un mille Français se trouvaient en présence de quatre-vingt mille ennemis. Vers les onze heures, le feu des Prussiens redouble; on les voit se former sur trois colonnes d'attaque soutenues par toute leur cavalerie : les deux masses de gauche se dirigent sur le moulin de Valmy, celle de droite se refusant et se tenant en mesure d'agir dans le cas où les deux premières obtiendraient du succès. Ces attaques, en ordre oblique, recommandées par Follard et Puy-Ségur, sont la tactique familière des Prussiens. Kellermann dispose en colonnes, par bataillons, les troupes qui occupent le moulin, et il fait avancer sa réserve d'artillerie, que le commandant du parc osa, pendant près d'une heure, refuser de mettre à sa disposition. A peine sont-elles formées, qu'il adresse à ses troupes cette courte harangue : « Camarades, le « moment de la victoire est arrivé; laissons avancer l'ennemi sans tirer un « seul coup, et recevons-le à la baïonnette. » L'armée répondit par des cris de *vive la nation !* Nos troupes, composées de régimens de ligne et de bataillons de nouvelles levées, attendaient l'ennemi de pied ferme. Voyant cette bonne contenance, Kellermann met son chapeau sur la pointe de son sabre, et s'écrie : *Vive la nation !* Ce cri est répété avec enthousiasme dans tous les rangs; tous les chapeaux sont agités sur la pointe des baïonnettes. Cette saillie nationale étonne l'ennemi; ses colonnes s'arrêtent. *La victoire est à nous,* s'écrie Kellermann ! Et à l'instant il fait redoubler le feu de l'artillerie sur la tête des colonnes prussiennes; leur fluctuation annonce le désordre, et bientôt de nouvelles décharges forcent l'ennemi de renoncer à cette attaque. Il se retire cependant avec assez d'ensemble, laissant sur le terrain beaucoup de morts et de blessés. La colonne de droite, se réglant sur les deux autres, rétrograde également.

Pendant cette attaque, le corps autrichien, aux ordres de Clairfait, avait tâté à différentes reprises, avec des forces supérieures, mais toujours sans succès, l'extrémité de la droite de Kellermann, commandée par Stengel, et la tête du camp de Dumouriez, vers Maffrecourt, afin de le tenir en échec. Ce fut alors que Beurnonville arriva avec quatre mille hommes, qu'il appuya Stengel, et préserva, par sa belle et froide résistance, Kellermann du danger dont il était menacé du côté de Hans. Le feu continua de part et d'autre avec vivacité. L'ennemi faisait beaucoup de mouvement sur toute sa ligne, pour donner le change sur ses véritables intentions qui se développèrent par une manœuvre semblable à celle du matin, faite par les troupes autrichiennes. Stengel fut plus vivement attaqué, mais le résultat fut partout le même.

Un premier avantage avait redoublé l'ardeur de nos troupes; les mêmes cris de joie, la même assurance, furent les précurseurs d'un succès encore plus décisif. Les colonnes ennemies s'arrêtèrent plus loin que le matin, mais cependant à la portée du canon. Vingt-quatre pièces de position, placées enfin au moulin de Valmy, firent un feu des plus terribles sur les colonnes, et l'ennemi se retira avec plus de désordre et de précipitation que la première fois. Alors le feu s'éteignit insensiblement; il cessa tout-à-fait vers sept heures du soir, époque où les coalisés rentrèrent dans leurs premières positions. Les Français, restés maîtres du champ de bataille, eurent sept à huit cents hommes tués ou blessés; mais les Prussiens firent une perte beaucoup plus considérable. L'armée française regretta surtout le brave Lormier, lieutenant-colonel du 5ᵉ bataillon des grenadiers volontaires, qui avait déployé un grand sang-froid et une tactique habile. Frappé à mort, il repoussa comme inutiles les soins de ses camarades. « Marchez toujours en avant, « leur dit-il, je meurs content; la liberté triomphe. »

Cependant la position de Kellermann, malgré cette brillante affaire, était toujours hasardée; l'ennemi pouvait le tourner par sa droite, se porter entre lui et Sainte-Menehould, et couper ses vivres et ses communications. Il regrettait de n'avoir pas eu le temps, avant l'action, d'occuper les hauteurs de Dampierre et de Voilemont. Il ne donna que deux heures de repos à son armée : à neuf heures du soir, il leva le camp, d'accord avec Dumouriez, et de l'avis des généraux d'Aboville et Valence. Cependant il fait allumer des feux sur toute la ligne pour cacher son départ, et laisse quelques régimens de chasseurs, avec ordre de se replier sur sa nouvelle position s'ils y sont forcés par un ennemi supérieur. Marchant à gauche, par un chemin affreux et sur un mauvais pont, il regagne les hauteurs entre Voilemont et Dampierre. Le général Valence, avec sa réserve, ouvrait la marche de l'armée : Després-Crassier formait l'arrière-garde. Stengel resta avec quelques escadrons de cavalerie légère sur les hauteurs de Valmy, et se replia ensuite sur le village de Dammartin-la-Planchette. Les dernières troupes arrivaient le 21, à six heures du matin, et toute l'armée était rangée en bataille, la droite appuyée au village de Dampierre-sur-Auve, et la gauche sur les hauteurs de

Voilemont, quand l'armée ennemie s'ébranla, se forma sur quatre colonnes soutenues de toute sa cavalerie, et se mit en mouvement. L'avant-garde aperçoit alors Kellermann dans sa nouvelle position; il arrivait vers leur flanc droit. Tout-à-coup les colonnes s'arrêtent; les généraux ennemis se rassemblent à la maison de la Lune; ils tiennent conseil, et bientôt ils font rétrograder leurs troupes. Kellermann les force, par quelques volées, de replier promptement l'extrémité de leur droite, et de rentrer dans leur première position du camp de la Lune. Pour assurer la liberté de ses communications avec Châlons et Sainte-Menehould, qu'il aurait été si facile à Brunswick d'intercepter avant de combattre, il jeta quelques troupes en arrière de sa gauche, et, de cette excellente position, il se fit respecter par les quatre-vingt mille Prussiens.

Cette journée détermina la réputation militaire du général Kellermann, qui, dans une situation aussi épineuse, eut le bonheur d'avoir sous ses ordres des généraux d'une grande valeur et d'une grande fermeté. Obligés de marcher vers un terrain moins désavantageux pour le combat, ils surent inspirer aux troupes une confiance dans leur propre courage, qu'elles n'avaient pas éprouvée depuis le commencement de la guerre. Dans l'emplacement plus heureux de Dampierre, Kellermann arrêta les Prussiens au milieu d'un pays dépourvu de subsistances, conserva l'abondance dans son camp, fournit du pain à l'armée de Dumouriez, couvrit Paris et Châlons, et sauva la France, que les Prussiens, mourant de faim, exténués par les maladies et la misère, furent contraints d'évacuer dix jours après.

Pour juger sainement de la journée du 20 septembre, qui, presque bornée à une vive canonnade, n'en devint pas moins le prélude de tant de victoires, et dont le nom doit se perpétuer, comme un glorieux souvenir, dans la famille du maréchal Kellermann, *duc de Valmy*, il faut se reporter à l'époque fatale où la France, étonnée des journées des 20 juin et 10 août, humiliée des massacres du 2 septembre, voyait ses frontières dégarnies, ses forteresses livrées, Thionville embrasée, cent cinquante mille ennemis furieux, inondant son territoire et menaçant sa capitale; ses armées composées de citadins et de villageois réunis à la hâte, sans armes, sans instruction, égarés trop souvent par ce mot de trahison, employé si facilement par tout lâche qui craint de combattre, ou par tout esclave qui craint d'être libre. Dans des circonstances aussi critiques, les généraux devaient payer de leur personne : heureux ceux qui ont à se justifier d'avoir, à cette époque, affronté la mort! L'art ne consistait pas à vaincre, mais à n'être pas vaincu. Il s'agissait moins de repousser l'ennemi, que d'arrêter sa marche triomphale, et l'on devait bien moins précipiter des troupes nouvelles dans les hasards des combats, que les leur faire envisager de sang-froid, et les familiariser avec le danger. Toute autre tentative eût été d'une aveugle témérité, et les résultats de la victoire de Valmy ont décidé du mérite des combinaisons rapides qui ont suppléé à l'absence du premier plan, et de la gloire des militaires qui ont concouru à leur exécution.

Le roi de Prusse et son général commencèrent à se désabuser; et les Français qui, vingt-quatre

BATAILLE DE VALMY.

heures avant, craignaient de ne pouvoir se défendre, n'hésitaient pas, quelques jours après, à se promettre de vaincre toute l'Europe. Biron et Custine se préparant à agir sur le Rhin; le Palatinat n'ayant aucun moyen de repousser leur invasion; les maladies désolant l'armée prussienne, privée de vivres, et ne trouvant pour s'abreuver que des eaux bourbeuses et saumâtres; le duc de Brunswick décida Frédéric-Guillaume à traiter pour s'assurer la retraite. Elle ne leur était ouverte que par ces mêmes défilés de l'Argone, où ils étaient parvenus à tourner Dumouriez, mais où les paysans suffisaient pour anéantir leur armée à son retour. Un cartel d'échange des prisonniers servit de prétexte à une négociation plus importante. Le général français permit aux Prussiens d'évacuer le territoire qu'on les avait flattés de conquérir sans obstacles. Ils avaient profité de deux jours d'armistice pour faire filer leurs bagages et leur artillerie; et, renouvelant alors leurs injures contre le peuple français, ils avaient contraint Dumouriez de mettre un peu plus de vigueur dans une poursuite qu'il n'avait d'abord fait diriger que contre les émigrés et contre les Autrichiens. Les uns et les autres n'étaient point épargnés dans ses ordres, et l'on regarda ces dispositions particulières comme une suite des engagemens secrets que le roi de Prusse avait pris de renoncer incessamment à la coalition. Quoi qu'il en soit, il paraît certain que Dumouriez éluda de consentir au plan qui lui fut présenté pour prévenir les têtes de colonnes prussiennes entre Verdun et Longuyon, et les forcer, au milieu d'une forêt et entre des marais impraticables, d'abandonner toute leur artillerie et leurs charrois, de gagner en désordre la chaussée d'Estain, et de laisser Longwy à la disposition des Français. Dumouriez se dirigeait déjà vers la Flandre; et Frégeville, qui avait le commandement de son arrière-garde, reçut l'ordre d'aller sur-le-champ se mettre à la tête de l'avant-garde. Ce ne fut que le 8 octobre que Kellermann, resté maître de l'armée du centre, put commencer à faire poursuivre vivement, par le général Valence, cette armée prussienne à laquelle il restait encore quatre-vingt-dix mille hommes des cent trente-huit mille avec lesquels elle était entrée en France. Ce fut dans cette poursuite que l'on commença à connaître l'influence du courage et de la vertu. Colaud, né en Corse, et qui fut depuis un si illustre général, était alors capitaine de cavalerie. Valence, arrivé sur les bords d'une rivière, voulait confier à ce brave officier une reconnaissance périlleuse dont il se chargeait avec empressement, mais à condition de choisir les hommes de son détachement. Il était difficile de se prêter à cet arrangement dans un moment où l'ardeur des Français était inexprimable, et où ils accusaient les généraux de trop de lenteur et d'égards envers les Prussiens. Valence prend le parti d'exposer au régiment, sous les armes, son projet et le danger de l'exécution; il annonce qu'il lui faut des hommes de bonne volonté, et il déclare ne point douter d'en rencontrer plus qu'il ne lui en faut. Sur sa provocation, quelques cavaliers se présentent; une voix s'avise de demander qui commandera le détachement? « Ce sera Colaud, » répond le général. A ces mots, tout le régiment s'avance en criant : vive la nation ! Il fallut que Colaud employât les plus grands ménagemens pour empêcher le régiment entier de le suivre.

Ce n'était point le sort des combats qui avait enlevé aux Prussiens près de cinquante mille hommes en si peu de temps. Cette perte était le résultat de l'imprévoyance de Brunswick, qui, se livrant à l'espoir dont l'avaient bercé les émigrés, et croyant que la terreur de son nom et l'étendue de ses menaces allaient soumettre la nation française, n'avait pris aucune précaution pour assurer ses subsistances, et qui, tout fier d'avoir tourné Dumouriez et de l'avoir forcé de lever son camp de Grand-Pré, avait perdu ses communications avec Verdun, et n'avait pas su en établir avec Châlons. La situation déplorable des hommes et des chevaux, dans le fameux camp de la Lune, était telle, que si le général Dumouriez l'eût voulu, ils y auraient tous trouvé la mort. Ce camp, après leur départ, devenait le foyer de la peste : la Convention nationale fut obligée d'accorder aux administrateurs du département une somme de cinquante mille francs, qui fut consacrée à creuser des fosses pour y entasser les cadavres, et pour les consumer avec de la chaux vive.

BOMBARDEMENT DE LILLE.

Nous avons dit que Dumouriez hâtait sa marche vers la Flandre. Dès qu'il avait été obligé de quitter les environs de Valenciennes, et d'abandonner la protection des places fortes de cette frontière à huit ou neuf mille hommes que commandait le général Moreton-Chabrillant, celui-ci avait successivement levé le camp de Maulde et celui de Bruille. Il ouvrait ainsi un libre accès aux troupes autrichiennes : elles étaient commandées par le gouverneur-général des Pays-Bas, le duc Albert de Saxe-Teschen, âgé de cinquante-cinq ans, que nous avons déjà fait connaître dans notre introduction. Ce prince, placé à Mons, n'avait point assez de troupes pour exécuter les grandes entreprises qu'il affectait d'annoncer contre Valenciennes, Maubeuge, Philippeville et d'autres places. Après avoir pris Orchies et Saint-Amand, il arriva tout à coup devant Lille avec trente mille hommes; il occupa la droite de la Deule, c'est-à-dire depuis Hautbourdin jusqu'à la chapelle de la Madeleine; il plaça son quartier-général à Hélemme, sur la chaussée de Tournay. En 1708, lorsque Lille fut glorieusement défendue par le maréchal de Boufflers, le prince Eugène, qui triompha de sa résistance, et dont Marlborough protégeait les opérations, avait ouvert la tranchée, à droite et à gauche de la Basse-Deule, entre la porte de la Madeleine et la porte Saint-André. Mais, en 1792, les ennemis n'ayant pour but que de faire soulever le peuple contre son gouvernement, et de ménager, disaient-ils, les fortifications qui appartenaient au roi, ne s'occupèrent qu'à établir des batteries, et à bombarder la ville, qui n'avait pour garnison que huit mille hommes, dont la moitié seulement était composée de troupes de ligne, mais remplies de courage, ainsi que les volontaires nationaux. Il n'y avait pas cent cinquante canonniers pour le service de la nombreuse artillerie dont les remparts étaient garnis. Le maréchal-de-camp Ruault, commandant d'armes, qui s'était occupé de conserver ses communications du côté d'Armentières et de Dunkerque, n'en fut pas moins un moment suspendu de ses fonctions, après avoir fait la plus noble

BOMBARDEMENT DE LILLE.

réponse à la première sommation de l'ennemi, et après avoir dirigé des sorties vigoureuses pour aguerrir sa garnison. Le lieutenant-général Duhoux reçut l'ordre de se rendre de Soissons à Lille pour en prendre le commandement. C'est le même officier qui eut à se justifier de l'insubordination des troupes qu'on l'accusa d'avoir tolérée à Reims, et qui figura, plus tard, dans l'insurrection du 13 vendémiaire an IV. Il se comporta à Lille avec une grande intrépidité, et son zèle fut secondé par les généraux Champmorin et Lamorlière qui, le 1er octobre, entra avec huit bataillons et trente-sept canonniers; par le lieutenant-colonel d'artillerie Guiscard, par le capitaine du génie Marescot, destiné, par son mérite et par son admirable modestie, à une si grande illustration; par les lieutenans-colonels Valhubert et de Pierre, par toute la municipalité de Lille, et par Bryand, digne commandant de la valeureuse garde nationale, qui obéissait alors à des officiers de son choix. Tous les habitans de l'un et de l'autre sexe, d'abord effrayés par les premiers résultats du bombardement, mais bientôt rassurés par l'attitude de tous les chefs, et surtout enthousiasmés de la noble réponse d'André, leur maire, à une sommation de l'ennemi, concoururent à cette défense mémorable. « Nous venons de renouveler le serment de rester fidèles à la nation, avait « dit le maire, de maintenir la liberté et l'égalité, ou de mourir à notre « poste. Les habitans de Lille ne seront jamais parjures. » Cette réponse, conforme à celle de la garnison, est aussitôt rendue publique : chacun la regarde comme l'expression de ses propres sentimens, et il n'est point de malheur qui puisse exciter d'autres passions que l'amour de la patrie et le désir de la vengeance. Huit jours d'un feu soutenu, six mille bombes, trente mille boulets rouges lancés sur les quartiers les plus populeux; la présence même de l'archiduchesse Christine, qui, animée d'un courroux impolitique, à un âge où les passions semblent devoir s'éteindre, vint présider et applaudir à la destruction d'une grande cité, et à la ruine d'habitans dont tout le crime était de défendre leurs propres foyers : rien ne put porter atteinte à l'héroïsme de ces généreux Français. Le plus grand ordre est établi pour éteindre l'incendie partout où il se manifeste, pour accueillir, pour sustenter ceux dont les maisons et les ressources sont consumées par les flammes, pour consoler les familles où la mort a répandu le deuil, et pour que, malgré le ravage des projectiles ennemis, nul poste ne reste jamais privé de défenseurs.

Enfin le duc Albert, lassé de tant de persévérance, n'apercevant aucun symptóme des insurrections dont on l'avait flatté, manquant de munitions, après avoir épuisé ses boulets, les barres de fer, les chaînes et jusqu'aux pierres qu'il avait pu se procurer, ayant tout à craindre du retour de Dumouriez et de l'arrivée de La Bourdonnaye, opéra sa retraite le 6 et le 7 octobre, et rentra dans Tournay. Dès le 8, la ville de Lille tout entière sembla s'échapper hors de ses retranchemens, par les portes de Fives, de Saint-Maurice et des Malades, pour aller visiter, avec une curiosité aussi juste et aussi vive que son indignation, les travaux que l'ennemi avait contraint, par les plus cruelles violences, les paysans d'exécuter, et d'où le ravage et la mort avaient été lancés sur de paisibles habitations. Derrière des parapets élevés de plus de douze pieds, les Autrichiens avaient bravé l'artillerie de la place, qui, du 26 septembre au 8 octobre, avait brûlé deux cents milliers de poudre, sans leur occasioner de grands dommages. C'était donc le patriotisme seul qui avait triomphé de tant de forces dirigées par la fureur, et dont les habitans s'empressèrent, à l'envi l'un de l'autre, de détruire les vestiges odieux. Mais, du côté de la place, les traces de tant de barbarie étaient bien plus douloureuses, et il n'était pas aussi facile de les faire disparaître. Tout le faubourg de Fives incendié, tout le quartier de Saint-Sauveur couvert de décombres, sept cents maisons détruites, deux mille autres criblées de boulets, et près d'écrouler; vingt mille familles ruinées, trois mille individus de la ville et de la garnison arrachés à l'existence : tels étaient les résultats d'un bombardement qui ne pouvait que porter à son comble l'irritation des Français; bombardement qui ne procura que de la honte au ministère autrichien, et dont la ville de Lille, première et innocente victime de cette coalition, doit recueillir une gloire immortelle.

REPRISE DE VERDUN ET DE LONGWY,

14 et 22 octobre 1792.

Cependant Kellermann, comme nous l'avons dit, avait pu, depuis le 8 octobre, faire poursuivre avec plus de vigueur, par le général Valence, les Prussiens, dont la marche avait été jusqu'alors trop semblable à cet exercice modéré que l'on permet à des convalescens. Le général était arrivé presque

REPRISE DE VERDUN ET DE LONGWY.

aussitôt qu'eux à Verdun, et il dicta au lieutenant-général prussien, le 12 octobre, les conditions de l'évacuation de la ville de Verdun, qui eut lieu dès le lendemain. L'ennemi fut contraint de laisser intacte toute l'artillerie qu'il avait trouvée dans cette place, et de rétablir en nature tout ce qu'il avait tiré des magasins. On protégea le convoi de ses malades.

Longwy fut restitué, le 22, de la même manière; et le général Valence eut la gloire de signer les deux capitulations dans lesquelles le roi de Prusse reconnaissait, pour la première fois, la République française. Ce fut le général Kalkreuth, qui devait vaincre à Mayence, et rendre un jour Dantzick au maréchal Lefebvre, que le roi Frédéric-Guillaume II autorisa à conclure ces deux traités.

Ce qu'il y eut de plus singulier dans cette négociation, c'est qu'elle fut précédée et suivie de divers conciliabules sollicités par les généraux ennemis, et dans lesquels des propositions de paix et même d'alliance furent faites et écoutées par des hommes qui n'avaient, de part et d'autre, aucune mission de leur gouvernement. Le duc de Brunswick et Kalkreuth eurent, le 8 octobre, à une demi-lieue de Verdun, une entrevue avec les généraux La Barolière et Galbaud, ancien officier d'artillerie. Celui-ci, après le départ de La Fayette, s'était empressé de peindre ce général comme un traître qui aurait voulu livrer son armée à l'ennemi : c'était ce même Galbaud qui devait bientôt porter à Saint-Domingue l'incendie, la désolation et la mort. Trois jours après, Dillon et Galbaud furent encore en conférence avec Kalkreuth; et l'on sait que Kellermann lui-même, entre Longwy et Luxembourg, eut l'occasion, à la table du général Valence, de prévenir le duc de Brunswick que les Français allaient se dédommager, par la conquête des Pays-Bas, des dépenses et des pertes que leur avait occasionées l'injuste agression de la maison d'Autriche. Brunswick approuva les projets du gouvernement français, excusa les expressions injurieuses et inconsidérées de ses manifestes, protesta de son estime pour la nation française, de son respect pour le droit inaliénable qu'ont les peuples de perfectionner leurs institutions, et enfin témoigna le désir de concourir à hâter le terme des hostilités entre la Prusse et la République. Lors du premier entretien, ce prince, à l'approche inattendue du général Klinglin, émigré, que nous retrouverons dans une autre circonstance, et auquel il ordonna, avec hauteur, de s'écarter, avait dit aux généraux français : « Vous le voyez, je « n'ai jamais aimé les traîtres. » Il ne pouvait alors employer une expression plus capable d'entretenir les ressentimens que la nation se croyait autorisée à manifester contre ceux de ses membres auxquels elle pouvait attribuer les nouveaux malheurs dont la guerre la menaçait. Tous ces détails furent publiés par le général Arthur Dillon lui-même, compromis vis-à-vis des factieux, et désigné bientôt, par eux, pour l'échafaud, à cause de son attachement à la constitution jurée par le roi en 1791. Au surplus, le duc de Brunswick, qui avait été à l'école du grand Frédéric, se souvenait peut-être qu'un gentilhomme français, officier du génie, ayant quitté sa patrie et obtenu du service en Prusse, crut mériter les bonnes grâces de son nouveau souverain, en mettant à sa disposition les plans qu'il avait apportés de plusieurs forteresses de la France. « Je vous remercie de votre présent, lui dit le roi; mais je vous défends

« de mettre jamais le pied dans mes places de guerre, puisque vous faites un si mauvais usage
« de vos talens. » Que d'amertume auraient épargnée à leur vieillesse certains imitateurs de ce
transfuge, si la réponse d'un aussi grand homme avait été gravée dans leur mémoire !

A l'époque de tous ces entretiens, et des ratifications données par le roi de Prusse, il ne fut fait aucune proposition en faveur de ceux qui avaient, avec tant d'empressement, ouvert les portes des deux places. On les abandonna, sans appui, à la vindicte publique ; on ne daigna pas même intercéder pour un sexe si facile à tromper et à émouvoir ; et la redoutable Convention nationale, qui venait d'ajourner les récompenses méritées par les braves habitans de Lille, ne mit aucun retard à saisir, à incarcérer, à frapper les trop faibles bourgeois de Verdun et de Longwy. Les Prussiens, en se séparant de leurs amis, ne leur laissaient, pour souvenir, que le désespoir, la honte et l'échafaud. Dans un premier mouvement, on avait ordonné la destruction totale de Verdun, et Valence s'était courageusement refusé à concourir à de semblables mesures.

CONQUÊTE DE LA SAVOIE
ET DU COMTÉ DE NICE,

septembre 1792 (Montesquiou et Anselme).

Dumouriez, dans un mémoire qu'il adressait au roi de Prusse après la bataille de Valmy, disait que l'armée française, purgée des traîtres qui s'étaient d'abord glissés dans son sein, au lieu de se borner à la défense, ne tarderait pas à attaquer elle-même ses ennemis. Au moment où il traçait ces lignes, le général Montesquiou-Fezensac, pacificateur de la révolte et des troubles du Midi, répondait aux dénonciations dirigées contre lui, par l'invasion rapide de la Savoie, et par la conquête de Chambéry et du comté de Nice.

La cour de Sardaigne, dont la politique espère toujours recueillir quelque avantage des dissentions qui s'élèvent entre la France et l'Autriche, unie d'ailleurs, autant que les cours peuvent l'être, par des liens de famille avec les deux frères de Louis XVI, devenus par leur rang chefs de l'émigration, s'était fait un devoir d'accéder à la coalition. Elle se croyait enfin arrivée au moment de réaliser les vieux rêves de la maison de Savoie, de relever l'ancien trône de Provence, et de pousser sa domination jusqu'au Rhône, en envahissant la Bresse, la Provence et le Dauphiné. Victor-Amédée III, roi depuis 1773, était fils de Charles-Emmanuel-Victor qui, monté sur le trône par l'abdication de Victor-Amédée II, son père, en 1730, avait consenti, deux ans après, à ce que ce prince fût arraché de son lit, transféré dans une prison,

CONQUÊTE DE LA SAVOIE ET DU COMTÉ DE NICE. 73

et bientôt réduit à mourir, sans pouvoir même obtenir de voir, avant d'expirer, ce fils auquel il avait cédé la couronne. Ces révolutions de palais, renouvelées sous tant de formes différentes, prouvent que, dans les cours, les leçons de ce qu'on appelle la politique sont beaucoup mieux suivies que les penchans de la nature. Mais cette politique a manqué de prévoyance, et les peuples ont cessé d'attribuer une origine céleste à des promotions inopinées où il était trop facile d'apercevoir la main criminelle de quelques courtisans audacieux, corrompus et déhontés. Les démonstrations hostiles des généraux de Victor-Amédée n'avaient point échappé à Montesquiou, et ce général en chef, brûlant de se distinguer à la tête de l'armée qui lui avait été confiée, s'efforçait de prouver au gouvernement français la nécessité de prendre l'initiative sur les troupes piémontaises. Enfin, dès que la permission lui en fut donnée, il envoya au général Anselme, qui commandait sous lui un corps d'armée dans le département du Var, l'ordre de se concerter avec le contre-amiral Truguet qui avait été mis à la tête de l'escadre de Toulon, et de s'emparer du comté de Nice. De son côté, il s'approcha du fort Barreaux, sur l'Isère, entre Grenoble et Montmélian; et de cette frontière de France, se hâtant de prévenir les ennemis qui se disposaient à garnir d'artillerie les trois redoutes qu'ils venaient de construire près de Champareillans, il chargea les généraux Antonio de Rossi et Laroque de tourner les monticules sur lesquels elles étaient placées. Le mauvais temps ayant retardé la marche des troupes, les Piémontais purent les apercevoir assez tôt, le matin du 22 septembre, pour n'être point enveloppés, pour fuir vivement, pour abandonner tous leurs châteaux, et pour se retirer, dans la plus grande confusion, jusqu'à Annecy : ils n'osèrent pas même tenir à Montmélian, où il leur eût été facile de tirer parti de l'ancien château rasé par Louis XIV, mais qu'avaient en partie relevé les Espagnols, pendant la guerre de 1740. Le général piémontais, comte de Lazzary, se jeta sur la rive gauche de l'Isère, et fit sauter le pont.

Le général Montesquiou, ayant su se placer ainsi au milieu même des ennemis, et les rejeter sur sa droite et sur sa gauche, s'empara de leurs magasins, et marcha en triomphe vers Chambéry. Les magistrats de cette ville vinrent, avec des branches de laurier et la cocarde française, lui en apporter les clefs, et offrir, au peu de troupes dont il s'était fait suivre, un banquet fraternel. La plus grande union régna entre les habitans et les soldats français qui n'occupèrent aucun des postes de la garde bourgeoise, et qui se trouvèrent comme au milieu de leurs concitoyens. C'était au moment même que Montesquiou traversait la ville de Montmélian, qu'il était destitué par la Convention; et dix-huit mois ne devaient pas s'écouler avant que le général Laroque, ancien chef d'escadron de Mestre-de-camp-Général dragons, ne portât sa tête sur l'échafaud. On touchait à ces temps déplorables où l'on ne pouvait ni abandonner, ni servir impunément la cause de la république. Le général en chef fut parfaitement secondé par le général Casa-Bianca, ancien colonel du 49ᵉ régiment d'infanterie, et compatriote du lieutenant-général Antonio de Rossi. Casa-Bianca, ami de Paoli, aussi long-temps que celui-ci fut l'ami des Français, et destiné ensuite à le combattre quand Paoli s'allia au gouvernement de la Grande-Bretagne, s'était distingué, sous Biron, à l'attaque de Mons; il avait repoussé l'ennemi à Quiévrain; il s'était emparé de cette place avec un seul bataillon qu'il avait disposé en tirailleurs, et qui s'était avancé, à la faveur des arbres, jusqu'aux murailles; et quoique une terreur panique eût mis en fuite, pendant sa marche, les huit mille hommes que commandait Biron, ce chef valeureux n'en avait pas moins célébré le beau fait d'armes de Casa-Bianca qui, appelé à l'armée du Midi, avait emporté les regrets de Biron, de Valence et de Luckner.

Casa-Bianca se rendit maître, sur la droite, du passage de Pont-Beauvoisin et des Echelles, où se trouve cette grotte percée par Charles-Emmanuel II en 1770, et où Napoléon, qui devait laisser au mont Cenis un si admirable monument de l'administration française, fit rétablir la belle inscription latine que des mains révolutionnaires avaient effacée. Ce qui est grand, noble et utile fera toujours partie du domaine inaliénable de l'histoire. Les magasins de Chastellar tombent au pouvoir de Casa-Bianca; il pénètre dans la Tarentaise, après avoir rétabli le pont de Conflans, et il va occuper, au bourg Saint-Maurice, les débouchés du petit Saint-Bernard, et menacer la vallée d'Aoste. Le peu de troupes qui étaient à la disposition des généraux français ne leur permit pas de suivre les Piémontais dans leur retraite, aussi vivement qu'ils l'auraient désiré.

Une conquête aussi rapide et aussi importante, un accueil aussi amical de la part de tout un peuple, une défection aussi générale de toute une armée ennemie, présentée naguère dans une attitude menaçante, offraient une réunion de faits trop glorieux et trop importans pour qu'il fût possible

CONQUÊTE DE LA SAVOIE ET DU COMTÉ DE NICE. 75

à la Convention de maintenir son décret d'accusation contre Montesquiou. Elle le rapporta; mais bientôt après il fut dénoncé de nouveau pour n'avoir pas mis assez de vigueur à exiger le prompt renvoi des Suisses que Genève avait appelés dans ses murs, et surtout pour avoir eu la sagesse de ne point commencer les hostilités avec les treize cantons. Ceux qui voulaient perdre la France ne trouvaient pas que ses ennemis fussent encore assez nombreux. Montesquiou crut prudent de se soustraire à un nouveau décret; il s'évada. « Sa fuite fut légitime, puisqu'à cette époque désastreuse les directeurs des « massacres de septembre siégeaient dans la Convention nationale; qu'ils « menaçaient déjà tous ceux qui n'étaient pas leurs complices; qu'alors la « prison n'était plus l'asile de la loi, et que les accusés auraient vainement « cherché une sauve-garde dans leur innocence. » Nous empruntons ici les nobles expressions de Doulcet-de-Pontécoulant, long-temps victime lui-même de la proscription, et qui eut tant de peine, trois ans après, avec Defermon et Châteauneuf-Randon, à faire révoquer les décrets lancés contre Montesquiou, et à renverser les barrières qui séparaient de sa patrie un aussi illustre citoyen.

Le général Anselme avait mis le même zèle pour pénétrer dans le comté de Nice, propriété illégalement démembrée de la Provence dans le quatorzième et le quinzième siècle, et réclamée par les rois de France, notamment par Charles IX, en 1562, aux conférences de Lyon. Anselme, dénué des ressources qu'il avait vainement sollicitées, traverse le Var, le 23 septembre, à la tête d'une avant-garde formée par cinq bataillons de ligne, quelques bataillons de volontaires, deux cents cavaliers et douze pièces de canon. Aux approches de ce corps, la ville de Nice, où se trouvaient cinq mille émigrés, dont huit cents seulement auraient pu combattre, fut évacuée par le général Saint-André; et les grenadiers français ayant montré la plus vive impatience pour attaquer les forts, le commandant piémontais se hâta de capituler. Catinat, en 1691, pour entrer dans cette place, avait été du moins obligé d'y jeter quelques bombes. Le général Anselme, informé que l'ennemi évacuait également Villefranche, qui est le port réel de Nice, courut vers cette place avec quatorze dragons, et la menaça de l'escalade, quoiqu'il n'eût pas une seule échelle. Cette ville, qui avait tiré un coup de canon à Catinat, mais qui s'était vaillamment défendue dans la guerre de 1741, après la mort de l'empereur Charles VI, dernier prince de la maison d'Autriche, ne fit aucune résistance. Le commandant se rendit à discrétion avec dix-neuf officiers et trois cents hommes, et laissa les Français maîtres de cent pièces de canon, d'une frégate, d'une corvette et de tous les magasins du roi de Sardaigne.

L'armée qui fuyait devant Anselme était cependant composée de vingt mille hommes, dont huit mille de troupes de ligne; et il eût été nécessaire de marcher en avant, pour ne pas donner à des ennemis aussi nombreux le temps de se reconnaître. Mais le Var, dont les gués sont si variables, étant débordé, et l'armée française n'ayant pu encore se réunir à son avant-garde, car on n'avait aucun des moyens nécessaires pour jeter un pont comme en 1744, le général s'était borné à garnir de troupes Nice, Villefranche et le château de Montalban, et à occuper Sospello. Les Piémontais s'étaient enfin arrêtés au-delà du torrent qui descend du col de Tende, et ils s'étaient fortifiés à Saorgio, où douze mille Autrichiens vinrent les rejoindre. Aussitôt après leur arrivée, le poste de Sospello fut attaqué, le 18 octobre, avec des forces infiniment supérieures, et l'avant-garde française se retira en bon ordre. Dès le lendemain, Anselme, ayant été rejoint par sa petite armée, marche à travers les neiges, renouvelle le combat avec beaucoup de vigueur, reprend Sospello, et y replace le général Brunet avec son avant-garde. Comme les neiges rendaient très-fatigant l'approvisionnement de trois mille hommes qu'il avait dans cette ville, et comme les attaques non interrompues des barbets obligeaient à de fortes escortes pour les convois, le général reploya l'avant-garde à Scarena, dans la vallée et en-deçà de Paglion. L'ennemi, excité par cette marche rétrograde, revint, le 2 décembre, camper sur les hauteurs de Sospello, d'où il fut aussitôt chassé par le maréchal-de-camp Dagobert, qui s'empara de tous les bagages et de toutes les provisions des troupes autrichiennes et piémontaises. Ce vieux militaire, auquel le département de la Manche s'honore d'avoir donné naissance, et que les trois campagnes suivantes devaient tant illustrer, apprenait ainsi à connaître un terrain où il allait bientôt cueillir de nouveaux lauriers.

Anselme avait vaincu; il fut destitué et remplacé provisoirement par le général Brunet, et ensuite par le général Biron, destinés l'un et l'autre à regretter, au pied d'un indigne échafaud, de n'avoir pas rencontré la mort sur les champs de bataille. On se servit contre Anselme de l'insubordination de ses troupes et des excès commis par elles. On lui reprocha sa faiblesse; on

CONQUÊTE DE LA SAVOIE ET DU COMTÉ DE NICE.

lui eût fait un crime de sa sévérité. Bientôt, sur le rapport de Collot-d'Herbois, il fut arrêté; et quoiqu'il ait osé publier, dès le mois suivant (mars 1793), un mémoire justificatif, les bourreaux l'oublièrent pendant dix-huit mois dans son cachot. Ce ne fut qu'après le fameux 9 thermidor an II (27 juillet 1794), que le général Anselme vit briser ses fers avec ceux de Hoche, de Kellermann, et de tant d'autres victimes promises en holocauste aux ennemis de la France et de sa liberté.

Pour favoriser les opérations de l'armée du Midi, le contre-amiral Truguet, blessé dans la guerre de 1776, et du petit nombre des braves officiers de la marine demeurés fidèles à leur patrie, s'était présenté devant la petite ville et le port d'Oneille qui, bien qu'enclavés dans le territoire de Gênes, avaient été vendus, en 1576, aux ducs de Savoie. Ce général avait envoyé M. Blanquet-Duchayla, son capitaine de pavillon, porter une proclamation aux habitans pour les inviter à prévenir, par une prompte soumission, les horreurs de la guerre. Trompé par des démonstrations amicales, le canot français vient atterrir sur le rivage. Mais, dans le moment même, une décharge de mousqueterie tue quatre matelots, trois officiers, MM. d'Aubermesnil, Isnard et Pelissier, enseignes de vaisseau, et blesse six autres personnes, au nombre desquelles est le capitaine Duchayla qui devait un jour, et non sans gloire, attacher le souvenir de ses malheurs particuliers à la mémoire d'une grande infortune. Toute l'embarcation eut la plus grande peine à prendre le large, et elle ne parvint à rejoindre l'escadre qu'après avoir essuyé une grêle de pierres et de nouveaux coups de fusil. Le commandant d'Oneille, joignant la bassesse à la trahison, se hâta d'envoyer des excuses au contre-amiral; mais celui-ci lui répondit par une lettre vigoureuse, et il exigea qu'on lui remît les prêtres fanatiques qui avaient provoqué cette horrible violation du droit des gens. Le silence du commandant fut regardé comme un refus, et l'artillerie des vaisseaux foudroya Oneille, comme le comte d'Estrées l'avait bombardée en 1691. Le lendemain les troupes de débarquement, commandées par le général Marchand de La Houlière, vieux militaire que l'on avait laissé, pendant vingt-deux ans, brigadier d'infanterie, s'emparèrent de la ville, suivies des garnisons des vaisseaux, et de cent matelots armés de haches. Les provocateurs avaient fui, et ils avaient entraîné avec eux tous les soldats et tous les habitans. Une vengeance terrible fut exercée sur une ville qu'une fureur irréfléchie avait compromise, sans espoir d'aucun avantage pour une cause dans laquelle il est toujours imprudent aux faibles d'intervenir.

La Convention nationale réunit à la France toute la Savoie par son décret du 27 novembre 1792, et le comté de Nice, celui de Tende et la petite principauté de Monaco, par décret du 23 mars 1793. Elle ne faisait, pour ainsi dire, qu'homologuer le vœu solennel émis par les habitans de ces contrées qui s'affiliaient à un grand peuple, et qui contractaient une union dont leur commerce et leur industrie devaient retirer un grand avantage. Les sujets du prince de Monaco, né Goyon de Matignon, et héritier du nom des Grimaldi par les femmes, déclarèrent qu'ils étaient trop pauvres pour envoyer leurs députés à Paris. Le prince souverain, arrière-petit-fils d'un maréchal de France, était non seulement pair de France, c'est-à-dire sujet du roi, mais encore simple gouverneur perpétuel de la place de Monaco. Dans quel état d'abjection doivent languir des sujets, quand leur souverain est réduit à une telle dépendance? Par cette double adjonction la France augmentait sa population de trois cent quatre-vingt-trois mille habitans environ, et son territoire de plus de neuf cent soixante mille hectares. Depuis long-temps elle avait adopté des hommes célèbres de ces contrées. L'abbé de Saint-Réal était de Chambéry; le village de Périnaldo, dans le comté de Nice, avait donné le jour aux Maraldi, et à ce Jean-Dominique Cassini, que notre grand Colbert sut ravir, pour ainsi parler, au pape Clément IX et au sénat de Bologne, et dont le nom, les travaux et les vertus se sont propagés, jusqu'à nos jours, dans une succession remarquable de laborieux astronomes et de savans académiciens.

Ce devait être pour l'Europe un bien étrange spectacle, que ces premiers résultats de la grande coalition qui s'était proposé de démembrer le royaume de France. D'autres merveilles s'opéraient sur les bords du Rhin et dans les plaines de la Belgique.

PRISE DE SPIRE, MAYENCE, FRANCFORT, KŒNIGSTEIN ET LIMBOURG,

du 30 septembre au 9 novembre 1792 (Custine).

Dès le commencement de la campagne, les Autrichiens, pour s'opposer au passage du Rhin, avaient établi un cordon de troupes depuis Philisbourg jusqu'à Rheinfelden (Rhinfeld), la plus occidentale des quatre villes forestières, à la hauteur de Bâle. Douze mille hommes occupaient le Brisgaw, sous les ordres du prince d'Esterhazy, vis-à-vis Huningue, Brisach et Colmar; un corps de quatre mille émigrés, placés dans le margraviat de Bade, liait l'armée du prince à un autre corps de treize mille hommes commandés par le comte d'Erbach, et chargés de surveiller le Rhin, depuis la ville de Spire jusqu'à Mayence. L'armée du Rhin, qui avait encore pour général en chef Biron, tenait un camp près de Strasbourg, et occupait en outre les lignes de Weissembourg, près de Landau. Custine, qui commandait cette seconde portion de l'armée, et dont nous avons déjà remarqué l'impatience d'agir d'après sa propre direction, ayant appris que le comte d'Erbach avait eu l'imprudence de ne laisser que quatre mille deux cents hommes, dont trois mille soldats de l'électeur de Mayence, à la garde des immenses magasins établis à Spire, proposa directement au gouvernement de s'emparer de cette riche proie. Autorisé à cette expédition, il quitte Landau le 29 septembre, à neuf heures du soir, passe la Qeich, divise, à l'abbaye de Hambach, ses dix-huit mille hommes en trois colonnes, commandées, l'une par le général Meusnier, ancien capitaine du génie, dont nous aurons bientôt l'occasion de célébrer la mort glorieuse au siége de Mayence; l'autre par le général Neuwinger, et la troisième dirigée par Custine lui-même, qui voulait couper la retraite de l'ennemi sur Worms. Les trois colonnes étant arrivées devant Spire, le 30, trouvèrent l'ennemi en bataille

PRISE DE SPIRE, MAYENCE, etc.

devant la ville, et bien décidé à défendre les magasins qu'il n'avait pu faire évacuer. Les Autrichiens appuyaient leur droite à l'escarpement au-dessous duquel est la porte qui regarde Worms, et leur gauche à des jardins entourés de fortes haies; un ravin profond couvrait le front de cette petite armée que le colonel Winckelmann avait formée sur deux rangs, pour masquer sa faiblesse et occuper un plus grand espace. C'était presque le même terrain où le prince de Hesse-Cassel avait été battu par Tallart, en 1703 (tome 1er, page 265). Pendant que Custine foudroie, avec son artillerie, le centre des Autrichiens, Neuwinger tourne leur droite, et occupe une hauteur qui la domine et qui la déborde. Winckelmann rentre dans la ville, dont les Français enfoncent les portes à coups de hache; il s'établit dans les rues, et au moyen des maisons crénelées, un combat à outrance que Custine termine avec les obusiers et les canons de huit qui précèdent ses colonnes. L'ennemi fuit vers le Rhin; mais les bateliers effrayés, ayant déjà passé sur la rive droite de ce fleuve, Winckelmann est forcé de mettre bas les armes avec trois mille hommes, et de livrer leurs drapeaux, leurs étendards et leurs canons. Spire tombe au pouvoir de Custine; des magasins immenses et des munitions de toute espèce deviennent la proie du vainqueur. Cette conquête ne coûte que deux cents hommes aux Français, qui ont la gloire de ne commettre aucun excès dans une ville où ils ont pénétré de vive force, et où la résistance qu'ils viennent d'éprouver aurait pu servir de prétexte à la fureur du soldat. Dans le combat de Spire on distingua le 36e régiment d'infanterie de ligne (Anjou), dont le 2e bataillon forma le noyau de l'ancienne 72e, et ensuite de la 30e demi-brigade.

Sans perdre de temps, Custine envoie Neuwinger s'emparer de Worms, et prévenir l'arrivée du comte d'Erbach qui, mieux avisé, accourait avec douze mille hommes pour couvrir cette place et Mayence. Les Français entrèrent dans Worms sans coup férir; mais ils n'en rasèrent point les fortifications, ils n'en brûlèrent point les maisons, comme ils l'avaient fait, ainsi qu'à Spire, en 1689, par ordre de Louis XIV, pour éviter l'emploi de garnisons trop nombreuses, et pour répandre, dans le cœur de ses ennemis, ce que le cruel Louvois appelait une terreur salutaire (tome 1er, page 165). Worms, qui avait été si rigoureusement traitée par le roi très-chrétien, était surtout célèbre par la diète de 1520 et de 1521, où Charles-Quint fit comparaître Luther, qui eut le courage de se rendre à cette assemblée sur un sauf-conduit de l'empereur, et de braver ainsi le sort qu'au mépris d'une garantie pareille, le concile de Constance avait fait subir à Jean Hus en 1415. Luther déploya, devant la diète, la fermeté de son caractère; le bûcher que quelques prêtres voulaient allumer ne put le déterminer à rétracter ses opinions hardies contre la corruption du clergé, contre les superstitions qu'il reprochait à l'église catholique, et contre le despotisme de la cour de Rome. L'empereur et les Allemands n'osèrent manquer à la parole sur laquelle Luther avait eu la grandeur d'âme de compter, et le réformateur put quitter en triomphe le champ de bataille sur lequel ses adversaires l'avaient appelé dans l'espoir de l'y faire périr. Ce fut dans ces circonstances que le féroce Henri VIII, roi d'Angleterre, s'avisa, contre l'usage des tyrans, de répondre, *par écrit*, aux opinions de Luther. Cette œuvre de controverse mérita à son auteur le titre de *défenseur de la foi*, que lui accorda le pape Léon X, et que les rois de la Grande-Bretagne ont conservé soigneusement, malgré leur scission avec la cour romaine : comme on voit tant de nomenclatures fastueuses constater des prétentions ridicules sur d'anciennes possessions arrachées par le temps, par les conquêtes, par la politique ou par la liberté.

La prise de Mayence, qui devait offrir plus de difficultés, fut seulement plus rapide, et, à cause des résultats, plus glorieuse. Custine, en récompense de ses premiers succès, se trouvait indépendant, et général en chef d'une nouvelle armée de la Moselle. Brûlant de justifier l'honneur qu'il avait si vivement désiré, il veut encore devancer d'Erbach devant Mayence. Il part de son camp le 16 octobre, pendant la nuit et par un temps affreux; il fait vingt-deux lieues en deux marches; il s'empare, dès le 18 au matin, du pont volant d'Oppenheim, si essentiel pour ses opérations subséquentes; et le 19, à la pointe du jour, il campe à la vue de Mayence, et pousse ses reconnaissances jusqu'à cent cinquante toises de la place. Il trouva les ouvrages bien palissadés, et il reconnut que, n'ayant aucun équipage de siége, il n'avait d'autre parti à prendre qu'à intimider le gouverneur. Celui-ci, le baron de Gueynimich, avait six mille hommes de garnison, dont treize cents de troupes des cercles, mille Autrichiens, les contingens de l'évêque abbé de Fulde et des princes de Nassau, un corps de chasseurs, un autre formé avec les valets des nobles, et que devait commander le ministre de Prusse, quelques débris de l'armée mayençaise échappés du combat de Spire, et enfin la bourgeoisie et les étudians que l'on avait contraints de prendre les

PRISE DE SPIRE, MAYENCE, etc.

armes. Une artillerie nombreuse garnissait les remparts de Mayence; mais le jeune Stamm, guide de l'armée, soldat plein d'intelligence et d'audace, avait su procurer au général français la connaissance exacte des parties qui avaient été négligées, et par lesquelles on pouvait le plus sûrement attaquer cette grande forteresse. Custine, qui avait fait descendre tous les bateaux depuis Worms jusqu'à l'embouchure du Mein, et qui s'était muni d'un grand nombre d'échelles, n'hésita pas à communiquer son plan d'escalade à ses grenadiers. Bien assuré que le tableau du danger, qu'il n'avait point dissimulé à ses soldats, n'avait fait qu'enflammer leur courage, il somme le gouverneur de rendre la place, et il offre aux magistrats la protection de ses troupes s'ils savent prévenir les horreurs d'une attaque de vive force, et se séparer d'une cause qui n'est pas celle des peuples. Le baron de Gueynimich, qui depuis quarante-huit heures canonnait les Français sans pouvoir les atteindre, demanda jusqu'au lendemain pour se décider. Mais le général français, craignant que le comte d'Erbach n'arrivât dans cet intervalle, sachant d'ailleurs que beaucoup de Mayençais, fatigués du gouvernement absolu qui pesait sur eux, étaient disposés à hâter la détermination du gouverneur, ne perdit pas un moment pour envoyer une seconde sommation.

Cette pièce est un monument historique. Les écrivains de l'antiquité, très-curieux de nous transmettre toute sorte de harangues, n'en ont conservé que très-peu de cette espèce; et nous devons remarquer ici que Tite-Live, en traçant l'exhortation d'Alorcus aux Sagontins, a soin de faire dire à ce transfuge espagnol qu'il n'est point député par Annibal pour leur porter les honteuses propositions dont il se rend l'organe. La postérité ne verra point sans intérêt de quel style se servait, à la première époque de cette guerre, un général français, gentilhomme, ancien militaire, et membre distingué de l'Assemblée constituante.

« Monsieur le gouverneur, mon désir de ménager le sang est tel, que je céderais avec transport
« au vœu que vous manifestez d'obtenir délai jusqu'à demain pour me donner votre réponse;
« mais l'ardeur de nos guerriers est telle que je ne puis plus la retenir. Ils ne voient que la gloire
« de combattre les ennemis de la liberté, et la riche proie qui doit être le prix de leur valeur; et,
« je vous en préviens, ce n'est point une attaque régulière, c'est une attaque de vive force à
« laquelle il faut vous attendre. Non seulement elle est possible, mais même elle est sans danger.
« Aussi bien que vous je connais votre place et l'espèce de troupes qui la défendent. Epargnez le
« sang de tant de victimes innocentes, de tant de milliers d'hommes. Notre vie, sans doute,
« n'est rien; accoutumés à la prodiguer dans les combats, nous savons la perdre tranquillement.

« Je dois à la gloire de ma république, qui jouit de l'impuissance des despotes qui voulaient
« l'opprimer, et qui les voit fuir devant les enseignes de la liberté, de ne pas enchaîner l'ardeur
« de mes braves soldats, et je le voudrais en vain. Réponse, réponse, monsieur le gouver-
« neur.
« *Signé* le citoyen français, général d'armée, Custine. »

Le général choisit pour porter cet *ultimatum* un guerrier du même pays et du même âge que lui, qui, comme lui, avait débuté dans la guerre de sept ans, et auquel la cicatrice d'un coup de feu, reçu dans la guerre de Corse, donnait une physionomie dure et redoutable. Houchard, ancien capitaine de dragons au régiment de Bourbon, et alors lieutenant-colonel dans le même régiment, entre dans Mayence en parlementaire : il est assailli à l'improviste par des cavaliers autrichiens, il leur résiste avec intrépidité, il les met en fuite; mais un grand coup de sabre qui lui a coupé le visage a couvert de sang son corps et ses vêtemens. C'est dans cet appareil qu'il se présente au gouverneur, et que cette muette éloquence prête une nouvelle force à la sommation. Gueynimich proteste que les menaces ne sauraient l'effrayer, qu'il ne craint point la mort; mais l'intérêt qu'il porte à ses concitoyens, et le désir de leur épargner les horreurs d'un bombardement (on a vu que les Français n'avaient avec eux aucun équipage de siége), le déterminent à profiter de l'autorisation de son souverain, et à livrer la ville et la forteresse de Mayence, au moyen d'une capitulation dont on convient de part et d'autre, et qui est signée et ratifiée le 21 octobre. « La garnison ne pourra servir, pendant l'espace d'une année, ni contre la république ni contre ses alliés. L'artillerie de la place, les plans et mémoires relatifs aux fortifications, les munitions de guerre et de bouche, tous les magasins et établissemens militaires, seront livrés aux vainqueurs. Le général français place sous la sauve-garde de la loi les propriétés particulières, et il en garantit la sûreté, conformément aux principes fondamentaux de la constitution française. » Telles furent les principales conditions auxquelles le baron de Gueynimich livra une ville que nous avons vue plus glorieusement défendue, en 1689, par le marquis d'Uxelles (tome 1, page 166), et où bientôt les Français républicains vont s'illustrer par une résistance encore plus mémorable.

Avant que la France pût s'applaudir de la prise de Mayence, et que l'Allemagne entière en témoignât hautement son indignation, quoique le cercle du Haut-Rhin eût négligé de pourvoir convenablement à la défense de cette place, Custine était déjà maître de la célèbre ville impériale de Francfort-sur-le-Mein, la plus commerçante et la plus riche de ce cercle. Il avait ordonné au général Neuwinger, qu'il avait laissé à Worms, de traverser le Rhin sur le pont-volant conservé à Oppenheim, de franchir avec quinze cents hommes le territoire de Hesse-Darmstadt, et d'arriver sur la rive gauche du Mein, aux portes de Saxen-Hausen (maison des Saxons), portion de la ville séparée de Francfort par la rivière. Le brave Houchard, après avoir passé le Rhin à Mayence, devait remonter le long de la rive droite du Mein, et se présenter du côté du village de Bokenheim, où en effet il était parvenu avant que Neuwinger eût paru. Les magistrats, tous nobles, d'après la constitution étrange d'une ville aussi puissante par le commerce, envoient interroger Houchard sur ses intentions. Celui-ci répond froidement qu'il a rendez-vous sur cette route avec un autre corps. Il obtient, en attendant, la permission d'acheter des rafraîchissemens pour sa troupe; et à trois heures de l'après-midi, Neuwinger survient et demande hautement à être introduit avec son détachement et celui de Houchard. Les magistrats veulent résister; ils font lever les ponts-levis : mais, à la vue des canons braqués sur les portes, les habitans de Francfort ouvrent le passage aux Français qui entrent au son de leur musique guerrière, et qui imposent sur-le-champ une contribution de deux millions de florins sur cette ville.

Houchard, devenu colonel du brave régiment 2e de chasseurs à cheval, avait été envoyé comme partisan dans la Franconie : partout il avait repoussé les Hessois, partout il leur avait fait des prisonniers. Bientôt chargé par Custine, qui l'honorait d'une estime et d'une amitié particulière, du commandement de l'avant-garde de l'armée du Rhin, il avait rencontré l'ennemi, avec des forces supérieures, dans les plaines de Weilbourg, près de la Lahn ; il l'avait culbuté, et il serait entré avec lui dans la place, si Custine ne lui avait envoyé alors même d'autres instructions.

Ce général, pénétré de l'importance de la place de Mayence, et de dégager tout le pays entre la Lahn et le Mein, avait ordonné à Houchard de s'emparer du château de Kœnigstein, au nord-ouest de Francfort. Le colonel, de concert avec Meunier, attaque les cantonnemens ennemis, charge tour-à-tour leur infanterie et leur cavalerie, les met en déroute, les poursuit jusqu'à Limbourg, et revient occuper Kœnigstein qui n'était gardé que par quelques invalides mayençais (28 octobre). C'est au brave capitaine Meunier que Custine confie la défense de ce poste.

Cependant le duc de Brunswick, forcé de quitter le territoire français, accourait à grandes journées au secours du Palatinat, des landgraviats de Hesse et de l'électorat de Mayence. Réunie aux troupes du prince de Hesse, l'armée prussienne, forte de cinquante mille hommes, non compris une forte division laissée à Coblentz, occupait les principautés de Nassau, et bordait la Lahn, depuis le Rhin jusqu'à Giessen, et se disposait à passer la rivière, au-delà de laquelle se trouvaient déjà un corps d'infanterie, et des détachemens de hussards commandés par le général d'Eben. Houchard et Meunier reçoivent l'ordre d'attaquer ce général. On le surprend dans Limbourg le 9 novembre, et les Français ont le loisir de dresser leurs batteries avant que les Prussiens ne songent à se défendre. Leurs hussards font bonne contenance, et par une charge très-vive ils jettent même de la confusion dans les rangs français. Mais l'artillerie, habilement dirigée, déloge entièrement l'ennemi que Houchard poursuit dans la ville et au-delà de la rivière, et qui se retire jusqu'à Montabauer, où Custine paraît avoir fait la grande faute de l'oublier.

Houchard, toujours secondé de Meunier, s'occupa de préserver Limbourg de surprise, en plaçant divers postes sur la gauche de la Lahn; et Meunier, toujours simple capitaine, se renferma dans Kœnigstein, où il allait bientôt mériter, d'une manière particulière, les regards et l'estime des ennemis.

PREMIÈRE CONQUÊTE DE LA BELGIQUE,

(Dumouriez).

La Gaule belgique fut autrefois composée des dix-sept provinces des Pays-Bas, et de tous les pays situés sur la rive gauche du Rhin. Charlemagne, qui affectionnait Aix-la-Chapelle, voulait même que cette ville fût le siége de tout son empire en-deçà des Alpes. Il y convoqua souvent le conseil général de la nation, composé des grands, des évêques et des députés du peuple. L'un des capitulaires de ce grand prince porte expressément ces mots : « Lorsqu'il s'agira d'établir « une nouvelle loi, *la proposition en sera soumise à la délibération du peuple*; et s'il y a donné *son* « *consentement, il la ratifiera* par la signature de ses députés. » Ceux-là se montreraient donc bien ignorans, ou de bien mauvaise foi, qui persisteraient à regarder comme une usurpation l'intervention du peuple français dans la confection des lois qui doivent le régir. C'est à ceux qui étaient parvenus à le priver, pendant tant de siècles, de ses droits imprescriptibles, que les reproches d'usurpation doivent être adressés; et ces réflexions sont d'autant moins étrangères à l'objet de notre ouvrage, que les guerres suscitées, en 1792, à la France, ont eu pour prétexte le projet de dépouiller la nation de la prérogative qu'elle venait de recouvrer.

Dumouriez avait subdivisé les troupes destinées à l'invasion de la Belgique en quatre corps d'armée. Il commandait directement celui du centre, appelé armée de la Belgique, composé de quarante mille hommes, campé, depuis le 22 octobre, à Famars, sous Valenciennes, et prêt à marcher sur Bruxelles par la route de Mons. Le général Valence, auquel les militaires avaient attribué une si grande part dans la victoire décisive de Valmy, était à la tête de l'armée dite des Ardennes, placée à droite, entre Givet et Namur, sur la rive gauche de la Meuse. Ce corps, formé de dix bataillons de ligne, de quinze bataillons de volontaires et de douze escadrons, était destiné à s'opposer à la marche du général autrichien Clairfait, qui abandonnait aussi la Champagne. Ce général avait eu des succès, en 1790, contre les Turcs, et c'était lui qui, au mois de juin 1792, avait rassuré le général Beaulieu sur le peu de troupes que l'Autriche avait dans les Pays-Bas, en lui disant : « Soyez tranquille, nous travaillons plus à Paris qu'à Bruxelles. » Les calculs les plus sûrs s'appuyaient donc alors sur la trahison. Un autre corps, fort de douze mille hommes, et commandé par le général d'Harville, en l'absence de Lanoue mis en arrestation et accusé de n'avoir pas voulu secourir Lille, campait en avant de Maubeuge, et se liait avec la droite de

PREMIÈRE CONQUÊTE DE LA BELGIQUE.

Dumouriez. Enfin le général La Bourdonnaye, qui s'était disculpé d'une accusation semblable, commandant à dix-huit mille hommes entre Dunkerque et l'Escaut, était chargé de délivrer quelques postes encore occupés par l'ennemi, dans la Flandre maritime et aux environs de Lille, et il devait, en même temps, menacer Tournay, cette place si importante que Louis XIV s'était fait céder au temps de sa gloire, et qu'il céda à son tour au temps de sa décadence. On se flattait, par cette démonstration, de déterminer l'ennemi à s'étendre sur sa droite, et à affaiblir son centre, à travers duquel on espérait pénétrer. Pendant cette grande opération, l'armée de la Moselle devait se rendre maîtresse de tout le cours de cette rivière, en s'emparant surtout de Trèves et de Coblentz.

Ce centre, composé de vingt mille hommes et placé devant Mons, était commandé directement par le duc Albert de Saxe-Teschen, époux de l'archiduchesse, et gouverneur des Pays-Bas. Le souvenir de ses cruels exploits devant Lille était encore récent; mais, malgré le ressentiment qu'ils faisaient éprouver, la Convention avait rejeté l'odieuse proposition de mettre sa tête à prix. Pourquoi ces nobles sentimens n'offraient-ils pas alors une semblable garantie aux généraux français? Le général La Tour couvrait, à droite, la ville de Tournay avec huit mille hommes; une autre division masquait la ville de Condé; d'autres détachemens étaient disséminés à Warneton, Turcoin, Roubaix et Launoy, pour tenir en respect la garnison de Lille.

Dès le 28 octobre, Dumouriez, étant arrivé à l'armée, fit avancer Beurnonville, qui commandait son avant-garde, jusqu'à Quievrain, pour favoriser la marche du général Berneron qui, ayant traversé Condé avec huit mille hommes, devait prendre position dans les bois autour de Bernissart, et menacer à la fois Leuze, Ath et Chièvres. Le général Harville vint camper, le 3 novembre, près du bois de Sars qui le séparait du fameux champ de bataille de Malplaquet. Le duc Albert, plein de confiance dans les retranchemens qu'il occupait en avant de Mons, avait sa droite appuyée au village de Jemmapes, au confluent de la Haine et de la Trouille, et sa droite au village de Quesme. Il avait en outre garni, sur son front, les villages de Bossu, de Thulin, de Frameries, de Bauveries, de Wames et de Paturage. Il fallait enlever tous ces postes, avant de parvenir jusqu'au triple étage des redoutes de Quesme et de Jemmapes. Dumouriez ordonna l'attaque; et les bataillons belges, qui étaient chargés de celle de Bossu et qui s'étaient trop aventurés, ayant été repoussés, Beurnonville les rallia avant Quievrain. Dampierre, qui, sept mois auparavant, avait donné, sur le même terrain, des preuves de son sang-froid, marche avec des Français disciplinés, et il emporte les villages de Thulin et de Bossu. Quinze cents hussards autrichiens, qui avaient écharpé deux compagnies belges, auraient détruit tout le corps, si le colonel Frégeville, qui n'avait pas trois cents hommes dans son 2e régiment de hussards (Chamboran), n'eût chargé avec intrépidité, et dissipé les quinze cents hussards ennemis. A la gauche, les bois de Sars et de Dours sont emportés, après une hésitation où le maréchal-de-camp Stettenhoffen, menaçant ses troupes de ne point survivre à leur fuite, les avait déterminées à retourner au combat. Stettenhoffen, Autrichien de naissance, était au service de France depuis 1763; il s'était distingué sur les côtes de Bretagne et dans l'Inde. L'ancien gouvernement lui avait permis d'aller servir les Russes contre les Turcs et les Suédois, ses alliés; mais la guerre de la liberté venait de le rappeler sous les drapeaux français.

Le prince, étonné d'une audace qu'il n'avait pas prévue, reploya tous ses postes avancés. Dumouriez établit aussitôt son avant-garde dans Wames et Frameries dans la journée du 5, et il fit insulter le village de Quaregnon, sous Jemmapes, tandis qu'Harville, qui d'abord avait avancé en colonnes sur les hauteurs de Genly et de Noirchin, s'était emparé de Chiply, et menaçait de tourner la gauche des Autrichiens par les hauteurs de Bertamont.

BATAILLE DE JEMMAPES,

6 novembre 1792 (Dumouriez).

Le général Dumouriez, craignant que Clairfait n'opérât sa jonction, avait, dès la veille, fait ses dispositions pour combattre; et l'armée française avait passé la nuit le long de la lisière des bois. Cette armée était en colonnes, présentant le flanc aux Autrichiens, mais disposées à distance entière, et pouvant se former à gauche en bataille, sans avoir besoin de déployer; car le général avait voulu éviter cette dernière manœuvre à des bataillons de nouvelle levée, en présence de l'ennemi, dont les positions retranchées, et garnies de plus de cent pièces de canon, dominaient celles des Français. Dumouriez, commandant le centre composé d'infanterie de ligne, du 1er bataillon des volontaires de la Nièvre, et du 6e des chasseurs à cheval, ci-devant du Languedoc, occupait la ligne en avant et à gauche de Paturage. Le duc de Chartres, lieutenant-général, était employé immédiatement sous ses ordres, et commandait la division de droite formant la moitié de ce corps d'armée.

Le général Ferrand, âgé de cinquante-six ans, mais animé de toute l'ardeur de la jeunesse, était chargé, à gauche, de prendre Quaregnon, et d'attaquer de front Jemmapes, sur le flanc duquel le maréchal-de-camp Rosières devait diriger quatre bataillons. Le général Picot-Dampierre commandait l'aile droite que l'avant-garde, dirigée par Beurnonville, était destinée à renforcer, et qui s'appuyait sur les 1er et 2e régimens de hussards, commandés par les colonels Nordmann et Frégeville, et sur le 11e régiment de chasseurs à cheval qui, dès le 4, réuni à quelques bataillons d'infanterie légère, s'était emparé du château de Sars et du village de Frameries. Le reste de la cavalerie fut réparti entre chaque division pour appuyer leurs mouvemens. Les deux armées étaient rangées sur des hauteurs demi-circulaires, à peu près également éloignées l'une de l'autre dans tous leurs points. Un espace d'environ mille toises les séparait. La pente du terrain, d'abord rapide du côté des Français, devenait insensiblement plus douce en approchant du fond de ce vallon. Nous avons vu que les positions de l'ennemi avaient l'avantage de commander celles des Français; tout son front, depuis Quesme jusqu'à Jemmapes, régnait sur une montagne boisée, et il était couvert par des retranchemens, de fortes redoutes et des batteries disposées en amphithéâtre. Tous ces points étaient en outre garnis d'abattis placés sur les talus des hauteurs, et cette position paraissait inexpugnable : vingt mille Autrichiens étaient chargés de la défendre contre un nombre double de Français, mais dont la plupart voyaient le feu pour la première fois. Cependant l'ardeur qui se manifestait dans leur armée avait engagé les généraux ennemis à délibérer s'ils abandonneraient Jemmapes, et s'ils se retireraient dans des positions encore plus avantageuses derrière Mons, en laissant une garnison dans cette place; s'ils attaqueraient eux-mêmes les Français, ou enfin s'ils demeureraient dans leurs retranchemens pour y attendre le combat. Ce dernier avis prévalut : peut-être espérait-on que les scènes du 28 avril pourraient se renouveler, surtout lorsque les mêmes troupes auraient à essuyer, pendant si long-temps, les feux d'une aussi redoutable artillerie.

L'attaque commença, le 6 au matin, par Quaregnon que défendaient des batteries formidables. Le général Ferrand, après s'être rendu maître du village, rencontra des prairies marécageuses, coupées de fossés, qui empêchèrent ses canons de le suivre; il les laissa en arrière chargés à mitraille, et il marcha la baïonnette en avant. Dans ce moment même il est secondé par l'adjudant-général Thouvenot, dont Dumouriez distinguait déjà le grand mérite, et qui arrive pour décider le succès de cette gauche. Le cheval de Ferrand est tué; le général lui-même reçoit une forte contusion à la jambe : cela n'arrête pas son courage. Il se place à pied, à la tête des grenadiers de sa colonne, et il continue d'avancer.

A la droite, l'attaque de Beurnonville n'avait pas aussi bien réussi : ce général, retardé par un feu bien nourri de cinq redoutes voisines du village de Quesme, se trouvait d'ailleurs débordé par six bataillons ennemis, et engagé sur un terrain difficile. Dampierre prend la résolution soudaine d'emporter la gauche des Autrichiens. A la tête du régiment de Flandre (19e infanterie) et du 1er bataillon de Paris, qu'il précède de cent pas, il enlève les deux premières redoutes où il entre le premier; il en tourne aussitôt les canons contre les Autrichiens, et il fait seize cents prisonniers.

On sait qu'immédiatement après la bataille, il reçut la récompense d'un dévouement aussi héroïque. Les blessés semblèrent oublier leurs douleurs.

BATAILLE DE JEMMAPES.

pour demander si Dampierre avait survécu. Les soldats, toujours justes appréciateurs du courage, le nommèrent dans les acclamations qui suivirent la victoire; et Dumouriez fut contraint de partager avec lui la couronne qu'on lui décerna, lors de son entrée dans Mons. On a prétendu que Dumouriez fut humilié de ce partage. Ses combinaisons hardies, la confiance qu'il sut inspirer à toute son armée, la valeur personnelle qu'il déploya dans cette grande conjoncture, lui méritèrent trop de gloire pour qu'on puisse penser que la vanité ait trouvé place en son cœur. Il est vrai qu'il ne parla point du service rendu par Dampierre; mais il s'était attribué personnellement le fait d'armes que nous venons de rapporter, pour ménager l'amour-propre d'un lieutenant-général qu'il affectionnait particulièrement, et qui, en deux jours de temps, se trouvait avoir de trop grandes obligations à un brave qui venait à peine de quitter le grade de colonel de dragons. On a voulu mettre la générosité de Dampierre en opposition avec la prétendue jalousie de Dumouriez, en faisant honneur au premier d'avoir *transmis à la postérité* le trait de dévouement d'un vétéran. « Jolibois, écrivait-il, ayant « appris que son fils, volontaire du 1er bataillon de Paris, avait quitté « ses drapeaux, arriva le matin de la journée de Jemmapes, prit la place du « déserteur, et il s'écriait à chaque coup de fusil qu'il tirait sur l'ennemi : « O mon fils ! faut-il que le douloureux souvenir de ta fuite empoisonne un « moment aussi glorieux ! » Ce récit est tout simplement un mémoire remis au général en chef, au nom du bataillon, par le chef de ce même bataillon et par Dampierre, pour obtenir un brevet de sous-lieutenant à ce généreux vétéran, qui ne reçut donc pas le grade d'officier sur le champ de bataille, ainsi que les mêmes historiens le déclarent.

Cependant l'aile droite de l'ennemi se trouvait enlevée, son corps de bataille tourné et pris à revers, quand Dumouriez ordonna au centre une attaque décisive. « Voilà les hauteurs de Jemmapes, s'écria-t-il, et voilà « l'ennemi. L'arme blanche et la terrible baïonnette sont la tactique nouvelle « à employer pour y parvenir et pour vaincre. » Cet ordre fut reçu avec alégresse. Dumouriez lui-même s'avance au pas de charge, en entonnant ce fameux chant guerrier qu'un moderne Tyrtée, à la première approche des phalanges ennemies, avait improvisé pour de nouveaux Spartiates. Un prince français, que les soldats s'applaudissent de voir, depuis le commencement de la guerre, combattre dans leurs rangs, les braves colonels Nordmann;

Frégeville, Fournier, toute la troupe enfin, répondent au général par le cri de *vive la nation !* Le général en chef, se reposant sur ce noble enthousiasme, court vers l'aile droite où l'artillerie de Beurnonville, malgré les premiers succès de Dampierre, n'avait pu encore éteindre le feu des autres redoutes. Il trouve en arrivant une grande hésitation, et la ligne rompue par une brigade restée en arrière. N'ayant en ce moment aucun de ses aides-de-camp auprès de lui, il jette les yeux sur Baptiste Renard, son valet-de-chambre, jeune homme dévoué et valeureux qui ne s'éloignait jamais de sa personne. Baptiste devine promptement ce qu'on attend de lui ; il met l'épée à la main, et court presser les soldats de cette brigade de rentrer en ligne, et de prendre part à la gloire dont se couvraient tous les autres corps. Baptiste obtient un plein succès, et il acquiert le droit de combattre avec les braves. Dumouriez rencontre alors quelques uns des bataillons de Paris, qui avaient marché sous lui au camp de Maulde, et dix escadrons de cavalerie légère qu'une colonne de cavalerie ennemie allait charger. Le général harangue et entraîne ces autres braves : l'infanterie tire à bout portant, et se fait un rempart d'hommes et de chevaux morts ou blessés. Les escadrons s'élancent, et toute la cavalerie autrichienne fuit en désordre jusqu'à Mons.

Mais, au centre, quelques bataillons s'étaient arrêtés sous le feu terrible des redoutes; ils commençaient à se mêler, présage certain d'une fuite prochaine. Dans cette conjoncture importante, le duc de Chartres, qui commandait cette division de droite, devenue le centre de la bataille depuis que l'avant-garde de Beurnonville formait la droite, rallie ces troupes ébranlées et déjà éparses, en forme une masse en colonne qu'il nomme bataillon de Jemmapes : il marche en avant, il enlève les redoutes, et la cavalerie légère y entre par les intervalles presque aussitôt que l'infanterie. Le prince, dans ce brillant fait d'armes, eut beaucoup à se louer des maréchaux-de-camp Desforets, Stettenhoffen et Drouet. Ce dernier eut les deux jambes emportées par un boulet de canon, et il mourut le lendemain de la bataille.

Au moment même où le succès du centre était ainsi décidé, l'adjudant-général Thouvenot dépassait, à gauche, le village de Jemmapes, et plaçait l'ennemi entre deux feux. De son côté Beurnonville, arrivant avec son avant-garde dégagée par Dumouriez, occupe le terrain évacué par les Autrichiens. On marche aux redoutes en chantant l'hymne des combats. Ces retranche-

BATAILLE DE JEMMAPES.

mens, défendus par les grenadiers hongrois, attaqués de front et tournés par la gorge, sont emportés; il s'y fait de part et d'autre un grand carnage. La bataille, engagée sur tous les points, est gagnée.

Beurnonville s'était trouvé presque seul vis-à-vis les dragons de Cobourg. Le brave La Bretèche, capitaine de la gendarmerie, qui voit son général en danger, s'élance, tue sept de ces dragons; mais pendant qu'il fait ses efforts pour arracher son sabre du corps du dernier qu'il a frappé, il reçoit à son tour quarante-un coups de sabre et un coup de feu; c'est le général qu'il a voulu défendre qui a le bonheur de lui sauver la vie.

A deux heures, l'ennemi fit sa retraite dans le plus grand désordre, et il traversa Mons sans oser s'y arrêter. Il ne put garder ni les hauteurs de Bertamont, ni le mont Parisel et l'autre côté de la Trouille, ni même les positions de Nimy, sur les bords de la Haine. Le général Harville alla s'emparer de Parisel, et Stettenhoffen occupa Bertamont. On croit que l'armée autrichienne aurait pu être poursuivie avec plus de vivacité : elle avoua une perte de cinq mille hommes; et comme l'action fut meurtrière, on estime la perte à peu près égale de la part des troupes françaises, qui déployèrent un courage, une constance et même une précision singulière dans l'exécution de leurs mouvemens. La journée de Jemmapes couvrit cette armée de gloire. Les généraux Duhoux et Ferrand, les adjudans-généraux Dupont-Chaumont et Montjoye, furent blessés grièvement. Les ducs de Chartres et de Montpensier, les généraux Dampierre, Beurnonville, Harville, Stettenhoffen, Rosières, l'adjudant-général Thouvenot, les colonels que nous avons déjà nommés, tous les officiers, tous les corps se distinguèrent; et cette victoire dérangea tellement les premiers calculs du gouvernement autrichien, que, peu de jours après cette bataille, on le vit abandonner Bruxelles et se retirer à Ruremonde sur les frontières orientales de la Belgique, au confluent de la Meuse et de la Roër. Le parti comprimé lors de la dernière révolution du Brabant, voyant s'avancer les Français, les recevait enfin comme ses libérateurs.

L'armée victorieuse fut étonnée de voir Dumouriez choisir, pour porter à Paris la nouvelle de la bataille, précisément celui de ses aides-de-camp qui ne s'y était pas trouvé. Le lieutenant-colonel Delarue avait été envoyé, le 6 au matin, sur les derrières pour accélérer la marche du parc d'artillerie, qui était retardée par la précaution que les Autrichiens avaient prise de dépaver la chaussée sur une longueur de près de trois lieues. Ce parc n'arriva que plusieurs heures après la bataille. Le vieux colonel d'artillerie La Bayette de Galles, commandant le régiment de Besançon, officier du plus grand mérite, était seul parvenu à procurer quelques pièces de seize, qu'il avait conduites à travers champs, en surmontant les plus grandes difficultés. Delarue, bon soldat et devant à Dumouriez sa fortune militaire, était l'homme convenable pour présenter avec enthousiasme le valet-de-chambre Baptiste. Le général voulait plaire aux Jacobins, et peut-être se rendre maître de toutes les réputations, en exaltant le trait de courage de son domestique, et en lui attribuant une influence décisive qu'il n'avait pu avoir. Le brave Renard devint aide-de-camp de Dumouriez; et il est à croire qu'en fuyant avec celui-ci, lors de sa fameuse défection, Baptiste crut plutôt suivre son maître qu'obéir à son général.

Cette célèbre bataille coûta encore la vie au brave colonel Dubouzet, qui fut tué à la tête de son régiment. Il avait été l'un des premiers appréciateurs du génie militaire de Hoche, et celui-ci n'en parlait qu'avec vénération. Dubouzet, d'une famille illustre du Midi, laissait une jeune veuve qui, sans fortune, mais avec beaucoup de courage, veilla sur le sort des neveux de son mari. C'est cette dame qui fut appelée, douze ans après, à la direction de la maison d'éducation des filles de légionnaires. Les pères de famille, membres de la Légion d'Honneur, conserveront un éternel souvenir des vertus de cette surintendante, dont les jeunes élèves ont regardé l'éloignement comme une calamité.

PRISE DE MONS.

Mons, après trois sommations très-vigoureuses, vint annoncer que ses défenseurs l'avaient abandonnée; et cette ville, qui avait fait une si longue défense, en 1572, devant le cruel duc d'Albe; qui, en 1691, avait tenu pendant vingt-quatre jours contre quatre-vingt mille hommes commandés par Luxembourg et Louis XIV en personne; qui enfin avait résisté autant de temps, en 1709, au prince Eugène et à Marlborough victorieux à Malplaquet, ouvrit ses portes au vainqueur de Jemmapes; le général Beurnonville, à la tête de l'avant-garde, y entra le 6 novembre 1792. Cette conquête mettait à la disposition de l'armée française plus de deux cents bouches à feu, trois cent mille boulets, trois mille bombes, deux mille quatre cents caisses de mitraille, quatorze cents fusils, et des provisions de toute espèce.

PRISE DES AUTRES PLACES.

Toutes les autres places de la Belgique et de la Flandre autrichienne tombèrent au pouvoir de la France. La Bourdonnaye et La Morlière entrent dans Tournay, le 8; dans la ville de Gand, le 12; dans Ypres, Furnes,

PRISE DES AUTRES PLACES.

Bruges et Anvers, le 18; Steingel dans Malines, le 16; Dumouriez en personne dans Bruxelles, le 14; dans Tirlemont, le 22; dans Liége, le 27; Valence dans Charleroi, le 12; dans la ville de Namur, le 21, et dans la citadelle, le 2 décembre; Miranda dans la citadelle d'Anvers, le 30 novembre; et le 16 du même mois, Moulston, officier américain au service de France, et commandant d'une division maritime, était arrivé de Dunkerque à Ostende, et il n'avait eu besoin que de montrer le nouveau pavillon français, pour être accueilli avec des démonstrations de joie extraordinaires par cette ville fameuse, devant laquelle avaient échoué le célèbre duc de Parme en 1583, et les Espagnols en 1601. Ambroise Spinola, si habile général, ne s'en rendit maître, en 1604, qu'après un siége de trois ans, trois mois, trois semaines et trois jours, et la perte de quatre-vingt mille Autrichiens. En 1706, les Français, alors unis aux Espagnols et commandés par le comte de La Mothe, qu'on accusa de peu de fermeté, rendirent cette place aux alliés, après un siége de vingt jours; mais n'ayant qu'une garnison de huit bataillons et un escadron de dragons démontés, ils avaient été investis par une armée de terre composée de trente-huit régimens, de trente-cinq bataillons détachés, de vingt-quatre escadrons, et par une armée navale de douze vaisseaux de ligne et de plusieurs galiotes à bombes; plus de cinquante canons de 24, et près de trente mortiers et obus, avaient battu la ville pendant trois jours. Les rapides expéditions des armées du Nord, de la Belgique et des Ardennes, étaient imitées par Beurnonville qui était allé prendre le commandement de l'armée de la Moselle, en remplacement de Kellermann envoyé à celle des Alpes. Il s'emparait, le 14 décembre, de Merzick, de Freudembourg et de Saarbourg : avant le 21 du même mois, il était maître de tout le pays entre la Saare et la Moselle. Mais quelques unes de toutes ces conquêtes en Flandre, en Belgique et sur la Moselle, n'avaient pu s'effectuer sans donner lieu à des faits d'armes dont il nous importe de conserver le souvenir. C'est ainsi que nous nous dédommagerons, le plus fréquemment qu'il nous sera possible, de la rapidité avec laquelle nous devons passer sur les événemens, afin de ne point sortir du cadre dans lequel la nature de notre ouvrage, consacré seulement aux actions les plus éclatantes, nous contraint de nous renfermer.

COMBAT D'ANDERLECHT,
ET PRISE DE BRUXELLES.

Les Autrichiens, vaincus à Jemmapes, fuyaient devant Dumouriez. Trop faibles pour risquer une seconde bataille, ils se retiraient avec ordre, et cherchaient à suspendre les progrès de leur ennemi; mais Dumouriez profitait de sa supériorité et de l'ardeur de ses troupes, pour tirer le plus grand parti de sa victoire, et pour terminer glorieusement la campagne. Le 13 novembre, le colonel Devaux, aide-de-camp du général, rencontra l'arrière-garde autrichienne à Saint-Petersleuwe, sur la route de Halle à Bruxelles. Dumouriez y courut avec trois mille hommes et deux compagnies d'artillerie légère, attaqua l'ennemi, et le repoussa jusqu'à Anderlecht, où il aperçut le gros des ennemis placés avantageusement sur des hauteurs qu'avait fortifiées le duc de Wurtemberg, au-delà du village. Ayant étendu son front pour ne pas être enveloppé, il commença une forte canonnade qui dura depuis midi jusqu'à trois heures. Le reste de son avant-garde, conduit par les généraux Harville, de Chartres, Steingel et Rosières, et par le colonel Thouvenot, l'ayant alors rejoint, il fit attaquer et emporter les hauteurs d'Anderlecht; et l'ennemi s'étant replié sur Bruxelles, où il n'osa pas s'arrêter, l'armée française entra, le 14, dans cette capitale des Pays-Bas autrichiens.

Nous avons vu, en 1695, le maréchal de Villeroi se signaler en bombardant la belle ville de Bruxelles, y réduire trois mille maisons en poussière, et y renverser les monastères et les monumens publics. Le maréchal de Saxe l'avait moins maltraitée en 1746 : Dumouriez, en marchant sur les talons de l'ennemi, la sauva du pillage. Les magistrats de cette ville en ayant apporté les clefs au général français, celui-ci leur dit : « Gardez vos « clefs, nous sommes vos amis et vos frères; réunissez vos citoyens aux « nôtres pour délivrer votre belle patrie du joug des Allemands. » Dumouriez a depuis protesté qu'il n'avait pas dépendu de lui que l'argent des Belges et leurs préjugés religieux ne fussent respectés, et qu'une avidité cruelle et impolitique ne put changer les dispositions d'un peuple que ses intérêts attachaient aux succès de la France.

PRISE DE NAMUR.

Namur (tome 1er, pages 190 et 305) avait cédé à Louis XIV en 1692, et au maréchal de Saxe en 1746. Le roi, avec des apprêts immenses, le secours de Vauban et d'une armée d'observation commandée par Luxembourg, prit la ville et les forts en trente-cinq jours. Le comte de Saxe employa vingt-quatre jours à faire la même conquête. Le maréchal de Boufflers, en 1695, s'était immortalisé dans Namur, par une longue résistance aux efforts du prince d'Orange (tome 1er, pages 231 et 234). En treize jours, le lieutenant-général Valence, commandant dix-huit mille hommes de l'ancien corps du général Dillon et l'élite de l'armée des Ardennes, protégeant la marche de Dumouriez, s'empara de Namur et de ses châteaux.

Ce général, après de nombreux exploits dans le duché de Luxembourg, à Saint-Remy, à Chénois, à Saint-Marc, au château de la Tour, à Virton, emporté à la baïonnette, et d'où il avait envoyé trois drapeaux ennemis à la Convention nationale, était accouru dans le comté de Namur et dans la Belgique, faisant franchir à son artillerie, par le moyen de ses braves fantassins, les monts les plus escarpés, les ravins les plus impraticables. Personne ne savait mieux alors communiquer aux troupes son ardeur, sa confiance et son enthousiasme. Valence prend Florennes et Dinant, deux villes qui alors dépendaient de l'évêque prince de Liége. Dinant, ayant été forcée de se rendre, en 1466, au fameux Charles-le-Téméraire, alors comte de Charollois, avait vu huit cents de ses habitans noyés par ordre de ce prince. Valence campe à Bouvines-sur-Meuse, qu'on ne doit pas confondre avec Bouvines-sur-Marque, à trois lieues de Lille, sur la route de Valenciennes, lieu célèbre par la victoire de Philippe-Auguste (1204), ce prince magnanime, du petit nombre de nos rois qui surent résister à la cour de Rome et se faire obéir par le clergé de France. Le général, maître bientôt de Charleroi et de Nivelle, avait chassé les Autrichiens de la forêt de Soignes; et revenant sur ses pas, afin de gagner de vitesse le général Baulieu qui, de Louvain, se dirigeait sur Namur, il avait occupé, pendant la nuit du 17, le camp de Louis XIV, à Masy, sur l'Orneau, non loin des plaines de Fleurus, et plus près encore des champs de Ligny où la victoire devait, en 1815, sourire une dernière fois à la valeur française. Dans cette marche, le brave Collot, devenu aide-de-camp du général Valence, avait, à la tête d'un petit corps, battu l'ennemi à Leuze. Le 18 novembre 1792, Valence arrive devant Namur, s'établit à Flavines et à Sainte-Croix, sur la rive gauche de la Sambre; et, malgré l'armée de Baulieu et celle du général Schoerder qui campe sur la droite de la Meuse, quelques volées de canon déterminent la ville à capituler le 20. Six mille Autrichiens s'étant retirés dans les châteaux, il fut convenu, comme en 1692, et d'après la demande du général Moitelle, qu'on ne tirerait point de la ville sur la citadelle, ni de la citadelle sur la ville. Mais ce général autrichien ayant manqué à cet engagement, Valence lui envoya signifier que, s'il laissait encore tirer un seul coup de canon, tout son état-major et lui seraient passés au fil de l'épée. Le général français rejeta hautement la proposition que lui firent MM. Moitelle et le marquis de Chasteler, de faire pendre les canonniers coupables. Les Français, en attendant l'artillerie de siége, enlevèrent à la baïonnette le fort Camus, au-delà des retranchemens appelés le Vieux Mur des Romains, et la redoute de la Cassotte; aussitôt ils ouvrirent la tranchée, sous la seule protection de leurs pièces de campagne. Le petit fort de la Villotte, qui défendait les approches du fort Guillaume ou d'Orange, était miné, et l'on ne pouvait douter qu'une attaque de vive force de ce poste n'offrît un danger extrême sans un succès assuré. Le général Leveneur fut chargé d'en surprendre la garnison, en tournant le fort par sa gorge. Le 29, à minuit, les grenadiers du 47e de ligne (Lorraine), des bataillons de Saône-et-Loire et de la Haute-Vienne, guidés par un déserteur, conduits par le capitaine du génie Jaubert, officier de la plus grande espérance, et soutenus par le général Leveneur et l'adjudant-général des Brulys, sortent de la tranchée, et franchissent les palissades dans le plus grand silence.

Leveneur s'était fait monter sur ces palissades qu'il n'aurait pu atteindre, et il avait été suivi par ses officiers et ses grenadiers, qui faisaient précisément alors ce qu'avaient exécuté les grenadiers de Lowendal dans la nuit du 29 septembre 1746. Le général, qui avait été précédé du courageux Darille, court à l'officier ennemi, et lui appuyant la pointe de son épée sur la poitrine, il le contraint de le mener sur-le-champ aux mines dont il arrache lui-même les mèches et qu'il fait éventer. Trois cents Autrichiens, dont un ingénieur et cinq autres officiers, sont pris dans cet ouvrage où les Français

PRISE DE NAMUR.

se logent sous le feu terrible des demi-lunes et du corps de la place; et ce fut là que la mort atteignit un plus grand nombre de leurs braves.

Cependant une batterie de 24 avait été placée et servie si vigoureusement, qu'elle démonta les batteries ennemies, et que les châteaux capitulèrent dès le 2 décembre. Le général envoya à la Convention les drapeaux du régiment de Kiuski et du bataillon de Vierset. C'était le premier hommage de ce genre qui parvenait au gouvernement français. L'armée qui obtenait ce succès important n'avait ni capotes, ni souliers; et les travaux du siége n'avaient été ralentis ni par l'abondance des neiges, ni par la rigueur de la saison. Ce dénuement, qui alors était général parmi les troupes françaises, aurait dû faire trembler l'Europe, car il fut toujours le premier attribut des armées conquérantes. Valence eut soin de reconnaître tout ce qu'il devait au courage et aux talens des généraux Leveneur, La Marche et Neuilly. Cette noble disposition à répartir de justes éloges se signala également envers le modeste général Harville qui, à la tête d'un corps de dix mille hommes, avait procuré des canonniers et une batterie de 16 à l'armée de siége; qui avait couvert cette armée avec une grande habileté, et qui avait fait sa jonction avec elle dans un moment décisif. Cependant le général Valence, placé entre la Sambre et la Meuse pendant l'attaque des châteaux, n'avait pas perdu de vue l'armée du général Schoerder. Celui-ci avait occupé avec cinq mille hommes les bois d'Assène, près le Sart-Bernard, s'y était fortifié depuis le 19, et gênait toutes les communications de l'armée française avec la rive droite de la Meuse. Valence l'avait attaqué vigoureusement le 30 novembre, et l'avait débusqué de toutes ses positions. Ce fut dans cette occasion qu'au nombre des prisonniers autrichiens, on distingua le lieutenant-colonel Lusignan, officier estimé, et chargé du commandement de tout le pays depuis la Meuse jusqu'à Marche-en-Famine.

Le général français, entrant dans Namur par les châteaux, en traversant la Sambre, était accompagné du général Moitelle et de plusieurs officiers autrichiens qui furent témoins de l'accueil que reçurent les Français, et de la joie qu'éprouvèrent les habitans au milieu desquels se trouvaient six victimes que la fermeté de Valence, introduit presque seul dans la citadelle pour y dicter les conditions de la capitulation, avait arrachées, la veille, au despotisme du gouverneur qui voulait les faire fusiller.

PRISE DE LIÉGE ET D'AIX-LA-CHAPELLE.

Dumouriez, de son côté, poursuivait le général Clairfait et les émigrés par Louvain et Tirlemont. Désolé d'être très-peu secondé par le général La Bourdonnaye qu'il accusait non seulement d'avoir employé trop de troupes au siége d'Anvers, non seulement de ne point appuyer sa gauche avec un corps de dix mille hommes qui se serait dirigé vers Ruremonde par la Campine, mais encore de mécontenter les peuples par des réquisitions qui leur faisaient détester la présence des Français, Dumouriez s'était avancé, le 21 novembre, sur Tirlemont, avec une avant-garde de quatre mille hommes; il avait trouvé, à trois lieues de Louvain, l'avant-garde ennemie, occupant les hauteurs de Cumptich, vis-à-vis Beautersem, où il venait de traverser le Velpe. Il avait battu cette avant-garde avec son artillerie pendant toute la journée; et quoique les Autrichiens se fussent renforcés de cinq mille hommes, ils finirent par abandonner leur position, et même la ville ou le village de Tirlemont, car cette ancienne cité est ruinée depuis long-temps par les guerres qui ont désolé le Brabant. Le général Dumouriez continua sa marche par Saint-Tron; il traversa le champ de bataille de Nerwinde, où, sur le terrain même illustré par Luxembourg, il devait voir bientôt flétrir ses propres lauriers. Son approche de Liége avait excité l'espérance des habitans d'une ville qui se débattait, depuis plusieurs années, contre les entreprises de son prince-évêque armé contre ses libertés.

Cette grande cité, qui a donné à la France le graveur des monnaies Warin, les célèbres compositeurs de musique Grétry et Gossec, et le savant Berthollet, est une de celles qui doivent nourrir éternellement la plus grande horreur du despotisme, à cause des maux incalculables qu'elle en a soufferts. Pillée pendant six jours, en 1212, par Henri Ier, duc de Brabant, elle perdit, en 1409, trente-six mille citoyens égorgés par Jean, duc de Bourgogne, vengeur de la querelle de leur évêque qui n'était même pas prêtre. C'était ce Jean-sans-Peur, chef en France de la faction bourguignone, qui venait de faire assassiner le duc d'Orléans, et qui, en 1418, fit ruisseler le sang dans Paris. Liége fut encore plus maltraitée par le petit-fils de ce duc, le fameux Charles-le-Téméraire, qui contraignit Louis XI de l'aider à soumettre, en 1468, les Liégeois que ce roi lui-même avait fait soulever. Ces hommes généreux, n'ayant que six cents soldats de garnison, se défendent eux-mêmes avec une constance et une intrépidité admirable. Une armée de cinquante mille hommes triomphe enfin; et le vainqueur implacable fait égorger les habitans de tout sexe et de toute condition, jusque dans les temples et sur les autels. Lorsque le

PRISE DE LIÉGE ET D'AIX-LA-CHAPELLE.

bras de ses satellites est lassé, on impose une forte rançon aux malheureux qui survivent à ce massacre, et les prisonniers, trop pauvres pour se racheter, sont précipités dans les flots de la Meuse. Cette expédition fit périr soixante-dix mille Liégeois, et plus de douze mille femmes furent jetées dans la rivière. Toutes les propriétés furent mises au pillage; et, pour combler la mesure de tant de crimes, quatre mille paysans du duché de Limbourg furent commandés pour embraser les maisons de cette ville malheureuse, et démolir jusqu'aux débris que les flammes auraient respectés. C'était vers des lieux pleins de ces amers souvenirs que s'avançait l'armée française.

L'arrière-garde des Autrichiens s'était fortifiée à droite et à gauche en avant de Liége, et elle occupait les hauteurs du grand et du petit Flémal, vis-à-vis les débouchés de Waroux, et celles d'Herstal, au-dessous de Liége et derrière la célèbre plaine de Raucoux. Une artillerie nombreuse garnissait ses retranchemens établis dans six villages. Le général Starray, s'il eût eu plus de troupes, aurait renouvelé la belle défense des redoutes de Jemmapes. Dumouriez ne lui donna pas le temps d'être secouru; et les soldats français attaquèrent avec une telle intrépidité, avec une agilité si étonnante, que le général ennemi, malgré l'habileté de ses manœuvres, fut contraint, après un combat de dix heures dans lequel il fut blessé, d'évacuer toutes ses positions et de traverser la Meuse en toute hâte. L'armée autrichienne se divisa : Clairfait échelonna ses troupes sur Aix-la-Chapelle, tandis que Baulieu alla cantonner les siennes dans le Luxembourg. Dumouriez et les Français furent accueillis dans la ville de Liége, où ils allaient s'affaiblir par une pénurie absolue.

Le général Clairfait, instruit de la marche des Français sur Verviers, où le général Frégeville et le colonel Fournier battirent les Autrichiens, et de l'entrée du général Steingel dans Henri-Chapelle, se détermina à quitter Aix-la-Chapelle que les Français occupèrent le 8 décembre, et où l'ombre de Charlemagne, le plus grand de leurs rois, souriant à leurs triomphes, semblait les accueillir dans une ville qui fut toujours l'objet de ses affections. On reproche à Dumouriez d'avoir laissé les Autrichiens s'établir entre l'Erft et le Rhin, depuis Cologne jusqu'à Dusseldorf; et puisqu'il ne les poussait pas au-delà du Rhin, de n'avoir pas abandonné, pour l'hiver, tout le pays entre la Roër et la Meuse, et de n'avoir point assis ses quartiers sur la rive gauche de cette dernière rivière. Lui-même, en repoussant la première accusation, et en blâmant l'invasion de Custine avant qu'on ait pris Trèves et Coblentz, reconnaissait combien était pauvre le pays d'outre-Meuse, ruiné d'ailleurs par l'ennemi, et il prévoyait le danger d'occuper cette contrée. Il paraît qu'en y prenant ses cantonnemens, il obéit aux ordres formels du ministère auquel il n'avait dissimulé ni la nouvelle coalition des états belges avec la Prusse, le stathouder et les prêtres, ni la certitude où il était de se voir bientôt attaqué de front par l'armée de Clairfait, et sur sa droite par Baulieu qu'on ne s'occupait de contenir par aucun corps français. Nous ignorons si, quelque temps après, le plaisir de voir arriver ce qu'il avait prédit n'affaiblit pas le désir qu'il devait avoir de prévenir ou de diminuer les malheurs qu'il avait eu le mérite de prévoir.

PRISE D'ANVERS ET DE RUREMONDE.

Anvers, objet d'éternelle jalousie pour les villes maritimes de la Hollande, et dont la prospérité ferait le désespoir des Anglais; Anvers qui, par des querelles religieuses, perdit de riches négocians qu'Amsterdam s'empressa de recueillir, avait souffert des maux incalculables dans le seizième siècle, et du féroce duc d'Albe, et de l'imprudent duc d'Alençon, frère de Henri III et du duc de Parme. Le siége, soutenu pendant plus d'un an contre ce dernier général des Espagnols, en 1584 et 1585, est à jamais mémorable par les travaux extraordinaires, par le pont, par les machines infernales qui étonnèrent alors l'imagination, mais surtout par le courage des habitans que sut relever et soutenir Sainte-Aldegonde, maire immortel de la ville d'Anvers. En 1746, le comte prince de Clermont, sous les ordres du maréchal de Saxe, et en présence du comte d'Argenson, l'un des plus sages et des plus laborieux ministres de la guerre, attaqua la citadelle d'Anvers que le gouverneur, M. de Pizza, rendit après six jours de tranchée ouverte. En 1785, l'empereur Joseph II fit tous ses efforts pour rendre la liberté à la navigation de l'Escaut, et par conséquent tout son ancien éclat au commerce d'Anvers; mais il échoua par l'influence des cours de Versailles et de Berlin; et, dans son dépit, il aurait voulu échanger tous les Pays-Bas contre la Bavière, projet que fit échouer Frédéric-le-Grand, prêt à descendre dans le tombeau.

L'avant-garde du général La Bourdonnaye, commandée par les généraux La Morlière et Champmorin, arriva de Gand, le 18 novembre, devant la ville d'Anvers, dont les magistrats s'empressèrent de leur apporter les clefs, pendant que les Autrichiens se retiraient dans la citadelle au nombre de près de quatorze cents hommes. A peine La Bourdonnaye avait-il rejoint cette avant-garde, que le commandement de son armée passa au général Miranda, Espagnol né à Caracas en Amérique, ardent révolutionnaire, très-estimé et très-recommandé par le général Dumouriez. Miranda, après d'étonnantes et nombreuses vicissitudes, au nombre desquelles on comptera le tremblement

PRISE D'ANVERS ET DE RUREMONDE.

de terre qui engloutit sa dictature et sa patrie (26 mai 1812), devait finir ses jours dans les cachots de Cadix. Il fit commencer de suite les travaux du siége que dirigeaient les capitaines du génie Dejean et Marescot, le général d'artillerie Guiscard, et le même Senarmont dont nous avons eu occasion de parler dans notre relation de la bataille de Valmy.

On tira absolument les mêmes parallèles qu'au mois de mai 1746, c'est-à-dire qu'on en appuya la droite au chemin couvert de la porte Saint-Joris (Saint-Georges), près de la route de Berchem, et que la gauche déborda le bastion de Paccioti, ainsi nommé de l'architecte, du duché d'Urbin qui, en 1567, avait bâti la citadelle par ordre du duc d'Albe. Le centre de cette parallèle enveloppait le bastion de Tolède. La mauvaise saison augmentait les difficultés de ces travaux que l'ennemi inquiéta vivement par son feu; et comme on trouvait les eaux à deux pieds de profondeur, on fut obligé d'augmenter la largeur de la tranchée pour former les parapets. Le premier boulet qui fut lancé le 28, à midi, par les assiégeans, renversa la table où le gouverneur allait s'asseoir pour dîner; et, par un hasard plus heureux, leurs bombes allumèrent dans la citadelle un violent incendie qui consuma deux corps de casernes et la moitié de l'arsenal où étaient les provisions. Le colonel Molitor, gouverneur de la citadelle, demanda de suite à capituler; dès le 29, la porte de secours fut livrée aux troupes françaises, et le 30, les Impériaux sortirent avec les honneurs de la guerre, mais déposèrent sur le glacis leurs armes et leurs drapeaux. Dans l'article 3 de la capitulation, le commandant autrichien avait stipulé que les bagages ne seraient ni fouillés ni pillés. Miranda fit rayer cette dernière expression, en disant qu'un tel mot était inconnu dans les armées de la république française.

C'était donc un Espagnol, proscrit dans sa patrie, qui prenait possession d'une forteresse bâtie par le redoutable général du sombre Philippe II. Le duc d'Albe, qui s'était fait élever, au milieu de la citadelle même, une statue de bronze, dans une attitude et avec des inscriptions insultantes pour la ville d'Anvers, avait aussi donné ses noms et celui de la famille de sa femme à quatre des bastions. Miranda, enthousiasmé d'une conquête qui lui avait si peu coûté, changea les noms de *Ferdinand*, de *Duc*, de *Tolède* et d'*Alve*, et leur donna ceux de Pétion, de Mirabeau, de Rousseau et de Dumouriez. Il baptisa le bastion de Paccioti du nom d'Helvétius. Nous citons ce fait comme un trait caractéristique de cette époque.

La prise de cette citadelle procurait aux Français de grandes provisions en armes, en munitions et en fourniture de toute espèce. Cinquante canons de bronze, cent mortiers, plus de quatre mille fusils, deux cents milliers de poudre, trois cents milliers de cartouches à balles, neuf mille boulets, plus de trois mille bombes, dix mille grenades, des viandes salées, des farines, des fourrages en quantité.

Miranda, suivant les instructions qu'il avait reçues, avait changé de direction; il s'était porté à marches forcées sur Ruremonde, que le gouvernement des Pays-Bas avait quittée dès le 7 décembre, et où les Français furent reçus le 11. Ruremonde, capitale de la portion du haut quartier de Gueldres, appartenant à la maison d'Autriche, avait été très-maltraitée par le prince Guillaume de Nassau en 1572. Cette ville lui avait refusé des vivres pour ses troupes; et des protestans lui ayant ouvert une porte lorsqu'il occupait les habitans par une attaque simulée, le prince d'Orange permit que ses soldats se livrassent aux plus horribles excès.

ARMÉE DE LA MOSELLE,

(BEURNONVILLE, PULLY, DELAAGE, LANDREMONT.)

PAR une étrange singularité, là où les soldats français eurent le plus à combattre, et où ils donnèrent de plus éclatans témoignages de leur valeur personnelle, leurs succès furent moins brillans.

Nous avons vu Beurnonville combattre à Valmy et à Jemmapes : son courage et sa haute stature lui avaient valu, de la part de Dumouriez, la dénomination assez étrange d'*Ajax français;* et après la bataille de Valmy, ses liaisons avec des hommes exagérés ne lui avaient pas permis d'être aussi heureux que plusieurs autres généraux, qui avaient pu soustraire des émigrés prisonniers à l'exécution des lois terribles proclamées contre eux. L'armée de la Moselle, qu'il venait commander, devait marcher sur Trèves et sur Coblentz, pour lier ses opérations, par la gauche, à l'armée de Dumouriez, et par la droite, à celle de Custine. Cette armée était alors dans un dénuement absolu; et l'expédition ordonnée, d'après les instances de Custine, devenait impraticable à cause de la rigueur de la saison et de la dégradation des chemins.

ARMÉE DE LA MOSELLE.

Les combats de la Montagne-Verte, de Pellingen, de Wavren et de Hamm, furent très-meurtriers, très-glorieux, et malheureusement très-inutiles.

Les Autrichiens, au nombre de quatorze mille hommes, sous les ordres du prince de Hohenlohe, frère du prince régnant de Hohenlohe-Kirchberg, s'étaient retranchés sur les hauteurs de Pellingen, et ils couvraient en même temps et les approches de Trèves, et les débouchés du pont de Consarbruck. C'était dans ces lieux que le maréchal de Créqui avait été battu en 1675. Après une marche inutile d'une division de six mille hommes, envoyés d'abord à Custine et rappelés aussitôt par Beurnonville, on détacha deux régimens d'infanterie et deux régimens de dragons, sous les ordres du général Pully, pour lever des contributions, et rassembler des vivres et des fourrages dans l'électorat de Trèves. Ce général fut immédiatement après envoyé pour prendre le commandement supérieur du corps d'armée avec lequel le général Humbert, alors malade, placé entre la Saare et la Moselle, avait été chargé d'expulser l'ennemi de tout ce pays, de s'emparer de Freudembourg et de Saarebourg, d'empêcher les Autrichiens de recevoir des secours de Luxembourg par le pont de Grevenmacheren, sur la Moselle, et enfin d'enlever tous les bateaux de la Saare, pour être maître de ses communications avec le corps d'armée qui était sur la droite de cette rivière. Pour remplir ces instructions, Pully avait environ deux mille sept cents hommes d'infanterie, dont trois cents du 96e (ci-devant Nassau), dont Rewbel était colonel; le reste était composé de gendarmes nationaux, des bataillons de Popincourt, du Lot, des Ardennes, de Rhône-et-Loire, de Seine-Inférieure, de la Meuse, du 4e de la Meurthe et de la compagnie de Saint-Maurice, l'une des cinquante-quatre compagnies franches levées et organisées par décrets du mois de mai 1792. Il avait en outre le 1er et le 17e régimens de dragons, le 1er régiment de chasseurs à cheval, la légion de Kellermann, et un escadron du 20e régiment de cavalerie. Tous ces corps se couvrirent de gloire.

Le général Delaage commandait la colonne de droite; le général Landremont fut obligé d'aller prendre le commandement de celle de gauche, dont Humbert par son absence avait fait manquer les premières opérations; Pully resta à la tête de la colonne du centre. Le combat de Bibelhausen fut très-brillant pour le 4e bataillon des volontaires de la Meurthe, commandé par le colonel Pontcarré, vieillard intrépide, qui, avec trois cents hommes, arrêta la marche de seize cents Autrichiens, dont quatre cents de cavalerie, et donna le temps à la colonne du général Pully de venir le dégager. Ce fait d'armes avait eu lieu le 12 décembre, pendant la seconde attaque de Pellingen; et Pully eut l'occasion d'admirer les dispositions habiles prises sur sa gauche par le lieutenant-colonel Friant, qui, comme Lefebvre, Hoche, Taponnier, sortait des rangs des gardes françaises, et qui, comme eux, devait acquérir un nom si justement vénéré dans les fastes de la gloire.

Le 15 décembre, les hauteurs de Wavren et de Hamm furent attaquées avec la plus grande vigueur, et malgré une artillerie formidable et trois pieds de neige qui couvraient tout le terrain. Il fallut plus d'une heure pour parvenir, sous le feu ennemi, aux premiers retranchemens. La colonne de Laubardemont, un moment ébranlée par la mitraille des Autrichiens, se rétablit promptement par les soins de son général, du général Pully accouru vers elle, et du capitaine Foulers, alors aide-de-camp de ce dernier; celle de droite marcha constamment comme à l'exercice, et les cris de *vive la nation!* répondaient à chaque décharge de l'artillerie ennemie. Une vive fusillade s'engagea sur les hauteurs de Hamm; mais enfin les Autrichiens s'enfuirent, abandonnant leurs canons dont s'empara le général Laubardière. Lorsque la colonne de Pully se précipitait pour les poursuivre sur les hauteurs de Wavren, et au moment où ce général mettait pied à terre pour s'élancer le premier dans les retranchemens, un déserteur autrichien, et non français, comme on l'a écrit, se présente, demande la vie et la liberté, mais à une condition : c'est que le général français ne sacrifiera pas vainement ses huit cents soldats, qu'on a comptés du haut de la montagne, contre six mille Autrichiens bien retranchés, et munis d'une nombreuse artillerie. « Je « t'accorde, répond le brave Pully, ce que tu demandes; mais j'y mets aussi « une condition : c'est que tu vas nous suivre, et que ce sera au haut de « Wavren que tu recevras de moi ce que je viens de te promettre. » Le signal est donné, le pas de charge est battu, la montagne est franchie, les canonniers sont égorgés sur leurs pièces, et l'ennemi abandonne une position qui semblait inexpugnable. Cependant le déserteur n'avait pas abandonné les côtés du général; plusieurs fois même il l'avait averti, lui et plusieurs de ceux qui l'accompagnaient, lorsqu'il voyait des Autrichiens les coucher en joue. Après le combat, le général offrit à cet homme de l'argent et la permission de retourner dans son pays; mais il demanda comme une faveur et une récompense de servir avec les Français, et on l'incorpora dans le 2ᵉ régiment d'infanterie de ligne, ci-devant Picardie.

De son côté, le général Delaage, maître de Bibelhausen, cherchait les moyens de gravir aussi la montagne de Wavren. Quel fut son étonnement et celui des braves grenadiers qu'il commandait, quand ils aperçurent la colonne Pully sur la hauteur ! Des acclamations font retentir toutes les collines; les grenadiers s'élancent, descendent à pic leur montagne, et, sous les yeux de leur général, qui, plus sage, aussi intrépide, mais moins fougueux, songe à protéger son artillerie, ils courent prendre part au danger et à la gloire de leurs camarades. Epoque heureuse où les succès d'un corps ravissaient de joie ses généreux émules, et où les braves, ne combattant que pour la patrie, mettaient tout en commun, les jouissances et les privations, les périls, la douleur et les lauriers !

Beurnonville ayant échoué, pendant ces beaux combats, à Pellingen qu'il ne put garder, et à la Montagne-Verte qu'il ne put prendre avec le peu de troupes qui restait à sa disposition, fut contraint de renoncer à l'expédition de Trèves, et il se reploya sur les rives de la Moselle, où il prit ses quartiers d'hiver, en hasardant, pour céder aux instances du général Custine, mille chevaux et huit bataillons à Sarrebruck et dans les environs. Cette condescendance ne devait pas le mettre à l'abri des reproches de ce dernier, lorsque le malheur allait aigrir son caractère.

ESCADRE FRANÇAISE DANS LE PORT DE NAPLES,

(LATOUCHE-TRÉVILLE.)

PENDANT que la rigueur de la saison allait suspendre un moment les hostilités sur terre, le besoin de venger la réputation d'un agent diplomatique conduisait dans le golfe de Naples une portion de l'armée navale de Truguet. M. Huguet de Sémonville, ancien conseiller au parlement de Paris, où il avait hautement provoqué, en 1787, la convocation des Etats-généraux, devenu ministre plénipotentiaire du roi auprès de la république de Gênes, y avait fait respecter le gouvernement et le nom français; et son langage énergique avait appelé les regards et excité les plaintes de plusieurs cabinets ennemis déclarés ou secrets de la France. L'Espagne avait pris l'initiative pour dénoncer une innovation de ce ministre, qui avait, après le voyage de Louis XVI à Varennes, placé sur la porte de son hôtel un dessin représentant la France embrassant le génie de la liberté. Il serait difficile de déterminer aujourd'hui quel était le véritable but de cette mesure singulière. Le peuple génois s'étant plusieurs fois rassemblé pour contempler ce tableau, le sénat avait défendu aux nobles de répondre aux invitations de M. de Sémonville, et le gouvernement l'abreuvait de dégoûts.

Ce ministre ayant été nommé, quelques mois après, résident auprès de la cour de Turin, fut arrêté à Alexandrie, sans pouvoir passer au-delà; et le roi de Sardaigne, malgré les instances du roi de France, et sans égard même à la réparation demandée pour cet outrage, se refusa obstinément à recevoir un envoyé qu'il regardait comme un violent propagateur des idées libérales. Louis XVI, avant le 10 août 1792, désigna M. de Sémonville pour aller remplacer M. de Choiseul-Gouffier à Constantinople. Ce choix donna lieu à un nouveau scandale; et les résidens des cours de Vienne, de Berlin, de Pétersbourg, d'Espagne et de Naples, réclamèrent tous auprès de la Porte Ottomane l'exclusion formelle de ce ministre français. La note remise par l'ambassadeur de Naples était la plus injurieuse à la personne de M. de Sémonville, ou du moins le souverain au nom duquel cet ambassadeur avait parlé était le plus facile à atteindre, et ce fut lui qu'on alla punir.

Le contre-amiral Latouche-Tréville (Louis-René-Madelaine Le Vassor), âgé alors de quarante-sept ans, ancien chancelier de la maison d'Orléans, fut chargé de cette expédition. Cet officier, qui avait concouru à la confection de la belle ordonnance de la marine en 1786, était d'ailleurs connu par d'illustres combats, en 1780, sur *l'Hermione*, en 1781 sur la même frégate, avec le célèbre La Peyrouse qui commandait *l'Astrée*, et en 1782, le 15 septembre, où *l'Hector* anglais succomba sous les efforts de *l'Aigle* et de *la Gloire*.

La cour de Naples, informée des instructions envoyées par le savant Monge, nouveau ministre de la marine, s'était préparée à une vigoureuse défense; la rade était bordée de cent pièces de canon, et l'on supposait que jusqu'au printemps on n'aurait rien à redouter d'une flotte française. Tout à coup on signale dans le golfe une escadre de dix vaisseaux et de six frégates; c'était Latouche-Tréville qui avait bravé la saison et les tempêtes, et qui, malgré les vents contraires, entra bientôt dans le port, le 16 décembre, à midi, et vint mouiller, pour ainsi dire, jusque sous les fenêtres du roi, le long de la terrasse qui borde l'ancien palais, et vis-à-vis la galerie souterraine par laquelle le roi passe quand il veut s'embarquer. M. de Belleville, alors simple garde national, et revêtu de son uniforme, descend en parlementaire, et le fameux ministre Acton, général anglais, auquel Ferdinand abandonnait les intérêts de sa gloire, est contraint de présenter Belleville au roi avec la lettre du contre-amiral. Dans les termes les plus énergiques, le général demandait que le nouvel ambassadeur Mackau (fils de l'une des sous-gouvernantes des enfans de France) fût reconnu et admis; que la neutralité fût garantie; que la note insultante publiée à Constantinople, et dirigée contre Sémonville, fût désavouée; que l'agent Guillaume Ludolf, qui avait osé la répandre, fût rappelé et puni; qu'on envoyât auprès de la république un ambassadeur qui renouvelât ce désaveu, entretînt la bonne harmonie entre les deux puissances, et préparât un nouveau traité également avantageux au commerce des deux peuples. Le refus d'une seule de ces conditions devait être regardé comme une déclaration de guerre, et une heure était accordée à Ferdinand IV pour donner une réponse cathégorique. Cette réponse fut favorable; et Jean Acton, au nom de son maître, désavoua les démarches qu'il avait dictées, et annonça l'envoi à Paris de l'ambassadeur napolitain qui était à Londres. Il importe peu d'examiner quels moyens on trouva pour éluder cette dernière promesse. Nous ajouterons que le roi fit inviter les officiers français à venir à terre, mais qu'il ne put obtenir d'eux cette condescendance.

Une telle réparation influait peu sur le sort de M. de Sémonville; et l'on sait que la maison d'Autriche se chargea, à son tour, de venger sur sa personne l'humiliation que l'on faisait subir à la cour de Naples, avec laquelle elle avait les mêmes rapports de parenté qu'avec l'ancienne cour de France.

Nous sommes entrés jusqu'ici dans des détails qui ont dû paraître peu proportionnés avec le plan de cet ouvrage, où l'on ne s'attend à trouver, suivant notre promesse, que le récit rapide des principaux faits d'armes dont les noms et le souvenir doivent rester profondément gravés sur les marbres historiques du *Temple de la Gloire*. Ces marbres, si toutefois nos fragiles travaux peuvent être assimilés à des monumens antiques qui ont bravé la faux du temps, ne seront pas aussi précieux que ces tables recueillies dans le Musée français, et qui nous montrent Athènes reconnaissante, et inscrivant, quatre siècles avant l'ère chrétienne, les noms de ses enfans, officiers et soldats, morts à la guerre pour la patrie. Que ne pouvons-nous procurer à nos braves une semblable célébrité !

Mais, avant de nous borner pour ainsi dire à une simple nomenclature, la grandeur des circonstances nous imposait le devoir de signaler avec exactitude cette transition si frappante d'un régime sous lequel nos anciennes armées ressemblaient trop au portrait tracé par Fléchier dans son oraison funèbre de Turenne, à un autre régime, à un temps où nos phalanges, composées de la portion la plus brillante, la plus active, la plus enthousiaste de la nation, vont n'obéir qu'à des chefs éprouvés dans leurs rangs, et, par des succès jusqu'alors inouis, mettre en défaut toutes les vieilles traditions. Les développemens que nous avons cru devoir donner aux premiers événemens expliquent mieux que ne le feraient de longs discours cette grande transmutation. On a vu comment les obstacles se sont multipliés, et comment ils ont été vaincus; comment la guerre fut improvisée dans des intentions perfides; comment la trahison s'introduisit comme l'auxiliaire puissante de puissans ennemis; comment l'expérience et la valeur, qui croyaient déshériter leur pays infortuné par leur défection, furent toutes surprises, en se retournant, de se trouver en présence du génie et de l'intrépidité, et comment enfin il fut démontré que la providence, qui si souvent se déclara pour les gros bataillons, réserve aussi ses faveurs pour le courage désintéressé et pour les héros qu'enflamme l'amour de la patrie.

Nous voici parvenus à l'année 1793, époque douloureuse et funeste où cette patrie eut à pleurer sur de cruelles erreurs, sur une défection fameuse, sur des fautes qui paraissaient irréparables, et sur des dissentions intestines qui élevèrent à la terreur un autel sanglant sur lequel les sacrificateurs féroces immolèrent tant de victimes, et finirent par s'égorger eux-mêmes. Pendant que le génie de la liberté organisait la victoire au dehors, au dedans il gémissait dans les fers. Dans ces temps de calamité générale, la nation française, à laquelle des fils égarés ont voulu demander compte de leurs infortunes, n'était point elle-même sur un lit de roses. La fraternité, partout proclamée, n'était déjà plus qu'une sombre défiance, et il n'y avait d'égalité que pour les supplices. C'était mettre un pied sur l'échafaud que de laisser apercevoir des talens, du courage et des vertus : la mort saisissait le magistrat sur la chaire curule, le citoyen dans ses foyers, le savant dans son cabinet, le négociant au milieu de ses spéculations, et l'orateur sur la tribune aux harangues. Les camps mêmes, noble asile de la valeur, du patriotisme et quelquefois du désespoir, n'étaient point un refuge, et des exemples trop mémorables ont prouvé que le char de triomphe conduisait bien moins au Capitole qu'à la roche Tarpéienne. Tant de meurtres et de si glorieuses victimes semblaient trop bien servir l'intérêt des puissances ennemies, pour qu'on n'accusât pas la politique de les désigner, pour qu'on ne reprochât pas à un certain cabinet, surtout, de diriger à son gré la faux révolutionnaire, et de multiplier chaque jour, sur le sol français, les sanglantes apothéoses dont lui-même avait eu à rougir. On croyait voir de perfides magiciens promettre à des enfans de régénérer le sang aduste et corrompu de leur père, et faire, des propres filles d'un nouveau Pélias, les instrumens aveugles de leur horrible ressentiment.

Cependant Dumouriez, qui, avant de se rendre en Belgique, avait proclamé à la société des Jacobins la guerre à mort contre les rois, et qui, après ses conquêtes dans les Pays-Bas, n'avait pas répugné à prendre le titre de général des sans-culottes, en se mettant en correspondance avec Anacharsis Clootz, baron prussien, l'un des entrepreneurs publics de nos dissentions intestines; Dumouriez, qui se vantait d'être l'auteur des premières déclarations de guerre, insistait pour que la France ajoutât la Hollande au nombre de ses ennemis. La Convention ne manquait pas de prétextes pour céder à ces vives insinuations; et comme il était notoire que le stathouder n'avait été que l'exécuteur des ordres du cabinet de Saint-James, la déclaration de guerre, en date du 1er février, et précédée de l'exposition des griefs, fut commune aux deux puissances. Un mois après, le 7 mars, la guerre fut aussi déclarée à l'Espagne. Il semblait que plus les dangers de l'état devenaient graves, et plus on s'appliquait à les multiplier. En effet, dès avant la fin de la campagne précédente, l'armée du Rhin avait essuyé des revers qui devaient avoir une grande influence. Francfort, mal pourvue d'artillerie, et défendue par une trop faible garnison, venait d'être livrée aux Prussiens par les habitans eux-mêmes, et la résistance intrépide des Français n'avait eu d'autre résultat que de les rendre victimes d'un horrible carnage. Un grenadier des volontaires de la Haute-Saône, et défendant seul un pont attaqué par une multitude d'ennemis, attira sur lui les regards de l'une et l'autre armée. Les morts dont il s'entourait, les blessures qu'il recevait, ne faisaient qu'exalter son courage; ce guerrier renouvelait, sans le savoir, l'une des plus belles actions de l'antiquité. Le roi de Prusse, admirant l'intrépidité de ce héros, défend de le tuer; d'après ses ordres on l'environne de si près, qu'il ne peut plus faire usage de ses armes, et on le conduit au prince. « Français, lui dit le monarque, j'admire votre valeur; c'est bien dommage que vous ne vous battiez pas pour une meilleure cause. — Citoyen Guillaume, lui répliqua vivement le grenadier, parlons d'autre chose : nous ne serions pas d'accord sur ce chapitre-là. » Cette qualification donnée au roi de Prusse fit fortune dans son armée; et souvent, en visitant son camp, ce prince s'entendit nommer le *citoyen Guillaume*. Des historiens qui, dans ces derniers temps, ont retracé l'histoire des armées françaises, ont cru devoir excuser le grenadier sur ce qu'ils appellent la manie de cette époque. Une telle innovation dans le langage ne peut être ridiculisée; et un peuple qui saurait la conserver et la comprendre aurait, dans ses propres habitudes, une garantie de sa dignité et de son indépendance. Ce brave homme, qui versait son sang pour la liberté, et qui devait la vie à l'estime particulière que venait de lui témoigner Frédéric-Guillaume, ne voulait certainement pas l'offenser, et il ne concevait rien de plus honorable que le titre de *citoyen*.

La retraite des Français sur Mayence fut signalée par plusieurs affaires dans lesquelles Houchard, Neuwinger, Biron et Beauharnais saisirent cette nouvelle occasion de se distinguer. Houchard, avec deux mille hommes, en avait arrêté douze mille pendant un jour entier. On vit bientôt Custine se venger, par ses plaintes et par ses accusations, de la nécessité où il se trouva d'abandonner Mayence aux seules forces de sa garnison.

Pendant que Truguet, contrarié par l'insubordination des troupes de débarquement, ne pouvait, à deux reprises différentes, ni prendre Cagliari en Sardaigne, ni punir cette ville de l'assassinat d'un parlementaire (27 décembre 1792, 17 et 21 février 1793), le général Biron, arrivé à Nice pour remplacer Anselme, avait fait quitter à l'armée d'Italie ses quartiers d'hiver. La campagne s'ouvrait au midi et au nord par de nouveaux combats.

COMTÉ DE NICE,

(Biron, Brunet, Dagobert, Dumerbion.)

Dès le 14 février 1793, Dagobert, à la tête de neuf cents hommes, avait été chargé de prévenir les dispositions des Piémontais et des Autrichiens qui, voulant reconquérir le comté de Nice, s'étaient de nouveau réunis et retranchés à Sospello. L'ennemi était du double plus nombreux; mais l'impétuosité des Français, et l'habileté avec laquelle leur artillerie fut dirigée et servie, obtint un prompt triomphe. Trois cents prisonniers furent les gages d'un succès qui n'était que le prélude d'autres avantages.

Le général Biron, ayant résolu de faire attaquer, le 28 février, tous les postes de la droite de l'ennemi, depuis Entrevaux jusqu'à Sospello, chargea de cette opération les généraux Brunet et Dagobert. Ceux-ci, à la tête des chasseurs corses, des grenadiers du 28ᵉ et du 91ᵉ régimens de ligne, et du 2ᵉ bataillon de l'Isère, escaladèrent les hauteurs de Colla-Bassa, et ils en délogèrent les ennemis. Marchant aussitôt sur deux colonnes, celle de droite commandée par Dagobert, et celle de gauche par Brunet, ils chassèrent les Austro-Sardes de poste en poste jusqu'à la Vésubia, torrent qui se jette dans le Var, à Bausone. Après dix-huit heures de marche dans un pays aussi difficile et parsemé de défilés, les deux colonnes bivouaquèrent sur les hauteurs de la rive droite du torrent. L'ennemi, redoutant une attaque, abandonna Lantosca précipitamment, et le général Dagobert nettoya les deux rives de la Vésubia de toutes les troupes légères que l'ennemi avait laissées dans cette vallée. Alors le général Brunet courut attaquer les Piémontais qui occupaient, au nombre de deux mille hommes, le poste formidable du Belvéder, à droite de la Gordolasca. Malgré leur artillerie et le feu terrible de leur mousqueterie, ils furent chassés successivement des hauteurs, des terrasses et du village. Dagobert obtenait, avec les mêmes difficultés et le même courage, un semblable succès à Utèle et à l'ermitage de Notre-Dame des Miracles. Partout l'ennemi était mis en déroute. Le général Rossi dégageait en même temps la haute rive du Var, vis-à-vis Glandève, et forçait les Piémontais de s'éloigner de la colline de Ténières. Dans toutes ces affaires, le général en chef se loua particulièrement des généraux que nous venons de nommer; du général Dumerbion qui, sur ces mêmes montagnes, devait livrer encore tant d'autres combats; de l'adjudant-général Micas, du capitaine du génie Claussade, de Chartogne, colonel du 61ᵉ régiment ci-devant Vermandois; du lieutenant-colonel Vicose, du 91ᵉ ci-devant Barrois; du lieutenant-colonel Ecalle, du 2ᵉ bataillon de l'Hérault; des capitaines Mause, Rambeau, Despinois, et du colonel de Médoc (70ᵉ), ce brave et rigide Serrurier, déjà vieux militaire, ayant fait les campagnes d'Allemagne et de Portugal avant la paix de 1763, et celle de Corse en 1771, et destiné à parvenir aux plus hauts grades de l'armée. Mais de tous ces guerriers, qui déjà promettaient d'illustres généraux à la France, il était facile de distinguer celui que la victoire allait adopter comme l'un de ses fils chéris. Masséna, au service depuis 1775, formé au métier des armes sous un oncle, capitaine dans Royal-Italien qui alors quitta le nom de Nice, avait reçu de la nature le génie de la guerre. Lieutenant-colonel du 2ᵉ bataillon du Var, il venait de repousser l'ennemi de toutes les positions qu'il avait occupées jusqu'à Tende, conjointement avec Ladac, chef du 7ᵉ bataillon du même département. La manière dont Masséna avait dirigé les troupes, les précautions qu'il avait su prendre, la prudence qu'il avait montrée dans la marche, la valeur qu'il avait déployée dans les combats, tout avait décelé en lui de grandes qualités, et lui avait concilié pour jamais l'estime et la confiance des soldats. Une vaste carrière s'ouvre devant lui; nous aurons souvent occasion d'admirer comment il sut la parcourir.

COMTÉ DE NICE.

Les premiers succès du général Biron, qui pouvaient être si importans pour cette nouvelle campagne, furent bientôt neutralisés par les troubles de l'intérieur, diversion trop heureusement imaginée par la coalition des puissances étrangères, et trop facilement secondée par les Français de l'ouest et du midi. Cette coalition, désormais redoutable, se trouvait composée de l'Autriche, de la Prusse, de l'Empire, de la Grande-Bretagne, de la Hollande, de l'Espagne, du Portugal, des Deux-Siciles, et du roi de Sardaigne. Le pape accéda secrètement à cette coalition, après avoir souffert, le 13 janvier 1793, l'horrible égorgement, à Rome, de Basseville, secrétaire de l'ambassade française, et l'incendie des hôtels du consul et de l'ambassadeur. Les états faibles sont ceux où les excès de la populace se distinguent par le plus de férocité.

Ce fut dans ce moment-là même que Dumouriez forma un très-singulier projet qui, en trompant les réfugiés hollandais sur une prétendue expédition dirigée contre l'île de Walcheren, Flessingue et Middelbourg, devait avoir une bien plus grande influence sur les événemens. Partir d'Anvers, masquer Klundert et Berg-op-Zoom à gauche, Bréda et Gertruidemberg à droite; traverser un bras de mer de deux lieues de largeur, débarquer à Dordrecht, et se trouver ainsi au cœur du comté de Hollande; parvenir sans obstacles à Amsterdam, par Delft, La Haye, Leyde et Harlem, et prendre ainsi à revers toutes les places fortes des Sept-Provinces; être joint ensuite, dans la seigneurie d'Utrecht, par Miranda qui aurait laissé au général Valence le soin de prendre Maestricht, mais qui devait, à quelque prix que ce fût, s'emparer de Venloo, et qui aurait marché avec vingt-cinq mille hommes sur Nimègue; renvoyer alors tous les volontaires nationaux en Belgique, s'entourer de troupes de ligne et de généraux affidés; faire donner par les Etats-généraux l'ordre de rendre toutes les forteresses; armer une flotte pour protéger les possessions de l'Inde; offrir aux Anglais une entière neutralité; proposer aux Belges et aux Bataves de former une république indépendante, ou, sinon, une alliance offensive et défensive entre les deux peuples; organiser chez eux une armée de quatre-vingt mille hommes; proposer à la France de s'allier à ces deux états, et de rétablir la constitution de 1791, ou marcher sur Paris pour obtenir ce résultat, avec l'agrément des Impériaux : tel était le plan de ce général audacieux. Il est permis de croire que la Prusse et surtout l'Angleterre n'auraient pas consenti à perdre leur influence sur le gouvernement stathoudérien, et que l'Autriche n'était pas encore réduite à abandonner ses droits sur les Pays-Bas. L'Angleterre d'ailleurs, ayant déjà versé d'immenses subsides au profit de tant de cabinets excités par elle à la guerre, avait un trop grand intérêt à s'indemniser, pour se prêter à terminer si promptement les hostilités. Quant au roi que Dumouriez se proposait de donner à la France, et de lier réellement par la constitution, ce général ne s'en explique pas dans ses mémoires; mais il est probable, d'après la haine que lui ont toujours témoignée les émigrés, qu'il n'a jamais été d'accord avec eux à cet égard, et qu'il eût cru devoir assurer l'indépendance et la tranquillité de son pays par un choix qui n'eût heurté, humilié, ni inquiété un peuple que les principes proclamés par cette constitution, et les admirables discussions de l'Assemblée constituante, ne permettaient plus alors ni de tromper ni d'asservir.

Quoi qu'il en soit, le général Berneron, commandant de l'avant-garde, ne mit point l'activité qui eût été nécessaire pour assurer le passage de la Merck et du Mordick, et il fallut que Dumouriez assiégeât les places qu'il ne s'était proposé que de masquer.

Dumouriez, avant d'entrer sur le territoire de Hollande, n'avait dissimulé à sa petite armée, composée de dix-huit mille hommes tout au plus, aucune des difficultés qui allaient se présenter devant elle. La rigueur du climat, la quantité de places fortes à enlever, les inondations, les canaux, les bras de mer à franchir, il la prévint de tout. Mais, en peignant tous ces obstacles, il lui annonçait que les soldats français, une fois parvenus en Hollande, trouveraient en abondance des amis, des vivres, des armes, des habits et de l'argent. Le général disait à cette occasion et il ne faut pas perdre de vue que Dumouriez joignait, à un génie très-actif, un esprit très-pénétrant ; il disait que le soldat français était très-spirituel, et qu'il fallait raisonner avec lui. Dès que son général, ajoutait-il, a le bon esprit de le prévenir sur les obstacles qu'il rencontrera, le Français ne pense plus qu'à les vaincre, et il s'en fait un jeu. Si, au contraire, on lui cache les dangers, il s'étonne en les apercevant ; il conçoit du dégoût et de la méfiance, et il devient très-difficile à conduire. Que d'officiers, pendant les longues guerres de la liberté, ont été à même de reconnaître la justesse des observations de ce vieux guerrier dont nous devons blâmer l'ambition et les erreurs, mais dont nous louerons toujours la sagacité et le courage, nous qui, admis dans son intimité avant l'époque de son illustration, avons pu lire des commentaires admirables tracés de sa main, et compter plus de vingt blessures sur son corps nerveux et cicatrisé !

PRISE DE BRÉDA,
KLUNDERT ET GERTRUIDEMBERG,

25, 28 février et 5 mars 1793.

Bréda sur le Merck est une place renommée pour sa force : Spinola ne s'en était rendu maître, en 1625, qu'après un siége de dix mois. Le vieux général d'Arçon, ingénieur si célèbre dans son art, inventeur de batteries flottantes devant Gibraltar où de viles passions avaient su mutiler les nobles conceptions du génie, fut chargé de prendre Bréda garnie de deux cent cinquante pièces de canon, bien palissadée, couverte par une inondation, et que défendaient deux mille fantassins et un régiment de dragons. D'Arçon, sans ouvrir de tranchée, dressa deux batteries de quatre mortiers et de quatre obusiers, très-près de la place, du côté du village de Hage. Les ennemis répondirent par un feu très-vif pendant trois jours, et le quatrième jour d'Arçon allait lever le siége, après avoir jeté les soixante bombes qui lui restaient. Philippe Devaux, aide-de-camp de Dumouriez et officier belge très-distingué, ayant été sommer, pour la seconde fois, le comte de Byland, gouverneur, homme de cour et général qui n'avait point fait la guerre, il lui annonça l'arrivée du général en chef et de son armée, le prévenant que, s'il paraissait avant que Bréda ne fût rendue, il n'y aurait aucun quartier à espérer. Byland aussitôt demanda à capituler, et il remit aux assiégeans toute son artillerie, trois cents milliers de poudre et cinq mille fusils de munition dont l'armée avait grand besoin. La confiance était encore telle dans cette armée, que des sol-

PRISE DE BRÉDA, KLUNDERT, etc.

dats français, pendant le bombardement, allaient danser la *carmagnole* sur les glacis. Trente dragons de Byland en avaient sabré plusieurs, mais les danseurs leur avaient tué quelques hommes et pris quelques chevaux. D'Arçon avait détaché douze cents hommes qui s'étaient emparés de plusieurs forts placés sur les écluses, du côté d'Heusson.

Klundert, petit fort régulier, au milieu d'un terrain inondé, fut défendu vigoureusement par un lieutenant-colonel westphalien, qui n'avait que cent cinquante hommes de garnison. Le général Berneron avait criblé toutes les maisons par le feu de ses batteries établies derrière la digue d'inondation. Le commandant, qui avait répondu pendant plusieurs jours par un feu très-violent, mais sans effet, reconnaissant que le poste n'était plus tenable, imagina d'enclouer ses canons, et de chercher à gagner, avec sa garnison, la ville de Willemstadt (*Stadium Guillelmi*); mais cette retraite lui fut coupée par un détachement de Bataves réfugiés que commandait le lieutenant-colonel Hartmann. Il fallut combattre : le Westphalien brûla la cervelle au Batave; mais celui-ci fut bientôt vengé, et le commandant de Klundert tomba mort. On le rapporta dans sa forteresse, dont on avait trouvé les clefs dans sa poche. Berneron eut ordre d'aller attaquer de suite Willemstadt, que Guillaume Ier, prince d'Orange, avait construite en 1581, et que l'on regardait comme le boulevard de la Hollande, du côté du Brabant. Berneron échoua complétement devant cette place.

Gertruidemberg, célèbre par le congrès de 1710, où Louis XIV reçut tant d'humiliations, était une place forte que le prince Maurice de Nassau n'avait prise qu'au bout de trois mois, en 1593. D'Arçon, après avoir, dès le premier jour, enlevé tous les ouvrages extérieurs, fit monter ses batteries. Après quelques coups de canon échangés de part et d'autre, et un feu habilement dirigé par le colonel d'artillerie Lamartinière, le vieux général-major Bédault consentit à capituler, en s'excusant sur ce que le stathouder ne lui avait pas envoyé des bateaux pour évacuer la place par eau. Cent cinquante bouches à feu, deux cents milliers de poudre, beaucoup de bombes et de boulets, deux mille cinq cents fusils neufs, et, ce qui était bien plus essentiel, un bon port qui permettait de ne point attendre la reddition de Willemstadt, et plus de trente bâtimens de transport de toutes grandeurs furent le prix de cette conquête.

COMBAT DE TIRLEMONT,

16 mars.

Dumouriez sentait le besoin de rétablir le moral de l'armée, et de mettre à profit la confiance que faisait renaître sa présence. Une action devenait d'autant plus nécessaire, que l'ennemi ayant attaqué les avant-postes français, le 15 mars, le général Lamarche avait évacué Tirlemont et pris position à Cumptich. Le 16, Dumouriez fit attaquer Tirlemont. Le général Valence qui commandait la droite, et qu'appuyait le centre, sous les ordres du duc de Chartres, avait à midi repris Tirlemont, à la tête des grenadiers, et chassé les ennemis au-delà des deux Geete. Cet avantage avait été vivement disputé; car le prince Charles de Lorraine, celui qui, dans le cours de cette guerre, devait déployer de si grandes qualités, ayant rallié les vaincus, avait un moment recouvré l'avantage; il avait fallu toute la bravoure personnelle des généraux Valence, de Chartres, Lamarche et Neuilly, pour reprendre et pour conserver les importantes positions de Goizen-Hoven et de Neer-Elyssen. Ce combat coûta plus de douze cents hommes aux Autrichiens.

Il devenait impossible de repousser l'ennemi au-delà de la Meuse et du Rhin, sans lui livrer bataille. Dumouriez se décida à prendre l'offensive avant que le duc de Saxe-Cobourg, déjà supérieur en cavalerie, ne reçût les renforts qui lui étaient envoyés de toutes parts.

BATAILLE DE NERWINDE.

Quoique les Français aient perdu cette bataille, nous ne pouvons nous résoudre à les déshériter de la portion de gloire que la plupart de leurs corps et de leurs généraux y ont acquise. Sans entrer dans des détails inutiles au plan de notre ouvrage, nous indiquerons rapidement les épisodes que l'honneur national est intéressé à conserver.

Dumouriez, en traversant, sans résistance de la part du duc de Cobourg, la petite Geete, se trouvait presque dans la même position où le roi Guil-

BATAILLE DE NERWINDE.

laume d'Angleterre avait été battu, le 29 juillet 1693, par le maréchal de Luxembourg; mais il avait un premier désavantage sur ce prince, puisque celui-ci avait passé le ruisseau avant l'arrivée des Français, tandis que Dumouriez le franchit en présence des ennemis, et que les trois colonnes de sa droite, commandées par les généraux Lamarche, Leveneur et Neuilly, sous les ordres de Valence, n'avaient qu'un seul pont, celui de Neer-Elyssen, pour déboucher. Il est à présumer que Luxembourg, s'il eût été à la place du duc de Saxe, aurait défendu les bords de cette Geette, ou au moins attaqué les trois premières colonnes, lorsqu'elles montaient pour enlever la Tombe de Middelwinden. L'avant-garde ennemie était commandée par l'archiduc Charles; la première ligne, avec une partie de la seconde, était sous les ordres du général Colloredo; l'infanterie de la seconde ligne et les dragons de Cobourg avaient à leur tête le prince de Wirtemberg; deux divisions de cavalerie et quelque infanterie, commandées par le général-major Stipshitz, avaient pour objet de défendre la plaine. Le corps de réserve était aux ordres du général Clairfait. La petite Geette couvrait le front de cette ligne, et séparait les deux armées. La première colonne française devait se porter dans la plaine, entre Landen et Owerwinden, pour déborder la gauche de l'ennemi et l'inquiéter sur le flanc; la seconde colonne, soutenue par un gros corps de cavalerie, devait se porter avec rapidité sur la Tombe de Middelwinden, et attaquer ensuite le village d'Owerwinden; la troisième colonne devait s'emparer en même temps du village de Nerwinde. Ces trois colonnes formaient l'attaque de droite, et le général Valence devait, en cas de succès, dépasser Landen et faire face à Tongres. L'attaque du centre, conduite par le duc de Chartres, était composée de deux colonnes : l'une sous les ordres du général Dietmann, passant un ruisseau sur le pont de Laer, devait traverser le village et se porter rapidement sur celui de Nerwinde; l'autre, commandée par le général Dampierre, devait, après avoir passé le pont d'Orsmaël, se porter sur la gauche de Nerwinde. Le duc de Chartres allait se distinguer aux mêmes lieux et au même âge où son trisaïeul s'était couvert de gloire un siècle auparavant. L'attaque de gauche, aux ordres du général Miranda, était composée de trois colonnes : la première, dirigée par le général polonais Miacksinscki, vers Ower-Hespen, devait attaquer devant elle en se portant sur Neer-Landen; la seconde, aux ordres du général Ruault, passant la rivière au pont d'Orsmaël, combattre les troupes qui occupaient le grand chemin de Saint-Tron à Liége; la troisième, commandée par le général Champmorin, passer la grande Geette au pont de Bingen, et se jeter dans le village de Loo. Au point du jour les colonnes se mirent en mouvement, et à neuf heures la droite commença à passer la petite Geette. A la gauche, le général Miranda délogea d'abord les troupes légères ennemies du village d'Orsmaël; il s'établit de part et d'autre un grand feu d'artillerie, pendant lequel la troisième colonne s'empara du village de Loo, et s'y maintint. Le général Valence, ayant passé en même temps le pont de Neer-Elyssen, attaqua les Autrichiens au village de Racour et les en chassa. Cet avantage assura le passage à toute la droite. Valence pressa les Autrichiens et déborda leur aile gauche: ce qui permit aux généraux Neuilly et Leveneur de traverser la petite Geette, et de s'emparer du poste d'Owerwinden. En avant de ce village est le monticule nommé Tombe de Middelwinden, qui commande les trois villages voisins, et assure l'avantage à celui qui en reste le maître. L'infanterie française s'en était d'abord emparée; mais, n'y ayant pas été renforcée, les Autrichiens la reprirent. On la réattaqua, et ce poste fut disputé pendant toute l'action. La colonne du général Neuilly, après avoir emporté le village de Nerwinde, au lieu d'y rester, commit la faute de le passer et de s'étendre dans la plaine. Le général Clairfait reçut alors des renforts de la droite de l'armée autrichienne, que les succès de cette aile permettaient de dégarnir; il fit attaquer Nerwinde, la Tombe de Middelwinden et Racour. Il emporta ces trois points essentiels, et mit l'armée française dans la plus dangereuse position. Les Allemands occupaient alors les hauteurs; leur front était hérissé d'artillerie; leur centre et leur gauche couverts par les villages de Racour et de Nerwinde. Chacun de ces postes se trouva soutenu d'une formidable colonne d'infanterie et de cavalerie. L'armée française était, au contraire, sur la pente du terrain, ayant la petite Geette à dos. Malgré ces difficultés, l'aile droite, par des efforts inouis de courage, réussit à reprendre les postes de Racour et de Nerwinde. Valence alors se met à la tête de la cavalerie de cette aile droite, et dirige plusieurs charges glorieuses sur la cavalerie impériale. Le centre et la droite eurent un avantage si marqué, qu'ils allumèrent leurs feux sur le champ de bataille; mais la gauche, commandée par Miranda, fut moins heureuse: maîtresse d'Orsmaël, la terreur s'empara de quelques corps, un cri odieux se fit entendre, et Miranda s'enfuit jusqu'à Tirlemont, où Dumouriez le trouva écrivant tranquillement à ses amis. Comment ne fit-il pas sur-

COMBAT DE NERWINDE.

le-champ justice d'une conduite aussi coupable? La nuit avait mis fin au combat, qui dura onze heures. L'armée française ayant son centre et sa droite tournés, voyant les ennemis maîtres des hauteurs de Wommerson, d'où leur artillerie dominante foudroyait les troupes sur la chaussée de Tirlemont, il fallut songer à la retraite. On repassa la petite Geette, et cette armée se reforma, la droite à Goidsenhowen, et la gauche à Hackendowen. La perte des Français, dans cette journée, fut de quatre mille hommes; celle des Autrichiens fut presque égale. Chacun des deux partis fit des fautes essentielles; mais celles de Dumouriez, ou, si l'on veut, de son protégé, furent d'autant plus désastreuses, que le soldat perdit la confiance qu'il avait eue dans ses chefs : découragé, il n'osa momentanément plus tenir devant les Impériaux; et bientôt après on vit la Belgique abandonnée par suite d'un traité entre un général français et les ennemis de la patrie.

Parmi les officiers tués à Nerwinde, on eut à regretter particulièrement le général d'artillerie Guiscard; les généraux Ihler et Ruault furent légèrement blessés, mais le général Valence le fut plus grièvement et surtout à la tête; presque tous les généraux, les officiers, les chefs de corps, étaient hors de combat. Le duc de Chartres fut chargé de diriger la retraite, et il le fit avec un grand sang-froid et un grand courage; Dampierre le seconda par de belles manœuvres. Dumouriez, étonné de ne recevoir aucune nouvelle de sa gauche, et soupçonnant son malheur en voyant des colonnes impériales qui se portaient de leur droite pour venir renforcer celles que Valence repoussait, avait couru rapidement, avec Thouvenot et quelques aides-de-camp, vers les corps de Miranda. Laer était abandonné, et les hullans occupaient Orsmaël; Dumouriez faillit même tomber entre leurs mains. Un seul bataillon, près du grand chemin de Tirlemont, conservait ses rangs et montrait une contenance encore fière et menaçante; le général se réfugia au sein de cette forteresse mobile, qu'il félicita d'avoir su résister également et aux efforts des ennemis et à l'exemple contagieux des fuyards. Cette troupe, cette forteresse était le 1er bataillon du département de la Manche, et son chef était ce Roger Valhubert que nous avons déjà vu à Lille, que nous retrouverons si souvent avec les mêmes braves formant la célèbre 28e demi-brigade, et qui scellera de tout son sang l'immortelle victoire d'Austerlitz.

Valence, poursuivi par le terrible régime de la terreur, fut bientôt contraint de porter sur une terre étrangère, du moins pour quelque temps, ses cicatrices et ses lauriers; mais nos guerres se prolongeront assez pour qu'il puisse rendre encore de nouveaux services à sa patrie, et reparaître sur d'autres champs de bataille. Ce fut à la même époque que, proscrit d'une patrie qui se glorifiait de sa brillante valeur, le jeune duc de Chartres déposa les armes, et consacra ses loisirs à de nouvelles études et à d'utiles voyages. Plus heureux que Scipion, il devait trouver près de Linternes la fin de ses infortunes et la plus douce des consolations.

Les tentatives de Dumouriez, et plus encore ses revers, avaient influé sur les opérations de Custine. Ce général, n'ayant été appuyé ni par la prise de Trèves où Beurnonville avait échoué, ni par celle de Coblentz qu'il avait été impossible à Kellermann de tenter, n'avait pu se maintenir au-delà du Rhin. Après avoir fortifié Cassel et jeté des forces dans Mayence, il essaya de défendre le Hundsruck, contrée montagneuse du Palatinat, entre la Moselle, le Rhin et la Nahe. Les ennemis l'avaient envahie en passant le Rhin à Rhinfelds, et c'était le brave Houchard que Custine leur avait opposé. Les combats de Stromberg, où se distingua l'adjoint aux adjudans-généraux Barthélemy, de Bingen, où Delmas, commandant du 1er bataillon de la Corrèze, déploya une vigueur et une intelligence qui le firent élever, trois mois après, au grade de général, et celui d'Ober-Flersheim, près Worms, furent très-meurtriers; et Custine, ayant à se plaindre de beaucoup d'individus qui concoururent à ses malheurs, et de quelques défections très-honteuses, ne put arrêter qu'à Landau ce premier mouvement rétrograde, dans lequel Bernadotte sauva, par sa valeur et sa présence d'esprit, plusieurs compagnies de grenadiers séparées de leurs corps. Ce guerrier, combattant pour la république, ne se doutait pas alors que chacun de ses exploits allait le rapprocher de la couronne qu'avaient portée Gustave-Wasa, Christine et Charles XII. Les débouchés des Vosges, abandonnés ainsi par ordre du ministre de la guerre qui n'en prévint même pas Custine, semblèrent s'ouvrir pour une nouvelle invasion dans les départemens de l'ancienne Lorraine; ce fut ainsi que furent livrés à leur propre force les braves qui s'étaient chargés de défendre Mayence.

REDDITION DE MAYENCE.

On lit fréquemment, même dans les écrivains modernes, que le soldat français, plein d'ardeur dans l'attaque et de confiance lors d'un premier succès, se décourage au premier revers, et se trouve bientôt las de combattre quand il est question de se défendre. Si d'anciens souvenirs, si ceux plus récens de siéges soutenus avec tant de constance par nos troupes, ne démentaient pas cette étrange assertion, il ne faudrait, pour la détruire, que l'admirable conduite de la garnison de Mayence, depuis le 1er avril jusqu'au 23 juillet 1793; il ne faudrait que se rappeler la résignation et l'infatigable dévouement de vingt-deux mille Français enfermés dans l'enceinte d'une forteresse, privés pendant long-temps des alimens les plus nécessaires à la vie, et devant, pour se distraire de leur position douloureuse, affronter chaque jour de nouveaux combats. Ces grands résultats, où la nature humaine semble s'élever au-dessus d'elle-même, furent constamment obtenus, quand les soldats se trouvèrent commandés par des officiers qui, à l'intrépidité toujours indispensable, joignaient cette fermeté d'âme qui semble soutenir tout ce qui l'entoure; cette prévoyance qui vole au-devant des besoins, ce désintéressement qui s'associe à toutes les privations, cette sensibilité qui console toutes les douleurs, cette justice qui préside à toutes les décisions, à tous les châtimens, à toutes les récompenses, et cette gaîté si essentielle qui, dans les circonstances les plus critiques, tire parti de tous les événemens pour substituer des idées réjouissantes, et quelquefois burlesques, aux sombres réflexions. Tels étaient les Doyré, les Aubert-Dubayet, les Kléber, les Meusnier, et tous ces officiers, dignes chefs des guerriers dont la gloire, surpassant la belle défense du marquis d'Uxelles (tome 1er, page 166), devait servir de modèle aux garnisons de Gênes et de Dantzick.

Quarante-cinq mille Prussiens, commandés par le général Kalkreuth, avaient investi Mayence dès le 6 avril; mais le siège ne commença régulièrement que dans les premiers jours de juin, et sous les yeux du roi de Prusse qui était venu commander son armée en personne. Il fut étonné de trouver la rive droite du Rhin fortifiée par les Français. En quatre mois, huit bataillons de travailleurs, dirigés par le colonel du génie Gay-Vernon, avaient relevé le fort de Cassel, ceux de l'île de Mars et de Costheim, sur les trois embouchures du Mein, et la défense de ces nouveaux ouvrages était confiée au général Meusnier, dont le nom fut donné à l'une des îles témoins de sa valeur. Il faut juger de ce héros par les regrets que l'armée témoigna de sa perte le 13 juin, et par les honneurs extraordinaires que le roi de Prusse lui-même fit rendre à sa mémoire, plutôt que par les diatribes de Dumouriez. Celui-ci ne pardonnait pas au savant et sage capitaine du génie son affection pour le duc de Beuvron, lieutenant-général de la province de Normandie, que Dumouriez, commandant à Cherbourg, s'était plu à environner de terreurs paniques, et qu'il était parvenu à faire déserter de son poste en 1789. Meusnier, associé de l'Académie des Sciences dès l'année 1784, et absorbé dans ses calculs de géométrie, ne vit dans la révolution que l'obligation qu'elle imposait aux hommes de mérite de se dévouer plus particulièrement au service de leur patrie. Le ministre de la guerre Pache voulut s'éclairer de ses conseils; et la confiance dont il s'honorait pour cet ingénieur ne fit qu'aigrir encore davantage le général Dumouriez. Meusnier, avec douze cents hommes, sembla pendant cinquante jours assiéger l'armée ennemie qui l'enveloppait. Ses soldats et lui, pour nous servir des expressions du généreux Dubayet, vivaient sous une voûte de feu formée par cinquante pièces d'artillerie qui vomissaient la mort sans interruption. Des sorties continuelles de cette petite garnison, conduite par son général armé de son glaive et muni d'une lanterne sourde, jetaient l'épouvante parmi les assiégeans : de nombreuses surprises, et les deux combats de Rosheim, attestaient la bravoure et l'activité de ce commandant. Enfin, en attaquant la grande île de Mars où les Prussiens étaient encore parvenus à s'établir, le général Meusnier fut blessé à mort, et enterré, suivant son désir, dans un des bastions de Cassel. Il n'avait que trente-neuf ans, et ses belles qualités lui promettaient d'arriver à une grande illustration. Quelques écrivains l'ont confondu avec le capitaine Meynier du 82e régiment, ci-devant Saintonge, autre guerrier qui défendit d'une manière héroïque le fort de Kœnigstein, entre Coblentz et Francfort, et qui ne se rendit que le 4 mars 1793.

Cependant les commissaires de la Convention, Rewbel et Merlin (de Thionville), s'étaient enfermés dans Mayence, et ce dernier partageait, avec une rare intrépidité, tous les mouvemens, toutes les sorties, tous les dangers de la garnison. Le roi de Prusse, qui paraissait d'abord disposé à quelques ménagemens, poussa le siége avec la plus grande vigueur lorsqu'il eut été surpris, dans son quartier-général de Marienborn, par une de ces attaques audacieuses que les défenseurs de Mayence ont si souvent renouvelées. D'immenses batteries ennemies détruisirent le tiers des maisons de la ville qui fut livrée à toutes les horreurs de la famine, et dans laquelle les assiégeans, moins généreux qu'Alphonse V au siége de Gaëte en 1433, eurent la barbarie de faire refluer des vieillards, des enfans, des malades et des femmes que la faim poussait hors de la place. Ces infortunés, restés entre deux feux, allaient périr; ce furent des soldats français, exténués d'inanition, qui coururent les recueillir, et qui, malgré la loi impérieuse de la nécessité, rapportant dans leurs bras les enfans et les blessés, ajoutèrent à leurs privations par le grand nombre de ces bouches inutiles. Les habitans et les troupes se partageaient la chair de cheval et celle des animaux les plus immondes. Aubert-Dubayet, si brave, si éclairé, si aimable, invita un jour plusieurs officiers à venir se régaler d'*un beau chat entouré d'un cordon de souris*. Le but qu'il s'était proposé fut rempli, et son repas fut chanté par la garnison. Mazarin, accablant les Français d'impôts, disait : « Le peuple « chante, il paiera. » Les généraux, à Mayence, et dans une intention plus noble, s'écriaient : « Nos camarades chantent, ils se battront. » Ce fut à Mayence qu'on vit s'organiser des volontaires en *compagnies de siége,* troupes intrépides que nous verrons renaître dans de semblables circonstances. Tant d'héroïsme ne faisait cependant que prolonger une résistance inutile. Valenciennes et Condé étaient au pouvoir de l'ennemi; la guerre de la Vendée étendait ses ravages; elle n'était soutenue que par des généraux sans expérience et des soldats sans discipline. Mayence ne pouvait être secourue; l'armée assiégeante s'était élevée jusqu'à quatre-vingt mille hommes, la garnison en avait perdu cinq mille. Les députés conçurent le projet de détacher le roi de Prusse de la coalition, en lui remettant une place d'une si haute importance. Une capitulation honorable fut conclue le 23 juillet, et dix-sept mille guerriers devinrent disponibles pour l'intérieur de la France.

Frédéric-Guillaume et le général Kalkreuth, qui avaient perdu plus de vingt mille hommes devant Mayence, témoins des hauts faits d'armes de la brave garnison de cette place, lui prodiguèrent de justes louanges. Le comité de Salut public, qui croyait devoir accréditer l'opinion qu'une place défendue par des Français ne pouvait se rendre, donna les ordres les plus rigoureux contre cette phalange de héros. Ils croyaient être accueillis par leurs concitoyens, ils en furent repoussés; leurs généraux avaient droit à des récompenses, ils reçurent des fers, et l'ignominie essaya de flétrir leurs lauriers. C'était ainsi qu'on avait vu les oisifs de Paris crier *Mayence!* au valeureux d'Uxelles en 1689, et le farouche Louvois s'interposer entre le désespoir d'un homme d'honneur et les nobles consolations de Louis XIV. Mais Rewbel et Merlin se firent un devoir de proclamer la vérité. Merlin monta à la tribune, comme il s'était élancé dans les retranchemens de l'ennemi, et il s'honora de nouveau en obtenant le rapport d'un décret outrageant. On brisa des chaînes honteuses, et Aubert-Dubayet put venir retracer, dans le sein de la Convention même, tous les détails d'un siége éternellement glorieux pour les armes françaises. La garnison de Mayence reçut une réparation solennelle : il lui fut permis d'aller verser le sang qui lui restait dans les bocages de nos départemens de l'Ouest, où du moins son espoir était de hâter la pacification. La sombre envie devait y suivre les pas de Dubayet, et c'est là qu'un jour de bataille il devait recevoir sa destitution, combattre, vaincre *et obéir*.

Pendant que l'armée du Rhin, qui n'avait pu secourir Mayence, s'efforçait de se maintenir sur la Lauter, Condé et Valenciennes avaient succombé. Cette dernière place, commandée par le vieux et brave Ferrand, blessé à Jemmapes l'année précédente, et, en 1760, à Clostercamp, fut défendue avec gloire. Les travaux du génie, dirigés par le colonel Tholozé et le capitaine Dembarrère, et ceux d'artillerie par le capitaine Lauriston, avaient détruit plus de quinze mille assiégeans. La garnison, de onze mille hommes, avait été réduite à trois mille sept cents. Valenciennes n'était qu'un monceau de cendres; elle avait été foudroyée par trente mille obus, quarante-deux mille bombes et deux cent mille boulets, lorsque Ferrand avait dicté les articles de la capitulation au duc d'Yorck qui admirait son courage. Ce vieillard n'en fut pas moins plongé au fond d'un cachot, d'où sa voix énergique réclama et obtint une tardive justice. Cambrai fut investie et sommée de se rendre : mais le général Claye avait répondu : « Je sais me battre »; il avait prouvé sa résolution par une vigoureuse sortie, et l'ennemi avait renoncé à prendre cette place. Ce fut dans ces circonstances que Houchard fut nommé général en chef des armées du Nord et des Ardennes; car Custine, envoyé des bords du Rhin à l'armée du Nord, était déjà destitué et voué à l'échafaud. Le duc d'Yorck, dont le départ des côtes d'Angleterre avait ressemblé à une pompe triomphale, avait pour instruction de conquérir toute la Flandre française maritime et de prendre Dunkerque, Bergues, Gravelines et Calais. Ce prince, après quelques combats, passait la Lys, et sommait Dunkerque de lui ouvrir ses portes; mais le général Souham et l'adjudant-général Hoche étaient bien loin de se soumettre à une pareille injonction, et ils repoussèrent l'ennemi de ses positions, par plusieurs attaques meurtrières.

Le duc d'Yorck, qui faisait bombarder Bergues, occupait, avec le gros de son armée, tout le terrain entre les canaux de Bergues et de Dunkerque à Furnes. Le corps principal de son armée était entre le canal de Furnes et les Dunes, et il était couvert, au sud, par la grande Moer, vaste terrain inondé depuis un siècle et demi. Il avait établi à Hondscoote un camp d'observation de dix-huit mille hommes, dont les avant-postes occupaient tous les villages jusqu'à Herzècle et Houtkerque, au-delà du ruisseau de l'Yser. L'armée française était à Cassel, Stenworde et Bailleul. Hoche avait établi, en six jours, un camp retranché devant le Rosendaël, créé, avec peu de soldats, dix-huit cents toises de retranchemens sur des montagnes de sable, et couvert la côte par des abattis qui la rendaient inabordable.

Cette place était encore soutenue par le camp de la Madelaine, presque entièrement composé de troupes de ligne, en face du corps d'armée qui occupait Menin. Cette position rendait très-hasardée celle des Anglais et des Hollandais devant Dunkerque.

Le duc d'Yorck avait attaqué le camp de Ghivelde, entre le canal de Furnes et la grande Moer, en même temps qu'il avait envoyé une colonne entre ce canal et les Dunes. Hoche avait foudroyé ces troupes du haut de ses retranchemens; et néanmoins on abandonna Ghivelde la nuit suivante, ainsi qu'un fort construit sur le canal, et qu'avait tourné le général autrichien Werneck.

L'armée ennemie s'étant alors approchée, commença les travaux du siége, malgré les vives sorties des Français. Une résistance vigoureuse de la part des assiégés faisait un devoir au général Houchard d'accourir à leur secours. Enfin, ayant reçu un renfort de dix mille hommes, et se trouvant à la tête de vingt mille Français, il résolut de combattre les ennemis dont les forces s'élevaient à plus de cinquante mille hommes dispersés, il est vrai, sur plusieurs points, et dont la défaite devait dépendre de mouvemens habilement combinés et rapidement exécutés.

LE TEMPLE DE LA GLOIRE.

BATAILLE D'HONDSCOOTE,

6, 7, 8 et 9 septembre 1793 (HOUGHARD).

Le 6 septembre, au point du jour, les Français étant partis de Cassel, de Stenworde et de Bailleul, forcèrent successivement tous les avant-postes de l'armée anglaise en-deçà d'Hondscoote. L'avant-garde, aux ordres du général Hédouville, s'empara de Popéringue, repoussa les Autrichiens jusqu'à Roesbrugge, sur l'Yser, pendant que le général Vandamme, qui combattait dans le pays où il était né, s'emparait de Reninghe, vis-à-vis le fort de la Knoque. Houchard battait alors le centre des ennemis à Houtkerque, et le général Colaud les délogeait des bois de St.-Six et de Broven. L'attaque d'Herzècle, à gauche, fut entreprise en même temps que celle d'Houtkerque par les troupes du général Jourdan, qui en chassèrent les coalisés, après le plus rude combat : la colonne de Jourdan, se joignant à celle que commandait Houchard, passa l'Yser pour attaquer Bambeeck. Après un combat long-temps douteux, Bambeeck fut emporté, et l'ennemi rétrograda sur tous les points de sa ligne. Le général Falken-Hausen s'arrêta à Rexpoëde, près de West-Capel, pour couvrir et protéger sa retraite ; mais il ne tarda pas lui-même à être forcé de se retirer sur Hondscoote et à laisser Rexpoëde aux Français. Vers les huit heures du soir, le maréchal de Freitag vint les attaquer ; la cavalerie française culbuta la tête des colonnes ennemies. Le maréchal de Freitag et le prince Adolphe d'Angleterre, blessés l'un et l'autre, furent faits prisonniers ; mais le colonel Milins, avec les gardes hanovriennes à pied, chargea cette cavalerie, la repoussa et délivra le prince Adolphe. Quelques heures après, le général Sporcken attaqua de nouveau Rexpoëde, entra dans le village, dégagea le maréchal Freitag, et se retira sur Hondscoote, tandis que le général Houchard faisait lui-même sa retraite à Bambeeck, laissant le général Jourdan dans Rexpoëde. Ce mouvement rétrograde, fait sans être concerté, fut reproché à Houchard. Ce général croyait les troupes trop fatiguées après deux jours de combat ; d'ailleurs, comme elles manquaient de subsistances, Houchard voulut borner là ses succès. Cependant une telle incertitude aurait fait perdre le fruit de tant de sang versé, et aurait abandonné Bergues et Dunkerque à la discrétion de l'ennemi. Les commissaires de la

Convention, parmi lesquels on distinguait le sage et intrépide Carnot, et qui dans toutes les occasions s'étaient montrés à la tête des troupes, pressèrent Houchard de marcher en avant et de compléter son triomphe. En conséquence, le 8, le général Vandamme, à la tête d'un corps d'infanterie légère, s'avança sur Hondscoote pour attaquer les postes avancés de l'ennemi. L'action s'était engagée par un feu d'artillerie et de mousqueterie également bien soutenu de part et d'autre; mais bientôt vingt mille hommes se trouvèrent aux prises des deux côtés, et l'on combattit avec une égale bravoure. Le général Leclaire sortit alors de Bergues; et longeant le canal qui porte le nom d'Hondscoote, il amena une partie de la garnison et la gendarmerie à pied de Paris. Ce corps, dont l'indiscipline avait trop souvent excité les plaintes des généraux, détermina par sa valeur le succès de cette journée. Il attaque les retranchemens des coalisés : deux fois il est repoussé; mais il se rallie, retourne au combat avec une résolution à laquelle rien ne peut résister, et il emporte les retranchemens ennemis. Les Anglais, qui eux-mêmes avaient combattu, pendant quatre heures, avec le plus grand courage, sont contraints de reculer : ils battent en retraite, et l'on accusa encore Houchard de ne les avoir pas poursuivis avec assez de vigueur. Mais ce général, qui, dans cette bataille, avait tué trois officiers de sa main, ne se crut pas en mesure de traverser les canaux situés entre la grande Moer et Furnes, d'exposer ses troupes harassées sous le canon de cette dernière place. C'était une erreur très-grave, suivant l'opinion de militaires habiles; mais ce fut une trahison, selon ceux qui, sans le savoir peut-être, exécutaient le grand plan de faire périr tous les hommes dont les services assuraient la gloire et le salut du peuple français.

Dans cette bataille si décisive, le régiment du Roi, 6e de cavalerie, était rangé derrière des lignes d'infanterie. On demande des cavaliers de bonne volonté pour porter des cartouches à nos bataillons qui s'avançaient sur les redoutes. Mandemont s'offre le premier, se porte au galop sur les volontaires, et leur crie : Camarades! avez-vous besoin de cartouches? — Non, lui répondent ces braves, nous tirerons sur l'ennemi à l'arme blanche. Ces mots énergiques peignent à eux seuls l'exaltation des troupes et la cause première de leurs succès. En se retirant, ce cavalier aperçoit dans un pré huit ou dix soldats qui gardaient un drapeau; il les prend pour des Français, marche vers eux avec sécurité, et s'écrie, en avant d'une haie épaisse : Amis! voilà des cartouches. — Apportez, lui répondit-on. Mandemont franchit la haie, et

BATAILLE D'HONDSCOOTE.

déjà il était entouré, quand il reconnut son erreur. Rends-toi, lui disent les soldats en saisissant les rênes de son cheval, et en lui fermant le passage. Ce brave homme, feignant de céder, jette à leurs pieds le sac de cartouches; aussitôt les soldats ennemis le quittent pour les ramasser. Mandemont tire son sabre, frappe de toutes parts, enlève le drapeau, et se fait jour à travers la haie. A peu de distance, il est entouré par le régiment ennemi : il en traverse les rangs au milieu du feu et des baïonnettes. Arrêté derrière la ligne par un large canal, il revient sur ses pas, affronte les mêmes dangers, sans se laisser ravir son drapeau; et distinguant le colonel, il tombe sur lui à coups de sabre, en s'écriant : Voilà la cavalerie qui vous charge. A peine a-t-il prononcé ces mots, que l'ennemi, croyant voir au milieu de ses rangs toute la cavalerie française, jette ses armes et prend la fuite. Mandemont, abandonnant alors son drapeau, se précipite sur le colonel et l'emmène prisonnier. Non seulement l'adjudant-général Ernouf donna un reçu du colonel allemand à cet intrépide cavalier, mais ce fait d'arme extraordinaire fut attesté par le conseil d'administration du 6ᵉ régiment, et par le général Jourdan qui, blessé grièvement, fut rencontré par Mandemont et par son prisonnier. Dans ce moment même, le ministre nommait Jourdan général en chef de l'armée des Ardennes.

La garnison de Dunkerque avait multiplié des sorties qui empêchèrent le duc d'Yorck d'envoyer des secours efficaces au maréchal de Freitag. Le prince fut même bientôt obligé de rappeler à lui toutes ses troupes au premier bruit de l'occupation d'Hondscoote, qui rendait la position des Anglais insoutenable; ils étaient dépassés par leur gauche, et les Français se trouvaient plus près qu'eux de Furnes. La grande Moer, qui, au temps de Turenne et même du prince Eugène, était une lagune profonde et impraticable, est aujourd'hui un grand marais qui laisse plusieurs débouchés sur l'Estrang, où campait l'armée anglaise : un retard de quelques heures et l'occupation de Furnes par les Français pouvaient renfermer cette armée, et ne lui laisser d'autre ressource que de passer sous les fourches caudines. Le siége fut levé avec une telle précipitation, que toute l'artillerie fut abandonnée. La garnison de Dunkerque, sortant le 9 au matin, ne trouva plus d'ennemis; elle s'empara de cinquante-deux pièces de gros calibre, du bagage et des munitions de l'ennemi.

Nous n'avons point dissimulé les reproches faits à Houchard, mais nous nous sommes élevés avec force contre l'accusation de trahison qui fit immoler sur l'échafaud l'un des plus braves de nos généraux, celui dont Jourdan, si bon juge en intrépidité et en opérations militaires, a dit qu'il fut assassiné. Pour prouver l'aveugle acharnement des ennemis d'Houchard, qu'il nous suffise de faire observer que la plupart des écrivains assurent qu'il aurait pu couper la retraite à l'armée qui assiégeait Furnes. Or cette place, loin d'être investie par les Anglais, était alors occupée par trois mille Impériaux, et ce fut le général Vandamme qui l'enleva, à la baïonnette, le 21 octobre suivant.

Quoi qu'il en soit, les suites de cette victoire changèrent entièrement la face des affaires, décidèrent du sort de la campagne, et commencèrent les étonnans succès de la république. Dans ce moment la fortune changea de parti, et les armées françaises reportèrent sur le territoire ennemi la terreur dont, pendant quelques instans, elles avaient été frappées.

Le général Houchard, ayant délivré Dunkerque, crut devoir revenir sur ses pas pour éloigner l'ennemi des approches de Lille, ville qui méritait si bien la protection des armées françaises. On enleva Wervick et Menin, dont Louis XIV, après un siége de huit jours, en 1744, avait rasé les belles fortifications construites par son prédécesseur en 1668; mais on échoua devant Courtrai, et le général autrichien Baulieu contraignit nos troupes d'évacuer leurs positions sur la Lys, et de rétrograder jusqu'au camp de Gaverette, entre Douai et Arras. Ce fut alors que les ennemis se placèrent à la fois, sur la Sambre, entre Maubeuge et Landrecies, à Cisoin, entre Orchies et Lille; qu'ils prirent le Quesnoy, où d'illustres souvenirs auraient pu déterminer à une plus grande résistance; qu'ils bloquèrent Landrecies, et qu'ils assiégèrent Maubeuge sur la Sambre, place dont les fortifications ont été élevées par le maréchal de Vauban, et dont les glacis sont minés, à la droite de la Sambre, depuis le bastion des Jésuites jusqu'à la porte de Mons.

Le comité de Salut public reconnut de quelle importance il était de délivrer Maubeuge, et ce soin fut donné au général Jourdan qui fut substitué au malheureux Houchard, et qui, nommé général en chef de l'armée du Nord, n'eut point à rejoindre celle des Ardennes. On ne pouvait confier à de meilleures mains la gloire de nos armes et le salut de l'état.

BATAILLE DE WATIGNIES,
PRÈS MAUBEUGE,

15 et 16 octobre 1793 (Jourdan).

L'ARMÉE du duc de Saxe-Cobourg, à laquelle s'était réuni le corps du général Clairfait, se trouvait forte de plus de quatre-vingt mille hommes. Elle occupait une position, qu'elle croyait inexpugnable, à Watignies. Le général Jourdan n'avait dans son camp de Gaverette que dix-huit mille

BATAILLE DE WATIGNIES.

hommes; il appela à lui, des camps de Cassel et de la Madelaine, et de l'armée des Ardennes, vingt-neuf mille hommes dont le rendez-vous fut indiqué à Guise, dans le département de l'Aisne. Son avant-garde s'approcha des Autrichiens le 10 octobre. Aux premiers mouvemens de cette armée, Clairfait et Cobourg se portèrent en avant de Maubeuge. Ces généraux autrichiens détachèrent dix mille hommes auprès de Philippeville, pour contenir l'armée des Ardennes et lier leurs opérations avec celles du général Baulieu. Clairfait se porta avec soixante escadrons au devant de l'armée française. Ce mouvement, qui ne fut qu'une forte reconnaissance, se termina par une canonnade sans résultat. Il y eut le même jour une affaire d'avant-poste entre les Français et les troupes hollandaises vers le bois de Tilleul, à la droite de la Sambre; et les Français, après trois attaques successives, furent repoussés. Le lendemain, 15 octobre, l'engagement eut lieu sur toute la ligne; la droite et le centre des alliés se maintinrent : leur aile gauche fut forcée d'abord d'abandonner le terrain, cependant elle parvint à reprendre ses positions; l'armée française rentra dans les siennes. Le lendemain, dès le matin, elle marcha de nouveau en avant; et lorsqu'un brouillard épais, qui cachait ses mouvemens, fut dissipé, les armées se trouvèrent en présence, et le feu commença : il fut si terrible, que les vieilles bandes autrichiennes, qui venaient de vaincre les soldats du Croissant, ne se souvenaient pas d'avoir rien entendu de semblable. Les chants belliqueux de l'armée française parvenaient aussi jusqu'à leurs oreilles, et ajoutaient à leur étonnement.

Le duc, au surplus, qui s'était rendu maître des hauteurs couronnées par des bois, et qui s'était comme enveloppé de batteries formidables, se croyait si solidement établi, qu'il avait dit en plaisantant : « Je conviens que les Français sont « de fiers républicains; mais s'ils me délogent d'ici, je me fais républicain moi-« même. » Ce propos était parvenu à la connaissance des Français, et ils brûlaient de mettre ce prince dans le cas de tenir son étrange promesse. La droite et le centre de l'ennemi paraissant bien résolus à tenir comme la veille, le général Jourdan, de concert avec le député Carnot, se détermina à dégarnir son corps de bataille pour fortifier sa droite, à la tête de laquelle le général Duquesnoy tourna et dépassa la gauche des Autrichiens. Cette gauche, prise à revers, plia et rompit la ligne : alors le centre des Français, s'avançant à la baïonnette, renversa celui des coalisés. Leur aile droite fut forcée de faire sa retraite, et elle l'opéra avec ordre sur Maubeuge. Dans la même nuit, l'ennemi repassa la Sambre au-dessous de cette ville, dans laquelle les Français entrèrent le lendemain. Les Autrichiens laissèrent près de six mille hommes sur le champ de bataille, et le général français n'accusa d'abord qu'une perte de deux cents hommes et douze cents blessés. Cependant comme la position de Watignies fut prise et reprise jusqu'à trois fois, et comme l'ennemi fit un usage très-meurtrier des obus et des décharges à mitraille, on peut assurer que beaucoup des blessés ne survécurent que peu de jours, et que la perte totale des Français s'éleva à trois mille hommes. Jourdan eut beaucoup à se louer du général Duquesnoy, commandant de la division de droite, et du général Fromentin qui, à la tête de la division de gauche, força, le long d'un ruisseau qui se jette dans la Sambre au-dessous de Barlamont, le vallon où l'ennemi avait fortifié Saint-Aubin, Saint-Wast et Saint-Remi. Les représentans du peuple Carnot et Duquesnoy ne quittèrent point, pendant le combat, la tête des colonnes de la droite; ils destituèrent un général dont la brigade avait battu en retraite au lieu d'avancer sur Watignies : mais il est probable que ce général put prouver son innocence à l'égard de ce fait, car il fut bientôt réintégré dans son grade, et nous aurons à citer de lui des services d'une haute importance et des actions d'une grande intrépidité. Chancel, commandant le camp de Maubeuge, et que nous avons vu défendre glorieusement Condé, paya de sa tête la crainte qu'il avait manifestée de voir les Français échouer dans leur attaque, et la faute de ne les avoir pas secondés.

Dès que les Français furent rentrés dans Maubeuge, ils s'occupèrent à détruire les travaux immenses dont les Autrichiens avaient entouré la place, et surtout les trois batteries de vingt-quatre pièces de canon qui étaient destinées à la foudroyer.

La saison étant trop avancée pour continuer les hostilités et pour pénétrer dans les Pays-Bas, suivant le désir très-ardent du comité de Salut public, le général Jourdan divisa son armée en trois corps, dont l'un occupa le camp de Cisoin, entre Lille et Orchies, l'autre se plaça entre Bouchain et Cambrai, et le troisième alla occuper sous Dunkerque le camp du Rosendael, dont le général Hoche avait, comme nous l'avons vu, relevé les anciennes lignes de 1742, et le camp d'Hondscoote si vaillamment enlevé dans le mois précédent. De son côté, le duc de Saxe-Cobourg, ayant jeté de fortes garnisons dans Valenciennes et dans le Quesnoy, transféra son quartier-général à Mons; il envoya le prince de Hohenlohe occuper la ville de Condé, et le général Clairfait s'établir à Tournay. Les généraux Baulieu et Colloredo tenaient, dans les Ardennes, les frontières du Luxembourg; les Hollandais étaient cantonnés dans le pays de Liége, et les Hanovriens, réunis aux Anglais, étaient maîtres de la Flandre maritime, ayant leur quartier-général à Gand.

Ce fut pendant cette espèce de repos que le général Vandamme s'empara de vive force, le 21 octobre, de la ville de Furnes sur laquelle il avait dirigé trois attaques simultanées. Il fut secondé par les généraux Hoche et Gougelet. Hoche, dont Nieuport venait de braver la très-énergique sommation, fut alors nommé général en chef de l'armée de la Moselle. Placé désormais sur un théâtre proportionné à son vaste génie, cet homme extraordinaire va fixer sur lui les regards de l'Europe, et acquérir des droits impérissables à la reconnaissance de sa patrie et à l'admiration de la postérité.

Il fallait un guerrier aussi ardent que Hoche pour faire sortir les armées de la Moselle et du Rhin de la singulière apathie dans laquelle l'une et l'autre était tombée. Les députés de la Convention avaient fait sacrifier inutilement quatre mille hommes pour attaquer, sans succès, le poste important de Pirmassens. Cet échec avait facilité à l'ennemi la prise des lignes de Weissembourg, qui eut lieu le 13 octobre, et où les émigrés signalèrent leur courage en combattant contre leur patrie. Un mois avant, guidés par un général noble qui avait déserté, ils avaient surpris le camp de Nothweiller; mais ils en avaient été chassés par le 1er bataillon de la Haute-Saône, par le 1er des Vosges, et surtout par le 7e bataillon d'infanterie légère, ci-devant d'Auvergne, qui pénétra le premier dans les redoutes. L'ennemi, contraint d'évacuer ce camp, avait fui loin de là, abandonnant ses munitions et même ses armes. Après s'être emparé des lignes de la Lauter, cet ennemi avait poussé ses succès; il s'était rendu maître, après un grand combat, du fort de Haguenau, au centre des anciennes lignes de la Moder, et, après un terrible bombardement, du fort Vauban, autrement dit le fort Louis dans le Rhin. Les Français avaient rétrogradé jusqu'au-delà de la Sufel, et s'étaient ralliés presque sous le canon de Strasbourg.

BELLE DÉFENSE DU FORT DE BITCHE,

17 novembre 1793.

Le fort de Bitche, situé dans les montagnes, entre Sarguemines et Weissembourg, place que Louis XIV avait d'abord démantelée, mais qui fut fortifiée de nouveau lorsque la Lorraine fut réunie à la France, semblait pouvoir seul opposer quelque résistance à la prochaine invasion de l'ennemi. Un ingénieur, émigré, qui connaissait bien les approches de Bitche, se fit un mérite de guider les Prussiens jusqu'au pied des murailles, dans la nuit du 16 au 17 novembre. Déjà leur avant-garde a pénétré jusqu'au fort, franchi les glacis, et elle s'est emparée d'un ouvrage avancé. L'alarme est donnée, les soldats français sont à leur poste, on se fusille de part et d'autre ; mais, dans l'obscurité, la garnison craint de se détruire elle-même, et cette appréhension ralentit son feu et augmente le danger. Tout-à-coup le propriétaire d'une maison en bois, placée sur le lieu de l'attaque, y met lui-même le feu, en s'écriant : « Amis, que ma maison vous serve de flambeau ! » En effet, la lueur de cet incendie trahit la marche des Prussiens; pendant qu'on voyait leurs colonnes accourir des hauteurs dont Bitche est environné, et que l'artillerie de la citadelle les foudroyait, on aperçut ceux de l'avant-garde qui allaient pénétrer dans la caponnière. Les arrêter par la plus vive fusillade, leur ravir tout espoir de retour en remplissant le passage de décombres, les contraindre à demander la vie et à se rendre à discrétion avec leur guide coupable : tout fut l'affaire de quelques instans. Cependant d'autres Prussiens, ayant fait tomber le pont-levis de l'avancée, se portaient en foule sur le grand pont; ils sont repoussés par la garnison. Enfin le colonel Wartensleben se décide à faire sonner la retraite, et il abandonne aux Français ceux de ses soldats qui, ayant pénétré dans la ville, se sont mis à piller quelques maisons. Cette expédition coûta aux ennemis vingt-quatre officiers, plus de trois cents soldats tués ou blessés, et deux cent cinquante prisonniers. Le salut de Bitche fut dû à une compagnie de canonniers et au 2e bataillon de volontaires du département du Cher, qui avait pour commandant le jeune Augier. Celui-ci fut récompensé, en 1794, par le grade de général de brigade; mais il sembla s'arrêter dans la carrière de la gloire, et diriger son ambition vers des emplois sédentaires. Il était député de son département lorsque sa mort permit à ses concitoyens de le remplacer, en 1819, par un grand jurisconsulte, M. l'avocat Devaux, l'un des plus courageux et des plus éloquens défenseurs des droits de la nation française.

COMBATS
DE BLISCASTEL ET DE KAYSERSLAUTERN,

17 et 29 novembre 1793 (HOCHE).

LE jour même où la garnison de Bitche déjouait la trahison, le jeune général Hoche surprit l'ennemi par la rapide exécution d'un plan vaste qui avait pour but principal la délivrance de Landau. Il franchit la Sarre en présence des Prussiens; trois colonnes, débouchant à la fois par Sarre-Albe, Sarrebruck et Sarre-Louis, s'avancent en combattant jusqu'à Bliscastel. Là, elles triomphent d'une vive résistance, elles font mordre la poussière à sept cents ennemis, et le lendemain elles entrent victorieuses à Deux-Ponts et à

COMBATS DE BLISCASTEL, etc.

Hombourg. Hoche était secondé par les généraux Aubert et Vincent. Les Prussiens se concentrent à Kayserslautern, position dont il est d'autant plus important de les chasser, que sa perte les contraindrait de mettre bas les armes, sans pouvoir même repasser le Rhin.

Plusieurs affaires très-vives ont conduit les Français, par des marches pénibles et des bivouacs rigoureux, jusque sur le plateau de la montagne où les ennemis se sont retranchés, après avoir abandonné la belle position de Rambstein. Hoche n'hésite point à attaquer, et il fait commencer le feu par l'artillerie légère, commandée par le brave Debelle, en attendant l'arrivée de la division de gauche qui devait tourner Kayserslautern, après avoir occupé Otterberg. Pendant deux jours, quarante mille ennemis résistent à quarante mille Français, et cent bouches à feu répondent à cent bouches à feu. Mais la division en retard, que dirige Aubert, s'est trompée de route; elle se mêle avec la colonne la plus voisine : le plan de Hoche est manqué. Sur-le-champ ce général y substitue une autre opération, et il envoie six bataillons attaquer une redoute qui incommode sa droite. Cette infanterie marche avec audace, et des rangs entiers sont enlevés par la mitraille, sans que son impétuosité se ralentisse. La nuit suspend le combat; et comme les munitions sont épuisées de part et d'autre, c'est à la baïonnette que les Français espèrent emporter les redoutes le lendemain matin. A minuit, un coup de canon est tiré par les ennemis; Hoche devine que des munitions leur arrivent, et au moment même il ordonne de battre *la marche rétrograde*. Sa valeur, et les nouvelles combinaisons qu'enfantait son génie, ne lui permettaient pas de prononcer le mot de *retraite*. Il se replie en bon ordre, l'ennemi n'ose l'inquiéter; et ce fut dans cette marche rétrograde que, rencontré par des députés de la Convention, il répondit avec calme et en souriant à leurs invectives et à leurs menaces : « Que ne preniez-vous un petit arrêté pour fixer la victoire! elle a tenu à si peu de chose! Mais soyez tranquilles, il me reste d'autres moyens. »

C'était se placer sur la brèche que de parler ainsi à ces proconsuls. Cependant cet échec donna lieu à un phénomène qui augmenta la gloire et la confiance de Hoche. Le terrible gouvernement révolutionnaire qui, semblable aux sultans des Turcs, punissait toujours le malheur par le dernier supplice, fut infidèle cette fois à son système redoutable, et le jeune héros ne reçut que des consolations et des encouragemens. Les consolations lui étaient nécessaires. Son armée, au milieu des neiges, était sans vêtemens ; on lui enlevait chaque jour ses généraux pour les charger de fers, et il n'avait pu sauver de cette indigne proscription son courageux et sage ami, le général

Hédouville, chef de son état-major, qu'il remplaça par un jeune adjoint, dans lequel il découvrit des qualités éminentes, par une de ces inspirations subites qui lui étaient familières. Ce jeune officier était Grigny, que la reconnaissance ne sépara jamais de son bienfaiteur, et qu'un trépas glorieux attendait sous les murs de Gaëte en 1806. Enfin, ce qui s'opposait le plus aux succès de l'armée de la Moselle était la jalousie que déjà le commandant de l'armée du Rhin concevait des grands talens déployés par son collègue. Pichegru, malgré les instances de Hoche, ne fit aucune diversion pendant les combats de Kayserslautern ; et quand il fut contraint d'agir, non seulement ses généraux arrivèrent sans munitions, non seulement le commissaire du parc d'artillerie de l'armée du Rhin ne donnait point aux bataillons de caissons d'infanterie, mais il faisait les approvisionnemens des pièces avec une insouciance et une confusion remarquable. Le général Pichegru tourmentait Hoche sur le compte de ses meilleurs généraux, et ce ne fut qu'après une vive discussion que ce dernier put conserver son ancien camarade, l'intrépide Lefebvre, dont Pichegru ne pouvait supporter la mâle franchise et la noble indépendance.

Pichegru, qui, le 1er décembre, avait échoué devant les émigrés à Berchem, fut plus heureux le 4, en battant le corps prussien du général Klenau, et, le 10, en chassant les Autrichiens du village de Dawendorf. Il voulut faire distribuer une gratification au 1er bataillon de l'Indre, qui s'était surpassé dans ce combat ; mais ces braves volontaires réunirent un jour de leur solde à la somme qui leur était offerte, et en disposèrent en faveur des veuves et des orphelins de leurs camarades morts sur le champ de bataille. L'humanité, avec tant d'autres vertus, semblait s'être réfugiée au milieu des camps français. En effet, dans l'intérieur de la France, tous les jours de cette longue année de dix-huit mois sont, ainsi que nous l'avons déjà fait pressentir, marqués avec du sang : il semblait que les Gaules, rétrogradant à travers vingt siècles, fussent revenues au culte de Teutatès, et que, pour apaiser ce dieu féroce que ses druides avaient fait à leur image, il fallût immoler sur ses autels et les plus innocentes et les plus illustres victimes. L'horrible Marat, arrêté, accusé, acquitté, porté en triomphe, assassiné, déifié, pour ainsi dire, présida par ses écrits, ou par son ombre, à tant de sacrifices inhumains. Miaczinski et Custine, Houchard et Brunet, Westermann et Beauharnais, Luckner, Biron et Lamarlière, sont traînés à l'échafaud ; la dévastation et la mort s'asseyent sur les débris fumans de la ville de Lyon ; Toulon livre ses forts et ses vaisseaux à l'éternel ennemi de la marine française, et cet ennemi l'abandonne, quatre mois après, à la vengeance d'un gouvernement irrité ; la Convention cessant de s'astreindre à aucune règle, décrète le gouvernement révolutionnaire ; ses commissaires, bourreaux ambulans, vont partout immoler les vertus, l'industrie et le courage ; altérée elle-même du sang des députés courageux dont elle s'est séparée, elle envoie les uns à la mort, et elle condamne les autres à une douloureuse agonie. Ceux qui échappent à ce qu'on appelait des juges expirent inconnus au milieu des champs, ou terminent eux-mêmes leur déplorable destinée dans des cachots dont les gardiens ignorent le prix du dépôt qui leur est confié. Tel fut ce Condorcet, ce philosophe profond, ce patriote ardent, ce *volcan couvert de neiges*, pour nous servir des expressions de d'Alembert ; ce député incorruptible qui, après avoir légué au monde un admirable testament, se ravit aux bras de l'amitié qu'il craignit de compromettre, cacha son génie et ses vertus sous un déguisement obscur, fut incarcéré comme un vagabond, et quitta la vie comme l'avaient quittée Thémistocle, Annibal et Mithridate. Le testament de Condorcet est dans l'*Esquisse d'un tableau historique des progrès de l'esprit humain*, tracée pendant sa proscription, et terminée par des pronostics si constans, ouvrage où cet académicien développa le système déjà conçu par l'immortel Turgot, ministre bien digne des sarcasmes de la cour, mais auquel on élevera des statues quand il aura des imitateurs.

Notre tâche, sans doute, n'est point de nous appesantir sur cette époque où toutes les gloires furent méconnues, où tous les services furent punis, où toutes les familles furent décimées. Mais comment traverser ce champ de désolation et de carnage, sans l'arroser encore de nos larmes, et sans jeter quelques fleurs sur la pierre sépulcrale des Lavoisier, des Bailly, des Condorcet, des Malesherbes, de tant de guerriers valeureux, de tant d'administrateurs intègres, de tant d'orateurs éloquens, dont les talens ont marqué la place dans le temple de la gloire, et dont le malheur a multiplié les droits à la reconnaissance de leurs contemporains et à l'admiration de la postérité?

Pendant que le sein de la patrie était ainsi déchiré, le droit des gens avait été violé sur le territoire des Lignes Grises, par le cabinet de Vienne, dans la personne de MM. Maret et Semonville, le premier ministre plénipotentiaire de France à Naples, et le second ambassadeur à Constantinople. Arrêtés avec toute leur famille et leur suite, sur les bords du lac de Chiavenne, dépouillés, chargés d'indignes fers, traînés de cachots en cachots, ils eurent souvent à regretter le sort de Rinçon et de Frégose, ambassadeurs de François Ier que la même cour avait fait massacrer en 1540, à l'embouchure du Tésin. L'histoire, qui a encore de pareils crimes à reprocher à des cabinets étrangers, dira que du moins la France, au milieu de ses aberrations, n'eut jamais à rougir de semblables excès, et que peut-être même d'aussi graves outrages furent trop facilement pardonnés par son caractère généreux. Ces ambassadeurs, comme Beurnonville et plusieurs députés, devaient servir un jour à l'échange, trop long-temps marchandé par la maison d'Autriche, de l'auguste et infortunée Marie-Thérèse-Charlotte, fille de Louis XVI.

LIGNES DE WEISSEMBOURG FORCÉES,
LANDAU DÉLIVRÉ,

décembre 1793 et janvier 1794 (Hoche).

On se souvient que Hoche n'avait pas perdu l'espérance. Déterminé à franchir les Vosges, il marche en avant le 22 décembre. Son premier soin est de supprimer les tentes. La rigueur de la saison est extrême; un régiment murmure, et ce corps est mis à l'ordre : il n'aura point l'honneur de combattre à la première rencontre. Aussitôt ce régiment vient solliciter avec larmes son pardon, et il obtient d'être placé à l'avant-garde, et d'ouvrir un chemin à l'armée à travers les rangs ennemis. On arrive aux redoutes à triple étage que les Prussiens ont garnies d'une artillerie formidable en avant de Werdt et de Freschweiller; les colonnes d'attaque semblent hésiter; Hoche parcourt les rangs et crie : « *A six cents francs, pièce, les canons prus-* « *siens ! — Adjugé !* répondent les soldats », et les trois rangs de redoutes sont emportés en un instant par des héros que guide le valeureux

Jacopin. Le général paie comptant les dix-huit canons pris par ses troupes. Les Prussiens se retranchent au-delà de Werdt; ils sont forcés par le 2ᵉ régiment de carabiniers que commande Danglard, non encore guéri de la blessure qu'il a reçue à Bliscastel; par le 3ᵉ de hussards, par le 14ᵉ de dragons, par le 4ᵉ bataillon du Bas-Rhin, et par le 2ᵉ bataillon du 55ᵉ de ligne. L'intrépide général Dubois reçut une balle dans la jambe : nous le verrons se distinguer à Fleurus et s'ensevelir sous les lauriers de Roveredo.

Hoche, revêtu momentanément du commandement des deux armées de la Moselle et du Rhin, marche de succès en succès. Après avoir franchi des monts réputés inaccessibles, il bat l'ennemi à Geisberg le 26 décembre; sous ses ordres, le 8ᵉ bataillon de volontaires de la Haute-Marne, battant la charge sous la mitraille à côté du 33ᵉ de ligne (Touraine), mérite par sa belle conduite un décret de la Convention qui l'exempte de toute incorporation. Le général de cavalerie Donadieu (d'Arles) n'obéit point à l'ordre qu'il reçut de tourner l'ennemi avec ses douze escadrons, et laissa échapper la gloire de faire mettre bas les armes à tout le quartier-général de Wurmser, à celui du prince de Condé, et à toute la réserve. Le 27 mai 1794, il en fut puni par le dernier supplice. Le duc de Brunswick battu se plaint du général Wurmser, et les lignes de la Lauter sont enlevées après les plus grands efforts de courage. Les Français poursuivent les Autrichiens et les Prussiens à travers Weissembourg; et le 27, Landau, que le général Gilot et ensuite le général Laubadère avaient défendu, pendant neuf mois, avec tant de constance et d'intrépidité, voit enfin arriver ses défenseurs. Depuis trois semaines, la garnison vivait de cheval, de chat et d'herbes, comme à Mayence; un pain de munition se payait quatorze francs. Ce fut là que le généreux Klée, occupé à éteindre l'incendie de l'arsenal, et apprenant que sa maison est en flammes, s'écria : « Je reste à mon poste; je dois tous mes secours « aux propriétés publiques. » Cependant le général Hoche, qui, comme César, croit n'avoir rien fait quand il lui reste quelque chose à faire, et qui, laissant discourir les autres, a pris pour sa devise : *Res, non verba* (*des choses et non des mots*), poursuit, atteint, entame, morcelle l'arrière-garde ennemie, entre dans Germesheim et dans Spire, pénètre dans Worms, rend à Pichegru le commandement de l'armée du Rhin, se concerte avec lui pour le passage du fleuve, et ne prend ses quartiers d'hiver qu'après avoir envoyé

le général Lefebvre contraindre l'ennemi d'évacuer le fort Vauban, le 19 janvier 1794.

Hoche, à qui appartient toute la gloire de cette expédition, fut abreuvé de dégoûts. Déjà frappé d'une injuste suspension, on le traita comme un criminel, on l'enleva à ses illustres camarades Lefebvre, Debelle, Grenier, Hatry, Desaix, Championnet, Détré, Andréossy, Chasseloup, Moreau, Vincent, Leval, Grigny, Jacopin, Morlot et Becker, et les cachots de la Conciergerie se refermèrent sur le vainqueur de Geisberg et de Weissembourg !

Le général Jourdan, un moment persécuté, avait été renvoyé à la tête des armées. Ayant battu les Autrichiens à Arlon, le 11 avril 1794, il eut ordre de conduire quarante mille hommes d'élite de l'armée de la Moselle aux armées réunies du Nord et des Ardennes. Il lui fallut vaincre à Fontaine-l'Evêque, à Binche, à Saint-Gérard, à Saint-Hubert, à Rochefort, et emporter Dinant malgré les redoutes dont ses hauteurs étaient garnies. Pendant que Pichegru, secondé de Souham, de Macdonald et de Winter, bat à Turcoing et à Rousselaer les Autrichiens commandés par l'empereur François II, par le duc d'Yorck et par Clairfait, Jourdan passe la Sambre, investit Charleroi, échoue dans un combat le 16 juin, à Gosselies, où ses ordres sont mal exécutés, mais où se distinguent Lefebvre et Kléber, se rétablit derrière la Sambre, franchit de nouveau cette rivière le 18 juin, bat l'ennemi à Trazegnies, force Charleroi de se rendre, et va présenter la bataille aux ennemis dans les plaines de Fleurus, où l'ombre de Luxembourg semble promettre aux Français la victoire.

BATAILLE DE FLEURUS,

26 juin 1794 (JOURDAN).

Le prince de Cobourg, ignorant la reddition de Charleroi, commandait l'armée autrichienne. Les garnisons de Landrecies et de Valenciennes étant venues la renforcer, on y comptait cent mille hommes. L'armée française, moins forte, possédait une artillerie plus redoutable et mieux servie que celle des Autrichiens; mais ceux-ci avaient une cavalerie plus nombreuse et mieux exercée. L'armée française était rentrée dans sa position demi-circulaire en avant de Charleroi, après la prise de cette place, ses deux ailes étant appuyées à la Sambre et son centre avancé au-delà du bourg de Gosselies : tout le front était défendu par des retranchemens. La division du général Marceau, à droite, s'étendait à Vélaine; celle de Lefebvre, un peu en arrière et sur la gauche de Fleurus; celle de Championnet, au-delà d'Hépignies; celle du général Morlot, en avant de Gosselies; celle du général Kléber, sur la droite du Piéton, en avant du village de Courcelles; celle du général Montaigu, en avant de Trazégnies. Une brigade du général Daurier, formant la réserve de l'aile gauche, se trouvait du côté de Fontaine-l'Evêque. La division Hatry, qui avait pris Charleroi, était en réserve à Ransart. Le corps de cavalerie, aux ordres du général Dubois, était réparti entre Ransart et Wagnée, et derrière le bois de Lambussart. L'armée des alliés occupait à sa gauche les hauteurs de Boigne, de Tongrine et du Point-du-Jour; son centre était le long de la chaussée des Romains; sa droite s'étendait jusqu'à Anderlues. Cette armée était partagée en cinq corps destinés à attaquer tout le front des Français. Celui de la droite était commandé par le prince d'Orange; le second, par le général Quosdanowisch; le troisième, par le prince de Kaunitz; le quatrième, par le prince Charles; et le cinquième, formant l'extrémité de la gauche, par le général Baulieu. L'action commença le 26 juin, à la pointe du jour. Vers l'extrémité de la gauche des Français, le prince d'Orange s'empara d'abord de la gauche du village d'Anderlues, et pénétra jusqu'au château de Wesp sur leur flanc : alors il attaqua le général Daurier renforcé par une brigade de la division Montaigu. En vain l'ennemi manœuvra pour enlever les batteries de front ou pour les prendre en flanc; en vain la cavalerie chargea brusquement les troupes françaises qui gardaient les pièces : elle fut repoussée et écrasée par la mitraille que vomissaient ces batteries. Le prince d'Orange fit sa retraite vers le milieu de la journée, et se contenta de rester en observation. La division Montaigu n'avait cependant pas été aussi heureuse. Les Autrichiens, commandés par le général de La Tour, ayant passé le Piéton, s'étaient formés en bataille entre le bois de la Gloriette et la cense de Montaigu; ils s'étaient avancés en échelons vers Trazégnies, en refusant leur gauche. Après trois heures de canonnade, la première ligne allemande, marchant en avant, fit reculer les Français. Bientôt la cavalerie française charge cette ligne autrichienne; l'infanterie suit ce mouvement, le combat se ranime : la première position est reprise. Jean Delaigle, maréchal-des-logis au 23e régiment de cavalerie, qui déjà avait fait trois prisonniers, dont un officier qu'il avait blessé, délivra son capitaine, en attaquant, tuant ou blessant sept cavaliers ennemis qui l'entouraient. Le général Kléber envoyait alors de l'infanterie et de l'artillerie pour soutenir cette division; mais ce renfort débouchait à peine du village de Courcelles, qu'il fut obligé de s'arrêter, trouvant le général Montaigu en pleine retraite. La seconde ligne ennemie, venue au secours de la première, rejeta la cavalerie française sur son infanterie, marcha en avant, s'empara de Forchies, du château de la Marche, et obligea les Français de reculer sur Marchiennes-au-Pont, derrière la Sambre, où ils se hâtèrent d'établir des batteries. Maître des bois de Morgny et de Montcheau, La Tour canonnait Marchiennes-au-Pont; mais, sur les deux heures après midi, le général Kléber, d'après les ordres de Jourdan, porta sa division sur les hauteurs du Piéton, et le feu de son artillerie fit taire celui des ennemis. Tandis que ce général menaçait la gauche de ce corps, Bernadotte en attaquait la droite; et il ne tarda pas, secondé par Kléber, de pénétrer dans le bois de Montcheau. Après en avoir chassé les Allemands, ils les repoussèrent sur les hauteurs de Forchies, et jusque dans leur camp. Le général Quosdanowisch, maître de Frasne, au centre, avait attaqué la cense de Brunchaud, d'où il avait repoussé les Français, ainsi que de Mellet; et il s'était établi sur les hauteurs d'où il canonnait la division du général Morlot, postée en avant de Gosselies. Bientôt il la fit attaquer; et, après une heure de résistance, le général Morlot, voyant les Autrichiens passer en masse le Piéton, commença sa retraite sur Gosselies; mais, au moment où le général Quosdanowisch avançait ainsi, il reçut ordre, dit-on, du prince de Cobourg de se replier sur Frasne. L'avant-garde de Kaunitz repoussa d'abord six escadrons de la division Championnet, qui se replièrent sur les retranchemens d'Hépignies et Wagnée. Les Autrichiens, continuant de s'avancer, furent bientôt assaillis par l'artillerie française, et ils se retirèrent. Vainement huit de leurs escadrons tentèrent de tourner Championnet sur Wagnée, ils furent repoussés avec perte. Le comte de Kaunitz, averti que l'archiduc Charles faisait avancer son corps d'armée sur Fleurus, occupé par les avant-postes du général Lefebvre, y fit aussi marcher le sien. Un feu croisé s'établit, et fit abandonner aux Français les hauteurs d'Hépignies; mais, arrivés aux retranchemens de Fleurus, leurs efforts furent inutiles. Trois fois ils parvinrent à la portée du pistolet, et trois fois ils laissèrent le pied des redoutes jonché de leurs cadavres. Lorsque l'archiduc suspendit la vigueur de ses attaques, Lefebvre et Hatry s'occupèrent de secourir l'intrépide Marceau. Celui-ci avait long-temps résisté à Baulieu qui, avec l'appui de forces toujours croissantes, l'avait chassé de Vélènes, de Wanferse, de Baulé, et enfin du village de Lambussart. Marceau, dont une grande partie de la division avait passé en désordre la Sambre, à Pont-de-Loup, se maintenait encore dans les jardins de Lambussart, et empêchait Baulieu de déboucher. Ce fut alors que Hatry, Marceau et Lefebvre, ralliant une partie des fuyards avec trois bataillons de troupes fraîches, se portèrent sur Lambussart. Ce village fut pris et repris deux fois : enfin, après des prodiges de valeur, les Français, guidés par Lefebvre et Marceau, en restent maîtres.

Cependant Jourdan et Kléber avaient couru au secours de Championnet, et ils voulaient reprendre les redoutes perdues devant Hépignies. Ces braves généraux marchent à la tête des colonnes, et trois fois ils repoussent les Autrichiens en s'avançant à travers une pluie de feu. Plusieurs caissons sautent avec fracas; les Français sont enveloppés de flammes, car l'incendie a même gagné les blés qui couvrent la plaine. Des bataillons effrayés crient à la retraite. « Non, dit Jourdan, point de retraite aujourd'hui : vaincre ou « mourir avec gloire! Point de retraite! » Ces mots retentissent dans tous les rangs et raniment le courage des soldats. Electrisés par la valeur de leurs chefs, les Français sentent leur courage se ranimer, et ils s'élancent sur les Autrichiens, à ce cri mille fois répété : « Point de retraite! » Le village d'Hépignies est emporté; toutes les positions sont reprises. Le général Dubois charge à propos et enfonce les colonnes autrichiennes qui essaient en vain de résister. L'artillerie légère les écrase; et, abordées par l'infanterie, elles plient et se retirent en désordre sur plusieurs directions.

Le succès de cette grande journée, qui coûta près de six mille hommes aux Français, et plus de treize mille, dont trois mille prisonniers, aux ennemis, fut dû à l'admirable constance des divisions Lefebvre, Kléber, Morlot et Daurier, auxquelles aucun effort des Autrichiens ne put faire abandonner leurs positions. Les généraux qui les commandaient ajoutèrent à la grande illustration qu'ils avaient déjà acquise, en secondant leur chef et leur ami; et le courage de Marceau lui donna le droit de prendre part à tant de gloire. Les généraux Legrand et Lecourbe déployèrent dans cette bataille leur intrépidité ordinaire. Le général en chef, pour connaître d'une manière prompte et assurée les mouvemens des cinq corps de l'ennemi dans ces vastes plaines, s'était servi d'un aérostat retenu par des cordages, et qui, soutenant dans les airs un officier intelligent, procurait au général des rapports exacts et rapides. Les Allemands, effrayés de cette machine nouvelle pour eux, et dont Guyton-Morveau avait perfectionné l'emploi, se plaignaient de voir encore des *carmagnoles* en l'air, lorsque sur terre ils en trouvaient

BATAILLE DE FLEURUS.

tout autour d'eux. Les soldats français avaient accepté, et ils faisaient respecter, comme il était arrivé souvent dans les anciennes guerres d'opinion, un sobriquet par lequel l'orgueil avait essayé de les avilir. Quoique, d'après l'heureux essai du général Jourdan, on ait organisé une seconde compagnie d'aérostiers, et qu'on en ait attaché une à l'armée du Rhin et une autre à l'armée de Sambre-et-Meuse, nous ne voyons pas qu'on se soit occupé de perfectionner cette institution du comité de Salut public, et d'y puiser les avantages dont elle paraissait susceptible.

La victoire de Fleurus, qui réparait d'une manière si brillante l'échec reçu dix jours avant sur le même terrain, lorsque la brave division Lefebvre avait tout-à-coup manqué de munitions, ouvrit à l'armée française cette longue carrière de succès et de gloire qu'elle a si noblement parcourue.

Kléber, secondé de Daurier, de Bernadotte et de Poncet, avait battu l'ennemi à Lernes, à Marchiennes, à Monceau, à Souyret. De concert avec Duhesmes, Lefebvre, Montaigu et Schérer, il enleva ses redoutes et força son camp au grand Rœulx, à Braquignies, au Mont-Palissel, au bois d'Havré; et il entra dans Mons le 1er juillet avec le général Ferrand. Morlot, Olivier et Marceau chassaient les Autrichiens de Séneff et les repoussaient vers Gembloux. Dans le même temps, l'armée de Pichegru avait pris Ostende, Tournay, Oudenarde et Gand. C'était le général Moreau qui était entré dans la ville d'Ostende, au moment où les vents contraires empêchaient les vaisseaux anglais de sortir du port : leur prise augmenta les avantages de cette conquête. Moreau, qui déjà s'était emparé, avec Vandamme, d'Ypres et de Menin, entra bientôt après (18 juillet) dans Nieuport, et, au risque de ses jours, il épargna ceux des soldats anglais et hanovriens qu'un décret barbare condamnait à une mort inévitable. Si, à la fin du même mois (27 juillet — 9 thermidor an II), une heureuse révolution n'eût point mis un terme au régime de la terreur, le général Moreau aurait expié son humanité par le dernier supplice. Hélas! à l'époque même de ses premiers triomphes, et lorsqu'après la prise du fort de Cassandria et de l'île de Cadzan, où les soldats français avaient déployé une si admirable intrépidité, ce général faisait le siège du fort de l'Ecluse, le sang de son respectable père coulait à Brest sur un échafaud. Il s'était rencontré à Morlaix un fonctionnaire public assez perfide pour entraîner ce vieillard dans une erreur involontaire, pour le dénoncer, pour aller le juger ensuite, et pour le condamner. Le père de l'un de nos plus grands généraux tomba, le 31 juillet 1794, victime d'un infâme tribunal révolutionnaire et de l'odieux accusateur public Donzé-Verteuil, commissaire féroce dont les attentats furent trop tard développés par Génissieu. Que ceux qui veulent avoir une idée de ce que les citoyens eurent à souffrir en France, lisent, dans le *Moniteur* du 8 juin 1795, le rapport de ce député qu'on n'a jamais accusé de modérantisme. Qui sait, au surplus, combien la France perdait en laissant immoler le père de Moreau? qui sait si, vingt ans plus tard, ce patriarche octogénaire, pénétrant dans le camp des alliés devant Dresde, et paraissant tout-à-coup aux yeux de son fils avec les innombrables trophées que lui devait la patrie, et entouré des mânes de tant de Français morts aux ordres de leur général pour la défendre; qui sait s'il n'eût point triomphé du moderne Coriolan, et s'il ne l'eût point préservé de ce trépas fatal où, comme dans un abyme sans fond, devaient venir se perdre une gloire si pure, un nom si cher, et de si grands souvenirs? Pendant le siége du fort de l'Ecluse, Moreau et le député Lacombe-Saint-Michel rivalisaient de bravoure avec les troupes. Buirand, grenadier au 1er bataillon de la Marne, s'était consacré à éteindre tous les pots-à-feu que les assiégés lançaient dans la tranchée; il en avait éteint un grand nombre au milieu de la mitraille, lorsqu'enfin il fut blessé grièvement.

Cependant Hatry avait emporté Sombref après un combat meurtrier; Championnet s'emparait de Marbais sur la route de Nivelles, place que Lefebvre et Dubois firent évacuer. Bientôt ces deux généraux attaquent les Autrichiens à Braine-le-Leud, triomphent de leur longue résistance, et les poussent jusqu'à Waterloo, à l'entrée de la forêt de Soignes, lieux où devait se terminer un jour une longue série de victoires. Le général Leval, toujours à l'avant-garde, fouillait encore la forêt, lorsque les magistrats de Bruxelles vinrent lui présenter les clefs de cette ville que les ennemis venaient d'abandonner pour la seconde fois. Jourdan, informé par Leval de la démarche des autorités civiles de cette capitale, voulut attendre l'arrivée de l'armée du Nord, pour que les deux corps atteignissent en même temps le but le plus important de leurs efforts réunis; mais Pichegru, averti de la retraite des Autrichiens, était accouru de Halle avec deux escadrons, était entré, le 10 juillet au soir, dans Bruxelles, avait expédié un courrier au gouvernement pour rendre compte qu'il venait de s'emparer de cette place, et il était retourné, dans la nuit même, à son quartier-général. C'était par un procédé analogue qu'il avait essayé d'enlever au brave Hoche la gloire du blocus de Landau. Jourdan, si mal récompensé de sa délicatesse, fit occuper Bruxelles le lendemain par deux divisions de l'armée de Sambre-et-Meuse.

L'armée du Nord entrait de force dans Malines, pendant que Kléber, ayant escaladé les retranchemens de la Montagne de Fer, faisait ouvrir les portes de Louvain à coups de hache, et restait maître de la ville, après un combat opiniâtre que les Autrichiens avaient osé soutenir dans les rues. Ces succès ayant laissé à découvert les places du Quesnoy, de Landrecies, de Valenciennes et de Condé, ces quatre forteresses furent successivement attaquées et prises dans l'espace de six semaines, par le général Schérer, né au pied du Jura, et sujet de l'évêque de Porentrui, formé au métier de la guerre dans les camps autrichiens, et doué d'une grande bravoure. Après avoir cueilli des lauriers sur les Alpes et sur les Pyrénées, il devait éprouver de grands revers, et mourir avant que d'avoir pu justifier, ainsi qu'il l'espérait, son administration comme ministre, et sa dernière campagne comme général.

COMBATS SUR L'OURTHE A SPRÉMONT, ET PRÈS DE LA ROËR A ALDENHOVEN,

(Jourdan).

Kléber, par une suite de combats glorieux, était arrivé jusque sur les bords de la Meuse; mais, pour assurer le succès de son entreprise sur l'importante place de Maëstricht que défendait le prince de Hesse, il fallait que les armées ennemies fussent entièrement refoulées au-delà du Rhin. Le

COMBATS SUR L'OURTHE A SPRÉMONT.

général en chef Jourdan mit une extrême activité pour obtenir ce grand résultat. Il était entré dans Namur, il avait battu l'ennemi à Tirlemont, et Liége lui avait ouvert ses portes. Ayant été rejoint par quinze mille hommes, que lui amenait Schérer après la capitulation de ces quatre places, il ordonna, pour le 18 septembre, une attaque générale sur quatre points différens. Marceau passa l'Ourthe, se joignit à Schérer; et, à la pointe du jour, les deux corps s'élancèrent sur trois colonnes dans la rivière d'Amblève dont les bords sont escarpés, dont le lit est guéable, et qui les séparait des Autrichiens. A gauche, le général Bonnet avait traversé l'Ourthe à Essneux, pour inquiéter le flanc droit des ennemis. Toutes les opérations réussissent; les canons, que Marceau a fait transporter à bras, balaient le terrain, permettent à la cavalerie de se déployer; et les Autrichiens, battus sur tous les points, se retirent même au-delà de la Wèze, rivière qui, coulant au pied de la montagne de Limbourg et traversant Verviers, va se jeter dans l'Ourthe, entre les bois d'Auge et de Chaînée.

Trente-quatre pièces de canon, autant de caissons, deux mille prisonniers, cinq drapeaux et beaucoup de bagages, furent les fruits de ce combat où Jourdan, Schérer et Marceau furent secondés par les généraux Bonnet, Haquin et Mayer. La gauche de l'armée française ne s'avançait pas avec une moindre ardeur. Hatry et Championnet, précédés par leur avant-garde que commandait le général Legrand, avaient repoussé l'arrière-garde autrichienne des hauteurs de Clermont, entre Herve et Henri-Chapelle. Sept fois il avait fallu battre la charge pour enlever ces redoutes que les ennemis défendirent avec une grande opiniâtreté. Le 24 septembre, les Français étaient rentrés dans Aix-la-Chapelle que l'imprévoyance de Miranda leur avait fait abandonner précipitamment au mois de mars 1793. Les fautes qui avaient été commises alors furent mises à profit par le général en chef; et, dès le 2 octobre, il se trouvait à Aldenhoven prêt à venger les succès obtenus, dix-huit mois avant, sur le même terrain par le duc de Saxe-Cobourg.

Le projet des Autrichiens était de défendre le passage de la Roër, en avant de Juliers, et de se ménager une communication avec Maëstricht. Ils avaient établi, pour y parvenir, une grande portion de leur armée au-delà de cette rivière, dans la position qui se trouve derrière Aldenhoven. Cette position, déjà très-forte par elle-même, était encore fortifiée par des lignes et des retranchemens qui la défendaient sur tous les points. Jourdan, commandant à des soldats intrépides, guidés par des chefs expérimentés, résolut de surmonter tous ces obstacles. La Roër, quoique guéable en beaucoup d'endroits, était grossie par les pluies; ses gués étaient dégradés, hérissés de chevaux de frise, ses ponts rompus, même celui de Linnich qui était en pierre; les hauteurs, qui se prolongent depuis Duren jusqu'à Ruremonde, sur la rive droite, étaient couvertes de lignes et de redoutes, et défendues par une artillerie formidable. Jourdan divisa son armée en quatre corps; il confia le commandement de l'aile droite au général Schérer, donna la gauche au général Kléber, qu'il avait appelé momentanément avec vingt mille hommes de devant Maëstricht; il plaça Lefebvre à l'avant-garde, et il se réserva le commandement du centre. Sous ses ordres se trouvaient les généraux de division Hatry, Morlot, Championnet et Dubois. Ce dernier avait conservé le commandement de la cavalerie. Schérer était chargé de forcer le passage de Duren; Kléber devait attaquer sur la gauche au-delà d'Heinsberg, vis-à-vis Rutheim; le général Lefebvre avait l'ordre de marcher sur Linnich; Hatry, à droite de la grande route, vers les Chartreux, pendant que le corps de bataille s'avancerait vers Juliers. A cinq heures du matin toutes les colonnes s'ébranlèrent; elles attaquèrent toutes avec une égale valeur : en moins de deux heures le camp de Juliers est forcé et les redoutes emportées. Déjà beaucoup de prisonniers sont tombés au pouvoir des Français. Les soldats de la 71e demi-brigade, formant l'avant-garde de la division Kléber, impatiens du délai nécessaire pour la construction d'un pont, se jetèrent dans la Roër, coururent attaquer les retranchemens ennemis, et les emportèrent à l'arme blanche. L'infanterie autrichienne se présenta pour protéger la retraite; elle fut chargée et culbutée. C'était le général Bernadotte qui avait décidé la vigueur de ce mouvement. On vit dans cette affaire deux escadrons de chasseurs, commandés par le général d'Haupoult, et remplis de la confiance que ce chef habile inspirait à la cavalerie, charger quatre escadrons ennemis, et les culbuter dans la Roër. Les autres colonnes eurent un pareil succès, mais elles éprouvèrent des difficultés d'un autre genre. Lorsque l'avant-garde se présenta à Linnich, l'ennemi, qui avait détruit le pont, comme nous venons de le dire, eut la cruauté d'incendier la ville : tous les passages avaient été rendus impraticables. On rétablit le pont malgré une grêle d'obus, et sous la protection de l'artillerie française qui montra dans cette occasion sa supériorité par la précision du tir et la célérité des manœuvres. Schérer, Mayer et Haquin avaient triomphé à Duren; mais Marceau, après des efforts héroïques, n'avait pu qu'occuper Mirviler et s'y maintenir. La nuit seule fit cesser le combat. Les Français se disposaient à le recommencer le lendemain; mais les Autrichiens, ayant perdu dans cette journée cinq mille hommes tués ou blessés, avaient décampé dès minuit. Un brouillard épais empêcha de s'en apercevoir jusqu'à trois heures; et, poursuivant leur retraite à marches forcées, les ennemis repassèrent le Rhin à Bonn, à Cologne et à Dusseldorf.

Dans la nuit même du 2 au 3 octobre, les Français avaient achevé la construction de plusieurs ponts, et élevé une batterie d'obusiers près de Juliers pour bombarder cette place. Il suffit d'y jeter quelques obus pour déterminer à en apporter les clefs. On y trouva un arsenal en bon état, soixante pièces de canon et cinquante milliers de poudre; on y fit encore huit cents prisonniers.

Le général Jourdan s'avança aussitôt après vers le Rhin; il en occupa toute la rive gauche depuis Bonn jusqu'à la jolie ville de Creveldt, où le prince de Clermont-Condé s'était fait battre le 23 juin 1758. L'armée de Sambre-et-Meuse entra le 6 octobre dans la ville de Cologne, fondée par la fameuse Agrippine, mère de Néron. Cette ville, ornée de plus d'églises et de chapelles qu'il n'y a de jours dans l'année, est dépositaire fortunée de la châsse des trois rois mages dont les reliques (car il ne faut point douter que ce ne soient des saints) furent découvertes par une vieille folle à Milan. Cologne offrait encore cela de particulier que son archevêque, qui était le plus riche et le plus puissant des électeurs ecclésiastiques de l'Empire, n'avait pas le droit de demeurer plus de trois jours de suite dans le chef-lieu de son électorat et de son évêché. En dépit de la discipline ecclésiastique, la résidence était interdite à ce prélat, qui d'ailleurs était alors un archiduc d'Autriche.

La retraite des ennemis sur la rive droite du Rhin permettant de pousser avec vigueur le siége de Maëstricht, Kléber retourna devant cette place où, pendant son absence, Duhesme, chargé de l'investissement, avait repris le château de Saint-Pierre, sur ce plateau fameux qui recouvre de vastes cryptes creusées, pendant la durée de plusieurs milliers de siècles, par des milliers de générations; asile fréquent de tant d'infortunés qui fuyaient la persécution, tombeau éternel de tant de voyageurs qui cherchaient à satisfaire leur curiosité (1). A peine Marceau avait-il enlevé les retranchemens de Coblentz, et était-il entré dans cette ville pour échapper, disait-il, à l'ennui d'attendre plus long-temps l'armée qui devait lui en faire lever le siége, que Kléber, ayant ouvert la tranchée devant Maëstricht, s'en empara au bout de onze jours, y fit dix mille

---

(1) Dans un ouvrage consacré à la gloire française, nous ne pouvons nous dispenser d'indiquer ici la belle dissertation sur le *plateau de St.-Pierre*, que le colonel Bory de St.-Vincent, membre correspondant de l'Institut de France, a insérée dans le tome Ier des *Annales générales des sciences physiques*, qu'il rédige à Bruxelles, avec ses savans amis Drapiez et Van Mons. Honneur à ceux que l'infortune n'a point découragés, et qui, loin de leur patrie, n'ont point cessé de lui consacrer leurs lumières et leurs travaux!

prisonniers, et y trouva trois cent cinquante bouches à feu, vingt mille fusils et quatre cents milliers de poudre. Le général Jourdan, qui était venu se joindre aux assiégeans, donna une nouvelle preuve de sa délicatesse lorsque le prince de Hesse demanda à capituler. Il partit subitement pour Cologne, laissant à son illustre ami la gloire de signer cette capitulation et d'entrer dans cette place importante, ayant à ses côtés le brave général Bellemont qui, après la défaite de Nerwinde, avait sauvé le grand parc d'artillerie, et le général du génie Marescot. Tous deux, sauvés avec Hatry par Jourdan de la fureur de Saint-Just, devant Charleroi, avaient puissamment coopéré à la reddition de Maëstricht.

Pichegru, secondé par de si puissantes diversions, continuait à prendre toutes les clefs de la Hollande. Il avait, à Boxtel, mis l'ennemi en déroute; huit cents Français avaient battu cinq mille Anglais, trente hussards du 8e régiment avaient désarmé deux bataillons, et un tambour, âgé de dix-huit ans, avait contraint dix Anglais de se rendre prisonniers; Crèvecœur et Bois-le-Duc avaient été pris par Delmas; le commandant de cette dernière place, auquel le tir d'une bombe donnait la fièvre, étonna les Français par sa prompte reddition. Hultz, Axel, Sas-de-Gand et Venloo avaient ouvert leurs portes à Pichegru, secondé des généraux Laurent Eblé, Dejean et Marescot, à l'audace desquels fut particulièrement due cette dernière conquête. Souham, après avoir vaincu dans les environs de Nimègue le 19 octobre, entra, le 8 novembre (18 brumaire an III), dans cette ville où les Anglais trahirent leurs alliés, et dont le nom s'unit au souvenir de la paix glorieuse de 1678, traité à la suite duquel Louis XIV avait fait fortifier Huningue; Huningue, qu'un traité moins honorable devait faire disparaître un jour, mais sur les ruines duquel les Français et leurs ennemis pourront lire éternellement les grands noms d'Abattucci, de du Four et de Barbanègre. Dans tous les combats soutenus par la division de Souham, on distingua le courage du 5e régiment de chasseurs à cheval, des 3e et 9e régimens de hussards, de la 30e division de gendarmerie, de la 1re demi-brigade d'infanterie légère que commandait le colonel Bonhomme; et chaque jour le général Jardon signalait son intrépidité.

Tout-à-coup les rigueurs de l'hiver semblent venir au secours des Provinces-Unies. La gelée suspend les opérations hostiles, les glaces forment un nouveau rempart qui peut-être inspire aux ennemis une dangereuse sécurité. Portons un moment nos regards vers le midi : depuis long-temps le cliquetis des armes retentit dans le sein et sur le sommet des Pyrénées.

GUERRE CONTRE L'ESPAGNE,

1793, 1794 et 1795.

Ces hautes montagnes que Louis XIV s'était flatté de faire disparaître d'un seul mot, et qui ne s'abaissèrent devant lui qu'après quatorze ans d'une guerre désastreuse, venaient de se relever entre la France et l'Espagne. Celle-ci, mécontente de la révolution française, avait refusé de reconnaître Louis XVI comme roi constitutionnel ; mais, effrayée, pour ses vastes colonies, de la neutralité si long-temps gardée par l'Angleterre, elle avait révoqué promptement son adhésion aux fameux traités de partage stipulés, en 1791, à Pavie, à Dresde et à Pilnitz ; elle était demeurée fidèle à son système pacifique, même après le 10 août qui avait renversé le trône, et après le 22 septembre qui lui avait substitué la république. Ce ne fut qu'après la mort de Louis XVI que le ministère espagnol, qui était intervenu faiblement en faveur de ce prince, rompit toute espèce de négociation ; et, le 23 mars 1793, il avait répondu par un manifeste à la déclaration de guerre décrétée par la Convention nationale. Cette déclaration, conçue en termes très-audacieux, pouvait faire supposer de grandes ressources militaires dans le midi ; mais les cent mille hommes appelés pour combattre l'Espagne étaient provisoirement réduits à moins de dix mille que commandaient les généraux de brigade La Gennetière et Renier, sous les ordres du général de division Duverger : celui-ci fut bientôt dénoncé et conduit à Paris ; il eut la sagesse de se faire oublier dans les fonctions de chef d'état-major de la première division de l'armée du Nord, et ensuite comme général de brigade à l'armée du Rhin. Chaque propriétaire désignait comme traître, et les conventionnels traitaient comme tel, tout général qui ne plaçait pas au moins une compagnie entière pour défendre chaque grange et chaque hameau. De funestes résultats d'une telle dislocation contraignirent bientôt d'y renoncer, et les premiers succès des Espagnols forcèrent les Français d'adopter des plans avoués par l'art militaire. Le développement de cette frontière était trop étendu pour une seule armée ; on ne tarda pas à créer les deux armées des Pyrénées occidentales et des Pyrénées orientales ; la première, chargée de surveiller, au-delà de Bayonne, les débouchés des provinces espagnoles de Guipuscoa, de Biscaye et de Navarre ; la seconde, de défendre le Roussillon contre l'armée formée en Catalogne. Servan et La Bourdonnaye ne firent que paraître un moment à la tête de l'armée des Pyrénées-Occidentales que Muller réorganisa et conduisit à la victoire, et qui, pendant un an, obtint de nombreux triomphes sous le général Moncey. Les deux premiers généraux en chef de l'armée des Pyrénées orientales, de Flers et d'Aoust, tous deux nobles et braves, périrent sur l'échafaud ; les deux généraux qui leur succédèrent eurent la gloire de mourir sur le champ de bataille : car si Dagobert ne fut pas tué par un obus, comme Dugommier, on sait qu'il succomba de fatigue à Puycerda, après avoir conquis la Cerdagne espagnole. Dugommier fut dignement remplacé par le général Pérignon. Il est à remarquer que les deux généraux en chef qui, à l'est et à l'ouest des Pyrénées, contraignirent l'Espagne à solliciter la paix, devinrent l'un et l'autre maréchaux de France.

La première campagne, celle de 1793, fut glorieuse pour les Espagnols, commandés dans la Navarre par don Ventura Caro, et dans la Catalogne par don Antonio Ricardos. Les guerriers de la péninsule (car la cour de Madrid prit à sa solde une forte division de Portugais) déployèrent un grand courage, une patience admirable, et souvent un enthousiasme que l'histoire ne saurait trop louer dans les soldats et dans les peuples qui défendent avec opiniâtreté le territoire de leur patrie. Dans cette grande circonstance, l'évêque de Saragosse offrit de former une armée de quarante mille moines et prêtres, capables de soutenir les fatigues de la guerre. On se souvient que le maréchal de Berwick avait eu des ennemis de cette espèce à combattre en 1714 (tome 1er, page 295), et que, lorsqu'il en prenait, il les immolait à sa vengeance. La cour espagnole refusa les secours de l'évêque de Saragosse, qui peut-être connaissait d'avance le résultat de sa proposition ; mais elle ne dédaigna pas d'accepter ceux des contrebandiers de la Sierra-Morenna, gens la plupart couverts de crimes, condamnés au dernier supplice, et qui, conduits par leur chef Ubeda, vinrent se placer en ligne avec le reste de l'armée, et avec la légion royale des émigrés que commandait le marquis de Saint-Simon, grand d'Espagne, l'un des Français qui avaient combattu avec gloire pour l'indépendance des Etats-Unis de l'Amérique septentrionale.

Indiquons pour cette première guerre d'Espagne, avec la rapidité que notre plan exige, les principaux faits d'armes dont les derniers seuls ont été décisifs.

Pyrénées occidentales. — Les premiers revers de la faible armée française n'avaient point été perdus pour son instruction, et n'avaient point empêché plusieurs braves de se distinguer. Sous la direction de Servan qui, par des dehors froids, voilait une âme brûlante, et de Dubouquet, sévère restaurateur de la discipline, on vit des combats multipliés signaler le courage et l'habileté de Moncey et de Willot qui commandaient l'infanterie légère, de Dessein et de son colonel, Le Ris de la Chapellette, nobles guides du 81e régiment (Angoumois), qui, le premier, eut l'honneur de compter dans ses rangs cet immortel Latour-d'Auvergne-Corret, modèle parfait des guerriers de tous les siècles, et dont les grenadiers de la 46e demi-brigade devaient un jour posséder le cœur comme un glorieux héritage. Là combattaient les grenadiers réunis sous le commandement de ce héros et du général de Laborde, destiné aussi à une grande illustration ; là, les chasseurs basques découvraient, admiraient, secondaient les grands talens que déployait Harispe pour la guerre de montagnes ; là, les bataillons des Basses-Pyrénées se couvraient de gloire sous leurs chefs intrépides Mauco et Désolimes : ce dernier, excédé de fatigue, rendit son dernier soupir au pied d'un arbre ; là, les bataillons de Lot-et-Garonne, du Gers, de la Dordogne, des Landes, le 18e régiment de dragons, souvent guidé par l'adjudant-général d'Arnaudat, et des détachemens de la 148e demi-brigade, dirigés par le capitaine Miollis, rivalisaient entre eux de valeur et de dévouement.

Les députés alors en mission donnaient l'exemple d'affronter le danger; Fabre-de-l'Hérault était mort sur le champ de bataille : Ferrand, aux Pyrénées occidentales, et Soubrany, aux Pyrénées orientales, furent atteints par d'honorables blessures. Hélas ! l'un et l'autre devaient être bientôt victimes d'une grande insurrection populaire (1er prairial an III — 20 mai 1795), où chacun d'eux allait paraître dans des rangs opposés : déplorable et trop fréquent résultat des discordes civiles !

Enfin la campagne de 1794 vint s'ouvrir, et changer la position des Espagnols qui avaient détruit le fort d'Andaye, qui s'étaient rendus maîtres de tout le cours de la Bidassoa, et qui avaient couvert le sommet de toutes les montagnes de soldats nombreux et de retranchemens formidables. Le nouveau général en chef, Léonard Muller, qui remplaça Després-Crassier, avait passé l'hiver à organiser les nouveaux corps dont on lui avait envoyé les élémens, et à exercer ses troupes dont ses qualités personnelles lui méritèrent toujours l'affection. Dès le mois de novembre 1793, il avait fait occuper et fortifier, sous les yeux de l'ennemi étonné, la colline de Sainte-Anne, à seize cents toises de la Bidassoa, poste qui prit alors le nom de camp des Sans-Culottes, et dont Latour-d'Auvergne avait prouvé l'excellence en s'y maintenant près de deux mois avec quelques compagnies, et en ne cessant d'inquiéter et de battre les Espagnols qu'il sut détourner de toute entreprise sérieuse, en semant chaque jour au milieu d'eux de nouvelles alarmes. Sous la tente et dans les camps, ce savant et modeste guerrier, redoutant les grades et les honneurs, et ne recherchant que les travaux, les combats et les dangers, professait l'art de la guerre devant les batteries ennemies. Une foule de jeunes officiers, pleins d'ardeur et de dévouement, écoutait avec avidité les leçons de ce maître habile, et s'appliquait à imiter ses exemples. Les disciples de ce philosophe d'un nouveau genre formèrent cette école célèbre que les ennemis nommèrent la *colonne infernale*, et d'où sortirent tant de héros qui ne connurent point de gloire préférable à celle de combattre et de mourir pour la patrie.

Quoique l'armée de Muller eût été diminuée de près de dix mille hommes à la fin du mois de janvier 1794, par l'envoi aux Pyrénées orientales et dans la Vendée des 39e et 147e demi-brigades, de quelques bataillons de la Gironde et de Lot-et-Garonne, et de plusieurs compagnies de chasseurs, le vide occasioné par le départ de tant de braves ne changea rien aux projets offensifs des généraux. Mais, au même moment où les Français méditaient de marcher contre les Espagnols, ceux-ci parurent tout-à-coup au nombre de treize mille fantassins, de sept cents cavaliers, et avec une artillerie nombreuse, pour envahir toutes les positions des républicains et pour foudroyer le camp de Sainte-Anne. Heureusement le général Urutia n'osa pas s'avancer au-delà de la montagne du Calvaire, et plus heureusement encore le jeune capitaine Lamarque, l'un des élèves de Latour-d'Auvergne, marchant avec deux compagnies de grenadiers, arrêta une colonne espagnole qui tournait la gauche de l'armée française. Lamarque fut blessé dans cette occasion, où il préludait à une plus grande gloire. Un capitaine du même nom avait trouvé, le 3 juin 1793, un trépas honorable, en défendant, quoique sans succès, les approches de la fonderie de Baygorry. Dans le combat de la Croix-des-Bouquets et du camp de Sainte-Anne, qui dura sept heures, et où les Espagnols tirèrent près de quatre mille coups de canon, les généraux de Laborde, Frégeville et Castelvert se distinguèrent. C'est faire le même éloge de Latour-d'Auvergne que de dire qu'il y était. Henri Frégeville arrivait à la redoute de la Liberté d'où les Français foudroyaient les colonnes espagnoles, et le colonel d'artillerie Auguste Lespinasse, chargé de la défense d'un camp qu'il avait si habilement fortifié, voulut remettre le commandement au général. « Tu en as trop bien usé, lui répond Frégeville; « achève ton entreprise, et que la gloire de cette belle journée t'appartienne « sans partage. » Lespinasse fut nommé général sur le champ de bataille; le même jour un arrêté du comité de Salut public le suspendait de ses fonctions. Les ennemis de la France semblaient diriger les traits de la proscription contre ce qu'elle avait de plus illustre et de plus habile. Lespinasse, ancien mousquetaire, ancien officier de carabiniers, entraîné par son goût dans l'arme de l'artillerie, déjà célèbre par les services qu'il avait rendus dans la guerre de Corse, recommandable par la confiance dont l'avait honoré M. de Gribeauval, et l'un de ceux qui ont fait adopter le fusil d'infanterie, modèle de 1777, s'était distingué à l'armée du Rhin sous Custine et sous Beauharnais. Non seulement il avait fait choisir et il avait retranché le camp de Sainte-Anne, mais il avait, avec la plus grande audace, détruit, malgré les efforts des Espagnols, toutes les batteries qu'ils avaient placées sur la montagne dite de Louis XIV. Les réclamations générales qui s'élevèrent dans son département (la Nièvre) contre l'injustice dont cet excellent offi-

GUERRE CONTRE L'ESPAGNE.

cier était la victime, le rendirent à l'armée dont il revint diriger l'artillerie, guider souvent les colonnes, et assurer les nouveaux succès.

Chaque jour le général de Laborde, secondé par Castelvert et par Cambray; Mauco, qui perdit son jeune et brave chef de bataillon du Peyroux; Harispe et Lefranc; Digonnet, Dessein et Lamarque; Frégeville, Marbot et Robert; Garin, Gravier, Schilt et Cossaune; Moraud et Juncker; Willot, Merle, Raoul et Suzamicq, saisissaient les occasions de battre l'ennemi. Saint-Michel, Andaye, Arneguy, Irméhaca, le rocher d'Arola, la crête de Roqueluche, la grande mâture royale sur l'Irati, le rocher près de Véra, Berdaritz et Ispégny, les cols de Maya et d'Harriet, les Aldudes, la vallée de Bastan et celle de Lernis, ne tombèrent au pouvoir des Français qu'après les combats les plus sanglans. Le 10 juillet, le jour même où Bruxelles se rendait au vainqueur de Fleurus, le général Moncey aurait pris toutes les troupes du camp ennemi de la montagne d'Arquinzu, sans la précipitation du général Digonnet, qui attaqua avant que la colonne de Latour-d'Auvergne, chargée de tourner l'ennemi, eût pu achever son mouvement. Le camp fut abandonné en toute hâte, et l'on ne put faire qu'un petit nombre de prisonniers. Ce fut là que le marquis de Saint-Simon, chef de la légion des émigrés, reçut dans les reins une grave blessure.

Pendant que Moncey et de Laborde, ayant réuni leurs divisions, après l'occupation de la vallée de Bastan, secondaient les opérations du général Dessein et du général Frégeville pour traverser la Bidassoa, le capitaine Lamarque, suivi de deux compagnies de grenadiers, avec lesquelles voulut marcher le député Garrau, s'avança d'Yrun sur Fontarabie. Cette place, prise en 1521 par l'amiral Bonnivet, qui commit la faute de ne la point détruire, fut glorieusement défendue par le comte du Lude, pendant plus de dix mois, et rendue lâchement, en 1523, par un sieur Franget qui fut dégradé de noblesse, sur un échafaud, dans la ville de Lyon. Le maréchal de Berwick avait employé un mois, en 1719, pour la soumettre. Lamarque, maître des redoutes des Capucins, qui commandaient la ville, s'était approché sous le feu de la mitraille, et il avait accordé six heures au commandant de Fontarabie qui en demandait vingt-quatre pour capituler. Il ne restait à Lamarque que soixante-quinze hommes quand il se fit ouvrir les portes de la place, et qu'il s'empara de quatre-vingts bouches à feu et de huit cents prisonniers. Le général Moncey, les députés et le général en chef Muller, pour récompenser le courage de cet officier qui venait d'atteindre sa vingtième année, le choisirent pour aller porter à la Convention les drapeaux enlevés à l'ennemi, et Lamarque dut à cette action éclatante le grade d'adjudant-général.

Quatre jours après, c'est-à-dire le 4 août 1794, de Laborde et Frégeville ayant repoussé les Espagnols au-delà d'Ernany, vers Tolosa, Moncey s'empara du port du Passage, de Renteria, de Lezo, et couronna les hauteurs de Saint-Sébastien. Latour-d'Auvergne, chargé d'aller sommer le gouverneur de cette place que défendaient de bonnes fortifications et une artillerie nombreuse, se jette dans une chaloupe, avec une pièce de 8; il se présente, il suppose à son général les moyens et la ferme volonté de réduire en cendres la forteresse, il effraie les habitants, il déconcerte le commandant qui demande qu'au moins on salue sa citadelle. Le parlementaire s'éloigne, fait tirer un coup de canon, et rentre dans la ville pour y renouveler sa sommation. La capitulation est signée; dix-sept cents hommes sont prisonniers de guerre, et la reddition de cette place met à la disposition de l'armée française une immense quantité de munitions de guerre et d'approvisionnemens de toute espèce. Tolosa, capitale du Guipuscoa, fut enlevée par la cavalerie de Frégeville, et les peuples de cette province, qui auraient pu accueillir les Français, furent bientôt soumis à la même terreur que celle qui pesait sur l'intérieur de la France. La belle âme de Muller se souleva contre l'abus de la victoire, et il s'estima heureux que des députés féroces lui permissent d'aller enfouir dans la retraite ses talens, sa gloire et ses regrets. Le général Moncey lui succéda dans le commandement; et, malgré les contrariétés toujours renaissantes et suscitées par les députés de la Convention, il continua d'obtenir des succès que les localités et l'indiscrétion inhérente au désordre de ces temps empêchèrent trop souvent d'être décisifs.

Dès le 17 octobre, la vallée de Roncevaux, fameuse par la défaite de l'arrière-garde de l'armée de Charlemagne, fut envahie par les trois colonnes que commandaient de Laborde, Frégeville et Marbot. Douze mille Espagnols en furent chassés; ils abandonnèrent deux mille cinq cents hommes tués, blessés ou prisonniers, deux drapeaux et cinquante pièces de canon. Les fonderies d'Orbaïcet et d'Eguy, estimées plus de trente millions, furent incendiées, et les Espagnols eux-mêmes brûlèrent le beau village de Burgnète, et une partie de l'antique monastère de Roncevaux. Le 24 novembre, Marbot, après des succès auxquels la retraite de la division de droite les contraignit de re-

GUERRE CONTRE L'ESPAGNE.

noncer, se vit rendre la victoire par les manœuvres promptes et décisives d'un bataillon basque que commandait l'intrépide chef de brigade Harispe. Les hauteurs d'Ostiz devinrent célèbres par ce combat, après lequel Harispe, né dans un pays où Charles IX n'avait pu changer les fonctionnaires publics en bourreaux contre les protestans, sut éluder un décret de mort en faisant passer tous ses prisonniers pour des déserteurs.

Cependant le courage de l'armée eut un autre ennemi à combattre : une épidémie cruelle enleva plus de vingt mille Français pendant l'hiver de 1794 à 1795. Les horreurs de la disette vinrent se joindre à cette mortalité; la fourniture même du pain fut suspendue, et ce fut alors que l'on vit la garnison française de Saint-Sébastien, privée de toutes ressources et dévorée par la faim, protéger le commerce du pain blanc étalé sur toutes les boutiques, et destiné à la subsistance des habitans de cette ville opulente. Une aussi admirable retenue, quand elle s'unit aux qualités militaires, mérite de figurer à côté d'elles dans les annales de la gloire.

Après la prise de Bilbao et de Vittoria, le général en chef s'occupa de l'investissement de Pampelune, et le général Marescot, illustré déjà par tant de siéges dirigés avec audace et habileté, était arrivé pour conduire celui de cette place. Tout-à-coup on apprit que la paix venait d'être conclue à Bâle, le 22 juillet 1795 (4 thermidor an III), entre la France et l'Espagne, dont la détermination avait été hâtée par les derniers succès des armées républicaines.

Pyrénées orientales. — Ainsi qu'à l'ouest, les Espagnols commencèrent par être heureux sur les confins du Roussillon. Après avoir pris Céret sur le Tech, Ricardos était parvenu à se rendre maître de Bellegarde, place importante qui se défendit avec vigueur pendant trente jours de bombardement. Le colonel du régiment de Champagne, Dubois-Bruslé, qui commandait, outre son régiment, un bataillon de volontaires nantais, se couvrit de gloire avec les braves qui combattirent sous ses ordres. Le malheureux de Flers, que Dumouriez avait accusé d'incapacité, mais dont on ne soupçonna jamais la bravoure, ne parut presque, à la tête de cette armée, que pour adresser au général Ricardos une réponse énergique en faveur du droit des peuples de s'armer et de se lever en masse pour repousser les invasions étrangères. Il fut bientôt entraîné vers l'échafaud, où d'Aoust, l'un de ses successeurs, plus jeune et aussi infortuné que lui, ne tarda pas à le suivre. C'était cependant sous les ordres de celui-ci que l'armée avait repris son attitude offensive, particulièrement sur la droite, où l'intrépide Dagobert, après la prise du camp de la Perche où il avait triomphé d'une grande résistance, avait poursuivi l'ennemi jusqu'à Livia, et s'était même emparé de Puycerda et de Belver dans la Cerdagne. Attaqué sur ses derrières, il accourt à Mont-Louis, et il remporte de nouveaux avantages. Ce fut alors qu'il devint général en chef. Il continua de vaincre : toute la Cerdagne fut soumise par les braves qu'il commandait, et parmi lesquels on distinguait Pérignon, Lemane, Sahuguet, vainqueur à Estery; Gilly, David, Delâtre, Souleyrac, Meynard et Chabert. Maître de la ville d'Urgel, il allait en attaquer la citadelle lorsqu'il mourut à Puycerda (18 avril 1794), âgé de soixante-quinze ans et épuisé par les fatigues de la guerre. La Convention, qui semblait n'avoir que des supplices à offrir aux généraux vivans, accorda des honneurs particuliers à la mémoire de Dagobert. C'était sous ses ordres que Pérignon avait repris Peyrès-Tortes, et rétabli les communications entre Salces et Perpignan. A l'attaque de ce poste, défendu par seize mille Espagnols et par dix-huit pièces de canon, le bataillon du régiment d'Alsace avait répondu au *qui vive?* « *C'est Alsace qui monte, et qui est f.... pour ça.* » Une décharge à mitraille qui renverse soixante grenadiers ne suspend point la marche du bataillon, et le camp est aussitôt enlevé.

Dugommier, qui avait préféré les travaux des camps aux fonctions de député, était âgé de près de soixante ans quand il vint prendre le commandement de l'armée des Pyrénées orientales. Précédé par la réputation que lui avaient acquise ses succès dans le comté de Nice, et surtout la reprise de Toulon où les Anglais, après avoir incendié tous les grands établissemens de ce port, après avoir enlevé tous les vaisseaux, avaient eu la cruauté de refuser tout asile aux familles qui leur avaient procuré la possession momentanée de cette ville, Dugommier avait commencé par chasser dix mille Espagnols du village d'Oms, et par s'emparer du pont de Céret sur le Tech. Il importait de reprendre Collioure, le fort Saint-Elme, vendu à l'ennemi par un lieutenant de gendarmerie, Port-Vendre et Bellegarde, avant d'essayer de s'avancer en Catalogne. Le général espagnol, comte de La Union, qui avait remplacé le général Ricardos, trompé par les démonstrations des Français qui menaçaient la Cerdagne, fortifia sa gauche; et ce fut alors que Dugommier fit attaquer la roche d'Albéra ou des Albères et la redoute de

GUERRE CONTRE L'ESPAGNE.

Montesquiou. Ces deux opérations furent très-brillantes. Dans la première, on vit la colonne que commandait le général Martin s'irriter d'une trop longue résistance, grimper sur la grotte de Saint-Christophe, au sommet des Albères, et se précipiter à la suite de son général pour se ranger en bataille à la Croix-des-Signaux. Les ennemis ne purent tenir contre une telle impétuosité. La redoute de Montesquiou offrait encore de plus grandes difficultés, et l'on assure que Dugommier, effrayé de la responsabilité que les commissaires de la Convention faisaient peser sur les généraux, n'osait prendre sur lui d'ordonner cette attaque; ce fut Pérignon qui le décida et qui répondit du succès, pourvu que l'opération lui fût confiée. En effet, ayant chargé le général Victor, aujourd'hui duc de Bellune, de tenir en respect les garnisons de Collioure, de Saint-Elme et de Port-Vendre, et après avoir passé le Tech, il envoya insulter par des tirailleurs le village retranché de Montesquiou. Vers midi, Milhaut, l'un des députés, et que nous avons vu depuis commander avec tant de distinction la cavalerie française, accourt, et montre avec inquiétude ce village. « Avant une heure, lui « dit Pérignon, Montesquiou sera en notre pouvoir. » Aussitôt ce général s'élance, et traverse la plaine au galop. Arrivé près des grenadiers de la 147e demi-brigade qu'il trouve embusqués, il leur crie : « Camarades, vous « m'attendiez donc pour monter à l'assaut ? Allons, en avant ! » Dix minutes après, les canonniers espagnols s'étaient fait sabrer sur leurs pièces, tandis que leurs fantassins avaient évacué cette position. Quatre cents prisonniers, une artillerie nombreuse et tous les équipages des officiers espagnols, furent la proie des Français. Ce fait d'arme fut regardé comme l'un des plus brillans de tous ceux qui avaient eu lieu depuis le commencement de la guerre. On se souvenait que Montesquiou avait été attaqué plusieurs fois sans succès; et le général Vernède, officier du génie du plus grand mérite, qu'on avait fait passer dans la ligne malgré lui, avait payé de sa tête une terreur panique qui s'était répandue parmi ses troupes en marchant sur ce village. Une commission, présidée par un jeune homme nommé Mittié, eut la barbarie d'envoyer Vernède à la mort, et de le faire exécuter dans le camp de l'Union qu'il avait fortifié. Ce fut la femme du bourreau qui l'exécuta, et cet infortuné, avant de périr, s'écria : « Je meurs innocent; je désire que « ma mort soit aussi profitable à la république que ma vie eût pu l'être, « si mon existence eût été prolongée. » L'ingénieur Laffite, son ami intime, celui qui avait été si utile aux Turcs pendant leur dernière guerre contre les Russes, ne put lui survivre, et il mourut de chagrin et de langueur dans la prison où l'on avait plongé un cœur aussi noble et des talens aussi distingués.

Pendant les expéditions des Albères et de Montesquiou, le général Augereau, dont la valeur et les exploits devaient tant occuper la renommée, chassait les Espagnols d'Arles-sur-Tech, de Pra-de-Mouillou, de Saint-Laurent-de-Cerda, et il les battait près de Saint-Laurent sur la Mouga, où ils abandonnaient une fonderie magnifique, la seule qu'ils eussent dans la Catalogne. Ces succès, en approvisionnant l'armée de projectiles, amenèrent la reddition de Collioure le 5 juin, de Port-Vendre le 5 juillet, et de Bellegarde le 18 septembre. Dès le 26 mai, le fort Saint-Elme avait été évacué; mais, pour réduire Collioure, les Français eurent à vaincre des obstacles qui semblaient insurmontables. Il avait fallu creuser dans le roc un chemin d'une lieue et demie, et porter à bras des canons dans des sentiers où deux hommes, ne pouvant passer de front, étaient exposés sans cesse à tomber dans les précipices. Soubrany donna dans ce siége de nouvelles preuves de son intrépidité. Tant de constance fut récompensée; le général Navaro capitula avec environ sept mille hommes qui furent échangés contre un nombre pareil de prisonniers français. La garnison n'avait point encore fini de déposer les armes, que l'amiral Gravina, long-temps contrarié par les vents, parut avec huit vaisseaux qui, vingt-quatre heures auparavant, auraient ravitaillé la place, et qui ne servirent qu'à retirer les troupes échangées. Lorsque les Espagnols étaient entrés dans Collioure, ils avaient été frappés d'un trait d'héroïsme admirable. Un sous-officier, porte-drapeau, ne pouvant se résoudre à se rendre, s'enveloppa dans le drapeau de son bataillon, et se précipita dans la mer. Tel était l'esprit du temps, que les Français ne songèrent pas même à recueillir le nom de ce généreux soldat. Bellegarde, dont le général français voulait ménager les fortifications et les établissemens relevés à grands frais par les Espagnols, fut seulement investie, et soumise à un blocus exact que formait un corps de vingt-cinq mille hommes commandés par les généraux Pérignon, Augereau et Sauret. Dix mille hommes, sous les ordres du général Charlet, composaient le corps d'observation. Le quartier-général de Dugommier était à Agullana, en avant de la Jonquière, et les Espagnols, au nombre de soixante-cinq mille hommes, occupaient

Puycerda et les environs de Figuières. Le général La Union tenta de débloquer Bellegarde en attaquant Augereau à Saint-Laurent de la Mouga; mais il fut battu complètement, et il perdit plus de deux mille hommes. Les généraux Sauret, Micas et Desteing repoussèrent également une attaque dirigée contre eux. Le brigadier Valcentaro, désespérant d'être secouru, fut contraint de se rendre à discrétion. Comme il s'en fallait de beaucoup qu'il ne se fût soumis à la première sommation qui lui avait été adressée, il se trouvait dans le cas prévu par le décret de la Convention qui prononçait la peine de mort contre tout état-major ennemi qui, après la sommation de se rendre, demeurerait renfermé plus de vingt-quatre heures dans une des places qui avaient appartenu à la France. Valcentaro s'en était remis à la générosité du général français, et celui-ci eut le courage de résister formellement aux commissaires proconsuls qui ne rougirent pas de réclamer l'exécution d'une loi que l'armée ne regarda jamais que comme une mesure comminatoire. Les officiers espagnols durent la vie à Dugommier, et ils furent conduits à Toulouse. Nous ne pouvons qu'indiquer sommairement une partie des nombreuses affaires qui eurent lieu pendant ces divers sièges. Des écrits spécialement consacrés aux détails sont entre les mains de tout le monde. Il en est contre lesquels le lecteur doit se tenir en garde. Nous lisons dans l'un d'eux qu'à l'une des reprises de l'ermitage du Roure, les Espagnols tuèrent aux Français six cents hommes, parmi lesquels *le fameux jacobin La Barre*, deux généraux et un représentant du peuple. Soubrany, que l'on fait mourir ici, se fit jour à travers un régiment de dragons : il n'y eut d'autre général tué que *La Barre*, intrépide guerrier, neveu de l'infortuné gentilhomme de ce nom que des juges fanatiques avaient immolé à Abbeville. C'était pour ce prétendu jacobin que le général Despinois était venu de la part de Dugommier demander les honneurs du Panthéon. Il est vrai que l'historien dont nous relevons l'inexactitude, né en France, ne désigne jamais les armées françaises que sous la dénomination d'*ennemies*.

Après divers avantages remportés par Augereau au mont Roch, par Charlet à Monteilla, par Dugommier lui-même au camp de Costouge, ce général en chef se résolut enfin à une opération plus décisive.

SAINT-LAURENT DE LA MOUGA,
MONTAGNES DE LA MADELAINE ET DE CARBOUILHE,

17 novembre 1794 (Dugommier, tué dans l'action; Pérignon.)

L'armée espagnole, forte de cinquante mille hommes, était placée entre Figuières et Bellegarde, à une distance égale de ces deux forteresses; elle s'étendait, de gauche à droite, depuis Saint-Laurent de la Mouga jusqu'à la mer. Dans ce développement de cinq lieues, on comptait plus de quatre-vingt-dix redoutes construites avec soin; la plupart flanquées, fraisées, entourées de fossés, étaient en état de soutenir une attaque de plusieurs jours. Ces redoutes occupaient toutes les hauteurs, et formaient, depuis Saint-Laurent de la Mouga jusqu'à la mer, plusieurs lignes de défense impénétrables. A Liers un vaste camp retranché soutenait le flanc gauche de l'armée espagnole appuyée sur la forteresse de Figuières. Les Espagnols paraissaient inexpugnables au milieu de ces camps et de ces redoutes multipliées. L'attaque contre la gauche de l'armée espagnole, quoique sujette à beaucoup de difficultés, paraissait préférable, parce que si elle avait du succès, les Espagnols, en perdant leurs positions de gauche, étaient forcés d'abandonner tous les postes qu'avaient occupés leur centre et leur droite. Ces considérations déterminèrent le général Dugommier : il fut en conséquence ordonné que la division de droite, commandée par le général Augereau, renforcée de quelques troupes prises dans les autres divisions, attaquerait la gauche de l'armée espagnole, tandis que le centre, aux ordres du général Pérignon, la cavalerie obéissant aux généraux Dugua et Quesnel, ainsi que l'artillerie légère, commandée par le général Guillaume, resteraient en réserve sur la grande route, en avant de la Jonquière. La division de gauche, commandée par le général Sauret, flanquée du côté d'Escolla par la brigade du général Victor, devait faire en même temps de fausses attaques pour tenir en échec les Espagnols sur ce point. Ces divisions du centre et de la gauche, avec l'artillerie et la cavalerie, devaient agir au besoin pour précipiter la retraite des ennemis, dans le cas où l'attaque du général Augereau paraîtrait avoir un succès décidé. Les moyens paraissaient bien au-dessous de ceux qui semblaient nécessaires

LE TEMPLE DE LA GLOIRE.

BATAILLE DE SAINT-LAURENT DE LA MOUGA.
Mort de Dagommier, 5 Novembre 1794.

SAINT-LAURENT DE LA MOUGA, etc.

pour exécuter un aussi vaste plan. L'armée française comptait à peine vingt-cinq mille hommes; mais il n'y avait pas de pain, on manquait de vivres: il fallait donc se battre pour en conquérir sur l'ennemi. Le jour de l'attaque fut fixé au 17 novembre. Dans la nuit précédente, la division du général Augereau, partie de Darnins un peu en avant d'Agullana, passa la Mouga un peu vers l'ouest de la fonderie, marcha toute la nuit, et arriva avant le jour sur les derrières des Espagnols par le revers méridional de la montagne de la Madelaine; elle fut jointe dans cette marche par la brigade du général Davin. Toutes les autres colonnes s'étaient ébranlées en même temps. Le général Dugommier et le représentant commissaire Delbrel vinrent en avant de Darnins passer la nuit dans une grotte très-profonde qui servait de quartier au général Guillaume. Dès quatre heures du matin ils se rendirent sur le sommet de la montagne Noire, position très-élevée d'où ils pouvaient tout voir et tout diriger.

Les attaques et le feu commencèrent à six heures du matin. Le général Augereau tomba sur le camp des émigrés situé près de la montagne de la Madelaine. Ce camp fut emporté, après une résistance opiniâtre, avec toutes les redoutes ennemies situées sur la rive droite de la Mouga jusqu'à Escolla. Après ce succès, Augereau rallia ses troupes et les disposa pour des mouvemens ultérieurs. Les attaques du général Sauret n'avaient pas eu le même succès: sa division composée de cinq mille hommes, quoique soutenue par la brigade du général Victor, ne put enlever les positions que les Espagnols occupaient de ce côté avec vingt-cinq mille hommes. Après plusieurs tentatives infructueuses, cette division était repoussée, poursuivie même par les Espagnols qui chantaient déjà victoire. Dans ce moment critique, le général Dugommier, placé sur le penchant de la montagne appelée la Butte-Verte, est écrasé contre le rocher par un obus; son sang rejaillit sur les habits de ceux qui l'entourent, ses cheveux blancs sont souillés par la poussière. Ses amis le soulèvent: il avait cessé de vivre. Témoin de ce funeste événement, le commissaire de la Convention ordonna sur-le-champ au général Pérignon de prendre le commandement en chef de l'armée; il était également urgent d'aller porter des secours au général Sauret, vivement pressé par l'ennemi, et de continuer le mouvement général. Delbrel courut aussitôt sur la gauche, où il trouva le général Pérignon qui venait d'y arriver avec quelques bataillons du centre. Après avoir rétabli le combat, Pérignon voulut essayer de nouvelles attaques; mais ses tentatives n'obtenant pas un succès assez prompt, il jugea prudent de ne pas s'acharner davantage contre des redoutes défendues par des forces aussi imposantes. Il se borna à se maintenir où il était, tandis que la droite, seule victorieuse, s'établit sur les hauteurs du camp de la Madelaine. L'interruption momentanée des ordres du général en chef, et le défaut de connaissance des plans de Dugommier, furent cause de la suspension de toutes les attaques, et les ennemis rentrèrent dans leurs positions près de Figuières. Ils perdirent dans cette journée près de deux mille hommes; on leur enleva trente pièces de canon, deux drapeaux, des tentes pour plus de dix mille hommes, dix redoutes; on leur fit douze cents prisonniers. Un soldat du régiment d'Alsace, le valeureux Portenac, né à Indervilliers, département de la Meurthe, donna dans cette journée un exemple de ce que peut la haine nationale unie à l'enthousiasme de la valeur. Atteint par un boulet de 24, qui lui avait emporté l'épaule, il appelle Grismond, son camarade, et lui dit : « Mon ami, souffriras-tu que les *Miraoustes* (sobriquet que les troupes françaises donnaient aux Espagnols) me voient mourir? Je t'en conjure, casse-moi la tête. » Grismond se met à genoux, prie pour son camarade, l'embrasse en pleurant, et d'un coup de pistolet il lui fait sauter la cervelle. On croit lire un de ces traits recueillis dans la chronique du franc, naïf et brave sire de Joinville. Si l'avantage dans cette bataille ne fut pas complet, il devint du moins le germe des victoires décisives que l'on remporta bientôt après. Les Français n'eurent dans ce jour que cinq à six cents hommes tués ou blessés; mais ils regrettèrent un général qui avait de grandes qualités, et dont la passion dominante était d'être aimé du soldat. On creusa au milieu de la forteresse de Bellegarde, qu'il venait de reconquérir, la tombe qui reçut le corps du brave Dugommier. L'armée accompagna sa pompe funèbre. Parvenu sur cette hauteur on découvrait les champs de la Catalogne et le Boulou, théâtre de sa gloire. Nul ne prononça d'éloge sur son tombeau, mais tous les yeux étaient mouillés de larmes. La Convention nationale décréta que le nom de Dugommier fût inscrit sur la colonne du Panthéon, et deux jours après, sur la demande formelle du général Despinois, elle ordonna qu'un rapport lui fût fait pour l'érection d'un monument à la gloire de ce général. Ce projet fut oublié comme tant d'autres. Quatre ans après il fut renouvelé également sans succès; et, pendant ces vaines démonstrations, la famille de cet ancien millionnaire était en proie à l'indigence.

SAINT-LAURENT DE LA MOUGA, etc.

Dugommier avait soixante ans quand il mourut. Ce général avait réuni plusieurs des vertus et beaucoup des talens que l'on désire le plus rencontrer dans un chef d'armée. Jamais il ne combattit à la tête d'armées égales à celles de ses ennemis, et cependant il fut toujours vainqueur. L'un de ses plus beaux faits d'armes avait eu lieu les 26 et 27 vendémiaire an II (17 et 18 octobre 1793), à l'aile gauche de l'armée d'Italie, au moment où l'armée austro-sarde se disposait à envahir la Provence. Dugommier, secondé du général Martin, alors chef de bataillon, et se confiant de la défense d'Utelle sur l'adjudant-général Despinois qu'il honorait de son amitié, ose, avec six cents hommes, attaquer plus de quatre mille ennemis retranchés et munis de pièces de canon. Il les bat, leur fait près de cent prisonniers, et le lendemain, par des efforts encore plus surprenans, il délivre Gillette et le Brec, après avoir enlevé à la baïonnette plusieurs étages de redoutes formidables, tué un grand nombre d'ennemis et pris encore plus de huit cents hommes. Ces deux journées, et celle du 22 octobre suivant, où Dugommier, avec neuf cents hommes, défit cinq mille ennemis à Utelle, sauvèrent la Provence d'une invasion. Ce général était aussi modeste après la victoire que plein de confiance avant le combat; toujours il fut distingué par son humanité. S'il s'exposait avec intrépidité, il était avare du sang de ses soldats : aussi leur dévouement pour lui était sans bornes. Comme les soldats de Turenne, ils répétaient après sa mort : « Nous avons perdu notre père ! » Jamais au surplus sa popularité n'affaiblit la discipline. Quelques soldats avaient commis une faute; ils étaient en prison depuis quelques jours lorsque Dugommier se dispose à combattre; la marche des troupes, le bruit des armes retentissent à leurs oreilles; ils voudraient briser leurs fers. Leurs gardiens effrayés avertissent Dugommier : il accourt. Ces jeunes militaires lui exposent qu'ils ne peuvent supporter la pensée d'être privés de l'honneur de vaincre sous ses ordres; ils demandent la liberté seulement pour l'heure du combat. Dugommier, attendri, les délivre; ils le suivent au champ d'honneur : mais ils reviennent, après le combat, se reconstituer prisonniers, s'acquittant ainsi envers la discipline, après avoir satisfait à ce qu'exigeait leur courage. Deux fils de Dugommier le suivirent dans ses campagnes et combattirent à ses côtés. Nous aurons l'occasion de faire remarquer la pénétration avec laquelle ce général avait deviné un jeune officier d'artillerie qui exerça bientôt après une influence extraordinaire, non seulement dans sa patrie, mais sur son siècle et sur le monde entier.

La direction de l'armée se trouvait entre les mains du général Pérignon, l'un de ces hommes dont le sang-froid et le courage, la gravité et les sages méditations, ont eu le plus d'occasions de se signaler, et qui en ont le mieux profité pour l'avantage et pour la gloire de leur patrie. Après avoir siégé à la première législature, il avait repris le métier des armes, et il avait commandé cette immortelle légion des Pyrénées orientales du sein de laquelle sont sortis deux maréchaux de France, cinq lieutenans-généraux, et un si grand nombre d'officiers supérieurs de la plus grande distinction. Promu au grade de général de brigade, on l'avait vu, dans une charge d'infanterie, saisir l'arme d'un soldat blessé, se mettre dans le rang, et fondre sur l'ennemi en croisant la baïonnette. La lithographie, qui dès son berceau s'est associée à la gloire des armées françaises, en reproduisant les plus nobles souvenirs, a retracé les détails de cette action mémorable. C'était Pérignon qui, n'étant alors que chef de bataillon, avait adressé, au moment d'une affaire, cette harangue à sa troupe : « Camarades, voici devant nous les gardes « wallonnes, les plus braves troupes de l'Europe : que sommes-nous, nous « qui allons les battre? » Pouvait-on faire, en moins de mots, un plus bel éloge des deux nations? L'armée avait encore présent un autre fait d'armes bien essentiel, et que nous nous reprocherions de passer sous silence.

Peu avant l'arrivée de Dugommier et de l'armée qui avait reconquis Toulon sur les Anglais, les troupes françaises, campées sur le plateau du Roi (plat del Rey), furent attaquées sur tous les points. L'ennemi, débordant leur droite, avait fait filer pendant la nuit, sur leurs derrières, deux mille cinq cents chevaux de l'élite de sa cavalerie. Il s'était emparé en outre de presque toutes les redoutes qui couvraient leur gauche, en sorte que ces troupes couraient le plus grand danger, car leur centre était forcé. Pérignon, qui commandait alors la droite de l'armée, et qui se trouvait placé à la chapelle Saint-Luc, conduisit lui-même, à un quart de lieue sur sa droite, et plaça un petit corps d'environ six cents hommes composé d'une partie de la légion de la Moselle, d'une partie d'un bataillon d'Alsace, et de cent trente hommes de la 16e demi-brigade légère. Au moment même où il recommandait à ce corps de tenir ferme, l'un de ses aides-de-camp, M. Portal de Montauban, officier distingué par sa valeur et par ses talens, vint lui dire que les autres généraux l'invitaient à donner l'ordre de la retraite. « La re-« traite, morbleu, s'écrie le général ! courez leur dire de boucher la trouée, « et que j'arrive sur vos pas. » Et se tournant aussitôt vers le chef de brigade Beaupoil-Saint-Aulaire, commandant le corps d'élite qu'il venait de placer : « Je compte sur vous, lui dit-il, je vais vous envoyer du renfort; « et, en attendant, deux pièces de position vont être dirigées contre le flanc « des Espagnols. — Général, répondit Saint-Aulaire, si l'ennemi passe, ce « sera sur nos corps. » Ce commandant ne cacha point aux troupes qu'il commandait le danger dont elles étaient menacées, et dont venait de l'informer avec exactitude l'intrépide Hercule Domingue, brigadier dans les chasseurs des Pyrénées, qu'il avait envoyé reconnaître l'ennemi. « Camarades, « dit Saint-Aulaire à ses braves, vous avez derrière vous deux mille cinq « cents chevaux d'élite, et devant vous quatre mille hommes, dont quatre « cents de cavalerie. Si nous les laissons passer, nous compromettons le

« salut de toute l'armée. Quant à moi, je ne quitterai ce poste qu'avec la
« vie ! » Et tous de s'écrier aussitôt : « Vaincre ou mourir avec notre
« commandant ! » La brillante conduite que ce chef avait déjà tenue à la
batterie du Sang (Puig-Shingly), où, avec six cents hommes, il avait arrêté
trois mille Espagnols dont quatre cents de cavalerie, lui avait concilié la
confiance du général et des soldats. Le combat s'engage, cinquante Français
sont tués, plus de cent tombent blessés, mais la position est maintenue; et
Pérignon ayant fait boucher la trouée à la Chapelle, toute l'infanterie espagnole qui s'était aventurée fut tuée ou prise; la cavalerie seule put échapper
en fuyant au grand galop. Cette belle résistance du corps que commandait
Saint-Aulaire fut mise à l'ordre de l'armée, et copie de cet ordre fut donnée
à chacun des trois détachemens auxquels l'armée avait dû sa conservation.
Nous aurons occasion de faire connaître entièrement le colonel Beaupoil de
Saint-Aulaire, lorsqu'il nous faudra parler de sa courageuse conduite à Vérone, le 17 avril 1797.

Pérignon, abandonné à son génie entreprenant, put exécuter de suite un
projet qui lui souriait depuis plus de trois mois; c'était de forcer l'ennemi
dans quatre-vingt-dix-sept redoutes fraisées, minées et palissadées, et dont
la principale, Nostra Signora del Roure, était appelée par ce général le
Montesquiou de la plaine de Figuières. Les Espagnols étaient au nombre de
quarante mille hommes; ils avaient six mille hommes de bonne cavalerie,
et plus de deux cents pièces de canon. Le général français ne pouvait disposer que de vingt-deux mille hommes, sans un seul canon, faute de charrois
et d'approvisionnemens; et sa cavalerie, commandée par le général Dugua,
ne montait pas à quinze cents hommes. Deux colonnes de deux mille fantassins chacune, ayant été chargées de diriger de fausses attaques sur les
deux ailes, les combats d'Escola, du camp de Liers (Llers) et de Villaortoli
furent livrés au centre, avec une vigueur irrésistible. En quatre heures,
toutes les positions ennemies furent enlevées : vingt redoutes furent prises
par la seule brigade que commandait le général de brigade Bannel, sous les
ordres duquel marchaient les colonels Lannes et Saint-Aulaire. Le comte de
La Union fut tué près de l'ermitage du Roure, et le désordre fut tel parmi
les Espagnols, que Las Amarillas, qui avait pris le commandement, ignora
jusqu'au lendemain si La Union était mort ou seulement prisonnier. L'ennemi perdit deux mille hommes tués ou blessés; deux mille autres tombèrent

au pouvoir des Français, ainsi que toute l'artillerie des quatre-vingt-dix-sept redoutes. En ceci nous sommes peu d'accord avec des historiens qui font sauver et conduire à Roses trente-deux pièces, par des généraux dont les guerriers des Pyrénées orientales n'ont jamais entendu parler. Quoi qu'il en soit, les Espagnols s'étaient dispersés : les uns avaient couru vers la Fluvia, les autres s'étaient réfugiés dans la forteresse de San-Fernando de Figuières, place regardée comme imprenable. Les Français, poursuivant l'ennemi l'épée dans les reins, furent sur le point d'entrer pêle-mêle dans la place avec les fuyards.

Comme le but de la bataille que venait de livrer Pérignon était la prise de Figuières, ce général ne laissa point à la garnison le temps de se remettre de la terreur que les vaincus d'Escola avaient répandue parmi elle. Après avoir fait défiler, à la vue de la place, les quinze mille hommes qu'il avait gardés (car il faisait en même temps investir le fort de Roses), et après avoir multiplié ses troupes aux yeux des assiégés, par des contre-marches successives, il fit faire une salve de deux pièces de 4, les seules qui fussent approvisionnées, et il envoya sommer le gouverneur de Valdès de se rendre. Celui-ci, qui s'était distingué dans la défense de Toulon, reçut, dès le lendemain 28 novembre, à sept heures du matin, deux bataillons français, et sa garnison, composée de dix mille hommes, défila et mit bas les armes aux Hostalets. D'habiles démonstrations avaient suffi au général Pérignon pour le rendre maître d'une place régulièrement fortifiée par Vauban, de magasins immenses construits à l'épreuve de la bombe, et de munitions de toute espèce. Après la paix, Valdès étant rentré en Espagne, fut traduit à un conseil de guerre qui le condamna à perdre la tête; mais le roi commua sa peine en un exil perpétuel. On a supposé que ce gouverneur avait cédé à la séduction. Un tel moyen aurait répugné à la loyauté du général Pérignon; et puisque Valdès lui remit une somme de six cent mille francs en numéraire, l'argent n'avait point été le mobile de cette négociation. La reddition si subite de Figuières causa, au surplus, un si grand étonnement, que le député Delbrel, après la signature de la capitulation, eut avec l'un des officiers parlementaires une conversation que l'histoire conservera. « Vous manquiez certainement d'artillerie ? — Nous avons deux cents pièces en batterie sur les remparts. — Vous n'aviez donc pas de munitions ? — Nous en avons pour six mois. — C'était sans doute les subsistances......? — Tous les magasins sont remplis. — Peut-être la garnison était-elle trop faible ? — Elle est de dix mille hommes. — Et que vous manquait-il donc pour défendre la place ? — Cela, répondit le parlementaire en plaçant la main sur son cœur, et trois mille hommes comme les vôtres. »

Il fallait aussi se rendre maître de Roses, et là le cœur ne manquait pas. Don Domingo Yzquierdo s'acquitta honorablement de la mission qu'il avait reçue de défendre cette forteresse que Pérignon, comme le comte du Plessis-Praslin en 1645, voulut assiéger en personne. Jamais Roses n'avait été prise sans qu'une flotte combinée avec les troupes assiégeantes n'en eût en même temps fermé le port et le golfe auquel la ville donne son nom. La gloire d'entrer dans cette place, malgré le secours de treize vaisseaux de ligne et de quarante-cinq bombardes espagnoles, était réservée au général Pérignon. Il commence par attaquer le fort de la Trinité, que les Français nomment le *Bouton de Roses*, placé à mille toises, au midi de la citadelle, et qui défend l'entrée du port en même temps qu'il commande la ville. Pour réduire le Bouton de Roses, il faut être maître de la montagne de Puig-Ron, élevée de deux mille toises au-dessus du niveau de la mer, et du plateau de laquelle on domine le Bouton, la rade et la forteresse. Les ingénieurs déclarent qu'il est *impossible* d'y gravir pour y placer des batteries, et Pérignon leur répond : « Eh bien ! c'est l'*impossible* que je veux. » Il l'obtint. Le général Lamartillière sut exécuter ses ordres avec une grande intelligence. Un chemin de trois lieues de longueur fut taillé dans le roc, sur les flancs de la montagne; et les soldats français ayant ouvert cette route, malgré les pluies et les frimas d'un hiver rigoureux, y montèrent les canons à la prolonge et le long de sentiers étroits, glissans et presque perpendiculaires. On porta sur cette sommité les bombes, les obus, les mortiers, et le feu des assiégeans ressemblait à la foudre lancée du sein des nuages. Ces batteries élevées ayant facilité les travaux de la tranchée en démontant successivement toutes les pièces du fort, et la brèche étant ouverte, la garnison l'évacua le 6 janvier pendant la nuit, en descendant par des échelles de corde, et en s'embarquant sur les chaloupes que les vaisseaux avaient fait approcher. Les Français, maîtres du Bouton de Roses, dirigèrent toutes leurs batteries sur la forteresse. Enfin, malgré l'infatigable activité d'Yzquierdo, les diversions puissantes renouvelées par le général O-Farril et par le marquis de La Romana, et en dépit des secours de la flotte, l'assaut fut ordonné par le général Pérignon, qui, en annonçant qu'il marcherait à la tête des grenadiers, choisissait un poste où l'armée était accoutumée à le voir combattre. Yzquierdo n'attendit point l'escalade ; il s'embarqua avec sa garnison, dans la nuit du 3 février 1795, laissant cinq cents hommes que la flotte abandonna, et qui, le lendemain, se rendirent à discrétion. Les assiégés et les chaloupes canonnières avaient tiré sur les Français dix-huit mille boulets, six mille trois cent trente-huit bombes et près de quatre mille grenades. Pérignon eut de fréquentes occasions de déployer son sang-froid et sa rare intrépidité : la sérénité de son visage, au milieu des bombes et des boulets, avait inspiré aux soldats cette assurance qui leur fait braver avec joie la fatigue, les privations et tous les dangers.

Quelque robuste que fût sa santé, elle ne put résister à tant de travaux; et sa petite armée, privée quelques jours de sa présence, réduite d'ailleurs à treize mille combattans, accablée de maladies, et n'ayant ni vivres, ni munitions, ni charrois, ne put jouir des grands avantages que semblait lui promettre la conquête de Roses et de Figuières. Augereau, Victor, Sauret et les autres généraux maintenaient la gloire des troupes à Bézalu, au camp de Cistella, à Crespia, à Bascara, sur les hauteurs de Pontos, où le succès ne couronnait pas toujours le courage, mais où la valeur française soutenait avec honneur la lutte contre le nombre, la bravoure de leurs ennemis, et contre le fanatisme des milices irrégulières que n'avaient pas dédaigné de conduire et d'irriter des chanoines et des curés plus cruels encore que belliqueux. La bataille de la Fluvia, livrée le 14 juin, et qui ne fut qu'un grand fourrage inquiété par les Espagnols, que repoussa vigoureusement la brigade du jeune général Bon, ne servit qu'à faire tuer des hommes de part et d'autre. Chaque armée, dans ses relations officielles, s'en attribua l'avantage ; mais il est vrai de dire que Pérignon fut pressé, à cette époque, par le général Schérer, qui commandait en chef, de revenir à l'armée pour lui aider à reprendre l'offensive.

Cependant, depuis la bataille d'Escola, un événement particulier avait déterminé le cabinet de Madrid à ralentir les hostilités. Le duc de Mahon avait été pris à Nostra Signora del Roure, et M. le duc de Crillon, son père, qui craignait pour le sort de son fils, né en France, avait demandé au général Pérignon que cet officier fût autorisé à retourner provisoirement dans sa famille, promettant, sur l'honneur, de le remettre à la première sommation. La lettre du duc de Crillon, dont le cœur était toujours resté bon français, contenait d'ailleurs de sages réflexions sur les divisions impolitiques de deux peuples destinés à être liés l'un à l'autre par des intérêts communs, et dont un même ennemi devait éternellement désirer la ruine et la destruction.

SUITE DE LA CONQUÊTE DE LA HOLLANDE.

Pérignon s'empressa d'envoyer cette lettre au comité de Salut public, qui ordonna que M. le duc de Mahon fût renvoyé à son illustre père, et qui profita de cette occasion pour faire connaître qu'il était prêt à recevoir des ouvertures de paix. Le marquis d'Iranda parut à Saint-Sébastien comme appelé dans la province de Guipuscoa par des affaires particulières, et on le vit s'aboucher fréquemment avec le général Servan, revêtu du titre d'inspecteur-général de l'armée, fonctions qu'il ne remplissait pas. Nous avons vu que de ce côté les succès du brave et modeste général Moncey commençaient à donner à l'Espagne de justes appréhensions pour toute la Navarre. Enfin, le 4 thermidor an III (22 juillet 1795), la paix fut signée à Bâle, entre la France et l'Espagne, par MM. Barthélemy et Domingo d'Iriarte. Le plénipotentiaire français avait déjà signé, trois mois avant (5 avril), la paix avec la Prusse. La France rendait les places conquises sur l'Espagne, et celle-ci, en échange de cette restitution, cédait à la France, et à perpétuité, toute la partie espagnole de l'île de Saint-Domingue. Le gouvernement français acceptait la médiation du roi d'Espagne pour le rétablissement de la bonne intelligence avec les souverains de sa famille et avec toutes les puissances qui réclameraient les bons offices de ce prince. Le traité d'ailleurs fut déclaré commun avec la république des Provinces-Unies, alliées, depuis deux mois, de la France, suite des opérations dont nous avons déjà fait connaître les premières, et dont il nous reste à indiquer la plus extraordinaire.

Mais nous ne nous éloignerons pas des Pyrénées, arrosées du sang de tant de braves, avant d'avoir consigné ici une réponse dont le laconisme et la fierté semblent appartenir aux beaux temps de Rome ou de Lacédémone. Le comité de Salut public avait, sans succès, pressé le général Pérignon de faire incarcérer, comme suspect, un brave officier noble que le général avait obstinément conservé à la tête de sa compagnie. Un nouvel ordre, et contenant une menace personnelle contre le général en chef, étant encore arrivé, Pérignon se trouva dans le cas de répondre : « *L'aristocrate* que, pour la troisième fois, vous me prescrivez de faire arrêter, est mort hier en combattant pour la liberté. »

Au surplus, les opérations militaires étaient de toutes parts si multipliées, que ce ne fut que trois ans après la paix avec l'Espagne, que le capitaine Albert, aide-de-camp du général Augereau, et l'un des braves des armées des Pyrénées et d'Italie, put venir rendre au gouvernement français le drapeau que la Convention avait décerné à l'armée des Pyrénées orientales. Nous signalerons, dans le cours de cet ouvrage, la carrière glorieuse que suivit cet illustre citoyen des Hautes-Alpes pour parvenir au grade de lieutenant-général.

SUITE DE LA CONQUÊTE DE LA HOLLANDE.

On ne peut se dissimuler que les usurpations du stathouder en 1787, et la manière cruelle dont il avait usé de la victoire que lui avaient procurée l'appui de la Prusse et la mollesse du gouvernement français, ne lui eussent aliéné les esprits en Hollande, et n'eussent facilité les progrès rapides de l'armée du Nord. Nous avons dit que le froid excessif (dix-sept degrés) avait été accueilli comme un puissant auxiliaire par le gouvernement des Provinces-Unies ; et en effet, après sept mois de combats successifs et de bivouacs non interrompus, privés souvent de vivres et toujours de vêtemens, il était naturel de croire que les soldats français seraient condamnés à quelques mois de repos, et que les secours sollicités par le stathouder auraient le temps de lui parvenir. Mais les glaces furent considérées par l'armée comme un immense équipage de ponts jetés sur tous les canaux et sur tous les fleuves ; et les Provinces-Unies qui, par leurs inondations, avaient opposé une barrière insurmontable à Louis XIV, ne parurent plus qu'une vaste plaine que nos soldats s'excitaient mutuellement à franchir, trouvant un nouvel aiguillon dans le danger qui à chaque pas semblait leur présenter un abyme. Il ne fut pas possible à Pichegru de suspendre l'effet de cet élan général. Il est difficile de croire que déjà cet homme habile songeât à trahir le gouvernement qu'il servait, puisque, deux mois avant, il ne lui avait pas répugné d'annoncer officiellement (Moniteur du 30 octobre 1794) qu'il allait faire supplicier soixante-neuf émigrés pris dans le combat sur la digue de la Meuse, où la légion de Rohan avait été détruite. Nous nous sommes fait un devoir de dire que les autres généraux, au nord, à l'est et au midi, prenaient toujours, dans des cas semblables, des mesures telles, que le fatal décret était éludé, et qu'ils n'avaient jamais à présider à de si horribles boucheries. Comme on le voit, les garanties que le général Pichegru croyait devoir donner de son dévouement coûtaient cher à l'humanité. Quoi qu'il en soit, des relations ultérieures lui ont reproché d'avoir fait malgré lui la conquête improvisée de la Hollande, et ont attribué la gloire de cette entreprise à ses lieutenans et à ses troupes valeureuses.

La Meuse et le Wahal étant entièrement glacés dans les derniers jours de décembre 1794, les généraux Osten et Daëndels, tous deux Hollandais réfugiés, et dont le premier avait enlevé les redoutes de Valenciennes le 27 août précédent, traversèrent la Meuse le 27 de ce mois, et s'emparèrent de l'île de Bommel et du fort de Saint-André. Ce fut là que Babeau, que l'on incorpora depuis dans les chasseurs à pied de la garde des consuls, enleva un drapeau à l'ennemi. Ces brigades étaient sous les ordres du général de division Souham. Au même moment, Graves, investie depuis deux mois, et bombardée, ne se rend au général Salm qu'après avoir épuisé ses vivres et ses munitions. Le gouverneur de cette place, ayant mieux aimé prendre pour modèle le brave Chamilly en 1674, que le lâche Anglais Hennert en 1586, se concilia l'estime de l'armée française. Toutes les autres places tombent au pouvoir de Pichegru que secondent les divisions Lefebvre et Morlot, de l'armée de Sambre-et-Meuse dont le reste, concentré sur le Bas-Rhin, tient les Prussiens en respect, et les force à demeurer les témoins immobiles de la chute de leur allié. La marche des Français, manœuvrant sur les glaces, n'est plus qu'une marche triomphale. Le stathouder fuit à La Haye; et bientôt, s'embarquant avec ses fils, il court rejoindre le duc d'Yorck qui a jugé prudent de le précéder en Angleterre. Salm entre à Utrecht, Vandamme à Arnheim qui, du temps des Romains, se nommait le camp d'Hercule. De Winter, Hollandais réfugié, s'empara d'Amersfort; et Macdonald, déjà couvert de lauriers cueillis avec Dumouriez, avec Hédouville et avec Moreau dont il était aimé, et dont l'affection était un éloge;

Macdonald, appuyant sa droite à Rhenen, touche par sa gauche au Zuyderzée. Là un corps d'Anglais avait voulu résister; mais en un moment il avait été culbuté, et dans sa fuite il avait laissé quatre-vingts pièces de canon, abandonnant même ses malades et les recommandant à la générosité française. Pendant que le général Bonnaud, qui, le 18 mai précédent, avait obtenu de si brillans succès sur l'armée anglaise, hessoise et hanovrienne, entre Courtrai et Menin, force Breda et Gertruidemberg, Utrecht ouvre ses portes à Pichegru le 19 janvier 1795; et Amsterdam, dont trente hussards avaient pris possession, le reçoit le lendemain 1er pluviose an III. Bonnaud traverse sur la glace le Bies-Bosch (bois de roseaux), marchant ainsi sur les soixante-douze villages engloutis, depuis près de quatre cents ans, sous cette mer sans cesse menaçante; il entre dans Dordrecht, patrie de l'illustre Jean de Wit; il y trouve six cent trente-deux pièces de canon, dix mille fusils neufs, et des magasins immenses en vivres et en munitions de guerre. Le 22 janvier il passe à Roterdam, et le 23 il prend possession de La Haye, résidence des Etats-généraux et du gouvernement des Provinces-Unies, où Pichegru et les commissaires conventionnels ne tardèrent pas à le rejoindre. Par ordre du stathouder, ses domestiques servirent le général français avec les plus grandes attentions dans le palais de leur maître.

Le premier acte des Etats-généraux, parmi lesquels il s'opéra de prompts changemens en faveur des partisans de la révolution de 1787, fut d'envoyer ordre aux commandans de toutes les places fortes qui tenaient encore, de recevoir garnison française; et dès ce moment les troupes hollandaises furent considérées comme alliées de la France. L'armée de cette dernière puissance, qui avait observé dans le pays conquis la plus exacte discipline, fut enfin approvisionnée de vivres et d'habillemens par les sept Provinces. La division du général Bonnaud continua sa marche triomphante, et atteignit les princes de Salm-Salm et d'Hohenlohe, ainsi qu'un aide-de-camp du général Clairfait, qui étaient accourus pour s'embarquer à Helvoet-Sluis, le seul port de la Hollande où les gros vaisseaux puissent entrer sans le secours des allèges ou chameaux, sorte de machine dont le commerce a adopté l'usage depuis environ cent quarante ans. La garnison anglaise tenait dans cette place six cents prisonniers français qui, ayant été armés secrètement par des habitans dévoués, firent à leur tour mettre bas les armes aux insulaires, et ouvrirent les portes aux troupes victorieuses.

Pendant que la Zélande capitulait avec les Français, et que les Anglais, ayant abandonné leurs lignes de l'Yssel, fuyaient sans combattre, ne soutenaient aucun siége, évacuaient toutes les places à l'approche d'une patrouille française, et laissaient Pichegru maître des trois dernières provinces, Over-Yssel, la Frise et Groningue; la flotte hollandaise, retenue par les glaces dans le détroit formé entre la Westfrise et l'île du Texel, et à la vue des parages qui avaient admiré les exploits de Tromp et de Ruyter, était enlevée à l'abordage par la cavalerie française, accompagnée d'artillerie légère. Les vaisseaux amènent le pavillon d'Orange, étonnés d'une expédition unique dans l'histoire des peuples, et que la vivacité française, au milieu d'un froid qui tenait engourdie toute la nature, était seule capable de faire réussir.

La Hollande est entièrement conquise; et lorsque le gouvernement français pourrait retenir cette riche proie entre ses mains, pour servir de compensation aux pertes que la guerre maritime lui fait éprouver dans son commerce et dans ses colonies, il consent à rendre aux Provinces-Unies leur indépendance, et à signer avec elles, après l'abolition du stathoudérat, le 27 mai 1795, un traité de paix et d'alliance. L'Angleterre, dont la haine ou l'amitié devient trop souvent un fardeau également insupportable pour les peuples, après avoir accablé la Hollande de sa protection, se hâta de la punir de ses malheurs, et de faire peser sur elle un injuste ressentiment. Le gouvernement anglais, par attachement pour la maison d'Orange, s'empara du Cap et de Ceylan, comme il avait pris la Corse par dévouement aux Bourbons.

Le roi de Prusse, permettant aux Français d'occuper ses provinces sur la rive gauche du Rhin, avait déjà signé sa paix au mois d'avril précédent; et, dès le 13 février, le grand-duc de Toscane avait aussi traité, et reconnu la république française. Ainsi, au moment même où des dissentions horribles déchiraient le sein de la Convention, on voyait s'inscrire au nombre des amis de la France un prince de la maison d'Autriche, et le roi qui le premier était entré à main armée sur le territoire français, y avait fait proclamer les menaces les plus terribles, et avait juré d'y rétablir la monarchie absolue.

Nous venons de parler de dissentions horribles. Le député Féraud fut assassiné dans le sein de la Convention, et c'était sa tête à la main que les révoltés voulurent contraindre le président Boissy-d'Anglas de revêtir de sa signature une foule de mesures illégales, décrétées en désordre par la multitude. Boissy, deux fois mis en joue par trente furieux armés de fusils, salua gravement la tête sanglante de son jeune collègue, et par sa noble résistance fit avorter le projet qu'on avait conçu de renverser le gouvernement. L'histoire de la révolution française n'offre aucun fait plus digne d'admiration que cet acte de fermeté, de constance et de sang-froid. Si l'on considère que les factieux avaient à leur tête plusieurs conventionnels d'une grande intrépidité, que la famine servait de prétexte au soulèvement, et que la Convention nationale, en se décimant tant de fois elle-même, avait dépouillé le peuple de tout respect pour ses membres, on n'hésitera point à penser qu'il a fallu plus de courage encore à Boissy-d'Anglas pour braver une mort qui semblait inévitable, qu'au vertueux président Matthieu Molé, lorsque ce grand magistrat, accoutumé à la vénération des citoyens, fit ouvrir les portes de son hôtel, et se présenta, revêtu de sa simarre, aux forcenés qui en voulaient à ses jours, lors des barricades (1648) et d'une guerre de cour qui n'avait pour but que le renvoi d'un ministre. Tous ces troubles, suscités par une main invisible appliquée à déchirer la patrie, nous présentent une autre singularité. Six semaines avant les événemens de prairial, une révolte dans le même sens avait eu lieu, et c'était Pichegru, alors à Paris, qui avait commandé les troupes destinées à la défense de la Convention. Qui aurait pu prévoir que, deux ans et demi après, Boissy et Pichegru, victimes d'autres dissentions, seraient déportés par une même loi (18 fructidor an V), et que, quelques années plus tard (pluviose an XII), moment où le général serait compris dans une conspiration par suite de laquelle il devait perdre la vie d'une manière si extraordinaire, le député, déjà membre du tribunat, serait appelé aux fonctions éminentes de sénateur, et deviendrait un jour pair de France? Des rapprochemens de ce genre pourraient former un chapitre très-étendu de l'histoire de nos dernières années.

PRISE DE LUXEMBOURG,

(Hatry).

La conquête de la Hollande, la reprise des Pays-Bas, l'occupation du Palatinat et des électorats de Trèves et de Cologne, ainsi que du territoire de celui de Mayence, permettaient de pousser avec vigueur le siége de Luxembourg, place qui jusqu'alors n'avait été, pour ainsi dire, qu'investie par une portion de l'armée de la Moselle. Cette armée, originairement l'une des plus belles de la république, et où l'on avait distingué Lefebvre, Saint-Cyr, Taponnier, Bonnaud, Vincent, Devaux, Bois-Gérard, Desbureaux, Ambert, Dufour, Debrun, Huet, Péduchelle, était alors commandée par René Moreaux de Rocroi, guerrier brave et modeste qui méritait bien d'entrer en vainqueur dans Luxembourg. Le sort en ordonna autrement. Moreaux, excédé de fatigues et couvert de blessures, tomba malade et fut porté à Thionville où il mourut. Le nom que portait Moreaux devint funeste pour sa gloire, parce qu'on le confondit avec l'un des plus illustres généraux des temps modernes, et dont le génie présida aux célèbres campagnes des armées du Rhin et de Rhin-et-Moselle. Moreaux avait dirigé les opérations de l'armée de la Moselle, pendant les six derniers mois de 1794, à Shifferstadt, à Kaiserslautern, à Tripstadt, à Pellingen, au pont de Waserbilich, à Trèves, à Sandweiller, à Courteren, à Kreutznach, à Bingen, à Rheinfels, à Blascheit, et dans la forêt de Grunnevald. Il avait soutenu le courage de ses soldats, privés de tout et réduits à une demi-ration de pain, sous la place de Luxembourg, pendant le rigoureux hiver de 1794 à 1795. Au surplus, son armée avait toujours été la pépinière des autres armées, puisqu'en 1793 elle avait fourni quinze mille de ses meilleures troupes à l'armée du Nord, et au commencement de 1794, quatre de ses plus belles divisions à l'armée de Sambre-et-Meuse qui, avec un tel renfort, prit Charleroi et gagna la bataille décisive de Fleurus. La gloire d'entrer dans une forteresse qu'elle avait enveloppée de lignes immenses de circonvallation fut enviée à l'armée de la Moselle, et le général Hatry, qu'on pouvait surnommer le *Poliorcète* français (*preneur de villes*), arriva devant Luxembourg avec son corps détaché de l'armée de Sambre-et-Meuse, et paré des couronnes murales conquises à Liége, à Namur et à Charleroi. Les généraux Desjardins, Chapsal, Taponnier, Debrun et Friant commandent les troupes sous ses ordres; le chef de bataillon Bizot dirige avec intelligence les travaux du génie; tous les officiers d'artillerie, et particulièrement le général Dieudé, le chef de bataillon Degoix, le capitaine Tugny, et le capitaine Charbonnel, aujourd'hui lieutenant-général, le secondent.

Les capitaines Rovillois et Fortier, du 5e régiment de dragons, se distinguèrent, et il faudrait nommer tous les officiers et tous les soldats. Le vieux général Bender, ayant résisté à plusieurs sommations; trompé d'ailleurs, à ce qu'il paraît, par les généraux qui avaient sa confiance; voyant toutes ses sorties vigoureusement repoussées, et désespérant d'être jamais secouru, se trouva contraint de capituler. Les Français furent maîtres de cette place importante le 12 juin 1795 — 24 prairial an III; et onze mille Français, accablés de besoins et de maladies, firent mettre bas les armes à plus de douze mille Autrichiens abondamment pourvus de munitions de guerre. La garnison déposa vingt-quatre drapeaux sur les glacis, et beaucoup de soldats jetaient leurs armes avec rage. On trouva dans la place huit cent dix-neuf bouches à feu, quinze mille fusils d'infanterie, quatre cents fusils de remparts, quatre

PRISE DE LUXEMBOURG.

cents mousquetons, quatre cent quarante paires de pistolets, trois cent trente-sept mille boulets, quarante-sept mille huit cents bombes, cent quatorze mille sept cents grenades, deux cents milliers de bronze, quatre cent huit milliers de plomb, vingt-huit mille outils de toute espèce, beaucoup d'artifices de guerre, et une quantité énorme de riz et de viandes salées.

Le gouvernement français, qui s'était obstiné à reconquérir Mayence, n'avait procuré à l'armée assiégeante aucun moyen de réussir. Les braves qui la composaient, et dont les généraux en chef Michaud et Jourdan, et le général Kléber, s'efforçaient d'entretenir les bonnes dispositions, semblaient condamnés à mourir de froid, de misère et de faim. Leur malheur voulut que Pichegru fût envoyé pour remplacer Kléber, et le conquérant de la Hollande consentit à trahir sa gloire et les intérêts de son armée pour l'appât d'un cordon et de cent cinquante mille livres de rentes. Dès lors il n'y a plus d'ensemble dans les opérations. Vainement l'armée de Sambre-et-Meuse franchit-elle le Rhin, s'empare-t-elle de Dusseldorf, de Kaiserwerth et de Neuwied, traverse-t-elle la Sieg et la Lahn, prend-elle Limbourg, Dietz et Nassau, s'avance-t-elle jusqu'au Mein, et bloque-t-elle la garnison de Mayence sur la rive droite : de si importans succès sont neutralisés par l'immobilité de Pichegru, qui, entré à son grand étonnement dans Manheim, livre à l'ennemi dix mille hommes, et l'encourage à se jeter sur Jourdan en faveur duquel il refuse de faire aucune diversion. Le général Jourdan fut alors contraint de se replier pour éviter d'être enveloppé par Clairfait, et de repasser le Rhin à Bonn, à Cologne et à Dusseldorf. Sa retraite fut admirée, et les soupçons s'accumulèrent contre celui qui l'avait rendue inévitable. Cependant Pichegru s'étant laissé culbuter devant Mayence et ramener jusque derrière les lignes de la Qeich, Jourdan, ne songeant qu'à la patrie, accourut à son secours, battit l'ennemi à Creutzenach et à Stromberg, fit attaquer et prendre cette première ville par Bernadotte, et repousser les Autrichiens sur toute la ligne dans le Hundsruck par Marceau et par Poncet. Ce fut alors que l'ennemi, informé de la bataille de Loano que Schérer venait de gagner en Italie, sollicita un armistice sur le Rhin, et que les troupes durent au courage et au dévouement de l'armée de Sambre-et-Meuse quelques instans de repos.

Cependant la Convention nationale venait de terminer son orageuse existence, et ses derniers momens avaient été signalés par des coups de tonnerre. Le 13 vendémiaire an IV (5 octobre 1795) avait vu naître et mourir une conspiration, et le gouvernement avait accepté les services du jeune général Bonaparte, qui réclamait alors contre une suspension arbitraire. La victoire, que son audace et son habileté procurèrent, le firent rentrer dans tous ses droits; et cet officier, pétitionnaire la veille, fut investi le lendemain du commandement de l'armée de l'intérieur. Avant de le suivre en Italie, arrêtons-nous encore quelques instans sur les hauts faits de l'armée de Sambre-et-Meuse. Ils furent si nombreux, que nous pourrons à peine donner le nom de ceux qui furent les plus importans et qui eurent de plus grands résultats.

LE TEMPLE DE LA GLOIRE,

PASSAGE DU RHIN A DUSSELDORF,

5 et 6 septembre 1795 (JOURDAN).

L'ARMÉE de Rhin-et-Moselle que commandait Pichegru, forte de quatre-vingt-cinq mille hommes, occupait la rive gauche du Rhin, depuis Huningue jusqu'à Mayence. Celle de Sambre-et-Meuse, accoutumée à vaincre sous Jourdan, et portée depuis peu de jours à quatre-vingt mille hommes, se liait avec la première, appuyant sa gauche à Dusseldorf et prolongeant sa droite, vers Mayence, jusqu'à Bingen. Lorsque la guerre allait reprendre une nouvelle vigueur sur le Rhin, le général Moreau, avec l'armée du Nord, veillait en Hollande à la conservation de cette conquête, et le général Kellermann, dans les Alpes, arrêtait l'ennemi sur les frontières de Nice et de la Savoie. Le plan de campagne était de porter de l'autre côté du Rhin les deux armées postées sur ce fleuve, afin de compléter l'investissement de Mayence, et de faire enfin tomber cette place au pouvoir de la république. Le général Jourdan était heureusement parvenu à faire consentir qu'il tenterait, dans le duché de Berg, le passage au-dessous de Dusseldorf, tandis que Pichegru, par de sérieuses démonstrations, retiendrait l'ennemi devant lui; de sorte que l'armée de Sambre-et-Meuse, qui n'avait en face que des forces peu redoutables, arrivant sur le Mein, faciliterait le passage de celle de Rhin-et-Moselle, et que les deux armées alors réunies pourraient prendre une nouvelle base d'opérations. Le général du génie Dejean fut chargé de rassembler en Hollande les bateaux nécessaires à l'entreprise de Jourdan, en même temps que le général Lefebvre faisait acheter des polacres à Duisbourg, en Prusse, par des officiers intelligens déguisés en marchands de charbon de terre. Jourdan, pour aplanir les difficultés qui se multipliaient autour de lui, résolut de menacer l'ennemi sur trois points, par trois attaques différentes. Le Rhin forme, aux environs d'Urdingen, un coude assez considérable, très-propre à favoriser l'établissement d'un pont. La configuration des rives du fleuve offre en outre la facilité de placer des batteries au-dessus et au-dessous d'Urdingen, qui, croisant leurs feux sur le terrain de la rive droite, peuvent en éloigner les troupes ennemies chargées d'empêcher un débarquement. Ce point ayant été choisi pour l'attaque principale, quatorze batteries furent établies et enveloppèrent le coude formé par le fleuve depuis Buckum jusqu'à Angerort; trois bataillons furent jetés par le général Lefebvre dans une île située au-dessous d'Urdingen; ils se retranchèrent et ils élevèrent trois redoutes. Les équipages de pont, venus de la Hollande, furent réunis à Esseimberg, ainsi que les bateaux achetés à Duisburg, et destinés à passer des troupes qui devaient protéger l'établissement du pont; d'autres bateaux, venant de Venloo, furent réunis à Urdingen pour le même objet. Deux bataillons, désignés pour faire le service de pontonniers, s'exercèrent à manier la rame. La seconde attaque n'était, à proprement parler, qu'un coup de main sur Dusseldorf. Cette place, à portée d'être bombardée de la rive gauche, n'était défendue que par des troupes palatines : le général Jourdan espéra que, si quelques bataillons se présentaient impunément sur la rive droite sous ses murs, le gouverneur intimidé ouvrirait ses portes pour ne pas exposer la ville à être prise d'assaut ou brûlée. En conséquence, des batteries furent disposées en face de la ville, et des bateaux réunis à l'embouchure de l'Erfft, près Neuss. Le général Kléber, ayant sous ses ordres les divisions Lefebvre, Grenier, Tilly et Championnet, qui formaient l'aile gauche de l'armée de Sambre-et-Meuse, fut chargé de la direction de ces deux attaques.

PASSAGE DU RHIN A DUSSELDORF.

La troisième attaque devait avoir lieu à Weissenthurn, vis-à-vis de Neuwied. Le capitaine d'artillerie Tirlet, après des peines infinies, était parvenu à réunir dans les places de Metz et de Sarre-Louis les bateaux et matériaux nécessaires, et il les avait fait arriver en arrière de Weissenthurn. Des redoutes battaient le cours du Rhin depuis Coblentz jusqu'à Andernack, et des batteries, placées sur les hauteurs de Weissenthurn, plongeaient sur la rive opposée. Le général Hatry, avec les divisions Bernadotte et Poncet, devait diriger cette attaque. La tentative de passage vis-à-vis de Neuwied avait pour but d'engager le général ennemi à réunir sur ce point ses principales forces, dans la crainte que, si cette attaque venait à réussir, les troupes autrichiennes, qui étaient sur le Bas-Rhin, ne se trouvassent en danger d'être enveloppées; cette appréhension devait empêcher les Autrichiens de porter trop de troupes sur le point d'Urdingen, où devait s'effectuer la véritable attaque. La division commandée par le général Schammsel occupait depuis Bonn jusqu'à Andernack; la division Marceau était campée sur les hauteurs de la Chartreuse en arrière de Coblentz, et sur les bords du Rhin jusqu'à Bingen.

Cependant autant le général Jourdan mettait d'activité dans tous ses préparatifs, autant Pichegru usait de lenteur dans ses opérations. Livré tout entier aux intrigues et à l'espoir d'amener les troupes sous ses ordres à proclamer le retour de la royauté, il ne faisait aucune disposition pour tenter une attaque sur le Haut-Rhin, tendante à favoriser le passage de l'armée de Sambre-et-Meuse, et il se tenait sur une défensive absolue. Les Autrichiens voyant l'inaction de ce général, qui, dans les relations qu'il entretenait avec le prince de Condé, paraissait être à ses ordres, la mirent à profit; et, pensant bien qu'ils n'avaient rien à craindre de l'armée de Rhin-et-Moselle, ils firent descendre sur le Bas-Rhin de nombreux détachemens pour s'opposer aux projets de Jourdan, qui leur inspirait les plus grandes inquiétudes.

Malgré ses vives instances, celui-ci, ne pouvant obtenir de son collègue qu'il se décidât à coopérer au plan arrêté; voyant d'ailleurs que l'armée autrichienne qu'il avait devant lui augmentait chaque jour et élevait de nombreux retranchemens sur la rive droite, se décida à exécuter le passage sans plus de retard. Le 1er septembre, l'île en face de Neuwied fut occupée par le général Jacopin et douze cents grenadiers qui s'y établirent, malgré le feu violent de la rive droite, et qui élevèrent trois redoutes protégées par le feu de nos batteries. Dans le même temps, le capitaine Tirlet faisait entrer dans le Rhin, au confluent de la Moselle, un équipage de pont préparé par ses soins, qui, voguant sous le feu de la forteresse d'Ehrenbrestein et de toutes les batteries ennemies, venait se placer derrière l'île dont les grenadiers s'étaient emparés. Les Autrichiens, contrariés de voir les Français si près d'eux, se disposèrent à les chasser de leur position.

Le général Jourdan, étant parvenu à faire prendre le change à l'ennemi, fixa le passage au 6 septembre; et, se mettant à la tête de son aile gauche, il porta le 5 son quartier-général à Crewelt.

Jamais l'armée de Sambre-et-Meuse, couverte déjà de tant de gloire, n'avait montré plus d'ardeur et de dévouement. Le général Tilly avait reçu l'ordre de faire relever à Crewelt trois compagnies d'un bataillon de l'Yonne, qui manquaient de baïonnettes. Le soir du 5 septembre ces braves viennent trouver le général, et lui disent : « Vous avez dit que nous ne marcherions « pas, parce que nous manquions de baïonnettes; nous avons cherché chez

« tous les armuriers, nous en voilà pourvus. Vous ne nous refuserez pas la
« faveur de partir avec nos camarades. »

Le 5 septembre, à huit heures du soir, on réunit les bateaux aux points indiqués, et chaque division se rendit au lieu où elle devait s'embarquer : la division Lefebvre, formant l'avant-garde, vis-à-vis d'Eichelkamp; celle de Tilly s'avançait derrière elle en seconde ligne; six bataillons du général Grenier passent dans l'île d'Urdingen, et le reste de sa division se rassemble en arrière de Bodsberg; Championnet laisse trois bataillons dans les batteries devant Dusseldorf, et se porte à l'embouchure de l'Erfft. Tous ces mouvemens furent exécutés avec tant d'ordre et de silence, que l'ennemi resta dans la plus parfaite sécurité.

Le premier embarquement de l'avant-garde, qui aurait dû être opéré à onze heures, fut retardé, par des difficultés imprévues, jusqu'à une heure du matin. Trois mille hommes entrèrent alors dans les bateaux, traversèrent le fleuve, et débarquèrent sans obstacles. Le général Lefebvre ayant réuni ses troupes, se porta sur la route de Duisbourg; et, tournant à droite, il s'avança sur celle de Dusseldorf par l'Angerbach.

Le général autrichien comte d'Erbach, informé, par les Prussiens, de l'approche des Français, fit marcher quelques bataillons pour défendre le passage de l'Angerbach, et les deux partis engagèrent une vive fusillade. Les grenadiers, formés en colonne, enlevèrent le village au pas de charge, et culbutèrent l'ennemi. Le général de brigade Damas, aujourd'hui lieutenant-général inspecteur de la gendarmerie, commandait l'avant-garde de Lefebvre, et il fut grièvement blessé d'un coup de feu au moment où, à la tête de ses braves, il leur montrait le chemin de la victoire.

Au premier coup de fusil tiré sur la rive droite, les batteries françaises déployèrent leur feu, et réduisirent bientôt au silence celles de l'ennemi. Alors le général Grenier commença son passage; mais ses bateaux, ayant touché sur un banc de sable, furent contraints de revenir derrière l'île, et ils n'abandonnèrent la rive opposée qu'au point du jour.

Pendant que ces événemens se passaient sur la gauche, les embarcations de Championnet débouchaient de l'Erfft, et traversaient le fleuve au milieu d'une effroyable grêle d'obus et de boulets qui en fit périr quelques-unes. A peine arrivés sur la rive droite, les grenadiers enlèvent les redoutes ennemies, et font mettre bas les armes aux détachemens qui les défendaient. Le général

PASSAGE DU RHIN A DUSSELDORF.

Legrand, qui le premier avait mis pied à terre avec le brave capitaine Penne, celui qu'un trépas glorieux attendait à Wavres en 1815, marche à leur tête; il se présente sous les murs de Dusseldorf, somme le gouverneur d'ouvrir ses portes, et ne lui donne que dix minutes pour délibérer. Aucune réponse n'ayant été faite dans le délai prescrit, les batteries de la rive gauche foudroient la ville et y jettent l'épouvante. Menacée d'une destruction totale, elle capitule à quatre heures du matin, et les Français y trouvent soixante bouches à feu, dix mille fusils et des munitions de toute espèce. Sept cents grenadiers français avaient fait prisonnière de guerre une garnison de deux mille hommes. Le comte d'Erbach, apprenant que le général Lefebvre avait enlevé le poste de Spick, et que Championnet s'était rendu maître de Dusseldorf, abandonna les bords du Rhin, et prit position, sa gauche à Kalkum et sa droite à Biskrat.

Aussitôt que les troupes d'un second débarquement, une centaine de cavaliers et deux pièces de canon, eurent joint l'avant-garde, le général Lefebvre poussa l'ennemi devant lui, et prit position, la droite à Kesfelberg, et la gauche dans la direction d'Anguermunden. A sept heures du matin toute son infanterie était sur la rive droite, et celle des généraux Tilly et Grenier commençait à passer.

Aussitôt que le jour permit de distinguer les objets, le général Jourdan se porta en avant, et s'aperçut que l'ennemi opérait sa retraite sous la protection de deux mille chevaux restés en bataille à portée de canon : mille hommes de cavalerie auraient pu mettre en déroute cette armée, fortement ébranlée par les événemens de la nuit; mais, n'ayant encore sur la rive droite que cent hommes à cheval et deux bouches à feu dont les munitions même étaient consommées, le général ne put rien entreprendre. Les Français ne perdirent pas plus de deux cents hommes dans cette nuit si glorieuse pour leurs armes, et ils enlevèrent aux Autrichiens sept pièces de canon et plusieurs caissons. Le capitaine Chaudon avait à lui seul mis hors de combat les soldats chargés de la garde d'une batterie qu'il avait enlevée; et Balthasard, sergent-major, suivi de quatre grenadiers, avait pris deux pièces de canon, après en avoir tué tous les canonniers.

Dans la journée du 6, l'infanterie continua à passer en bateaux sur l'autre rive; et le 7, un pont ayant été jeté à Urdingen par le général Dejean, l'artillerie et la cavalerie purent se réunir à l'armée.

Pendant que l'aile gauche passait à Urdingen et Dusseldorf, le général Hatry, par des démonstrations habilement exécutées, retenait, dans la plaine de Neuwied, le général Wartensleben avec un corps considérable; mais ce général autrichien, ayant appris le passage des Français sur sa droite et l'éloignement du comte d'Erbach, se mit également en retraite. Alors les divisions de l'aile droite passèrent le Rhin, et entrèrent en ligne avec les divisions de la gauche.

Le général Jourdan s'empressa de témoigner sa satisfaction à l'armée après une aussi belle opération, et les louanges d'un aussi juste appréciateur du courage furent pour les braves qu'il commandait un nouvel aiguillon qui sembla redoubler leur dévouement.

Le comité de Salut public, remerciant le général du service qu'il venait de rendre à la patrie, lui écrivit : « Vous avez exécuté une des plus belles opérations militaires dont l'histoire des « hommes nous ait conservé le souvenir. »

En parlant de ce premier passage du Rhin par l'armée de Sambre-et-Meuse, un auteur a dit : « Cette action de guerre rappelle le fameux passage du Rhin à Tolluys, tant célébré sous le règne « de Louis XIV, et qui fut exécuté avec la même valeur; mais celui de Dusseldorf fut le résultat « de combinaisons plus vastes, plus compliquées et plus savantes. »

On a pu voir (tome 1er, page 40) que le prince d'Orange, ayant été bien prévenu du lieu où Louis XIV devait opérer son passage, ne prit aucune mesure pour s'y opposer; et, d'après le parti énergique auquel Amsterdam sut se résoudre, il est probable que le projet des Provinces-Unies était alors de laisser pénétrer l'armée française pour l'engloutir ensuite dans une inondation générale. Ainsi Louis XIV, en traversant fièrement le fleuve, donnait tête baissée dans un piège : Jourdan, en franchissant une large barrière, trompait la surveillance de son ennemi, et le contraignait de se réduire à la défensive. Il est facile à l'homme de bon sens de prononcer entre ces deux opérations.

Nous avons fait sentir pourquoi ce beau fait d'armes n'eut point les grands résultats que la France devait en attendre, et pourquoi le général Jourdan fut obligé de se replier sur la gauche du Rhin.

SECOND COMBAT D'ALTENKIRCHEN,

4 juin 1796 (KLÉBER, LEFEBVRE, SOULT, LEVAL, D'HAUTPOUL, RICHEPANSE).

LES champs d'Altenkirchen, entre la Sieg et la Lahn, sur la route de Cologne à Limbourg, ont été souvent, dans les dernières années du dix-huitième siècle, arrosés du sang des Français et des Allemands. Déjà Kléber, Lefebvre et Grenier, après le passage du Rhin dont nous venons de décrire les détails, avaient pris cette place le 16 septembre 1795, et repoussé l'ennemi sur la Lahn. Les Autrichiens ayant dénoncé l'armistice le 21 mai 1796, malgré les succès de Bonaparte en Italie, les hostilités recommencèrent sur le Rhin le 31, et les généraux autrichiens ne dégui-

SECOND COMBAT D'ALTENKIRCHEN.

saient point leur intention de pénétrer en France par la Moselle et par la Sarre. Mais, dans ce moment même, l'armée d'Italie envahissait le Milanais, et dictait la paix au roi de Sardaigne; Wurmser reçut l'ordre d'envoyer vingt-cinq mille hommes pour couvrir le Tyrol et pour sauver Mantoue. Ce fut dans ces circonstances que Jourdan, maître de Dusseldorf, et voulant seconder les opérations de l'armée de Rhin-et-Moselle dont les destinées venaient d'être confiées au général Moreau, fit passer le Rhin à son aile gauche, et que Kléber, qui la commandait, força les passages de la Sieg à Neudorf, à Menden et au-dessus de Blankenberg, ayant sous ses ordres les divisions de Lefebvre et de Colaud.

Ayant ainsi contraint les Autrichiens d'abandonner la position d'Uckerath, ceux-ci se retranchèrent à Altenkirchen et à Grobach. Kléber, dont l'activité ne savait laisser aucun repos à l'ennemi, ordonna à Lefebvre d'attaquer les Impériaux dans cette formidable position. Le 4 juin, à quatre heures du matin, il part à la tête de l'avant-garde, ayant en seconde ligne le général Colaud qui devait prendre position en avant de Weyerbuch, dès que la première ligne commencerait son attaque. Lefebvre culbuta d'abord les avant-postes ennemis. Dès qu'il eut débouché sur les hauteurs opposées à celles d'Altenkirchen, une canonnade des plus vives s'engagea. Le général Lefebvre partage sa division en trois colonnes : celle de droite, formée d'un bataillon de grenadiers et de deux bataillons de la 25e légère, était conduite par le chef de brigade Brunet; celle de gauche, composée de la 96e demi-brigade de ligne, d'un bataillon de la 25e légère et d'une batterie d'artillerie légère, était aux ordres du général Soult; Lefebvre s'était réservé le commandement du centre où se trouvait le général Leval avec la 83e et la 103e demi-brigade. Le général d'Hautpoul commandait la cavalerie. Les deux colonnes de gauche et de droite avaient ordre de déborder les ailes de l'ennemi et de les tourner, tandis que le centre devait attaquer son front. Ces dispositions furent exécutées avec un grand ensemble : on vit en même temps ces trois colonnes battre la charge, gravir sur des hauteurs presque inabordables, déployer de toutes parts la plus grande audace et la plus grande intrépidité. L'ennemi opposa à cette attaque la plus vive résistance; mais la baïonnette française triompha. Des charges de cavalerie, exécutées avec précision, achevèrent une défaite qui se changea bientôt en une déroute complète. Trois mille prisonniers, parmi lesquels se trouvèrent trois bataillons du régiment de Jordis, quatre drapeaux, douze pièces de canon, un grand nombre de caissons, furent les trophées de cette victoire. Jamais on ne vit infanterie marcher avec plus d'ordre et attaquer avec plus d'audace. Le général d'Hautpoul, ayant reçu une balle dans l'épaule, fut provisoirement remplacé par Richepanse, chef d'escadron du 9ᵉ régiment de chasseurs à cheval, et qui fut nommé général de brigade sur le champ de bataille, pour prix de sa valeur et d'après le vœu manifesté par tout le corps d'armée qui l'avait vu combattre, se précipiter au milieu des escadrons ennemis, se relever de dessous son cheval tué, et fournir de nouvelles charges malgré les blessures les plus graves. Le 13 septembre précédent, il avait, après le combat d'Héneff, tourné une redoute et pris sept pièces de canon. Le 1ᵉʳ, le 6ᵉ et le 9ᵉ régiment de chasseurs se couvrirent de gloire, ainsi que les corps d'infanterie que nous venons de nommer.

Le général Jourdan continua sa marche triomphante jusqu'à Wetzlar, où, reconnaissant la supériorité de l'archiduc Charles qu'il avait forcé de revenir sur la rive droite du Rhin, et s'apercevant que l'armée de Rhin-et-Moselle n'avait pu encore lier ses opérations avec les siennes, il résolut de retourner provisoirement sur la rive gauche, après la brillante résistance que le général Lefebvre opposa à l'ennemi. Dire que dans sa retraite il fut secondé par ses illustres lieutenans Lefebvre, Colaud, Grenier, Championnet, Bernadotte, Poncet et Marceau, c'est annoncer la supériorité des manœuvres et le plein succès de toute l'opération. Bernadotte, chargé de couvrir cette retraite avec toute la cavalerie et deux bataillons de la 3ᵉ demi-brigade, déploya un sang-froid admirable. Ce fut au pont de Neuwied que Darnaud, chef de cette demi-brigade qui avait été précédemment la 72ᵉ, provenant du 2ᵉ bataillon du régiment d'Anjou, de ce régiment que nous avons déjà vu si brillant aux Pyrénées, mérita de nouveau les louanges des généraux et les témoignages de la satisfaction du gouvernement. Nous avons déjà cité cet habile et intrépide officier qui commande aujourd'hui, avec des soins si paternels, l'hôtel royal des Invalides. Au siége de Spire, à Cassel, avant la bataille d'Hondscoote, à ce combat célèbre et à celui de Watignies, à l'armée du Nord près Cambrai, au siége de Longwi et dans cette place dont il fut commandant, au blocus d'Ehreinbrestrein, il s'était distingué par la sagesse de ses conseils et la vigueur de ses actions. Après le passage de Neuwied, le général Jourdan, qui le cite honorablement dans ses mémoires, lui adressa ces mots à la tête de la colonne : « Je vous « félicite, mon cher Darnaud; vous avez manœuvré devant l'ennemi avec le même sang-froid « que vous le faisiez cet hiver sur la place de Cologne. » Cet éloge, qui signalait la qualité la plus essentielle dans un chef de corps, avait d'autant plus de prix aux yeux des braves, que le général, uniquement occupé de ses devoirs et ne sacrifiant jamais à la vaine ostentation, était peu prodigue de complimens. A l'armée de Sambre-et-Meuse, citée par son dévouement et par son union, on s'occupait peu de ce qu'il fallait dire, et beaucoup de ce qu'il convenait de faire.

Le combat d'Ukerath, livré le 19 juin par Kléber au mépris de ses instructions, ne pouvait être que glorieux pour des Français conduits par Kléber, Bastoul, Colaud, Ney, Richepanse, et avec une artillerie dirigée par Sorbier; mais le sang des braves fut alors inutilement répandu, et Kléber en connaissait trop bien le prix pour ne pas devoir en être économe.

La seconde tentative de Jourdan avait du moins atteint le but qu'il s'était proposé, et nous

PASSAGE DU RHIN A HUNINGUE.
Moreau — 24 Juin 1796.

LE TEMPLE DE LA GLOIRE.

allons voir un autre passage du Rhin où la prudence, le sang-froid réunis à l'intrépidité, donnèrent pour la seconde fois aux ennemis la mesure du génie des généraux français, et de la valeur des officiers et des soldats qui combattaient sous leurs ordres.

PASSAGE DU RHIN A KEHL,

24 juin 1796 (Moreau).

L'armée de Rhin-et-Moselle, trahie comme nous l'avons vu, avait été forcée de repasser le Rhin; mais le général Moreau ayant été nommé pour remplacer Pichegru, cette armée ne songea plus qu'à venger ses derniers revers, et à faire une puissante diversion en faveur de l'armée de Sambre-et-Meuse. Comment retenir en effet dans une plus longue inaction soixante-dix-huit mille Français réunis sous les ordres des Desaix, des Gouvion-Saint-Cyr, des Férino, des Lecourbe, des de Laborde, des Bourcier, des Beaupuy, des Delmas, des Duhesme, des Taponnier, des Sainte-Suzanne, des Vandamme, des Laroche, et de tant d'autres généraux et chefs de corps dont les noms étaient déjà des noms historiques? Regnier, de Lausanne, qui s'était signalé à Menin, à Courtray, sur le Wahal, était chef d'état-major de cette armée qui avait pour général de l'artillerie Eblé, si utile à Hondscoote, à Watignies, dans les principaux sièges entrepris en Hollande, et pour commandant du génie le modeste Chambarhillac. Outre les généraux que nous venons de nommer, on nous reprocherait de ne pas faire mention des adjudans-généraux Decaen, Abatucci, Bellavène et Montrichard, qui vont rendre de si grands services. L'armée autrichienne, que Wurmser commandait sur le Haut-Rhin, était composée de quatre-vingt-trois mille hommes, dont vingt-deux mille de cavalerie, tandis que Moreau ne comptait pas sept mille chevaux sous ses ordres.

Ce général, dès son arrivée, avait envoyé le chef de brigade du génie Bois-Gérard, l'adjudant-général Abatucci et le capitaine d'artillerie Dedon reconnaître le Rhin dans les environs de Strasbourg. Depuis Bâle jusqu'à Philisbourg, les eaux de ce fleuve, roulant sur un gravier mobile que déplace sans cesse un courant extrêmement rapide, forment des îles nouvelles, emportent les anciennes, et déracinent les arbres qui bordent ses rivages; rien n'est stable dans ce fleuve, chaque jour diffère de lui-même : il faut y marcher la sonde à la main. Ses rives marécageuses et boisées, d'un abord difficile, étaient gardées par des postes nombreux, et l'on pouvait réunir en peu de temps des forces imposantes sur le point menacé.

Pour écarter tout soupçon de la part de l'ennemi, Moreau, pendant ces reconnaissances, s'était porté à Landau, et il feignait de menacer le Palatinat. Déjà Wurmser, affaibli par les renforts qu'il avait eu l'ordre d'envoyer en Italie, avait fait évacuer Kaiserslautern, Tripstadt; Neustadt et Spire, dans la nuit du 19 au 20 prairial (7 au 8 juin 1796); les Français avaient pu s'avancer jusqu'à la Speierbach qui, prenant sa source non loin de la forteresse d'Ottersberg, au duché de Deux-Ponts, se divise en deux branches après Neustadt, et conserve son nom dans le canal de droite qui va se joindre au Rhin, à travers la ville de Spire ; le canal de gauche, au nord, sous le nom de Rehbach, s'unit à la Réhutt, et va de même se perdre dans le Rhin. Moreau attaqua les Autrichiens en avant de leur camp retranché de Manheim; les divisions Delmas et Beaupuy, faisant partie du centre que commandait le général Desaix, franchirent, sous le feu le plus vif et ayant de l'eau jusqu'aux aisselles, la Rehbach, traversèrent le bois de

Mutterstadt que l'ennemi avait inondé, et le contraignirent d'abandonner toutes ses positions, et de s'enfermer dans son camp, après une perte de sept cents hommes et de deux cents prisonniers.

Pendant que Wurmser était trompé par la direction que semblaient prendre les troupes françaises vers le Bas-Rhin, et rassuré par le départ annoncé pour l'Italie d'une grande partie des divisions de l'armée de Moreau, celui-ci pressait son passage au-dessous de Kehl. On s'était assuré que les bateaux pouvaient être conduits par eau, le long du canal de navigation, dans le bras Mabile, et de là dans le grand Rhin. Pour empêcher l'ennemi de réunir contre l'attaque véritable assez de forces pour culbuter les premières troupes, on chercha quatre endroits au-dessus et au-dessous de Kehl, pour y faire des débarquemens un peu nombreux dont les mouvemens et l'artillerie l'inquiétassent et le missent dans l'incertitude sur le point où il devait diriger ses troupes. La fausse attaque supérieure fut fixée vis-à-vis du village de Missenheim, et l'attaque inférieure à une lieue en avant de Gambsheim. Quelques bateaux et nacelles furent dirigés vers la redoute d'Isaac, et d'autres sur la batterie de Béclair; leurs démonstrations hostiles pouvaient faire croire à l'ennemi qu'ils formaient la tête des colonnes de débarquemens plus sérieux. On réunit à Strasbourg cent cinquante-neuf embarcations qui devaient, disait-on, être employées au transport des vivres et fourrages de l'armée sur le Bas-Rhin.

Dès la nuit qui avait suivi une nouvelle reconnaissance que Moreau jugea prudent de faire faire encore, du camp retranché en avant du pont de Manheim, le 20 juin, et après la destruction de toutes les redoutes que les Autrichiens avaient conservées sur la rive gauche de la Rehbach, les troupes qui devaient s'embarquer les premières furent dirigées sur Strasbourg, bien persuadées qu'elles allaient en Italie. Une partie de l'aile droite descendait le Rhin, et croyait se rendre à Worms pour rejoindre le reste de l'armée. Toutes ces marches furent si habilement calculées et si ponctuellement exécutées, que tous les corps arrivèrent dans l'après-midi du 23 juin aux environs de Strasbourg. Les officiers et la plupart des généraux même ignoraient leur véritable destination. Pour en dérober entièrement la connaissance à l'ennemi, les portes de Strasbourg furent fermées, et l'on dirigea aussitôt les bateaux destinés aux fausses attaques qui réussirent, à l'exception de celle de Gambsheim. Un camp de quatre mille hommes, établi depuis cinq jours entre Korck et Wilstett, donna quelques inquiétudes: on craignit que l'ennemi n'eût pénétré les projets du général Moreau. Placé à deux heures de marche du point de passage, ce camp aurait donné les moyens de rendre le débarquement plus meurtrier et plus difficile; mais on fut rassuré lorsqu'on apprit que les mille hommes qui formaient la garnison de Kehl n'avaient reçu aucune augmentation. Deux mille hommes au plus se trouvaient dans

PASSAGE DU RHIN A KEHL.

les villages environnans; ainsi l'ennemi n'avait que trois mille hommes à opposer à des Français pleins d'audace; ses mouvemens devaient être incertains dans les premiers instans, et ses forces devaient se disperser pour résister à toutes les attaques, parmi lesquelles il lui était impossible d'abord de distinguer les véritables. Moreau ne changea donc rien à ses dispositions, et il se confia, pour leur succès, à la bravoure de son infanterie. Vingt-sept mille cinq cents hommes réunis, à l'entrée de la nuit, sur les glacis de Strasbourg, y apprirent, les uns, que leur voyage pour l'Italie était terminé, que le champ d'honneur était pour eux sous les murs de Kehl; et les autres, qu'ils iraient au-delà du Rhin cueillir des lauriers, et non à l'armée de Sambre-et-Meuse. Quinze mille sept cents hommes furent destinés à cette grande expédition que dirigeait Desaix, dont la gloire est restée si pure, et dont le trépas devait être un jour si glorieux. Onze mille sept cents se rendirent à Gambsheim pour y passer le Rhin, sous les ordres du général Beaupuy et des adjudans-généraux Bellavène et Levasseur. Leur but était de s'emparer de la route de Rastadt, et d'intercepter la marche des troupes autrichiennes qui pourraient accourir du Bas-Rhin. Une crue subite des eaux s'opposa au passage de cette colonne. L'attaque de Kehl fut divisée en quatre colonnes. L'adjudant-général Abattuci commandait la première, dont le point de débarquement était sur les îles boisées formées par le vieux Rhin, immédiatement au-dessous de l'embouchure du bras appelé Ehrlen-Rhin. La seconde, composée de cinquante hommes, devait chasser de petits postes placés dans les îles de l'Estacade et de l'Escargot. La tâche de la troisième colonne, formée de deux cents hommes et commandée par l'adjudant-général Decaen, était la plus périlleuse et la plus importante; elle devait chercher l'embouchure du bras d'Ehrlen-Rhin, le remonter l'espace d'environ cinquante toises, aborder sous les embrasures d'une batterie de canon dont il était nécessaire de s'emparer, pour l'empêcher de foudroyer la quatrième colonne lorsqu'elle serait débarquée dans l'île d'Ehrlen-Rhin, et de contrarier l'établissement du pont volant. La dernière division, sous les ordres de l'adjudant-général Montrichard, après avoir occupé l'île d'Ehrlen-Rhin, devait marcher vers la partie supérieure de l'île pour y chercher une communication avec la terre ferme, et envoyer des troupes vers le petit pont que l'on savait être au-dessus de la batterie que la colonne du général Decaen était chargée d'enlever.

Toutes les embarcations avaient filé hors de la ville à neuf heures du soir;

à dix elles étaient arrivées à l'écluse du Péage, placée sur le canal de navigation, à sa sortie de la citadelle de Strasbourg. On y embarqua quatre pièces de 4 démontées, et l'on remonta le bras Mabile jusqu'au point où les troupes étaient en bataille. Le temps calme et serein, le clair de lune, facilitaient les opérations qui se faisaient, hors de la vue de l'ennemi, dans le plus grand silence : car le moindre bruit eût averti les Autrichiens dont les postes n'étaient pas à deux cents toises. Le 2e bataillon de la 3e demi-brigade d'infanterie légère, et le 1er de la 16e, furent embarqués les premiers; ils formaient ensemble dix-neuf cents hommes. L'ordre admirable dans lequel se fit cet embarquement, la bonne volonté du soldat, l'ardeur des chefs, étaient du meilleur augure. Cependant, avant qu'il fût assez avancé pour faire partir les premières nacelles, le canon des fausses attaques supérieures et inférieures se fit entendre, et l'on craignit qu'il ne donnât l'éveil aux postes de la rive opposée; mais il ne troubla en rien la sécurité allemande. A une heure et demie, les bateaux légers des quatre divisions étant chargés, le général Férino fut autorisé par Desaix à donner le signal du départ. Les bateaux remontent le long de la rive gauche jusqu'à la redoute dite de Custine, pendant qu'on chargeait les gros bateaux qui devaient les suivre et les soutenir. Ces barques traversent heureusement le Rhin, et abordent toutes aux points qui leur avaient été désignés; les troupes débarquent avec audace sans tirer un seul coup de fusil; tous les postes ennemis sont emportés à la baïonnette. La terreur des Autrichiens est telle, qu'ils oublient d'enlever les petits ponts de communication qui se trouvaient sur les bras du Rhin, et qui n'étaient formés chacun que de deux sapins flottans à fleur d'eau. La troisième colonne essuya de la batterie d'Ehrlen-Rhin une décharge à mitraille qui ne l'ébranla nullement, et qui ne lui causa pas même une grande perte. Les soldats, conduits par l'intrépide Decaen, s'étant précipités dans les fossés, et ne pouvant plus s'y servir avantageusement de leur feu, ramassent des pierres, les jettent par-dessus l'épaulement, et ils en accablent tellement ceux qui le défendaient, qu'ils les forcent, par cette nouvelle manière de combattre, d'abandonner cette batterie. Une autre redoute sur la terre ferme est emportée après quelques décharges de mousqueterie, et l'ennemi est réduit à se défendre au-delà dans celles du Cimetière et des Trous-de-Loup : les Autrichiens donnent à cette dernière le nom de Souabe. La quatrième division, qui avait filé sur sa droite dans le haut de l'île d'Ehrlen-Rhin, pour y chercher des moyens de communication avec la rive droite du Rhin, venait de réussir; et la première division avait heureusement franchi le vieux Rhin de Kehl. Toutes ces divisions, formant un corps de deux mille cinq cents hommes, se trouvèrent alors réunies sur la rive ennemie. Il leur restait encore à enlever les deux redoutes et à soutenir le choc des troupes que l'ennemi détacherait probablement du camp de Wilstell. De nouveaux renforts leur devenant donc nécessaires, le général Desaix ordonna d'aller chercher un second transport avant la formation du pont volant, qui n'aurait pu être placé avant l'espace de deux ou trois heures. On vit bientôt combien cette mesure était prudente. Les généraux autrichiens, commandant au camp de Wilstell, s'avancèrent dès qu'ils eurent avis du passage du Rhin; mais le choc des deux mille hommes de la cavalerie et de l'artillerie qu'ils amenèrent fut soutenu avec avantage par cinq mille hommes d'infanterie française qui se trouvèrent alors en bataille dans la plaine, et sous la protection de leurs pièces de 4 et de deux canons déjà enlevés à l'ennemi. Le pont volant fut établi à six heures du matin; on s'en servit pour passer de l'infanterie, concurremment avec les embarcations qui ne cessèrent point d'aller et de revenir, de manière que les forces augmentaient de quinze cents hommes d'heure en heure. Pour ne pas risquer un équipage de pont, le général résolut de n'en faire commencer la construction que quand il serait maître des redoutes de la ville et du village de Kehl. L'avant-garde, composée d'une excellente infanterie, se divisa pour attaquer à la fois les deux redoutes; une partie marcha à la redoute du Cimetière en suivant la digue, tandis que l'autre se dirigeait sur celle des Trous-de-Loup. La redoute du Cimetière ne fit pas une longue résistance; elle était battue par un feu très-vif de la rive gauche, et les canonniers tiraient d'un bord à l'autre avec une extrême justesse. L'attaque de la redoute des Trous-de-Loup fut plus sérieuse; elle était défendue par trois cents hommes d'infanterie que commandait, avec une grande intrépidité, le lieutenant-colonel Baglowich, et par cinq bouches à feu. On débuta par une fusillade terrible de part et d'autre; la résistance fut très-vigoureuse; mais, tournée par la gorge qui était ouverte, et assaillie de toutes parts, elle céda enfin à l'audace française : on y fit prisonnier le prince Charles-Joachim de Furstemberg. L'ennemi ne se défendit plus que faiblement après la prise de cette redoute : quelques escadrons des émigrés se montrèrent un moment; mais, dès la première charge, ils furent repoussés par une compagnie de grenadiers de la 31ᵉ, et ils disparurent. Les tirailleurs suffirent pour chasser les Autrichiens du fort de Kehl, qui n'était point alors à l'abri d'un coup de main, et pour leur faire évacuer la ville, le village et la redoute étoilée placée entre la Kintzig et la route d'Offembourg. A dix heures du matin toutes ces opérations étaient terminées, et l'ennemi fuyait sans même avoir songé à disputer le passage de la Kintzig. Jamais victoire aussi complète n'avait coûté moins de monde; les Français ne perdirent pas deux cents hommes tués ou blessés : au nombre de ces derniers était le chef de bataillon Becdelièvre, de la 3ᵉ d'infanterie légère, et l'on eut à regretter la perte du capitaine Girard, du 2ᵉ régiment d'artillerie légère. Les Autrichiens laissèrent sur le champ de bataille six cents hommes tués ou blessés, cinq cents prisonniers, deux mille fusils, treize canons, un obusier et plusieurs caissons. Telle fut l'issue de cette journée, qui procura à la France l'avantage inappréciable de voir le théâtre de la guerre s'éloigner de ses frontières, et de faire vivre ses armées aux dépens de l'ennemi; elle fut le résultat de l'habileté des dispositions prises par le général Moreau, du sang-froid du général Desaix, et de leur juste confiance dans le courage des officiers et dans la valeur des troupes. Nous avons déjà nommé les deux bataillons qui s'embarquèrent les premiers. Ils furent suivis et accompagnés de la 31ᵉ, de la 89ᵉ, de la 56ᵉ, de la 106ᵉ, et de deux bataillons de la 84ᵉ de ligne; la première et la sixième compagnie du 2ᵉ régiment d'artillerie légère rendirent de grands services; et dès que le pont de bateaux fut établi, cette brave infanterie se trouva appuyée par le 9ᵉ et le 18ᵉ régiment de cavalerie, et par deux escadrons du 4ᵉ régiment de dragons. Les troupes qui n'avaient pu passer devant Gambsheim rejoignirent l'armée à Kehl. Elles étaient composées des 62ᵉ, 103ᵉ et 109ᵉ demi-brigades de ligne, de la 10ᵉ légère, du 6ᵉ régiment de dragons, de deux escadrons du 8ᵉ de chasseurs, de deux escadrons du 7ᵉ de hussards, et d'une compagnie du 2ᵉ régiment d'artillerie légère. Tous ces corps prirent part aux opérations qui suivirent le passage du Rhin : fait d'armes admirable, et par les mesures adoptées pour en assurer le succès, et par les précautions que le général Dédon, acteur et habile historien de cette grande journée, assure avoir été prises pour vaincre toutes les difficultés que la sagesse avait prévues, mais que l'ennemi ne sut pas faire naître.

PASSAGE DU RHIN A KEHL.

Le camp de Wilstell fut bientôt forcé par la division du général Beaupuy, et par un corps détaché de l'aile droite que commandait le général Férino. La division Beaupuy avait d'abord été surprise dans sa marche par des cuirassiers ennemis; le général avait été atteint de plusieurs coups de sabre, ainsi que Fauconnet, colonel du 6ᵉ de dragons; Drouault, l'un des aides-de-camp de Desaix, y avait reçu des blessures mortelles; mais deux bataillons de la 10ᵉ légère, par leur fermeté, avaient donné le temps de rétablir si bien le désordre, que la cavalerie française avait pu ramener cent cinquante prisonniers et soixante chevaux.

Pendant que Sainte-Suzanne marchait à gauche, sur la route de Rastadt, pour s'opposer aux troupes qui arrivaient du Bas-Rhin, l'armée s'avançait dans l'Orthenau, faisait évacuer le camp de Bihel, et prenait Offenbourg. Aussitôt après, le général Desaix, ayant chargé l'aile droite de faire face à l'armée autrichienne du Haut-Rhin, et de s'assurer de toute la vallée de la Kintzig et de la plaine de Brisgaw, se dirigea en toute hâte, avec le centre et l'aile gauche, sur la grande route de Stuttgard, et l'on dut bientôt être surpris que ces deux corps, qui avaient marché dans des directions si opposées, se rejoignissent sur les bords du Danube, après avoir triomphé de tous les obstacles que la nature et l'ennemi avaient multipliés sous leurs pas.

Sainte-Suzanne ayant vaincu à Urlaff (Urloffen), lorsque Decaen triomphait à Appenweir, les Français rencontrèrent les Autrichiens retranchés derrière les bords marécageux de la Renchen, position célèbre qu'avait occupée Montécuculli, et où il avait été tourné par Turenne en 1675, la veille de la mort de ce grand homme (tome 1ᵉʳ, page 107). Desaix imita Turenne en culbutant les bataillons chargés de défendre Oberkirch et les hauteurs. Sainte-Suzanne, secondé de l'adjudant-général Levasseur, du brave colonel Fauconnet qui combattait malgré ses blessures, eut bientôt décidé de la victoire: elle fut complète; l'ennemi abandonna dix pièces de canon, un grand nombre de caissons, six cents chevaux, beaucoup de morts et douze cents prisonniers. Deux bataillons de la 97ᵉ demi-brigade, les carabiniers, l'artillerie légère, le 15ᵉ régiment de cavalerie, le 6ᵉ de dragons et le 4ᵉ de chasseurs, soutinrent, dans cette bataille, leur brillante réputation. Les ennemis découragés s'enfuirent jusqu'à Bühl, à deux lieues de Bade, et leur droite se retira dans les marais de Stollhofen.

Moreau employa deux jours à réorganiser son armée. Le centre fut commandé par Saint-Cyr, qui avait sous ses ordres Duhesme et Taponnier, Vandamme, Laroche et Lecourbe. Les quatre brigades que commandait de Laborde formaient l'aile droite dirigée par Férino; et l'aile gauche, composée des divisions Beaupuy et Delmas, obéissait à Desaix. Une réserve de six bataillons et de vingt-trois escadrons marchait sous la direction de Bourcier. Desaix continua ses opérations dans la vallée du Rhin, et s'empara de Oss, de Bade, de Dourlac, de Carlsruhe. Le général Laroche enlevait sans artillerie, mais avec la 21ᵉ légère et une centaine de chasseurs du 2ᵉ régiment, la redoute de la haute montagne de Knubis, et deux jours après, à la baïonnette, la position essentielle de Freudenstadt, où s'étaient enfermés les débris du contingent de Wirtemberg. Ceux qui ont écrit que les troupes wurtembourgeoises n'avaient opposé aucune résistance dans ces deux postes, ont été mal informés; le brave Laroche y fut blessé à la main. Laroche-Dubouscat, l'un des guerriers illustres qu'a fournis le département du Gers, avait servi avant la révolution, et il s'était distingué dans le grade d'adjudant-général à l'armée des Pyrénées occidentales. Le combat de Rastadt et de Gersbach avait été glorieux pour les généraux Taponnier, Lecourbe, Decaen, Jobat et Sainte-Suzanne. L'adjudant-général Bellavène, en faisant déployer les troupes sous le feu terrible de l'artillerie ennemie, eut la jambe emportée d'un boulet de canon. Ce général n'en continua pas moins à servir utilement sa patrie; placé depuis à la tête d'une célèbre école militaire, il put y déployer ses grands talens, acquérir de nouveaux droits à la reconnaissance publique, et se concilier le respect et l'affection d'une jeunesse généreuse. Ce fut à Rastadt que le 2ᵉ de chasseurs, et que l'infanterie légère qui avait suivi ce régiment à la course, empêchèrent l'ennemi de couper son pont sur la Murg. La bataille d'Etlingen, entre Rastadt et Pfortzheim (9 juillet), avait encore été plus brillante, et elle exerça une plus grande influence sur le moral des troupes ennemies. Le général Saint-Cyr, en fatiguant habilement les corps d'élite qui défendaient la position redoutable du plateau de Rotensolhe, et en les attaquant ensuite avec ses réserves formées des 106ᵉ et 109ᵉ demi-brigades, et conduites par les généraux Lecourbe et Lambert, avait décidé le succès de cette journée où les deux généraux ennemis avaient eu un égal désir de prendre l'initiative, mais où l'archiduc Charles se trouva prévenu lorsqu'il s'avançait contre les Français. Gervais Montigny, brigadier au 10ᵉ de dragons, avait pénétré seul dans Rastadt, que l'ennemi incendiait; il avait fait prisonniers un officier, seize soldats et quatre canonniers, et il en avait ramené dix-sept à sa division, malgré les efforts de deux chevau-légers qu'il avait repoussés. Ce prince fit sa retraite en arrière de Pfortzheim, abandonnant tout-à-fait les bords du Rhin, et laissant, comme nous venons de le dire, à la disposition de ses ennemis, Etlingen, Dourlach et Carlsruhe. Dans cette bataille, à laquelle les Français ont donné le nom d'Etlingen, et les Autrichiens celui de Malsch, ceux-ci avaient dix mille hommes de cavalerie de plus que leurs adversaires. Moreau, laissant un corps d'observation pour contenir les garnisons de Manheim et de Philisbourg, poursuivit le cours de ses succès, entra dans Stuttgard le 18 juillet, fit attaquer l'ennemi à Eslingen par le général Laroche, à Constad et à Berg par Taponnier, Lambert, Lecourbe et l'adjudant-général Houel, et balayer toute la rive gauche du Necker jusqu'aux environs de Ludwisbourg, où le général Desaix prit position. Outre tous les généraux que nous avons déjà nommés, Moreau louait les généraux Duhesme, Jordy et Gudin, et les officiers supérieurs Vigne, Poitevin, Laval, Lhermite et Donnadieu. Ce dernier fut blessé grièvement : c'était lui qui, capitaine au 11ᵉ régiment de dragons en octobre 1793, avait été envoyé, par les députés Saint-Just et Lebas, porter à la Convention un drapeau qu'il avait enlevé aux Prussiens. On a dit que des principes trop républicains avaient d'abord suspendu la carrière de cet officier, et compromis plusieurs fois sa liberté. En 1816 il commandait, avec le grade de lieutenant-général, la 7ᵉ division militaire dont Grenoble est le chef-lieu. Les Français suivirent les Autrichiens à travers les gorges d'Alb (Alpes de Souabe), s'engageant dans de nombreuses vallées peu connues et séparées par des montagnes impraticables. Le prince Charles voulut tenter le sort des armes encore une fois avant que de se décider à passer le Danube ; et après le combat livré près de l'abbaye de Neresheim (24 thermidor — 11 août), où les Autrichiens ne cédèrent qu'après une vigoureuse résistance, il se retira sur la rive droite du Danube et derrière le Lech, après avoir brûlé le pont de Donawerth. Moreau fut obligé de rétrograder en remontant le fleuve, pour aller le passer à Lauvingen, Dillingen et Hochstet. Le nom de cette petite ville ne peut se prononcer sans se rappeler à la fois la victoire de Villars, la défaite déplorable des maréchaux Tallard et Marsin, et les lauriers que l'armée du Rhin et le général Moreau étaient destinés à cueillir, en 1800, sur ce même terrain. Arrivés à Hochstet et à Bleinheim le 13 août, jour anniversaire de la bataille perdue en 1704, les guerriers français y retrouvèrent les débris des drapeaux que le brave régiment de Navarre avait déchirés et enterrés (tome 1ᵉʳ, page 269). Ces reliques furent recueillies avec ce respect dont les soldats généreux sont toujours pénétrés pour de vieilles et nobles enseignes, et il ne vint à l'esprit d'aucun de ces fiers républicains d'insulter aux anciennes couleurs de la royauté.

Jourdan, informé du passage du Rhin opéré à Kehl, s'était empressé de franchir de nouveau ce fleuve, de vive force, à Neuwied, après avoir chargé Marceau de surveiller les garni-

PASSAGE DU RHIN A KEHL.

sons de Mayence et de Manheim, avec treize mille hommes d'infanterie et dix-huit cents chevaux. Les généraux Kléber, Lefebvre, Colaud, Grenier, Championnet, Bernadotte, Damas et Simon, eurent à se louer de l'activité du capitaine d'artillerie Tirlet, qui avait déjà rendu de si grands services lors du premier passage, et de l'intrépidité de l'adjudant-général Mireur, du capitaine Conroux, aide-de-camp de Bernadotte, et des adjoints aux adjudans-généraux Maison et Maurin. Ces deux derniers sont aujourd'hui lieutenans-généraux, et les deux autres sont morts en combattant, le premier en Égypte, et le second sur le sol de la France en 1814. Les chefs de bataillon Chauchard, Maréchal et Winten, à la tête de compagnies de grenadiers, avaient glorieusement concouru au succès des premiers débarquemens, à la prise de Neuwied et à l'enlèvement des redoutes ennemies. Lefebvre ayant vaincu à Willerdorff (4 juillet), et Bernadotte et Championnet devant Limbourg, le 7, l'armée de Sambre-et-Meuse passa la Lahn le 9, et se dirigea vers Francfort et Mayence. A ce passage, le général Klein, qui commandait l'avant-garde, se couvrit de nouveaux lauriers. Cet excellent officier de cavalerie, qui, dix mois avant, cherchant un gué dans cette rivière, avait été entraîné par le courant, et sauvé par le dévouement du frère du général Soult, chargea la cavalerie ennemie avec le 12e régiment de dragons et le 12e de chasseurs; et, appuyé de la réserve aux ordres de Bonnaud, il soutint toujours avec avantage plusieurs combats, malgré la supériorité numérique des Autrichiens qui abandonnèrent cent cinquante chevaux et trente-cinq voitures de blessés. Klein avait combattu à Jemmapes, à Namur, à Fleurus, sur la Meuse, sur l'Ourthe, sur la Roër et sur le Rhin: nous le retrouverons souvent encore sur le chemin de la gloire, et, dans tous les instans de sa vie, sur celui de l'honneur. L'adjudant-général Ney, que l'on appelait déjà le brave des braves, commandant l'avant-garde de la division Colaud, avait culbuté l'ennemi entre Hof et Salsberg, pendant que Lefebvre, ainsi que nous venons de le dire, au moyen des manœuvres habilement exécutées par le colonel Gardanne et par l'adjudant-général Mortier, avait contraint le général ennemi d'abandonner sa position retranchée en arrière de Willendorff. Busbach, Ober-Merle, Campberg et Fridberg signalent la marche des quatre colonnes qui poursuivaient l'ennemi, et que dirigeaient Kléber, Grenier, Championnet et Bernadotte, secondés de Lefebvre, de Bonnaud et de Colaud. Ce dernier faisait enfoncer les portes de Fridberg par le général Jacopin, avec la 43e demi-brigade et le 11e de dragons, et les Français ne se rendirent maîtres de cette ville élevée qu'après un combat des plus opiniâtres, qui leur coûta cinq cents hommes, mais où les Autrichiens, poursuivis ensuite par Richepanse et par Ney, perdirent douze mille hommes tués ou blessés; cinq cents prisonniers, dont huit officiers; trois pièces de canon et un drapeau. Le défaut de munitions empêcha Jourdan de profiter de cet avantage; et quoique la mauvaise organisation des transports fût la cause principale de cette pénurie, il est juste de dire que le général Colaud avait eu seul le plus grand soin de faire successivement remplir ses caissons épuisés. C'est un témoignage que lui rendait le chef de brigade d'artillerie Sorbier, ce brave et habile officier déjà illustré à Arlon, à Altenkirchen, à Ukerath, et qui, pendant vingt années de guerre, devait attacher son nom à tant de glorieux succès. Quoi qu'il en soit, le général Wartensleben, qui devait craindre d'être accablé, put passer le Mein et être joint, quelque temps après, par l'archiduc Charles.

Francfort ouvrit ses portes à Kléber le 16 juillet; Schweinfurt à l'adjudant-général Mortier, le 23. Mortier, aussi intrépide qu'il est modeste, toujours à la tête des avant-postes de l'avant-garde, avait forcé le passage de la Nidda, avait culbuté l'ennemi à Willendorff, et enlevé Giessen et Gemünden; il avait surpris, dans cette dernière place, seize bateaux chargés de bombes qui remontaient le Mein et se dirigeaient sur Wurtzbourg. Championnet et Bernadotte faisaient des captures non moins importantes sur le Mein et sur la Tauber; et Klein, avec l'avant-garde de Championnet, faisait capituler Wurtzbourg et désarmer les milices du pays. Le fort de Kœnigshoffen s'était rendu à Lefebvre, pendant que sur la gauche le gouverneur de Forcheim, épouvanté par l'adjudant-général Ney, qui bientôt fut nommé général sur le champ de bataille, lui avait rendu cette place avec soixante bouches à feu. L'ennemi évitant toujours une affaire générale, mais se rapprochant soigneusement du Danube, tous les combats particuliers où les Français triomphèrent sur la Rednitz, à Bamberg, sur la Wiesent et sur l'Aisch, au fort de Rottemberg, à Sulzbach et à Wolfering, enfin jusqu'à ce qu'ils eussent pris position sur la Naab, ne purent être décisifs, et coûtèrent la vie à beaucoup de braves, à la tête desquels l'histoire distinguera le valeureux colonel Doré qui, à la tête de ses cuirassiers (8e de cavalerie), trouva une mort glorieuse en secourant six escadrons de chasseurs épuisés par plusieurs charges brillantes. Cette marche fut le triomphe des avant-gardes et des chefs intrépides qu'elles avaient à leur tête. Ces chefs peut-être pressèrent-ils trop l'ennemi, puisqu'ils servirent ainsi les plans de l'archiduc qui avait tant à cœur d'opérer sa jonction avec Wartensleben. Le général Jourdan, qui, dans une reconnaissance sur Zeil, avait été enveloppé par la cavalerie autrichienne, et qui dut son salut au dévouement héroïque de son escorte formée seulement de trente hussards des 2e et 4e régimens que vinrent dégager les cuirassiers, rendant compte de la journée de Sultzbach (17 août), se louait particulièrement des 9e, 61e et 78e demi-brigades de ligne, de la 20e légère, des généraux Lefebvre, Colaud, Grenier, Championnet, Bonnaud, Klein, Damas, Legrand, Bastoul et Ney, ainsi que de Barbé, aide-de-camp de Bastoul. Ces trois derniers avaient eu leurs chevaux tués sous eux.

L'archiduc, qui avait entraîné Moreau sur la rive droite du Danube, et qui l'avait vu avec plaisir faire passer le Lech à son armée tout entière, avait laissé devant lui trente mille hommes, et s'était hâté de franchir de nouveau le Danube à Ingolstadt, et de joindre son lieutenant, avec vingt-huit mille hommes, dans le Haut-Palatinat. Ainsi fut anéantie l'espérance que les deux armées françaises devaient avoir conçue de se réunir à Ratisbonne. Il n'est pas de notre sujet d'examiner les explications données par les deux généraux en chef, mais nous ne pouvons nous dispenser de remarquer que c'était au moment même où l'armée de Sambre-et-Meuse triomphait à Sultzbach, et où Bernadotte, avec un corps de six mille hommes arrivés au-delà de Nuremberg, semblait près de donner la main à Desaix, que Moreau ordonna le passage du Danube, et, pour l'exécuter, la marche rétrograde vers Dillingen. Le duc de Wurtemberg et le margrave de Bade signaient leur paix avec la république française, renonçaient à toute coalition contre elle, lui abandonnaient plusieurs possessions sur la rive gauche du Rhin, permettaient le passage de ses troupes sur leur territoire, et expulsaient tous les émigrés de leurs états.

La retraite des deux généraux français accrut leur gloire personnelle et celle de tous leurs lieutenans: elle rectifia l'opinion de l'Europe, et peut-être de la France elle-même, sur le courage et la persévérance que les soldats français sont susceptibles de déployer dans les marches rétrogrades les plus longues, les plus difficiles, et où les obstacles multipliés par la nature, par les circonstances et par l'ennemi, ne peuvent être surmontés que par des efforts surnaturels qui semblent agrandir les guerriers et les élever au-dessus d'eux-mêmes. Nous regrettons vivement que le plan circonscrit de notre ouvrage ne nous permette pas de nous livrer aux détails de ces deux grandes et glorieuses opérations dont le souvenir, pour l'armée de Sambre-et-Meuse, s'unit aux regrets de la perte irréparable qu'elle fit du plus jeune et du plus âgé de ses généraux, tous deux intrépides, tous deux animés des plus nobles sentimens, tous deux chargés de lauriers immortels, Bonnaud et Marceau. Nous allons bientôt voir que l'armée de Rhin-et-Moselle paya

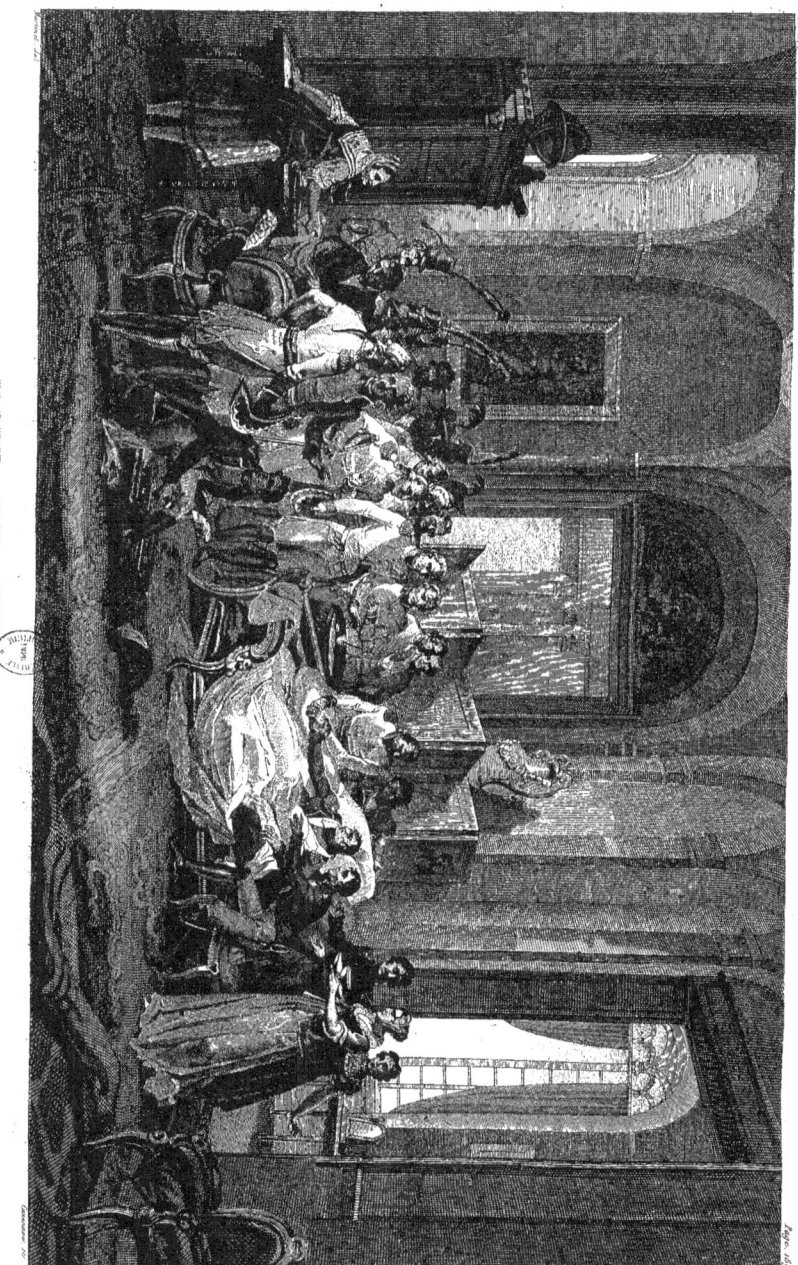

JOURNAL DU MARÉCHAL DE CAMP ROGER
19 septembre 1796.

LE TEMPLE DE LA GLOIRE.

aussi son contingent à la nature. Bonnaud, que ses compagnons d'armes avaient surnommé le *Nestor français*, mais dans les veines duquel circulait un sang plus actif que dans celles du héros de Pylos, à l'époque du siége de Troie, mourut des blessures qu'il avait reçues en rejetant l'ennemi sur la rive gauche de la Lahn le 16 septembre. Ce vaillant général, qui avait rendu de si grands services à la tête de la cavalerie, reçut de toute l'armée les honneurs qui devaient lui être le plus chers. On s'entretint de ses hauts faits d'armes, et chacun s'excita à les imiter.

La fin de Marceau sembla produire un deuil encore plus profond. On accusait la mort d'avoir fermé prématurément une carrière déjà si glorieusement parcourue, et d'avoir, en contemplant mille trophées, immolé un jeune et brillant guerrier, lorsqu'elle croyait sans doute mettre un terme à la vie d'un vieillard.

TROISIÈME COMBAT D'ALTENKIRCHEN,

19 septembre 1796 (Mort de Marceau.)

L'armée de Sambre-et-Meuse continuait sa retraite le 19 septembre, pour se réunir derrière la Wiedbach, où il était à craindre que l'archiduc ne devançât toute l'aile gauche des Français, qui avait à parcourir une distance double de celle de l'ennemi. Bernadotte avait déjà opposé une résistance héroïque sur les hauteurs d'Offheim; mais il était réservé à Marceau de garantir, en mourant, le salut de l'armée. Le corps commandé par ce général quitta, à sept heures du matin, la position de Freilengen, qu'il avait tenue opiniâtrément pour donner à toutes les divisions le temps d'atteindre le défilé d'Altenkirchen. Disputant le terrain pied à pied à l'avant-garde autrichienne, Marceau inspirait à ses troupes une telle confiance, que jamais elles ne se laissèrent entamer. A dix heures il avait entièrement passé la chaussée d'Altenkirchen, et il sortait de la grande forêt d'Hœchstbach, lorsque l'armée française n'avait point encore franchi le défilé. Ce fut alors qu'il reçut de Jourdan l'ordre de suspendre sa marche et la promesse de prompts secours pour résister aux ennemis. « Assurez, répondit-il, assurez le général en chef qu'ils ne passeront pas. » Aussitôt il choisit deux mamelons sur lesquels il fait placer six pièces d'artillerie légère qui couvrent d'une pluie de feu l'issue de la forêt. Il porte sa division en avant, et va lui-même, accompagné seulement du capitaine du génie Julien Souhait, et de deux ordonnances, pour reconnaître la marche de l'ennemi. Un hussard de l'empereur, qui se trouve devant Marceau, l'occupe en faisant caracoler son cheval, et soudain un coup de carabine se fait entendre ; cette arme venait d'être tirée par un chasseur tyrolien caché derrière un arbre, et la balle a frappé Marceau. Il se retire sans prononcer une parole, et à trois cents pas de là il se fait descendre de cheval et annonce qu'il est blessé mortellement. Des grenadiers accourent, se chargent d'un fardeau qui leur est cher, et, malgré la chaleur du jour et la longueur de la route, ils se refusent aux empressemens de leurs camarades qui veulent les relever. Jourdan, qui s'est avancé au-devant de son jeune lieutenant, laisse couler des larmes et rejoint l'arrière-garde pour diriger lui-même la retraite que cette poignée de braves exécute en bon ordre et avec le silence du désespoir. Cette armée qui, pour la première fois de la campagne, éprouvait un revers, voyait l'un de ses généraux les plus distingués frappé à mort. L'expression des regrets les plus amers était empreinte sur toutes les figures. Marceau opposait seul un front serein aux larmes de ses amis, et ce noble guerrier disait : « Je suis trop regretté. » On le déposa chez le gouverneur prussien, car il était trop faible pour être transporté plus loin. Les Autrichiens s'avançaient : il fallut le laisser à Altenkirchen ; et le général Jourdan, contraint de consentir à cette séparation si douloureuse, laisse auprès de lui deux officiers d'état-major, deux officiers de santé et deux ordonnances. Dès le matin, Marceau reçut la visite d'un capitaine des hussards de Kaiser, commandant les avant-postes allemands. Le général Haddick vint lui témoigner combien il était sensible à son malheur. Le prince Charles ne se contenta pas de lui envoyer son chirurgien : il vint lui-même le visiter. Le général Kray se rendit auprès de lui ; on vit des larmes couler des yeux de ce vieux guerrier que Marceau avait toujours combattu, et qui l'appelait son fils. Triste, les yeux baissés, il pressait ses mains mourantes ; il lui prodiguait ses soins, et il cherchait même à calmer la douleur des Français. Les officiers des hussards de Blankeistein et de Barco, qui avaient le plus fait la guerre contre lui, demandèrent à le voir, et leurs regrets étaient aussi vifs que ceux des amis les plus dévoués du général. Marceau parlait à tous avec la douceur et l'affabilité qui lui étaient naturelles. Les chirurgiens élargirent sa plaie ; il le souffrit avec un courage calme. Souvent il entretenait ses amis de sa mort, comme d'un moment heureux, et il les consolait en leur répétant : « *Je suis trop heureux de mourir pour ma patrie !* » Cependant ses douleurs redoublant, il tomba dans le délire et ne parla que de combats. Devenu plus calme, il ouvre les yeux, reconnaît le général autrichien Elsnitz, le nomme,

TROISIÈME COMBAT D'ALTENKIRCHEN.

retombe en faiblesse, et bientôt il expire (21 septembre 1796, dernier jour de l'an IV). Ainsi périt à vingt-sept ans ce vaillant homme que la ville de Chartres doit s'honorer d'avoir vu naître, qui avait reçu, à vingt-trois ans, le grade de général de division, et que la mort avait tant de fois respecté dans les champs de bataille.

L'archiduc Charles, à la prière des officiers français, rendit à l'armée de Sambre-et-Meuse les dépouilles mortelles de Marceau; il les fit escorter par un gros corps de cavalerie jusqu'à Neuwied, et le jour où elles furent déposées dans le fort de Pétersberg, près de Coblentz, les troupes autrichiennes prirent les armes, et leur rendirent aussi les honneurs militaires. Les généraux Lefebvre, Championnet, Grenier, Klein, Sorbier, Goullas, Barbier, Fay et Hardi, assistaient à ses funérailles; et ce dernier, qui devait aller mourir à Saint-Domingue, prononçait son éloge funèbre. Un monument, construit sur les dessins du général Kléber, pour lequel Marceau avait toujours eu tant d'attachement et de vénération, fut élevé dans ce même fort qui, pendant dix-huit ans, a été honoré du nom de ce héros, et une inscription simple le recommandait aux respects des amis et des ennemis. Un an après, jour pour jour, les cendres de Hoche, et bientôt après celles de Chérin, leur ami fidèle, devaient se réunir dans le même tombeau. Ce sont les pierres d'un tel monument que les autorités prussiennes ont employées, dit-on, en 1818, à agrandir les fortifications de Coblentz. La vraie gloire, sans doute, est indépendante de cette sorte de profanation; mais il est doux pour la nation française de rendre à ses propres guerriers cet hommage que partout ils ont respecté le dernier asile et les ossemens des grands hommes.

L'armée de Sambre-et-Meuse qui, en entrant en Franconie, et en y comprenant les troupes sous les ordres de Marceau, était composée de soixante-quinze mille combattans, n'avait perdu environ que neuf mille hommes pendant un mois et demi de combats journaliers, dont un grand nombre furent livrés dans sa marche rétrograde. Pouvait-elle faire une réponse plus décisive aux détracteurs de sa gloire? Jourdan, exténué de fatigues, et que le gouvernement aurait pu fortifier avec l'armée du Nord, tardivement détachée de la Hollande, quitta le commandement et se retira dans le sein de sa famille, dont la confiance de ses concitoyens et les besoins de la patrie vinrent fréquemment l'arracher par la suite.

Nous avons dit que l'armée de Rhin-et-Moselle eut aussi des pertes à déplorer. L'adjudant-général Houel, officier d'une grande espérance, périt au passage du Lech, le 24 août; Beaupuy, à peine remis des blessures qu'il avait reçues devant le camp de Wilstell, fut victime de sa fougueuse bravoure sur les bords de l'Eltz, le 19 octobre; et Abattucci, plus jeune encore que

Marceau, né en Corse, élevé à l'Ecole militaire, ayant fait, comme Bonaparte, ses premières armes dans le régiment de La Fère (artillerie), chargé de lauriers cueillis en Hollande, sur le Rhin et dans les eaux du Lech, trouva une mort glorieuse, le 1er décembre, en défendant la tête de pont d'Huningue.

Pendant que Moreau, après la bataille de Neresheim, se décidait à passer le Danube, son lieutenant Férino, après s'être avancé sur deux colonnes par le chemin des villes forestières, s'être emparé de Lindau et de Brégentz, le long du lac de Constance, avait poussé jusqu'au-delà de l'Iller, vers Memmingen, où les Suédois avaient pénétré en 1634, lorsqu'ils combattaient avec tant de gloire pour l'indépendance de l'Allemagne. Le 12 août, son avant-garde, commandée par Abattucci, ayant battu le corps de Condé, et l'ayant poursuivi jusqu'au-delà de Kamlach, il fut résolu, dans le camp du prince, de répondre aux reproches des Autrichiens par un coup d'éclat, et par une attaque vigoureuse au succès de laquelle la ruse devait se réunir à la force. Le 13, à deux heures du matin, les émigrés tombèrent inopinément sur cette avant-garde, en repoussèrent les avant-postes jusqu'au bois de Kamlach, où était l'infanterie française, et là ils livrèrent un combat très-acharné, où la 3e demi-brigade d'infanterie légère, et la 89e de ligne qui se plaça en échelon pour secourir la première, firent toutes deux des prodiges de valeur. Les braves dont elles étaient formées furent un instant étonnés d'entendre crier au milieu d'eux : « *Nous sommes tournés, nous sommes trahis, sauve qui peut !* » Les officiers qui, depuis trois ans, conduisaient les phalanges françaises au combat, déployaient une bravoure trop brillante, et s'exposaient avec trop peu de ménagement pour que la confiance des troupes ne fût pas entière. On regarde, on examine. C'était des gentilshommes qui, à la faveur d'une langue commune, s'étaient glissés dans les rangs des républicains ; la colère s'empare de ceux-ci, et les alarmistes sont assommés à coups de crosse. Alors le succès n'est plus douteux, et l'avant-garde française est partout victorieuse. Le corps des chasseurs nobles fut presque entièrement détruit ; les ennemis eurent plus de douze cents blessés, et le général Abattucci fit enterrer honorablement, sur le champ de bataille, cinq cent soixante-douze émigrés, dont cinquante chevaliers de Saint-Louis, et dix-huit officiers supérieurs. Trois généraux allèrent mourir de leurs blessures à Mindelheim.

Le même jour (7 fructidor—24 août) où le courage trop indomptable de Ney compromettait, sans aucun avantage pour l'armée de Sambre-et-Meuse, la liberté de deux bataillons de la 23e de ligne, à Amberg, en-deçà de Sulsbach, et coûtait la vie à leur chef de brigade l'intrépide Deshayes, l'armée de Rhin-et-Moselle effectuait son passage du Lech, et triomphait encore à Fridberg. L'aile droite, commandée par Férino, passa la première à un gué que les ennemis ne connaissaient pas. Les généraux Abattucci et Montrichard, le chef de brigade Cassagne et Savary, alors aide-de-camp de Férino, se jetèrent à l'eau pour donner l'exemple aux troupes, dont le premier peloton faillit être entraîné tout entier par la rapidité du courant. Le centre, sous les ordres du général Saint-Cyr, franchit des gués inférieurs et encore plus dangereux : ce fut là que périt l'adjudant-général Houel. Lors de ce passage et de la bataille de Fridberg, le centre eut le plus l'occasion de se signaler, et les généraux eurent à louer la 31e, la 62e et la 89e de ligne, la 3e, la 10e et la 21e légères, les 11e et 12e de cavalerie, les 6e et 4e de dragons, les 8e et 9e de hussards, les 2e, 4e et 8e de chasseurs, ainsi que l'artillerie légère. Vandamme se mit à la poursuite des ennemis qui perdirent, dans cette journée, dix-sept pièces de canon, deux drapeaux et près de deux mille prisonniers.

Après le combat de Geisenfeld (1er septembre), et qui fut glorieux pour les armes françaises, Férino se laissa enlever (le 7) un parc d'artillerie et son ambulance à Dachau, sur la route de

Munich, le jour même où, pour préserver sa capitale, l'électeur de Bavière signait la paix avec la France. Ce fut alors que Moreau commença cette longue et difficile retraite que les militaires ont admirée, mais qu'une détermination plus vive sur les bords du Danube, et une connaissance plus exacte des opérations de l'archiduc, n'auraient pas rendue nécessaire.

BATAILLE DE BIBERACH ET DE STEINHAUSEN,

2 octobre 1796 (Moreau.)

Lorsque, vers le milieu de septembre, l'armée de Rhin-et-Moselle commença ce mouvement rétrograde, elle était forte de soixante mille hommes. Le corps autrichien du général Latour, qu'elle avait en tête, ne comptait que vingt-trois mille hommes. Le général Frœlich, avec dix mille hommes, était en observation à l'extrême droite de l'armée française; et le général Nauendorff, aussi avec dix mille hommes, s'étant séparé du corps de Latour, manœuvrait sur le flanc gauche de Moreau, afin d'arriver avant lui sur la Kintzig et sur la Renchen, vers lesquelles se dirigeait l'archiduc Charles.

Arrivé sur l'Iller le 24 septembre, Moreau apprit que l'archiduc, après avoir forcé l'armée de Sambre-et-Meuse à repasser le Rhin, s'avançait et manœuvrait déjà sur ses derrières; que le corps de Nauendorff allait se réunir à celui du général Petrasch, qui, ayant échoué devant Kehl le 18 septembre, arrivait sur la Renchen, pour s'emparer des débouchés des Montagnes noires par où nous devions nous retirer. N'ayant donc pas de temps à perdre pour regagner le Rhin, il continua sa retraite, faiblement inquiété par le général Latour, qui, seul jusque-là, suivait son mouvement.

Cependant Moreau, arrivé au pied des Montagnes noires, fut attaqué vivement par Latour le 30 septembre. Ne pouvant alors forcer le passage de ces montagnes, ni continuer sa retraite qu'après avoir rejeté ce général assez loin pour s'en débarrasser pendant quelques jours; sachant d'ailleurs qu'il ne pouvait être soutenu ni par Frœlich, ni par Nauendorff, qui alors étaient trop éloignés, il résolut de l'attaquer. Le succès paraissait d'autant moins douteux, que l'armée française était réunie, et que son général pouvait la porter en masse contre chacun des différens corps autrichiens disséminés, et les écraser en détail.

L'aile droite, aux ordres du général Férino, reçut en conséquence l'ordre de laisser un corps de troupes pour contenir celui du général Frœlich, pendant que le surplus se rapprocherait du centre vers le village d'Essendorff, en attaquant vivement l'ennemi partout où l'on pourrait le rencontrer. Le général Gouvion-Saint-Cyr, avec le centre et la réserve, fut chargé d'attaquer l'ennemi dans sa position, au village de Steinhausen, et de tâcher de le pousser jusqu'à Biberach, pendant que le général Desaix, avec l'aile gauche, attaquerait de l'autre côté du lac de Fédersée, par la route de Riedlingen à Biberach, et tâcherait de précéder sur les hauteurs, près de cette ville, le corps de bataille du général Latour campé à Steinhausen, et que le général Saint-Cyr devait faire replier. Celui-ci commença la principale attaque vers les sept heures du matin. Une colonne marcha par la droite de Schussenried, et une autre par Oggeltshausen : les Autrichiens, après une longue résistance, furent enfin culbutés et poursuivis vivement. L'aile gauche s'était mise en mouvement plus matin, afin d'être arrivée à l'instant désigné pour l'attaque du centre, entre Séekirch et Ella. L'aile droite ennemie fut abordée et forcée de plier comme le corps de bataille. Enfin la victoire la plus brillante fut le fruit de cette journée : cinq mille prisonniers, dont soixante-cinq officiers, dix-huit pièces de canon et deux drapeaux, tombèrent au pouvoir des Français. Cette bataille eût été bien plus désastreuse pour les Autrichiens, si le général Férino y eût pris part; mais l'officier qui lui portait de nouvelles instructions ayant été égaré par son guide, il les reçut trop tard, et ne put concourir au succès de la journée. Sans ce contre-temps, le corps du général Mercautin, opposé à notre droite, était coupé, et l'armée du général Latour menacée d'une entière destruction.

Quoique des plus complètes, la victoire de Biberach ne fut cependant pas suffisante pour dégager totalement l'armée de Rhin-et-Moselle, qui eut encore plus d'un combat dangereux à livrer pour parvenir sur les bords du Rhin; car l'archiduc étant arrivé sur la Renchen, et occupant les vallées de cette rivière et de la Kintzig, il fallut se rejeter dans celles plus étroites qui aboutissent à Fribourg, et forcer le fameux passage du *Val-d'Enfer*, que l'intrépide Villars ne s'était pas trouvé assez diable pour franchir.

DERNIÈRES OPÉRATIONS DE L'ARMÉE DE RHIN-ET-MOSELLE.

COMBATS DE ROTWEIL ET DE VILLINGEN ; PASSAGE DU VAL-D'ENFER ; AFFAIRE SUR L'ELTZ, ET BATAILLE DE SCHLIENGEN,

du 9 au 24 octobre 1796.

Ne laissant devant le général Latour que ce qui était nécessaire pour le contenir, Moreau courut au général Nauendorff vers Rotweil et Villingen, culbuta ses postes avancés, entra dans Rothenmunster, dans Rotweil, et le lendemain dans Villingen, que Taponnier avait tourné en remontant la vallée de la Breg, l'une des premières et des plus considérables sources du Danube. Le général en chef, se trouvant ainsi à la hauteur de Stokach et de Friednigen, détacha sur Huningue, par les villes forestières, une demi-brigade qui remplit fidèlement sa mission de ramener le grand convoi des munitions et des bagages. Dirigeant alors le reste de l'armée par Donaueschingen, résidence ordinaire du prince de Furstemberg, il destina le corps du centre à ouvrir la vallée de Neustadt déjà occupée par l'ennemi, et les deux ailes formèrent le corps de bataille chargé de combattre à la fois Latour, Petrasch et Nauendorff, qui le harcelaient de toutes parts. Les troupes aux ordres du général Gérard, dit Vieux, franchirent tous les obstacles, et s'emparèrent de ce *Val-d'Enfer,* espèce de crevasse resserrée par deux rochers à pic nommés dans le pays *Hirsch-Sprung (Saut-du-Cerf),* et au milieu desquels il n'y a d'espace que pour la route et le torrent. Nous en disons assez pour faire connaître que deux compagnies d'infanterie, qui auraient su encombrer ce chemin, auraient pu arrêter l'armée dans ce défilé dangereux, et au moins la contraindre de se jeter à gauche dans la vallée d'Alb par Saint-Blaise, et ensuite par Todnau et Gisibel, ce qui eût donné au prince Charles le temps d'arriver à Fribourg.

Quoique Moreau ne pût douter que ce prince n'eût rallié toutes ses forces derrière l'Eltz, il voulut néanmoins se diriger vers Strasbourg, et cette résolution donna lieu aux combats sanglans qui furent livrés à Kintzingen, à

Waldkirch, à Kœndringen, à Simonswald et à Nimbourg. Ce fut à Kœndringen que fut tué d'un coup de canon le brave général Beaupuy, commandant l'avant-garde, et qui perdit connaissance avant de pouvoir donner communication de l'ordre qu'il avait d'effectuer la retraite en-deçà de l'Eltz. Chauvel, dragon du 6e régiment, voit son général renversé : il s'approche, il se fait aider par un sergent d'infanterie, et place Beaupuy en travers devant lui, et il l'emporte au milieu du feu de l'ennemi. A quelques pas de là le chapeau du général tombe; Chauvel, qui craint que l'ennemi n'apprenne la perte que viennent de faire les Français, relève froidement le chapeau avec la pointe de son sabre, et continue de se retirer. Il s'aperçoit qu'il est coupé; il fait un détour, et va passer la rivière à la nage, tenant toujours sur sa selle le fardeau précieux dont il s'est chargé, et il le dépose au quartier-général avec les papiers, les cartes, la montre et l'argent de ce vaillant guerrier, dont le frère est mort aussi sur le champ de bataille. Le dévouement du brave Chauvel prouva combien Beaupuy était aimé des soldats qui l'avaient toujours vu combattre à l'avant-garde, et se signaler autant par son humanité que par sa valeur. Moreau consacra dans la suite un monument funèbre à la mémoire du général Beaupuy.

Il fallut donc encore se rabattre sur la droite, et se diriger sur Huningue. Desaix, commandant l'aile gauche, passa le Rhin à Vieux-Brisach, afin de se porter rapidement vers Kehl, pour menacer les derrières de l'archiduc. Mais celui-ci arriva dans Fribourg presque aussitôt que l'armée française en sortait. Pour que la jonction de cette armée avec son aile droite, qui débouchait des gorges de Neustadt, eût lieu, et garantir cette aile que poursuivait Frœlich, et en même temps l'armée derrière laquelle arrivait l'archiduc, il fallait qu'elle eût lieu derrière la Treissam, et que l'aile et l'armée arrivassent simultanément au pont qui est sur cette rivière, près de Fribourg. Les mouvemens de ces deux corps, marchant devant un ennemi supérieur, furent cependant combinés et exécutés avec une régularité si admirable, que la réunion s'opéra précisément à l'heure qui avait été déterminée. Cette précision fut un présage qui ne parut douteux ni à la France, ni aux ennemis qui s'acharnaient à la combattre. Moreau, affaibli de tout le corps de Desaix, voulut en imposer au prince Charles, en prenant position à Schlingen, afin de n'être point acculé au pont d'Huningue, seul passage qui restait à l'armée. Une bataille parut encore indispensable, et elle fut acceptée, le 24 octobre, par le général français, dont l'aile droite, où Férino et de Laborde acquirent de nouveaux titres à la gloire, fit des prodiges de valeur, et soutint pendant douze heures les efforts réitérés de l'ennemi. Cette courageuse résistance, malgré la fatigue extrême des troupes et le temps affreux qu'il faisait, eut le résultat que s'en était promis le général; car le prince Charles, qui tenta vainement de dépasser l'armée française, et qui ne put jamais entamer l'arrière-garde que guidaient Abattucci et Laboissière, fut contraint d'assister au passage du Rhin que Moreau effectua sous ses yeux et sans en être inquiété.

Le général français, arrivé sur la rive gauche, laissa Férino près d'Huningue, et marcha vers Strasbourg, tandis que le prince Charles, confiant l'attaque de la tête de pont d'Huningue au prince de Furstemberg, courut s'unir aux troupes qui faisaient le siége de Kehl, dont Desaix venait d'entreprendre la défense.

SIÉGE DE KEHL,

investi le 17 septembre 1796, évacué le 10 janvier 1797 (Desaix.)

Dans la situation où nous allons bientôt voir qu'étaient alors les affaires en Italie, l'archiduc commettait une faute grave de ne pas se contenter de masquer seulement les deux têtes de pont que les Français eussent conservées sur la rive droite du Rhin, et de ne pas envoyer la plus grande partie de ses forces au secours de Mantoue.

Le fort de Kehl avait été mis à peine à l'abri d'un coup de main. Il était d'ailleurs compromis par le trop d'étendue de ses ouvrages avancés, disproportionnée avec la faible garnison destinée à les défendre, et qui n'avait pas même été convenablement augmentée par l'adjonction du corps d'observation commandé par le général Scherb. Des forces supérieures avaient contraint ce général, malgré la plus courageuse résistance, de se replier sous les murs de Kehl. Ses troupes, exténuées par la fatigue et par les combats multipliés qu'il leur avait fallu livrer, avaient été surprises et tournées, le 18 septembre, par les Autrichiens que guidaient des officiers qui s'étaient précédemment déguisés en paysans pour travailler aux retranchemens exécutés par les Français. L'attaque imprévue et vigoureuse de l'ennemi avait eu d'abord un trop grand succès, et sa cruauté n'épargna dans la ville de Kehl ni les enfans, ni les vieillards, ni les femmes enceintes; mais des prodiges de valeur avaient rétabli les affaires, sauvé Kehl, et peut-être garanti l'armée de Rhin-et-Moselle qui, à son arrivée à Huningue, aurait pu trouver le pont détruit par le même corps qui aurait fait sauter celui de Kehl. L'issue de cette journée sanglante fut due au calme intrépide du général Siscé, au zèle actif des généraux Moulin et Schawembourg, accourus de Strasbourg avec les ouvriers des ateliers militaires, formés spontanément en bataillons, et avec les grenadiers, les chasseurs et les canonniers de la garde nationale de Strasbourg, qui s'efforcèrent de rivaliser avec la brave 68e demi-brigade qui s'immortalisa dans cette circonstance. Le général d'artillerie Dorsner, qui passait à Strasbourg, se réunit aux troupes, et rendit alors des services importans. Entre un grand nombre de traits remarquables, nous citerons celui de M. Ferry, officier au 15e régiment de cavalerie. Ayant été fait prisonnier au commencement de l'action, et ayant été confié, dans un souterrain, à la garde de sept Autrichiens, il sut distinguer le moment où les Français reprenaient l'avantage. Aussitôt il en impose, par sa fermeté, à ses gardes; il se fait rendre son sabre, et les fait ses propres prisonniers.

Ne pouvant entrer ici dans le détail de la défense de Kehl, opération que nous indiquons comme l'une des plus glorieuses pour les armées françaises, nous nous faisons un devoir de faire connaître le nom des corps et celui des généraux qui secondèrent le général Desaix.

Le général Gouvion-Saint-Cyr arriva, vers le 15 de décembre, pour soulager le général en chef; et, depuis cette époque, ces deux généraux se relevèrent mutuellement tous les cinq jours. Le général de division Eblé, dont nous avons déjà eu l'occasion de signaler les talens et le courage, dirigeait les travaux de l'artillerie; il avait sous ses ordres le chef de brigade Lobréau. Le général Bois-Gérard commandait le génie, et le chef de bataillon Dédon l'aîné, aujourd'hui lieutenant-général, était chargé en chef des équipages de ponts. Cet officier a décrit avec détail les deux passages du Rhin, le siége de Kehl et celui d'Huningue, enfin les campagnes de l'armée commandée par Moreau, jusqu'à la signature des préliminaires de paix à Léoben : sa relation est entre les mains de tous les militaires. Les 3e, 10e, 31e, 44e, 62e, 68e, 76e, 84e, 97e, 100e, 103e, 106e, 109e de ligne, et un bataillon de la 93e, faisant ensemble quarante bataillons, dont quinze étaient journellement

SIÉGE DE KEHL.

de service sur la rive droite du Rhin, formaient la garnison. Les généraux de division Aubert, Duhesme et Sainte-Suzanne avaient sous leurs ordres les généraux de brigade Davoust, Decaen, Lecourbe, Eckmayer, Montrichard et Tarreau. L'armée autrichienne, commandée par le général Latour, était composée de cinquante-cinq bataillons et de quarante-six escadrons. Le lecteur ne doit jamais perdre de vue que les bataillons autrichiens étaient composés de douze à quinze cents hommes, et leurs escadrons de cent vingt à cent cinquante chevaux. L'émigré, baron de Klinglin, qui avait été lieutenant de roi à Strasbourg, et dont les fourgons devaient acquérir une si grande célébrité, se rendit très-utile à l'ennemi, ainsi que plusieurs ingénieurs français passés à son service. L'archiduc Charles assista en personne à plusieurs des combats qui furent livrés pendant tout le cours du mois de décembre. Tous les points furent défendus avec la plus grande vigueur, et particulièrement la redoute des Trous-de-Loup, celle du Cimetière et l'île d'Ehrlen-Rhin, long-temps conservée par la présence d'esprit et l'intrépidité de Lecourbe. La 10ᵉ demi-brigade qui perdit un chef de bataillon, le brave Messeire, la 62ᵉ et la 76ᵉ, se couvrirent de gloire. Enfin, toutes les palissades ayant été renversées, tous les fossés comblés, le fort n'étant plus en état de soutenir une attaque de vive force, le général Desaix proposa de l'évacuer, et obtint vingt-quatre heures pour tout enlever. Ce court espace de temps fut si bien mis à profit par toute la garnison, qu'elle rapporta à la rive gauche, non seulement jusqu'à la dernière palissade et aux bois de plate-forme, mais encore jusqu'aux éclats de bombes et d'obus. L'ennemi en avait jeté trente mille dans la place, avec quatre-vingt-treize mille boulets et trois mille boîtes à mitraille. Les Autrichiens, qui, depuis la cessation d'armes, visitaient les travaux de Kehl, admiraient l'empressement des soldats français qui leur disaient : « Nous ne vous laisserons pas un clou. » En effet, le 10 janvier 1797, à quatre heures du soir, Desaix et ses généraux parurent à la tête de leur garnison, qui défila tambour battant et enseignes déployées, et suivant les cent deux bouches à feu, les caissons, les voitures, les magasins qu'elle enlevait, ne laissant à l'archiduc qu'un monceau de terre labourée, devant lequel il avait sacrifié dix mille des meilleures troupes impériales. Lors de l'évacuation du matériel de l'artillerie, les Autrichiens avaient réclamé, comme leur appartenant, deux pièces de 8 qu'ils avaient renversées en attaquant la redoute du Cimetière, le jour où le chef de bataillon Messeire fut tué en les repoussant. Le chef de bataillon du 5ᵉ régiment d'artillerie, Demarçay, prouva au général Latour que ces deux pièces n'avaient point cessé d'appartenir aux Français, et il les fit enlever en présence de l'ennemi. Ce jeune officier était destiné à défendre un jour avec plus de gloire, et peut-être avec moins de succès, sur un terrain plus vaste et plus élevé, des droits d'une bien autre importance.

Quelques historiens assurent que Desaix sut déterminer le général Latour en le menaçant de faire sauter les mines (qui n'existaient pas). Ils ajoutent que, préoccupé de l'importance de ces mines, un Allemand, officier supérieur du génie, pressait le général de lui remettre les plans de la place, et que Desaix, avec ce sang-froid qui le caractérisait, le priait de prendre patience jusqu'à ce qu'il lui remît les clefs du fort. Comme ce fort était entièrement rasé, l'ingénieur se trouva dedans, sans s'être aperçu qu'il y était entré. Honteux de la plaisanterie du général français, il disparut.

Desaix, ayant été blessé lors du second passage du Rhin à Diersheim, voulut mettre à profit, pour son instruction, le temps qu'un autre aurait donné au repos. Il se rendit en Italie. Bonaparte saisit cette occasion de rendre hommage aux grands talens de ce modeste guerrier, dont la longue résistance à Kehl avait si puissamment contribué à la reddition de Mantoue; il mit à l'ordre ces mots remarquables : « L'armée d'Italie est prévenue « que le général Desaix arrive de l'armée du Rhin, et qu'il va recon- « naître les positions où les Français se sont immortalisés. »

SIÉGE DE LA TÊTE DE PONT D'HUNINGUE,

investie le 27 octobre 1796, évacuée le 5 février 1797 (ABATTUCCI, DUFOUR.)

Nous nous étendrons moins encore sur la belle défense de la tête de pont d'Huningue, puisqu'il nous suffit d'en rappeler le souvenir glorieux, et que cet ouvrage rapide n'est point consacré aux détails des opérations militaires.

Abattucci, sous les ordres de Férino, était chargé, avec la 3ᵉ demi-brigade d'infanterie légère, la 56ᵉ et la 89ᵉ de ligne, de défendre ce qu'on appelait la tête de pont d'Huningue contre treize bataillons d'infanterie et douze escadrons ennemis. Alix commandait l'artillerie, et Poitevin le génie.

SIÉGE DE LA TÊTE DU PONT D'HUNINGUE.

Il s'agissait de conserver, non le pont qui cessa bientôt d'exister, et que le feu des Autrichiens ne permit jamais de rétablir, mais le petit ouvrage à corne, relevé sur les anciens fondemens, dans l'île qui partage le Rhin devant Huningue, et la grande lunette établie sur la rive droite. Ces travaux étaient dominés; et lorsqu'ils auraient pu être enlevés par une attaque de vive force, le prince de Furstemberg se retrancha avec soin, et construisit douze batteries fortement armées qui furent enfin prêtes à tirer le 12 novembre (22 brumaire an V). La perte du pont ne diminua rien du courage et du dévouement des troupes, dont le général Abattucci n'avait point trop présumé, quand il répondit avec hauteur aux deux sommations successives que lui envoya le général autrichien. Le siége ayant été entrepris et suivi avec toutes les règles de la prudence, les assiégés résistèrent avec tout l'élan de l'enthousiasme; et lorsque, dans la nuit du 30 novembre, six mille hommes vinrent contraindre les Français d'abandonner la lunette, on se battit long-temps corps à corps; les canonniers républicains assommèrent à coups de leviers les Autrichiens qui voulaient s'emparer des pièces. Ne pouvant plus tirer sur ceux des ennemis qui étaient parvenus dans les fossés, les canonniers de la compagnie d'artillerie légère du capitaine Foy, nom destiné à plusieurs genres d'illustration, prirent des obus, les allumèrent, et les roulèrent sur les assaillans. Abattucci, retiré dans l'ouvrage à corne, et ne pouvant, malgré la vivacité de son feu, déloger les Autrichiens de la lunette, prend un parti audacieux. Il s'élance à la tête de ses intrépides compagnons, et va ravir aux assaillans le fruit de la victoire. Il les poursuit, les atteint, les culbute, et les chasse entièrement de tous les ouvrages dont ils s'étaient emparés. Cette affaire, terminée avant deux heures du matin, coûte aux ennemis plus de dix-huit cents hommes tués ou blessés, et une centaine de prisonniers. Elle coûta plus cher aux Français : Abattucci, au milieu du combat, avait été frappé à mort; et cet homme d'une si grande espérance s'était comme enseveli dans son triomphe. Un mausolée, élevé par les soins de Moreau dans la grande île du Rhin, vis-à-vis Huningue, rappelait aux soldats français un chef valeureux et de grands souvenirs. Les nations savent ce que deviennent quelquefois les monumens; mais ceux qui se rendent les auxiliaires empressés de la faux du temps ne peuvent rien ni sur le burin de l'histoire, ni sur la mémoire des hommes.

Le général Dufour, dont nous avons signalé la noble conduite à Verdun (page 55), et qui, couvert de blessures et de lauriers, ayant été fait prisonnier, avait été échangé contre le général Provera, fut le digne successeur d'Abattucci. Ce fut sous le commandement de Dufour que des sorties pénétrèrent jusqu'aux retranchemens du plateau d'Haltingen, qu'on encloua aux ennemis plusieurs pièces, qu'on leur en enleva deux, avec les outils des travailleurs, et qu'on leur fit même plusieurs prisonniers. Le capitaine Martin et le lieutenant Fagget, des grenadiers de la 89e demi-brigade, attirèrent sur eux, dans l'une de ces sorties, les regards et l'admiration de leurs camarades.

Enfin l'ennemi ayant reçu l'artillerie qui avait été employée devant Kehl, et s'étant tellement approché de la tête du pont qui se trouvait sans moyens de retraite, qu'il ne restait plus d'espérance, le général Dufour, pour sauver trente-deux pièces de canon et une garnison de trois mille hommes, proposa les articles d'une capitulation qui fut acceptée. Il obtint quatre jours pour évacuer le fort avec les bateaux qui lui restaient pour seul moyen de communication, et comme Desaix, à Kehl, il ne laissa que des monceaux de terre dans l'île du Rhin devant Huningue. Les ennemis prirent possession de ces décombres le 5 février 1797, et l'armée de Rhin-et-Moselle put enfin entrer en cantonnemens et prendre quelque repos. L'armée d'Italie n'en prenait aucun.

CAMPAGNES D'ITALIE,

(BONAPARTE.)

Depuis que Bonaparte était venu se mettre à la tête des troupes, tout avait changé de face; et les grandes actions des Masséna, des Augereau, des Serrurier, des Laharpe, des Cervoni, eurent enfin de glorieux résultats.

Nous allons parcourir avec rapidité les principaux événemens qui ont signalé les six campagnes que le général français a faites pendant les années IV, V et VI, époque à jamais célèbre où une armée de trente à quarante mille hommes soutint les plus grands efforts de l'Autriche, fit la conquête de toute la partie septentrionale de l'Italie, d'une grande portion de l'Autriche, et dicta la paix continentale à vingt-cinq lieues de la capitale de l'empereur.

Dans sa première campagne, Bonaparte attire sous Gênes le général Beaulieu, l'attaque sur ses flancs, déborde sa droite, le bat à Montenotte (11 avril 1796), se porte alternativement sur Dego et sur Mondovi (15, 22 avril), pousse Beaulieu sur Milan, et Colli sur Turin, contraint le roi de Sardaigne à poser les armes, réduit le duc de Parme à demander la paix, passe le pont de Lodi, se rend maître de la Lombardie, traverse le Mincio, investit Mantoue; et, en moins

CAMPAGNES D'ITALIE.

de deux mois, il pénètre des montagnes de Gênes aux montagnes du Tyrol, et menace le midi des possessions autrichiennes. Des succès si étonnans avaient d'abord, ainsi que nous l'avons vu, obligé Wurmser à évacuer l'Alsace, à repasser le Rhin, et à venir avec quarante mille hommes au secours du Tyrol. Ce général paraît sur l'Adige, à la tête de quatre-vingt mille combattans; et faisant traverser à sa droite le val Sabbio, entre l'Oglio et le lac de Garda, il arrive en même temps à Vérone et à Brescia. Alors commence la seconde campagne de Bonaparte, qui n'avait que trente mille hommes à opposer à son nouvel ennemi. Cette campagne fut admirable. Le général français n'hésita point à lever le siège de Mantoue, et à suppléer au nombre par la rapidité des marches et par l'habileté des manœuvres. Ses résolutions furent si promptes, ses opérations si hardies, il saisit avec tant d'audace toutes les occasions de reprendre l'offensive, que Wurmser, qui cependant avait souvent occupé le quartier-général français, et qui avait mis Bonaparte aux plus rudes épreuves, ne put jamais se soustraire à l'ascendant de son jeune rival. Les combats de Lonado, de Castiglione, de Gavardo, et la victoire de Castiglione (3, 4 et 5 août), couronnèrent cette campagne de quelques jours, après laquelle Wurmser rentra dans les gorges du Tyrol, laissant entre les mains des Français une grande partie de sa belle armée, tous ses caissons d'infanterie, et près de quatre-vingts pièces de son artillerie.

La troisième campagne jeta l'Europe dans un égal étonnement. A peine l'armée française a-t-elle pris quelque repos, que Bonaparte apprend que l'ennemi, ayant reçu des renforts, descend du Tyrol vers la Brenta. Remonter aussitôt l'Adige, réunir sur Rovérédo toutes les divisions françaises qui arrivent à-la-fois de Vérone et de l'autre rive du lac de Garda, battre la moitié de l'armée autrichienne (4 et 5 septembre), feindre de marcher vers l'Inn au nord, se rabattre vivement sur la Brenta, couper et enfermer Wurmser par une marche de vingt lieues en deux jours, l'atteindre et le vaincre à Bassano (8 septembre), lui enlever cinq mille prisonniers, et le contraindre, pour dernière ressource, d'aller se réfugier dans Mantoue avec dix mille hommes de cavalerie, plusieurs régimens de cuirassiers, son état-major et les bagages de son armée, tout fut l'affaire d'une campagne aussi courte que la précédente. La cour de Vienne, occupée des préparatifs du triomphe qu'elle s'apprêtait à décerner à sa nouvelle armée, apprit par la voix publique que cette armée n'existait plus, et que ses débris, avec son général, étaient enfermés dans la seule place qui lui restât en Italie.

Cependant l'Autriche n'a point encore perdu toute espérance. Le feld-maréchal Alvinzy accourt à la tête d'une quatrième armée, traverse le Frioul, passe la Piave avec cinquante mille combattans; et, secondé par vingt mille hommes que le général Davidowich amène du Tyrol, il oblige Bonaparte d'évacuer les pays trop étendus qu'il occupait entre l'Adige et la Brenta. Vainement celui-ci essaie de reprendre l'offensive à Caldiero (12 novembre); le vent et la grêle deviennent les auxiliaires de l'ennemi, et neutralisent les premiers succès d'Augereau et de Masséna. Les Français ont rétrogradé jusqu'à Vérone; réduits à quinze mille hommes, ils partagent l'opinion générale que leur retraite va se prolonger, que le blocus de Mantoue va être levé, qu'ils vont évacuer l'Italie. Tout-à-coup ils reçoivent l'ordre de descendre l'Adige; ils passent cette rivière à Ronco, vers deux heures du matin, et livrent la fameuse bataille d'Arcole (15, 16, 17 novembre), où, pendant trois jours, le génie du général en chef, la valeur brillante des officiers et des généraux, la confiance et l'intrépidité des troupes, donnèrent un si mémorable et un si sanglant spectacle au milieu des marais de l'Alpon. Les Autrichiens, après une résistance héroïque, furent vaincus et poursuivis; ils repassèrent en désordre la Brenta.

Alvinzy se proposait de remonter les gorges de ce torrent, et de se réunir à Davidowich qui, pendant que son chef était battu à Arcole, avait remporté des succès sur le général Vaubois à

Corona. Bonaparte, dans cette cinquième campagne, déjoue ce plan bien conçu et mal exécuté. La bataille si glorieuse de Rivoli (14 et 15 janvier 1797), où dix-huit mille Français battirent quarante mille Autrichiens et firent dix-sept mille prisonniers, et le combat de la Favorite, après lequel le général Provera mit bas les armes pour la seconde fois (16 janvier), firent enfin tomber la place de Mantoue au pouvoir de la république française, le 2 février. Quatre batailles rangées, soixante-dix combats, cent mille prisonniers faits sur l'ennemi, avaient procuré cette importante conquête.

L'Autriche était dépouillée de ses plus riches possessions en Italie; mais une autre puissance avait encouru le ressentiment du général français. La cour de Rome, après avoir toléré l'assassinat de Basseville, cherchait à éluder les conventions qu'elle avait été forcée de conclure au mois de juin 1796. Elle implorait l'appui de l'Autriche, elle lui empruntait des officiers et des généraux; enfin elle fait marcher ses troupes contre les Français, et elle veut faire de cette nouvelle guerre une guerre religieuse. Les soldats du pape sont mis en fuite; le duché d'Urbin, la marche d'Ancône, sont conquis; la Madone de Lorette fait le voyage de Paris; et le général français, dédaignant de monter au Capitole si humilié au souvenir de son antique grandeur, signe, à trente-cinq lieues de Rome, la paix de Tolentino (19 février 1797), par laquelle le Saint-Père abandonne à la France, à perpétuité, Avignon, le comtat Venaissin, et les légations de Bologne, de Ferrare, de la Romagne; renonce à toute coalition contre la république, et s'engage à faire désavouer le meurtre barbare commis sur la personne de l'ambassadeur français, dont il doit indemniser la famille, autant que l'or peut payer le prix du sang innocent. Ayant ainsi employé à cette expédition le temps de repos nécessaire à ses troupes, Bonaparte revole sur la Piave où il commence sa sixième campagne contre un général digne de lui. Il bat le prince Charles sur le Tagliamento, sur l'Isonzo et à Tarvis. Il franchit les Alpes juliennes; et, maître de Trieste et de l'Istrie, de la Carniole, de la Carinthie, de la Styrie, d'une grande partie de l'Autriche antérieure, il dicte à la cour de Vienne la paix glorieuse de Campo-Formio, dont il avait signé les préliminaires à Léoben, sur la Müehr, le 18 avril (29 germinal an V).

Après cet aperçu rapide de ces campagnes immortelles, reportons nos regards sur quelques-unes des principales batailles que nous venons d'indiquer.

BATAILLES

DE MONTENOTTE ET DE MILLÉSIMO,

9, 10, 11 et 14 avril 1796 (Bonaparte).

La victoire remportée par les Français à Loano, le 23 novembre 1795 (2 frimaire an IV), avait assuré leur position dans la rivière de Gênes, par l'occupation définitive des places d'Oneille, de Final, de Vado, et de Savone. L'armée autrichienne, ayant rallié ses débris derrière le Tanaro, ne s'était occupée durant l'hiver qu'à réparer ses pertes, au moyen des renforts qu'on lui avait envoyés du Milanais. Le roi de Sardaigne n'avait rien négligé, de

MONTENOTTE ET MILLÉSIMO.

son côté, pour avoir une armée considérable dont il avait donné le commandement au général Colli, et le gouvernement napolitain avait fait passer deux mille quatre cents hommes de cavalerie à ses alliés, conservant sur ses frontières des troupes prêtes à marcher avec celles que le pape avait levées et qu'il faisait exercer, et celles de la république de Venise et de tous les petits états de l'Italie. Les prêtres, alarmés du danger qui les menaçait, secondaient puissamment les efforts des gouvernemens, et soulevaient les Italiens contre ceux qu'ils nommaient des *hérétiques*. C'était malgré tous ces obstacles, et ceux non moins grands que la chaîne des Alpes opposait depuis quatre ans aux efforts des Français, qu'il fallait pénétrer en Italie, et contraindre les ennemis à demander la paix. L'armée destinée à cette grande entreprise comptait à peine cinquante mille hommes; elle n'avait, pour ouvrir la campagne, ni magasins de vivres, ni équipages de transports. Un papier-monnaie, écrasé sous son propre poids; un autre papier qui le remplaça, et qui, sous le nom de *mandats*, fut décrédité dès le jour de sa naissance, servaient, depuis dix-huit mois, au paiement fictif de la solde; et les défenseurs de la France, les conquérans de tant de provinces, n'avaient, pour se soutenir au milieu des privations de toute espèce, que l'amour de la patrie, sentiment héroïque qui ne peut être suppléé par aucun autre, et qui déjà leur avait fait créer tant de merveilles.

Le nouveau général envoyé pour commander l'armée d'Italie était Bonaparte. Cet officier, qui n'avait pas alors vingt-sept ans, était entré, le 5 avril 1777, à l'école militaire de Brienne, et, le 22 octobre 1784, à l'école militaire de Paris, sous le ministère de M. le maréchal comte de Ségur qui, le 1er septembre 1785, lui procura le brevet de lieutenant au régiment de La Fère, dans lequel il fut à même d'apprécier les talens de ses chefs d'Urtubie, de Pommereuil et de Gassendi. Nous nous étendrons davantage sur cet homme extraordinaire, à l'époque du 18 brumaire an VIII, lorsque ses campagnes d'Italie et d'Egypte l'auront fait connaître à nos lecteurs. Il s'était fait remarquer, dès sa plus grande jeunesse, par son application au travail, par un génie porté aux entreprises les plus extraordinaires, et par une froideur de tête qui ne lui dérobait rien de ses dangers ni de ses ressources. Il fallait toutes ces qualités dans le général qui entreprenait la conquête de l'Italie avec d'aussi faibles moyens que ceux qui étaient mis à sa disposition. C'est par l'audace que ses premières attaques seront surtout remarquables; et les événemens postérieurs feront ressortir complètement les autres traits caractéristiques de ce général.

Bonaparte était arrivé à Nice, le 6 germinal (26 mars 1796). Il assemble sur-le-champ les généraux et les administrateurs de son armée; il apprend d'eux la pénurie où elle se trouve, et seul il n'en paraît point effrayé. Il encourage les militaires par l'assurance d'un succès prochain, distribue aux fournisseurs le peu d'argent dont il peut disposer, et communique à tous l'enthousiasme et les espérances qui l'animent.

Deux mots qu'il prononce à cette époque font connaître quelle était la disposition de son esprit : « *Si nous sommes vaincus, * disait-il, *nous aurons trop; si nous sommes vainqueurs, nous n'aurons besoin de rien.* » — Et en regardant les montagnes énormes qui le séparaient de l'Italie : « *Dans* « *quinze jours je les aurai passées, ou l'on m'aura rapporté en France* « *sur une civière.* »

Il transporta, le 12, son quartier-général à Albinga, dans la rivière de Gênes, pour être plus près du centre de son armée qui avait sa droite appuyée sur Savone, et sa gauche vers Montenotte. Les 70e et 99e demi-brigades occupaient Voltri, fort en avant de leur droite, à six lieues de Savone, et à trois de Gênes. Bonaparte avait vu, dans cette disposition de troupes, un moyen de donner le change à l'ennemi, et de lui faire croire qu'il voulait pénétrer en Italie par la Bocchetta, passage important des Appenins, qui débouche sur la route de Gavi, et auquel était appuyée la gauche de l'armée autrichienne. Beaulieu y fut trompé en effet, et, après plusieurs mouvemens propres à cacher son but, il se présenta devant Voltri le 20 germinal, avec un corps de dix mille hommes. Le général Cervoni, qui commandait dans Voltri trois mille hommes de la division Laharpe, fit, quoique bien inférieur en nombre, une résistance vigoureuse, et il se retira, dans la nuit, sur la Madona de Savone, où était appuyé le centre de l'armée. Cette retraite se fit dans le plus grand ordre, et fut protégée par quinze cents hommes que Bonaparte avait placés à cet effet aux avenues de Sassello et sur les hauteurs de Varagio.

Le 21 (10 avril 1796), dès le point du jour, les généraux Beaulieu et Roccavina attaquèrent et culbutèrent, à la tête de quinze mille hommes, toutes les positions qui couvraient le centre de l'armée française, et arrivèrent à une heure après midi devant la redoute de Montelesimo, qui en était le

LE TEMPLE DE LA GLOIRE

SERMENT DU COLONEL RAMPON
Redoute de Monte-Legino Rampon. — 10 Avril 1796.

dernier retranchement. Ils comptaient sans doute, s'ils emportaient ce poste, pénétrer jusqu'à Savone, qui n'en est éloignée que d'une lieue, et couper la retraite aux troupes de Voltri et de Varaggio. La redoute fut attaquée avec une fureur extrême, et les Autrichiens tentèrent plusieurs fois de monter à l'assaut : mais les quinze cents hommes qui la défendaient les repoussèrent toujours par le seul feu de leur mousqueterie, et leur firent perdre plus de quatre cents hommes, tués ou blessés.

Ce fut dans cette redoute que le chef de la 21e demi-brigade, Rampon, par un de ces élans qui caractérisent une âme forte et formée pour les grandes actions, fit, au milieu du feu, prêter à ses soldats le serment de mourir tous plutôt que de se rendre. Honneur au chef aussi modeste qu'intrépide qui donna ce grand exemple à ses compagnons d'armes ! Le serment de Montelesimo leur révéla le secret de leur force, et préluda dignement à leurs immortels exploits. La campagne qui s'ouvrait par une telle action, et l'armée qui contenait des héros capables de prononcer et de tenir ce serment, annonçaient assez quel rang elles occuperaient dans l'histoire.

L'ennemi passa la nuit à la portée du pistolet de la redoute, et paraissait décidé à recommencer son attaque le lendemain contre ces héros qui, n'ayant plus de munitions, avaient combattu corps à corps, et avec leurs baïonnettes. Bonaparte, profitant de l'acharnement qu'il mettait à forcer cette position, et ne doutant pas que ses flancs ne soient à découvert, fait porter, pendant la nuit, deux pièces de canon dans la redoute, afin d'en rendre l'approche plus difficile; fait poster, derrière, le général Laharpe, avec toutes les troupes de la droite; et lui-même, avec le centre et la gauche de son armée, part, au milieu de la nuit, accompagné des généraux Berthier et Masséna, et se porte, en passant par Altare, sur les flancs et les derrières de l'ennemi.

L'attaque recommença, le 22 (11 avril), dès la pointe du jour à Montelesimo. Beaulieu, qui avait reçu des renforts, et Laharpe, se choquaient avec vigueur et avec différens succès, quand Masséna parut en semant la mort et l'épouvante sur le flanc et le derrière des ennemis, où commandait M. Argenteau. Leur surprise les empêcha de résister long-temps, et ils furent mis complètement en déroute. Deux de leurs généraux, Roccavina et Argenteau, furent grièvement blessés dans cette journée, où les Autrichiens perdirent quinze cents morts, deux mille cinq cents blessés, et plusieurs drapeaux. Ils furent poursuivis jusqu'à Carcare, où le quartier-général s'établit dès le soir même, et à Cairo, qu'ils furent forcés d'abandonner.

Cette bataille prit son nom du village de Montenotte, situé dans les montagnes, à une lieue à-peu-près de Montelesimo, le long de l'Erro qui, coulant vers Acqui, va se jeter dans la Bormida.

La position de l'armée française se trouvait très-améliorée par cette victoire; elle occupait tous les pendants des Alpes qui versent dans la Méditerranée; mais la crête de ces montagnes était toujours au pouvoir des Autrichiens, qui communiquaient, par leur droite, avec l'armée piémontaise. Il fallait encore escalader les Alpes pour chasser les ennemis, et séparer leurs armées, afin de leur ôter la supériorité qu'elles acquéraient par leur réunion : il fallait surtout entrer promptement en Piémont, si l'on voulait que l'armée ne manquât pas absolument des approvisionnemens de toute espèce dont elle avait un besoin urgent. Trois jours suffirent à l'activité de Bonaparte pour les préparatifs et le gain de la bataille qui devait donner de si importans résultats.

Après la bataille de Montenotte, ayant transporté, comme nous l'avons vu, son quartier-général à Carcare, au-dessus de Cairo, il ordonna au général divisionnaire Laharpe de se porter sur Sassello, pour menacer d'enlever les huit bataillons que l'ennemi avait dans cette ville, et de se porter, le lendemain, par une marche rapide et secrète, dans la ville de Cairo. Le général Masséna se porta à gauche et en pointe, avec sa division, sur les hauteurs de Dego. Le général Augereau, qui était en marche depuis deux jours avec les 69e et 39e demi-brigades, bivouaqua dans la plaine de Carcare. Le général de brigade Mesnard occupa les hauteurs de Biestro, et le général de brigade Joubert, avec la 1re demi-brigade d'infanterie légère, occupa la position intéressante de Sainte-Marguerite.

Le 24 (13 avril), à la pointe du jour, le général Augereau, avec sa division, força les gorges de Millesimo, dans le temps que les généraux Mesnard et Joubert chassèrent l'ennemi de toutes les positions environnantes, enveloppèrent, par une manœuvre prompte et hardie, un corps de quinze cents grenadiers autrichiens, à la tête desquels se trouvait le lieutenant-général Provera, chevalier de l'ordre de Marie-Thérèse, qui, loin de poser les armes et de se rendre prisonnier de guerre, s'ouvre un passage, l'épée à la main, se retire sur le sommet de la montagne de Cossaria, et se retranche dans les ruines d'un vieux château, extrêmement fort par sa position.

MONTENOTTE ET MILLESIMO.

Le général Augereau fit avancer son artillerie; l'on se canonna pendant plusieurs heures. Provera parlementa avec le général Augereau à diverses reprises ; mais les conditions qu'il voulait n'étant pas raisonnables, et la nuit approchant, le général Augereau fit former quatre colonnes, et marcha sur le château de Cossaria. Déjà l'intrépide général Joubert, dont le général en chef, en louant le courage, se plaisait à signaler les connaissances et les talens militaires, avait passé avec sept hommes dans les retranchemens ennemis; mais, frappé d'une balle à la tête, il fut renversé par terre : ses soldats le crurent mort, et le mouvement de sa colonne se ralentit.

La seconde colonne, commandée par le général de brigade Banel, marchait avec un silence morne et armes sur le bras, lorsque ce brave général fut tué au pied des retranchemens ennemis. Nous l'avions vu se couvrir de gloire à la bataille d'Escola, aux Pyrénées orientales.

La troisième colonne, commandée par l'adjudant-général Quénin, fut également déconcertée dans sa marche, une balle ayant tué cet officier-général. Toute l'armée regretta vivement la perte de ces deux braves officiers, ainsi que la mort du commandant de la 39ᵉ demi-brigade, qui fut remplacé par le brave Lannes, qu'un trépas glorieux ne devait atteindre un jour qu'au bout de la plus illustre carrière.

La nuit, qui arriva sur ces entrefaites, fit craindre que l'ennemi ne cherchât à se faire jour l'épée à la main. Bonaparte réunit tous les bataillons, et fit faire des épaulemens en tonneaux, et des batteries d'obusiers à demi-portée de fusil.

Le 25 (14 avril), à la pointe du jour, l'armée sarde et autrichienne, et l'armée française, se trouvèrent en présence. La gauche des Français, commandée par le général Augereau, tenait toujours bloqué le général Provera. Pour le dégager, plusieurs régimens ennemis, où se trouvait entre autres celui de Belgiojoso, essayèrent de percer le centre : le général de brigade Mesnard les repoussa vivement. Il reçut l'ordre de se replier sur la droite; et avant une heure après midi, le général Masséna, qui avait combattu avec un courage extraordinaire, déborda la droite de l'ennemi, qui occupait, avec de forts retranchemens et de vigoureuses batteries, le village de Dego. Nous poussâmes nos troupes légères jusqu'au chemin de Dego à Spigno. Le général Laharpe marcha avec sa division, sur trois colonnes serrées en masse : celle de gauche, commandée par le général Causse, passa la Bormida sous le feu de l'ennemi, ayant de l'eau jusqu'au milieu du corps, et l'attaqua sur-le-champ par la droite; le général Cervoni, à la tête de la seconde colonne, traversa aussi la Bormida, sous la protection d'une de nos batteries, et marcha droit aux ennemis. L'adjudant-général Palezzini, et le capitaine Giabega, de la 1re demi-brigade d'infanterie légère, qui accompagnaient l'intrépide Cervoni, s'élancèrent les premiers dans les retranchemens. Palezzini, couché en joue par deux Autrichiens, les désarme et les fait prisonniers, ainsi que quatre officiers qui se défendaient l'épée à la main. Giabega, à travers une pluie de balles, devance la colonne, fait le coup de sabre avec trois Autrichiens, en tue un, et fait prisonniers les deux autres. La troisième colonne, commandée par l'adjudant-général Boyer, tourna un ravin, et coupa la retraite à l'ennemi.

Tous ces mouvemens, secondés par l'intrépidité des troupes et les talens des généraux, remplirent le but qu'on en attendait. Le sang-froid, disait Bonaparte dans son rapport, est le résultat du courage, et le courage est l'apanage de tous les Français.

L'ennemi, enveloppé de tous les côtés, n'eut pas le temps de capituler; les colonnes françaises y semèrent la mort, l'épouvante et la fuite.

Pendant que sur la droite le général français faisait ses dispositions pour l'attaque de la gauche de l'ennemi, Provera, avec le corps de troupes qu'il commandait à Cossaria, se rendit prisonnier de guerre aux généraux Joubert et Augereau.

Les troupes s'acharnèrent de tous côtés à la poursuite des Autrichiens. Le général Laharpe se mit à la tête de quatre escadrons de cavalerie, et les poursuivit vivement sur la route d'Acqui.

On fit, dans cette journée, environ huit mille prisonniers, parmi lesquels un lieutenant-général, vingt ou trente colonels ou lieutenans-colonels. L'ennemi perdit en outre vingt-deux pièces de canon avec leurs affûts, leurs caissons, etc., et quinze drapeaux.

Il est difficile d'expliquer pourquoi cette dernière bataille reçut plutôt le nom de Millesimo que celui de Dego, théâtre des combats les plus sanglans, ou celui de Montelesimo, où l'héroïque dévouement de Rampon et de ses braves avait assuré toutes les opérations et tous les succès de cette grande journée.

BATAILLES DE DEGO ET DE MONDOVI,

15 et 22 avril 1796 (Masséna, Bonaparte).

L'armée française, dans l'espace de six jours, avait remporté deux victoires, pris quarante canons, des magasins, des bagages, avait fait perdre plus de douze mille hommes à l'ennemi, et avait franchi les Alpes avec une rapidité sans exemple dans l'histoire. Le village de Dego, si opiniâtrément défendu par les Autrichiens dans la journée du 25 germinal, situé sur le sommet de ces montagnes, en assurant aux Français l'entrée de l'Italie, coupait la communication des armées autrichienne et sarde, et donnait à Bonaparte la facilité d'attaquer l'une, pendant qu'il tiendrait l'autre en échec. Beaulieu, opiniâtre et entreprenant, connut tout le danger que lui faisait courir cette position; et, rassemblant sept mille hommes, l'élite de son armée, il fit attaquer, dès le 26, à la pointe du jour, la droite des Français qui occupait Dego, et où la division Laharpe, trop compromise sur la route d'Acqui, était accourue en désordre. Nos troupes, surprises, accablées de fatigue et de sommeil, se battant à demi nues et sans armes, furent chassées du village. Masséna, dès qu'il eut rassemblé une partie de sa division, essaya de le reprendre : il fut repoussé à trois reprises différentes. Le général Causse n'avait pas été plus heureux. Ayant rallié la 99ᵉ demi-brigade et chargé les ennemis, il était près de les atteindre à la baïonnette, lorsqu'il tomba blessé à mort. Dans cet état, il aperçoit Masséna, il rappelle le reste de ses forces pour lui demander : *Dego est-il repris?—Les positions sont à nous*, répond Masséna; et le brave Causse meurt content, en faisant des vœux pour la république. L'affaire cependant ne se décidait point, et il était deux heures après midi. Bonaparte fait former en colonne la 89ᵉ demi-brigade de ligne, commandée par le général Victor, et avec laquelle il se porte sur le centre de l'armée ennemie, tandis que l'adjudant-général Lanusse, ralliant la 8ᵉ d'infanterie légère, se précipite, à sa tête, sur sa gauche. Ce mouvement combiné enleva Dego. La cavalerie achève la déroute des Autrichiens, qui laissent six cents morts et quatorze cents prisonniers. Ce fut dans cette circonstance que l'adjudant-général Vignolles, né en 1763 dans le département de l'Hérault, ancien officier au régiment de Barrois, et qui s'était distingué, sous les yeux de Dumerbion, dans le comté de Nice, se signala de nouveau par un trait d'audace qui lui mérita les plus grands éloges de la part du général en chef. S'élançant à la tête d'un escadron du 25e régiment de chasseurs à cheval, il traverse toute la colonne autrichienne, arrive jusqu'aux premiers rangs, et délivre six cents Français que l'ennemi avait faits prisonniers dans le combat du matin. Vignolles était alors sous-chef de l'état-major, et nous aurons bien d'autres occasions de citer la bravoure et les grands talens de ce général. Masséna se loua encore des chefs de brigade Roudeau et Dupuis, qui furent blessés; du général Beaumont, qui commandait sa cavalerie, et de Joachim Murat, chef d'escadron, qui s'était déjà distingué aux Pyrénées occidentales, que Bonaparte avait choisi pour aide-de-camp, et que la Providence réservait à de si grandes et à de si étranges destinées. L'adjudant-général Poyré fut tué auprès du général Causse.

D'un autre côté, le général Rusca s'emparait de la position importante de San-Giovanni, qui domine la vallée de la Bormida; Augereau occupait les redoutes de Montezemolo, que l'ennemi évacuait à son approche, et ouvrait ainsi une communication avec la division du général Serrurier, que Bonaparte avait chargé de garder la vallée d'Oneille et les bords du Tanaro, et qui, apprenant nos succès, s'était avancé le long de ce fleuve, et avait pris de fortes positions, presque sous Ceva.

Cette place, forte par elle-même, par sa position sur le Tanaro, et par la citadelle qui la défend, était encore protégée par un camp retranché qui contenait huit mille Piémontais. Bonaparte, tranquille du côté de Beaulieu, poussa, dès le jour même de la reprise de Dego, de fortes reconnaissances jusque sous Ceva, qui enlevèrent à l'ennemi quelques bonnes positions, et rendirent plus facile l'approche de son camp.

Le 27, Augereau descendit des hauteurs de Montezemolo, et attaqua les redoutes qui défendaient le camp retranché. Les colonnes, commandées par les généraux Bayrand et Joubert, se battirent tout le jour et s'emparèrent du plus grand nombre de ces redoutes. L'ennemi allait être tourné par Castellino; il sentit le danger qui le menaçait, et la nuit il évacua sa position.

Serrurier, le 28 (17 avril), au point du jour, entra dans Ceva, où l'armée trouva de nombreux magasins de vivres, et il investit sur-le-champ la citadelle. La marche de nos troupes avait été si rapide et si pénible, que l'artillerie de siége n'avait pu les suivre à travers ces montagnes, et qu'elles n'en avaient point pour commencer celui de Ceva.

L'armée piémontaise, chassée de Ceva, prit des positions au confluent de la Cursaglia et du Tanaro, ayant sa droite appuyée sur Notre-Dame de Vico, et son centre sur la Bicoque. Le 1er floréal, le général Serrurier attaqua la droite de l'ennemi par le village de Saint-Michel. Il passa le pont sous le feu des ennemis, les obligea, après trois heures de combat, à évacuer le village : mais le Tanaro n'étant point guéable, la division qui devait attaquer la gauche de l'ennemi ne put l'inquiéter que par des tirailleurs. L'ennemi se renforça sur sa droite; ce qui décida Serrurier à la retraite, qu'il fit dans le meilleur ordre. Chacun, à la nuit, se trouva dans sa position.

Celle de l'ennemi était formidable; environné de deux torrens rapides, il avait coupé tous les ponts, et avait garni leurs bords de fortes batteries. Les Français passèrent toute la journée du 2 à faire des dispositions, et à chercher, par de fausses manœuvres, à cacher leurs véritables intentions.

A deux heures après minuit, Masséna passa le Tanaro, près de Ceva, et vint occuper le village de Lesegno. Les généraux de brigade Guieux, Dammartin et Fiorella s'emparèrent du pont de la Torre. Cependant le général Colli, effrayé de voir Masséna tourner ses retranchemens, et craignant l'issue d'un combat qui eût été décisif sur une ligne aussi étendue, se mit, dès deux heures après minuit, en pleine retraite, évacua toute son artillerie, et prit le chemin de Mondovi, sur lequel les Français le suivirent. A la pointe du jour les deux armées s'aperçurent; le combat commença dans le village de Vico. Le général Guieux se porta sur la gauche de la ville; les généraux Fiorella et Dammartin attaquèrent et prirent la redoute qui couvrait le centre de l'ennemi; dès-lors l'armée sarde abandonna le champ de bataille : le soir même l'armée française entra dans Mondovi.

L'ennemi perdit dix-huit cents hommes, dont treize cents prisonniers : un général piémontais fut tué, et trois restèrent prisonniers. Les Français prirent en outre onze drapeaux, huit pièces de canon, et quinze caissons. Paoli, capitaine de grenadiers de la 19e demi-brigade, quoique blessé d'un coup de feu, ne cessa point de marcher avec ses braves.

Toute l'armée regretta le général de division Stengel, blessé mortellement en chargeant, à la tête d'un régiment de cavalerie, celle des Piémontais qui s'enfuyait de Mondovi vers Cherasco. Ce brave officier, auquel Bonaparte avait confié le commandement de toute la cavalerie de l'armée, répondait par sa mort aux persécutions cruelles qu'on lui avait fait éprouver. C'était lui qui avait défendu la Convention, lors de la fameuse insurrection de prairial an III (mai 1795).

Cette victoire sembla si décisive à la cour de Sardaigne, par le découragement qu'elle avait jeté dans ses troupes, et par la fermentation qu'elle faisait naître parmi les Piémontais, que, dès le lendemain 4 floréal, le commandant de l'armée sarde, le général Colli, proposa un armistice à Bonaparte, pour donner aux plénipotentiaires que Victor-Amédée envoyait à Gênes le temps de traiter de la paix. Le général français, prévenu par les instructions précises du Directoire, et par la correspondance confidentielle de Carnot et de Letourneur, ne consentit à une suspension d'armes qu'en exigeant la remise de deux des trois forteresses de Coni, d'Alexandrie et de Tortone. Sa réponse, en date du 5 floréal (24 avril), fut écrite de Carru, en avant de Bene, sur la route de Cherasco.

Bonaparte, malgré ces ouvertures, ne laissa point endormir sa prudence et son activité; il sembla, au contraire, ne s'occuper qu'à augmenter l'effroi de la cour de Turin, afin de hâter l'acceptation des propositions qu'il lui avait faites, et de pouvoir retourner aux Autrichiens, après avoir assuré les derrières de son armée.

Les Piémontais avaient pris leurs positions entre Coni et Cherasco. Cette dernière ville, forte par sa situation au confluent de la Sture et du Tanaro, l'est aussi par une enceinte bastionnée, très-bien palissadée et fraisée.

La journée du 4 avait été employée à passer l'Elero, et à jeter de nouveaux ponts sur le Pesio : le soir, l'avant-garde était arrivée à Carru, et le lendemain, après quelques escarmouches de cavalerie, elle entra dans la ville de Bene.

Serrurier se porta, le 6, avec sa division, à la Trinité, et canonna la ville de Fossano, quartier-général de Colli. Masséna se porta contre Cherasco, et culbuta les grand'-gardes des ennemis. A l'instant où on plaçait des batteries d'obusiers pour couper les palissades, les Piémontais évacuèrent la ville, après avoir tiré seulement quelques coups de canon.

Cette conquête fut de la plus grande importance pour les Français, et elle leur fournit de grandes ressources en subsistances. On y trouva vingt-huit pièces de canon, et de grands magasins.

Les 7 et 8, Fossano se rendit à Serrurier, et Alba (*Alba Pompeia*) à Augereau. Bonaparte ordonna de jeter plusieurs ponts de bateaux sur le Tanaro, dans cette dernière ville, qui n'est qu'à huit lieues de Turin.

Le gouvernement sarde, déterminé par un danger aussi pressant, fit écrire le 7, à Bonaparte, qu'il consentait à lui remettre les forteresses de Coni et de Tortone, pendant les négociations de paix qui allaient s'ouvrir.

Un armistice fut signé en conséquence le 9 floréal, et la paix le fut à Paris le 26 du même mois. Le roi de Sardaigne y renonça solennellement à tous ses droits sur la Savoie, les comtés de Nice, de Tende et de Beuil. Il consentit à laisser occuper par les Français, jusqu'à la paix générale, toutes ses citadelles qui regardent leurs frontières, à en démolir les fortifications, sans pouvoir jamais les rétablir.

Ainsi, moins de quinze jours suffirent aux guerriers français pour détacher de la ligue armée

BATAILLES DE DEGO ET DE MONDOVI.

contre eux celui qui, par la position de ses états, pouvait le plus nuire à leurs entreprises au-delà des Alpes, et sans l'alliance duquel aucune guerre en Italie n'avait pu réussir aux Français. Ce prince perdit un tiers de ses provinces, un mois seulement après avoir refusé la paix que le Directoire consentait à lui donner à des conditions avantageuses.

Comme le plan de notre ouvrage ne nous a pas permis de nous arrêter sur les détails des premières opérations dirigées particulièrement contre les Piémontais, après le siége sanglant de Lyon, nous n'avons pu même indiquer les succès de Serrurier, de Kellermann, de Masséna, de Bagdelone, de Macquart, soit au col de Tende, soit au mont Cenis, soit dans le val d'Aoste, succès dont les heureux résultats devaient être si long-temps retardés par des intrigues odieuses et criminelles. Mais le lecteur nous saura gré de lui mettre sous les yeux un monument historique qui n'a jamais été publié, et dont la date coïncide avec l'époque où l'on apprit à Turin l'insurrection qui éclata en Sardaigne le 14 mai 1794 (25 floréal an II); c'est une lettre écrite au roi Victor-Amédée III par son second fils Victor-Emmanuel, duc d'Aoste, aujourd'hui roi de Sardaigne, et qui commandait alors les Piémontais dans la vallée de Pignerol. Cette dépêche, de la main même du prince, contient des détails curieux sur le moral des troupes et des habitans.

« SIRE ET TRÈS-CHER PÈRE,

« Les mauvais temps ayant continué sur les hautes montagnes, *Chevelu*
« (major des dragons du roi), avec les volontaires des dragons, a, malgré cela,
« grimpé au col Julian pour occuper les hauteurs, à droite de Mirabouc; mais
« comme il ne peut pas y rester, et que les autres postes à occuper sur la gauche
« sont entièrement impraticables, et que, *faute d'accord,* la réussite de l'at-
« taque serait douteuse; comme personne que *Zino* et *Bonport* (ce dernier
« était colonel du même régiment de dragons et inspecteur de cavalerie) ne sait
« mon projet d'attaque, je fais semblant de n'avoir envoyé ces volontaires que
« pour reconnaître ces postes, et je leur fais savoir de redescendre pour venir me
« faire leur relation. Cela n'empêche pas que, quand les autres passages seront
« libres, on puisse le mettre en exécution. En attendant, cela sert toujours
« à nous assurer dans la position défensive que nous avons dans cette vallée,
« où je ne crains pas que les ennemis puissent percer. Demain, j'irai recon-
« naître les positions du Villard, et je pourrai tabler un projet stable de
« défense pour cette vallée, en cas que votre Majesté voulût disposer d'une
« partie des troupes qui y sont, ou que *Provera* eût besoin de Nice (régi-
« ment provincial d'infanterie); autrement il se peut que, le temps se réta-
« blissant, on soit encore à temps, si dans cette entrefaite les Français
« n'auront pas reçu de renforts, ce que je ne crois pas, de réaliser notre
« projet. Votre Majesté peut être persuadée que je ne ferai rien sans con-

« sulter Zino, et que je ne me mettrai pas en danger de perdre mal à propos
« du monde, dans un temps que nous n'en avons déjà que le stricte néces-
« saire, et indispensable pour la défense du pays. Une autre raison pour
« laquelle j'y vais avec plus de précaution, c'est parce que j'ai deux réserves
« qui ne sont pas bien fermes au feu, et que *je ne puis faire aucun compte*
« *des milices de la plaine surtout, qui se sauvent tous les jours, souvent*
« *même avec leurs officiers.* Le capitaine Barberis de Scalenghe est un de
« ceux à qui cela est arrivé; et à peine on reconduit ces gens à leur poste,
« qu'ils en partent de nouveau, *protestant qu'ils n'en veulent rien savoir.* Je
« n'ai jamais vu, dans les campagnes passées, de si mauvaises milices. *Les*
« *Vaudois sont plus exacts* (1), mais ils ne peuvent pas fournir grand
« monde. D'ailleurs il n'y a pas moyen d'avoir ni espion, ni guides, parce
« que les habitans du pays craignent *ou aiment trop les Français.* Les
« troupes sont portées de la meilleure volonté; mais Nice ne donne, surtout
« le régiment, que trois cent cinquante hommes dont partie sont dans la
« vallée du Pô. Les communautés de Briquerasque et autres voisines conti-
« nuent de se signaler, en envoyant du vin aux troupes. Je finirai ma lettre
« en me mettant aux pieds de mon très-honoré seigneur et père, étant pour
« la vie,

« De votre Majesté,

« Le très-humble serviteur, très-affectionné fils et dévoué sujet,

« *Signé* VICTOR-EMMANUEL.

« *Pignerol, ce 20 mai 1794, à 8 heures et demie du soir.*

« P. S. Je dois avertir qu'il arrive tous les jours ici des milices de Turin qui ne sont pas de ce
« pays, et n'ont rien à faire ici. Ils y restent un ou deux jours, et en repartent; mais j'observe
« qu'ils se changent, mais quelqu'un y est toujours. *Je les ferai observer de près.* »

La méfiance du prince n'était que trop bien fondée, puisque la cour de
Turin ayant, par un édit rigoureux, prescrit une levée en masse qui marcha
sous l'étendard de la très-sainte vierge Marie, on vit les Français s'avancer
contre cette cohue, en dansant, et les fusils en bandoulière. Tous les paysans
s'enfuirent, n'abandonnant à leur ennemi, et ne laissant sur le carreau, que

---

(1) Ces Vaudois, toujours fidèles, n'avaient cependant éprouvé que d'injustes persécutions de la cour, à cause de leur religion.

BATAILLES DE DEGO ET DE MONDOVI.

leur bannière vénérable. Mais ces détails ne sauraient plus nous arrêter : hâtons-nous, si nous voulons le suivre, de rejoindre le nouveau général en chef de l'armée d'Italie.

Bonaparte avait ouvert la campagne avec une armée que des privations de toute espèce avaient entraînée à l'indiscipline et au pillage. Les détails sur cette pénurie et sur ces excès lui furent donnés, avec une extrême franchise, par ses généraux de division, et surtout par le brave Laharpe. Bien résolu de réprimer, par toute la sévérité des lois et par toute la force de sa volonté, cette habitude si funeste aux succès militaires, le général en chef avait néanmoins différé de s'en occuper, tant que, voulant prévenir l'ennemi par la rapidité de sa marche, et n'ayant à traverser qu'un pays montueux et pauvre, il n'avait ni un instant à perdre, ni des résultats bien fâcheux à craindre du passage de ses troupes dans les montagnes du Piémont. Mais à peine ses premières victoires lui eurent-elles ouvert l'entrée de ce vaste bassin qui, arrosé par de larges fleuves sans cesse renouvelés par des lacs immenses, prodigue à l'homme tous les trésors de la nature, et s'étend depuis Turin jusqu'au-delà de Padoue et de Bologne, qu'il chercha à préserver ces belles contrées qui devaient subvenir aux réquisitions légales et régulières que nécessitaient les besoins de l'armée. Tels furent les motifs qui dictèrent la proclamation fameuse qu'il adressa à son armée le 7 floréal.

« Soldats,

« Vous avez, en quinze jours, remporté six victoires, pris vingt-un drapeaux, cinquante-cinq pièces de canon, plusieurs places fortes, conquis la partie la plus riche du Piémont; vous avez fait quinze mille prisonniers, tué ou blessé plus de dix mille hommes.

« Vous vous étiez jusqu'ici battus pour des rochers stériles, illustrés par votre courage, mais inutiles à la patrie; vous égalez aujourd'hui, par vos services, l'armée conquérante de Hollande et du Rhin. Dénués de tout, vous avez suppléé à tout; vous avez gagné des batailles sans canons, passé des rivières sans ponts, fait des marches forcées sans souliers, bivouaqué sans eau-de-vie et trop souvent sans pain. Les soldats de la liberté étaient seuls capables de souffrir ce que vous avez souffert. Grâces vous en soient rendues, soldats ! la patrie reconnaissante vous devra en partie sa prospérité; et si, vainqueurs de Toulon, vous présageâtes l'immortelle campagne de 1795, vos victoires actuelles en présagent une plus belle encore.

« Les deux armées qui naguère vous attaquaient avec audace fuient épouvantées devant vous; les hommes pervers qui riaient de votre misère, et se réjouissaient dans leur pensée des triomphes de vos ennemis, sont confondus et tremblans.

« Mais, soldats, il ne faut pas vous le dissimuler : vous n'avez rien fait, puisqu'il vous reste encore à faire. Ni Turin ni Milan ne sont à vous; les cendres des vainqueurs des Tarquins sont encore foulées par les assassins de Basseville.

« Vous étiez dénués de tout au commencement de la campagne : vous êtes aujourd'hui abondamment pourvus; les magasins pris à vos ennemis sont nombreux, l'artillerie de siége et de campagne est arrivée. Soldats, la patrie a droit d'attendre de vous de grandes choses : justifierez-vous son attente? Les plus grands obstacles sont franchis, sans doute; mais vous avez encore des combats à livrer, des villes à prendre, des rivières à passer. En est-il d'entre vous dont le courage s'amollisse? en est-il qui préféreraient de retourner sur les sommets de l'Apennin et des Alpes essuyer patiemment les injures de cette soldatesque esclave? Non, il n'en est pas parmi les vainqueurs de Montenotte, de Millesimo, de Dego et de Mondovi. Tous brûlent de porter au loin la gloire du peuple français; tous veulent dicter une paix glorieuse, et qui indemnise la patrie des sacrifices immenses qu'elle a faits;. tous veulent, en rentrant dans leurs villages, pouvoir dire avec fierté : *J'étais de l'armée d'Italie....*

« Mais il est une condition qu'il faut que vous juriez de remplir : c'est de respecter les peuples que vous délivrez ; c'est de réprimer les pillages horribles auxquels se portent des scélérats suscités par nos ennemis. Sans cela, vous ne seriez point les libérateurs des peuples, vous en seriez les fléaux ; vous ne seriez pas l'honneur du peuple français, il vous désavouerait; vos victoires, votre courage, vos succès, le sang de vos frères morts aux combats, tout serait perdu, même l'honneur et la gloire........ »

Le général terminait par assurer qu'il ferait sévèrement exécuter les réglemens qu'il avait publiés sur la discipline, et par garantir aux peuples de l'Italie le respect pour leurs propriétés, pour leur religion et pour leurs usages. On s'accorde à regarder cette proclamation comme un modèle en ce genre.

PASSAGE DU PO DEVANT PLAISANCE, ET COMBAT DE FOMBIO,

7 et 8 mai 1796 (Bonaparte).

Cependant, à la nouvelle de la défection du roi de Sardaigne, l'archiduc Ferdinand-Charles-Antoine, oncle de l'empereur, et gouverneur de la Lombardie, avait réclamé les plus prompts et les plus puissans secours. De son côté, le comte de Beaulieu, après une vaine tentative pour s'emparer d'Alexandrie, était allé passer le Pô à Valence, dont la citadelle n'était pas encore évacuée par les troupes napolitaines. Il n'est pas inutile de remarquer qu'il fit construire deux ponts, n'osant se fier à celui que les Piémontais avaient établi. Aidé de l'armée du roi des Deux-Siciles et de quelques renforts arrivés du Tyrol, le général autrichien se fortifiait à la hâte, entre la Sesia et le Tésin, pour défendre le Milanais, ne doutant pas que le général français ne vînt aussi traverser le fleuve à Valence, après le départ des Napolitains, ainsi qu'il s'en était réservé la faculté par un des articles de l'armistice. Bonaparte sut le confirmer dans son erreur par de nombreuses démonstrations; il demanda même des bateaux au chevalier Solar de Moretta, gouverneur d'Alexandrie. Lorsque les bords du Tésin se couvraient de retranchemens, les Français, après avoir traversé à gué trois torrens, étaient arrivés, le 17 floréal, par une marche forcée, à Castel-San-Giovani, non loin du

PASSAGE DU PO, etc.

Tidone, lieu qui devait, quatre ans après, voir couler tant de sang. L'adjudant-général Frontin et le chef de bataillon Andréossi font une reconnaissance, pendant la nuit, sur la rive du Pô, et ils enlèvent cinq bateaux chargés de riz, plusieurs officiers, une ambulance de cinq cents malades, et toute la pharmacie de l'armée autrichienne. Dès le matin du 18, cinq mille grenadiers et carabiniers, et quinze cents chevaux parvenus jusqu'à Plaisance, se précipitent dans les bateaux qu'on a eu la négligence de laisser sur la rive droite; conduits par le chef de brigade Lannes, ils abordent sur l'autre rive, et dispersent quelques escadrons de hussards accourus au bruit des préparatifs de ce passage. Ce fut l'infanterie légère qui porta les premiers coups à l'ennemi : on vit sept carabiniers (Adam, Hamelin, Bertrand, Clairandeau, Dubois, Baudot et Almari), enveloppés par vingt hussards, se former en peloton, les attendre à demi-portée, faire feu, les mettre en désordre, et leur faire deux prisonniers. Les divisions de l'armée française suivent par échelons cette avant-garde, et le fleuve est traversé, pendant la journée du 18 floréal (7 mai), sans difficulté. Bonaparte fut informé à midi, le 19, de l'approche de Beaulieu, qui, ayant abandonné le Tésin, envoyait tardivement, pour disputer le passage, un corps de six mille hommes et deux mille chevaux, et se retranchait dans le village de Fombio. Les Français ne perdirent pas un moment pour attaquer. Le général Dallemagne, auquel sa bravoure avait fait franchir les grades intermédiaires, marche sur la droite à la tête des grenadiers. L'adjudant-général François Lanusse, déjà connu aux Pyrénées, s'avance sur la chaussée, et le chef de brigade Lannes dirige les troupes de la gauche. La brillante valeur de ce héros, qui le premier avait abordé la rive gauche du Pô, a bientôt décidé de la victoire; et, malgré la résistance des Autrichiens, et le feu meurtrier de vingt pièces de canon qu'ils avaient placées en batterie, ils sont contraints de fuir, d'abandonner leurs bagages, trois cents chevaux, et cinq cents morts ou prisonniers, parmi lesquels plusieurs officiers. Cependant un corps ennemi de cinq mille hommes s'approchait pour renforcer celui de Fombio, et le général Laharpe avait été envoyé sur la route de Casal-Puster-Lingo pour s'opposer à la jonction. Les tirailleurs autrichiens ayant fait replier les vedettes françaises près de Codogno, à deux heures du matin, Laharpe parut aussitôt à cheval, à la tête d'un peloton de hussards, et dissipa les éclaireurs ennemis. On assure que ce guerrier intrépide revenait vainqueur, lorsqu'une demi-brigade, à laquelle il avait envoyé l'ordre de prendre les armes, fit une décharge de mousqueterie à son approche, et qu'une balle le renversa mort sur la place. Ce que nous avons raconté de ce généreux Helvétien, pages 53 et 54 de ce volume, en le montrant à la tête de la petite garnison de Rodemack, et la manière dont il avait soutenu en Italie un début aussi héroïque, justifient les honorables regrets que le général en chef témoigna en perdant cet illustre compagnon. Le général Mesnard, homme de talent et de sang-froid, prit le commandement; et par de sages mesures, qu'il eut même la modestie d'attribuer aux instructions préalables de Laharpe, il donna le temps au chef de brigade Lannes de venir à son secours, et il empêcha les ennemis de profiter d'un événement qui pouvait leur être favorable. Alexandre Berthier, chef de l'état-major de l'armée, accourut à Codogno, et poursuivit l'ennemi, qui, au lieu de défendre les plaines du Lodesan avec sa nombreuse cavalerie, se hâta de mettre l'Adda entre lui et les Français.

Effrayés des succès de Bonaparte, tous les potentats de l'Italie s'empressèrent de négocier avec lui. Le duc de Parme, élève de Condillac, mais disciple trop soumis des Dominicains, paya cher son imprudente intervention dans une guerre dont il ne pouvait tirer aucun avantage. On respecta, dans sa personne, le frère de la reine d'Espagne; mais ses états fournirent deux millions, deux mille chevaux, des approvisionnemens de toute espèce, et quarante tableaux des plus grands maîtres. L'Espagne, dont il avait long-temps repoussé la médiation, et qui n'avait pu vaincre à cet égard l'obstination de la duchesse de Parme, Marie-Amélie, archiduchesse d'Autriche, convint que, dans les conditions de l'armistice, la France avait été modérée. Le duc de Modène, Hercule d'Est, ayant voulu se soustraire à l'exécution du traité qu'il avait signé le 20 mai avec le général français, fut contraint de s'évader comme un fugitif; et la république de Venise, qui d'abord avait voulu armer pour soutenir la neutralité, recourant à des moyens plus analogues à sa situation, ne rougit pas de retirer à Louis XVIII l'asile qu'elle lui avait accordé à Vérone, toujours disposée à persécuter ceux qui sont faibles et qu'elle croit malheureux.

BATAILLE DE LODI,

10 mai 1796 (BONAPARTE).

CEPENDANT la Lombardie était ouverte à l'armée française, qui pouvait pénétrer jusqu'à Milan; mais cette conquête semblait devoir être encore plus assurée si l'on parvenait à attirer l'ennemi dans une nouvelle affaire générale. Bonaparte, en conséquence, avait disposé ses divisions de manière à pouvoir

BATAILLE DE LODI.

les réunir en moins de trois heures sur le même point. Mais Beaulieu, mettant tous ses soins à éviter un engagement, avait pris une forte position derrière l'Adda, rivière large et rapide, grossie encore par la fonte des neiges, et où il espérait pouvoir attendre les secours que la cour de Vienne lui promettait. On ne pouvait parvenir à lui que par un pont de deux cents mètres de longueur, qu'il n'avait pas eu la précaution de couper, et dont il avait fortifié la tête par des redoutes garnies de trente pièces de canon. Bonaparte, qui poursuivait ses succès avec activité, après avoir refoulé jusque sous Pizzighitone les restes du corps d'armée qu'il avait défait à Fombio, se porta sur Lodi dans la matinée du 21 floréal. Les approches en étaient défendues par un bataillon de Nadasti, et par deux escadrons, qui, bientôt repoussés par l'avant-garde républicaine, se jetèrent dans la ville, la traversèrent, et rejoignirent leur armée. Beaulieu cependant faisait pleuvoir sur Lodi une grêle de boulets et de mitraille, tant pour arrêter les Français que pour punir les habitans d'avoir trop bien reçu leurs nouveaux hôtes. C'est sous cette pluie de feu que Bonaparte alla lui-même faire placer, entre la porte de la ville et ce pont devenu si fameux, deux pièces d'artillerie légère, attelées avec les chevaux de carrosse des seigneurs de Plaisance. Ces deux pièces répondirent avec vivacité à celles des Autrichiens; et, les empêchant de couper le pont, elles donnèrent le temps à notre avant-garde d'arriver et de se former sous les murs de Lodi et sur les bords de la rivière. Mais Beaulieu avait trop d'avantage dans ce genre de combat par le nombre de ses troupes et de ses canons. Bonaparte, accoutumé déjà à faire de toutes ses entreprises des événemens décisifs, se détermine en un instant; il forme le plus audacieux projet, le communique à ses soldats qui l'acceptent avec gaieté, et il leur fait exécuter sur-le-champ ce grand acte de courage dont les fastes militaires n'offrent que de rares exemples; tant la valeur a de ressources, lorsqu'elle s'élève, au nom de la patrie, au-dessus de l'humanité! Bonaparte leur a montré la mort, mais entourée des palmes de la gloire : ils y marchent tous sans balancer.

Dès que l'avant-garde est arrivée, elle se forme en colonne serrée, le second bataillon des carabiniers en tête, et tous les bataillons de grenadiers au pas de charge et aux cris de *vive la république!* On se présente sur le pont; l'ennemi fait un feu si terrible, que la tête de la colonne paraissait hésiter. Un moment d'hésitation eût tout perdu : les généraux Berthier,

Masséna, Cervoni, Dallemagne, les chefs de brigade Lannes, Saluce, et le chef de bataillon Dupas, se précipitent à la tête, et décident le sort encore en balance.

Cette redoutable colonne renverse tout ce qui s'oppose à elle. L'artillerie ennemie est enlevée; l'ordre de bataille de Beaulieu est rompu; les Français sèment de tous côtés l'épouvante et la mort; dans un clin d'œil l'armée autrichienne est éparpillée. Les généraux Rusca, Augereau et Beyrand, qui avaient suivi ce torrent à la tête de leurs divisions, achevèrent de décider la victoire. La cavalerie, forcée de passer l'Adda à un gué extrêmement mauvais, éprouva beaucoup de retard, et ne put donner. La cavalerie ennemie essaya de protéger la retraite de son infanterie, et de charger nos troupes; mais elle ne parvint pas à épouvanter les fantassins français. La nuit qui survint, et l'extrême fatigue des soldats, dont plusieurs avaient fait dans la journée plus de dix lieues, ne permirent pas de s'acharner à la poursuite de l'ennemi, qui perdit vingt pièces de canon, et deux à trois mille hommes morts, blessés et prisonniers. Le capitaine Latour, aide-de-camp du général Masséna, fut blessé de plusieurs coups de sabre : il dut son avancement à sa bravoure. Le chef de bataillon d'artillerie Marmont, aide-de-camp de Bonaparte, eut un cheval tué sous lui, en enlevant la première pièce de canon que perdirent les Autrichiens. Le capitaine Lemarois, aide-de-camp du même général, eut son habit criblé de balles : ce jeune officier, digne frère de l'adjudant-général de ce nom, préludait à une brillante fortune militaire par sa valeur et son activité.

Tous les carabiniers et grenadiers de l'avant-garde, et tous les officiers, se distinguèrent dans cette journée mémorable. On y vit Alexandre Berthier, servir alternativement comme canonnier, cavalier, et grenadier. Le chef de brigade Sugny, directeur d'artillerie, se montra digne de son arme immortelle; Thoiret, adjudant-major du 3e bataillon des grenadiers, mérita d'être nommé, avec le brave Rey, aide-de-camp de Masséna, de ce général auprès duquel on était toujours sûr de trouver des blessures et de l'illustration, et avec l'adjudant-général Monnier, dont le nom devait s'unir à celui de tant de faits mémorables, et rester empreint sur les débris de la citadelle d'Ancône.

Laforge, grenadier de la 21e demi-brigade, s'étant élancé dans les retranchemens ennemis, tua de sa main cinq hullans, et décida la déroute entière d'un escadron.

BATAILLE DE LODI.

Après ce passage audacieux, le général en chef voulut connaître les noms des carabiniers qui avaient formé la première section de la colonne : on lui remit le contrôle de tout le bataillon.

Le commissaire du gouvernement, Salicetti, ancien membre de l'Assemblée constituante, et récompensé par une proscription de la confiance qu'il avait montrée en Paoli, son concitoyen, combattit toujours aux côtés de Bonaparte. Le courage, les talens, la fermeté de caractère, plaçaient ce député à la hauteur des circonstances, et comme au niveau des fonctions importantes qu'il devait bientôt remplir, à l'époque momentanée de la transposition des couronnes. La perte des Français fut peu considérable, parce que l'exécution fut rapide, et que l'armée, dont chaque corps voyait ses chefs s'élancer à sa tête, se trouva électrisée par le dévouement héroïque de la première colonne (1).

La victoire de Lodi était décisive pour la campagne. L'armée autrichienne, désormais trop faible pour résister, fuyait dans les marais de Mantoue pour y attendre des renforts, et se remettre en état de reprendre l'offensive. Elle abandonnait le château de Milan à sa fortune, et la Lombardie tout entière à la discrétion du vainqueur. Bonaparte, pour mieux s'en assurer la conquête, voulut s'emparer de toutes les places qui pouvaient présenter quelques points d'appui. La forteresse de Pizzighitone, sur l'Adda, première prison de François Ier en 1525, fut obligée de se rendre le 23, après avoir essuyé la veille une vive canonnade ; et Beaulieu, qui comptait qu'elle servirait à couvrir sa retraite sur le Mantouan, le long de la rive gauche du Pô, apprit chemin faisant qu'elle était déjà occupée par les Français. Il ne lui resta plus d'autre route que celle du Crémasque et du Brescian pour regagner les environs de Mantoue. Crémone n'opposa aucune résistance aux vainqueurs.

---

(1) Nous voici aux grandes époques de la gloire nationale ; les armées françaises combattaient réellement pour la liberté. Le lecteur nous saura gré de lui mettre sous les yeux un petit poëme latin peu connu. On le doit à la muse d'un pasteur éloquent de l'église réformée. Dans ses éloges, cette muse avait su placer une utile leçon. Que n'a-t-il pu la graver sur nos drapeaux !

CERTAMEN IN PONTE LODIO.

En fluvium, en pontem! Stant illinc millia multa
Austriadum, hinc acies stant, Bonaparte, tuæ.
Trans fluvium Gallis tendit Victoria palmam,
Innumeras Mavors sed parat antè neces.....

Obvius it palmæ Gallus, superatque pericla :
Obstupet Austriacus, præcipitatque fugam.
Quis tibi certanti pro libertate resistat
Inclyta gens? Mundi frangere vincla tuum est.

Ph. M.

Pavie, trop célèbre dans nos fastes militaires, et qui avait été pendant quelque temps le séjour du quartier-général de Beaulieu, se soumit pareillement, et l'on trouva dans ses murs la plupart des immenses magasins de l'armée impériale.

La ville de Milan, si maltraitée en 338 par les Goths, et en 1163 par l'empereur Frédéric Barberousse, réclamait la jouissance d'un singulier privilége; c'était de se rendre à la première armée victorieuse qui franchirait le Tésin. Elle envoya ses clefs par une députation qui se transporta jusqu'à Lodi, et qui les remit au général Masséna. Celui-ci conduisit l'avant-garde dans Milan, où Bonaparte entra en triomphateur, dans le temps que le gouvernement français, à Paris, et tout le peuple dans les départemens, célébraient avec pompe la fête des victoires et de la reconnaissance envers les quatorze armées de la république. Tous les emblêmes du gouvernement autrichien avaient disparu; et le général de l'armée d'Italie, entouré des grenadiers de Lodi, suivi d'une garde civique formée en trois jours, accompagné d'une foule immense qui paraissait recevoir les Français comme des libérateurs, fut accueilli par les dehors d'une grande joie, et par les plus vives acclamations. Toutes ces démonstrations étaient un piége; et les couleurs nationales, que les troupes victorieuses voyaient flotter partout autour d'elles, n'étaient, pour de sombres et cruels sacrificateurs, que des bandelettes sacrées dont ils ornaient leurs victimes.

Bonaparte était à peine sorti de Milan pour achever la destruction de l'armée autrichienne, que déjà le fanatisme et la discorde secouaient leurs torches empoisonnées sur toute la Lombardie. La noblesse et le clergé, qui savaient se soustraire aux baïonnettes françaises, ne pouvaient échapper à la puissance de l'opinion qui s'avançait avec elles. Aucun moyen n'avait été négligé pour exciter le peuple à massacrer les républicains; et partout où règne l'ignorance et la superstition, rien n'est plus facile que de multiplier les assassinats. Ils le furent à Pavie, où l'on désarma la garnison logée chez les habitans; à Varèze, à Lodi, et dans les campagnes, où le tocsin fut sonné : funeste signal si souvent employé pour faire égorger les Français ! Leur vengeance fut rapide et terrible. Le calme ayant été rétabli à Milan par Bonaparte lui-même, le village de Bignasco fut incendié; et les portes de Pavie ayant été enfoncées, le sang des principaux coupables fut offert aux mânes de braves immolés sans défense. Le salut de l'armée justifiait cette rigueur : dans ces circonstances difficiles, il importait que l'Italie apprît que ceux qui avaient soulevé les orages avaient, au moment même, été frappés par la foudre.

La célérité avec laquelle ces tempêtes furent apaisées ayant inspiré de nouvelles dispositions aux habitans du Milanais, ils sollicitèrent l'établissement d'un gouvernement républicain, et il leur fut permis de s'essayer au régime de la liberté.

PASSAGE DU MINCIO,
COMBATS DE BORGHETTO ET DE PESCHIERA,

29 et 30 mai, 1er juin 1796 (BONAPARTE, AUGEREAU).

CEPENDANT le général Beaulieu, ne regardant pas l'Oglio comme une barrière assez forte contre les Français, s'était réfugié derrière le Mincio, où il attendait les renforts qu'il devait recevoir de l'Allemagne. Il avait établi des batteries sur une ligne de sept lieues d'étendue, s'appuyant à gauche sur la ville de Mantoue qu'il voulait couvrir, et à droite sur le lac de Garda, et sur la place de Peschiera, dont il s'était emparé par un subterfuge, et au mépris de la neutralité apparente du gouvernement vénitien. C'était ainsi qu'en 1706 le duc de Vendôme avait fortifié la rive droite de l'Oglio pour arrêter la marche du prince Eugène, avant de le battre à Calcinato, sur la Chiesa. Le territoire de Venise ayant été violé par les Autrichiens, auxquels d'ailleurs le sénat prodiguait tous les secours, Bonaparte se trouva autorisé à prendre la même licence, et il en prévint le gouvernement de cette célèbre république par une proclamation où il promettait de faire respecter par ses troupes la religion, les usages, les lois et les propriétés. Son quartier-général fut établi à Brescia, le 28 mai. Beaulieu, apprenant que le général Kilmaine marchait sur Dezenzano avec quinze cents chevaux et six bataillons de grenadiers, et qu'en même temps le général Rusca était dirigé vers Salo, sur les bords occidentaux du lac de Garda, avec une demi-brigade d'infanterie légère; ne voyant d'ailleurs, sur sa gauche, aucune division française au-delà de la Chiesa, ne douta pas que l'intention du général français, qui paraissait tenir ses autres troupes sur la défensive, ne fût de le tourner par le haut du lac, et de lui couper le chemin du Tyrol. Bonaparte, ayant réussi à donner cette inquiétude au général autrichien, fit exécuter, par les divisions Augereau, Kilmaine, Serrurier et Masséna, des marches forcées pendant la nuit, et le 30 mai (11 prairial an IV), au point du jour, l'avant-garde ennemie est surprise et attaquée à Borghetto par Kilmaine, que le général Augereau était allé remplacer près de Peschiera. Quatre mille fantassins et dix-huit cents cavaliers, après une assez vive résistance, sont mis en déroute par les grenadiers et carabiniers français; et, abandonnant leurs retranchemens, ils parviennent à couper une arche du pont, et à retarder ainsi la marche des vainqueurs. Mais tandis que l'artillerie légère française répond au feu des ennemis, cinquante grenadiers, conduits par l'adjudant-général Gardanne, se jettent à la nage dans le fleuve, tenant leurs fusils au-dessus des eaux, et mettent en fuite ceux qui défendent le passage. Le pont est réparé, les divisions se précipitent sur les pas de ceux qui leur ont si glorieusement ouvert la marche; et déjà les grenadiers sont maîtres de Valleggio, que le quartier-général de Beaulieu évacue avec précipitation. L'ennemi veut tenir derrière le large canal de Gerla, qui communique du Mincio au Trione et au Tartaro, entre Valleggio et Villafranca; mais, informé du mouvement d'Augereau sur Peschiera, il envoie son artillerie et ses munitions à Mantoue, et fait une retraite précipitée sur Castel-Novo qu'il ne fait que traverser, et sur la gauche de l'Adige. Murat, à la tête du 10ᵉ de hussards, et le chef de brigade Leclerc, commandant le 10ᵉ de chasseurs à cheval, pressèrent son arrière-garde, et livrèrent plusieurs combats très-brillans. On évalue la perte des Autrichiens à quinze cents hommes et à quinze cents chevaux. Ils perdirent en outre cinq pièces de canon et quelques caissons : on trouva dans Castel-Novo de grands magasins; mais l'ennemi, en fuyant, avait pris la précaution d'en incendier une partie.

Pendant que Beaulieu traversait l'Adige et fuyait vers le Tyrol, Augereau s'emparait de Peschiera qui avait une enceinte bastionnée en bon état, et qui, possédant quatre-vingts pièces de canon que les Vénitiens avaient négligé de monter, aurait pu inquiéter Bonaparte, si ce général n'avait pris de promptes mesures pour en empêcher l'investissement. Il se hâta de fortifier cette place; et, six semaines après, Masséna dut à cette sage prévoyance le succès éclatant qu'il remporta sur Wurmser retranché près de Peschiera.

<small>Masséna était entré, le 3 juin, dans Vérone, ville célèbre par ses monumens, par les combats décisifs qui furent livrés sous ses murs, et devenue trop fameuse par d'illustres infortunes, et bientôt après par d'horribles massacres qui motivèrent l'anéantissement du plus ancien gouvernement de l'Europe. L'occupation de Vérone et la prise de Peschiera donnèrent au général de l'armée française les moyens de ne plus dissimuler ses ressentimens contre Venise, au même moment où il crut pouvoir menacer à la fois la cour de Rome, celle de Naples, poursuivre les Anglais dans le port de Livourne, et venger le sang français versé par des assassinats dans les fiefs impériaux et à Tortone, entre les états de Plaisance et le Montferrat. Le général Lannes fut chargé de cette dernière expédition, et il brûla les maisons du fief d'Arquata, dont les habitans</small>

PASSAGE DU MINCIO.

s'étaient signalés par les plus horribles excès. Ce fut le général Belgrand-Vaubois qui fut envoyé à Livourne, avec la 75ᵉ demi-brigade, pour réprimer l'insolence des Anglais qui, abusant de la faiblesse du grand-duc, violaient journellement la neutralité de ce port, pillaient les propriétés des négocians français, et se faisaient un jeu d'insulter le pavillon de la république. Bonaparte dînait chez le prince à Florence, lorsqu'il reçut la nouvelle de la prise du château de Milan. La tranchée avait été ouverte devant cette place le 18 juin (30 prairial); dès le 29 juin (11 messidor), le gouverneur se rendit au général Despinois, qui exigea impérieusement qu'on lui remît les émigrés. La promptitude d'un tel succès était due à l'union qui avait régné entre les deux armes du génie et de l'artillerie, et à leur accord dans le système d'attaque. Cette citadelle était réputée l'une des meilleures de l'Europe, par sa position et par la nature de ses ouvrages. Son artillerie était si supérieure en nombre à celle des Français, que, chaque jour, les batteries de ces derniers étaient détruites jusqu'à la genouillère; mais pendant la nuit, ceux-ci les rétablissaient en entier, et plus fortes que la veille. Jamais, disait le général Lespinasse, on n'avait vu tant de constance dans les canonniers, ou, pour mieux dire, tant d'acharnement à la victoire. Cette conquête importante décida le siége de Mantoue, que jusqu'alors on n'avait pu tenir que bloquée, et dont Bonaparte attendait la reddition, bien plus de ses succès dans le Tyrol que d'un siége régulier, pendant lequel les grandes chaleurs allaient rendre encore plus funestes les marais pestilentiels qui entourent cette ville ancienne. Le Directoire exécutif partageait cette opinion, et craignait qu'un seul échec n'entraînât des pertes trop considérables.

Cependant une division de l'armée française, commandée par le général Augereau, était entrée, dès le 19 juin, dans la célèbre ville de Bologne, où elle avait fait prisonniers le cardinal-légat, gouverneur; les officiers de la légation, et quelques soldats du pape. Ferrare et Faenza avaient ouvert leurs portes sans coup férir; et le château d'Urbin se rendit, même avant l'arrivée des Français, sur un simple ordre de l'adjudant-général Vignolles. L'artillerie de ces places et du château de Milan forma l'équipage du siége de Mantoue; et jamais il n'avait été plus vrai de dire que la guerre nourrissait la guerre. Les commandans de Ferrare et d'Urbin étaient des chevaliers de Malte; ils renoncèrent à la gloire de combattre encore une fois les Infidèles : car c'était le nom qu'ils donnaient aux Français. Rome et Naples, également effrayées, sollicitent la paix, et obtiennent un armistice (5 et 23 juin), dont chacune d'elles, toujours aux ordres de l'Angleterre, cherchera bientôt à éluder les stipulations aussi justes qu'onéreuses.

C'était au milieu de tant de travaux militaires et politiques que Bonaparte annonçait, par une proclamation, le projet de traverser le Tyrol pour contraindre la cour de Vienne à accepter la paix. Masséna, qui était resté à Castiglione pour surveiller le lac de Garda, avait livré des combats brillans, et fait exécuter de grandes reconnaissances sur les deux côtés du lac, et depuis la Chiesa jusqu'à l'Adige, par les généraux Joubert, Rampon, Valette, Rusca et Victor Perrin. Ces généraux étaient secondés par les chefs de bataillon Marchand et Recco. La 4ᵉ et la 11ᵉ demi-brigade d'infanterie légère, plusieurs compagnies de carabiniers et de grenadiers détachées, se couvrirent de gloire dans ces expéditions où la plupart des attaques furent exécutées au sabre et à la baïonnette, où les retranchemens les plus formidables, construits avec peine pendant un mois, furent franchis en quelques instans, et où quatre camps d'environ quatre cents tentes furent enlevés, malgré d'immenses rochers suspendus et précipités par l'ennemi pour écraser les assaillans. Claude Roche, carabinier, entré le premier dans une redoute, avait saisi l'officier autrichien dont l'épée lui avait servi à percer un soldat ennemi; il avait emmené cinq prisonniers. Le sous-lieutenant Ardione se fit remarquer par son intrépidité; Jean Gérin, grenadier, n'ayant pu faire feu sur douze Autrichiens contre lesquels il s'était avancé, se précipita sur eux, le sabre à la main, coupa le bras de celui qu'il atteignit le premier, et contraignit les autres à se rendre. Ces événemens sont marqués, dans la plupart de nos chroniques, comme ayant eu lieu le 5 juillet ; mais le général Masséna les annonçait par ses rapports du 10 messidor, qui correspondait au 28 juin.

Les Français avaient sans cesse une autre espèce d'ennemis à combattre. Les moines colportaient des nouvelles fausses, les prêtres se chargeaient de les répandre ; ils soulevaient le peuple, et il en résultait des séditions, des assassinats et des châtimens. Augereau venait d'arracher le brave adjudant-général Verdier des mains des révoltés de Cézène : quoique la patience ne fût pas sa principale qualité, il épuisa tous les moyens de négocier avec les insurgés de Lugo, bourg de la légation de Ferrare, enclavé dans la Romagne. L'armistice du 25 juin avait laissé l'armée française en possession de la légation de Ferrare, principauté usurpée en 1598 par le pape Clément VIII. Rien ne pouvait donc excuser ces fanatiques, qui surprirent un détachement envoyé de Forli par le général Beyrand : ayant tué trois dragons, ils eurent la cruauté de promener leurs têtes dans les rues et de les attacher aux portes de leur hôtel-de-ville. De telles atrocités ne pouvaient rester impunies ; cependant le général Augereau modéra le ressentiment de ses troupes, et consentit à accepter la médiation du baron Capelletti, chargé d'affaires de la cour d'Espagne, diplomate très-borné, qui se rendit d'Imola à Lugo, pour engager ces forcenés à poser les armes et à rentrer dans l'ordre. Ses efforts furent inutiles, et des prêtres sanguinaires parvinrent à faire repousser ses propositions. Le général Augereau, indigné, marcha, le 7 juillet, sur Lugo avec un détachement commandé par Beyrand, et composé d'un bataillon de la 4ᵉ demi-brigade, de deux cents chevaux et de deux pièces d'artillerie, pendant que le chef de brigade Pourailler, partant de Ferrare avec la moitié des troupes qui s'y trouvaient, s'avançait pour couper toute retraite aux rebelles. On tenta encore des pourparlers ; mais les prêtres firent faire une décharge à balles sur l'officier de grenadiers qui offrait la paix. Les Français, portés ainsi au dernier degré d'irritation, se précipitent sur cette masse d'hommes féroces que dirigent des ecclésiastiques en habits sacerdotaux, et qui résistent pendant trois heures avec acharnement ; car la rage, inspirée par la maladie funeste et honteuse du fanatisme, ressemble à l'intrépidité. Ils fuient enfin : on en fait un grand carnage ; et, poursuivis avec vigueur, ils courent à travers le bourg où les Français sont assaillis par des coups de fusil tirés de quelques maisons, en même temps que la vue des têtes de leurs camarades excite leur désespoir et leur vengeance. Cependant ils ne massacrent que les hommes qu'ils trouvent armés ; et, prêts à réduire Lugo en cendres, les torches s'éteignent dans leurs mains, et leur courroux s'apaise en ne voyant plus dans cette commune que des femmes, des vieillards et des enfans. Des menaces terribles succédèrent à cette expédition ; et une terreur salutaire, puisqu'elle prévenait l'inutile effusion du sang, fut, pour quelques instans, garante de la tranquillité.

Mais le cabinet de Vienne ne s'était point endormi ; il ne songeait point à la paix que le général Beaulieu avait conseillée. Désespérant peut-être de reconquérir les états qu'il avait perdus, avant que la diversion promise par le clergé n'eût des résultats plus décisifs, ce cabinet envoyait Wurmser avec une seconde armée en Italie, pour conserver au moins la place de Mantoue, et pour empêcher que Bonaparte, en débouchant par les gorges du Tyrol, ne vînt se joindre aux armées de Jourdan et de Moreau, qui menaçaient le cœur de l'Allemagne. Les dames allemandes, excitées par l'impératrice, brodaient des écharpes et des drapeaux pour une jeune milice qui se préparait à marcher en troisième ligne, et qui prenait une velléité chevaleresque pour l'amour de la patrie. Wurmser s'avançait de la Souabe avec soixante-sept mille hommes contre Bonaparte, qui n'avait que quarante mille hommes, non compris les garnisons de Livourne, de Milan, d'Alexandrie, de Tortone et de Pavie. Huit mille combattans étaient employés, de part et d'autre, à Mantoue; et il paraît qu'à l'époque du 12 juillet le général français méditait sur cette place un coup hardi dont il avait conçu de grandes espérances. De son côté, le général autrichien se proposait d'envelopper l'armée française, d'après un vaste plan renouvelé par le général Weyrother, son chef d'état-major, et dans l'exécution duquel le général Beaulieu avait déjà échoué. Les premières tentatives du maréchal furent heureuses, les 29 et 30 juillet. La division Masséna, composée seulement de douze mille hommes, et chargée de défendre les défilés depuis Torre, sur le lac de Garda, jusqu'à l'Adige, et en outre les passages de ce fleuve jusqu'au dessous de Vérone, est forcée de se replier entre Rivoli et Castelnovo. Dire que Masséna combattit en personne, ainsi que Joubert, Rampon et Victor; ajouter que les 11e, 18e, 32e de ligne, les 4e, 11e, 18e, 22e, 27e légères, le 5e bataillon des Alpes, le 15e de dragons et le 25e de chasseurs, disputèrent plus de cinquante positions, c'est assez faire connaître que le nombre seul put accabler la valeur française. Sauret, après un combat de plus de deux heures, et dans lequel le général Rusca fut grièvement blessé, abandonna le poste important de Salo, sur l'autre rive du lac, se retira sur Dezenzano, et ne put même couvrir Brescia, où quatre compagnies d'infanterie, un escadron de chasseurs, deux généraux et quelques officiers furent surpris. L'histoire conservera une réponse faite par l'intrépide Lasalle, l'un de ces officiers, au maréchal Wurmser qui lui demandait quel âge avait Bonaparte: « L'âge, répondit le jeune et brillant capitaine de hussards, qu'avait Scipion quand « il vainquit Annibal. » Cette noble réplique ne déplut point au vieux général; Lasalle en reçut un accueil favorable, et fut renvoyé sur parole. C'était ce guerrier que ses rares talens et son courage héroïque destinaient à une si grande illustration, et qu'un trépas glorieux, mais prématuré, attendait dans les champs de Wagram.

L'évacuation momentanée de Salo avait donné lieu à un beau fait d'armes; et c'est ainsi que la valeur française sut attacher si souvent à des revers d'honorables souvenirs. Le général Guyeux, déjà connu par sa bravoure dans les premières campagnes des Alpes, et à Mondovi, n'ayant avec lui qu'un bataillon de la 15e, d'autres disent de la 27e demi-brigade légère, n'avait pu se résoudre à fuir devant l'ennemi. Une grande maison lui avait paru une redoute suffisante, et il sut s'y défendre, pendant quarante-huit heures, sans vivres, et étonner, par sa résistance opiniâtre, le corps d'armée du général Quosdanowich. On se souvient qu'en 1705 un lieutenant suédois avait, avec vingt-quatre hommes, défendu la cour d'un château contre huit cents hommes que commandait le fameux partisan Smigelski, de l'armée du roi Auguste; et l'on admire encore le siège que Charles XII soutint, à la tête de ses domestiques, dans une maison près de Bender, le 11 février 1713, contre une armée de Tartares. Guyeux, plus heureux que le héros du Nord, empêcha l'ennemi d'incendier sa forteresse, et donna le temps au général Sauret de revenir pour le délivrer, ainsi que le général Rusca, qui, après sa blessure, était resté au pouvoir des Autrichiens. La reprise de Salo, et les combats de Dezenzano et de Lonato furent accompagnés de plusieurs vicissitudes dont les généraux Sauret, Dallemagne et Saint-Hilaire rendirent compte, en se plaignant de n'avoir point été secondés par le général Despinois, qui, réclamant à la même époque des indemnités pour ses équipages pillés, dénonçait une demi-brigade comme la cause de sa funeste inaction. Sauret, qui avait été blessé dans une charge, et qui, avec seize cents hommes, avait battu quatre mille hommes et fait quatre-vingt-dix prisonniers, fit un grand éloge du brave Dessaix, né à Thonon, près du lac de Genève, et commandant le 3e bataillon des Allobroges. Cet officier modeste et intrépide était entré deux fois dans la ville de Salo, à la tête des carabiniers de la division; et, quoique blessé d'un coup de feu à l'épaule, il ne quitta point le commandement de son corps. Le général en chef, en retraçant l'affaire de Lonato, où Dallemagne avait vaincu le général Ocskay, avait dit : « *J'étais tranquille : la 32ᵉ était là.* » Pourquoi un tel brevet d'immortalité a-t-il cessé de briller sur les étendards de cette phalange valeureuse ?

Cependant ces combats isolés n'arrêtaient point la marche des Autrichiens, et l'Italie attentive ne douta plus que la perte totale des Français ne fût inévitable. Mais le génie de Bonaparte, s'élevant à la hauteur des circonstances, et croissant tout-à-coup avec le danger, prend la résolution hardie d'attaquer l'un des deux corps ennemis avant leur jonction, et il ose lever le siége de Mantoue dont la prise était le but de cette campagne. Wurmser, parvenu le 31 juillet dans cette place, s'amusa à y faire entrer en triomphe tout l'équipage de siége et tous les approvisionnemens abandonnés par les Français. Cette fête, pendant laquelle le vieux maréchal acceptait le titre de libérateur de l'Italie, lui faisait perdre un temps précieux que son jeune rival avait su mettre à profit.

VICTOIRE DE CASTIGLIONE,
BONAPARTE A LONATO,

3, 4, 5 août 1796.

Lonato, enlevé d'abord par des forces ennemies supérieures, avait été repris au pas de charge par les 18ᵉ et 32ᵉ demi-brigades formées en colonne serrée, et soutenues par le 15ᵉ de dragons. Les Autrichiens fuyaient vers Peschiera, par Dezenzano, lorsque Junot, aide-de-camp de Bonaparte qui avait distingué sa bravoure au siége de Toulon, reçut l'ordre de son général de se mettre à la tête de la compagnie des guides, soutenus du 15ᵉ de dragons et de la 4ᵉ légère, et de s'opposer à cette direction que prenait l'ennemi vers le Mincio, où il importait que l'armée battue ne pût faire sa jonction avec Wurmser, qui enfin s'avançait pour se réunir à son lieutenant. Junot, par une marche rapide, devance et tourne les fuyards, charge la tête du régiment des hulans de Bender, combat et blesse le colonel, tue de sa main six Autrichiens ; mais il reçoit lui-même six coups de sabre, et il est culbuté dans un fossé. Les dragons du 15ᵉ, qui se pressent sur ses pas, dissipent les hulans, et délivrent ce guerrier dont l'intrépidité devait paraître encore en tant d'autres combats, et qui, remarquable par la constance et la vivacité de son attachement, méritait une fin moins malheureuse que celle qui termina ses jours.

Les ennemis, vaincus à Lonato, repoussés à Dezenzano, chassés de Salo

LE TEMPLE DE LA GLOIRE.

BATAILLE DE CASTIGLIONE.
Bonaparte a Lonato — 3, 4, 5 Aout 1796.

et de Gavardo, se dispersèrent dans les montagnes; et le plan de Bonaparte s'exécutait à son entière satisfaction, lorsque le général de brigade Valette, officier-général depuis le 23 septembre 1793, et ayant trente-un ans de service, placé avec dix-huit cents hommes à Castiglione-delle-Stivière pour fermer le passage aux troupes de Wurmser, abandonna ce poste à l'approche de l'avant-garde ennemie, et vint jeter l'alarme à Monte-Chiaro. Cette retraite mettait l'armée française dans une position très-critique, dont l'intrépidité d'Augereau sut la délivrer. Bonaparte suspendit sur-le-champ Valette, que le Directoire exécutif ordonna de traduire en jugement, mais qui se justifia sans doute, puisqu'on le retrouve, deux ans après, en activité dans la même armée, et châtiant, avec une extrême vigueur, les révoltés du Trasimène, entre Urbin et Citta-del-Castello. Napoléon, parvenu au pouvoir suprême, a d'ailleurs conservé cet officier dans les rangs de l'armée française; et il semble que toutes ces considérations réunies suffisaient pour inspirer plus de circonspection aux écrivains qui, sans aucun ménagement, ont flétri le nom du général Valette. Ce nom, jusqu'en 1819 (car notre devoir est de tout dire), n'avait point figuré dans la nomenclature des membres de la Légion d'Honneur.

Augereau, qui avait chassé l'ennemi de Brescia, reprit donc Castiglione après plusieurs combats plus meurtriers les uns que les autres, et où il fallut non seulement prendre et défendre les hauteurs et le château, mais encore forcer le pont sur lequel voulaient déboucher les têtes des colonnes de l'armée de Wurmser. Les Français se battirent pendant seize heures, sans eau et sans subsistances. La cavalerie, qui était en petit nombre, eut beaucoup à souffrir, tant à Lonato qu'à Castiglione; et elle perdit presque tous ses chefs, entre autres le chef de brigade Bougon, du 1er de hussards, et le chef de brigade Marmet, du 22e de chasseurs à cheval. Pourailler, chef de la 4e demi-brigade, et plusieurs chefs de bataillon, furent tués, ainsi que le général Beyrand, dont nous avons eu déjà plusieurs fois l'occasion de parler. Le général de brigade Robert, loué par Augereau, et que nous retrouverons à Arcole, fut grièvement blessé. L'adjudant-général Verdier, courant toujours au devant du danger, avait chargé à la tête de la 4e demi-brigade, et suppléé à la perte funeste du chef de ce corps valeureux. Enfin le général Dommartin, commandant l'artillerie légère, secondé du chef de bataillon Marmont, aide-de-camp du général en chef, avait donné de nouvelles preuves de ces grands talens qui devaient tant influer sur sa gloire et sur celle de sa patrie. Les ennemis perdirent trois mille prisonniers, et laissèrent un nombre pareil des leurs sur le champ de bataille; mais comme Wurmser arrivait avec toutes ses forces, ils prirent position où les Français avaient cessé de les poursuivre, et une bataille générale devint indispensable.

C'est dans ces entrefaites que Bonaparte, s'étant porté de sa personne à Lonato, pour hâter la réunion de toutes les colonnes de son armée, sut échapper à un danger imminent par la force de son génie et par la grandeur de son caractère. A peine était-il entré dans la place, qu'il vit paraître un parlementaire autrichien qui venait sommer le commandant de Lonato de se rendre, parce qu'il était cerné de toutes parts. En effet, tous les rapports s'accordaient à assurer que diverses têtes de colonnes ennemies étaient à la vue des grand'gardes, et que la route de Brescia était interceptée au pont Saint-Marc, sur la Chiese. Tous ceux qui entourent le général sont frappés de stupeur; la fatalité semble avoir marqué le terme de ses triomphes, et le livrer presque désarmé aux mains d'un Allemand. Bonaparte seul calcule que les troupes qui veulent pénétrer dans Lonato sont un débris des bandes repoussées de Dezenzano, de Salo et de Gavardo. Prenant sur-le-champ son parti, il ordonne qu'on enlève le bandeau qui couvre les yeux du parlementaire; et lui parlant avec fermeté : « Vous voyez devant vous, lui dit-il, « le général Bonaparte au milieu de son état-major et de son armée, prêt à « venger sur votre chef l'insulte qu'il ose faire à des Français victorieux. Il « n'a pu ignorer que je suis ici avec toute l'armée républicaine. Dites-lui « que lui-même et tous ses soldats sont mes prisonniers, et que si, dans « huit minutes, ils n'ont pas mis bas les armes, je les fais tous fusiller. « Allez. » Le commandant autrichien, ne pouvant douter de la présence de Bonaparte, se persuade qu'en effet il est cerné par toute l'armée française, et il demande à capituler. Le général en chef refuse de traiter avec ce qu'il appelle hautement ses prisonniers; les officiers allemands veulent au moins délibérer entre eux. Bonaparte, se retournant vers le général Berthier, son chef d'état-major, donne l'ordre d'attaquer et de ne faire aucun quartier. Le général ennemi s'écrie aussitôt : « Nous sommes tous rendus. » Trois mille Autrichiens mettent bas les armes, et livrent trois drapeaux et quatre pièces de canon. Il y avait alors douze cents Français à Lonato; et l'audace de Bonaparte, couronnée par un succès aussi étonnant, lui inspira une confiance que chacun

VICTOIRE DE CASTIGLIONE.

de ses soldats ne put s'empêcher de partager. C'était le présage et le prélude de la victoire de Castiglione.

L'armée française se trouvait en présence des vingt-cinq mille hommes qui restaient à Wurmser; et Bonaparte, qui brûlait d'en venir aux mains, avait un grand intérêt à ce que le vieux maréchal ne renonçât pas à son projet de rejoindre son lieutenant, dont il ignorait encore la défaite et l'éloignement. Le général français attendait cependant l'arrivée de la division qu'il avait rappelée des lignes de Mantoue, et que commandait Fiorella pendant la maladie de Serrurier. Pour donner à cette division le temps de rejoindre, il fallut occuper le maréchal sur son front : le général Augereau, qui s'était formé sur deux lignes en avant de Castiglione, et qui avait à sa gauche la division Masséna, et à sa droite celle du général Kilmaine, qu'une fièvre violente avait empêché de marcher à la tête des siens, eut soin de céder du terrain dès que les Autrichiens se furent ébranlés pour repousser son avant-garde. Masséna feignit de même de n'oser soutenir ses tirailleurs, et Wurmser crut pouvoir s'étendre impunément sur sa droite, vers Castel-Venzago, pour se lier avec Quosdanowich qu'il supposait toujours à Lonato. Pendant que ce maréchal donnait dans le piége qui lui était tendu, Bonaparte fit attaquer, sur la gauche des Autrichiens, la redoute de Medolano par l'adjudant-général Verdier, à la tête de trois bataillons de grenadiers, appuyés par un régiment de chasseurs à cheval, et secondés par une batterie de douze pièces de canon que dirigeait le chef de bataillon Marmont. Cette redoute ayant été emportée, quoique vaillamment défendue, la cavalerie, conduite par le général Beaumont, put s'étendre et donner la main à la division Serrurier, qui, débouchant de Guidizolo, tombait tellement à l'improviste sur les derrières des Autrichiens, que Wurmser faillit être enlevé dans son quartier-général par les hussards du 7ᵉ régiment. Une charge, exécutée à propos par les dragons autrichiens, donna au maréchal le temps de s'élancer à cheval et d'échapper à un grand danger. Forcé de changer toutes ses positions, de cesser de poursuivre le centre et la gauche des Français, d'envoyer, au contraire, sa cavalerie contre celle du général Beaumont, et de faire face, avec sa seconde ligne, au général Fiorella qui la culbuta sur Cavriana, il se vit, en peu d'instans, attaqué vigoureusement par les divisions Augereau et Masséna, acculé sur le Mincio, et vaincu moins encore par le fer que par l'habileté des manœuvres de son adversaire.

LE TEMPLE DE LA GLOIRE,

Après de nobles et inutiles efforts, et apprenant la perte des hauteurs de Solferino, que prirent la 4ᵉ et la 5ᵉ demi-brigade de ligne, conduites par l'adjudant-général Leclerc-d'Ostin, Wurmser se hâta de passer la rivière, et de rompre les ponts pour suspendre la poursuite des vainqueurs, auxquels il abandonna près de trois mille hommes tués, blessés ou prisonniers, vingt pièces d'artillerie, et cent vingt caissons. Les Français n'eurent à regretter que peu de monde, et l'adjudant-général Frontin que nous avons vu préparer le passage du Pô avec Andréossi, et qui périt glorieusement dans cette dernière affaire, où le général Dallemagne, les adjudans-généraux Vignoles et Verdier, le chef de bataillon d'artillerie Songis, et l'adjoint Ballet, méritèrent de l'avancement. Cette victoire de Castiglione, qui couronnait cinq jours de combats et de triomphes, devait avoir des suites importantes : bien différente en cela de celle qu'avait remportée, quatre-vingt-dix ans avant (9 septembre 1706), sur le même terrain, le comte de Médavi-Grancey, nommé maréchal de France, dix-huit ans après un succès qui n'avait pu réparer les malheurs éprouvés devant Turin (tome Iᵉʳ, page 279).

Il n'est pas un seul de nos lecteurs qui, à ce mot de *Castiglione*, ne se rappelle le titre que Napoléon donna au général Augereau, à l'époque où, perdant de vue les admirables travaux de l'Assemblée constituante, et les grands motifs qui, pendant dix-huit ans, avaient conduit les Français à la victoire, il imagina de créer une noblesse, et d'invoquer les préjugés comme auxiliaires de la gloire et de la liberté. De quelques expressions que l'empereur se soit servi pour décerner au maréchal Augereau le titre de duc de Castiglione, il fut assez notoire que l'ancien général en chef de l'armée d'Italie saisissait l'occasion de signaler sa reconnaissance particulière pour l'une des plus importantes actions de son compagnon d'armes; et ce genre d'hommage était d'autant plus remarquable, que les maréchaux ducs de Valmy, de Rivoli, de Castiglione, d'Awerstaedt et d'Elchingen reçurent seuls alors des noms pris, si nous osons nous exprimer ainsi, dans leurs états de service. Cependant, tout en convenant que, malgré l'avis d'Augereau, le siége de Mantoue fut levé (et l'on vient de voir que la division Serrurier, commandée par Fiorella, et devenue libre par cette admirable résolution, concourut puissamment au succès de cette journée), on a écrit que Bonaparte voulait éteindre le souvenir des obligations qu'il avait eues à Augereau devant Castiglione. C'était signaler son ingratitude d'une étrange manière, que de perpétuer un tel nom dans la famille du maréchal. On fonde cette tardive accusation sur ce que Napoléon, dans son diplôme, a omis le récit d'un mouvement d'enthousiasme que sa présence avait inspiré à la division Augereau, après la retraite précipitée du général Valette; et l'on n'a pas remarqué que les détails mêmes que l'on publie sur cette scène prouvent qu'elle avait été arrangée par l'habile général en chef. Les soldats qui avaient suivi Valette avaient dû porter avec eux des nouvelles décourageantes : nous voyons, par les correspondances de cette époque, que le brigandage des fournisseurs et des administrateurs avait réduit les troupes au plus absolu dénuement; elles manquaient de vivres, de vêtemens, de souliers. Il fallait quelque chose d'extraordinaire pour remonter leur moral, et pour les décider à reprendre les hauteurs de Castiglione. Quel moyen devait être plus assuré que de paraître céder à leurs propres instances, et à celles de leurs braves généraux, que l'on venait d'autoriser à mettre leurs soldats dans la confidence d'un prétendu projet de retraite? Ce moyen même n'était pas neuf, car Alexandre et César l'avaient employé fréquemment avec succès; et sans aller prendre nos exemples si loin, Charles VIII, secondé par La Trémouille et Pierre de Rohan, maréchal de Gié, lui dut, en 1495, la victoire de Fornoue, dans une circonstance où une vaste coalition ne doutait pas de la perte de toute l'armée française en Italie. Enfin souvenons-nous que si, le 18 brumaire an VIII, Bonaparte répondit à Augereau qu'il ne pouvait oublier le héros de Lodi et d'Arcole, il lui écrivit, six semaines après, en l'envoyant commander l'armée en Batavie, que si les circonstances l'obligeaient à faire la guerre en personne, il ne le laisserait point en Hollande, et qu'*il n'oublierait jamais la belle journée de Castiglione.*

Nous en avons dit assez pour démontrer qu'il était impossible de bâtir un reproche sur un fondement plus fragile; mais on voit comment tout peut s'envenimer, et combien il a été facile, au détriment des intérêts de la patrie, d'aigrir un cœur irritable de sa nature, et auquel de grands souvenirs semblaient permettre de grandes prétentions.

Le maréchal Wurmser, occupant, sur la rive gauche du Mincio, les positions qu'avait prises Beaulieu avant le combat de Borghetto, n'eut pas le temps de recueillir les débris de son armée. Dès le 6 août (19 thermidor), pendant que le général Augereau engageait une vive canonnade contre Valleggio, Masséna emportait le camp des Autrichiens qui assiégeaient Peschiera, leur enlevait vingt pièces de canon et douze cents hommes; et Dommartin, à coups de canon, ouvrait les portes de Vérone à la division de Fiorella. Augereau traversa l'Adige sur le pont de cette ville, et poussa l'ennemi sur Roveredo; Masséna, sur la rive droite de ce torrent, s'emparait de la Corona, de Préabolo et de Montebaldo, où l'ennemi avait paru vouloir se soutenir. Sept pièces de canon et quatre cents prisonniers étaient le résultat de cette expédition, où se signalèrent l'adjudant-général Chabran, l'aide-de-camp Rey, et la 38ᵉ demi-brigade. Sauret, Guyeux et Saint-Hilaire, poursuivant leurs succès de l'autre côté du lac de Garda, prenaient la Rocca d'Anfo, au-delà du lac d'Idro, battaient les Autrichiens à Lodrono, leur prenaient leurs bagages, six pièces de canon, et onze cents prisonniers. Wurmser, contraint d'évacuer Riva, brûlait sa flottille, et portait son quartier-général au-delà de la ville de Trente, au pied des Alpes. Cependant Bonaparte réorganisait son armée, dans laquelle on comptait quinze mille malades, échangeait les prisonniers, remplaçait Sauret malade par Vaubois, et chargeait Sahuguet, l'un des braves des Pyrénées, de recommencer le blocus de Mantoue. Sahuguet, après une vive canonnade, marchant à la tête des grenadiers, avait franchi le pont de Governolo. Dallemagne, avec la 12ᵉ demi-brigade, força Borgo-Forte, sur le Pô; il eut à se louer de la bravoure du colonel Lahoz, officier cisalpin, alors dévoué aux Français, mais que le républicanisme exagéré de M. Trouvé, ambassadeur et dictateur tyrannique à Milan, devait un jour aliéner contre eux et précipiter dans le parti autrichien.

COMBATS DE SERRAVALLE ET DE ROVEREDO.

De son côté, Wurmser, rêvant toujours la délivrance de Mantoue, renouvelait l'exécution de son premier système, chargeait le général Davidowich de défendre, avec des corps divisés, les issues du Tyrol, et d'inquiéter les Français sur le Haut-Adige, tandis qu'il se proposait de descendre, avec ses forces principales, le long de la Brenta, de se fortifier à Bassano, de porter le théâtre de la guerre sur le territoire vénitien, et de pénétrer dans le Mantouan par Legnago, sur l'Adige. Mais ce plan, suggéré, dit-on, par le cabinet de Vienne, n'était pas encore exécuté, qu'il était déjoué par l'activité du général Bonaparte et par l'intrépidité de ses troupes. Franchir le lac de Garda, remonter les deux rives de l'Adige, emporter toutes les positions de l'ennemi sur la Sarca, à Allas, à Serravalle, à Cazano, au camp de Mori, à San-Marco, et triompher d'un ennemi qui profitait avec un grand sang-froid de toutes les localités pour ralentir sa retraite, tant de travaux ne coûtèrent que deux jours aux divisions Vaubois, Masséna, Augereau, aux braves généraux Guyeux, Saint-Hilaire, Pigeon, Victor et Rampon. Celui-ci avait précipité la marche de l'ennemi en le chargeant, entre l'Adige et Roveredo, à la tête de l'immortelle 32e demi-brigade. Le combat de Roveredo avait été décidé par le général Dubois, dont nous avons remarqué la valeur à l'armée de Sambre-et-Meuse; il avait chargé à la tête du 1er régiment de hussards; mais, atteint de trois balles au moment où son aide-de-camp tombait mort à ses côtés, il ne désire, avant d'expirer, que d'apprendre la défaite de l'ennemi. Il eut cette satisfaction; et ce vaillant général quitta la vie comme l'avait fait Epaminondas.

Le général Davidowich, chassé de Roveredo, avait pris une position qui paraissait inexpugnable en avant de Calliano, et toute son artillerie battait le défilé resserré entre l'Adige et des montagnes à pic. Dommartin exécute l'ordre de démonter les canons ennemis avec huit pièces d'artillerie légère; le général Pigeon attaque sur la droite avec l'infanterie légère; trois cents tirailleurs engagent la fusillade le long de l'Adige, et trois demi-brigades, formées en colonnes serrées, par bataillon, ont l'audace d'entrer dans le défilé, l'arme au bras. Les Autrichiens sont ébranlés; et bientôt, abandonnant un poste formidable, ils fuient dans le plus grand désordre. Le général en chef avait auprès de lui son aide-de-camp Lemarrois, que nous avons vu se distinguer à Lodi. Ce jeune capitaine, impatient d'imiter son collègue Junot, et comme tourmenté par les éloges que celui-ci avait mérités à Dezenzano, se précipite à la tête de cinquante hussards pour gagner le front des fuyards, et arrêter toute leur colonne. Mais, après l'avoir entièrement traversée, il

COMBATS DE SERRAVALLE ET DE ROVEREDO.

est enveloppé, jeté par terre, foulé aux pieds, et criblé de blessures. Le colonel du 1ᵉʳ régiment de hussards, qui l'accompagne, est tué. Au même moment, Bessières, commandant la compagnie des guides du général en chef, et qui avait suivi Lemarrois, aperçoit deux pièces de canon et un obusier que les ennemis, fuyant au galop, allaient sauver. Il s'élance avec une telle rapidité, que six cavaliers seulement peuvent le suivre; deux d'entre eux sont tués à l'instant où il fond sur les canonniers autrichiens : Bessières lutte corps à corps avec le commandant des canonniers autrichiens, et parvient à le blesser. Mais son cheval ayant été frappé et renversé, ce brave saute sur l'avant-train d'un canon et se place sur l'affût, où il allait être sabré et fait prisonnier, lorsque Montet et Maufroy, brigadiers des guides, accourent le dégager. Ces deux soldats intrépides sabrent les canonniers sur leurs pièces, mettent l'escorte en fuite, sauvent la vie à leur capitaine, et amènent les trois pièces d'artillerie attelées de leurs chevaux. En mémoire de ce beau fait d'armes, Bonaparte attacha à sa compagnie des guides deux pièces de canon et un obusier. Bessières fut nommé chef d'escadron sur le champ de bataille. Il s'était déjà fait remarquer à l'armée de la Moselle : sa bravoure et son attachement pour Bonaparte le feront parvenir, trop rapidement peut-être, à la plus haute dignité militaire; et il justifiera cet avancement par une mort glorieuse près des champs de Lutzen, en 1813. Maufroy et Montet furent faits maréchaux-des-logis; le premier est parvenu depuis au grade de colonel, et le second à celui de capitaine.

Le combat de Roveredo coûta aux ennemis six mille prisonniers, vingt-cinq pièces de canon, cinquante caissons et sept drapeaux. La déroute des Autrichiens fut si forte, que la plus grande partie des fuyards ne savait où se rallier, et que le général Davidowich en put réunir à peine la moitié sous les murs de Trente. Il n'osa pas même tenir devant cette place; et Masséna, à la division duquel on devait le mémorable avantage de Roveredo, y entra le 5 septembre, après un faible engagement avec l'arrière-garde ennemie. Vaubois y arriva le même jour après midi. C'était la première fois que Trente, ville célèbre par son long concile du seizième siècle, voyait un corps d'armée française dans ses murs : car Vendôme l'avait en vain bombardée en 1703.

Bonaparte continua son mouvement offensif, après avoir organisé le gouvernement du Tyrol. Les ennemis avaient laissé leur arrière-garde dans le village de Lawis, sur la route de Bolzen

(Bolzano), belle ville du Tyrol, à onze lieues de Trente. Cette arrière-garde s'était fortifiée derrière le Lawis (Lavisio), au-delà du pont; et sa position était formidable. Le général en chef de l'armée française, qui voulait poursuivre Wurmser sur la Brenta, et qui n'aurait pu, sans danger pour son flanc gauche, laisser le temps aux débris du corps de Davidowich de se rallier sur cette route, n'hésite point à se mettre lui-même à la tête de l'avant-garde de la division Vaubois, et à attaquer les Autrichiens à six heures du soir. Il est secondé par une poignée de braves, qui s'avancent en chantant les souvenirs de Lodi; mais des décharges à mitraille arrêtent leur impétuosité, et ne permettent point à un aussi petit nombre de franchir le pont du Lawis, torrent qui tombe avec rapidité de l'un des glaciers de Marmocata. Le général Dallemagne arrive alors à la tête de la 25e demi-brigade, et le passage s'effectue avec une rare intrépidité. Murat traverse le torrent à gué avec un détachement du 10e de chasseurs, dont chaque cavalier porte en croupe un fantassin; et au même moment, l'adjudant-général Leclerc, accompagné seulement de trois chasseurs, et l'intrépide Dessaix, chef des Allobroges, suivi de douze carabiniers, passant le Lavisio à la nage, vont s'embusquer à une demi-lieue de Lawis. L'infanterie et la cavalerie ennemie, pressées par Murat et Dallemagne, lâchent pied; et lorsqu'un détachement de cavaliers et de fantassins arrive au défilé que les dix-sept Français occupent dans toute sa largeur, les baïonnettes croisées arrêtent les fuyards. Ils tentent vainement de s'ouvrir un passage; et ne pouvant, à cause de l'obscurité, connaître les forces qui leur sont opposées, cent hussards du régiment de Wurmser mettent bas les armes, ainsi que trois cent cinquante hommes d'infanterie. Dans cette expédition, où les dix-sept Français restèrent en outre maîtres de l'étendard du régiment de Wurmser, l'adjudant-général Leclerc fut seul blessé de quelques coups de sabre.

Pendant le combat du Lawis, Augereau s'avançait, à marches forcées, vers Bassano, par le val de la Brenta. Wurmser croit les Français occupés à remonter l'Adige vers Bolzen, et il apprend qu'ils ont franchi vingt lieues en deux jours dans les gorges de la Brenta; que le village de Primolano, où un corps de Croates était retranché, vient d'être forcé par le général Lanusse, à la tête de la 5e demi-brigade légère, de la 4e de ligne, et de l'artillerie légère. Le fort de Covelo, appartenant à l'Autriche quoique sur le territoire vénitien, et dans lequel le colonel Cavasini espérait faire une plus longue résistance, est également emporté : le 15e régiment de dragons, suivi d'un détachement du 10e de chasseurs à cheval, a devancé la colonne ennemie; et cette colonne, attaquée en tête et en queue, est contrainte de se rendre, au nombre de quatre mille hommes, avec dix pièces de canon, quinze caissons et huit drapeaux. René Rousseaux, de la Charente-Inférieure, trompette au 10e de chasseurs, et qui, à l'affaire de Trente, avait pris un général autrichien à la tête de sa troupe, enleva, au combat de Primolano, un étendard à l'ennemi. Ce brave a été nommé membre de la Légion d'Honneur. A peine toutes ces nouvelles parvenaient-elles au maréchal, que les divisions Augereau et Masséna entraient au pas de charge, ou plutôt à la course, dans Bassano, l'une par la gauche et l'autre par la droite, malgré la résistance héroïque des canonniers ennemis, et malgré tous les efforts des grenadiers d'élite, chargés de protéger la retraite du quartier-général et le trésor de l'armée, qui ne furent manqués que de quelques instans par le général de brigade Lannes qui entra le premier dans la ville, et qui enleva de sa main deux drapeaux. Antoine-César Grousselle, du département de l'Aisne, sous-lieutenant au 5e régiment de dragons, avait, en passant la Brenta, enfoncé un peloton de hussards, avait sabré plusieurs ennemis; et, pénétrant dans un village occupé par un bataillon autrichien, il en avait enlevé le drapeau. Conformément à la loi du 29 floréal an X (19 mai 1802), cet officier devint membre de la Légion d'Honneur. Le lieutenant des guides, Guérin, osa, seulement avec

COMBATS DE SERRAVALLE ET DE ROVEREDO.

huit hommes de sa compagnie, charger six cents grenadiers qui escortaient le trésor : plusieurs de ceux-ci avaient déjà jeté leurs armes, lorsque, s'apercevant du petit nombre des assaillans, ils reprennent leurs rangs, font feu, tuent trois guides, blessent grièvement Guérin et deux autres, et contraignent cette escouade de rentrer dans Bassano. Guérin, ayant ensuite été choisi pour commander le détachement qui apporta les vingt-deux drapeaux conquis, et que Marmont présenta au gouvernement le 1er octobre, fut nommé officier dans la garde à cheval du Directoire exécutif. Une passion malheureuse, et une promotion faite en faveur d'un camarade dont le mérite était très-inférieur au sien, troubla l'esprit de ce brave jeune homme; et, par un suicide, il priva la république des services importans qu'il semblait destiné à lui rendre. Les généraux Verdier et Saint-Hilaire, le chef de bataillon Frère, de la 4e demi-brigade de ligne, les capitaines Cassan et Legros, et le capitaine Storck, de la 5e demi-brigade légère, se distinguèrent particulièrement dans ces premières attaques contre le corps de Wurmser. Un carabinier de la 5e légère, nommé Pélard, fit des prodiges de valeur. On le vit traverser trois pelotons ennemis, tuer de sa main treize hulans, et faire prisonnier le général qui les commandait. Nous ne connaissons pas les récompenses qui durent être accordées au brave Pélard. Lannes fut confirmé dans le grade de général de brigade que Bonaparte lui avait décerné; Frère devint chef de brigade; quarante officiers reçurent de l'avancement, et le grade de général de brigade fut demandé pour Chabran, toujours placé à l'avant-garde de Masséna, et que nous allons retrouver à la bataille de Saint-Georges.

Cinq mille prisonniers, trente-cinq pièces de canon attelées et leurs caissons, cinq drapeaux, deux équipages de pont de trente-deux bateaux, et plus de deux cents fourgons, portant les bagages de l'armée, furent les trophées de ces divers combats.

Wurmser fuyait avec quatorze mille hommes, débris de l'armée de vingt-cinq mille Autrichiens qu'il avait amenés en Italie, et Bonaparte conçut le projet de lui fermer le chemin de Mantoue, vers laquelle le maréchal se dirigeait avec rapidité. Mais l'on sait que son plan échoua par deux causes indépendantes de ses admirables dispositions. Le guide qui devait conduire Masséna, qui avait traversé Vicence sur les pas de Wurmser, au lieu de prendre le chemin direct de Ronca à Sanguinetto, l'égara sur les bords de l'Adige, et le général arriva trop tard pour soutenir la cavalerie de Murat et la brigade du général Pigeon, qui perdirent le village et le pont de Cerca. Le général Victor Perrin, à la tête du 8e bataillon des grenadiers, soutint l'effort des ennemis, et facilita la retraite des Français. Le maréchal trouva un passage là où le général français espérait lui faire mettre bas les armes. Il restait encore une ressource : Sahuguet devait marcher au-devant des Autrichiens, et donner ainsi à Masséna le temps de les rejoindre. Mais Sahuguet fit deux fautes. Il négligea, malgré les ordres formels du général en chef, de couper les ponts du Tartaro et celui de Villa-Impenta sur la Molinella, qui est un bras du Trione. S'apercevant trop tard du piége que lui avait tendu Wurmser, par une fausse attaque à Castellaro, sur la grande route d'Este à Mantoue, il ne détache à Villa-Impenta, où passait le gros de l'armée, que trois cents hommes de la 12e demi-brigade légère, avec le général Charton. Celui-ci, malgré sa faiblesse, dispute le passage, charge imprudemment à la baïonnette un régiment de cuirassiers, au lieu de tirailler à couvert dans des fossés, et se fait tuer avec la plupart de ses braves : les autres restèrent prisonniers, ainsi que leur chef de brigade Dugoulot. Charton, né en Lorraine, passait pour un général ami de la discipline, mais peu attaché aux principes de la liberté pour lesquels les Français combattaient; et il n'y avait pas cinq mois que, pour ce dernier motif, la première division de l'armée avait désiré son éloignement. Lorsqu'au mois de mars 1792, les Marseillais, toujours inconsidérés dans leurs mouvemens, allèrent désarmer le régiment suisse d'Ernest à Aix, le ministre de la guerre, Narbonne, regarda Charton comme propre à remplacer Puget-Barbantanne qu'il accusait de faiblesse. Cinq mois après, Charton fut nommé, avec Custine, Servan et Beauharnais, pour commander le camp de Soissons, formé en dépit de la cour. Sans doute il fut destitué pendant la terreur, puisqu'en juin 1795, ayant concouru à réduire une insurrection des prétendus patriotes de Toulon, il fut confirmé, avec le brave Pacthod, dans le grade de général de brigade que lui avaient rendu les commissaires de la Convention. On a écrit que Bonaparte n'avait jamais pardonné à Sahuguet les fautes graves qui détruisaient sa juste espérance, et qui nuisaient si essentiellement à sa gloire. Cependant Sahuguet fut réemployé par le premier Consul ; il eut, en 1801, le commandement en chef des troupes françaises stationnées en Ligurie ; il fut chargé de conduire des secours en Égypte, mission dans laquelle il échoua encore, mais par la faute du contre-amiral ; enfin, il alla mourir capitaine-général à Tabago. On voit qu'il n'eut pas trop à se plaindre du ressentiment de son général en chef. Wurmser, trop bien servi par la bévue ou par la perfidie d'un guide, et par l'étourderie d'un général, entra dans Mantoue le 13 septembre, avec environ dix mille hommes, malgré un nouvel effort de Sahuguet, et au moment où Augereau, pénétrant dans Legnano, y faisait dix-sept cents prisonniers, y trouvait vingt-deux pièces de canon attelées, et y délivrait cinq cents Français pris au combat de Céréa.

BATAILLE DE SAINT-GEORGES,

15 septembre 1796.

NOTRE plan est trop circonscrit pour retracer en détail tous les combats qui furent livrés avec l'intention de resserrer Wurmser dans la place de Mantoue. Encouragé par quelques succès à Due-Castelli, ce maréchal voulut faire un fourrage général le 15 septembre, et il fut complétement battu à la bataille de Saint-Georges, par les habiles dispositions, par l'activité et par le sang-froid de Masséna. Ce général se plaignit amèrement du rapport qui fut fait de cette journée importante, et surtout de l'éloge prodigué à des généraux qui, bien loin d'avoir contribué à la victoire, faillirent faire écraser la colonne de sa division destinée à attaquer *la Favorite*, concurremment avec Sahuguet. Il déclara que celui-ci n'avait point marché contre *la Favorite*, malgré les ordres du général en chef; que ce fut Rampon qui, par son intrépidité, empêcha sa droite d'être tournée, et que Chabran seul avait combattu à la tête des grenadiers. Il rendait justice à la valeur de Marmont et de Leclerc; mais il faisait observer que ces deux officiers n'étaient arrivés que dans le fort de l'action, et que c'était précisément ceux dont on n'avait point parlé qui auraient mérité une mention toute particulière. Le chef de bataillon

BATAILLE DE SAINT-GEORGES.

d'artillerie Carrère, officier d'une grande distinction, et le lieutenant Lasseron, au 4e régiment d'artillerie à pied, déjà nommé officier pour une action d'éclat, rendirent les plus grands services dans ces circonstances mémorables. Après avoir consigné la réclamation de Masséna, nous ne pouvons omettre les noms des adjudans-généraux Belliard, Roize et Picard; des adjoints Charles et Sulkowski; des capitaines Coindet et Rozet, de l'artillerie; Damour et Ducos, de l'état-major-général, qui se distinguèrent dans cette bataille, où l'ennemi perdit deux mille hommes et vingt-cinq pièces de canon. Elle fut très-meurtrière aussi pour les Français. Parmi les blessés on compta les généraux Saint-Hilaire, Murat, Bertin, Victor Perrin, Meyer et Lannes; les chefs de brigade Leclerc, du 10e de chasseurs à cheval, et Payen, du 7e de hussards; l'adjudant-général Belliard, et les chefs de bataillon Taitlaud et Suchet. Ce dernier, destiné à mériter un jour la plus haute dignité de l'armée, employait tous ses talens, son courage, et les formes nobles et séduisantes qu'il avait reçues de la nature, à faire oublier que la fatalité avait lié son nom au souvenir de l'un des plus épouvantables épisodes du règne de la terreur. Ce brave chef d'un bataillon de l'Ardèche avait été assez malheureux pour être chargé, contre une commune infortunée, de l'exécution des ordres d'un conventionnel, le même qui, avec le sanguinaire et doucereux Couthon, avait donné le premier coup de marteau pour démolir la riche ville de Lyon, patrie de cet illustre guerrier. Quelles larmes amères ne doit-on pas verser sur les discordes civiles? Combien fut rapide ce torrent dont on veut calculer aujourd'hui froidement les ravages, et qui entraîna dans son cours dévastateur les cœurs les mieux nés et les plus grands caractères! La blessure que reçut, dans le combat de Saint-Georges, le général Meyer, lui aurait valu, chez les Romains, la couronne civique; car il fut frappé en sauvant la vie à un soldat français qu'allait tuer un cuirassier autrichien. M. de Meyer avait été sous-lieutenant aux gardes-suisses. Honoré de la confiance du général de La Fayette, il avait d'abord vu rejaillir sur lui les malheurs de ce général si justement célèbre; mais le député Milhaud avait fait réintégrer Meyer dans son grade de général : et son courage, qui s'était signalé d'abord à Binche, dans l'armée des Ardennes (avril 1794), lui avait concilié ensuite l'estime et l'amitié de Dugommier, à l'armée des Pyrénées. Nous allons le revoir bientôt sur le terrain de Rivoli.

Bonaparte ne s'était pas contenté de vaincre, il avait songé à préparer de nouveaux triomphes en faisant briller au loin l'éclat de ses victoires. Déjà il avait fait présenter au Directoire, dans des audiences solennelles, les drapeaux enlevés à l'ennemi jusqu'à la bataille de Lodi et jusqu'à la première retraite de Wurmser. Il envoya de nouveau son aide-de-camp Marmont, qu'il n'a jamais cessé d'affectionner et de favoriser en toutes circonstances, porter encore vingt-deux drapeaux et étendards, après la destruction de la troisième armée ennemie. Ces sortes de cérémonies électrisaient la nation, et l'on n'oubliera jamais que les envoyés du général en chef protestaient qu'aussi long-temps que les soldats de cette immortelle armée existeraient, les lois, le gouvernement de la république et l'indépendance nationale trouveraient en eux d'intrépides défenseurs.

Bonaparte, laissant à la division Serrurier le soin de prendre Mantoue, va d'abord à Milan s'occuper des affaires intérieures de l'Italie, et seconder les mouvemens des peuples vers l'indépendance. Il songe en même temps à délivrer la Corse, sa patrie, du joug insupportable des Anglais. Ceux-ci, abhorrés des Corses qu'ils avaient trompés, évacuèrent l'île en quatre ou cinq jours à l'approche des généraux Casalta et Gentilly. Paoli, qui aurait pu conserver un nom honorable et se concilier une grande gloire, alla vivre à Londres, pensionnaire d'un gouvernement auquel il avait vendu sa patrie. La destinée de ce gouvernement a toujours été d'avilir ceux qui ont eu recours à lui.

Cependant Bonaparte était déjà allé au devant du feld-maréchal d'Alvinzi, que l'empereur envoyait, à la tête de cinquante mille hommes, pour disputer encore la Lombardie aux Français. Alvinzi était connu pour un officier très-brave : il avait concouru avec le maréchal Bender, en 1790 et 1791, à la trop fameuse exécution de Liége, lorsque l'Autriche s'était interposée pour soumettre cette ville insurgée contre son évêque.

Malgré les demandes réitérées du général en chef de l'armée d'Italie, le Directoire, tout occupé de la retraite des armées d'Allemagne et des conspirations de l'intérieur, n'avait envoyé aucun des renforts que sollicitait ce général pour réparer les pertes de son armée. On voit par sa correspondance qu'il désirait vivement l'arrivée de la 83e demi-brigade : avec elle, disait-il, il aurait répondu de tout. Ce corps ne pouvait recevoir un plus bel éloge. N'ayant à sa disposition que quarante mille hommes, Bonaparte avait à craindre que, s'il s'éloignait de Mantoue pour aller vers le Tirol, Wurmser ne sortît de cette place avec les quinze mille hommes de sa garnison, pour seconder les mouvemens d'Alvinzi. La population de l'Italie, agitée par les partisans de l'Autriche, ajoutait encore à sa perplexité, et un échec pouvait rendre sa retraite extrêmement périlleuse. Placé ainsi dans la situation la plus critique, après les événemens les plus favorables, il prit donc la résolution d'aller attendre Alvinzi dans les positions fortifiées que les Français occupaient, aux débouchés du Tirol, sur la Brenta et sur l'Adige.

Le général Alvinzi, ayant divisé son armée en deux colonnes, donna le commandement de celle de droite au général Davidowich, qui, après la journée de Roveredo, s'était replié sur Bolzen ; et, à la tête de celle de gauche, il sortit du Frioul, se portant sur la Brenta avec Quosdanowich, qui, après l'affaire de Bassano, avait rétrogradé jusqu'à Gorizia, sur l'Izonzo. Bonaparte donna l'ordre au général Vaubois, qui commandait dix mille hommes dans la vallée de l'Adige, de tenir Davidowich en échec vers Trente ; et de sa personne il marcha, avec les divisions Masséna et Augereau, fortes de dix-sept mille hommes, sur le corps d'Alvinzi : son but était de battre le feld-maréchal, et de se jeter ensuite avec toutes ses forces sur son lieutenant.

Le 5 novembre, sur la Brenta, les canonniers se firent hacher sur leurs pièces, et l'infanterie employa toute son ardeur et son adresse pour sauver, dans des terrains impraticables, les bouches à feu et leurs caissons. Le combat, livré le 12 novembre à Caldiero, n'avait point été favorable.

Une pluie froide, qui se changeait en grésil, et lancée par le vent du nord au visage des Français, les avait forcés de céder à des forces supérieures. Dans cette circonstance, la 75ᵉ demi-brigade, sur les drapeaux de laquelle on lut dans la suite cette glorieuse devise imitée de l'antiquité : *La 75ᵉ arrive et bat l'ennemi (affulget et fugat)*, facilita la retraite des divisions Augereau et Masséna.

Alvinzi ne sut point profiter de ses avantages. Il perdit les journées du 13 et du 14 en délibérations, et ne commença que vers le soir du 14 sa marche sur Vérone, qu'il se flattait d'enlever par escalade avec douze bataillons. Le général Bonaparte, qui comptait alors parmi ses blessés les généraux Joubert, Lannes, Lanusse, Victor Perrin, Murat, Charlot, Dupuis, Rampon, Pigeon, Menard et Chabran, ne se laissa point abattre, et il profita de la lenteur de son ennemi. Il tira du blocus de Mantoue trois mille hommes, qu'il fit entrer dans Vérone; et, rassuré sur le sort de cette place, il fit repasser l'Adige, dans la nuit du 13 au 14, aux divisions Masséna et Augereau, qui marchèrent sur Ronco. Il comptait venir tomber, par Villa-Nova ou San-Bonifacio, sur les derrières d'Alvinzi occupé devant Vérone, lui enlever ses parcs, ses magasins, et intercepter ses communications.

Le 15 au matin, dès que la tête de la division Augereau fut arrivée dans Ronco, un pont fut jeté sur l'Adige; l'avant-garde se porta de suite sur Arcole; et la division Masséna, traversant le fleuve à son tour, se dirigea vers la gauche sur Porcil.

BATAILLE D'ARCOLE,

15, 16, 17 novembre 1796 (Bonaparte, Augereau).

Le village d'Arcole est situé au milieu d'un marais d'une profondeur et d'une étendue considérable, et coupé dans tous les sens par des canaux et des ruisseaux. L'Alpon, espèce de torrent, sur la rive gauche duquel est Arcole, ralentit son cours en traversant ce terrain marécageux, et va se jeter dans l'Adige au-dessus d'Albaredo. Deux chaussées sont les seules routes qui servent de communication. Celle de droite, qui part de Ronco et longe en partie l'Alpon jusque vis-à-vis Arcole, mène à San-Bonifacio; celle de gauche, partant aussi de Ronco, va à Porcil et à Caldiero, où elle joint la route de Vérone à Vicence. Un pont de bois étroit et très-élevé, sur l'Alpon, unit Arcole à la digue par laquelle arrivaient les Français.

Le général Alvinzi, instruit qu'ils passaient à Ronco, changea à la hâte ses dispositions. Faisant marcher des renforts sur Arcole, il envoya le général Provera avec six bataillons sur Porcil, et il fit rétrograder ses parcs sur Montebello, vers Vicence. Le reste de son armée, exécutant un changement de front en arrière, s'avança vers le point attaqué.

Au moment où l'infanterie légère d'Augereau se présenta devant Arcole, elle engagea une vive fusillade avec quelques bataillons de Croates et de Hongrois, commandés par le colonel Brigido, qui bordaient la rive gauche de l'Alpon. Mais la tête de la colonne française, s'étant avancée jusque sur le pont, qui était barricadé et garni d'artillerie, éprouva une vigoureuse résistance et ne put déboucher. L'ennemi, qui défendait le village, se battait avec la plus grande opiniâtreté. Il était cependant urgent pour nos troupes de forcer le passage avant l'arrivée des renforts qu'Alvinzi ne pouvait manquer d'envoyer. Nos généraux sentent que le succès dépend de l'un de ces élans d'enthousiasme qui déjà avaient plus d'une fois assuré la victoire; et donnant, comme à l'ordinaire, l'exemple de l'intrépidité, ils se précipitent à la tête de la colonne pour essayer de franchir le pont à travers la mitraille lancée de la rive opposée. Le général Lannes, encore souffrant d'une blessure reçue à Governolo, est atteint de deux coups de feu; les généraux Verdier, Bon et Verne sont mis hors de combat, et l'hésitation suspend la marche des grenadiers. Alors Augereau saisit un drapeau, s'élance seul jusqu'à la moitié du pont, appelle à lui les braves, et reste quelques minutes exposé à un feu épouvantable. Mais tant d'efforts sont impuissans; les décharges étaient si bien nourries, qu'à peine un peloton paraissait que déjà il était écrasé.

Bonaparte, témoin de la vive résistance de l'ennemi, envoie le général Guyeux avec sa brigade vers Albaredo, pour y passer l'Adige sur un bac, au-dessous du confluent de l'Alpon, et lui donne l'ordre de tourner Arcole. Lui-même accourt où l'on se battait avec tant d'acharnement; et paraissant tout-à-coup à la tête de la colonne, entouré de son état-major : « N'êtes-vous « plus les soldats de Lodi, s'écrie-t-il? Qu'est devenue cette intrépidité dont « vous m'avez donné tant de preuves? » Le souvenir des succès de Lodi ranime le courage des soldats : les grenadiers demandent à renouveler la tentative du passage. Mettant à profit la nouvelle ardeur des troupes, Bonaparte descend de cheval, se met à leur tête, et, saisissant aussi un drapeau, il s'élance sur le pont, suivi par tous ceux que l'espace étroit peut contenir. Le général Lannes, qui vient d'apprendre que le général en chef marche le premier à l'ennemi, vient, malgré ses deux nouvelles blessures, et ne pouvant se soutenir à pied, se mettre à cheval à la tête des combattans; mais il tombe blessé une troisième fois. Tous les coups portaient dans cette masse ainsi

BATAILLE D'ARCOLE.

agglomérée : la mousqueterie et la mitraille y faisaient un horrible carnage. Le général Vignolles, commandant la colonne d'attaque, reçoit deux coups de feu, et il n'en reste pas moins ferme au combat. Muiron, l'un des amis et des aides-de-camp du général en chef, est tué à ses côtés. Ce jeune officier d'artillerie s'était distingué au siége de Toulon, et il avait acheté de son sang la liberté de son père, fermier-général. Cependant la colonne hésite de nouveau : elle rétrograde, et abandonne le pont. Bonaparte entraîné remonte à cheval. A cet instant même, une décharge à mitraille ayant renversé tous ceux qui l'entouraient, son cheval effrayé se jette et se précipite dans les marais. Les ennemis, débouchant du pont et poursuivant les Français sur la digue, dépassent de plus de cinquante pas le général. Ils l'eussent sans doute bientôt reconnu, malgré la redingotte qui couvrait son uniforme; et ils s'en fussent rendus maîtres, si l'adjudant-général Belliard, s'apercevant du danger qu'il courait, n'eût rallié les grenadiers qui fermaient la colonne : il les ramène au combat, repousse l'ennemi, et dégage le général en chef.

Pendant que la droite de l'armée française échouait dans ses projets, la division Masséna, plus heureuse, avait attaqué le général Provera, l'avait culbuté sur Porcil, dont elle s'était emparée, et avait enlevé six pièces de canon, trois drapeaux, et fait huit cents prisonniers. La 12ᵉ demi-brigade provisoire arrivant en ligne, battit un corps de l'avant-garde ennemie, et fit trois cents prisonniers, dont la moitié fut prise par le capitaine Barriès, à la tête de quelques tirailleurs. Le général Guyeux, passant l'Adige à Albaredo, s'était avancé sur Arcole par la gauche de l'Alpon, et s'était emparé de ce village quelques instans après la retraite de la division Augereau. Mais la nuit approchant, et le gros de l'armée autrichienne qui arrivait s'apprêtant à reprendre Arcole, le général Bonaparte jugea qu'il serait dangereux de garder la position qu'il occupait. Sachant combien les forces de l'ennemi étaient supérieures aux siennes, il ne voulut point s'exposer à être culbuté dans les marais de l'Alpon, et il fit opérer, pendant la nuit, la retraite de l'armée sur la rive droite de l'Adige, gardant le passage de Ronco, et faisant observer la gauche du torrent par la 75ᵉ demi-brigade.

Persistant dans son dessein de livrer bataille au général autrichien, et de le forcer de front à Arcole et à Porcil, Bonaparte fit passer l'Adige à ses deux divisions, le 16 novembre, à la pointe du jour, dans le même ordre que la veille. Masséna rejeta de nouveau le général Provera sur Porcil, et il lui fit encore plusieurs centaines de prisonniers. La 75ᵉ, conduite par le général Robert, avait attaqué et culbuté les Autrichiens dans le marais; mais le général Guyeux, contenu par un corps considérable, ne put passer l'Adige vers Albaredo. Le général Augereau repoussa l'ennemi jusqu'au pont d'Arcole; mais là, les sanglantes scènes de la veille se renouvelèrent. Sept généraux ou officiers supérieurs furent blessés, et l'aide-de-camp du général en chef, Elliot, fut tué en accélérant la construction d'un pont de chevalets à l'embouchure de l'Alpon. Gabriel, qui, avec deux pièces de 5, avait facilité le ralliement des troupes, et la prise de neuf canons sur l'ennemi, auquel cette journée coûta plus de douze cents morts, périt lui-même par suite des blessures nombreuses qu'il avait reçues. La nuit s'approchant, l'armée française reprit encore sa position précédente sur l'Adige.

Bonaparte, persuadé enfin que le succès de son attaque dépendait de l'établissement du pont au confluent de l'Alpon, y fit travailler avec ardeur toute la nuit; et le 17, dès que le jour parut, on vit recommencer cette lutte redoutable, et qui devait être décisive.

Les Autrichiens, comme la veille, furent repoussés sur Arcole et Porcil. Mais le général Masséna n'ayant pris avec lui que la 18ᵉ demi-brigade de ligne, le reste de sa division resta pour seconder l'effort principal qui allait se faire, à droite, sur l'Alpon. Le général Augereau, qui devait franchir le pont, dut attendre l'arrivée de deux bataillons de la garnison de Legnano, qui avait reçu l'ordre de remonter le long de l'Adige, afin d'inquiéter la gauche des Autrichiens, et de la prendre à revers. Seize cents chevaux soutenaient cette division; l'adjudant-général Vial, qui déjà s'était distingué en Corse et en Hollande, et que son courage et son sang-froid devaient tant illustrer, s'étant précipité à la nage, fut obligé de tenter sur un autre point une diversion plus heureuse. Il traverse un canal à la tête de trente grenadiers de la 51ᵉ demi-brigade, et engage une fusillade où presque tous les braves qui l'ont suivi se font tuer.

Le général Robert, avec la 75ᵉ, avait refoulé l'ennemi jusqu'au redoutable pont d'Arcole; mais, poussé à son tour par des troupes fraîches et nombreuses, il fut ramené en désordre, et ne put se rallier que derrière la division Augereau. Les Autrichiens, encouragés par ce premier succès, et croyant que toute l'armée française allait imiter ce mouvement rétrograde, se hasardèrent imprudemment vers l'Adige. Le général en chef, qui avait prévu ce

BATAILLE D'ARCOLE.

mouvement, fait avancer alors Masséna et la 18e légère, qui les attaquent de front et sur le flanc droit : dans le même moment, le général Gardanne sort, avec la 32e, d'un bois à droite, où il était embusqué, et les prend en flanc sur leur gauche. Cette dernière attaque semble décisive; les Autrichiens sont culbutés en grande partie dans les marais; ils y restent enfoncés, et la fusillade en fait périr un grand nombre. Plus de trois mille se rendirent prisonniers.

Cette brillante action assurait la gauche de l'armée française. Augereau, ayant enfin passé l'Alpon, engagea aussitôt le combat sur l'autre rive. Mais le général en chef n'ayant pas assez de monde pour tourner un marais auquel s'appuyait la gauche des renforts que d'Alvinzi venait d'envoyer, donna ordre à Hercule, lieutenant de la compagnie des guides, de descendre l'Adige avec vingt-cinq chevaux, de tourner rapidement le marais, et de tomber impétueusement sur l'ennemi, en faisant sonner la charge par plusieurs trompettes à la fois. Cet officier exécuta sa mission avec bravoure et célérité. Sa présence inattendue au-delà des marais cause de l'hésitation dans les mouvemens de l'infanterie ennemie; Augereau en profite, et il exécute de front une attaque vigoureuse. L'artillerie, dans ces trois journées, acquit de nouveaux droits à la reconnaissance de l'armée. Le général Dommartin, le chef de bataillon Carrère, les capitaines Delaître et Bourgeat, le lieutenant Gin, se couvrirent de gloire. La ligne autrichienne est enfoncée, et se retire précipitamment, lorsque les deux bataillons de Legnano, débouchant tout-à-coup de San-Gregario, augmentent le désordre, et accélèrent la retraite de l'ennemi, qui laisse un grand nombre de prisonniers au pouvoir des Français. Ce fut dans cette circonstance que Bertholet, chef provisoire de la 12e demi-brigade, arrivée comme nous l'avons dit, de Zévio, la surveille, obtint de confier à un chef de bataillon le commandement de son corps, et d'aller, de sa personne, se placer en embuscade dans un ravin, avec six cents grenadiers. Là, il ne commanda le feu qu'à brûle pourpoint. Sa mousqueterie renversa près de la moitié de la colonne ennemie; il poursuivit le reste la baïonnette dans les reins, et entra, sur leurs pas, dans Arcole. Deux cents grenadiers furent blessés; Bertholet eut une partie de l'épaule emportée par un boulet de 3, et il reparut à l'armée avant même d'être entièrement guéri. Tant de courage et un service aussi essentiel lui méritèrent le commandement de la brave 18e d'infanterie légère.

Assuré de la victoire, Bonaparte envoya une brigade vers Porcil, pour pousser les Autrichiens de ce côté; et avec les deux autres brigades de Masséna il marcha sur Arcole, et fit poursuivre l'ennemi dans la direction de San-Bonifacio. Le général Alvinzi, n'espérant plus de pouvoir résister aux Français, et inquiet du général Davidowich, fit prendre à ses troupes la direction de Montebello et de Vicence, dans le dessein de se lier avec son lieutenant par les gorges de la Brenta.

Dans cette mémorable action, les deux partis combattirent avec une gloire presque égale. La perte des Autrichiens fut de cinq mille prisonniers, dont cinquante-sept officiers; de quatre mille morts, de quatre mille blessés, de quatre drapeaux, de dix-huit pièces de canon, d'un nombre égal de caissons, de plusieurs équipages de pont, et de la multitude d'échelles dont les ennemis s'étaient précautionnés pour escalader Vérone. Celle des Français, qui fut considérable les deux premiers jours, a été beaucoup exagérée par ceux qui l'ont calculée d'après le nombre des généraux blessés; mais ces chefs illustres avaient presque tous été victimes de leur héroïque dévouement sur le pont d'Arcole, lorsqu'il s'agissait de montrer l'exemple, et de faire affronter aux soldats une mort presque inévitable. Les généraux Robert et Gardanne arrosèrent aussi de leur sang les marais d'Arcole, et l'adjudant-général Wandeling y fut tué. Un chasseur du 10e, nommé Mariot, qui avait fait vingt-six prisonniers à Caldero, prit, à Arcole, un commandant et deux officiers autrichiens. Ce brave fut, en l'an X, membre de la Légion d'Honneur.

La bataille d'Arcole, l'une des plus mémorables, et jusqu'alors la plus longue de celles livrées pour soutenir l'indépendance du peuple français (car celle de Zurich (1799) durera plus long-temps), vit les deux armées combattre avec une gloire presque égale. Bonaparte, qui seul peut expliquer sa persévérance pendant deux jours à emporter de front le passage d'Arcole, prouva, dans ces circonstances importantes, la supériorité de son génie militaire, et sa juste confiance dans le courage brillant de ses généraux et dans l'intrépidité de ses troupes. Le gouvernement donna aux généraux Bonaparte et Augereau, à titre de récompense nationale, les deux drapeaux avec lesquels ils s'étaient élancés à la tête des colonnes; et tous les arts reproduisirent à l'envi cette action éclatante, bien supérieure à celle du duc d'Enghien à Fribourg (tome Ier, page 10), et qui n'eut pas cependant un résultat aussi décisif.

Dans la nuit qui suivit la dernière journée d'Arcole, Bonaparte, infati-

BATAILLE D'ARCOLE.

gable, parcourait les avant-postes de son armée : il trouve une sentinelle endormie. Dans un cas pareil, Iphicrate, célèbre général des Athéniens, avait tué le factionnaire, prétendant le laisser dans le même état où il l'avait trouvé. Bonaparte, au contraire, prend avec précaution l'arme du soldat, et continue la faction jusqu'au moment où le caporal vient le relever. Le factionnaire, en se réveillant, est saisi d'effroi; mais le général en chef lui dit avec douceur : « Rassure-toi; après tant de fatigues, un brave tel que toi peut bien, mal-« gré lui, succomber au sommeil. Voici ton arme; mais une autre fois choisis « mieux ton temps : une sentinelle qui s'endort peut compromettre le salut « de toute une armée. »

A quelques jours de là, un chasseur envoyé en ordonnance apporte au même général une dépêche importante; et celui-ci, en remettant sa réponse, dit au chasseur : « Va, et surtout va vite. — Le plus vite que je pourrai, « répond le cavalier; mais je suis à pied, j'ai crevé mon cheval. — Eh bien! « prends le mien. » Le chasseur sourit. « Prends, lui dit Bonaparte qui voit « que la richesse de l'équipage est cause de son hésitation; prends, il n'y a « rien de trop magnifique pour un guerrier français. » C'était ainsi que, tantôt une sage indulgence, et tantôt une habile prodigalité, suivant la route qu'avait tracée Vendôme, exaltaient au plus haut degré l'admiration, le dévouement, l'enthousiasme de ces phalanges, toujours si bien disposées à recevoir l'influence des passions grandes, nobles et généreuses.

Nous avons vu périr glorieusement à Arcole Elliot, l'un des aides-de-camp du général en chef. Celui-ci, qui s'était empressé de consoler la veuve de Muiron, écrivit aussi une lettre de condoléance au général Clarke, oncle d'Elliot, et qui alors était à son quartier-général, chargé d'une mission diplomatique par le Directoire exécutif. En parlant de la fin d'Elliot, Bonaparte disait à Clarke, qui un jour devait être son ministre, et qu'il avait regardé d'abord comme son surveillant : « Quel est celui d'entre nous qui, dans les vicissitudes de la vie, ne s'abonnerait pas « pour sortir de cette manière d'un monde si souvent méprisable ? Qui n'a pas regretté cent « fois de ne pas être ainsi soustrait aux effets puissans de la calomnie, de l'envie, de toutes les « passions haineuses qui semblent diriger presque exclusivement la conduite des hommes ? » Clarke, confident de ces pensées mélancoliques que peut-être sa présence avait fortifiées, charmait le repos dont il était venu jouir au milieu du cliquetis des armes en recueillant des notes sur les officiers de l'armée; et l'on voit (Correspondance inédite, tome II, page 359) que déjà, et vingt ans avant 1816, il ne lui répugnait pas de proposer la ruine de plusieurs braves, sans aucun égard pour les services qu'ils avaient rendus. Nous aurons peu d'occasions de reparler de cet officier, fils d'un Irlandais. Ce qu'il y eut de plus remarquable dans sa vie paisible, c'est d'avoir eu pour bienfaiteurs Carnot et Bonaparte, et d'avoir laissé à d'autres le soin de s'en souvenir; c'est d'avoir constaté, d'une manière authentique, la trahison de Charette et de d'Antraigues; c'est d'avoir régi, avec un certain esprit d'ordre, le ministère de la guerre, et surtout de s'être procuré le bâton de maréchal, sans avoir jamais commandé une brigade aux armées; exemple unique dans les fastes militaires de la France : car le maréchal d'Ancre lui-même, étranger, comme le maréchal de Feltre, à la patrie des Français, avait paru un moment à la tête des troupes, en Picardie. M. Henri-Jacques-Guillaume Clarke écrivait, en décembre 1796, que si l'on avait pu anéantir le pape en 1793, on eût régénéré l'Europe. Voilà pourquoi cet homme d'état crut devoir, en 1814, par forme d'expiation, pousser à l'excès les maximes du pouvoir absolu : doctrine humiliante et funeste, avec laquelle l'indigente clientelle des Stuarts s'était acquittée envers la France de l'hospitalité généreuse qu'elle en avait reçue.

Le jour même que Bonaparte triomphait à Arcole, Catherine II, impératrice de Russie, mourait sur le trône qu'elle avait usurpé, et sur les marches duquel l'éclat d'un long règne ne put effacer les traces sanglantes d'un grand crime.

Cependant Vaubois, qui devait s'opposer au passage de Davidowich, entre l'Adige et le lac de Garda, mais auquel les instructions trop souvent obscures du chef d'état-major Berthier n'avaient pas fait sentir l'importance des postes qu'il avait à défendre, avait été battu, malgré des prodiges de valeur de la part de ses troupes, de plusieurs de ses officiers, et particulièrement du chef de bataillon Marchi, né en Corse, et commandant l'avant-garde de Fiorella. Celui-ci avait été pris avec huit cents hommes de sa brigade. Bonaparte courut réparer cet échec; et il aurait pris Davidowich, si ce général n'eût appris, le 19, la retraite d'Alvinzi. L'arrière-garde autrichienne fut néanmoins atteinte à Compara; et lorsqu'un détachement de trois cents hommes se noyait dans l'Adige, les régimens de Lattermann et d'Ehrbach étaient presque entièrement détruits, et un bataillon entier de ce dernier corps mettait bas les armes. Le général en chef était accouru aussitôt pour empêcher Alvinzi de profiter de son éloignement; et pendant qu'il pressait les travaux devant Mantoue, les deux armées belligérantes, épuisées de fatigues, et attendant des renforts de leurs gouvernemens respectifs, demeurèrent en présence. Les glaces, qui suspendaient le cours des torrens, semblaient suspendre aussi la fureur des combats.

Le Directoire avait accueilli, le 30 décembre, le chef de bataillon Lemarrois, aide-de-camp du général en chef, que celui-ci envoyait à Paris se guérir de ses nombreuses blessures, et porter les drapeaux enlevés à Arcole; mais ce Directoire semblait commencer à redouter Bonaparte, et, rêvant d'autres expéditions, il abandonnait l'armée d'Italie au génie et à la fortune de ce jeune capitaine. La cour de Vienne au contraire, informée exactement, par le lieutenant-colonel Dietrichtein, de la situation des choses, et publiant avec emphase, dans ses gazettes, les succès éphémères de Davidowich, n'avait pas perdu un moment pour expédier à Alvinzi, sur des chariots de poste, douze mille hommes d'infanterie. Elle y joignit une division de cavalerie légère et une de carabiniers. La jeunesse de Vienne s'avançait avec la même rapidité à l'ombre de drapeaux brodés par l'impératrice; et Alvinzi put reprendre l'offensive dès les premiers jours de janvier 1797.

La position du général Bonaparte n'était pas, à beaucoup près, aussi favorable que celle de son ennemi. Le seul fruit qu'il avait retiré de la victoire d'Arcole, si chèrement achetée, avait été la retraite des Autrichiens à plusieurs marches de l'Adige, et l'avantage de n'être plus inquiété dans ses opérations sur Mantoue; mais il n'avait pu s'éloigner de cette place pour se porter à la poursuite d'Alvinzi. Les craintes continuelles que lui inspiraient les intentions hostiles du sénat de Venise, de la cour de Rome et des divers états d'Italie, l'obligeaient à une grande circonspection. Mal secondé d'ailleurs par le Directoire, qui échouait dans une expédition sur l'Irlande, il n'avait pu réparer les pertes du champ de bataille. Son armée, recrutée seulement de quelques bataillons levés dans les nouvelles républiques transpadane et cispadane, s'élevait à peine à quarante mille hommes, dont dix mille étaient exclusivement employés au blocus de Mantoue; et, malgré ses succès, il fallait toujours recourir à d'autres batailles.

Le moment de terminer cette lutte longue et opiniâtre parut enfin arriver. Lorsque Bonaparte, qui s'était transporté à Bologne, se disposait à diriger quelques bataillons sur les états romains, dans le dessein de porter le pape à une conduite moins équivoque, il apprit que l'armée autrichienne reprenait l'offensive. Il remit ses projets à un temps plus opportun, et revint à Vérone pour y combiner ses mouvemens sur ceux de l'ennemi.

BATAILLE DE RIVOLI,

14 janvier 1797 (Bonaparte).

Dès le 7 janvier, le général Alvinzi avait commencé son mouvement; il avait porté le gros de son armée entre l'Adige et le lac de Garda, afin d'occuper l'armée française vers Rivoli, tandis que son lieutenant, le général Provera, avec neuf mille hommes, cherchait à gagner Mantoue par Padoue et Legnano. Le général Joubert avait été poussé vivement, et il avait pris position, le 13 au matin, derrière le plateau de Rivoli. Le général en chef, devinant les projets des Autrichiens, avait laissé la division Augereau sur le Bas-Adige devant Provera, et dirigé les troupes de Masséna pour soutenir celles de Joubert : avec ces deux divisions il se disposait à repousser le corps d'Alvinzi. Arrivé le 13 à minuit à Rivoli, il reconnut les positions de l'ennemi. Afin de l'empêcher de déboucher sur le plateau, seul point où il lui fût permis de manœuvrer et de déployer ses treize escadrons de cavalerie, il ordonna une vive attaque. En conséquence, le 14 avant le jour, le général Vial, avec les 4e, 17e et 22e demi-brigades légères, repoussa les avant-postes autrichiens sur Gambarone et San-Giovani. Bonaparte, après avoir fait évacuer les hauteurs de Trombolaro, d'où la 29e légère, les 14e et 85e de ligne chassèrent l'ennemi, garnit d'artillerie le plateau de Rivoli, et fit occuper le point important de Monte-Rocca et d'Osteria, sans négliger, sur la gauche de l'Adige, ceux de Chiusa et de Monte-Castello.

Le général Alvinzi, ignorant l'arrivée du général Bonaparte et le mouvement de Masséna, qui avait marché toute la nuit, avec une rapidité extraordinaire, à la tête des 32e et 75e de ligne, du 1er régiment de cavalerie, du 15e de dragons et du 22e de chasseurs, ne changea rien aux dispositions prises pour envelopper la division Joubert. A six heures du matin, son aile gauche et la droite des Français se rencontrèrent sur les hauteurs de San-Marco, et le combat devint bientôt général et opiniâtre. Notre gauche, prise en flanc à la faveur d'un ravin où les Autrichiens s'étaient glissés, ne put se maintenir et plia. Joubert, secondé par le général Meyer, ne tarda pas à reprendre l'offensive, et il fit même trois cents prisonniers. L'ennemi avait déjà porté son effort principal sur le centre; mais la 14ᵉ demi-brigade soutint le choc avec la plus grande intrépidité. Les Autrichiens, enhardis par leur nombre, redoublaient d'efforts pour enlever la batterie placée devant cette demi-brigade, et déjà quelques chevaux attelés étaient saisis, lorsqu'un capitaine se porte en avant de la ligne, et s'écrie : « Quatorzième ! laisserez-« vous prendre vos pièces ? » Les soldats s'irritent et s'avancent avec un nouveau courage; le général Berthier, qui commande sur ce point, fait tirer avec tant de vivacité sur ceux des ennemis qui se disposaient à emmener les pièces, que ces derniers sont presque tous tués. Dans ce moment paraît la 32ᵉ, conduite par Masséna, que Bonaparte nommait dans son rapport *l'enfant gâté de la Victoire*. Cet intrépide général s'élance suivi des braves qui la composent : l'aspect de l'ennemi redouble leur ardeur. Ils se précipitent, au pas de charge, sur les bataillons autrichiens; et, soutenus par les 29ᵉ et 85ᵉ, qui se sont ralliées derrière eux, ils culbutent leurs adversaires, reprennent les positions, et dégagent le flanc de la 14ᵉ qui allait être tourné.

Cependant, depuis trois heures qu'on se battait de part et d'autre avec acharnement, l'ennemi n'avait pas encore présenté toutes ses forces. Une de ses colonnes, commandée par Quosdanowich, avait longé l'Adige sous la protection d'une formidable artillerie placée à Somano, sur l'autre rive, par le général Wukassowich; et, ayant forcé la 39ᵉ après une résistance héroïque dans les retranchemens d'Osteria, elle marchait droit au plateau de Rivoli, de la possession duquel dépendait le succès de cette journée. Au même moment le général Ocskay prenait le revers de Monte-Magone, au-delà de San-Marco. Bonaparte, privé alors de troupes disponibles pour s'opposer à ces mouvemens, se trouvait dans une position critique dont son sang-froid et son génie pouvaient seuls le tirer. Il ordonne au général Leclerc de charger avec quelques escadrons l'ennemi, dès qu'il débouchera sur le plateau; et il envoie le chef d'escadron Lasalle, avec cent cinquante dragons seulement, prendre en flanc l'infanterie autrichienne qui se portait sur le centre. En

BATAILLE DE RIVOLI.

même temps le général Joubert exécute, d'après les ordres du général en chef, un changement de front, accourt, avec les 4e, 17e et 22e légères, au secours de la 39e qu'avait poussée Ocskay, et charge brusquement le flanc droit de la colonne qui avait déjà pénétré sur le plateau de Rivoli. Attaquée de trois côtés à la fois, elle est repoussée; et, abandonnant le champ de bataille couvert de morts avec une partie de son artillerie, elle rentre en désordre dans la vallée de l'Adige.

Ce fut dans ce combat, qui avait été sanglant, que Joubert, déjà remarqué par les généraux et par l'armée comme l'une des plus riches espérances de la patrie, ayant eu son cheval tué sous lui, saisit un fusil, s'élança à la tête des grenadiers, et concourut si puissamment à répandre l'épouvante dans les rangs ennemis. Brémont, capitaine-adjoint à l'état-major, suivi de quelques braves, avait enlevé quatre pièces de canon. Au mois de septembre 1794, cet officier, alors lieutenant de chasseurs, s'était distingué à la même armée, et avait mérité les éloges du brave et vertueux Dumerbion.

Cependant une autre colonne autrichienne, et commandée par le général Lusignan, était en marche depuis la pointe du jour, dans le dessein de couper la retraite aux Français. Arrivée derrière leurs positions, elle s'était placée en bataille sur les hauteurs escarpées du Monte-Pipolo; mais elle allait éprouver elle-même le sort qu'elle destinait aux républicains. Pendant que la 75e demi-brigade et deux bataillons de la 18e, laissés en réserve, contiennent cette colonne, le général Rey, avec la 57e, arrive par Orza, ainsi que l'avait calculé Bonaparte, et il la prend à revers. La colonne est alors vivement canonnée des hauteurs de Campana, enveloppée et chargée à la baïonnette, soit par Rey avec la 57e, soit par Monnier avec les deux bataillons de la 18e et un bataillon de la 75e, soit enfin par Brune, que Bonaparte envoie avec les deux autres bataillons de cette dernière demi-brigade. En moins d'une heure la colonne de Lusignan est culbutée et mise en déroute; quatre mille hommes furent faits prisonniers. Battu sur tous les points, l'ennemi fut poursuivi dans toutes les directions et pendant toute la nuit : une quantité de fuyards furent contraints de se rendre. Dix-huit cents hommes, qui se sauvaient sur Garda, furent arrêtés par cinquante hommes de la 18e qu'avait avec lui le capitaine Réné : celui-ci, qui venait de désarmer une patrouille de sept Autrichiens, se présente comme l'avant-garde d'une colonne, et a l'audace de sommer le commandant des dix-huit cents hommes de faire mettre bas les armes à sa troupe. Ils se rendent tous; mais s'apercevant bientôt du petit nombre de leurs vainqueurs, les officiers font quelques démonstrations inquiétantes. Réné remet aussitôt l'épée au commandant, le somme de tenir sa parole d'honneur, et le contraint de faire marcher lui-même les prisonniers. Ce vaillant homme, devenu général de brigade, devait périr un jour assassiné par les guérillas en Espagne.

Le général Bonaparte se préparait à attaquer le lendemain les débris du corps du général Alvinzi réfugiés derrière le Tasso, lorsqu'il fut instruit que celui du général Provera, ayant passé l'Adige à Anghiari au-dessus de Porto-Legnano, devant la division Augereau, se dirigeait sur Mantoue. Préparé à cet événement, il pensa que la division Joubert, soutenue par la réserve du général Rey, et le général Murat, qui devait arriver le lendemain matin avec une demi-brigade, suffirait pour achever la défaite d'Alvinzi. Il se porta donc le jour même, avec la division Masséna, sur le corps de Provera, afin de le prévenir devant Mantoue, et l'empêcher de ravitailler cette place. C'était les mêmes troupes qui, ayant marché toute la nuit du 13 au 14, n'avaient cessé de combattre toute la journée avec la plus grande vigueur, et qui allaient marcher encore toute une nuit et la journée du lendemain pour voler à de nouveaux combats. Nous allons bientôt voir que le courage de ces intrépides guerriers ne se laissait point abattre par l'excès des fatigues.

Joubert, justifiant la confiance du général en chef, attaqua effectivement les Autrichiens retranchés dans les fortes positions de la Madona-della-Corona. Après une vive résistance ils furent enfoncés, tandis que le général Murat les prenait à revers. Quelques bataillons, voulant gagner la route qui conduit à Rivalta, se précipitèrent du haut des rochers qui longent la vallée de l'Adige. Le plus grand nombre, voulant s'échapper par Pravassar et par le sentier de la Madone, que les Français occupaient déjà, ne put le franchir, et vint s'y entasser comme dans un gouffre. Cinq mille hommes mirent bas les armes et se rendirent à discrétion. La cavalerie ne parvint à s'échapper qu'en traversant l'Adige à la nage, et il s'y noya un grand nombre d'hommes et de chevaux.

La perte de l'armée autrichienne dans ces deux journées fut immense; elle laissa au pouvoir des Français treize mille prisonniers et neuf pièces de canon. Masséna, qui, depuis le commencement de la guerre, exerçait une si grande influence sur les succès de l'armée d'Italie; Masséna, qui avait décidé la victoire de Lodi, qui avait tant contribué à celles de Lonado et de Castiglione, à celles d'Arcole et de Roveredo, qui avait guidé ces phalanges auxquelles suffisait un décret qui les déclarait avoir *bien mérité de la patrie*, devait recevoir un jour le titre de *duc de Rivoli*, et jouir d'un degré de gloire tel, que les titres les plus illustres sembleraient enlever plutôt qu'ajouter quelque chose à l'éclat de son nom.

BATAILLE DE LA FAVORITE,
ET COMBAT DE ST.-GEORGES SOUS MANTOUE,

16 janvier 1797.

Nous avons dit que le général Alvinzi, en se portant sur le Haut-Adige pour attaquer les Français dans la position de Rivoli, avait détaché, sur sa gauche, le général Provera avec neuf mille hommes, en le chargeant de pousser jusqu'à Mantoue, de se réunir à la garnison de cette place, et de forcer à la retraite les troupes françaises qui la bloquaient. Lorsque Bonaparte avait marché contre la colonne d'Alvinzi, il avait laissé la division Augereau sur l'Adige pour contenir Provera, et l'empêcher d'exécuter son dessein. Le général autrichien avait fait d'abord replier les avant-postes français sur Legnano, et il était arrivé sur les bords de l'Adige, menaçant divers points à la fois. Au lieu de brusquer le passage, il était resté trois jours dans l'inaction sur la rive gauche; et ce ne fut que le 13 janvier au soir qu'ayant fait jeter un pont au village d'Anghiari, à une lieue au-dessus de Legnano, il passa pendant la nuit, malgré un faible détachement français avec lequel le général Guyeux s'était efforcé de défendre ce poste; et le lendemain 14, le jour même où Alvinzi attaquait Rivoli, Provera marcha sur Mantoue.

Le général Augereau, instruit des préparatifs du passage de Provera, ne se porta que beaucoup trop tard vers Anghiari, espérant le surprendre au milieu de son opération; mais déjà elle était terminée, et il ne put atteindre que son arrière-garde. Après un combat très-vif, engagé par les généraux Lannes, Point, Bon et Guyeux, il lui enleva deux mille hommes et seize pièces de canon. L'adjudant-général Duphot, déjà célèbre aux Pyrénées orientales, se fit particulièrement remarquer dans cette affaire, ainsi que les 9ᵉ et 18ᵉ de dragons, et le 25ᵉ de chasseurs. Un escadron du 9ᵉ de dragons s'étant trouvé, au commencement de l'action, en présence des hulans d'Erdody, le chef de ce corps s'était avancé devant sa troupe, et il avait défié le commandant français, en lui criant de se rendre. « *Viens me prendre,* avait répondu le chef d'escadron Duvivier, en s'élançant sur cet ennemi. » Aussitôt les deux troupes s'arrêtent, et restent spectatrices du duel héroïque qui s'engage entre les deux officiers. Tel, en 1404, Arnaud de Barbazan avait combattu et vaincu le chevalier anglais de l'Escale en présence de deux armées. L'Autrichien est renversé de deux coups de sabre; les deux escadrons se chargent alors : les hulans sont mis en fuite, et leur chef arrogant reste prisonnier avec un grand nombre des siens.

Arrivé sous Mantoue, le général Provera, qui par précaution avait fait filer tous ses bagages sur Trévise, n'ayant aucune nouvelle du général Alvinzi, sentit qu'il s'était trop engagé pour pouvoir se retirer heureusement, si l'attaque de Rivoli avait échoué. Comme il ne lui restait alors d'autre parti à prendre que de se jeter dans la place, sous peine d'être contraint à mettre bas les armes, il précipita son attaque sur le fort Saint-Georges qu'il fit sommer, le 26 nivose (15 janvier), d'ouvrir les portes. Le général Miollis, qui y commandait, répondit qu'il se battrait, et ne se rendrait pas. Effectivement, il résista opiniâtrément toute la journée et la nuit du 15 au 16 janvier.

Bonaparte ne fut pas plus tôt arrivé, qu'il ordonna d'attaquer, pour empêcher Provera de se joindre à Wurmser. Le général Alexandre Dumas, qui, le 22 décembre, avait intercepté les dernières instructions envoyées à Wurmser par l'empereur (1), ayant avec lui douze cents hommes, fut placé en observation à Saint-Antoine, devant la citadelle. Le général Serrurier, avec quinze cents hommes, se mit en marche, une heure avant le jour, pour se porter à la Favorite, tandis que le général Victor Perrin, à la tête de la 57ᵉ et de la 18ᵉ demi-brigade, dut tourner le général Provera. Wurmser avait profité de la nuit pour faire sortir un corps de la citadelle, dans le dessein de s'emparer de la Favorite. Le général Serrurier l'attaqua comme il commençait son mouvement, et fit échouer cette tentative. Dès-lors, la gar-

---

(1) Ces instructions avaient été avalées par un cadet autrichien, dans un cylindre de cire d'Espagne détrempée dans le vinaigre. On devine les précautions auxquelles on fut obligé de recourir pour s'assurer du porte-feuille de cette estafette.

BATAILLE DE LA FAVORITE.

nison ne put espérer de se réunir au général Provera. Elle essaya cependant d'occuper Saint-Antoine; mais le général en chef ayant envoyé deux bataillons de renfort sur ce point, elle n'y obtint pas plus de succès. Dans le même temps, le général Victor tournait la colonne de Provera, tandis que le général Miollis, faisant une sortie du fort Saint-Georges, le cernait en l'attaquant de front, et le serrant par ses deux flancs. Le général Provera, sans espoir d'être secouru, écrasé par le feu des troupes que commandait Miollis, se vit forcé de capituler. Ce fut Miollis qui rédigea, au crayon, et qui dicta les articles de cette capitulation qui était la seconde que souscrivait le général Provera. Toute la colonne, composée de cinq mille hommes, se rendit prisonnière de guerre, et déjà quatre cents Autrichiens de la garnison de Mantoue avaient mis bas les armes. Miollis, qui, sous les ordres de Kellermann, s'était emparé d'un camp austro-sarde en octobre 1795, fut obligé de revendiquer l'honneur, qui appartenait à sa brigade, du combat de Saint-Georges et de la prise de Provera, que des rapports inexacts avaient attribués à d'autres généraux.

Le résultat de l'expédition du général Alvinzi fut donc des plus désastreux pour l'armée autrichienne. Elle y perdit vingt-cinq mille hommes, ce qui était plus de la moitié de ses forces; toute son artillerie, et vingt-quatre drapeaux, parmi lesquels étaient ceux qu'avait brodés l'impératrice. Un succès si glorieux pour l'armée française et pour l'habile général qu'elle avait à sa tête coûta cinq à six mille hommes tués ou blessés, et seulement cent heures de marche et de combats, au souvenir desquels les généraux que nous venons de nommer, ainsi que leurs braves collègues Brune, Vial, Bon, et les adjudans-généraux Vaux et Argod, les chefs de brigade Destain, Marquis et Fournesy, qui furent blessés, attachèrent leurs noms. Toutes les demi-brigades, et spécialement les 18e, 32e, 57e, s'y couvrirent de gloire. La 75e, à laquelle on avait demandé si elle avait besoin de cartouches, avait répondu : « Nous avons des baïonnettes. » Tant que les armées françaises ont pu conserver de tels guerriers, faut-il s'étonner qu'elles se soient familiarisées avec les merveilles, et qu'elles aient cru leurs enseignes inséparables de la victoire ? C'était à cette époque que Bonaparte demandait qu'on lui envoyât les adjudans-généraux Sherlock, Doucet, Beauvais, Espagne, Camin et Saint-Martin, le chef de brigade d'artillerie Guériau, le chef de bataillon d'artillerie Allix, et le chef de bataillon du génie Laroche. Nous verrons plus particulièrement les généraux Espagne et Allix justifier cette honorable désignation. Le chef de brigade Bessières, commandant des guides, vint apporter à Paris les drapeaux conquis dans ces journées mémorables.

Joubert s'avançant vers le Tirol, entre l'Adige et le lac de Garda, et pénétrant jusqu'à Trente et Segonzano; Masséna marchant sur Vicence et Bassano, et Augereau occupant Padoue et Trévise, assuraient, par les combats glorieux de l'Avio, de Chizzola, de Callione, de Carpenedolo, de Torbole, de Lavis, de Citadella et de Derumbano, la chute de Mantoue. Murat, Belliard, Vial, Baraguay-d'Hilliers avaient secondé le général Joubert, qui eut à se louer du dévouement des 4e, 14e, 17e, 29e et 85e demi-brigades. A l'attaque de Segonzano par les 14e de ligne et 29e légère que guidait le brave Vial, Lambert, aide-de-camp du général Alexandre Dumas, suivi seulement de quelques carabiniers, fit mettre bas les armes à cent soldats hongrois que commandait un major. L'ennemi laissa huit cents hommes sur le champ de bataille. Masséna rendit hommage à la valeur du général Mesnard, qui avait décidé le succès à Carpenedolo, et il signala l'intrépidité des grenadiers de la 25e demi-brigade, qui avaient emporté à la baïonnette le pont de la Brenta. La 14e, qui formait l'avant-garde de Joubert, avait fait des prodiges de valeur pour enlever, au pas de charge et à elle seule, les retranchemens formidables d'Avio, sur les revers du Monte-Baldo; un grand nombre de ses grenadiers, huit de ses officiers, furent blessés; mais la prise des redoutes de Chizzola, où quatre cents prisonniers tombèrent en son pouvoir, lui avait occasioné une perte irréparable. Là, elle vit tomber mort son chef de brigade, le sage et valeureux d'Aurière. Ce héros modeste, né à Sainte-Livrade, département de Lot-et-Garonne, avait servi dans les mousquetaires. Il n'était plus jeune, et il jouissait d'un repos honorable, lorsque la première coalition força la France de recourir aux armes. D'Aurière marcha avec les premiers bataillons de son département; il fut un de ceux que de jeunes guerriers, armés pour la défense de leur patrie, choisirent pour leurs premiers chefs; et, comme les Latour-d'Auvergne, les Beaupoil-Saint-Aulaire, résistant à des promotions que ses talens auraient justifiées, constamment attaché au sort de ses frères d'armes, il borna son ambition à remplir ses pénibles devoirs. Lors de la conquête de la Hollande, il fut chargé du commandement de la ville d'Amsterdam; et, à cette époque où déjà l'avarice corrompit bien des cœurs, sa justice et son désintéressement jetèrent un grand éclat. Les magistrats de la capitale voulurent en vain, à son départ, lui faire accepter de riches présens, témoignages de leur reconnaissance : ce véritable officier français se montra inaccessible à leurs vives sollicitations. Voyant enfin le chagrin réel que leur causait son refus, il s'adresse avec bonté à l'un des bourgmestres dans la main duquel il aperçoit une petite canne de jonc à pomme d'or, et il demande cette canne, promettant de la conserver comme un gage de l'affection de cette ville. La canne reste entre ses mains, et les magistrats, peu familiarisés avec une telle retenue, se retirent pleins d'admiration. Le colonel d'Aurière, partant pour l'armée d'Italie, confia le présent qu'il avait reçu d'Amsterdam à son ami intime, à son compatriote, l'illustre Lacepède, si digne de conserver ce singulier monument de l'honneur national. Heureuse en effet la nation dont les historiens auraient à raconter beaucoup de ces faits d'une simplicité antique, et que l'on croirait empruntés à la vie des Curius Dentatus, des Phocion, des Turenne ou des Bayard! Rappelée, dans la suite, sur les mêmes bords de l'Adige, on vit la 14e, avec cette vénération religieuse si commune aux braves, rechercher les ossemens de son ancien chef. Elle aspirait au bonheur de les réunir à ses enseignes, et de suivre encore dans les combats celui qu'elle avait vu vaincre si souvent à sa tête, et ne point regretter un trépas utile à son pays.

CAPITULATION DE MANTOUE,

2 février 1797.

Tout l'espoir du vieux maréchal de Wurmser venait donc de s'évanouir. Les derniers secours, qu'il savait être descendus du Frioul et du Tirol, étaient ou dispersés ou anéantis : il en avait vu même venir se briser au pied des remparts qu'il s'était chargé de défendre. Wurmser, en augmentant la garnison de Mantoue par les troupes avec lesquelles il s'y était enfermé, avait fourni à la famine l'occasion d'y multiplier tous ses désordres. Depuis un mois les Autrichiens étaient réduits au quart de la ration; cinq mille chevaux avaient été dévorés par eux; huit mille soldats languissaient dans les hôpitaux et dans les édifices publics. C'est à cette triste situation de ces troupes qu'il faut attribuer sans doute leur stagnation, et la faible intervention du maréchal dans les dernières opérations qui tendaient à le délivrer. Ce vénérable guerrier, forcé de capituler, reçut le prix de l'honorable réputation qu'il s'était acquise. Il fut autorisé à sortir librement de la place avec tout son état-major, deux cents hommes de cavalerie, cinq cents autres militaires à son choix, et six pièces de canon avec leurs munitions, leurs attelages, et les canonniers nécessaires à leur service. La garnison, composée encore de vingt-un mille hommes, en y comprenant les malades, déposa ses armes, et resta prisonnière de guerre jusqu'à son échange. Le général Serrurier, qui avait dirigé avec prudence et courage le siége et le blocus, et qui eut l'honneur de dicter la capitulation, se hâta de faire partir les prisonniers pour lesquels il ne restait plus que vingt mille rations, mais qui défilèrent surchargés d'effets d'habillement et d'équipement. Les commissaires des guerres et l'adjudant-général Brouard constatèrent que tous les magasins étaient vides. Cependant cinq cents pièces de canon et deux équipages de pont ne purent être enlevés, et restèrent à la disposition des vainqueurs; les soixante drapeaux que la garnison avait déposés sur les glacis furent confiés au général Augereau, pour être présentés au gouvernement de la république au nom de l'armée d'Italie. C'était satisfaire à la fois, et à la reconnaissance des troupes, et à la juste admiration des Français, que de faire paraître avec tant d'éclat dans la capitale ce guerrier sincèrement dévoué à sa patrie, toujours mémoratif de son origine plébéienne, et dont les soldats, émules intrépides de leur illustre chef, avaient attaché le nom de chacun d'eux au nom de vingt-sept batailles et de plus de soixante combats. Le Directoire exécutif, sans cesse inquiété par des conspirations renaissantes, et privé de cette union qui eût été la garantie de son pouvoir, saisissait avec empressement l'occasion de ces solennités pour réchauffer l'esprit public; et, placé trop souvent dans une position fausse vis-à-vis du peuple et de l'armée, ce gouvernement semblait se débattre dans la gloire nationale, plutôt que concourir à de si nobles triomphes et préparer de si grands succès.

Nous voudrions être fidèles à notre résolution de ne point souiller nos feuilles par le récit de ces tentatives coupables, si fréquemment renouvelées, pour renverser la constitution que la France avait acceptée. Mais comme Augereau, dans son discours au Directoire, parut lui promettre le secours de l'armée pour la défense et le maintien de cette constitution; comme il est présumable qu'avant son départ il fut le dépositaire des craintes du gouvernement, et du texte de ces adresses qui bientôt après revinrent d'Italie, et enhardirent au coup d'état du 18 fructidor, notre devoir est de vaincre notre répugnance, et de parler au moins de l'une des conspirations dont on poursuivait les complices, au moment où Augereau se déclarait autorisé à lancer l'anathème contre les conspirateurs, soit qu'ils marchassent sous le drapeau des Babœuf, soit qu'ils suivissent la bannière de La Vilheurnois.

Ce furent le chef d'escadron Malo, commandant le 21e régiment de dragons, et l'adjudant-général Ramel, commandant les grenadiers de la garde du Corps législatif, qui découvrirent la conspiration à laquelle avaient voulu les faire participer Berthelot de La Vilheurnois, ancien maître des requêtes, Brottier, Duverne de Presles, dit Dunan, et un certain Polly qui se disait baron allemand. Ces hommes se prétendaient investis des pouvoirs de Louis XVIII et confidens de ses instructions, d'après lesquelles les ennemis du gouvernement républicain devaient s'empresser de solliciter toutes les places, d'accepter tous les emplois, et surtout se faire nommer députés du peuple. Les agens du prince, paraissant bien convaincus que le ministère anglais n'interviendrait jamais dans les affaires de la France que pour la ruine entière de la nation, avaient adopté le principe de ne correspondre avec ce ministère que pour en tirer de l'argent. Ils devaient encourager les désertions, travailler à rendre suspects les généraux, avilir et diviser le gouvernement, exciter même les jacobins à de nouveaux excès, pour aplanir le chemin à la royauté, et préférer l'emploi des troupes, si ce moyen paraissait propre à opérer la contre-révolution. Enfin ils pouvaient garantir une amnistie générale, sauf à laisser au parlement le soin de méconnaître la légalité de cette mesure, de flétrir par des restrictions la promesse royale, et de faire tomber toutes les têtes dont le sacrifice lui paraîtrait indispensable. Nous ajouterons que ces agens regardaient comme une mesure d'une haute importance la destruction du calendrier républicain, et le retour aux anciennes dénominations des mois et des jours de la semaine, dénominations évidemment empruntées au culte du paganisme. C'est aux esprits méditatifs à se rendre compte des époques où l'exécution de ce vaste plan fut hâtée ou suspendue jusqu'à l'entier succès qui couronna cette fameuse entreprise.

La manière dont Ramel et Malo firent constater la séduction tentée à leur égard parut peu

OPÉRATIONS MILITAIRES EN ITALIE.

délicate; et quoique le Corps législatif eût décrété qu'ils avaient bien mérité de la patrie, ce genre de mérite ressemblait trop à celui que cherchent à atteindre les agens de police, pour que ces deux colonels ne se trouvassent pas presque aussitôt frappés de réprobation. Malo, que l'on disait être un ex-capucin, ne tarda point à recevoir sa réforme; et Ramel, tout honteux de son rôle, se hâta de se jeter, comme dans un asile, au sein du parti qu'il venait de desservir. Malheureux! il ignorait que les nations seules savent pardonner, mais que les partis sont implacables. Vainement il va partager, avec ses nouveaux amis et avec les citoyens illustres que les vengeances particulières sauront leur adjoindre, l'humiliation, l'exil, les fers; déporté à Sinnamary, vainement il aura traîné pendant vingt ans les stigmates de la proscription; vainement encore, au retour de son roi, il lui aura de nouveau consacré ses services: tant d'infortunes et de dévouement ne pourront l'absoudre, son arrêt de mort ne sera point révoqué. Des forcenés, aveugles exécuteurs des sentences d'un tribunal invisible, mais ennemi le plus dangereux et le plus acharné de la cause qu'il feint de vouloir venger, iront saisir Ramel dans l'exercice de ses fonctions, le frapperont, le couperont en morceaux, et lui apprendront peut-être, à son dernier moment, quel crime il expie, et à quels souvenirs il est immolé.

Personne ne put croire que ce fût avec leur assentiment que tant d'hommes, remarquables par leurs vertus privées et par leurs services publics, étaient indiqués comme devant composer une administration qui paraissait destinée à présider à de nouvelles proscriptions et au rétablissement de tous les anciens priviléges. La plupart même, ils repoussèrent cette étrange candidature avec des expressions extrêmement injurieuses pour le parti qui peut-être n'avait voulu que les compromettre. Si des événemens, sortis long-temps après de l'urne du destin, sont venus rappeler de vieux souvenirs et créer de singuliers rapprochemens, l'histoire se chargera d'expliquer à quelles vicissitudes se trouve éternellement soumise la conscience de ceux que le vulgaire ne peut encore se désaccoutumer d'appeler des hommes d'état, et que les esprits éclairés savent n'être jamais que des hommes de circonstance. Quoi qu'il en soit, le Directoire ne fut point assez fort pour obtenir, d'une manière légale, le châtiment de conspirateurs qui avouaient leur complot; et, dans son aveuglement, il emprunta bientôt à l'arbitraire le secours que les organes de la loi lui avaient refusé.

DERNIÈRES OPÉRATIONS MILITAIRES EN ITALIE,

JUSQU'AU 18 AVRIL 1797.

La maison d'Autriche envoyait au-delà des Alpes le prince Charles, justement enorgueilli de ses succès en Allemagne, mais abreuvé d'amertume par un parti qui, comme dans presque toutes les cours, osait contrarier les intentions et balancer le pouvoir du souverain. Le Directoire faisait passer en même temps un renfort de vingt mille hommes à l'armée d'Italie; c'était un corps de l'armée de Sambre-et-Meuse conduit par un capitaine qui l'avait familiarisé avec la victoire. Bernadotte, émule et ami de Jourdan, de Kléber, de Lefèvre, de Marceau, de Championnet, était surtout remarqué par l'ascendant qu'il avait sur les troupes, et que lui avaient concilié ses grands talens, son amour pour la discipline, des soins toujours actifs pour le soldat, et un dévouement, sans bornes et sans restriction, pour la gloire et la liberté de sa patrie. Ce guerrier était parti de Coblentz le même jour que le prince Charles avait quitté les bords du Rhin ; il avait cent lieues de plus à faire que les Autrichiens, et néanmoins il les devança de huit jours sur les bords du Tagliamento, où ils n'arrivèrent point assez tôt pour en disputer le passage.

 Bonaparte n'avait attendu ni la présence de nouveaux secours, ni même la reddition de Mantoue, pour punir la cour de Rome de ses tergiversations, de ses négociations hostiles avec l'Autriche, et surtout de son projet barbare d'organiser une croisade contre les soldats français, et d'employer, comme dans les siècles d'ignorance, la religion en faveur de ses intérêts temporels. La correspondance secrète du cardinal-ministre, saisie et publiée, découvrait, dans toute sa turpitude, cette machination d'autant plus perfide, que la cour pontificale affectait ostensiblement de se reposer sur un armistice dont elle retardait chaque jour l'exécution. De concert avec le général Lannes, qui dirigeait personnellement une réserve de grenadiers, le général Victor (nous ne désignerons plus que sous ce prénom le général Perrin, puisqu'il lui a convenu de faire rejaillir presque uniquement sur son nom de baptême l'illustration de sa carrière militaire) entra dans les états restés au Saint-Père, et prit Imola, où le vertueux évêque Chiaramonte, qui devait bientôt s'asseoir sur le Saint-Siége, professait hautement les principes de la liberté et de l'égalité, seuls conformes, disait-il, aux préceptes du divin législateur du christianisme. Quatre mille soldats du pape, auxquels des prêtres, revêtus de leurs ornemens sacerdotaux, promettaient le ciel et la victoire, abandonnèrent, après le premier choc, la position qu'ils devaient défendre sur le Senio. La légion lombarde que conduisait Lahoz, et qui voyait le feu pour la première fois, pénétra dans leurs redoutes, et leur enleva quatorze pièces d'artillerie. Les portes de Faenza furent enfoncées à coups de canon, et Junot ne put atteindre la cavalerie romaine avec un escadron du 7e de hussards. Au 18 février 1797, les Français étaient maîtres de la Romagne, du duché d'Urbin, de la marche d'Ancône, de l'Ombrie et des districts de Perugia et de Camerino. Victor avait trouvé dans la citadelle d'Ancône cent vingt bouches à feu, un arsenal bien approvisionné, et les cinq mille fusils que l'empereur d'Autriche venait d'expédier au pape. Le chef de brigade Marmont, que l'on avait envoyé visiter le trésor de Lorette, y avait été devancé par le général piémontais Colli, généralissime des troupes ecclésiastiques, et les Français n'y trouvèrent plus que la valeur d'un million. Le gouvernement papal s'était plus occupé de sauver les richesses de cette chapelle fameuse, que de soustraire la statue de la vierge Marie aux insultes auxquelles elle pouvait rester exposée. On vit en effet ce morceau de bois noir, et presque informe, traîner pendant plusieurs années sous une table dans les bureaux du Directoire : ce ne fut pas sans peine qu'on le retrouva, lorsque Bonaparte, premier consul, le rendit au pape Pie VII qui le fit rétablir avec grande pompe dans son ancienne demeure, transportée comme on sait, par les anges, de Palestine en Dalmatie, et ensuite de Dalmatie à Lorette.

 Le pape effrayé chargea le cardinal Alexandre Mattei, doyen du sacré collége et prélat recommandable par ses vertus, d'apaiser le courroux du vainqueur. Celui-ci s'arrêta à quelques lieues de Rome, et consentit à dicter le traité de Tolentino, qui fut signé le 19 février 1797 (1er ventose an V). C'était à pareil jour que, trois ans après, Bonaparte, de retour d'Egypte et nommé premier consul de la république française, devait avec solennité s'établir au palais des Tuileries. Le pape s'obligeait à renoncer à la coalition ; il transportait à la France tous les droits qu'il pourrait prétendre sur les ville et territoire d'Avignon, sur le comtat Venaissin et toutes ses dépendances. Il renonçait aux légations de Bologne, de Ferrare, et à la Romagne ; il consentait à ce que la ville et la citadelle d'Ancône restassent au pouvoir des Français, jusqu'à la conclusion de la paix générale ; il promettait de payer quinze millions, outre une somme semblable qu'il aurait dû avoir acquittée conformément à l'armistice conclu à Bologne sept mois auparavant ; il s'engageait à faire livrer les cent tableaux, bustes, vases, statues, et les cinq cents manuscrits promis par l'article 8 du même armistice, sorte de sacrifice qui avait été substitué à une plus forte contribution en numéraire, et qui d'ailleurs ne privait le successeur des anciens maîtres du Capitole que d'une faible partie des richesses dont ils avaient dépouillé tant d'autres nations. La liberté des personnes détenues pour opinions politiques fut stipulée ; enfin Sa Sainteté fut réduite à désavouer le lâche assassinat qu'elle avait laissé commettre, le 13 janvier 1793, sur la personne de Basseville, secrétaire de la légation française à Rome, et de donner trois cent mille francs pour être répartis entre les victimes de ce honteux attentat. C'était dans la capitale du monde chrétien, et sous les yeux du chef de la religion catholique, qu'avait été donné le premier exemple d'un crime qui outrageait à la fois le droit des gens et l'humanité ; crime imité par tant d'autres puissances, et que Rome devait bientôt voir renouveler dans son sein, mais que le gouvernement français n'eut jamais à se reprocher, malgré de si nombreuses provocations.

Pendant cette rapide exécution, Bonaparte avait fait complimenter la république de San-Marino par le célèbre Monge. Ce petit état contemplait, du haut de son rocher, les orages qui bouleversaient l'Italie. Il eut la sagesse de refuser l'accroissement de territoire que le commissaire français lui venait offrir ; et le savant philosophe s'applaudit d'avoir pu considérer de près cette médaille qui, n'ayant éprouvé aucun frottement, avait conservé la pureté de ses contours et tout l'éclat de sa première empreinte. L'Europe, qui avait connu les encouragemens que, d'après les intentions du Directoire, le général en chef avait prodigués à tous les hommes distingués par leur savoir et par leurs ouvrages dans l'antique Ausonie, ne fut point étonnée des honneurs qu'à cette même époque Bonaparte fit rendre à la mémoire de Virgile, dans les lieux mêmes où était né ce prince des poëtes latins, et où sa muse avait chanté, avec tant de perfection, les bergers, les laboureurs, les héros et la reconnaissance. Mais l'arrivée de l'archiduc mit un terme à ces doux loisirs ; et le vainqueur de Beaulieu, de Wurmser et d'Alvinzi, dut s'avancer à grands pas pour combattre un nouvel adversaire.

Pendant que Joubert, à la tête de sa division et de celles de Delmas et Baraguey-d'Hilliers, devait forcer les passages du Tirol, que défendaient les généraux Kerpen et Landon ; pendant que Victor et Kilmaine devaient garder, le premier la marche d'Ancône, et celui-ci la Lombardie et les frontières de la Ligurie et du Piémont, Bonaparte, avec les divisions Masséna, Serrurier et Bernadotte, avec la division Augereau que commandait le général Guieux, et avec une réserve de cavalerie sous les ordres du général Dugua, se montra sur les bords de la Piave. Déjà le général Guieux, ayant culbuté l'ennemi à Lavadina, l'avait fait poursuivre par la cavalerie de Walter jusque dans ses retranchemens. L'adjudant-général Duphot, et le chef de brigade Barthélemy, du 23e de chasseurs à cheval, furent blessés dans cette affaire. Duphot avait déjà eu cinq chevaux tués sous lui, et Bonaparte avait sollicité son avancement. Les mouvemens des quatre divisions commencèrent les 10 et 12 mars. La Piave, malgré sa profondeur et sa rapidité, est franchie. Les Autrichiens, poussés par Masséna, évacuent la ligne du Cordevole : culbutés à Ospedaletto et à Vidor, ils abandonnent leur camp de la Capanna, et sont battus à Sacile. Le chef d'escadron Lasalle, l'adjudant Leclerc à la tête de la 21e légère, et l'adjudant-général Kellermann écharpant un régiment de hussards, avaient ouvert le chemin aux Français. Une femme, attachée à la 51e demi-brigade, se jeta à la nage pour sauver un soldat entraîné par le courant, et reçut du général en chef un collier d'or auquel était suspendue une couronne civique avec le nom du guerrier qu'elle avait conservé. A cette époque, la brave 40e demi-brigade indemnisait avec sa solde le propriétaire d'une maison incendiée par quelques soldats d'avant-garde. Le 13, le combat de Sacile, livré pendant la nuit, fut glorieux pour la division Augereau et pour la cavalerie du général Dugua qui fut blessé. Un corps de hulans, pressé vivement, demande à rendre les armes; et le chef d'escadron Sciebeck est tué en s'avançant pour les recevoir. Cette lâche trahison fut expiée aussitôt par le massacre de tous ces hulans. Masséna, ayant traversé Bellune et poursuivi le général Lusignan, enveloppa son arrière-garde près de Cadore, patrie du Titien; et, après un combat vigoureux, il fit prisonniers le général, un colonel, seize autres officiers, cent hussards et six cents fantassins. Georges Krock, du département du Bas-Rhin, brigadier au 10e régiment de chasseurs, qui avait chargé à la tête de l'avant-garde, et qui avait contribué à la prise du général autrichien, mérita d'être compris dans la première formation de la Légion d'Honneur. M. de Lusignan réclama, de Conégliano, la faveur de retourner en Allemagne; mais le général en chef ordonna qu'il fût conduit en France, pour le punir de la conduite qu'il avait tenue à Brescia envers les soldats français blessés, à l'époque de la bataille de Castiglione.

L'archiduc Charles, n'ayant point osé se fier aux positions que lui offraient les rives escarpées de la Livenza, qui est profonde et souvent vaseuse, attendait les républicains derrière le Tagliamento, sur la grande route de Pordenone à Udine. L'un des aides-de-camp de Bonaparte, le chef de bataillon Croisier, reconnaît les sept bras de ce torrent; les intrépides Duphot et Murat, avec les 21e et 27e légères, soutenues l'une et l'autre par deux compagnies de grenadiers et par deux escadrons de cavalerie, marchent à la tête des divisions Guieux et Bernadotte; les généraux Bon et Chabran com-

OPÉRATIONS MILITAIRES EN ITALIE.

mandent les grenadiers : le fleuve est franchi au-delà de Valvasone. Les charges de cavalerie, ordonnées par le prince Charles, viennent échouer contre les colonnes françaises; et les escadrons qu'il envoie pour tourner la droite de Bernadotte sont écrasés par Dugua et Kellermann, appuyés d'une colonne d'infanterie que dirige l'adjudant-général Muireur. Le général Schultz est pris par un trompette du 4ᵉ régiment de chasseurs à cheval. Le prince lui-même, voulant rallier à sa droite quelques bataillons, dans le petit village de Gradisca, fut sur le point de tomber au pouvoir du général Guieux, qui, malgré l'obscurité, n'avait point hésité à y poursuivre les ennemis. Cinq cents prisonniers autrichiens, au nombre desquels étaient un général et plusieurs officiers, huit cents hommes tués ou mis hors de combat, et six pièces de canon perdues, tel fut le résultat du premier engagement qui avait lieu entre deux jeunes généraux dont le plus âgé avait vingt-sept ans, et qui déjà donnaient à la renommée une si grande occupation. L'adjudant-général Kellermann fut encore blessé de plusieurs coups de sabre dans ce combat. Cet officier, dont les services avaient été si nombreux et si brillans, reçut bientôt la mission de porter au gouvernement les drapeaux conquis dans cette dernière campagne, et parvint au grade de général de brigade que peu de ses camarades avaient acheté aussi cher et attendu aussi long-temps. Cependant la rigidité du gouvernement républicain ne pouvait être retenue, à son égard, par la crainte de ne récompenser, dans le fils, que la juste illustration de son père. La bravoure du général Walther et du chef de bataillon Gros avait aussi appelé les regards de Bonaparte; et il ne l'oublia point lorsqu'investi d'un grand pouvoir, il incorpora dans sa garde tant de valeureux guerriers.

Dès ce moment l'ascendant du général français sur le prince autrichien fut décidé, et les talens de ce dernier ne purent même suspendre la marche rétrograde de son armée. Masséna, avec sa 32ᵉ et sa 75ᵉ, a traversé le Tagliamento à Spilimberg; il a remonté ce torrent et celui de la Fella qui tombe des Alpes carniques; il a forcé les positions de Chiusa-Veneta, de Casa-Sola, de Ponteba; et il s'est élevé à la jonction des Alpes noriques et des Alpes juliennes, pour y atteindre, pour y combattre et pour y vaincre, au-dessus des nuages, les débris des troupes autrichiennes. Après le passage de l'Izonzo par Bernadotte, ces débris avaient espéré, mais vainement, devancer les Français aux cols de Caporetto et de Tarwis. Jamais on n'avait mieux prouvé la bonté de l'axiome du maréchal de Saxe : « C'est dans les « jambes qu'est tout le secret des manœuvres et des combats; c'est aux « jambes qu'il faut s'appliquer. » Jamais aussi on n'avait plus à propos mis en pratique cette maxime de ce grand général : « Donner de fréquens « combats; fondre pour ainsi dire l'ennemi petit à petit; faire ainsi la guerre « sans rien donner au hasard. » Le comte de Saxe avait apprécié d'avance les merveilles de cette campagne; car il avait ajouté : « C'est le plus haut « point de perfection et d'habileté que puisse atteindre un général. » Palma-Nova est évacuée; l'ennemi résiste avec vigueur dans la ville de Gradisca : cette place est emportée. On demande si l'Izonzo est guéable. Andréossi s'y précipite le premier, sous la mitraille de l'ennemi, pour sonder les passages; et les soldats français, décidés par cet exemple héroïque, ne se permettent plus aucune hésitation. Ce chef de brigade d'artillerie, l'un des plus instruits de cette arme savante, et chargé pendant ces campagnes de la direction des ponts, détails si difficiles et si essentiels en Italie, n'avait cessé de signaler son zèle et ses talens que nous verrons se déployer encore en tant d'autres circonstances. Bernadotte, dont la division, appuyée de celle de Serrurier, avait vaincu à Gradisca, et sur le torrent, le 19 mars (29 ventose), fit un grand éloge des généraux et des officiers qui avaient marché à la tête des colonnes : c'étaient le général Friant dirigeant la 30e demi-brigade, le général Murat avec la 15e et un escadron de hussards, le général Malye avec la 55e et la 61e, l'adjudant-général Muireur avec douze compagnies de grenadiers. Le 1er de hussards et le 14e de dragons furent dirigés avec vigueur et intelligence par l'adjudant-général Sarrasin, cet homme qui, avec des talens réels, a préféré ensuite se rendre fameux plutôt que de demeurer célèbre. Le commandant de l'artillerie Julien, le commandant du génie Campredon, les aides-de-camp du général en chef, Lemarrois et Duroc; les aides-de-camp du général Friant, Binon et Denis; l'aide-de-camp du général Murat, les braves Morin et Conroux, se distinguèrent dans cette journée mémorable, où les Français prirent deux mille cinq cents hommes, huit drapeaux et dix pièces de canon.

C'était cette victoire qui avait refoulé deux divisions autrichiennes vers les sources de l'Izonzo, tandis que l'archiduc fuyait, avec l'autre portion de ses troupes, sur la direction de Laybach et de Kraimbourg, où Bernadotte cherchait à l'atteindre. Ainsi les Autrichiens se trouvaient encore séparés en trois corps dans le Tirol, dans la Carniole et dans la Carinthie; ainsi Bonaparte avait contraint le prince Charles à opérer la même dislocation qui avait occasioné la défaite de ses trois prédécesseurs. Quinze cents malades ou blessés abandonnés à Goritzia, et recommandés à la générosité française, ne furent victimes d'aucune représaille. Les troupes de la nation que tous les cabinets s'appliquaient à calomnier étaient, il faut le dire, celles qui observaient le plus religieusement les lois de la guerre et celles de l'humanité. Les divisions Guieux et Serrurier, remontant l'Izonzo, battaient l'ennemi à Caporetto, et à Chiusa-di-Pletz qu'emportèrent d'assaut les généraux Bon et Verdier, à la tête de la 4e et de la 43e demi-brigade; faisaient cinq cents prisonniers dans ce fort, et rejetaient toute l'avant-garde de Bayalitsch sous le feu de Masséna à Raibel et à Tarwis, où la cavalerie chargeait sur la glace, et l'infanterie dans trois pieds de neige. Enfermé sans ressources, le général autrichien se rendit prisonnier, et livra aux Français, le 22 mars (2 germinal), quatre généraux, cinq mille hommes, trente pièces de canon, et quatre cents chariots de bagages.

De son côté, l'archiduc faisait, pour ainsi dire, les logemens du général en chef de l'armée française. Celui-ci, parvenu à Klagenfurt, songeant à la gloire si pure que les nations policées attachent au titre de pacificateur, et convaincu d'ailleurs du danger de pénétrer plus avant dans les états autrichiens, en abandonnant ses communications à la merci de conspirateurs dont il avait deviné les projets, écrivit, le 30 mars, au prince Charles, une lettre remplie de sentimens généreux, et se montra disposé à entendre des propositions de paix. On se souvient que déjà le cabinet de Vienne, trop soumis au ministère de Londres, avait refusé d'écouter le général Clarke que le Directoire avait d'abord choisi pour négocier. Ainsi le gouvernement qu'on ne cessait d'accuser d'ambition ne cessait de vouloir mettre un terme aux malheurs de la guerre; et la philosophie put admirer dans la dépêche de Bonaparte cette phrase qu'un ami sincère aurait dû mettre quelquefois sous les yeux de Napoléon : « Quant à moi, M. le général en chef, si l'ouverture « que j'ai l'honneur de vous faire peut sauver la vie à un seul homme, je « serai plus fier de la couronne civique que je me trouverai avoir méritée, « que de la triste gloire qui peut revenir des succès militaires. » Le prince Charles, en protestant aussi de son amour pour l'humanité, déclara n'être muni d'aucun pouvoir comme négociateur; et il fallut con-

tinuer à poursuivre les Autrichiens. Masséna, toujours à la tête de la 18e, de la 32e et de la 2e légère, pressa sa marche, couchant chaque soir où devait coucher l'ennemi, et faisant chaque jour souper les soldats républicains avec les vivres préparés pour les troupes impériales. Arrivé à Judembourg, capitale de la Haute-Styrie, après le combat brillant de Neumarckt et l'occupation importante de Scheiffling, Bonaparte reçut des généraux Bellegarde et Meervelt, envoyés par l'archiduc, la demande d'une suspension d'armes de dix jours. Il y consentit le 7 avril 1797 (18 germinal an V), en choisissant habilement ses positions sur la droite de la Muëhr et dans les vallées de l'Ems et de la Drave. Bernadotte, ayant pénétré jusqu'à Laybach, avait envoyé le général Dugua prendre possession, à sa droite, du port de Trieste, et un détachement s'emparer, à gauche, des riches mines de vif-argent d'Idria. Le 18 avril, le général de l'armée d'Italie dicta, dans le château de Neuwald près Léoben, à trente-cinq lieues de Vienne, les préliminaires de la paix entre la France et l'Autriche. Ces stipulations eurent pour bases principales la renonciation à la Belgique par l'empereur, la reconnaissance des limites de la France, telles qu'elles avaient été décrétées par les lois de la république, et l'établissement d'une république indépendante dans la Lombardie, pays sur lequel la France et l'Autriche avaient revendiqué des droits qui, depuis trois cents ans, inondaient de sang les Alpes et les Apennins, le Milanais et toute la Péninsule. Les plénipotentiaires impériaux avaient cru devoir insérer dans le traité que leur maître reconnaissait la république française. « Rayez cet article, dit Bonaparte; la
« république française est comme le soleil sur l'horizon : bien aveugles sont
« ceux que son éclat n'aurait pas encore frappés. » L'histoire conservera avec le même soin ce passage d'une lettre qu'il écrivit alors au Directoire :
« Je vous demande instamment le repos dont j'ai besoin, et que j'ai le droit
« d'obtenir après avoir justifié la confiance du gouvernement, et acquis
« plus de gloire qu'il n'en faut peut-être pour être heureux. La calomnie
« s'efforcera en vain de me prêter des intentions perfides. Ma carrière civile
« sera, comme ma carrière militaire, conforme aux principes républicains. »
Cette demande et ces protestations semblaient être le résultat des écrits de quelques journalistes qui, par des routes opposées, tendaient au même but, le renversement de la constitution, et qui, affectant les uns de caresser un Monck, les autres de dénoncer un Cromwel, ont probablement fécondé,

OPÉRATIONS MILITAIRES EN ITALIE.

par leur chaleur inconsidérée, le germe d'une pensée profonde et d'une grande espérance.

Ce fut après cette campagne mémorable que Bonaparte chargea le général Brune, dont il voulait récompenser la valeur, de faire écrire sur le drapeau de la 18ᵉ demi-brigade de ligne : « Brave dix-huitième! je vous connais, « l'ennemi ne tiendra pas devant vous; » et sur celui de la 25ᵉ : « La « vingt-cinquième s'est couverte de gloire. » L'histoire s'honore en entérinant de pareilles lettres de noblesse.

On se souvient que c'était à Joubert que le général en chef de l'armée d'Italie avait confié les opérations dans le Tirol. Placé à une distance où il ne pouvait recevoir d'autres directions que celles de son génie, Joubert justifia le choix de Bonaparte; secondé de Belliard, de Vial, de Delmas, de Baraguey-d'Hilliers, d'Alexandre Dumas, il triompha à Bidole, à Montedi-Sovero, à Cembra sur le Lawis, à Newmarck sur l'Adige, à Tramin, à Botzen, au pont de Clausen, à Neustifft près de Brixen, à Mittewald, et dans la vallée d'Inspruck. Au moment où le quartier-général, privé de tout renseignement, gémit sur le sort des douze mille hommes enfoncés dans le Tirol devant un ennemi encore redoutable, et au milieu des neiges et d'une population guerrière si facile à soulever contre les étrangers qui envahissent son territoire, un jeune officier se présente, traverse la foule, force la consigne, et se précipite dans les bras de Bonaparte; c'était Joubert, et la jonction de ses troupes avec la gauche de l'armée d'Italie était opérée. Ainsi se terminait, dans les vallées de l'Inn et de la Muehr, cette longue suite de combats et de victoires commencés au même mois de l'année précédente, non loin des côtes de la Méditerranée, et qui promettaient au peuple français d'espérer qu'enfin la gloire de ses défenseurs allait garantir son indépendance et son repos.

Avant de retracer les derniers faits d'armes des armées sur le Rhin, jetons un regard rapide sur ce qui s'était passé dans les états de Venise, et voyons quel fut, une fois, le prix de l'ingratitude et de la déloyauté.

LE TEMPLE DE LA GLOIRE,

INSURRECTION DANS LES ÉTATS DE VENISE,

MASSACRE DES FRANÇAIS,

ABOLITION DU PLUS ANCIEN DES GOUVERNEMENS ARISTOCRATIQUES.

Depuis son antique origine, qui remontait à l'an 421 et qui eut pour but d'échapper à l'invasion des barbares, Venise la riche, libre d'abord, avait subi de nombreuses révolutions. Il y avait, en 1797, précisément cinq cents ans (1296) qu'au milieu des flots de sang, l'aristocratie héréditaire avait été substituée, par le doge Pierre Gradenigo, au gouvernement populaire qui subsistait depuis 1173. Par suite de cette usurpation, l'arbitraire le plus inouï était devenu pour cette prétendue république la base fondamentale d'une politique intérieure qui servait de modèle aux tyrans les plus sombres, les plus cruels et les plus absolus; car les trois inquisiteurs d'état, membres du conseil des Dix, pouvaient condamner à mort tout individu, et le faire périr sans en rendre compte au sénat. L'histoire atteste que depuis 1495, époque où le sénat vénitien provoqua la coalition générale dirigée contre Charles VIII, il fit constamment partie de toutes les ligues formées contre Louis XII, François Ier et Louis XIV, sans aucun égard pour la protection accordée à Venise par Louis XII, en 1513; par François Ier, en 1516; par Charles IX, en 1572, époque de l'horrible massacre de la Saint-Barthélemi; par Henri IV, en 1607; par Louis XIII, pendant tout son règne, et par Louis XIV, en 1660. Nous indiquons ici ces rapprochemens, pour aider à rectifier l'opinion qui tendrait à établir que les aristocrates vénitiens n'ont été déterminés, à la fin du dix-huitième siècle, que par l'épouvante que pouvaient leur causer les principes de liberté dont les Français faisaient alors profession. Il suffit au sénat de croire que Bonaparte avait échoué dans la Styrie, et que le succès de Laudon qui descendait encore du Tirol après l'éloignement de Joubert, serait durable, pour que Venise se prononçât contre le parti qu'elle croyait être devenu le plus faible. Telle est la maxime favorite d'une politique qui, en vérité, mérite bien peu l'admiration des peuples dont elle fait chaque jour de nouvelles victimes. Mais ce qu'il importe encore plus de détruire, c'est l'assertion de ceux qui, prêtant au général en chef de l'armée d'Italie le projet de se faire des auxiliaires parmi une population qu'il n'estimait pas, ont été jusqu'à nommer les agens qu'il employait, disent-ils, secrètement pour soulever les sujets de la terre ferme contre le gouvernement de Venise. Si l'adjudant-général Landrieux, indiqué comme chef de la correspondance que l'on suppose établie à cet effet, a jamais prétendu être, sous ce rapport, l'agent de Bonaparte, on trouve un démenti bien formel dans les lettres particulières de ce général. En effet, le 15 novembre 1797, un mois après la conclusion du traité de paix de Campo-Formio, et à une époque par conséquent où le sort de Venise étant fixé, ce général aurait pu se faire un mérite de son intervention dans des mouvemens qui avaient procuré à la France les moyens d'indemniser l'Autriche; Bonaparte dénonce au contraire les intrigues de Landrieux, qu'il n'apprend lui-même que par une pièce trouvée dans les papiers des inquisiteurs. Il emploie sur le compte de cet officier qui, après avoir concouru à réduire l'insurrection des paysans, avait quitté l'armée pour se rendre en France, des termes tellement méprisans, que s'ils peuvent figurer dans une correspondance

INSURRECTION DANS LES ÉTATS DE VENISE, etc.

intime, la majesté de l'histoire ne saurait les reproduire. Le général provoque de la part du Directoire un exemple contre cet individu, et, dans tous les cas, demande qu'il ne soit jamais employé. En voyant cette grave et violente dénonciation contre un officier dont le général Chabran avait d'ailleurs beaucoup loué la conduite et l'intrépidité, il ne faut pas perdre de vue que la cession de Venise à l'Autriche avait contrarié les premiers plans du gouvernement français ; que M. Clarke, son agent très-particulier, ne quittait l'Italie que dans ce moment même; et que ce diplomate, tombé alors dans la disgrâce, et entraîné dans la chute de son ami Carnot, proscrit au 18 fructidor, aurait saisi le moyen de se relever, s'il eût pu mettre en opposition les intrigues du général en chef avec sa lettre confidentielle. Il reste donc démontré, pour l'honneur de l'armée française, que son chef, en dépit des procès-verbaux publiés par les provéditeurs, resta étranger aux efforts de sujets mécontens pour reconquérir leur liberté, et qu'il ne fut point responsable des crimes que l'aristocratie vénitienne s'empressa de faire commettre.

Vainement Bonaparte offrit de s'interposer pour faire rentrer dans le devoir Bergame, Brescia, et tous les pays à la droite du Mincio. L'occasion parut trop belle au sénat pour armer quarante mille paysans, pour solder dix mille Esclavons, pour faire prêcher par tous les prêtres une croisade contre les Français, qu'ils appelèrent jacobins, régicides et athées. Ils sont attaqués sur toutes les routes, égorgés dans les rues, et même dans les hôpitaux. Les officiers vénitiens publient qu'il appartient au lion de Saint-Marc de justifier l'ancien proverbe que l'Italie est le tombeau des Français. A Castiglione-di-Mori et à la Chiusa, de faibles garnisons capitulent; on les égorge impitoyablement. La maison du consul français est pillée et brûlée à Zante, dans la Dalmatie. La marine vénitienne outrage des bâtimens de la république française; et, dans le port même de Venise, il se passe une scène qui peint à elle seule l'acharnement des oligarques. Le *Libérateur de l'Italie*, petit lougre de la république, contraint par une flottille autrichienne de se réfugier à Venise, fut attaqué par une galère vénitienne : son capitaine, Jean-Baptiste Laugier de Marseille, enseigne de vaisseau, fut tué en ne sollicitant que le temps nécessaire pour sortir de la rade. Le lieutenant, Michel-Alexis Gautier, fut blessé de trois coups de feu, ainsi que quatre autres; le premier pilote fut atteint dans l'eau en voulant se sauver à la nage : le commandant vénitien eut la cruauté de lui couper le poignet à coups de hache. Enfin parmi les morts on ne put retrouver les cadavres de deux Français, ni reconnaître à qui appartenaient les membres épars sur le pont du bâtiment. Telle était la conduite d'un gouvernement qui avait toujours protesté de sa neutralité.

Vérone, dont la citadelle, commandée par l'intrépide Beaupoil de Saint-Aulaire, et chaque jour attaquée avec fureur, ne put être délivrée qu'après un combat sanglant, Vérone fut le théâtre des plus grandes atrocités. Le lundi de Pâques, de nouvelles vêpres siciliennes furent sonnées contre les Français : les malades mêmes et les blessés furent massacrés dans leur lit, et l'Adige roula dans ses flots des corps expirans et percés de mille coups de stylet. Le commandant de la place, Auguste Carrère, enfermé dans le vieux château; le chef de brigade Beaupoil de Saint-Aulaire, chargé de la défense de la citadelle; le brave Campin, son adjudant-major, se couvrirent de gloire au milieu de ces événemens déplorables. Carrère enlevait l'artillerie ennemie à mesure qu'on faisait approcher de nouvelles pièces pour faire sauter sa grille. Campin, envoyé en parlementaire pour réclamer des Français, et menacé de la mort par une troupe de furieux, repousse l'offre insultante du provéditeur qui lui promet sa protection s'il veut rendre son épée, et faire déposer les armes à sa petite escorte de douze hommes. Il répond que des lâches peuvent assassiner des Français, mais non les désarmer; et il rentre dans le château, après avoir traversé la ville au milieu des insurgés et de leurs cris féroces, tous ses hommes ayant l'arme haute, et il n'en perd pas un seul. Le colonel Saint-Aulaire eut à remplir une semblable mission avec Mazurier, aide de-camp du général Balland, Martini ou Mertiné, chef de bataillon, et Coste, lieutenant à la 11e demi-brigade : il fut plus maltraité encore; et les paysans réunis aux Esclavons l'accueillirent à coups de fusil. Les podestats veulent le retenir, en l'assurant qu'il serait assassiné à son retour : « C'est vous, leur dit-il, qui avez organisé le massacre des « Français, et vous n'osez plus rétracter les ordres barbares que vous avez donnés. N'importe, je « terminerai ma mission, et je retournerai à mon poste pour foudroyer la ville infâme de Vérone. « Si je suis assassiné, ma patrie me vengera. » Ce dévouement et cet espoir d'un guerrier, déjà vieil athlète de la liberté en Pologne (1772), en Amérique (1778), et sur le sommet des Pyrénées (1793, 1794, 1795), retraçaient la fameuse harangue de Jenkins, capitaine de navire anglais, qui, se présentant au parlement de la Grande-Bretagne, en 1739, avec le nez fendu et les oreilles coupées par ordre d'un officier espagnol, s'écria : « Quand on m'eut ainsi mutilé, on me menaça « de la mort; je l'attendis. Je recommandai mon âme à Dieu et ma vengeance à ma patrie. » Heureux les guerriers qui combattent pour une patrie, et les négociateurs qui la représentent noblement, avec l'assurance qu'elle ne transigera jamais sur les réparations dues à leur personne ou à leur mémoire ! Kilmaine et Victor, Balland et Baraguey-d'Hilliers, Lemoine et Chabran, Lahoz et Chevalier, les adjudans-généraux Devaux et Landrieux, le colonel des Polonais, Librawski, mort sur cet horrible champ de bataille; le chef de bataillon Martin et le capitaine des grenadiers, tous de la 13e demi-brigade et blessés; la légion lombarde, les 3e, 13e, 58e, 69e et 85e demi-brigades, forcèrent enfin Vérone à capituler. Le ressentiment des braves, craignant de comprendre quelques innocens dans la juste punition des nombreux coupables, épargna une cité dont de si grands excès avaient provoqué l'entière destruction. Aussi le même évêque qui, le jour de Pâques, avait prêché l'assassinat des Français, s'empressa-t-il, après la réduction de Vérone, de publier une pastorale dans laquelle il reprochait aux habitans les massacres qu'ils venaient de commettre, et il leur recommandait de témoigner leur reconnaissance pour la générosité qui accompagnait la victoire de ces mêmes Français, au milieu d'une ville coupable qu'ils auraient pu réduire en cendres, et dont ils avaient le droit d'exterminer tous les habitans. Singulier privilége de quelques ministres d'un Dieu immuable, que de pouvoir ainsi changer de langage à mesure que se succèdent et que changent leur position et les circonstances !

Une si grande agitation n'avait point été impunément excitée au milieu de peuples retenus, avec tant de soin, dans un si long asservissement. Les rênes du gouvernement échappèrent bientôt des mains du sénat et des conseils de Venise. Ils cherchèrent, mais en vain, un abri dans les anciennes institutions populaires : l'aristocratie, toujours aveugle, et ne sachant recourir qu'à des mesures désespérées, remplaça le despotisme par la guerre civile; et, voulant dégoûter le peuple par les horreurs de la licence, elle contraignit le nouveau gouvernement de se jeter dans les bras des Français. Le simulacre de la liberté ne pouvait plus se soutenir dans les lagunes, et il fut décidé que l'antique épouse et reine du golfe adriatique, privée de sa couronne, serait attachée au char de la puissance dont elle avait voulu si imprudemment servir les intérêts.

BATAILLE DE NEUWIED,

17 au 18 avril 1797 (Hoche, et armée de Sambre-et-Meuse.)

De toutes les pertes qu'avait faites l'armée de Sambre-et-Meuse, celle qui excitait le plus ses regrets était l'éloignement de Jourdan, de Kléber et de Bernadotte. Cependant le général Hoche, arrivé de l'expédition infructueuse d'Irlande, à laquelle sa grande âme ne renonçait pas, fut chargé de réorganiser cette armée si justement célèbre, et de fixer la victoire sous ses drapeaux. Elle comptait encore au nombre de ses généraux Championnet, Lefebvre, Grenier, d'Hautpoult, Klein, Chérin, Collaud, Soult, Ney, Watrin et Richepanse. La patrie gémissait de la mésintelligence qui avait divisé quelques généraux, et à laquelle on pouvait attribuer le peu d'harmonie qui avait régné dans les opérations. Hoche vit avec douleur l'indiscipline et le désordre dans toutes les parties du service, et son génie organisateur en chercha la cause. Malgré les efforts qu'avait déployés Beurnonville, le soldat, presque nu, manquait de tout, et beaucoup d'officiers jouissaient d'un superflu produit par des réquisitions illégales, et qui formait un contraste affligeant avec la misère générale. Bientôt le sort du soldat est amélioré, le luxe des officiers est proscrit, et les administrations reçoivent une nouvelle organisation. Les vêtemens, les subsistances, les armes sont fournis aux troupes; beaucoup d'hommes, ainsi que les chevaux qu'on avait laissés par négligence dans les dépôts, en sont retirés. Le général, aidé dans tous ses travaux par son digne et modeste ami le général Chérin, son chef d'état-major, fait la revue de tous les corps; il examine les talens des chefs qui doivent contribuer avec lui à rendre à son armée l'éclat dont elle avait brillé ; il se fait rendre compte des actions glorieuses qui ont signalé ses nouveaux compagnons d'armes, et il les encourage par l'espoir d'un prompt avancement. A sa voix, la discipline et l'émulation renaissent ; les soldats de l'armée de Sambre-et-Meuse se montrent dignes de leur ancienne renommée. Par une innovation que le besoin du service lui fait emprunter aux armées romaines, et qu'il croit plus avantageuse, Hoche organise chaque arme en divisions distinctes. Les dragons sont commandés par le général Klein, les chasseurs sont sous les ordres du général Richepanse; le général Ney est à la tête des hussards, et la grosse cavalerie, qui forme la réserve, est placée sous le commandement du général d'Hautpoult. Le général en chef attache les chasseurs à cheval à son aile droite, les dragons à sa gauche, les hussards au centre que commande Grenier, dont les deux divisions d'infanterie sont conduites par Lemoine et par Olivier. Deux mois suffirent pour rendre à l'armée de Sambre-et-Meuse toute son énergie, et la soumettre à la plus exacte discipline. Elle se trouva alors en état d'entrer en campagne, et de répondre la première à l'appel glorieux de l'armée d'Italie.

Le dessein du général Hoche était de passer le Rhin sur le pont de Neuwied, devant lequel était placée sa droite commandée par le général Lefebvre, tandis que l'aile gauche, aux ordres de Championnet, occupait sur la rive droite du fleuve le camp retranché de Dusseldorf. Hoche fait donc dénoncer au général Werneck la rupture de l'armistice. Le général ennemi avait fait prendre au général Kray une position forte devant Neuwied, appuyée à droite sur Hédersdorf, près de la Wiedbach, et à gauche à Bendorff, à cheval sur la Sayn. Tout ce front était garni de six redoutes fermées, palissadées, et garnies de grosse artillerie. Werneck prétexta un armistice général qu'il assurait conclu en Italie ; mais le général Hoche répondit que, malgré son désir de voir enfin cesser l'effusion du sang humain, les ordres de son gouvernement étant précis, il ne pouvait se dispenser d'y obéir. En rendant compte de la démarche du général autrichien, il écrivait au Directoire : « Quelle que soit votre décision, je crois devoir vous prévenir que mon « armée est forte de quatre-vingt-six mille hommes, et que j'en puis porter à l'instant même « soixante-dix mille sur le Danube, et contraindre l'ennemi à une paix avantageuse pour la ré- « publique. »

Dès le 3 germinal (23 mars), ce général, l'un des plus beaux génies que la France ait possédés, et remarquable surtout par le dévouement le plus vrai à sa patrie, avait la générosité d'inviter le gouvernement à tourner tous ses regards vers l'armée de Rhin-et-Moselle, et de diriger sur elle tous les secours en hommes, en chevaux et en numéraire. Sur six mille chevaux qui lui étaient destinés, il demandait même que quatre mille fussent envoyés à Moreau. Quel que pût être le résultat des soins que Hoche s'était donnés, nous ne connaissons pas de plus beau certificat de civisme que ce noble désintéressement, à une époque aussi importante pour sa gloire personnelle.

Le 17 avril (28 germinal), l'armée française se mit en mouvement. Sa gauche, réunie au-delà de Dusseldorf, sur la Wipper, vint prendre position dans les plaines de Mulheim, vis-à-vis de Cologne. Le 18 (29 germinal an V), à trois heures du matin, l'avant-garde et l'aile droite, commandées par le général Lefebvre, passent le pont de Neuwied, et se forment dans la plaine à la droite de ce pont. Les divisions Lemoine et Olivier, les chasseurs à cheval et les hussards, commandés par les généraux Ney et Richepanse, se joignent bientôt à elles, et se placent à la gauche. Hoche était occupé à disposer ses troupes, quand le général Kray lui envoya un parlementaire pour lui proposer un nouvel armistice. Hoche demande, pour conditions préliminaires, la retraite de l'armée autrichienne derrière le Mein, tandis qu'il se porterait sur la Lahn; il exigea en outre la remise de la forteresse d'Ehrenbreistein, qu'investissait le général Collaud. On le refuse; et à peine les généraux étaient-ils rendus à leur poste, que déjà un feu général commençait sur tout le front des ouvrages de l'ennemi. Au premier coup de canon, l'armée de Sambre-et-Meuse se met en mouvement; les redoutes sont attaquées par l'artillerie : mais les pièces françaises, d'un trop faible calibre, ne peuvent obtenir de supériorité sur les batteries autrichiennes. Hoche ordonne à Debelle, son beau-frère, une manœuvre audacieuse. Ce guerrier, jeune et brillant, se porte à cent pas des redoutes, avec trente pièces d'artillerie légère, soutenues par les chasseurs et par les hussards de Richepanse et de Ney. Là, sous le feu terrible de la mitraille, il démonte les pièces ennemies, il foudroie les palissades, il ouvre le chemin aux grenadiers du centre. Hoche

BATAILLE DE NEUWIED.

fait avancer sa droite et le corps de Grenier; il ordonne à l'infanterie de charger, et les redoutes sont enlevées à la baïonnette. Lui-même, à la tête des deux régimens de chasseurs, coupe la ligne ennemie, et culbute la cavalerie impériale. En un instant toutes les positions sont emportées, et la déroute de l'ennemi est complète. L'armée victorieuse le poursuit vigoureusement jusque dans les gorges et les montagnes. Lefebvre s'avance jusqu'à Montabaur, qu'il enlève après un combat vif et sanglant, et où il prend sept drapeaux aux Autrichiens. Pendant cette action, le général Watrin, qui avait passé le Rhin au-dessus de Saint-Sébastien, rencontra les Impériaux sur la rive droite, les attaqua, enleva une forte redoute qu'avait négligée Lefebvre, et les repoussa jusque dans la forteresse d'Ehrenbrestein. Rien n'égalait l'activité du général en chef Hoche : on le voyait partout; il se portait avec la rapidité de l'éclair dans tous les lieux où il jugeait sa présence nécessaire, et son exemple animait les soldats, dont il réglait les mouvemens avec un sang-froid admirable. Commandant, au milieu du feu le plus violent, avec ce calme sous lequel il savait cacher la vivacité la plus extraordinaire, il semblait fixer la victoire et rendre ses troupes invincibles. Un soldat, qu'un obus venait d'atteindre au bras, était conduit à l'ambulance; passant le pont de Neuwied, il dit à ceux qui le plaignaient de ses souffrances : « Cela n'est « rien; vous allez au combat, mes amis, ça va bien : nous avons à notre tête « un général qui se bat comme un lion. »

Cependant le général Ney, n'ayant avec lui que cinq cents hussards, avait suivi l'ennemi avec son intrépidité ordinaire sur le chemin de Diersdorf. Arrivé à la hauteur de cette petite ville, il y trouve un corps de six mille Autrichiens qui étaient demeurés en observation tout le jour. La force de cette division ne permit pas au général français de l'attaquer avant l'arrivée de l'infanterie de Grenier, et de la grosse cavalerie que les mauvais chemins retardaient. Les Autrichiens, qui pendant quatre heures n'avaient pu faire reculer les braves hussards, n'eurent pas plus tôt vu l'infanterie faire ses dispositions, qu'ils abandonnèrent Diersdorf après un léger engagement. La grosse cavalerie, menée par d'Hautpoult et par Oswald, se joignit à Ney pour les poursuivre jusqu'au soir.

Avant ces brillantes expéditions, Championnet, ayant traversé la Sieg, s'était emparé d'Uckerath et d'Altenkirchen dès le matin du 18; et les dragons de Klein, de ce brave si accoutumé aux succès, avaient presque détruit les hussards de Barco. C'est assez dire que ces postes furent vaillamment défendus. La défaite entière de l'armée autrichienne fut donc le résultat de cette grande journée de Neuwied, qui couvrit de gloire l'armée de Sambre-et-Meuse, et fit le plus grand honneur aux savantes dispositions du général Hoche. Tous les officiers de son armée s'y distinguèrent par leur courage, et le soldat fut admirable par la valeur avec laquelle il seconda ses généraux. La 37e et la 9e légère, qui au centre avaient éprouvé une grande résistance, justifièrent leur vieille renommée. Le général Bastoul, avec les neuf compagnies de grenadiers du corps de Grenier, avait marché, l'arme au bras, sur le village et les redoutes d'Hédersdorf, et les avait emportées à la baïonnette et sans tirer un coup de fusil. Le chef d'escadron Dubois-Crancé, à la tête du 1er régiment de chasseurs à cheval qu'il devait bientôt commander comme colonel, avait chargé, à l'autre extrémité de la ligne, l'ennemi qui occupait Bendorf; et, ayant acculé un bataillon du régiment de Gemminen et deux cents dragons de Latour au défilé du village de Sayn, il leur avait fait mettre bas les armes. Moderne Acron (*Æneid., lib. X, v.* 719), Crancé devait un jour s'arracher aux douceurs d'un nouvel hyménée, et périr le premier sur un champ de bataille, à l'ouverture d'une célèbre campagne.

La bataille de Neuwied et les combats de Championnet coûtèrent aux Impériaux six mille hommes tués, blessés ou faits prisonniers, vingt-sept pièces d'artillerie, soixante caissons, une grande quantité de voitures de bagages, et les sept drapeaux ou étendards enlevés par Lefebvre. La marche rapide de Hoche et de ses lieutenans ne laisse point à l'ennemi le temps de se reconnaître; il ne peut tenir sur la Lahn que Lefebvre traverse à Limbourg, Grenier à Weilburg, et Watrin à Dietz et à Nassau. Celui-ci s'empare du camp de Neuhoff; Soult force les défilés de la Dill; Olivier entre dans Wetzlaer; et Lefebvre, maître de Kœnigstein, franchit la Nida et ne s'arrête devant Francfort, où ses troupes allaient entrer pêle-mêle avec les Autrichiens, qu'à la nouvelle qu'il reçoit du traité de Léoben. Ney, dont la modestie égalait la bravoure, puisqu'on l'avait vu pendant dix-huit mois refuser le grade de général de brigade, fut fait prisonnier dans une charge devant Giessen, où son cheval s'abattit. Werneck refusa de le rendre aux vives sollicitations de Hoche; et le Directoire exécutif, en consolant cet illustre guerrier de sa courte captivité, lui décerna le titre d'*Audacieux*, qu'il ne cessa jamais de mériter. Le général Hoche, qui voyait le succès prêt à couronner ses vastes conceptions, s'arrêta sans regret au milieu de ses victoires. Sa grande âme n'estimait rien au-dessus du bonheur de son pays et du repos de l'humanité.

NOUVEAU PASSAGE DU RHIN
ET REPRISE DU FORT DE KEHL,

20 et 21 avril 1797 (Moreau, et l'armée de Rhin-et-Moselle.)

Tandis que l'armée de Sambre-et-Meuse triomphait dans les plaines de Neuwied et de la Lahn, l'armée de Rhin-et-Moselle, commandée par le général Moreau, ayant devant elle encore plus d'obstacles, mais animée du même courage pour les surmonter, effectuait le passage du Rhin, le plus brillant et le plus étonnant dont les annales militaires fassent mention.

Moreau, sentant la nécessité de seconder les opérations des armées de Sambre-et-Meuse et d'Italie, et voulant occuper l'ennemi qui tenait avec des forces considérables toute la rive droite du Rhin, afin de l'empêcher de faire de nouveaux détachemens pour soutenir l'armée de l'archiduc Charles, que Bonaparte refoulait jusqu'aux portes de Vienne, résolut, tardivement peut-être, de traverser le fleuve et de s'emparer du fort de Kehl perdu, non sans gloire, à la fin de la campagne précédente. Mais, pour l'exécution d'un pareil projet, il eût fallu un grand nombre de barques; et toutes celles que l'on avait pu enlever sur la rivière d'Ill, qui se jette dans le Rhin au-dessous de Strasbourg, ne s'élevaient qu'à soixante. Les Autrichiens n'en laissaient naviguer aucune sur le Rhin, et il fallait éviter de leur donner l'éveil. Malgré ce peu de ressources, Moreau, comptant sur la valeur de ses troupes qui étaient encore alors dans un extrême dénuement, fixa le passage à la nuit du 19 au 20 avril, époque à laquelle il semblait impossible d'avoir réuni tous les moyens nécessaires à une si grande entreprise.

Le 20 avril, à deux heures du matin, depuis le fort Vauban jusqu'à Huningue, le canon se fait entendre sur toute la ligne française, et tient l'ennemi dans l'inquiétude; des démonstrations se font sur plusieurs points;

et les troupes cantonnées depuis Strasbourg jusqu'à Schelestadt se rendent précipitamment sur le véritable point d'attaque. Tandis que l'ennemi se porte en force à Brisach, les troupes chargées de commencer les opérations se trouvent à Kilstett et à Gambsheim. Duhesme est à leur tête; sous ses ordres le général Vandamme, l'adjudant-général Heudelet, les aides-de-camp Gobreck et Savary doivent diriger un bataillon de la 76e et toute la 100e demi-brigade. Le général Davoust, secondé des adjudans-généraux Demont et Jarry, va marcher avec la 31e de ligne et un bataillon de la 16e légère; enfin le général Jordy commandait la réserve, composée de la 17e, de deux bataillons de la 109e, et d'un autre bataillon de la 16e d'infanterie légère. Les chefs de bataillon Pinot et Goré étaient attachés à la 16e légère et à la 76e; et les 17e, 31e, 100e et 109e avaient pour chefs de brigade les citoyens Bord, Gérard, Autran et Boulard.

Cependant les bateaux destinés au passage, retardés par la difficulté de la navigation dans l'Ill dont les eaux ont baissé, n'arrivent pas. Il est cinq heures, et il n'y en a encore que vingt-cinq : on les remplit de troupes à la hâte; et, au moment de partir, on s'aperçoit qu'il n'y a point de rames pour les diriger. Ces bateaux, destinés à naviguer seulement sur l'Ill, n'en avaient pas : on avait été obligé d'en prendre dans l'arsenal de Strasbourg; mais le bateau qui les contenait, et qui devait les apporter au lieu de l'embarquement, s'était engravé et n'avait pu arriver. Le général Moreau, Desaix, tous les généraux et officiers supérieurs se jettent à l'eau et font de vains efforts pour le dégager. On ne se décourage pas, et un bataillon est désigné pour aller, à trois quarts de lieue de là, chercher les rames sur ce bateau. Le bataillon part aussitôt au pas de course, et revient en moins d'une heure, rapportant sur ses épaules les rames nécessaires. La flottille s'ébranle alors, et débouche de l'Ill dans le Rhin. L'ennemi, dont les batteries enfilaient cette embouchure et le grand courant du fleuve, fait pleuvoir une grêle de mitraille et de mousqueterie. Les Français reçoivent ce feu meurtrier sans y répondre; ils avancent toujours, et arrivent enfin près d'une île sur la rive droite. L'adjudant-général Heudelet, avec les aides-de-camp Gobreck et Savary, et un bataillon de la 76e, abordent les premiers l'ennemi : ils l'attaquent avec fureur, et le font reculer. Toutes les troupes débarquent, se portent en avant, passent le dernier bras du Rhin, ayant de l'eau jusqu'à la ceinture, et joignent les Autrichiens sur la terre ferme. Les bateaux retournent alors chercher de nouveaux soldats, et laissent la colonne du général Duhesme abandonnée à son seul courage, entre le Rhin et les redoutes ennemies.

Les Autrichiens sont retranchés au village de Diersheim, et leur front est couvert d'une nombreuse artillerie. Les Français, dépourvus de canon, s'avancent sans tirer un seul coup de fusil; ils croisent la baïonnette, et exécutent la charge sous une pluie de feu. Un tambour tombe mort à la tête de la colonne; le général Duhesme, toujours intrépide, saisit la caisse et continue à battre la charge avec le pommeau de son sabre; mais il a la main fracassée d'une balle. Vandamme prend le commandement, et fond sur le village avec la 100e demi-brigade : l'ennemi résiste d'abord; mais, rompu par le choc des Français, il abandonne Diersheim. C'est en vain qu'il veut s'en ressaisir : il échoue dans toutes ses tentatives, et le village reste aux Français.

Cependant Moreau parvint à établir un pont volant qui porta sur la rive droite quelques pièces d'artillerie et quelques détachemens de cavalerie. Les barques amènent sans cesse des renforts de la rive gauche : devenus plus nombreux, les Français donnent plus de développement à leurs attaques; et le général Davoust, après avoir encore chassé l'ennemi de Diersheim, culbute et déborde son aile gauche établie à Honau.

Les Autrichiens, qui avaient appelé toutes leurs troupes de Kehl, Stolhoffen et Offenbourg, tentent une nouvelle attaque sur le village de Diersheim: leur artillerie y met le feu, démonte les canons, et ils y pénètrent. Un horrible combat s'engage alors : la 31e et la 109e demi-brigade font des prodiges de valeur; le général Jordy, les adjudans-généraux Demont et Heudelet sont blessés. Le général Desaix, toujours le premier au danger, reçoit une balle dans la cuisse, et tombe. Le défenseur de Kehl voulait y rentrer par les mêmes barrières qu'il avait vues forcées l'année précédente, et il se désespère de ce que la fortune vient trahir son courage. C'est de Desaix qu'un grenadier disait : « Si cela continue, je me brûle la cervelle; « cet homme est toujours devant moi. »

La 17e demi-brigade arrive alors et rétablit le combat; elle se précipite sur l'ennemi épuisé par une si longue résistance, le repousse, et le chasse enfin pour toujours de Diersheim. Vers les cinq heures, les Autrichiens font encore un nouvel effort pour le reprendre; mais, décidément débordés sur leur gauche par les généraux Vandamme et Davoust, ils se retirent et prennent position en arrière de ce village qui a coûté si cher aux deux partis.

C'est ainsi qu'avec les plus faibles moyens l'armée française exécuta, en plein jour et de vive force, le passage du Rhin, le plus mémorable de ceux qui ont conservé une juste célébrité. Les chefs d'escadron Thouvenot et Saint-Dizier, à la tête de quelques hussards du 9e et du 17e de dragons; l'adjudant-général Drouet avec la 17e demi-brigade; le général de division Dufour, suivi de quatre demi-brigades, du 2e de cavalerie, du 4e de dragons et de quatre compagnies d'artillerie; le chef de brigade Cassagne, commandant la 3e demi-brigade légère; le capitaine d'Hénin, aide-de-camp du général Montrichard, chargé d'une fausse attaque, fixèrent tous sur eux les regards de l'armée. Le capitaine d'artillerie légère Foy, dont nous avons déjà signalé la bravoure, fut grièvement blessé.

La victoire avait secondé l'audace des Français, et leur position sur la rive droite avait cessé d'être critique, lorsque l'armée entière fut passée sur le pont que le général Moreau parvint à faire placer malgré l'artillerie autrichienne. Lecourbe était alors arrivé avec la 84e, le 13e de dragons, la brigade de carabiniers, et quatre régimens de cavalerie formant la réserve aux ordres du général Bourcier.

L'artillerie, la cavalerie et le reste de l'armée ayant ainsi défilé, le général Moreau put non seulement résister aux ennemis, mais suivre avec vigueur ses premiers avantages. Vandamme et lui eurent leurs chevaux tués sous eux. Les généraux autrichiens Starray et Imméus furent blessés dans le combat, qui leur coûta cinq mille hommes tués, blessés ou prisonniers, vingt pièces de canon et plusieurs drapeaux. Le régiment d'Alton avait été enveloppé par le 13e de dragons au village de Griesheim; et le colonel ennemi, après avoir fait déposer les armes à sa troupe, avait remis son épée et ses drapeaux au chef de brigade Roget.

Les généraux Davoust et Vandamme s'étant rendus maîtres de la vallée de Kintzig, Kehl restait à découvert. Le général Dufour s'avance vers ce fort. Quelques dragons du 17e, qui lui servent d'éclaireurs, passent la Kintzig à gué, et vont sommer le colonel Olivier Wallis de remettre Kehl. Cet officier se rend de suite à discrétion. Une forteresse, qui avait coûté à l'Autriche, l'année précédente, deux mois de siége, plus de dix mille hommes de ses meilleures troupes et une immense quantité de munitions, tomba en un seul instant au pouvoir des Français.

Le général Moreau se disposait à tirer parti de ses rapides succès, et à poursuivre l'armée autrichienne jusque sur le Danube; mais il reçut la nouvelle de la signature des préliminaires de paix à Léoben, et il arrêta son armée victorieuse sur les bords du Rhin.

NÉGOCIATIONS, DIVISIONS INTESTINES, MORT DE HOCHE, PAIX DE CAMPO-FORMIO,
BONAPARTE SE DISPOSE A UNE NOUVELLE EXPÉDITION,

avril 1797 à avril 1798.

Il semblait que la politique était enfin assouvie du sang qu'elle avait fait répandre. L'Angleterre elle-même paraissait consentir à négocier avec la France, et l'on vit lord Malmesbury venir attendre à Lille, pendant trois mois, les instructions de son cabinet. Les conférences ouvertes avec l'Autriche languissaient alors à Campo-Formio; et la cour de Vienne espérait patiemment, de nos divisions intestines, un secours que souvent elle avait été sur le point de devoir à la valeur et à la constance de ses armées. Des lois que l'on avait crues d'abord nécessaires, mais dont la rigueur fatiguait depuis long-temps la générosité française, et que la corruption d'ailleurs ne laissait peser que sur les individus hors d'état de satisfaire son avarice; un gouvernement sans accord et sans dignité; des ministères où l'or, ayant fait irruption de toutes parts, avait entraîné au loin la vertu et le travail, livré la fortune publique à la plus dégoûtante dilapidation, et l'existence des défenseurs de la patrie au dénuement le plus absolu : tels étaient les principaux motifs de mécontentement qui agitaient la nation entière, qui affligeaient les partisans de la liberté, et qui relevaient l'espoir, si fréquemment déçu, des ennemis de l'indépendance nationale. Ceux-ci avaient habilement profité de tant de circonstances déplorables pour se recruter d'hommes d'un caractère noble et modéré, et qui croyaient aller au devant de nouveaux troubles, en mettant un terme à de si grands désordres. Le Directoire effrayé, mais se roidissant contre l'opinion, ainsi que veulent toujours le faire ceux qui sont investis du pouvoir, se persuada qu'il pourrait diriger les nouvelles élections; et ses efforts ajoutant aux défiances, les élections parurent hostiles contre le Directoire. Pressés de combattre et de vaincre, les nouveaux députés se crurent assez forts pour renverser la révolution, n'étant point assez habiles, ou, si l'on veut, assez libres pour faire le départ de l'alliage qui s'était développé lors des premières effervescences, ni assez humains pour affranchir de nouvelles générations et leurs propres enfans du prix énorme auquel les peuples sont contraints de racheter leur indépendance. Ce fut alors qu'on vit ces hommes forcer les ministres de publier le secret de l'état, et arrêter ainsi le déploiement des forces immenses qui allaient tomber sur l'Angleterre. La nation française, comme réveillée d'un profond assoupissement, vit le précipice dans lequel on allait l'entraîner;

les armées, auxquelles on s'efforçait de rappeler qu'elles sont essentiellement obéissantes, mais qu'il était impossible de soustraire à l'instinct de leur gloire et de leur propre conservation, appuyèrent les masses nationales, et un zèle trop imprudent apprit que le moment d'une contre-révolution n'était point encore arrivé. Les deux partis avaient médité un coup d'état, mais celui de la majorité du Directoire fut le plus tôt prêt; et au signal donné par un coup de canon, le 18 fructidor an V, à cinq heures du matin, Pichegru et ceux qui se groupaient autour de lui furent renversés comme d'un souffle. Les funestes épurations de la Convention nationale, qui auraient dû laisser dans l'esprit des hommes d'état de salutaires souvenirs, n'éclairant ni le Directoire, ni les deux Conseils, on vit ces corps se décimer, et devenir ainsi complices de la dégradation morale dont les ennemis de la patrie cherchaient à les frapper.

On a écrit que Carnot s'échappa, *malgré la surveillance exercée par ses collègues eux-mêmes, pendant la nuit du 17 au 18.* Il est inutile de faire observer que ces collègues avaient alors bien autre chose à songer qu'à s'opposer à la fuite de Carnot. Ce directeur, investi si long-temps et à si juste titre de l'estime et de la confiance des armées, ne pouvait assurément être compris au nombre de conspirateurs désignés sous le nom de royaux, que d'après une de ces combinaisons machiavéliques qui savent atteindre les hommes de mérite, effroi d'un parti contraire qui affecte de les adopter pour les mieux anéantir. Celui qui écrit ces lignes commandait la garde du Directoire exécutif: car le compagnon de Hoche, l'estimable Chérin qui en fut cinq à six jours le général en chef, s'abstint de donner aucun ordre à ce corps d'élite; et, ce qui n'est pas une des moins grandes singularités de cette époque, Chérin fut atteint, pendant cette nuit, d'un sommeil profond auquel tous les efforts de ses officiers ne purent l'arracher. L'adjudant-général Auguste Jubé avait remis, depuis quinze jours, au directeur Carnot une clef de la porte des jardins du Luxembourg qui ouvrait sur la rue de Fleurus, et cette particularité était connue de Chérin avec lequel Jubé, honoré de son amitié, avait servi aux armées des côtes de Brest et de Cherbourg. Il suffit donc au commandant de la garde de faire prévenir le directeur par son frère, le général Carnot-Feulin, de l'ordre qui venait d'être donné pour l'arrestation, et de laisser écouler une heure entre l'avis et l'exécution que le commandant eut soin de confier à un officier alsacien fort brave, mais assez peu intelligent. L'adjudant-général et l'un des officiers supérieurs, le colonel Béranger, se compromirent encore davantage à l'égard du directeur Barthélemy: ils osèrent aller le prévenir directement que dans une heure on viendrait l'arrêter. On lui indiqua une porte qui ouvrait de ses appartemens dans la rue de Vaugirard, et devant laquelle on ne posait point de sentinelle. M. Barthélemy refusa de faire usage des moyens qu'on lui procurait pour s'évader; et sa résignation ne put être vaincue même par les instances de Letellier, son domestique, homme dont le dévouement a mérité d'être cité dans l'histoire de ces temps malheureux. Enfin, pour multiplier les chances en faveur des deux proscrits, logés le premier à droite et le second à gauche du palais directorial, l'adjudant-général ne donna qu'à un seul et même officier la mission de les arrêter l'un et l'autre. On voit à ce récit, qui est de la plus grande exactitude, et que tant de personnes peuvent encore confirmer, combien fut nulle la surveillance prétendue des directeurs. Nous devons ajouter que tous ces détails n'ayant pas tardé à leur être révélés, MM. Barras, Rewbell et La Réveillère-Lépaux n'en ont jamais témoigné aucun ressentiment ni au commandant de la garde, ni au colonel Béranger, qui n'ont cessé de jouir de la confiance du Directoire jusqu'au 18 brumaire an VIII, terme de son existence. Il était de notre devoir de rectifier l'inexactitude d'écrivains mal informés, et de montrer que, même au milieu du choc des passions les plus violentes, des sentimens de modération et des actes d'humanité ont été appréciés par le pouvoir. Nous faisons des vœux sincères pour que ceux qui se croient autorisés à juger sévèrement les gouvernemens lorsqu'ils sont abattus, signalent, dans des circonstances analogues, chez les puissances en exercice, une semblable indulgence pour des sentimens et pour des actes de la même nature.

Pichegru, que les méfiances trop bien fondées du Directoire avaient presque métamorphosé en une autorité, était à peine, ainsi que Barthélemy, renfermé sous les verroux du Temple, que l'on vit arriver une dénonciation formelle contre celui-là, adressée confidentiellement à celui-ci par le général Moreau. Combien le tardif éditeur du *Fourgon de Klinglin* dut être étonné d'apprendre, presque aussitôt après le départ de ses dépêches, que le même sort venait de frapper et le directeur et le député ! Nous ne dirons rien ici de ces étranges associations sur lesquelles nous nous sommes expliqués précédemment : sorte de problèmes que les passions se plaisent à proposer à l'histoire, et que le temps seul a le privilége de résoudre. Quoi qu'il en soit, des hommes d'un mérite réel et d'une vertu éprouvée se trouvèrent frappés par le 18 fructidor. A qui serait-il nécessaire d'apprendre que les tremblemens de terre n'ont de considération pour personne, et que les ennemis ne sont pas toujours seuls victimes d'une mine que l'on se hâte de faire jouer sous leurs pas ?

A la honte de l'humanité, au mépris de celles des vertus que le christianisme prescrit comme les plus indispensables, les gouvernemens ne trouvent sous leurs pieds que trop de ces juges rampans et iniques, toujours prêts à revêtir de formes légales les arrêts cruels de la vengeance. (*Voy.* Montesquieu, *Grand. et Déc. des Rom.*, *chap. XIV.*) Cependant le Directoire, qui venait de rencontrer dans les tribunaux plus de résistance que de soumission, n'osa point faire juger le parti vaincu. Il fut condamné à la déportation par un de ces actes que, dans les troubles civils, on nomme lois de circonstances. La peine parut douce, comparée aux échafauds de la Convention ; mais elle fut atroce, et par le mode de transport employé à l'égard des proscrits, et par le lieu assigné pour leur séjour. Sinnamary fut préféré à Madagascar ; et ce canton infect de la Guyane, sous la zone torride, dévora en peu d'instans plusieurs des victimes jetées sur sa plage funeste. Puissent celles échappées à l'influence de ce redoutable climat n'en avoir rapporté qu'une plus grande horreur pour les mesures arbitraires, et la résolution ferme de sacrifier d'amers souvenirs à cette patrie dont le cœur saigne toujours des blessures que l'on fait à ses enfans !

La plupart des généraux les plus illustres avaient pris part au 18 fructidor. Il suffit de citer Bonaparte pour ses instructions, Bernadotte pour sa présence dans la capitale, où son but apparent était de présenter au Directoire les drapeaux laissés par l'ennemi à Peschiera ; Augereau, pour sa violente intervention en sa qualité de nouveau commandant de la 17e division militaire, et Hoche pour l'envoi de quelques corps de son armée, et que le général Lemoine ne fit cependant approcher absolument de Paris que six jours après l'événement. Hoche, que Pichegru s'était appliqué à faire dénoncer à la tribune, et au refus duquel Schérer, ennemi personnel du vainqueur de Neuwied, venait de succéder au sage ministre Pétiet ; Hoche avait cessé de vivre avant que les déportés n'eussent quitté le sol français. Frappé d'une douleur profonde à la vue des maux intérieurs de son pays, cet homme de bien avait quitté, au commencement du mois de thermidor, les amis qu'il laissait dans la capitale, avec le pressentiment de ne plus les revoir. Nous avons le triste avantage d'être le dernier de ceux qui ont pu le serrer dans leurs bras, après avoir violé pour lui la consigne impolitique qui l'avait empêché de parvenir, à dix heures du soir, auprès de l'un des directeurs qu'il avait encore besoin d'entretenir. « Ah ! mon ami, nous disait alors ce général si actif, et faisant allusion à un trait célèbre de l'antiquité, malheur aux gouvernemens endormis qui croient pouvoir remettre au lendemain les affaires sérieuses ! »

Hoche, général en chef à vingt-quatre ans, venait d'atteindre sa vingt-neuvième année, lorsqu'il mourut à Wetzlar, le 3 complémentaire an V (19 septembre 1797). Né, comme Chevert et comme tant d'autres de ses nobles rivaux, sans appui, sans fortune, sans aïeux, ce général, l'un des plus beaux guerriers que les arts d'imitation puissent choisir pour modèle, avait une âme plus belle que son corps, et des sentimens encore plus élevés que les hautes dignités auxquelles son mérite, son courage, sa sagesse l'avaient fait si promptement parvenir. Loyal camarade, chef bienveillant, indulgent ami, ses jours si peu nombreux furent une série non interrompue de hauts faits d'armes, de services signalés et de bonnes actions. Son esprit orné recueillait le fruit d'un travail tardif, mais obstiné; et les grands événemens, dont les leçons ne deviennent utiles qu'aux hommes extraordinaires, avaient complété son éducation. Nous l'avons vu dicter à la fois plusieurs dépêches différentes, non pour rivaliser avec César, dont son âme indépendante détestait l'usurpation, mais pour obéir à des circonstances très-urgentes, sans désobliger deux officiers qui venaient de s'offrir pour secrétaires, et dont la lenteur et l'inaptitude s'accordaient mal avec la précipitation des mesures qu'il fallait prendre. Les qualités de son cœur et la pénétration de son génie étaient si généralement reconnues, que c'était une vraie gloire que d'obtenir son amitié. Il ne l'accorda qu'à des hommes courageux, désintéressés, et dévoués sincèrement à leurs devoirs et à la patrie. Ce fut à ces titres que ses chefs d'état-major Hédouville et Chérin eurent toute sa confiance, et que les généraux Lefebvre, Championnet, Grenier, d'Hautpoult, Ney, Legrand, Soult, Grigny, Klein furent placés à la tête de ses amis. La mort, qui l'avait respecté dans les combats, au milieu des assassins de l'ouest, et même au pied de l'échafaud, l'atteignit prématurément au faîte de sa gloire; et l'on peut dire, surtout aujourd'hui, que son trépas, dans lequel la douleur publique crut reconnaître la main du crime, fut une infortune bien plus grande pour la France et pour l'armée que pour lui-même. Heureux en effet ceux qui s'ensevelirent alors comme dans leur triomphe, et dont les noms s'avancent majestueusement et purs de tout reproche vers la postérité!

Les obsèques de ce grand capitaine furent dignes de lui et de ses illustres compagnons : tout le territoire que l'armée de Sambre-et-Meuse venait de conquérir, et que son général avait été chargé d'administrer, semblait être le séjour d'une immense famille désespérée de la perte irréparable du plus tendre des pères. Hommage rare, mais vraiment glorieux, et qui, s'il eût été mérité plus souvent, aurait préparé à la France de douces consolations pour ses jours de malheur. Nous avons dit (page 191) où furent déposées les dépouilles mortelles de Lazare Hoche. Sur cette *tombe des trois amis,* que des sauvages auraient respectée, Lefebvre, Championnet et Grenier firent l'éloge, c'est-à-dire retracèrent la vie de leur général; et l'armée n'entendit pour orateurs que des chefs avec la voix desquels les dangers et la victoire l'avaient depuis long-temps familiarisée. Enfin une fête funèbre et nationale fut célébrée dans le champ de Mars par le gouvernement. La poésie vigoureuse de Chénier, la mélodie expressive de Chérubini, l'éloquence onctueuse et pourtant si énergique de Daunou; la réunion de ces trois génies, qui semblaient être députés pour apporter devant la statue d'un grand homme les tributs de l'Institut national, cette association la plus belle que possédât l'univers; la vue d'une famille éplorée, et surtout de ce père vénérable qui rappelait à tous les esprits la noble douleur du vieil Evandre auquel on ramène le corps de Pallas : tant de souvenirs accumulés sur un seul nom, tant d'espérances évanouies dans un seul jour, donnèrent à cette fête lugubre le caractère de franchise, de concorde et de dignité qui n'appartient qu'aux cérémonies d'un grand peuple. Un dernier hommage était dû à la mémoire de ce héros, et les autorités suprêmes ne furent pas assez heureusement inspirées pour le rendre. La maison dans laquelle Hoche avait reçu le jour existait à Montreuil, près Versailles. Quel augure fortuné aurait présidé à la naissance d'une *école militaire,* si elle eût été fondée sur le berceau d'un si grand citoyen; et quelle leçon pour de jeunes élèves, que le nom vénéré d'un Français dont l'amour de la patrie avait été le seul instituteur ! (1)

Cependant, au moment où le vain simulacre de pacification établi à Lille s'évanouissait, la vigueur apparente du gouvernement français hâtait la conclusion du traité de Campo-Formio, que Bonaparte eut la gloire de signer le 17 octobre 1797 (26 vendémiaire an VI). La France et l'Autriche, après avoir fait la part de la nouvelle république cisalpine, se partagèrent le reste des possessions de la république de Venise. L'anéantissement de cette puissance, provoqué par une conduite cruelle et déloyale, n'inspira point à l'Europe le même intérêt que le partage de la Pologne, consommé naguère par les cours de Berlin, de Vienne et de Pétersbourg, au moment

---

(1) La vie du général Hoche a été publiée, en l'an VI, chez Buisson, par Alexandre Rousselin, écrivain véridique et chaleureux. Le lecteur ne doit attribuer qu'à l'erreur du moment les plaintes dirigées contre le directeur Carnot, dont la belle âme a pu être appréciée plus tard par le courageux biographe.

même où, de concert avec le gouvernement britannique, spoliateur infatigable de tous les souverains de l'Inde, elles mettaient l'univers en feu pour la cause de la légitimité. L'ambition et la mauvaise foi sont des écueils que la force croit toujours pouvoir braver impunément. Par l'article 20 du traité, qui confirmait à la France l'importante réunion de la Belgique, on convint de la tenue d'un congrès à Rastadt, pour la pacification entre la France et l'Empire : c'était le germe d'un horrible et mémorable attentat. Bonaparte, plénipotentiaire de la république, ne fit que paraître dans cette petite ville du marquisat de Bade, célèbre par la signature de la paix en 1714. Pressé, par les ordres ostensibles du Directoire, de prendre le commandement d'une armée que l'on supposait, mais trop tard, destinée à envahir l'Angleterre, il s'occupait, au milieu de ses revues et de ses inspections, d'un projet bien plus extraordinaire, et qui lui souriait davantage. Le même jour où le général en chef avait fait ses adieux à l'armée d'Italie, le nouveau roi de Prusse, Frédéric-Guillaume III, âgé de vingt-sept ans, avait notifié son avénement au trône à ses *grands et chers amis* les membres du Directoire exécutif de France, assurant que toujours il mettrait le plus grand soin à cultiver et à cimenter la bonne harmonie qu'il trouvait si heureusement établie entre les deux nations. Des politiques habiles ne doutent point que le grand Frédéric n'eût senti l'importance et trouvé les moyens de rester fidèle à cette auguste promesse.

Enfin Bonaparte ne put se soustraire à une solennité que sa présence et les discours prononcés à son occasion devaient rendre mémorable. Le 20 frimaire an VI (10 décembre 1797), toutes les autorités, le corps diplomatique, et une affluence immense de spectateurs, environnent le Directoire placé dans la grande cour de son palais. Un autel est élevé à la patrie; les statues de la Liberté, de l'Egalité et de la Paix sont entourées de trophées innombrables formés avec les drapeaux conquis par l'armée d'Italie : un cortége brillant attend le général vis-à-vis de la rue de Tournon. Il a pénétré par une étroite issue; il paraît tout-à-coup dans l'enceinte : les applaudissemens et les fanfares apprennent à une longue file de spectateurs que c'est Bonaparte qui vient de passer auprès d'eux. Il est accompagné de ses aides-de-camp, des officiers de son état-major, et des généraux Joubert et Andréossi. Talleyrand-Périgord, ministre des relations extérieures, présente au gouvernement le héros pacificateur qui apporte le traité de Campo-Formio ratifié par l'empereur. En faisant un magnifique éloge des soldats et de leur chef, en prouvant que l'éclat de leur gloire était un des résultats de la révolution, en promettant de nouveaux miracles à l'amour de la patrie et de l'humanité, il prononce un anathème terrible contre l'Angleterre; et, traitant de chimère l'ambition déjà attribuée au général, il impose à celui-ci le nouveau devoir d'aller combattre les *tyrans des mers*, de venger la France et de rassurer le monde. Bonaparte, dont la voix se faisait entendre pour la première fois loin de son armée, félicita la France d'avoir retrouvé ses limites naturelles, et d'avoir, en concluant une paix glorieuse, commencé la nouvelle ère des gouvernemens représentatifs. Il terminait son discours par cette prophétie dont il devait lui-même reculer l'accomplissement : « Lorsque le bonheur du peuple français sera assis « sur les meilleures lois organiques, l'Europe entière deviendra libre. » Le dépôt fait par l'illustre Joubert et le brave Andréossi du drapeau décerné par les deux Conseils à l'armée qu'ils représentaient, et sur lequel était imprimé le souvenir de tant de glorieux exploits, compléta cette grande cérémonie. Nous ne rappellerons le banquet national qui eut lieu dix jours après dans la galerie du Muséum, que pour faire observer que l'on fit passer le général au milieu des *antiques* arrivées nouvellement d'Italie, et des chefs-d'œuvre des Raphaël, des Michel-Ange, des Titien, des Paul-Véronèse, des Carraches, des Léonard de Vinci : objets d'une éternelle admiration, et que les amis des arts et de la gloire nationale regardaient comme la plus douce et la plus noble conquête des armées françaises.

Toutes ces richesses étaient non seulement le prix de la victoire, mais la valeur de contributions consenties par des traités formels. L'abandon qui en avait été fait par les divers gouvernemens avait tourné au soulagement des peuples qui auraient été soumis à des subsides plus onéreux. C'est surtout parmi les Français qu'on a trouvé, depuis peu, de violens critiques de cette espèce de tribut levé sur Rome et sur l'Italie. Ils n'ignorent cependant pas que l'ancienne capitale du monde s'était enrichie elle-même aux dépens de la Grèce, de Syracuse, de Corinthe, de l'Afrique, de l'Asie, des Gaules et de l'Egypte. Les triomphes de Marcellus, de tous les Scipions, de Paul-Emile, de Mummius si célèbre par son ignorance, de Sylla, de Lucullus, de Pompée, de César et d'Auguste avaient transporté à Rome une si immense quantité de statues, de bustes, de vases, de colonnes, de tableaux, qu'au temps de Cicéron les particuliers ne se faisaient aucun scrupule d'en dépouiller les temples et les monumens publics pour en orner leurs palais et leurs maisons de campagne (*De Legibus, III*, 13, 14). Sous le gouvernement des papes, les cardinaux, chaque nouveau prince de la famille des souverains pontifes, chaque prélat en faveur, en ont fait de même. Que dis-je? les arcs de triomphe, les colysées, les théâtres sont les carrières d'où ils tirent journellement leurs matériaux. Objectera-t-on que l'Europe moderne a d'autres mœurs que Rome antique, et des maximes moins rigoureuses que celles des anciens triomphateurs? Mais elle n'est pas loin de nous cette guerre injuste de 1622, où, sous l'empereur Mathias, la magnifique bibliothèque de l'électeur-palatin Frédéric fut enlevée à Heidelberg, et envoyée en présent au pape qui ne rougit point de l'accepter. Ceux qui blâment les Français loueront peut-être les Autrichiens d'avoir, en 1630 et en 1701, pillé le palais du duc de Mantoue, et détruit, avec la barbarie des Vandales, tant de chefs-d'œuvre accumulés par les soins d'une famille illustre et protectrice éclairée des beaux-arts. L'histoire n'hésitera point à dire que les ennemis, en se précipitant sur le Muséum français en 1815, n'ont point usé d'une véritable représaille, et que la justice n'a pas été plus écoutée dans cette expédition que dans plusieurs autres.

Nos lecteurs sont impatiens de voir Bonaparte se livrer à de nouvelles entreprises. Nous les arrêterons peu sur la nouvelle conspiration de la cour de Rome contre les Français qui composaient ou accompagnaient la nouvelle ambassade de la république. L'ambassadeur était Joseph Bonaparte, frère du général en chef auquel le pape devait la conservation de son existence politique. Quoique la douceur et la modestie de Joseph fussent bien éloignées de la hauteur et de l'arrogance du duc de Créqui, les prêtres, ministres du pape, le firent insulter plus audacieusement que ne l'avait été l'envoyé de Louis XIV en 1662 (tome Ier, page 33). Le jeune et brave général Duphot fut indignement assassiné; ses dépouilles devinrent la proie des meurtriers; et l'un d'eux, curé d'une paroisse voisine, s'appropria la montre de sa victime. Ainsi les mânes de Basseville n'étaient pas encore apaisés, que le sang d'un général français réclamait déjà une nouvelle vengeance. Il semble que là où régnait le vicaire de Jésus-Christ, les principes de liberté et d'égalité n'auraient jamais dû motiver de si grands attentats. Mais ceux qui ont étudié l'histoire savent comment les gouvernemens faibles expriment leur ressentiment; et l'aversion pour le meurtre des Français ne pouvait être supposée dans les lieux mêmes où avaient été proclamées des indulgences en faveur de ceux qui les égorgeraient. Louis XIV s'était vengé par l'érection fastueuse d'une colonne qu'il consentit bientôt à renverser. Le Directoire fait marcher des troupes sur Rome; les Autrichiens, que le Saint-Siége avait cru servir, prêtent des chevaux pour hâter les mouvemens de l'artillerie française. Naples, dont l'appui avait été garanti au pape, se tient dans l'inaction. Des sujets, si long-temps courbés sous le joug de la théocratie, croient pouvoir relever tumultuairement les enseignes et les fortes institutions de la république romaine; et pendant que le Saint-Père, abandonné de toute sa cour, prie Dieu au fond du Vatican, Alexandre Berthier, nouveau général en chef de l'armée d'Italie, monte au Capitole, et cherche en vain à évoquer les ombres des Caton, des Brutus et des Scipions. Ces ombres n'avaient reparu ni à la mort de Caligula, ni au trépas de Néron, ni à l'avénement de Commode, ni même plus tard avec les lois de Rienzi. Que seraient-elles venues faire au milieu de mendians, de moines, d'eunuques et de prélats? Quatorze cardinaux allèrent chanter le *Te Deum* dans la basilique de Saint-Pierre, pendant que le pape Pie VI, qui ne devait plus revoir sa capitale, et qui croyait peut-être n'avoir aucun reproche à se faire, obtenait la permission de se rendre en Toscane, et d'y mendier un asile que le grand-duc n'osa lui accorder.

Bernadotte, qui avait peu de goût pour les missions diplomatiques, se rendait comme ambassadeur à Vienne, où il devait être bientôt solennellement outragé. Aubert-Dubayet mourait à Constantinople, où sa fermeté avait fait respecter le nom français. Les révolutions, sous l'influence redoutable du Directoire exécutif, bouleversaient la Suisse et la Hollande; et Genève, préservée des plus grands troubles et des excès les plus sanglans par la sage conciliation de Félix-Desportes, résident de France, n'avait plus d'autre ressource que de voter sa réunion avec la grande république. Les agens de l'ancien gouvernement français, ne comprenant rien à la liberté des peuples, avaient presque toujours insulté les Genevois : Desportes, pénétré de la dignité de l'homme, leur témoigna des égards, garantit leur fortune publique, et mérita leur reconnaissance en les sauvant de leur propre fureur.

Rien ne semblait mieux garantir alors le repos du continent, que le retour auprès du Directoire de tous les drapeaux décernés aux armées par le Corps législatif. Nous avons vu Joubert et Andréossi rapporter le drapeau de l'armée d'Italie. Les généraux Macdonald et Duhesme, également revêtus d'une gloire personnelle, vinrent déposer ceux des armées du Nord et de Rhin-et-Moselle. On admira particulièrement l'éloquence guerrière de Duhesme; et Macdonald, en déclarant que l'armée du Nord avait partagé la reconnaissance de la nation entière pour la mémorable journée du 18 fructidor, déposa sur l'autel de la patrie près de 32,000 francs, produit d'une souscription volontaire destinée aux frais de l'expédition contre la Grande-Bretagne, expédition dont cette armée demandait instamment à partager les dangers. Quelque temps après, le capitaine Albert, dont nous avons déjà signalé la brillante bravoure, présenta le drapeau des deux armées des Pyrénées. C'est ainsi que, par ces cérémonies successives, le gouvernement français paraissait faire de nouveaux efforts pour fermer les portes du temple de Janus; mais l'Angleterre veillait à ce qu'elles restassent encore long-temps ouvertes.

LES ANGLAIS ÉCHOUENT DEVANT OSTENDE,

19 et 20 mai 1798.

Au moment même où Bonaparte appareillait de la rade de Toulon, pour diriger une armée belliqueuse vers l'orient et le midi, le ministère anglais, trompé par les démonstrations que le Directoire multipliait sur les côtes de l'Océan, prescrivit à son tour une tentative contre la droite des troupes dont il se croyait menacé, ordonnant de détruire les écluses de Slykens qui joignent le canal de Bruges à la mer, et de ruiner la ville et le port d'Ostende.

Une flottille de quarante bâtimens, montés par trois mille hommes de troupes d'élite que commandait le major-général Coote, ayant jeté l'ancre devant Ostende, mit à terre deux mille hommes avec quelques canons, en même temps qu'elle bombarda la ville dont les batteries lui répondirent avec vigueur. Pendant que les mineurs anglais travaillaient à faire sauter les écluses, le major Coote, pressé par les vents et par la marée, comptant d'ailleurs sur les intelligences que l'Angleterre avait conservées dans la ville, s'avisa de sommer la garnison d'Ostende, forte de quatre cents hommes, de se rendre. Muscar, qui les commande et qui les assemble pour leur lire la sommation, répond, au nom de tous ces braves, qu'ils ont juré de s'ensevelir sous les débris de la place; et l'enthousiasme se développe avec une telle ardeur, que les soldats, retenus à l'hôpital par leurs blessures ou par leurs infirmités, forcent les consignes, et viennent se ranger auprès de leurs camarades pour partager leurs travaux et leurs dangers. Coote étonné, et ne pouvant se rembarquer, essaie de prendre position dans les dunes. Mais Keller, commandant de Bruges, accourait avec les grenadiers du 2e bataillon de la 46e demi-brigade, à la tête desquels marchait leur brave capitaine Icard. Les détachemens cantonnés dans les villages voisins se réunissent à ce faible noyau; ils sont amenés par Forty, chef de brigade de la 46e; par Lochet, chef de la 94e qui fournit une centaine d'hommes; par Dubois et Hendelire, capitaines à la 46e, et par un autre officier qui conduit cinquante dragons. Cette armée de trois cent soixante-dix Français s'avance, sur trois colonnes, à la rencontre des deux mille Anglais. Le combat est opiniâtre, et dure pendant trois heures. Le commandant de l'artillerie anglaise est tué; le major-général est grièvement blessé : deux cents ennemis tombent sur le champ de bataille, et les dix-huit cents autres mettent bas les armes. Trois pièces de canon et quarante chaloupes restent au pouvoir des Français, auxquels d'autres troupes, qui venaient à leur secours, voulurent laisser toute la gloire de ce mémorable combat. Nous avons dit que c'était sous de tels auspices que l'armée d'Orient s'élançait sur la Méditerranée.

EXPÉDITION D'EGYPTE,

du 19 mai 1798 au 30 août 1801.

Quelques écrivains, jugeant plus à propos de dresser un acte d'accusation que de faire des récits fidèles, se sont épuisés en conjectures sur l'expédition d'Egypte. Il en est qui nous peignent Bonaparte comme exilé au-delà des mers par un gouvernement ombrageux, et croyant avoir tout à redouter de son influence et de sa gloire. Ce général ne partit de Toulon que le 19 mai 1798. Dès le 16 août de l'année précédente, pendant les conférences pour la paix avec l'empereur, et avant le 18 fructidor, il faisait sentir au Directoire l'importance des îles de Corfou, de Zante et de Céphalonie; et il ajoutait : « L'empire des Turcs s'écroule tous les jours : la possession de « ces îles nous mettra à même de le soutenir autant que cela sera possible, ou d'en prendre « notre part. *Les temps ne sont pas éloignés où nous sentirons que, pour détruire véritablement « l'Angleterre, il faut nous emparer de l'Egypte.* Le vaste empire ottoman, qui périt tous les « jours, nous met dans l'obligation de penser de bonne heure à prendre des moyens pour « conserver notre commerce du Levant. » En annonçant les événemens du 18 fructidor à l'escadre du contre-amiral Brueys, qui alors était à Venise, le même général dit aux marins : « Avec « vous nous traverserons les mers, *et la gloire nationale verra les régions les plus éloignées.* » A la même époque, insistant encore sur la nécessité de conserver les îles vénitiennes, il propose tout-à-coup cette question : « Pourquoi ne nous emparerions-nous pas de l'île de Malte?..... Les « habitans sont fort dégoûtés de leurs chevaliers...... S'il arrivait qu'à notre paix avec l'Angleterre « nous fussions obligés de céder le cap de Bonne-Espérance, *il faudrait nous emparer de « l'Egypte.* Ce pays n'a jamais appartenu à une puissance européenne; les Vénitiens seuls y « ont une prépondérance précaire...... L'Egypte n'appartient pas au Grand-Seigneur..... » Le ministre des relations extérieures, Ch.-M. Talleyrand, répondait au général, le 23 septembre 1797 : « *Le Directoire approuve vos idées sur Malte.* Depuis que l'ordre s'est donné un grand-maître « autrichien (M. de Hompesch), le Directoire s'est confirmé dans le soupçon, déjà fondé sur « d'anciens renseignemens, que l'Autriche visait à s'emparer de cette île. Elle cherche à se faire « une puissance maritime dans la Méditerranée..... Elle se ménage les moyens d'attaquer par « terre les provinces turques auxquelles elle confine par l'Albanie et la Bosnie, tandis que, de « concert avec la Russie, elle aurait pris ces mêmes provinces par le revers, en entrant dans « l'Archipel avec une flotte russe...... *Quant à l'Egypte*, vos idées à cet égard sont grandes, et « l'utilité doit en être sentie. Je vous écrirai sur ce sujet au large. Aujourd'hui je me borne à « vous dire que *si l'on en faisait la conquête*, ce devrait être pour déjouer les intrigues russes et « anglaises qui se renouvellent si souvent dans ce malheureux pays. *Un si grand service rendu « aux Turcs* les engagerait aisément à nous y laisser toute la prépondérance et tous les avantages « commerciaux dont nous avons besoin. *L'Egypte, comme colonie*, remplacerait bientôt les pro- « ductions des Antilles, et, *comme chemin*, nous donnerait le commerce de l'Inde; car tout, en « matière de commerce, réside dans le temps; et le temps nous donnerait cinq voyages contre « trois par la route ordinaire. »

Ce n'est pas ici le lieu de faire coïncider les mots de *conquête* et de *colonie* avec le *si grand service rendu aux Turcs :* le prince de Talleyrand, interrogé aujourd'hui sur ces expressions, ne manquerait pas de les expliquer avec son habileté ordinaire. Mais le peu de citations que nous venons de faire suffit pour convaincre nos lecteurs que les entreprises sur Malte et sur l'Egypte ont été conçues par le général en chef de l'armée d'Italie, auquel le directeur Barras avait communiqué des mémoires précieux dont lui avait fait hommage le chef de bataillon Lazowsky à son retour de Constantinople. D'ailleurs les cartons du gouvernement français étaient remplis de projets sur l'Egypte; le savant Volney, dans les *Considérations* qu'il publia en 1788, à l'occasion de la guerre entre la Porte et la Russie, s'éleva contre la conquête d'un pays qu'il connaissait si bien, et cependant il ne dissimula aucun des avantages qui pouvaient résulter de sa possession. L'un des plus grands paraissait avoir été stipulé en 1786 par M. Truguet, major de la marine, qui avait obtenu des beys et de la Porte ottomane une protection spéciale pour le commerce français entre Suez et le Caire. Mais les Mameloucks étaient une puissance que la force seule pouvait contraindre à respecter les traités : et, grâce à des avanies multipliées, le gouvernement avait à leur témoigner son ressentiment, et non pas sa reconnaissance.

DÉPART DE L'ARMÉE D'ORIENT POUR LA CONQUÊTE DE L'EGYPTE,

19 mai 1798.

Ce qui distinguera éternellement la campagne d'Egypte de toutes les autres expéditions militaires, ce qui doit rendre impérissables à jamais les lauriers de l'armée d'Orient, c'est la noble association de tant d'illustres guerriers avec un si grand nombre de savans dont la présence attestait à l'univers qu'enfin la destruction des hommes allait cesser d'être le but unique de la guerre. Il semblait qu'on voulût reproduire, dans ces temps modernes, les merveilles et les bienfaits des premiers conquérans, et porter au loin, avec la gloire des armes, la civilisation, les arts, le commerce et le bonheur.

La flotte, qui partait de Toulon le 19 mai 1798 (30 floréal an VI), sous les ordres du vice-amiral Brueys, et les divisions qui, sortant de Gênes, de Civita-Vecchia et de la Corse, devaient se réunir à elle, étaient formées de treize vaisseaux de ligne, de quatorze frégates, de vingt corvettes et avisos, et de quatre cents bâtimens de transport: vingt-trois mille hommes de troupes de terre et dix mille hommes de troupes de mer étaient embarqués sur ces navires. Bonaparte, accompagné de la plus grande partie de ses aides-de-camp, parmi lesquels on distinguait Marmont, Junot, Sulkowski, avait rappelé de Rome Alexandre Berthier, qui abandonnait le rang de général en chef pour reprendre ses fonctions de chef d'état-major. Autour d'eux semblaient se grouper Kléber et Desaix, destinés à mourir le même jour et si loin l'un de l'autre; Baraguay-d'Hilliers, Bon, Regnier, Dugua, Dumuy, Vaubois, Alexandre Dumas (de Saint-Domingue), Menou dont les plus grands exploits furent de vaincre les préventions de Bonaparte contre les généraux de l'ouest, et de lui faire approuver toutes ses erreurs. On distinguait encore les généraux de brigade Lannes, Murat, Belliard, Lanusse, Vial, Verdier, Rampon, Davoust, Damas, Friant, Mireur, Andréossi, Fugières, Vaux, Leclerc, Zayonscheck. L'inspecteur-général Dommartin, qui avait si glorieusement commandé l'artillerie de l'armée d'Italie, commandait celle de l'armée d'Orient; et le général Caffarelli-Dufalga, homme d'un grand caractère, collègue de Bonaparte à l'Institut national, et qui, malgré une jambe perdue au-delà du Rhin, déployait toute l'ardeur et l'activité d'un jeune officier, était chargé en chef de la direction du génie.

L'armée était composée des 9e, 13e, 18e, 19e, 25e, 32e, 61e, 69e, 75e, 85e et 88e demi-brigades de ligne; des 2e, 4e, 21e et 22e légères; des 3e, 14e, 15e, 18e et 20e régimens de dragons; du 22e de chasseurs; du 7e (*bis*) de hussards; de dix compagnies d'artillerie à pied, de quelques compagnies d'artillerie à cheval, de deux compagnies de mineurs, d'un bataillon de sapeurs, et enfin d'un escadron et d'un bataillon de guides du général en chef, commandés par le chef de brigade Bessières.

PRISE DE MALTE,

12 juin 1798.

L'ILE de Malte, concédée par Charles-Quint à l'Ordre illustre de Saint-Jean-de-Jérusalem, en 1530, après ses glorieuses infortunes de Rhodes, avait, en 1565, repoussé les attaques de Soliman II. Ce fameux empereur des Turcs était venu pour anéantir l'Ordre, à la tête d'une flotte de cent soixante vaisseaux et d'une armée de trente mille Musulmans, tous soldats d'élite, qui, ayant jeté dans la place, alors mal fortifiée, près de quatre-vingt mille boulets, se retirèrent avec une perte de plus de vingt mille hommes.

Voltaire, en annonçant que cette île était désormais imprenable, convenait que les chevaliers avaient bien moins fait de mal aux Turcs que les corsaires n'en ont fait aux chrétiens (*Essai sur les Mœurs*, chap. 176).

Pour la première fois, l'Ordre de Malte avait pour grand-maître un sujet de l'empereur d'Autriche, Ferdinand de Hompesch, né dans les Pays-Bas, âgé de cinquante-quatre ans, et ayant pendant vingt-cinq ans rempli à Malte les fonctions de ministre plénipotentiaire de son maître.

Depuis l'époque de la révolution française, l'Ordre de Malte, traité par les lois nouvelles comme tous les autres ordres religieux, en avait témoigné son ressentiment par des actes injurieux au gouvernement français. Celui-ci paraissait autorisé à punir cette puissance de n'avoir point observé, à son égard, la neutralité dont les règles de son institution lui faisaient un devoir vis-à-vis des états européens.

Le 21 prairial (9 juin), à la pointe du jour, la flotte française étant arrivée à la vue de l'île de Goze, le général français envoya demander au grand-maître la permission de faire de l'eau dans les divers mouillages des îles de Goze et de Malte. Son Altesse éminentissime répondit, ainsi que s'y attendait le général, qu'elle ne pouvait permettre l'entrée qu'à quatre bâtimens à la fois; et les vaisseaux auraient eu besoin alors de près de quatre mois pour s'approvisionner. La descente fut ordonnée, et de suite exécutée au port de Marsa-Siroco (Marzascirocco), par Desaix et Belliard avec la 21ᵉ légère; par le général Lannes et le chef de brigade Marmont, près du port de Malte, dans l'anse de Saint-Julien; par le général Vaubois au port de Saint-Paul; par le général Baraguey-d'Hilliers au midi de Malte, et par le général Reynier à l'île de Goze. Le 10 juin, au matin, les troupes françaises étaient à terre sur tous ces points, malgré une canonnade assez vive, mais très-mal exécutée : le soir, la place était investie de toutes parts, et le reste de l'île était soumis. Ce jour-là même, une sortie tentée par les assiégés fut repoussée par la 19ᵉ de ligne qui enleva le drapeau du régiment de Malte. Le chef de brigade Marmont l'avait dirigée, et Bonaparte, qui, comme nous l'avons dit, s'intéressait vivement à la fortune de ce brave officier, demanda pour lui la confirmation du grade de général, qu'il lui décerna sur le champ de bataille. Hompesch, effrayé ou, si l'on veut, séduit par des promesses qui lui étaient personnelles, ne sut ni combattre comme La Vallette, ni stipuler l'honneur de ses chevaliers comme Villiers de l'Isle-Adam. Le 10 juin, à minuit, il remit aux Français deux vaisseaux de guerre, une frégate, quatre galères, près de quatorze cents pièces de canon, quarante mille fusils, plus d'un million de livres de poudre, des vivres pour six mois, et le trésor réduit à un million de francs. L'Ordre renonçait formellement, en faveur de la république française, à ses droits de souveraineté sur les îles de Malte, de Goze et de Cumino. De faibles pensions pour les chevaliers; la faculté, pour trois cents d'entre eux qui étaient Français, de rentrer sur le sol de leur patrie; une principauté éventuelle pour le grand-maître; et, en attendant, une rente de trois cent mille francs : telles furent les compensations promises par le général en chef, qui, dès le début de cette campagne, procurait, presque sans coup férir, une possession aussi importante à la république. En effet, si l'on eût su se maintenir dans cette place, l'une des plus fortes de l'Europe, les Français seraient demeurés les arbitres du commerce et de la navigation de toute la Méditerranée. La cour de Naples, qui depuis le duc d'Anjou, frère de saint Louis, affectait un droit de souveraineté sur Malte, saisit plus tard l'occasion de punir, par un traitement cruel, le savant minéralogiste Dolomieu, commandeur de l'Ordre, de l'influence qu'il avait eue sur la détermination du grand-maître.

DÉBARQUEMENT DES FRANÇAIS EN EGYPTE.

Dans cette rapide et étonnante expédition, la marine française rendit des services essentiels. Bonaparte se loua beaucoup de l'amiral Brueys, et du chef de division Ganteaume, chef de l'état-major. Dans son rapport au gouvernement, on voit qu'il prévoyait déjà la gloire que mériterait le jeune Motard de Honfleurs, capitaine de frégate, qui avait commandé les chaloupes de débarquement, et qui devait, pendant six années de suite, avec l'équipage de *la Sémillante*, combattre, étonner et vaincre, dans la mer des Indes, les ennemis du pavillon national.

Le général Vaubois fut laissé pour commander Malte, avec une garnison de quatre mille hommes que le gouvernement français fut invité à augmenter; Baraguey-d'Hilliers, malade, eut la mission de porter en France le grand étendard de l'Ordre, les drapeaux pris à Malte, et la célèbre couleuvrine enlevée à Soliman. *La Sensible*, sur laquelle il fut embarqué, et qui n'avait que vingt-huit canons de 12, soutint avec courage un combat inégal contre une frégate anglaise de quarante canons de 18 ; elle perdit soixante hommes sur cent dont était composé son équipage : et le général, blessé à la poitrine, fut jeté sur les trop fameux pontons de Portsmouth. Son gouvernement trompé ajouta à ses malheurs par une injuste destitution, contre laquelle du moins les vives réclamations de ce brave général furent couronnées d'un honorable succès. M. de Hompesch, après avoir humblement prié Bonaparte d'accueillir l'expression de sa *reconnaissance*, partit pour Trieste, et la flotte française mit à la voile pour l'Egypte.

DÉBARQUEMENT DES FRANÇAIS EN EGYPTE,
PRISE D'ALEXANDRIE,

2 juillet 1798.

Douze jours avaient suffi à la traversée. Le 30 juin au soir, la flotte arriva devant Alexandrie. Toute l'armée venait d'être prévenue, par une proclamation du général en chef, du but vers lequel elle était dirigée. C'était l'Egypte qu'il s'agissait de conquérir ; c'était l'ancien grenier de l'empire romain que de nouveaux exploits et d'importans travaux devaient transformer en colonie française ; enfin, de vieilles phalanges, couvertes de cicatrices et de lauriers, venaient affranchir d'un joug honteux cette terre antique où le voyageur et le guerrier rencontrent, à chaque pas, des débris si éloquens et de si grands souvenirs. Bonaparte, informé par le consul français que le contre-amiral Nelson, envoyé à sa recherche, avait paru la surveille devant le port, et s'était dirigé vers la Syrie, reconnut qu'il n'y avait pas un moment à perdre pour ordonner le débarquement.

La journée du 1er juillet ayant été employée aux préparatifs de cette importante opération, le général Menou débarqua, vers le soir, à la tête des dix-huit cents hommes de sa division, près de la vieille mosquée bâtie sur le rocher du Marábouth. A onze heures du soir, Bonaparte était à terre avec les divisions de Bon et de Kléber. Ce débarquement, que l'on a dit avoir été opéré sans obstacles, parce que les Turcs ne surent pas s'y opposer, fut cependant tellement contrarié par les vents et par la mer qu'ils rendaient extrêmement houleuse, que les vaisseaux ne purent mouiller qu'à trois lieues du Marâbouth, que les barques et les canots eurent à traverser pendant la nuit le banc des rescifs, et que l'enthousiasme seul des soldats, impatiens d'aborder sur une plage étrangère, put les déterminer à mettre leur courage sous la protection des tempêtes. Nous empruntons cette dernière image à l'éloquence de M. Pitt, l'ennemi le plus acharné du bonheur et de la gloire des Français. Au moment où la galère du général en chef aborde cette côte déserte, on signale un bâtiment que l'on croit ennemi. Bonaparte, qui pendant si long-temps eut tant de motifs de se confier à son étoile, s'écrie : « Fortune! m'abandonnerais-tu? Je ne te demande que cinq jours... » Ce navire était la frégate *la Justice*, commandée par Villeneuve qui arrivait de Malte.

Quoique les divisions Desaix et Regnier n'aient pu encore descendre, et quoique les chevaux et l'artillerie fussent encore à bord des vaisseaux, Bonaparte, à deux heures du matin, le 2 juillet, fit avancer, sur trois colonnes, les divisions de Bon, de Kléber et de Menou; il marcha lui-même à pied avec les tirailleurs de l'avant-garde, tout son état-major, le général Alexandre Dumas, et les généraux Dommartin et Caffarelli : celui-ci n'avait pas voulu attendre qu'on lui descendît un cheval, et l'exemple de ce héros mutilé soutint la constance des soldats au milieu des sables du désert. Après une marche pénible de quatre lieues, les Français se trouvèrent près de la Colonne dite de Pompée, parce que ce fut auprès de cet antique monument que la tête de l'illustre Romain fut présentée à César de la part du jeune Ptolémée, au moment où le vainqueur de Pharsale abordait en Égypte. C'était là que les larmes du dictateur avaient coulé sur le sort de son gendre et de son rival malheureux. Tout porte à croire que là aussi le fidèle affranchi Philippe obtint la permission de rendre à cette tête des honneurs funèbres semblables à ceux qu'il avait déjà rendus au cadavre de son ancien maître, sur l'autre rivage, près de Péluse. Le nom de *Pompée* semblait s'être attaché à cette masse imposante de granit thébaïque, comme pour instruire les siècles de la vicissitude et de l'instabilité de la gloire et des grandeurs humaines. Kléber partit de cette colonne pour escalader les murs de l'enceinte des Arabes, et pour pénétrer dans la nouvelle ville d'Alexandrie; car la ville bâtie par Alexandre, et

DÉBARQUEMENT DES FRANÇAIS EN EGYPTE.

embellie par le premier des Ptolomées, ne présente plus que d'immenses débris. Bon et Marmont, avec la 4ᵉ légère, enfonçaient à coups de hache la porte du côté de Rosette; Menou, laissant une partie de sa division pour bloquer le château triangulaire, forçait à gauche une autre porte de cette enceinte. Arrivé le premier sur le haut des murailles, il en est précipité, et il tombe couvert de blessures et de contusions. Kléber avait, dès son approche, été atteint d'une balle au front; et Sulkowski, deux fois culbuté de la brèche, s'y était présenté une troisième fois. Les soldats rivalisaient avec les officiers. Jean Calla, musicien des guides, devance même les grenadiers; et se maintenant sur le mur, malgré le feu de l'ennemi et la nuée de pierres dont on l'accable, il aide les sergens-majors La Bruyère et Sabathier à escalader le rempart; le sergent Brueys, les caporaux Hébert et Larchevêque, les braves Marceau, Chauvet et Bruiron s'élancent sur leurs pas: et bientôt les Arabes, auxquels on devait cette première résistance, et qui avaient repoussé les parlementaires envoyés par Bonaparte, fuient dans la nouvelle ville que veulent aussi défendre les habitans. Les Français y pénètrent avec l'ennemi, et une vive fusillade, dont sont atteints ceux mêmes qui environnent le général en chef, s'engage dans les rues. Celui-ci, désirant ménager ses braves, mettre à profit l'influence d'une première terreur, et saisir l'occasion de diviser ses ennemis, prit encore la résolution de négocier. Le capitaine d'une caravelle turque mouillée dans le port vieux, à l'ouest d'Alexandrie, est chargé de se rendre auprès des habitans, de les informer que la France, alliée du Grand-Seigneur, n'envoie ses troupes que contre les Mamloûks, et que l'armée respectera les propriétés, la liberté, la religion et les mœurs des Egyptiens. Ces assurances ont un plein succès; les Français prennent possession de la ville, et dès le soir le fort du Phare et la tour triangulaire leur sont remis. Les Arabes se livrent à la joie; ils viennent même rendre quelques prisonniers tombés entre leurs mains, lorsqu'ils harcelaient la marche de l'armée. Bonaparte mange avec eux le pain, gage de la foi des traités; ils se retirent comblés de présens, ils protestent de leur reconnaissance, et vont à l'instant même piller les Français isolés qui leur tombent sous la main.

Cette journée mémorable, où l'adjudant-général Escale reçut une balle dans le bras, coûta la vie au chef de la 32ᵉ demi-brigade Massé, à cinq autres officiers, et à quarante soldats que Bonaparte fit inhumer solennellement au pied de la colonne de Pompée.

Pour tirer parti de ce premier avantage, il fallait marcher sans délai contre les Mamloùks. Pendant que le débarquement continue à s'effectuer sous la direction du général Reynier, et qu'Alexandrie et Rosette sont placées sous le commandement de Kléber et de Menou, pour donner à ces généraux le temps de se guérir, Desaix se dirige vers le Caire par la route du désert, et le long du canal d'Alexandrie. Ce chemin était le plus court, mais il offrait le plus de difficultés. Pendant deux jours, jusqu'à leur arrivée près du Nil, à Rahmânyeh, l'armée fut dévorée de soif et accablée de chaleur. Sa lassitude était extrême, lorsqu'elle eut à vaincre l'avant-garde de Mourâd-Bey, qui partageait avec Ibrahim-Bey la possession usurpée de l'Egypte. Cette avant-garde était composée de sept à huit cents Mamloùks. Desaix avait, avec ses fantassins, seulement trois cents cavaliers que leurs chevaux, épuisés par une traversée de deux mois, pouvaient à peine porter : mais il disposa ses troupes de manière qu'un feu meurtrier contraignit à la retraite cette cavalerie redoutable que les Français voyaient pour la première fois, et à laquelle ils firent éprouver une perte de quarante hommes. De leur côté, ils eurent à regretter le lieutenant Parmentier, de la 61e demi-brigade, plusieurs grenadiers et un guide à cheval. Mais ce qui avait déjà excité leurs plus vifs regrets, c'était l'assassinat de plusieurs aides-de-camp, de plusieurs officiers d'état-major, et surtout du général Mireur, dont nous avons loué plusieurs fois les talens et la bravoure. Leur impatience et leur curiosité leur avaient coûté la vie ; car on ne pouvait s'éloigner seulement à cent pas des colonnes, sans être immolé par les Arabes, qui, comme d'épais nuages, enveloppaient les flancs de l'armée.

Nos lecteurs n'ignorent pas que les Mamloùks, contre lesquels les Français allaient avoir à disputer l'empire de l'Egypte, succédaient à cette milice que le fils de Saladin avait formée vers le milieu du treizième siècle, c'est-à-dire à l'époque des malheureuses croisades de saint Louis, avec douze mille jeunes esclaves achetés des Tartares, après les ravages que ceux-ci venaient d'exercer dans la haute Asie. Cette troupe, devenue audacieuse, n'avait pas tardé à massacrer son souverain, et à substituer, à la dynastie des Aïoubites, celle des chefs mamloùks qui régnèrent en Egypte pendant deux cent soixante ans. Sélim, ayant conquis cette contrée en 1517, la Sublime-Porte en demeura maîtresse pendant deux siècles, et le pacha qui gouvernait en son nom avait, sous ses ordres, vingt-quatre beys au commandement desquels étaient soumises les provinces. L'un de ces chefs, Ali-Bey, secoua le joug en 1766, exila quatre beys, en égorgea quatre autres, chassa le pacha du Caire, conduisit pendant quatorze ans la guerre avec succès, et fit même battre monnaie à son coin. Depuis cette époque, le Grand-Seigneur n'avait plus qu'une ombre d'autorité en Egypte, où la milice des Mamloùks (*esclaves militaires*), divisée entre les principaux beys, tyrannisait tout le pays. Au moment où les Français parurent en Afrique, l'autorité se trouvait partagée entre Ibrahim et Mourâd. Ce dernier, déjà illustré par sa valeur, et maître du Caire et de la Basse-Egypte, s'avançait à grands pas pour combattre.

BATAILLE DE CHEBR-KHÉIS,

13 juillet 1798.

L'ARMÉE française, en proie au supplice de la soif, accru par l'illusion du *mirage* offrant à ses yeux de vastes lacs qui s'éloignaient toujours d'elle,

BATAILLE DE CHEBR-KHÉIS.

avait couché à Miniet-Salamé, pour donner le temps à la flottille, commandée par le chef de division Perrée, de remonter le Nil par l'embouchure (Bogaz) de Rosette. Le 25 messidor, avant le jour, elle se mit en marche pour chercher l'ennemi. Les Mamloùks, au nombre de quatre mille, étaient à une lieue plus loin. Leur droite était appuyée au village de Chebr-Khéis, dans lequel ils avaient placé quelques pièces de canon, et au Nil, sur lequel ils avaient une flottille composée de chaloupes canonnières et de d'jermes armées.

Bonaparte avait donné ordre à la flottille française de continuer sa marche, en se dirigeant de manière à pouvoir appuyer la gauche de l'armée sur le Nil, et attaquer la flotte ennemie au moment où l'on attaquerait les Mamloùks et le village. Malheureusement la violence des vents ne permit pas de suivre exactement ces dispositions. La flottille dépasse la gauche de l'armée, gagne une lieue sur elle, se trouve en présence de l'ennemi, et se voit obligée d'engager un combat d'autant plus inégal, qu'elle avait à la fois à soutenir le feu des Mamloùks, des Fellahs et des Arabes, et à se défendre contre les flottilles ennemies.

Les Fellahs (fantassins indigènes pris parmi les cultivateurs), conduits par les Mamloùks, se jettent les uns à l'eau, les autres dans les d'jermes, et ils parviennent à prendre à l'abordage une galère et une chaloupe canonnière. Perrée dispose aussitôt ce qui lui reste de monde; il fait attaquer à son tour, et parvient à ressaisir la chaloupe canonnière et la galère. Son chebeck, qui vomit de tous côtés le feu et la mort, protège la reprise de ces bâtimens, et brûle les chaloupes de l'ennemi. Blessé au bras d'un coup de canon, il est puissamment secondé, dans ce combat inégal et glorieux, par l'intrépidité et le sang-froid du général Andréossi, du brave Junot, et même par les citoyens Monge, Berthollet et Bourienne, secrétaire du général en chef, qui se trouvaient à bord du chebeck.

Cependant le bruit du canon ayant averti le général en chef que la flottille était engagée, il fait marcher l'armée au pas de charge : elle s'approche de Chebr-Khéis, et aperçoit les Mamloùks rangés en bataille en avant de ce village. Bonaparte reconnaît la position; et, instruit de la manière dont combat son nouvel ennemi, il forme chacune de ses cinq divisions en bataillon carré qui présente à chaque face six hommes de hauteur. Les divisions placées en échelons, la cinquième au milieu, se flanquaient mutuellement.

L'artillerie occupe les angles; au centre sont les équipages et la cavalerie. Les grenadiers de chaque carré forment des pelotons destinés à renforcer les points d'attaque.

Les sapeurs, les dépôts d'artillerie prennent position, et se barricadent dans deux villages en arrière, afin de servir de point de retraite en cas d'événement.

L'armée n'était plus qu'à une demi-lieue des Mamloùks : tout-à-coup ils s'ébranlent par masses, sans aucun ordre de formation, et caracolent sur les flancs et les derrières. D'autres masses fondent avec impétuosité sur la droite et le front de l'armée; on les laisse approcher jusqu'à la portée de la mitraille : aussitôt l'artillerie se démasque, et son feu les met en fuite. Quelques pelotons des plus braves fondent, le sabre à la main, sur les pelotons de flanqueurs : on les attend de pied ferme, et presque tous sont tués ou par le feu de flanc et de front, ou par la baïonnette. Animée par ce premier succès, l'armée s'ébranle au pas de charge, et marche sur Chebr-Khéis que l'aile droite a l'ordre de déborder. Ce village est emporté après une faible résistance. La déroute des Mamloùks est complète; ils courent en désordre vers le Caire. Leur flottille prend également la fuite en remontant le Nil, et termine ainsi un combat qui durait depuis deux heures avec le même acharnement. La perte de l'ennemi s'éleva à plus de six cents hommes, tant tués que blessés; celle des Français fut d'environ soixante-dix. La valeur des cavaliers embarqués sur la flottille décida le succès de la première bataille livrée contre cette célèbre milice, aussi intrépide que brillante. Les Mamloùks en effet, montés sur les chevaux de la plus belle race, étaient couverts d'or, d'argent et des plus riches étoffes de l'Orient, armés de sabres de la meilleure trempe, et de pistolets et de carabines choisies dans les fabriques anglaises.

Les admirables faits d'armes de la campagne d'Egypte, et les travaux des savans attachés à cette expédition, exigeraient d'immenses détails que ne comporte pas la rapidité de notre ouvrage : le récit en est dans toutes les mains, et la gloire en est immortelle. Hâtons-nous de jeter un coup d'œil sur les principaux événemens de cette guerre, dont le noble but aurait pu être atteint si l'on y eût mis plus de persévérance. L'héroïsme des généraux, des soldats, des citoyens qui avaient accompagné Bonaparte, méritait de sa part une protection plus puissante, au moment où il parvint à la tête du gouvernement français. Peut-être a-t-il dépendu du premier Consul que la terre de Sésostris, des Ptolomées, de Saladin, illustrée par les exploits d'Alexandre,

BATAILLE DES PYRAMIDES.
Bonaparte — 21 Juillet 1798.

LE TEMPLE DE LA GLOIRE.

de César, de saint Louis, par les voyages de tant de philosophes anciens et modernes, fût conservée par l'armée d'Orient, et qu'une gloire moins stérile acquittât l'effusion de tant de sang précieux. Cette invasion avait été combinée sur un plan bien plus sage que les croisades : l'humanité aura long-temps à gémir que ses résultats n'en aient pas été moins éphémères; et nous n'hésiterons point à dire que les divisions funestes qui éclatèrent parmi les généraux, après la mort de Kléber, furent une des causes principales de l'inertie du gouvernement et de cet étrange abandon.

BATAILLE DES PYRAMIDES,

21 juillet 1798.

VAINQUEURS à Chebr-Khéis, les Français, exténués de fatigues et de chaleur, continuent leur marche avec empressement. Ils étaient à six lieues du Caire, le 20 juillet au soir, lorsqu'on apprit que les vingt-trois beys, avec toutes leurs forces réunies à celles de Mouràd, et formant ensemble environ six mille hommes, s'étaient retranchés à Embâbéh, près du Nil, vis-à-vis l'île de Boulacq.

Le 21 juillet (3 thermidor), à deux heures du matin, l'armée part d'Omédinar. Au point du jour, la division du général Desaix, qui formait l'avant-garde, eut connaissance d'un corps d'environ six cents Mamloûks et d'un grand nombre d'Arabes qui se replièrent aussitôt. A deux heures après midi, l'armée arrive au village d'El-Warack; elle n'était plus qu'à trois quarts de lieue d'Embâbéh, et apercevait de loin le corps des Mamloûks qui se trouvait dans ce village. Bonaparte fait faire halte; mais les Mamloûks n'ont pas plus tôt aperçu l'armée française, qu'ils se forment en avant de sa droite, dans la plaine. Un spectacle aussi imposant n'avait point encore frappé les regards des Français. La cavalerie des Mamloûks était, ainsi que nous l'avons remarqué, couverte d'armes étincelantes. On voyait en arrière de sa gauche ces fameuses pyramides dont la masse indestructible a survécu à tant d'empires, et brave les outrages du temps. Derrière sa droite étaient le Nil, le Caire, le Mokatan, et les champs de l'antique Memphis.

Mille souvenirs se réveillent à la vue de ces plaines où le sort des armes a tant de fois changé la destinée des empires, et Bonaparte s'écrie avec force et enthousiasme : « Soldats, nous allons combattre les insolens dominateurs « de l'Egypte. Songeons que, du haut de ces pyramides, quarante siècles

« nous contemplent! » L'armée, impatiente d'en venir aux mains, est aussitôt rangée en ordre de bataille. Les dispositions sont les mêmes qu'au combat de Chebr-Khéis. La ligne, formée par échelons et par divisions qui se flanquaient, refusait sa droite. Bonaparte ordonne à la gauche de s'ébranler; mais les Mamloùks, qui jusqu'alors avaient paru indécis, préviennent l'exécution de ce mouvement, menacent le centre, et se précipitent avec impétuosité sur les divisions Desaix et Reynier qui formaient la droite, et qui avaient pour instruction de couper à l'ennemi sa communication avec la Haute-Egypte. Les Mamloùks chargent intrépidement ces colonnes, qui, fermes et immobiles, ne font usage de leur feu qu'à demi-portée de la mousqueterie. La valeur téméraire des Mamloùks essaie en vain de renverser ces murailles de feu, ces remparts de baïonnettes. Leurs rangs sont éclaircis par le grand nombre de morts et de blessés qui tombent sur le champ de bataille, et bientôt ils s'éloignent en désordre sans oser entreprendre une nouvelle charge.

Pendant que les divisions Desaix et Reynier repoussaient avec tant de succès la cavalerie des Mamloùks, les divisions Bon et Menou (Vial commandait cette dernière), soutenues par la division Kléber que dirige le général Dugua, marchaient au pas de charge sur le village retranché d'Embâbéh. Deux bataillons des divisions Bon et Menou, commandés par les généraux Rampon et Marmont, sont détachés, avec ordre de tourner le village, et de profiter d'un fossé profond pour se mettre à couvert de la cavalerie de l'ennemi, et lui dérober leurs mouvemens jusqu'au Nil.

Les divisions, précédées de leurs flanqueurs, continuent de s'avancer au pas de charge. Les Mamloùks, ayant attaqué sans succès les pelotons de flanc, démasquent et font jouer quarante pièces d'artillerie. Les divisions se précipitent alors avec plus d'impétuosité, et ne laissent pas à l'ennemi le temps de recharger ses canons. Les retranchemens sont enlevés à la baïonnette; le camp et le village d'Embâbéh sont au pouvoir des Français. Quinze cents Mamloùks à cheval et autant de Fellahs, auxquels les généraux Marmont et Rampon ont coupé toute retraite, font en vain des prodiges de valeur : aucun d'eux ne veut se rendre, aucun d'eux n'échappe à la fureur du soldat; ils sont tous passés au fil de l'épée, ou noyés dans le Nil. Quarante pièces de canon, quatre cents chameaux, les bagages et les vivres de l'ennemi, tombent entre les mains du vainqueur. Le sang-froid de la 21e légère et

BATAILLE DES PYRAMIDES.

du général Belliard concourut puissamment à ce grand succès, ainsi que l'artillerie commandée par le général Dommartin.

Mourâd-Bey, voyant le village d'Embâbéh emporté, ne songe plus qu'aux moyens d'assurer sa retraite. Déjà les divisions Desaix et Reynier avaient forcé sa cavalerie à se replier : le village de Biktil, dont elle avait voulu se saisir, fut glorieusement défendu par quelques dragons sous les ordres du capitaine Labarre, aide-de-camp du général Davoust, et par des grenadiers que commandait le chef de bataillon d'Orsenne. L'armée, quoiqu'elle marchât depuis deux heures du matin et qu'il en fût six du soir, suivit encore l'ennemi jusqu'à Gizeh. Il n'y avait plus de salut pour lui que dans une fuite précipitée; il en donne le signal, et l'armée française prit position à Gizeh, après dix-neuf heures de marches et de combats.

Jamais victoire aussi importante ne coûta moins de sang aux Français; ils n'eurent à regretter dans cette journée que trente hommes tués et environ cent vingt blessés. Jamais avantage ne fit mieux sentir la supériorité de la tactique moderne des Européens sur celle des Orientaux, et du courage discipliné sur la valeur désordonnée. La bonne contenance, disons mieux la patience des troupes, qui contrastait avec leur impétuosité ordinaire, fit l'étonnement et l'admiration du général en chef, qui combla d'éloges le chef de brigade d'Estaing, le général Zayonscheck, l'ordonnateur Sucy qui fut blessé, et le chirurgien en chef Larrey dont les talens et l'activité ont laissé dans les camps des souvenirs ineffaçables.

Les Mamloùks étaient montés sur des chevaux arabes richement harnachés; leurs bourses étaient pleines d'or, et leurs dépouilles dédommagèrent le soldat des fatigues excessives qu'il venait de supporter. Il y avait quinze jours qu'il n'avait pour nourriture qu'un peu de légumes sans pain : les vivres trouvés dans le camp des ennemis lui permirent enfin de faire un repas qu'une longue privation rendit encore plus délicieux.

Outre les officiers que Bonaparte se hâta de signaler dans son premier rapport sur la bataille mémorable des Pyramides, l'histoire conservera les noms des généraux qui ont commandé les divisions, et des généraux Belliard et Friant, Rampon, Davoust et Marmont; des chefs de brigade Conroux, Silly, Robin, La Tournerie; des chefs de bataillon d'Orsenne, Morand, Delzons, Duranteau, d'Armagnac; des aides-de-camp Millet, Gasquet, Labarre et Montélégier; du capitaine du génie Bertrand; du capitaine d'artillerie Douhard; des capitaines Séguenot, Barthe, Stiller, Lurges, Attanoux, Laplane, Girard; des lieutenans Malet et Maréchal; des sergens-majors Lambert, Tronchon et Salomon; des grenadiers et soldats Vavasseur, Chibret et Guignard; des dragons Charles et Jean-Baptiste Rampon, neveux du général. Combien, parmi ces guerriers, ne peuvent plus recevoir aujourd'hui le tribut que l'on paie à leur valeur!

Le lendemain de la bataille, les grands du Caire, abandonnés par Ibrahim-Bey qui avait brûlé tous les bâtimens qui ne pouvaient remonter le Nil, et qui avait contraint le pacha de le suivre, vinrent offrir l'entrée de leur capitale, et les Français prirent possession de la *ville des victoires*.

La Basse-Egypte avait été rapidement conquise, mais l'armée française n'était encore qu'au commencement de ses pénibles labeurs. Ibrahim-Bey, demeuré, sur la droite du Nil, tranquille spectateur de la bataille des Pyramides, venait de fuir vers la Syrie, tandis que Mourâd s'enfonçait dans la Haute-Egypte. C'était à Desaix qu'était réservée la gloire de vaincre ce dernier. Bonaparte, après avoir mis ordre à l'organisation d'un nouveau gouvernement pour la capitale et pour tout le pays, assuré la subsistance de ses troupes et de la population, et garanti son armée de toute surprise par diverses positions retranchées, marcha lui-même à la poursuite d'Ibrahim, avec les divisions commandées par Dugua, Reynier, Lannes, et avec la cavalerie de Murat.

Déjà l'avant-garde, dirigée par le général Leclerc, avait repoussé les Mamloùks et les Arabes: on la rejoignit à Belbeys. Arrivée à quelques lieues de ce village, l'armée aperçut la caravane de la Mekke dont Ibrahim avait fait rétrograder une grande partie, et dont les Arabes escortaient la portion qu'ils n'avaient pas encore pillée. Six cents chameaux, chargés d'hommes, de femmes et d'enfans, furent envoyés au Caire, sous la conduite de troupes françaises; et Bonaparte, par la menace du dernier supplice, força le cheykh, chef des Arabes, qui avait traité de l'escorte avec les marchands de la caravane, de leur restituer leurs femmes, leurs esclaves, et la plus grande quantité des objets qui leur avaient été volés. Cette police vigoureuse et désintéressée, exercée par les Français, devait concourir à leur concilier la confiance des Musulmans; et en effet les notables du Caire, où cependant les beys avaient laissé de nombreux affidés, s'empressèrent d'écrire au schérif de la Mekke pour lui rendre compte de ce service essentiel. C'était ainsi que le général en chef de l'armée d'Orient, qui, dès son arrivée en Egypte, s'était empressé de mettre en liberté tous les Turcs qu'il avait trouvés esclaves sur les galères de Malte, saisissait toutes les occasions de montrer des dispositions amicales envers la Porte, et de grands ménagemens pour tout ce qui pouvait intéresser les revenus de cette puissance.

BATAILLE DE SALAHIEH,

11 août 1798.

Cependant l'armée française continuait sa marche rapide pour atteindre Ibrahim, et le 24 thermidor, à quatre heures après midi, l'avant-garde, composée d'environ trois cents hommes tirés du 7ᵉ (*bis*) de hussards, du 22ᵉ des chasseurs, et des guides à cheval, arriva près de Salahieh. Au moment où la tête de cette colonne entrait dans le village, Ibrahim, surpris, fuyait à la hâte, laissant à son arrière-garde un millier de Mamloùks. L'infanterie française était encore à plus d'une lieue de distance; les chevaux de la cavalerie étaient harassés de fatigue, et des nuées d'Arabes couvraient la plaine, attendant, suivant leur usage, l'issue du combat, pour tomber sur les vaincus. Quoique l'arrière-garde du bey fût trois fois plus nombreuse que l'avant-garde des Français, Bonaparte n'hésita point à faire charger l'ennemi, et cette faible cavalerie s'ouvrit un passage à travers les rangs des Mamloùks. Mais les Français, dont le succès même augmente le danger, se trouvant au milieu d'une masse cinq fois plus forte que la leur, sont forcés de combattre en désespérés. La mêlée devint terrible : généraux, officiers et soldats, tous se battirent corps à corps. Enfin, les Mamloùks abandonnèrent le champ de bataille sur lequel ils laissèrent cinquante des leurs, deux pièces de canon et une quarantaine de chameaux chargés de tentes et de quelques marchandises. Ibrahim-Bey, auquel leur valeureuse résistance avait donné le temps d'échapper, parvint à sauver avec lui ses équipages, ses femmes, celles de ses Mamloùks, ses trésors, et les plus riches marchandises de la caravane. Il avait entièrement disparu lorsque l'infanterie française arriva au village de Salahieh, où elle prit position. Bonaparte, en y laissant Reynier comme gouverneur de la province de Charkieh, chargea cet habile général de faire élever les fortifications dont Caffarelli-Dufalga avait tracé le plan. L'intention du général en chef était de faire de cette place un dépôt pour les vivres et les munitions nécessaires à l'armée qu'il se proposait de conduire bientôt en Syrie.

Le combat de Salahieh coûta la vie à une vingtaine de cavaliers français. Le chef d'escadron d'Estrées, qui commandait le 7ᵉ (*bis*) de hussards, reçut dix-sept blessures, et fut foulé aux pieds des chevaux : on craignit longtemps pour ses jours. Le vaillant Polonais Sulkowski, destiné à un trépas déplorable, fut atteint de plusieurs balles et de huit coups de sabre. Lasalle, déjà blessé en chargeant à la tête du 22ᵉ de chasseurs, met pied à terre pour ramasser son arme échappée de ses mains, et remonte assez vite sur son cheval pour résister aux Mamloûks qui se précipitent sur lui, et pour tuer l'un de leurs chefs. Les généraux Leclerc et Murat, l'adjudant-général Leturcq, les aides-de-camp Duroc, Auguste Colbert et Arrighi, donnèrent de nouvelles preuves de leur bravoure dans cette affaire, où chaque officier se battit comme un soldat, et où deux escadrons, l'un du 3ᵉ, et l'autre du 15ᵉ de dragons, accourus au secours de l'avant-garde, se couvrirent de gloire.

Mais un grand désastre venait de frapper encore la marine française, et il y avait déjà dix jours que la bataille navale d'Aboukir avait été livrée lorsque Bonaparte en reçut la nouvelle, sur la route du Caire. Pour ne point interrompre le récit des autres opérations militaires, nous réunirons sous un seul coup d'œil les principaux événemens maritimes, lorsque nous terminerons ce volume, en traitant de *la paix d'Amiens*.

EXPÉDITION DU GÉNÉRAL DESAIX
DANS LA HAUTE-EGYPTE.

Nous avons vu que Mourâd-Bey s'était retiré vers la Haute-Egypte, et que la mission de le poursuivre et de le combattre avait été donnée au général Desaix. Il semble qu'il suffise à l'historien de prononcer ce nom déjà si illustre, pour faire pressentir que tous les genres de gloire vont se réunir en un seul faisceau; que les méditations les plus profondes vont s'unir à l'activité la plus infatigable; que le génie du capitaine va se confondre avec l'intrépidité du soldat, et la terreur répandue par le guerrier avec la sécurité inspirée par l'administrateur. Aucune tache n'altérera jamais la pureté des traits d'un si parfait modèle, de ce *sultan juste*, comme on le nomme encore bien loin par-delà les cataractes du Nil. Heureux les compagnons de ce grand homme, échappés aux hasards des longues guerres qui se sont renouvelées après son trépas, et restés gardiens toujours incorruptibles de la tradition consolante de ses vertus civiles et militaires, et surtout de cet admirable instinct pour la vraie gloire, qui ne la lui montra jamais que là où elle garantissait l'honneur, les intérêts et l'indépendance de ses concitoyens et de sa patrie!

L'inondation occasionée par le Nil, bienfait périodique que la nature accorde à l'Egypte chaque année, avait retardé le départ de Desaix, et donné à Mourâd-Bey le temps d'appeler à son secours plusieurs hordes d'Arabes, même de celles qui errent au-delà de la mer Rouge. Le général français ne put quitter le Caire que le 8 fructidor an VI (25 août 1798), après la cé-

BATAILLE DE SÉDIMAN.

rémonie imposante de l'introduction des eaux fécondantes du fleuve dans le canal. Il s'embarqua au village de Gizery, avec les généraux Friant, Belliard, et les adjudans-généraux Donzelot et Rabasse; huit bataillons fournis par les 61e et 88e de ligne, 2e et 21e légère, et l'artillerie attaché à sa division. Ce ne fut que quatre-vingts jours après (24 frimaire an VII) que, d'après les ordres du général en chef, le général Davoust rejoignit cette infanterie avec quelques escadrons des 14e, 15e, 18e et 20e régimens de dragons; du 22e de chasseurs, et du 7e (*bis*) de hussards. Les quatorze barques de Desaix n'étaient escortées que par un chebeck, un aviso, et deux demi-galères.

La première expédition fut exécutée par Desaix lui-même, à la tête du 1er bataillon de la 21e légère. Il fallut traverser huit canaux et le lac Barthin, ayant, pendant quatre heures consécutives, de l'eau jusque sous les bras. Les carabiniers font une telle diligence, et nourrissent un feu si vif et si bien soutenu, qu'ils chassent les Mamloùks et les Arabes du village de Behneseh, et s'emparent de douze d'jermes chargées de vivres, de munitions et de sept pièces d'artillerie. Desaix marche sur Siout avec les bataillons de la 61e et de la 88e; n'y trouvant plus l'ennemi, dont la flottille avait déjà remonté jusqu'à Girgé, il le poursuit de même sans succès à Benhadi, à travers le désert. De retour à Siout, ayant acquis la certitude que Mouràd-Bey a regagné le Faïoum, il entre dans le canal Joseph; il navigue avec des difficultés sans cesse renaissantes ; il bat les avant-gardes du bey à Ménékia et à Manzoura, et il fait enfin rafraîchir et reposer ses troupes à quelque distance et sous les yeux des Mamloùks, le 15 vendémiaire an VII.

BATAILLE DE SEDIMAN,

7 octobre 1798 (DESAIX).

LE général Desaix, informé par ses espions que Mouràd-Bey avait l'intention de l'attendre à Sédiman, résolut aussitôt de l'attaquer lui-même. Le 16 vendémiaire, au point du jour, la division se met en mouvement, formée en bataillons carrés, avec des pelotons de flanc. A huit heures, on aperçut, vis-à-vis des Français, l'ennemi dont l'armée couvrait une étendue de plus d'une lieue. Mouràd était à la tête de trois mille Mamloùks et de dix mille Arabes. Les deux armées se trouvaient séparées par une vallée que les Français tentèrent de franchir les premiers; mais à peine sont-ils engagés dans ce terrain étroit, que les Mamloùks fondent sur eux et les attaquent de toutes parts. Cependant leurs efforts viennent échouer contre le feu bien soutenu de la mousqueterie et de l'artillerie qui les foudroie, et qui les empêche d'entamer le bataillon carré. On vit dans cette affaire un corps de Mamloùks intrépides reculer pour prendre un nouvel élan, et se précipiter sur un des pelotons de flanc commandé par le capitaine Vallette, du 1er bataillon de la 21e légère. Celui-ci, pour donner une plus haute idée du sang-froid et de l'intrépidité de ses chasseurs, ne fait tirer qu'à dix pas; et cette témérité, qui coûte la vie à douze de ses braves, en met trente hors de combat. Le feu du grand carré dégage Vallette, et les Mamloùks qui se croyaient triomphans, sont foudroyés. Furieux de ne pouvoir entamer ce mur de baïonnettes, ils se battent en désespérés, fondent à l'arme blanche, pressent leurs chevaux épouvantés, les poussent même en arrière pour forcer les rangs; mais rien ne peut ébranler ni la 61e, ni la 88e, qui, sachant que leur salut dépend de l'ensemble et de l'union, opposent une masse immobile aux tentatives redoutables des Mamloùks. Enfin, dans un accès de désespoir, ils se précipitent dans les files, se laissent glisser de dessus leurs chevaux; et, après avoir lancé sur les Français leurs carabines, leurs sabres, leurs pistolets, ils déchirent à coups de poignard les jambes de leurs ennemis.

Tant de fureur semblait être le gage de leur défaite; mais Mouràd-Bey, saisissant le moment où la dispersion du reste de ses Mamloùks laissait le grand carré à découvert, fit démasquer une batterie de huit pièces, dont chaque décharge emportait des files entières de sept à huit soldats. Desaix, devant un ennemi six fois plus fort, mais ne pouvant se résoudre à abandonner, par une retraite difficile et dangereuse, les fruits d'une aussi héroïque résistance, se tourne vers le chef d'escadron Rapp, son aide-de-camp, lui montre les canons de Mouràd, et lui dit, avec l'accent de la confiance et de la douleur : « Vaincre ou mourir ! — Vaincre ! » répond aussitôt Rapp, justement enorgueilli d'un choix si glorieux ; et déjà il est loin du général avec les intrépides tirailleurs. Un sergent du 88e peut seul le suivre; deux cents autres guerriers sont sur leurs pas. Ils arrivent, ils sabrent et Mamloùks et canonniers. Sur les affûts un objet d'horreur frappe leurs regards : ce sont les têtes des Français pris dans l'escarmouche de la veille. Une pièce est encore chargée : Rapp la dirige sur les fuyards, tandis que le chef de brigade Latournerie, qui commande l'artillerie légère, le seconde par cette précision que Desaix avait déjà admirée près des pyramides. Un si beau fait d'armes décide la victoire; et Mouràd-Bey prend la fuite lui-même avec tout ce qui peut se soustraire au feu de l'artillerie française, laissant sur le champ de bataille trois beys, beaucoup de kiachefs, et une grande quantité de ses Mamloùks et des Arabes. Les chefs de ceux-ci ne veulent plus affronter de si rudes combats; et la bataille opiniâtre et glorieuse de Sédiman permet au vainqueur d'occuper la province fertile du Faïoum, et d'accorder

BATAILLE DE SÉDIMAN.

quelque repos à ses troupes après de si grands exploits et de si longues fatigues.

Outre trois cent quarante braves que perdirent les Français, et au nombre desquels était le capitaine Humbert de la 21°, ils eurent cent cinquante blessés, dont cinq officiers le furent très-dangereusement : la perte des ennemis fut trois fois plus considérable. Friant, juste appréciateur de la bravoure, combla d'éloges Conroux, chef de la 61°, qui fut blessé à l'épaule droite; Robin, chef de la 21°, que Desaix nomma général sur le champ de bataille; les chefs de bataillon Eppler et Morand; les capitaines Vallette, Sacrost et Geoffroy; les lieutenans Horman et Nicolier; les sergens Laurent et Jérôme, et jusqu'aux simples soldats Parilès, Rougereau, Richoux, Trémier, Girard, Tissot, Châtelain, Demonge, Marchand, Duchêne et Morin. L'adjudant-général Donzelot, que le général Desaix avait déjà su apprécier à l'armée du Rhin, justifia, dans cette nouvelle circonstance, l'estime et l'amitié dont l'honorait ce grand homme. Quant à l'opiniâtreté avec laquelle toute cette petite armée avait combattu, elle laissa dans l'esprit des Mamloùks une impression si profonde, que, renonçant pendant long-temps à se mesurer avec elle en bataille rangée, ils parurent décidés à rebuter sa patience, en opposant la fuite à son audace, et à l'exténuer par des marches pénibles et accablantes.

Pendant que Desaix, attendant l'écoulement des eaux qui couvrent les campagnes, organise la province de Faïoum, et marche au loin pour soumettre les villages que les émissaires de Mourâd ont soulevés, celui-ci essaie de faire surprendre la ville même de Faïoum qui est ouverte de toutes parts. Cette attaque imprévue, exécutée par plus de six mille ennemis contre trois cent cinquante soldats et cent cinquante malades, donna aux chefs de bataillon Eppler et Sacrost, et au général Robin, qui, malgré l'ophthalmie dont il était atteint, n'hésita point à se mettre à la tête de ce petit nombre de braves, une nouvelle occasion de signaler leur courage et leur habileté. Les Mamloùks, les Arabes, les Fellahs ont pénétré par toutes les issues; ils parviennent jusqu'à la maison d'Ali, kiachef, où l'hôpital est établi. Tout-à-coup les deux chefs de bataillon s'élancent chacun à la tête d'une colonne, fondent à la baïonnette sur les assaillans, culbutent ceux qui combattent sur ceux qui déjà se livraient au pillage, font un carnage affreux des uns et des autres, poursuivent ces barbares jusqu'à une lieue des faubourgs de la ville, et rentrent victorieux avant que Desaix ne soit arrivé pour les secourir.

Ce général, impatient de conquérir la Haute-Egypte sur les Mamloùks que son infanterie ne pouvait atteindre, alla, comme un autre César, chercher la cavalerie qui lui était nécessaire, et ramena du Caire les régimens dont nous avons parlé. A leur tête Bonaparte avait placé le général Davoust, son camarade d'études à l'Ecole militaire, connu déjà par de nobles exploits aux armées du Nord et du Rhin, et que Desaix venait de voir combattre avec tant de gloire au dernier passage de ce fleuve. Mourâd-Bey remonte vers les sources du Nil, et il profite des retards que les vents contraires font éprouver à la flottille française, pour s'adjoindre encore les Maugrabins, les Arabes de la Nubie, ceux de Jedda et d'Yambo, et surtout les féroces et fanatiques Mekkains. Il répand dans tout le Saïd les nouvelles les plus mensongères sur l'anéantissement général de l'armée française, sorte de tactique commune à toute puissance belligérante, et il continue à fomenter l'esprit de révolte parmi tous les habitans. Davoust, envoyé de Girgé jusqu'à Siouth presser l'arrivée de la flottille, fut obligé de punir plusieurs villages insurgés, et de faire des exemples terribles que le salut de l'armée rendait indispensables.

BATAILLE DE SAMANHOUT (SSÂMHHOÙD),

22 janvier 1799 (DESAIX).

LE général Desaix, ayant enfin été rejoint par sa flottille, et ayant pu faire débarquer des subsistances, quitta Girgé après un trop long séjour, et se remit sur les traces de son infatigable adversaire. L'armée de celui-ci se trouvait renforcée par mille chérifs, ou descendans éloignés de Mahomet, arrivés de l'Arabie à travers la mer Rouge, avec la population armée de leurs villages : chacun des beys Hassan-Jeddâoui et Osman-Hassan avait amené deux cent cinquante Mamloùks. Un autre corps de Nubiens et de Maugrabins était campé auprès du village de Houé; enfin les habitans de la Haute-Egypte, depuis Girgé jusqu'aux cataractes, s'étaient levés en masse. Mourâd-Bey, à la tête de forces aussi formidables, ne doutant pas du succès, se dispose à attaquer ses ennemis; et l'avant-garde, commandée par Osman-Bey-Hassan, arrive le 21 janvier dans le désert, en face de Samanhout. Le lendemain matin, l'avant-garde française, commandée par le chef de brigade Aubineau-Duplessis, et formée du 7ᵉ (*bis*) de hussards, fut devancée par le chef d'escadron Rapp, envoyé en reconnaissance dans le village même où il attaqua, fusilla et sabra les avant-postes ennemis, sans songer au petit nombre de Français qui avaient pu le suivre. Desaix, averti par cette fusillade, partage promptement son infanterie en deux carrés égaux, et sa cavalerie forme un troisième carré au centre des deux autres, de manière à être protégée par leur feu. A peine les Français furent-ils rangés en bataille, que la cavalerie ennemie les cerna totalement, pendant qu'une colonne d'Arabes d'Yambo faisait un feu continuel sur leur gauche. Desaix charge ses aides-de-camp, Clément et Savary, de les attaquer avec les carabiniers de la

BATAILLE DE SAMANHOUT.

21e légère formés en colonne serrée, pendant que Rapp, à la tête d'un escadron du 7e de hussards, chargerait l'ennemi en flanc. Les Arabes étaient dans un grand canal à sec qui leur servait de retranchement. Rapp se précipite dans ce canal; et la fureur des combattans est portée à un tel point, que la tête d'un sergent du 61e est lancée contre le pommeau de la selle du chef d'escadron Rapp, et qu'un carabinier de la 21e, qui venait d'enlever un des drapeaux de la Mekke, est poignardé sous ses yeux. Lui-même, ayant laissé échapper son sabre et l'ayant ramassé, fut criblé de coups de lances et de coups de feu, et il eut l'omoplate de l'épaule gauche coupée en deux parties. Ces vaillans Arabes, mis d'abord en fuite, s'étant ralliés, reviennent à la charge, et veulent enlever le village de Samanhout; mais les carabiniers de la 21e les repoussent avec tant de vigueur, et dirigent contre eux un feu si bien soutenu, qu'ils sont obligés de se retirer une seconde fois, après avoir perdu beaucoup de monde. Cependant les nombreuses colonnes de l'ennemi s'avançaient en poussant des cris effroyables, et les Mamloùks fondent sur les carrés. Les intrépides Friant et Belliard commandent, le premier celui de droite composé des 61e et 88e, et le second celui de gauche formé par la 21e légère. La mousqueterie de ces carrés renverse un grand nombre des assaillans; et Davoust, saisissant cet instant favorable, dirige contre Hassan et Mourâd beys une charge tellement vigoureuse, qu'ils sont contraints de ployer, et qu'ils entraînent toute leur armée dans leur fuite. Les Français poursuivirent l'ennemi jusqu'au lendemain, car ils repartirent de Farchiout à minuit. Mais l'espoir de terminer cette guerre si fatigante vint encore s'évanouir; et Mourâd-Bey vaincu, mais non désespéré, s'enfonça vers les déserts de la Nubie, renouvelant, après tant de siècles, et presque dans les mêmes déserts, la tactique qui avait si long-temps réussi à Jugurtha poursuivi par Métellus et par Marius.

Des marches aussi longues, des combats aussi sanglans semblaient avoir exténué toutes les forces de ce petit nombre de braves, qui, se trouvant déjà à cent trente lieues du Caire, ne pouvaient prévoir où s'arrêteraient leurs pas et leurs travaux.

Tout-à-coup chacun d'eux se croit transporté dans ces lieux magiques dont la description pompeuse faisait l'étonnement et les délices de son enfance. Ils avaient bien trouvé à Siouth (Syoùth) les ruines d'un ancien amphithéâtre et quelques tombeaux romains : de tels objets étaient peu capables d'arrêter les regards des vainqueurs de l'Italie, de ceux qui avaient pénétré dans Milan, dans Vérone, dans Plaisance, et qui, parvenus au Capitole, avaient contemplé les débris de la maîtresse du monde. Mais ici leur imagination était sans cesse ébranlée par de nouvelles merveilles; et l'on ne pouvait comprendre comment des peuples, assez avancés dans la civilisation pour avoir créé tant de chefs-d'œuvre, avaient pu disparaître, sans laisser d'autres souvenirs que ces monumens de grandeur colossale que les Européens ne se lassent pas d'admirer. Peut-être des caractères hiéroglyphiques, tracés à la hâte sur quelque stylobate, expliquent-ils ainsi une épouvantable catastrophe :

« *Nation antique, puissante et éclairée, chez laquelle, pendant tant de siècles, les philosophes vinrent étudier les sciences, la sagesse et les beaux-arts, je péris victime de l'invasion des Barbares, parce que ceux qui me gouvernaient, isolés de moi par leurs courtisans et par leurs prêtres qui les égalaient aux Dieux, devenus même, par de perfides conseils, les ennemis de ma gloire et de ma prospérité, ne trouvèrent, au jour du combat, ni amis, ni défenseurs.* »

Après avoir foulé aux pieds les ruines admirables de Tentyris, à Denderah (car en Egypte, comme dans la Grèce, la grossière ignorance a défiguré tous les noms); après avoir traversé le temple d'Isis, trop célèbre par les excès sanguinaires de la superstition, on arrive à cette fameuse Thèbes *aux cent portes* (1), où les temples étaient de marbre, où chaque palais avait l'étendue d'une ville, où les statues étaient colossales; où les obélisques, par leur hauteur, semblaient menacer la voûte des cieux; et où des forêts de colonnes, encore debout, procurent au voyageur la seule ombre qui puisse le garantir, sous le tropique, des rayons brûlans du soleil. Là, des avenues bordées de sphinx; ici, des tombeaux; et, près d'une porte triomphale, une statue gigantesque, prosternée dans les sables, cachant sa face immense sous les décombres, et répétant sans cesse, par sa position humiliante, le moins ambigu de ses anciens oracles. C'était près d'une jambe de ce colosse que Rapp se faisait panser des blessures qu'il avait reçues à Samanhout, lorsque Denon, cet ami des arts, auquel on doit une description si pittoresque de l'Egypte, et qui, avec de si courageux compagnons, s'associait à tous les dangers de nos braves, arrivant, le crayon à la main, à la suite de l'illustre Belliard, s'écria dans son enthousiasme : « Ah! colonel, que vous êtes heureux de voir ainsi couler votre sang aux pieds de la statue de Memnon! — Vraiment, lui répondit le blessé, dont la crainte de se voir éloigné pour long-temps des combats augmentait encore les souffrances, je me serais bien passé de ce bonheur, et je vous jure que les coups de sabre, dans la Haute-Egypte, font autant de mal que sur les bords du Rhin. »

Cette anecdote peint à elle seule tous les sentimens dont étaient animés les savans qui accompagnaient nos phalanges, et l'ardeur avec laquelle ils se livraient aux conquêtes que la valeur facilitait à leur génie. Combien de fois, auprès de ces monumens de l'antiquité, ne vit-on pas les uns en mesurer les proportions, les autres en dessiner les contours, au moment même où, près d'eux, nos blessés recevaient d'utiles secours, et où les guerriers français, combattant à quelque distance, repoussaient l'incursion des Arabes et l'audace toujours renaissante des indomptables Mamloùks?

---

(1) Comme dans l'Orient on désigne les palais par le nom de portes, on a voulu que l'épithète si ancienne de Thèbes,

« *Atque vetus Thebe* CENTUM *jacet obruta* PORTIS, »
(JUVENAL, *Sat. XV.*)

n'ait signifié que le nombre de ses palais. Pour croire aux *cent portes* de Thèbes, il suffirait de compter les quatre-vingts barrières de Paris.

COMBAT DE KÉNÈH,

12 février 1799.

Quoique Mourâd et les autres beys, après le combat de Samanhout, toujours suivis avec acharnement par les Français, se fussent jetés dans l'affreux pays de Bribe, dans la Nubie, au-dessus des cataractes, et à quatre grandes journées de Syène (Assoûân), l'armée du général Desaix ne fut pas moins obligée de combattre tous les jours.

Friant, resté à Esnèh avec sa brigade, ayant appris que les Arabes d'Yambo se ralliaient dans les environs de Kénèh, ville importante sur la rive droite du Nil, où aboutit le commerce des côtes de la mer Rouge, avait envoyé de suite le brave chef de brigade Conroux, jeune officier plein d'intelligence et d'activité, à la tête d'une colonne mobile composée de la 61e et des grenadiers de la 88e, avec une pièce de canon. Lui-même, par les ordres de Desaix, se dirigea sur le même point avec le reste de sa brigade, et le 7e (*bis*) de hussards. Mais déjà le chef des Arabes avait tenté d'enlever Kénèh avec les paysans qu'il avait entraînés avec lui, et les postes avancés de la 61e avaient repoussé l'ennemi, le 12 février 1799 (24 pluviose an VII), à onze heures du soir. Conroux est blessé d'un coup de pique à la tête, et ses grenadiers jurent de le venger. Le chef de bataillon Dorsenne, chargé de défendre la ville, ne se laisse point surprendre par les Arabes qui essaient une nouvelle irruption, et qui, reçus d'abord par une vive fusillade, sont mis dans une déroute complète, où ils laissent morts plus de trois cents des leurs et un grand nombre de paysans. Dorsenne et quelques-uns des grenadiers de la 88e, auxquels l'affaire de Kénèh fit le plus grand honneur, furent blessés.

COMBAT DE THÈBES,

12 février 1799.

C'était le même jour que le général Davoust avait livré le brillant combat de Thèbes contre O'tsman-Hassan-Bey, qui était revenu sur les bords du Nil, où il faisait vivre ses troupes.

Informé que les chameaux du bey font de l'eau, Davoust presse sa marche avec le 22ᵉ de chasseurs que commande Lasalle, et le 15ᵉ de dragons, à la tête duquel le chef d'escadron Fontette remplace le chef de brigade Pinon resté malade à Esnèh. Cette cavalerie s'avance sur deux lignes; et les Mamloùks, ayant d'abord feint de se retirer, font rapidement volte-face, et fournissent une charge vigoureuse sur le 15ᵉ de dragons qui les accueille par un feu redoutable. Plusieurs Mamloùks tombent morts; mais Fontette est tué d'un coup de sabre, au moment où O'tsman-Bey est renversé blessé sous son cheval expirant. Le 22ᵉ s'ébranle, se précipite, se mêle avec les ennemis : le carnage devient affreux. Lasalle, toujours brillant, toujours intrépide, marche sur ceux qu'il a terrassés; et, n'ayant plus à la main que la poignée de son sabre, il parvient à se retirer sans blessures. Le jeune Montélégier, aide-de-camp du général Davoust, et déjà loué par Desaix au combat d'Embabeh, ayant eu son cheval tué sous lui, et se trouvant grièvement blessé, conserva néanmoins un tel sang-froid, qu'il s'empara du cheval d'un Mamloùk auquel il venait d'arracher la vie, et qu'il continua de combattre dans cette terrible mêlée, où les Français eurent à regretter vingt-cinq des leurs, et comptèrent quarante blessés; mais où les ennemis, victorieusement repoussés, firent une perte bien plus considérable.

COMBAT D'ABOÙMA'ANÂH,

17 février 1799.

Le général Friant n'avait point voulu laisser de repos aux Arabes, dont le chef fanatique soulevait et armait tous les Mahométans de la rive droite du Nil. Friant, les ayant poursuivis à travers les déserts d'Aboùma'anâh, les trouva en bataille en avant de ce village. Ses grenadiers, formés en colonne d'attaque, et commandés par le brave Conroux que sa blessure ne saurait retenir, suffisent, avec quelques coups de canon, pour mettre en déroute les paysans et les cavaliers qui flanquent la droite des Arabes d'Yambo; mais ceux-ci résistent à cette première attaque. Le général fait marcher deux autres colonnes pour tourner le village et fermer la retraite aux Arabes. Ils cèdent enfin au second choc des grenadiers, avec lesquels combattent Friant et le capitaine Petit, qui lui sert d'aide-de-camp. Ceux qui se réfugient dans

COMBAT D'ABOUMA'ANAH.

le village sont atteints et mis en pièces; les autres sont poussés par le chef de brigade Silly avec la 88ᵉ, qui mettent un tel acharnement dans cette poursuite, que pendant plusieurs heures le général craint que cette demi-brigade ne se soit égarée dans le désert, ou qu'au moins elle n'ait perdu beaucoup d'hommes accablés par la faim et surtout par le tourment de la soif. Quelle fut sa joie de revoir ces braves chargés de butin! Ils avaient pénétré jusqu'au camp des Arabes; et, outre des effets de toute espèce, ils y avaient trouvé *du pain et de l'eau*, sorte de richesses dont la guerre et les déserts apprennent à connaître tout le prix. Cette expédition fit perdre aux Arabes plus de quatre cents hommes, et ne coûta aux Français qu'un petit nombre de blessés.

De son côté le général Desaix, toujours sur les talons de Mourâd-Bey, avait remonté jusqu'à Syène, où il était arrivé dès le 1ᵉʳ février, après avoir essuyé des fatigues extraordinaires. Il est inutile de répéter que là, comme en Allemagne, ce général marchait toujours le premier; et celui que ses troupes avaient vu s'avancer dans les canaux, sondant leur profondeur avec une grande perche à la main, cherchait aussi dans les sables, avec ses éclaireurs, la meilleure direction qu'il pût faire suivre à ses soldats, dont il fut toujours le tendre père et le fidèle compagnon.

Le lendemain de son arrivée, il envoya saisir, vers l'île de Philé, c'est-à-dire en Ethiopie et au-delà de la première cataracte du Nil, une grande quantité d'effets, et cinquante barques que les Mamloûks, en les y transportant par terre, avaient cru mettre à l'abri des recherches et de la célérité des Français. Desaix, parvenu au dernier poste qu'aient occupé les Romains sur cette limite de leur vaste empire, y laissa le général Belliard, avec la 21ᵉ demi-brigade d'infanterie légère, chargé de conquérir l'île délicieuse de Philé, et d'empêcher, s'il était possible, Mourâd-Bey de rentrer en Égypte. Des bataillons français occupaient donc à Syène les mêmes quartiers où avaient logé les cohortes romaines; et Belliard était investi, par la juste confiance et par l'estime de son chef, d'un commandement qui fut jadis donné comme une punition et comme un exil au vieux Juvénal, coupable, dans ses écrits vigoureux, d'avoir signalé les vices d'un favori, et d'avoir rappelé aux Romains les beaux jours de leur indépendance. La 21ᵉ fut bientôt établie là comme dans un camp de plaisance; et quelques jours après avoir reçu une distribution de dattes pour toute nourriture, ces joyeux et intrépides guerriers, mis au régime des anciens anachorètes de la Thébaïde, plantèrent une allée de palmiers alignée vers le nord, et y placèrent une colonne milliaire, avec cette inscription : *Route de Paris : n°* 1,167,340. On ne pouvait prévenir d'une manière plus efficace les atteintes terribles de la *nostalgie*. Le général Praxin, en 1733, avait employé un autre préservatif qui n'aurait pas réussi avec des Français. « Ce général, dit le docteur Lecointe dans la *Santé de Mars*, page 328 (*Paris, in-12*, 1790), conduisait un corps de Russes sur le Rhin. S'étant aperçu que le regret de s'éloigner de leur pays en faisait tomber chaque jour cinq ou six cents malades de mélancolie, il fit mettre *à l'ordre* que les premiers qui se trouveraient malades seraient *enterrés vifs*. Cette punition *ayant été exécutée*, le lendemain, *sur deux ou trois*, il n'y eut plus de mélancolique dans son armée. »

Mais, pendant que Belliard s'emparait de Philé et fortifiait Syène, Mourâd-Bey s'était, après quelques fausses attaques, jeté dans les déserts sur la droite du Nil, et il avait dérobé sa marche à son actif surveillant qui, instruit bientôt de son passage, se précipitait sur ses pas.

COMBATS D'ESNÈH,
DE SOÙAMAH, DE BÉNOÙTH ET DE COPTOS,

février et mars 1799.

Nous parlerons succinctement de la série de combats que Desaix et ses généraux furent obligés de livrer encore pour se maintenir dans la Haute-Egypte, dont il avait eu l'art d'organiser le gouvernement et de calmer les cultivateurs, même au milieu du cliquetis des armes.

Mourâd, Hassan et plusieurs autres beys, à la tête de huit cents chevaux et d'un grand nombre de Nubiens, étaient déjà parvenus à Esnèh, le 25 février, à la pointe du jour. Mais Clément, l'un des aides-de-camp du général Desaix, et dont nous avons déjà plusieurs fois signalé le courage, leur ayant présenté la bataille avec seulement cent soixante hommes de la 21e légère, et les ayant harcelés pendant plus d'une heure, les intimida par son audacieuse attitude; ils prirent la fuite après un léger engagement.

Desaix, ne doutant pas que le plus grand nombre de ses ennemis n'eussent choisi Sioùth pour le point de leur ralliement, traverse le Nil, appelle à lui le général Belliard, qui doit laisser en passant quatre cents hommes à Esnèh, et il apprend que Mourâd a fait encore soulever un grand nombre de paysans, à la tête desquels il a mis l'un de ses plus braves Mamloùks. Ces ennemis se présentent, le 3 mars, aux approches de *Souàmah*. Friant forme aussitôt trois gros corps de troupes pour les envelopper et les empêcher de gagner le désert. Mille de ces rebelles sont tués ou noyés, sans qu'il en coûte un seul homme aux Français, et le reste n'échappe qu'à travers des milliers de coups de fusil. Desaix presse sa marche; et, dès le lendemain, il contraint Mourâd-Bey de se diriger, avec les cent cinquante Mamloùks qui lui restent fidèles, vers la grande Oasis (êl-Oùâhh), que MM. Ripault et Fourrier placent à la hauteur de Girgé (Djirdjéh), sur le parallèle de vingt-six degrés et demi de latitude septentrionale. Ce n'est pas une des moins étonnantes particularités de l'Egypte et de ce vaste espace

COMBATS D'ESNÈH, DE SOUAMAH, etc.

qui la sépare de l'ancienne Libye, que de posséder, au milieu des sables brûlans, ces portions de terre cultivée, cette espèce d'îles fécondes, où des eaux abondantes et limpides entretiennent une végétation perpétuelle, et semblent offrir un asile à la nature, proscrite et persécutée par l'horrible kamsin, par cet ouragan de l'Egypte et du désert, qui détruisit des armées entières, et dont on trouve dans le Voyage de M. Denon une peinture si exacte et si animée (tome II, page 214 de l'édit. in-12, P. Didot, 1802).

Pendant que d'autres beys se jettent dans la petite Oasis, et que les Mamloûks, qui n'ont pu les y suivre, vendent leurs armes, se cachent dans les villages, et viennent même à Syoùth se rendre aux Français, le chérif Hhassan et O'tsman-Bey-Hassan, demeurés à la Kittah, fontaine ou plutôt vaste citerne composée de trois puits inépuisables, dans les montagnes, entre le Nil et la mer Rouge, apprennent que les vents du nord n'ont pas permis à la flottille de suivre Desaix, et qu'elle est encore stationnée à Bénoùth, au-dessus de Coptos, cette ville autrefois si fameuse, qui, ayant donné son nom à la partie mitoyenne de l'Egypte, sert encore à désigner les indigènes et la langue naturelle de ce vaste pays. Aux débris restés autour d'eux après les combats précédens, ces chefs barbares réunissent quinze cents nouveaux fanatiques arrivés de la Mekke, et plusieurs milliers de paysans. Ils fondent sur les barques en jetant des cris affreux; ils égorgent tous les marins et tous les malades qu'ils y trouvent; et, au moyen de ces mêmes barques, ils entourent la d'jerme *l'Italie*, qui, n'ayant cessé de les canonner, vomit sur eux des décharges redoublées de mitraille, en même temps qu'elle met à la voile pour échapper aux paysans qui, comme les flots d'une mer en courroux, étaient près de l'engloutir. Mais le peu de matelots qui lui restent pour manœuvrer, et la violence des vents, s'opposent à son éloignement; *l'Italie* échoue et s'arrête dans les vases du Nil. Son pont est aussitôt encombré d'ennemis, et le brave Morandi qui la commande est sommé de se rendre. Ce héros, pour toute réponse, met le feu à la sainte-barbe, et se jette à la nage, espérant gagner l'autre rive. Le sort jaloux lui envie le bonheur de jouir de sa vengeance, et il périt dans le fleuve, comme les autres compagnons de sa gloire, assailli d'une grêle de pierres et de balles lancées par les nouveaux possesseurs de ses barques. Le chérif et le bey, auxquels venait de se joindre Hassan-Bey de Jeddâoui, fiers d'un avantage que le nombre a rendu si facile, descendent en proclamant qu'ils vont anéantir le reste des *infidèles*.

Le général Belliard, impatient de venger le massacre de Bénoùth, et qui n'a pu se faire suivre que d'une pièce de 3, passe sur la rive droite du Nil, avec sept cents hommes de la 21e légère. Les habitants de Kous, presque tous de la religion grecque, et s'intéressant au sort des Français, conjurent le général de ne point s'exposer à une perte certaine avec un si petit nombre de soldats. Mais pendant que la terreur exagère encore le nombre des ennemis, ces sinistres présages redoublent l'ardeur de ce guerrier magnanime. Il n'a pas plus tôt traversé la ville de Kous, le 18 ventose (8 mars 1799), qu'il aperçoit les trois colonnes d'Arabes s'avançant, tambour battant et drapeaux déployés, avec plus de quatre cents Mamloùks. Ici commence l'une des journées les plus glorieuses de cette campagne mémorable. Jamais la rage et l'opiniâtreté des ennemis fanatisés par l'exemple et les exhortations de leurs chefs, jamais l'intrépidité des Français, jamais le sang-froid et la confiance de leur habile général et de ses valeureux officiers, ne se sont signalés davantage.

Belliard forme aussitôt sa petite troupe en carré, n'ayant pour la flanquer que sa pièce de 3 et quinze dragons. La plus forte des colonnes arabes s'approche avec cette audace que donne la certitude de vaincre; et Hhassan, indigné du petit nombre de tirailleurs français qui osent se montrer hors des rangs, ordonne à cent de ses plus braves Mekkains d'aller lui chercher les têtes de ces infidèles. Les tirailleurs, familiarisés avec ce genre d'attaque, se réunissent, se serrent, et attendent de pied ferme ces redoutables assaillans. Le combat s'engage corps à corps : on voit des ennemis blessés se jeter sur les armes des Français, et s'efforcer de les leur arracher pour leur donner la mort. Le succès demeurait incertain, lorsque les quinze dragons du 20e se précipitent à bride abattue sur les Arabes, en sabrent un grand nombre, et donnent aux éclaireurs le temps de se reformer et d'égorger plus de cinquante de ces Séides furieux. Laprade, adjudant-major à la 21e, en tue deux de sa main; le capitaine Toisnard, le dragon Olivier, en font autant; et deux drapeaux de la Mekke tombent au pouvoir de ces braves. Cependant le chérif n'avait pu secourir ses fanatiques; et le canon des Français avait été si bien dirigé et si vivement servi, que même les deux autres colonnes d'Arabes avaient été forcées de rebrousser chemin. Mais les Mamloùks ayant tourné le carré, et paraissant vouloir le charger en queue, vingt-cinq tirailleurs seulement furent détachés pour les contenir.

COMBATS D'ESNÈH, DE SOUAMAH, etc.

Belliard, continuant sa marche, enlève à la baïonnette et franchit le grand nombre de canaux et de fossés qui le séparent de Bénoùth. Un dernier canal, large et profond, se présente encore, au-delà duquel quatre pièces de canon font un feu terrible sur les Français. Le général, après avoir été reconnaître lui-même cette position, ordonne aux carabiniers, formés en colonne d'attaque, d'enlever cette batterie, au moment où le carré franchirait le canal et tournerait l'ennemi. Mais lorsque les carabiniers s'ébranlent au pas de charge, les Mamloùks, accourus rapidement, arrivent à toute bride pour passer sur le ventre à ce faible peloton; sa perte paraît inévitable. Ces héros s'arrêtent, se retournent, et, par une décharge de mousqueterie faite à bout portant, ils abattent autant de Mamloùks qu'ils ont tiré de coups de carabine. Le reste de ces cavaliers s'effraie et se disperse. Les carabiniers aussitôt courent aux pièces, massacrent autour d'elles une trentaine d'Arabes d'Yambo, se rendent maîtres de ces canons, et les tirent rapidement sur les fuyards, qui se jettent les uns dans une mosquée, les autres dans une longue barque; ceux-ci dans plusieurs maisons du village, et le plus grand nombre dans une grande maison de Mamloùks, dont les murailles sont aussitôt crénelées, et où sont entassés tous leurs effets et toutes leurs munitions de guerre. Les Français, divisés en deux colonnes, se précipitent dans Bénoùth. Ici la barque est envahie, et les Mekkains qui la remplissent sont immolés aux mânes des marins qu'ils avaient impitoyablement égorgés. Là on pénètre, sous la mitraille lancée de chaque maison, et à travers des flots de sang, jusqu'à la mosquée; mais le feu que les Arabes en vomissent contraint le brave Eppler lui-même de reculer. Le salut des Français dépend d'une mesure prompte et décisive : la mosquée, les vingt maisons, changées en autant de forteresses, sont embrasées; les Arabes deviennent la proie des flammes, et le village n'est bientôt plus qu'un amas de cadavres et de décombres fumans. Eppler court à la grande maison crénelée, et les Français y arrivent de toutes parts. Il fallut l'assiéger pendant deux jours, et repousser vingt sorties que tentèrent les Arabes. Enfin le troisième jour, pendant que les sapeurs du génie font crouler une muraille à gauche, et que ceux de la 21ᵉ brisent la grande porte à coups de hache, les soldats de cette demi-brigade incendient une petite mosquée attenant à la maison, et dans laquelle les ennemis avaient renfermé leurs munitions de guerre. Une explosion terrible ayant fait sauter ce bâtiment avec les vingt-cinq Arabes qui s'y défendaient, Eppler et ses braves franchissent la brèche qui vient de se former. De nouveaux prodiges de rage et de fureur suspendent encore leur triomphe; et les Arabes, entièrement nus, exténués de faim, le fusil d'une main, le sabre de l'autre, et le poignard dans les dents, se font tuer en désespérés pour défendre la grande cour, au milieu de laquelle le chérif Hhassan, les animant de l'exemple et de la voix, leur promettant le ciel pour récompense, est renversé mort sur les corps de ces fanatiques, dont aucun ne veut consentir à demander la vie. Chassés enfin de cette cour, les autres Arabes vont expirer dans les divers réduits de cette maison, et les Français victorieux reprennent toutes les barques et neuf pièces de canon qui provenaient de la flottille. Les Arabes, outre leur chef, perdirent plus de douze cents hommes, et ils eurent une immense quantité de blessés. La victoire avait été trop vivement disputée pour n'être pas très-coûteuse aux Français. Parmi les trente-trois d'entre eux qui restèrent sur la place, aucun ne fut plus digne des éloges et des regrets du général, que le capitaine des carabiniers Bulliot, qui avait été tué en s'emparant des canons ennemis. Deux cents autres furent atteints par des blessures graves, et du moins ils connurent que tant de sang généreux n'avait point été versé pour un stérile avantage.

En effet, les Mamloùks, qui étaient restés dans le désert tranquilles spectateurs d'un si long combat, sans oser venir au secours de leurs alliés, conçurent encore une plus haute idée de la valeur française; et leur opinion, bientôt communiquée dans tout le pays, concourut aux derniers succès de l'expédition. Desaix, informé enfin des opérations de Belliard (car jusqu'alors les Arabes d'Yambo avaient intercepté toutes communications entre ces deux généraux), arriva à Kénèh avec des munitions de guerre; et de nouveaux plans furent adoptés pour détruire les ennemis, ou pour les contenir au moins dans le désert. La prolongation de cette guerre avait servi d'ailleurs à faire abhorrer les cruels Mekkains par les cultivateurs du pays, qui commençaient à bénir l'administration modérée et bienfaisante du général français.

C'est dans les relations consacrées à tous les détails qu'il faut suivre encore Belliard avec la 21ᵉ légère et le 20ᵉ de dragons, et Desaix avec deux bataillons de la 61ᵉ, le 7ᵉ (*bis*) de hussards, et le 18ᵉ de dragons. Davoust commande la cavalerie de celui-ci, et l'adjudant-général Rabasse

COMBATS DE BIR-EL-BAHR, GÉHÉMI, etc.

marche à la tête de l'avant-garde. Les Français déploient leur intrépidité ordinaire dans les combats successifs de Bir-el-Bahr (2 avril 1799), de Bardis et de Girgé (5), de Géhémi (10), de Bénéadi (18 mai), de Mynieh, d'Abou-Girgé et de Syène. Dans cette dernière affaire, le capitaine Renaud, qui n'avait que deux cents hommes sans artillerie, sut rejeter les Mamloùks au-delà des cataractes, en repoussant leur attaque avec un sang-froid admirable. Hassan-Bey Jeddâoui et Osman-Bey Hassan furent grièvement blessés; ils laissèrent sur le champ de bataille cinquante morts, parmi lesquels on trouva trois cheiks et un baïtactar ou porte-enseigne. Renaud n'eut à regretter que quatre de ses braves. Bénéadi, village éternellement rebelle à tout gouvernement, où les Arabes, accourus dans son enceinte, avaient fait une vive résistance, et où le chef de brigade Pinon, officier d'un rare mérite (nouveau colonel du 15e de dragons à la retraite de Boulland), avait trouvé la mort, fut mis à feu et à sang par le général Davoust, ainsi qu'Abou-Girgé qui avait osé refuser des vivres, maltraiter le cophte parlementaire, et persister dans sa désobéissance. Pendant l'expédition de Bénéadi et d'Abou-Girgé, le chef de brigade d'Estrées se croyait trop faible contre une vaste insurrection qui menaçait Mynieh, jolie ville et chef-lieu de la province dans laquelle s'étaient autrefois réfugiés les premiers cénobites et les pères de l'Eglise. Mais, ne pouvant recevoir les secours qu'il avait demandés, d'Estrées avait agi avec tant de vigueur, qu'il avait dissipé ce grand rassemblement.

De son côté le chef de brigade Morand, commandant à Girgé, était allé, avec deux cent cinquante fantassins, au devant des Arabes d'Yambo, de quelques Mamloùks, et d'une nuée de paysans qui, cherchant à échapper au général Davoust, avaient envahi Bardis. Morand bat deux fois les ennemis dans cette position, le 5 avril 1799, le jour même où Schérer, trop protégé par le Directoire, ruinait les affaires de France en Italie, devant Vérone. Le lendemain un plus cruel combat recommence; et c'est la ville même de Girgé qu'il faut arracher aux terribles Arabes. Morand, secondé du chef de bataillon Ravier, garde l'extérieur avec une colonne, et en dirige une autre dans l'intérieur. Tout ce qui avait pénétré dans Girgé pour en piller le bazar, riche marché central entre l'Inde et l'Egypte, fut égorgé : le reste s'enfuit dans le désert ou se jette sur Tahta. Le brave Lasalle s'était momentanément éloigné de ce poste pour se rendre à Sioùth, conformément aux ordres de Pinon; mais il revint rapidement avec le 22e de chasseurs, un bataillon de la 88e et une pièce de canon. Ayant rencontré l'ennemi dans le grand village de Géhémi, le 10 avril, il avait cerné les Arabes d'Yambo avec sa cavalerie, et il les avait pressés avec son infanterie. Leur résistance avait été longue et meurtrière dans un enclos dont ils venaient de créneler les doubles murailles; mais enfin ils furent enfoncés, écrasés, exterminés par la 22e, les uns sur la place, les autres en s'enfuyant. Dans le nombre de leurs morts on trouva leur chérif, successeur du fanatique Hhassan.

Nous nous contenterions de la simple indication que nous avons donnée du combat de Bir-el-Bahr, s'il ne nous fournissait l'occasion de faire observer combien peut être dangereuse une aveugle déférence pour l'opinion des autres, quand cette opinion est mal fondée. L'avant-garde avait atteint les Mamloùks que Desaix poursuivait; mais l'adjudant-général Rabasse qui la commandait, accablé par le nombre, et culbuté même avec son cheval après une résistance vigoureuse, était parvenu à se replier, sans perte, sur le corps de bataille. Desaix et Davoust étaient arrivés; les meilleures dispositions venaient d'être prises; et, en attendant l'artillerie et l'infanterie, il était prescrit à la cavalerie d'occuper un monticule extrêmement escarpé, où les Mamloùks ne pouvaient l'attaquer sans se mettre eux-mêmes dans un grand désordre. Mais le chef de brigade Aubineau-Duplessis, qui commande le 7e de hussards, fatigué de l'espèce de défiance affectée à son égard, parce qu'ayant été employé aux Indes orientales il n'avait point encore combattu dans les rangs de ce qu'on appelait nos armées d'Europe, et qui déjà avaient versé tant de sang en Afrique, en Asie et dans les colonies de l'Amérique, croit l'occasion favorable pour signaler son courage. Oubliant l'ordre des généraux, et les maximes que lui-même avait proclamées dans le *Manuel du Cipaye*, publié à Pondichéry en 1784, il s'avance seul au-devant des ennemis, et se précipite au milieu d'eux après avoir fait sonner la charge. Choisissant l'un de leurs chefs, il pousse son cheval vers Osman, le plus vaillant des beys : les deux chevaux se heurtent; celui du colonel français s'accule. Duplessis monte sur sa selle, et, saisissant son adversaire, il lutte avec lui corps à corps. Son cheval ayant été tué, il est renversé lui-même et meurt d'un coup de tromblon, n'étant parvenu qu'à blesser le bey également intrépide, mais doué d'une vigueur que l'âge refusait au vieux et brave Duplessis. Les deux armées admirèrent sa valeur; mais nos généraux eurent à blâmer son imprudence qui causa le désordre parmi les hussards, et qui contraignit Davoust de faire avancer les dragons. Leur belle charge rétablit le combat et fut très-meurtrière; elle coûta la vie à plusieurs dragons, à plusieurs officiers, et entre autres à Bouvaquier auquel son courage et ses talens avaient mérité depuis peu le grade de chef d'escadron. La fatalité, à laquelle il serait quelquefois si difficile de justifier ses rigueurs et ses prédilections, s'était plu à persécuter constamment Aubineau-Duplessis. Né à la Martinique, d'un propriétaire aisé, il se trouva, dans sa plus tendre jeunesse (1757), victime de la banqueroute frauduleuse des jésuites; et sa famille ne put recueillir que quelques faibles débris d'une fortune qu'elle avait entièrement mise à la merci du trop fameux père Lavalette, et de sa société avare, cruelle, hypocrite et ambitieuse. Il apprit le métier des armes dans le régiment Royal-Dragons, où il servit comme simple soldat, et où il s'acquit l'estime du marquis de Vérac, son colonel. En 1778, il était major de la compagnie de la connétablie des maréchaux de France, et jouissait de la protection particulière du maréchal de Richelieu; c'était le héros de Mahon et non le courtisan de Versailles que Duplessis avait pris pour patron. Supportant avec impatience son oisiveté, il courut s'embarquer à Brest, en 1781, pour aller faire la guerre en Amérique; mais lorsqu'on fut à la hauteur de Lisbonne, les ordres dont l'escadre était munie furent décachetés, et Duplessis se trouva, malgré ses vœux, destiné à servir dans l'Inde, où, pour comble de malheur, et en dépit de son expérience et de ses inclinations, on le nomma aide-major d'un corps d'infanterie indienne. Il s'y distingua, réorganisa d'une manière brillante les Cipayes, et sut les faire combattre avec avantage. Réemployé, au commencement de la révolution française, dans les mêmes parages, il y rendit de nouveaux services, forma un corps de cavalerie, sut calmer les insurrections que les Anglais fomentèrent, reçut des témoignages nombreux de la confiance de tous les colons; et lorsque la garnison de Pondichéry resta prisonnière dans l'Inde, Duplessis demanda seul son échange personnel, et revint en France pour combattre encore les ennemis de sa patrie. Le Directoire exécutif le nomma commandant de sa garde à cheval, et il aida l'adjudant-général Auguste Jubé à organiser et armer ce corps d'élite tel qu'on l'a vu armé, équipé et organisé, dans une plus grande proportion, pendant la longue période de gloire de l'immortelle garde consulaire et impériale. Duplessis commençait à jouir de ses travaux, lorsque les directeurs, effrayés par une absurde dénonciation, réformèrent cet habile officier. Toujours ardent et toujours dévoué, il présenta et offrit d'exécuter un projet que les liaisons qu'il avait su ménager avec Tipoo-Saïb, cet ami malheureux des Français, le mettaient alors à même de faire réussir. Ce fut pendant le cours de ses vives sollicitations que le général Bonaparte se préparait à l'expédition d'Égypte. Jubé s'empressa de recommander son camarade que le brave Sulkowski, précédemment tourmenté aussi du désir d'aller servir Tipoo-Sultan, fit connaître plus particulièrement au général. Aubineau-Duplessis eut donc la gloire d'être associé à la plus belle et à la

PRISE DE COSSÉIR, etc.

plus grande entreprise du siècle; mais la fortune, toujours sévère à son égard, lui fit expier par tout son sang la seule faute de discipline qu'il ait jamais eue à se reprocher.

Desaix voulait à la fois poursuivre Mourâd-Bey dans l'Oasis, et fermer aux Arabes le port de Cosséir (Quosséyr), sur la mer Rouge. La présence inopinée des Anglais dans ce golfe lui fit un devoir de donner son attention principale à cette dernière expédition. Belliard, nommé commandant de la Haute-Egypte, après avoir bâti à Kénèh un fort qui reçut le nom de Pinon, alla prendre possession de Cosséir avec l'adjudant-général Donzelot et cinq cents hommes de la 21e légère. Ils y furent accueillis, le 29 mai 1799 (10 prairial an VII), par les habitans qui, à la manière des anciens patriarches, faisaient marcher devant eux des troupeaux de moutons en signe d'alliance, d'hommage et de concorde. Donzelot, resté commandant de cette position importante, et l'ayant promptement mise en état de défense, devait bientôt en repousser d'une manière brillante (14, 15 et 16 août) les tentatives des Anglais. Ceux-ci, contraints de regagner précipitamment leurs frégates, avaient abandonné leurs morts et leurs blessés; et l'on remarqua, parmi leurs troupes de débarquement, un grand nombre de Cipayes. La fameuse compagnie des Indes, mieux éclairée sur ses intérêts que le gouvernement français, avait su, par une bonne discipline, familiariser une population timide avec les travaux et les dangers de la guerre. Le brave et modeste Donzelot, qui fit ramasser plus de six mille boulets lancés par les frégates ennemies, eut à se louer du 3e bataillon de la 21e, du chef de bataillon Valette, du capitaine Gressin qui obtint bientôt le même grade; et de l'adjudant-major Lagarde qui devait commander un jour ce même régiment. Le général signalait surtout le capitaine du génie Bachelu, qui, sous le feu terrible de l'ennemi, réparait toutes les brèches, et présidait à tous les travaux du port, avec ce sang-froid, cette sérénité, cette intrépidité brillante qui lui acquirent ensuite tant de gloire en Allemagne, en Dalmatie, à la retraite de Moskow et sous les murs de Dantzick. Nous le trouverons donc, dans les guerres de l'empire français, comme colonel du 11e régiment de ligne et comme général; nous n'aurons qu'à transcrire les éloges que donneront les généraux Rapp et Bertrand, et les maréchaux ducs de Raguse et de Tarente, à ce guerrier d'une valeur si éclatante et d'un si noble caractère.

L'occupation de Cosséir, de Suèz (Soüès), d'El-A'rych, de Damiette, de Rosette et d'Alexandrie semblait assurer aux Français la possession désormais tranquille de toute l'Egypte : il ne restait plus qu'à réduire enfin Mourâd-Bey. On sait que le général Desaix ne cessa point de poursuivre cet ennemi infatigable. Secondé par les généraux Davoust, Friant, Belliard, et par l'intrépide adjudant-général Morand, celui qui, après vingt-cinq années de combats et de gloire, devait éprouver (août 1816 — juin 1819) toute la vicissitude des jugemens des hommes, le *Sultan Juste*, ayant organisé des colonnes mobiles composées de cavalerie, d'artillerie et de fantassins montés sur des dromadaires, fit continuer cette guerre dont les difficultés étaient toujours renaissantes et le terme toujours incertain. Pressés nous-mêmes par les événemens, nous terminons ici les détails de cette expédition, avant la fin de laquelle Desaix, appelé par les circonstances dans la Basse-Egypte, rendit un solennel hommage aux compagnons de ses glorieux travaux. Nous joindrons à ceux que nous avons déjà désignés l'adjudant-général Boyer qui, à la tête de la 88e de ligne et de la 21e légère, fut si souvent aux prises avec les Mamloùks; et le brave Ravier, chef de bataillon de la 88e, qui, nommé chef de brigade sur le champ de bataille, remplaça, à la tête de la 18e, le valeureux Morangié promu au grade de général, après la bataille d'Aboukir (25 juillet 1799). Barthélemy, chef d'escadron des guides et ancien officier de cavalerie, fut jugé digne de succéder au colonel Pinon; Lebreton, officier au 20e de dragons, et qui avait pu se distinguer au milieu de tant de vaillans camarades, fut nommé capitaine; enfin

Desaix demanda des *grenades d'or* pour Lainault, caporal de grenadiers au 1er bataillon de la 61e, qui s'était fait remarquer dans toutes les actions, particulièrement au combat de Kénèh, et pour Rousseau, maréchal-des-logis dans la 5e compagnie du 3e régiment d'artillerie à cheval. Ce canonnier, plein de zèle et d'adresse, toujours le premier aux affûts, pointa presque toutes les pièces aux batailles de Sédiman et de Samanhout.

Cette demande du général Desaix doit frapper nos lecteurs : elle est le résultat d'un arrêté pris par le général Bonaparte, le 14 pluviose an VII (2 février 1799), avant de partir pour son expédition de Syrie. Cet arrêté, qui assurait la distribution de deux cents fusils garnis en argent, de quinze grenades en or, de cinq trompettes et de vingt-cinq bayettes d'argent, aux soldats, aux canonniers, aux tambours et trompettes qui se signaleraient le plus, était la continuation d'un *ordre du jour* par lequel le même général, en Italie, avait destiné cent sabres pour récompenser la valeur des officiers et des soldats de son armée. On voit assez que cette innovation, germe fécond de la Légion d'Honneur dont nous aurons à parler dès le commencement de notre troisième et dernier volume, était une imitation des récompenses en usage dans les armées de la république romaine. Les six espèces de couronnes, la lance sans fer (*hasta pura*), le cornet (*corniculum*) placé sur le casque, les brasselets, les colliers, étaient distribués, suivant le mérite et les occasions, par le général victorieux. Il ne manquait peut-être à cette institution, ainsi renouvelée par le général Bonaparte, que d'avoir été régularisée par une loi qui l'aurait étendue aux autres armées de la république. Ajoutons une remarque qui ne paraîtra point oiseuse : ce ne fut que dans le *Moniteur* du 14 brumaire an VIII, c'est-à-dire quatre jours seulement avant la grande révolution qui porta Bonaparte au pouvoir suprême, qu'à propos de plusieurs pièces venues d'Egypte, on fit connaître le mode adopté par lui pour récompenser les actions d'éclat. Il eût été difficile de mieux aplanir le chemin à celui qui allait emprunter le secours des troupes pour changer la face du gouvernement. Au surplus, Desaix lui-même, auquel le général en chef avait donné un magnifique poignard enrichi de diamans, et sur lequel était gravé : *Prise de Malte; Bataille de Chebr-Khéis; Bataille des Pyramides*, reçut, par la commission des savans et des artistes qui se rendaient à Thèbes, un sabre d'un très-grand prix que lui envoyait le même général au moment de son départ pour la France, et sur lequel on lisait cette inscription historique : *Conquête de la Haute-Egypte.*

EXPÉDITION DE SYRIE,
TRAVAUX DES SAVANS,
PREMIÈRE RÉVOLTE DU CAIRE.

C'ÉTAIT pendant ces rudes travaux du général Desaix, que le général en chef s'était livré à de grandes pensées, à de vastes opérations, et décidé à une grande entreprise dans laquelle le courage et le génie devaient échouer contre des difficultés insurmontables.

L'armée ne recevait aucune nouvelle d'Europe, et les ports de l'Egypte étaient bloqués par les Anglais. Tous les rapports annonçaient que le ministère britannique avait su profiter de la victoire d'Aboukir pour entraîner la Porte dans son alliance et celle de la Russie contre la république française. Bonaparte jugea que, la Porte ayant cédé aux suggestions de ses ennemis naturels, il

EXPÉDITION DE SYRIE, etc.

y aurait une opération combinée contre l'Egypte, et qu'il serait attaqué par mer et par la Syrie. Il n'y avait pas un moment à perdre pour prendre un parti.

Marcher en Syrie, châtier le pacha d'Acre, ce fameux Ahmed-*Djezzâr* (*boucher*), monstre de férocité qui avait repoussé toutes les communications du général français, et qui immolait ses parlementaires; détruire les préparatifs de l'expédition contre l'Egypte, dans le cas où la Porte se serait unie aux ennemis de la France; lui rendre au contraire la nomination du pacha de Syrie, et son autorité primitive dans cette province, si elle restait l'amie de la république; revenir aussitôt après pour repousser l'expédition maritime, expédition qui, vu les obstacles qu'opposait la saison, ne pouvait avoir lieu avant le mois de messidor : tel était le plan auquel Bonaparte s'arrêta.

Il avait commencé par organiser le gouvernement des provinces de l'Egypte. Un divan fut établi dans chacune d'elles; et les Egyptiens étonnés purent jouir de l'une des plus importantes prérogatives de la liberté, celle de concourir à l'élection de leurs magistrats. Par ses ordres et sous son influence, les sciences, l'administration et les arts rendaient une nouvelle existence à la ville du Caire et à toute cette contrée. Des savans, membres de l'*Institut* qu'il avait créé pour l'Egypte, et qui semblait la noble succursale de celui de France, voyagent par son ordre, et multiplient les reconnaissances et les découvertes les plus importantes pour les arts, la géographie, l'histoire, la physique et l'administration.

Le général Andréossi avait reçu l'ordre de soumettre le lac Menzalèh, les branches mendésienne, tanitique et pélusiaque, et d'en faire la reconnaissance sous le rapport des sciences et de l'art militaire.

Ce savant et intrépide général remplit sa mission avec deux cents hommes qui, sous ses ordres, sondent, mesurent et combattent, sans que cent trente d'jermes, chargées d'Arabes, puissent leur faire suspendre leurs opérations. Andréossi est secondé dans son travail par MM. Fèvre, Potier, Sabatier; par le capitaine du génie Bouchard, et par le colonel d'artillerie Tirlet.

De retour au Caire, Andréossi repart aussitôt pour reconnaître la vallée des lacs de Natron et celle du *Fleuve sans eau*. A la tête de quatre-vingts hommes, il est en outre chargé de protéger les recherches auxquelles va se livrer l'illustre Bertholet avec ses habiles compagnons Fourier, Redouté jeune, Duchanoy et Regnault. On regardera toujours comme des modèles de clarté, d'exactitude et de philantropie les rapports de ce général sur ces diverses reconnaissances. Ils font partie du recueil que le Tribunat fit imprimer à la fin de l'an IX. On put connaître par ce recueil une partie des travaux de Fèvre, de Malus, de Lepère, de Girard, de Lanorcy, de Geoffroy-Saint-Hilaire, de Denon, de Conté, de Beauchamp, de Nouet, de Norry et Protain, de Thouin et Delille, de Costaz et Fourier, de Say, de Coutelle, d'Hassenfratz, de Marcel, de Méchain fils, de Desgenettes et de Larrey; de Jacotin, de Jaubert et de Jomard; de ce grand nombre enfin de savans, de naturalistes, de guerriers et d'amis des arts qui, groupés autour de Dolomieu, de Monge et de Bertholet, patriarches vénérés de cette nouvelle espèce de colonie, ont élevé à la gloire éternelle de leur patrie un monument vraiment colossal, et plus indestructible encore que tous ceux dont il leur était réservé de constater l'existence et de donner la plus exacte description.

Parmi ceux que nous venons de nommer, la reconnaissance des soldats doit distinguer les docteurs Desgenettes et Larrey qui, si long-temps, dans des contrées si diverses et avec tant de succès, au sein des hôpitaux et sur les champs de bataille, disputèrent ses victimes au terrible fléau de la guerre. Dans le nombre des autres savans, la mort en a déjà frappé d'illustres, tels que Monge, l'infortuné Dolomieu, et ce jeune Malus, vieux soldat, l'amour et la gloire de l'Ecole polytechnique, et dont la fin prématurée laissa un si grand vide dans cette école même, dans le corps du génie militaire, et dans l'Institut où, avant l'âge, il avait remplacé Montgolfier.

Cependant Bonaparte veut aller visiter lui-même l'isthme de Suèz, et résoudre l'un des problèmes les plus importans et les plus obscurs de l'histoire. Mais, au moment de son départ, un événement inattendu le força d'ajourner ses projets.

La plus grande tranquillité n'avait cessé de régner dans la ville du Caire : les notables de toutes les provinces délibéraient avec calme, d'après les propositions des commissaires français Monge et Bertholet, sur l'organisation définitive des divans, sur les lois civiles et criminelles, sur l'établissement et la répartition des impôts, et sur divers objets d'administration et de police générale. Tout-à-coup des indices d'une sédition prochaine se manifestent. Le 30 vendémiaire an VII, à la pointe du jour, des rassemblemens se forment dans divers quartiers de la ville, et surtout à la grande mosquée. Le général Dupuy, commandant de la place, et celui-là même qui en avait pris possession en y entrant pendant la nuit, tambour battant, à la tête d'un peloton des grenadiers de la 32e, s'avance avec une trop faible escorte pour rétablir l'ordre; il est assassiné d'un coup de lance, et il meurt ainsi que plusieurs officiers et quelques dragons. La sédition devient générale : tous les Français que les révoltés rencontrent sont égorgés; les Arabes se montrent aux portes de la ville.

Le général Bon prend le commandement; le canon d'alarme est tiré; tous les Français s'arment et se forment en colonnes mobiles : ils marchent avec plusieurs pièces de canon contre les rebelles. Ceux-ci se retranchent dans leurs mosquées, d'où ils font un feu violent. Les mosquées sont bientôt enfoncées; un combat terrible s'engage : l'indignation et la vengeance doublent la force et l'intrépidité des assiégeans. Des batteries placées sur différentes hauteurs par le général Dommartin, et le canon de la citadelle, tirent sur la ville; le quartier des rebelles et la grande mosquée sont incendiés.

Les chérifs et les principaux du Caire, dont les révoltés avaient d'abord repoussé la médiation, viennent enfin implorer la générosité des vainqueurs : un pardon général est aussitôt accordé à la ville, pendant que les généraux Lannes, Vaux et Dumas exterminent les Arabes et les paysans attroupés au dehors. Le savant et brave Sulkowski, dont les nombreuses blessures n'étaient pas encore cicatrisées, fut assommé dans un faubourg, en rentrant d'une reconnaissance. La Pologne et l'armée firent dans sa personne une perte irréparable. Le 2 brumaire, l'ordre était entièrement rétabli; mais, pour prévenir dans la suite de pareils excès, la place fut mise, par de nouveaux travaux, à l'abri des mouvemens séditieux et de l'attaque des Arabes. L'un des forts prit le nom de Sulkowski.

Près de trois mille révoltés périrent dans cet événement, où ils avaient eu la barbarie d'égorger dans une rue vingt-un malades qui revenaient de l'armée. Le général Dupuy, qui devait peut-être la mort à sa trop grande vivacité, était né, en 1764, à Toulouse. Cet ancien soldat avait brillé, à l'armée des Pyrénées occidentales, à la tête d'un bataillon de la Haute-Garonne, et ensuite à l'armée des Alpes. Disgracié et emprisonné lors du supplice du général en chef Brunet, dont il était l'aide-de-camp, il fut réclamé par Bonaparte après le 9 thermidor, et il se distingua à l'armée d'Italie.

Le général Bon reçut alors l'ordre de traverser le désert, à la tête de quinze cents hommes et avec deux pièces de canon, et de marcher vers Suèz, où il entra le 17 brumaire an VII.

Bonaparte, accompagné d'une partie de son état-major, des membres de l'Institut Monge,

EXPÉDITION DE SYRIE, etc.

Bertholet, Costaz, Bourrienne, et d'un corps de cavalerie, part lui-même du Caire le 4 nivose (24 décembre 1798), et le 6 il arrive à Suèz; le 7 il reconnaît la côte et la ville, et il ordonne les ouvrages et les fortifications nécessaires à sa défense. Bourrienne (Fauvelet), compagnon d'études, ami et secrétaire intime de Bonaparte, était redevable à ce général de sa radiation de la liste des émigrés. A l'occasion de la paix de Campo-Formio, il avait reçu de l'empereur d'Autriche le portrait de ce prince enrichi de diamans, et tout permettait de croire que, cimenté par de nombreux bienfaits, l'attachement du jeune diplomate serait inaltérable envers son bienfaiteur.

Le 8 nivose, Bonaparte passa la mer Rouge, près de Suèz, à un gué praticable à la marée basse, et il visita les sources de Moïse, sur lesquelles Monge publia des observations du plus grand intérêt. C'était peut-être la route qu'avaient suivie et la fontaine qu'avaient trouvée les Juifs dans leur fuite précipitée. Après s'être occupé de rendre à Suèz une partie de son ancienne splendeur, en multipliant ses rapports commerciaux, et en facilitant, pour la suite, ses débouchés sur le Caire; après s'être assuré de l'existence de l'ancien canal dont il charge l'ingénieur Peyre de reconnaître le cours et de tracer le nivellement, Bonaparte, informé que Djezzar s'était emparé du fort de El-A'rych, qui, placé dans le désert et à dix lieues sur le territoire de l'Egypte, en défendait les frontières, ne peut plus douter des intentions du pacha.

Certain d'être attaqué, et flatté sans doute d'avoir été ainsi prévenu par l'ennemi, Bonaparte se hâte de retourner au Caire. Il trouve sur sa route, à Salahieh, les troupes destinées à former l'avant-garde de l'expédition de Syrie, et il les met de suite en mouvement. De sa personne il court jour et nuit vers la capitale, et toute l'armée est bientôt sur les pas de l'avant-garde. Sous les généraux Kléber, Reynier, Lannes et Bon, marchent Verdier et Junot, La Grange que Bonaparte désignait sous le nom de l'*Infatigable*, Vaux et Robin, Rampon et Vial, ainsi que l'adjudant-général Rambeau. Le général Murat commande la cavalerie, Caffarelli-Dufalga le génie, et Dommartin l'artillerie. Cette armée formait environ treize mille hommes, en y comprenant le corps des guides et celui des dromadaires, sorte de milice composée des plus intrépides soldats, et qui avait enfin triomphé de la rapidité des chevaux arabes.

Le général en chef se repose de la défense et de la tranquillité de l'Egypte sur les généraux Desaix et Belliard, Friant, Lanusse, Zayonscheck, Fugières et Leclerc, ainsi que sur les adjudans-généraux Almeyras et Boyer. Dugua et Destaing restent au Caire, Menou à Rosette; et l'importante ville d'Alexandrie, devant laquelle croisaient les Anglais, et que son éloignement allait rendre entièrement indépendante du général en chef, fut confiée au général Marmont qui réunissait tant de connaissances diverses à tant de bravoure éprouvée. Almeyras, commandant à Damiette, est chargé de presser les travaux des fortifications, et de faire embarquer les vivres et les munitions pour l'armée de Syrie, en profitant de la navigation du lac Menzalèh et du port de Thynèd, près de Péluse (ville de bourbe, la *Lutèce* de ces contrées); on devait de là les transporter dans les magasins établis à Kathièh (Quathièh), lieu que le général Andréossi croit être l'emplacement que Quinte-Curce appelle le *camp d'Alexandre*.

L'armée avait besoin de quelques pièces de siége pour battre la place d'Acre: les difficultés du désert en rendaient le transport impraticable par terre. Les charger sur quelques frégates mouillées dans la rade d'Alexandrie, et braver la croisière anglaise, était un projet audacieux sans doute, mais qui, par cela même, ne pouvait manquer de sourire au général en chef. Il ordonne au contre-amiral Perrée d'embarquer à Alexandrie l'artillerie de siége dont il avait besoin, d'appareiller avec *la Junon*, *la Courageuse* et *l'Alceste*, de croiser devant Jaffa, et de se mettre en communication avec l'armée, calculant et déterminant, par ses instructions, l'époque à laquelle l'escadre et chaque division doivent arriver.

Après les marches les plus pénibles dans le désert, Reynier force le village d'El-A'rich, repousse la cavalerie ennemie qui veut le bloquer, et entre dans le fort après deux jours de siége, et d'une correspondance bizarre entre les assiégés et les assiégeans. Le capitaine du génie Sabatier reçut une blessure grave devant cette place.

Le 2 ventose (20 février 1799), la garnison, forte de seize cents hommes, se rend et met bas les armes, sous la condition de se retirer à Bahgdhad, par le désert. Une partie des Maugrabins prend du service dans l'armée française. On trouve dans le fort environ deux cent cinquante chevaux, deux pièces d'artillerie démontées, et des vivres pour plusieurs jours.

L'armée égarée par ses guides, et ayant surmonté les plus grandes difficultés, arriva enfin dans les plaines de Ghazah. Les habitans ayant envoyé des députés au devant des Français, ils furent traités en amis. C'était cette ville qui s'était si vaillamment défendue contre Alexandre, et devant laquelle ce conquérant, irrité des deux blessures qu'il y avait reçues, exerça une vengeance si cruelle et si déshonorante contre le courageux Bétis. L'armée séjourne le 8 et le 9 dans la ville. Bonaparte consacre ces deux jours à l'organisation civile et militaire de la place et du pays ; il forme un divan composé des principaux Turcs habitans de cette ville aujourd'hui capitale de la Palestine, et il part pour Jaffa, où l'ennemi rassemblait ses forces. Ce fut le 13 ventose qu'on arriva devant cette place, dont les Arabes et les Mamloùks massacrèrent tous les habitans en 1722 et en 1776. Nos lecteurs savent que cette antique Joppé, célèbre dans l'Ecriture, saccagée par Judas Macchabée, par Titus, Trajan et Saladin, avait été réparée par Godefroi de Bouillon, et plus tard par saint Louis, lorsque ce prince eut acheté sa liberté, après la malheureuse bataille du Tanis ou de Massoure. Chaque pas que faisait l'armée d'Orient rappelait de grands souvenirs et de mémorables événemens.

SIÉGE DE JAFFA (YÂFÂ),

6 mars 1799.

La cavalerie et la division Kléber ont ordre de couvrir le siége de Jaffa, en s'avançant à deux lieues au-delà pour contenir les Naplousains, peuples de l'ancienne Samarie, tandis que les divisions Bon et Lannes forment l'investissement de la ville.

Jaffa est entourée d'une muraille sans fossés, flanquée de bonnes tours avec du canon, et deux forts défendent la rade. On décida le front de l'attaque, au sud de la ville, contre les parties les plus élevées et les plus fortes, dans l'espoir d'éloigner l'attention de l'ennemi des surprises qu'on espérait pouvoir tenter.

Pendant qu'on ouvrait la tranchée, qu'on établissait les batteries, et qu'on perfectionnait les travaux, on eut à repousser deux sorties des assiégés, parmi lesquels se confondaient des Maugrabins, des Albanais, des Kurdes, des Natoliens, des Caramaniens, des Alepyns, des Damasciens et des noirs

SIÉGE DE JAFFA.

de Tékoùr. Duroc, aide-de-camp du général en chef, et honoré de son affection particulière, se fit remarquer dans ces circonstances comme il l'avait déjà fait en Italie.

Le féroce Abd-Oùlhah ayant fait trancher la tête au Turc porteur d'une première sommation, on commença à canonner la place le 16 (6 mars), à la pointe du jour; et la brèche étant jugée praticable à quatre heures du soir, l'assaut fut ordonné. Les carabiniers des deux premiers bataillons de la 22ᵉ demi-brigade d'infanterie légère s'élancent, ayant à leur tête leur chef de brigade Lejeune, officier très-distingué, l'adjudant-général Rambaud, l'adjoint aux adjudans-généraux Nétherwode, et l'officier de génie Vernois; ils ont avec eux des ouvriers du génie et de l'artillerie. Les chasseurs des deux bataillons suivent leurs carabiniers, et ils gravissent sous le feu de quelques batteries de flanc qu'il avait été impossible d'éteindre. Ils parviennent, après des prodiges de valeur, à se loger dans la tour carrée, et le chef de brigade Lejeune est tué sur la brèche. Le capitaine Guignard, le grenadier Vaulher, le chasseur Charlin, le sergent Nolot qui, à travers la fusillade, enleva les drapeaux plantés sur les remparts; Girard, mineur à la 5ᵉ compagnie, et Gai, sergent au 4ᵉ régiment d'artillerie à pied, méritèrent des armes d'honneur. L'ennemi fait, à plusieurs reprises, les plus grands efforts pour repousser la 22ᵉ; mais elle est soutenue par la division Lannes, et par l'artillerie des batteries qui s'avance dans la ville en suivant les progrès des assiégeans.

La division Lannes, avec laquelle marche encore le chef de bataillon Duroc, gagne de toit en toit, de rue en rue : bientôt elle a escaladé et pris les deux forts. Dans ce moment même, la division Bon, qui avait été chargée des fausses attaques, pénètre dans la ville par une issue que des soldats ont découverte le matin du côté de la mer. La garnison, prise ainsi de front et à revers, se défend avec acharnement; elle refuse de poser les armes; et les douze cents canonniers turcs, les deux mille cinq cents Maugrabins ou Arnautes dont elle est composée, sont passés au fil de l'épée. Rien n'égale l'horreur du carnage que les généraux ne purent arrêter qu'au bout de vingt-quatre heures. La fureur des soldats avait été portée à son comble à la vue des cadavres de plusieurs de leurs camarades, faisant partie de ceux qui avaient pénétré le matin dans la place, et que les habitans avaient indignement mutilés. On épargna trois cents Egyptiens qui demandèrent la vie, et parmi lesquels Abd-Oùlhah, ayant trouvé le moyen de se cacher, vint implorer la clémence du vainqueur.

La prise de cette place coûta aux Français plus de cinquante hommes, et ils eurent deux cents blessés. Le chef de bataillon Magni, l'un de ces derniers, fut nommé en remplacement de Lejeune que la 22ᵉ légère honora de ses regrets.

On trouva dans la place quarante pièces de canon ou obusiers de 16, formant l'équipage de campagne envoyé à Djezzar par le Grand-Seigneur, et une vingtaine de pièces de rempart, tant en fer qu'en bronze : il y avait sur la rade environ quinze petits bâtimens de commerce. C'était par ce port que Salomon avait fait arriver les bois, les fers et les marbres destinés à la construction du temple de Jérusalem qui n'est qu'à huit lieues de Jaffa.

Le général en chef, ayant donné les ordres nécessaires pour mettre la place et le port en état de défense, pour y établir un hôpital et des magasins, prescrivit au contre-amiral Perrée de se rendre avec les trois frégates dans ce port qui allait devenir l'entrepôt général de l'armée. Bonaparte en confie le commandement à l'adjudant-général Grézieux, militaire distingué, mais qui mourut bientôt de la peste, malgré toutes les précautions que lui suggéra son imagination épouvantée. Le général Robin, de retour de Faïoum, gouverna cette province.

Avant de nous éloigner de Jaffa, nous devons signaler ici l'un de ces traits de courage les plus dignes d'honorer l'humanité, et les plus capables de commander l'admiration et la confiance de la multitude. Si un militaire tel que Grézieux avait pu connaître la terreur à la seule idée que la peste pouvait l'atteindre, quel devait être l'accablement de tous les soldats entassés dans l'hôpital, expiant l'avidité avec laquelle ils s'étaient livrés au pillage, par la certitude de ne s'être revêtus, nouveaux Hercules, que de robes empoisonnées? Le désespoir et le découragement allaient gagner l'armée tout entière. Bonaparte, après avoir envoyé aux malades tous les genres de secours, et même ses provisions particulières, paraît tout-à-coup au milieu d'eux avec le médecin en chef, l'intrépide Desgenettes, et l'état-major. Le général et le moderne Hippocrate s'approchent de chaque lit, causent tranquillement avec chaque malade, touchent même plusieurs tumeurs pestilentielles qu'ils font ouvrir devant eux; et, par cette démarche simple et héroïque, rétablissant le moral des troupes, ils remportent de nombreux

SIÉGE DE PTOLÉMAÏS (ACRE).

triomphes sur la contagion. Un célèbre artiste, M. Gros, élève du plus grand peintre de l'école moderne, a retracé sur la toile tous les détails de ce mémorable dévouement.

L'armée ayant continué sa marche, Kléber, Bon et Lannes rencontrèrent Abdalla-Pacha qui avait pris position avec deux mille chevaux sur les hauteurs de Korsoùm, ayant à sa gauche un corps de dix mille Turcs qui occupaient la montagne.

Les divisions Kléber et Bon se forment en carré, et marchent sur la cavalerie ennemie, qui évite le combat. La division Lannes reçoit l'ordre de se porter sur la droite d'Abdalla, de manière à le couper et à le contraindre de se retirer sous Acre ou Damas, sans s'engager elle-même dans les montagnes.

Cette division se laisse emporter par son ardeur; et, dans un combat livré malgré les ordres supérieurs, elle tue quatre cents hommes à l'ennemi, mais elle perd quinze soldats et elle en a trente de blessés.

Les Français entrèrent le 15 mars dans le bourg de Caïffa, au pied du fameux mont Carmel. L'ennemi avait abandonné cette place, dans la rade de laquelle croisait une escadre anglaise, et où l'on trouva environ vingt mille rations de biscuit, et autant de riz. Ce port aurait pu être d'une grande utilité pour l'armée française, si, en l'évacuant, l'ennemi n'eût emmené avec lui l'artillerie et les munitions du fort. Lambert, chef d'escadron des dromadaires, dont nous avons déjà signalé la valeur dans le Tirol, étant resté commandant du château de Caïffa avec soixante hommes, repoussa, quelques jours après, une descente des Anglais qu'il surprit dans une embuscade, et auxquels il fit perdre plus de cent soldats tués ou blessés.

Le 20 ventose (17 mars), on s'avance sur Saint-Jean-d'Acre ou Ptolémaïs, cette ville qui soutint de si longs siéges contre les croisés, qui fut le théâtre de la valeur et de la rivalité de Philippe-Auguste et de Richard-Cœur-de-Lion, et dans les murs de laquelle ce roi anglais fit trancher la tête à plus de cinq mille prisonniers demeurés en son pouvoir. L'armée française, qui marchait par un temps brumeux et à travers des routes impraticables, n'arriva que très-tard à l'embouchure de la rivière qui coule, à quinze cents toises de la place, dans un fond marécageux. Ce passage était d'autant plus dangereux à tenter de nuit, que l'ennemi avait, sur la rive opposée, des tirailleurs d'infanterie et de cavalerie. Cependant le général Andréossi, chargé de reconnaître les gués, s'y jeta avec le second bataillon de la 4e légère, et s'empara, à l'entrée de la nuit, des hauteurs de l'ancien camp retranché. Le chef de brigade Bessières, avec une partie des guides et deux pièces d'artillerie, prit position entre le plateau et la rivière.

On travailla, pendant la nuit, à un pont sur lequel toute l'armée passa sur l'autre rive, le 28, à la pointe du jour. Bonaparte se porte aussitôt sur une hauteur qui domine Saint-Jean-d'Acre, à mille toises de distance; il fait attaquer l'ennemi qui tenait encore dans les jardins dont la ville est entourée, et il le force à se renfermer dans la place.

Le siége de Ptolémaïs (Saint-Jean-d'Acre) par l'armée d'Orient est l'événement le plus remarquable de l'expédition de Syrie. On ne connaît pas d'épisode qui réunisse, dans un aussi court espace de temps, autant de combats, autant de courage d'un côté, autant d'acharnement de l'autre, et qui présente aux regrets de la patrie autant d'illustres victimes. Le féroce Djezzar, malgré les moyens de terreur employés par lui pour prolonger le fanatisme des Musulmans, aurait nécessairement succombé, si le commodore Sydney-Smith, et surtout l'émigré Phélipeaux, ancien lieutenant d'artillerie au régiment de Besançon, ne fussent venus l'aider, l'un de ses lumières, et l'autre de la puissante intervention de l'escadre qu'il commandait. Sir William Sydney-Smith n'était encore connu de la France que par la mission qu'il avait reçue de l'amiral Hood, et qu'il avait remplie avec joie et de son mieux, de livrer aux flammes la malheureuse ville de Toulon et tous ses établissemens maritimes, lorsque les Anglais s'enfuirent de ce port qui s'était ouvert pour eux avec une si aveugle confiance. Fidèle à cette espèce de vocation, et mettant à profit la facilité avec laquelle il parlait français, sir Sydney s'était fréquemment glissé le long des côtes, et avait incendié beaucoup de bâtimens. Surpris au milieu du cours de ses expéditions, il avait été enfermé au Temple avec Phélipeaux, qui, pour échapper à la rigueur des lois, s'était donné pour le valet de l'officier anglais. L'argent de la Grande-Bretagne ne pouvait être mieux employé qu'à ouvrir les portes de la prison de ces deux militaires habiles, actifs, et ennemis irréconciliables de la France. Avec de faux ordres et de faux gendarmes, ils furent extraits du Temple, et Londres les reçut en triomphe. Lancés aussitôt à la poursuite de Bonaparte, ils commencèrent par se concilier les bonnes graces de l'empereur de Maroc, et par contraindre le Grand-Seigneur à entrer dans la coalition. N'ayant pu ensuite retarder l'expédition de la Syrie en bombardant Alexandrie, ils avaient cinglé vers Saint-Jean-d'Acre, et s'étaient emparés, chemin faisant, de l'artillerie de siége que Perrée envoyait à Bonaparte. Ce général eut donc contre lui non seulement l'escadre anglaise qui ravitaillait la place, mais encore un ingénieur français qui employait contre sa patrie les connaissances qu'il avait puisées dans son sein, et qui faisait servir à défendre Ptolémaïs les canons d'abord destinés à renverser ses murailles.

Les secours de Smith et l'habileté toujours inépuisable de Phélipeaux leur donnaient une telle influence sur Djezzar-Pacha, décidé par eux seuls à combattre, que le commodore put s'opposer personnellement à l'enlèvement des cadavres, proposé par le chef d'état-major Berthier pour prévenir les ravages de la peste. Il sera toujours à regretter pour la gloire du nom anglais que ce général, avec cette autorité inflexible que les agens de la Grande-Bretagne savent si bien exercer sur ceux qu'elle protège, n'ait pu empêcher le *Pacha-Boucher* de faire mutiler les prisonniers français, de faire promener dans la ville leurs têtes sanglantes et leurs membres palpitans; et enfin d'en attacher plus de quatre cents, deux à deux, de les coudre dans des sacs, et de les précipiter dans la mer, qui rejeta sur le rivage de nombreux débris de cet épouvantable sacrifice. L'histoire adressera un reproche peut-être encore plus direct à sir Sydney-Smith, dont la loyauté a été louée par des plumes françaises. Comme ministre plénipotentiaire auprès de la Porte ottomane, et en sa qualité de commandant de la flotte combinée devant Acre, il ne lui répugna point de certifier l'authenticité et de garantir l'exécution d'une proclamation par laquelle le visir excitait les généraux, officiers et soldats français à déserter. L'honneur, dans le temple duquel, comme on le sait, on ne peut pénétrer qu'en passant par celui de la vertu, défend de rien conseiller qui ne soit conforme à ses principes. Le jour, au surplus, où le commodore s'associait à un acte aussi étrange (10 mai 1799) était précisément celui où le Corps législatif de la république dénonçait à l'Europe, au monde, à la postérité, l'assassinat des plénipotentiaires français au congrès de Rastadt. Les détails de ce nouveau crime, commis le 28 avril dans la ligne des avant-postes autrichiens, font frémir la nature, et auraient soulevé d'indignation les peuples les plus sauvages. Nous n'en souillerons point l'enceinte du Temple de la Gloire.

Les 9e, 13e, 15e, 18e, 19e, 25e, 32e, 69e, 75e, 85e, 87e demi-brigades de ligne; les 2e, 4e, 22e légères; les détachemens de tous les régimens de cavalerie de l'armée d'Orient; les guides, l'artillerie, les mineurs, tous, sous leurs chefs intrépides, acquirent au prix de leur sang, devant Ptolémaïs, de nouveaux droits à la reconnaissance publique. Mais ce siége de soixante jours, que l'armée fut contrainte de lever pour accourir au secours de l'Egypte, coûta la vie

SIÉGE DE PTOLÉMAÏS (ACRE).

aux illustres généraux Caffarelli-Dufalga, Bon et Rambaud, aux adjudans-généraux Escale, Foulers et Laugier, aux commandans du génie de Troye et Say, aux colonels Venoux de la 25e, Boyer de la 18e, qui périt avec dix-sept de ses officiers et cent cinquante de ses soldats, dans une même affaire; aux adjoints Pinault et Gerbault; à Croisier, aide-de-camp du général en chef. La mort du capitaine d'état-major Mailly-Château-Renaud fut affreuse. Ce brave jeune homme brûlait de punir le trépas de son frère, envoyé en parlementaire à Djezzar, et dont la tête et le cadavre, renfermés dans un sac et abandonnés aux flots, étaient venus offrir sur la côte un horrible spectacle, et implorer une vengeance éclatante. Frappé sur la brèche, précipité dans le fossé avec le grenadier qui le transportait sur ses épaules, et qu'une blessure mortelle venait d'atteindre, l'infortuné Mailly, ne pouvant être secouru, vit arriver un Turc qui lui trancha la tête, ainsi qu'à tous les Français tués ou mourans dont il était entouré. Quelle guerre l'armée française avait à soutenir, et quels ennemis elle avait à combattre! Le chef de brigade du génie Sanson, qui avait déjà rendu d'importans services à Mantoue, au Caire, à Belbeis, à Salahieh, eut le courage, en faisant pendant la nuit la reconnaissance de la contrescarpe, de continuer sa mission sans donner aucun signe de douleur, ayant eu la main traversée par une balle. Cet officier devenu général, et qui succéda, en 1804, au général Andréossi dans la direction du célèbre établissement connu sous le nom de *Dépôt général de la guerre*, reçut un sabre d'honneur. *La 32e était là* : d'Armagnac, son colonel; les capitaines Guillet et La Plane, les lieutenans Fournier et Valat, l'adjudant Toutant, les sergens Camborft et Taberly, les caporaux Marsala et La Ferté, les grenadiers et fusiliers Elliot et Batifolie, le tambour Baba, survivant à leurs braves camarades, eurent le droit, d'après des distinctions semblables ou analogues, d'être compris des premiers dans la Légion immortelle dont la devise est *Honneur et Patrie*. Avec eux nous devons nommer le chef de bataillon Combette, les lieutenant et sergent d'artillerie Perrin et Boudot, le sergent de mineurs Villemont, Rath et Citté de la 18e, Ménard et Decomberousse de la 4e légère. Ce dernier, alors caporal, avait soutenu, lui quatrième, l'attaque d'une multitude de Turcs qu'il avait forcés de regagner à la hâte leurs retranchemens. Les généraux Vial, Rampon, Verdier, Vaux, Murat, acquirent devant Saint-Jean-d'Acre une nouvelle illustration; et le général Lannes, qui déjà ne comptait plus le nombre de ses blessures, en reçut une nouvelle, le 8 mai, dans l'assaut mémorable où périt Rambaud, et où deux cents grenadiers, arrivés jusqu'au sérail du pacha, mais désespérant d'être secondés par leurs camarades, se barricadèrent dans une mosquée, continuèrent à s'y défendre, et ne consentirent à remettre leurs armes qu'à Sydney-Smith lui-même, qui, frappé d'une si noble résistance, ambitionna la gloire de ravir cent cinquante héros à la férocité d'Achmet.

Pendant le siége, Bonaparte avait envoyé, au nord, le général Vial prendre possession de l'ancienne Tyr (Tsor), liée au continent par la fameuse digue d'Alexandre, et ruinée après les sept mois du siége qu'elle avait soutenu contre l'armée victorieuse de ce conquérant. Murat, vers le nord-est, étant entré dans Béthulie que ne défendaient plus les charmes et le dévouement de Judith, s'empara du fort Ssafet, et y laissa pour commandant le capitaine Simon. Ce brave officier de la 22e légère sut non seulement s'y défendre avec vigueur, et repousser les Turcs qui tentèrent l'escalade, mais encore procurer les notions les plus exactes sur les mouvemens de l'ennemi. Le général Murat poussa ensuite des reconnaissances, faites trop légèrement, jusque sur les rives du Jourdain, pendant que Junot, chargé d'occuper Nazareth, eut à résister à une armée venue de Damas, et dont l'existence avait été ignorée par Murat. Junot, qui de Nazareth avait couru au devant de cette multitude seulement avec cent cinquante grenadiers de la 19e de ligne, cent cinquante carabiniers de la 2e légère commandés par le chef de brigade Desnoyers, et une centaine de chevaux sous les ordres du chef de brigade du 14ᵉ de dragons Duvivier, rencontra trois mille cavaliers entre *Loubi* et le Mont-Thabor, et fut tourné par une autre cavalerie de deux mille Turcs, Mamloùks et Maugrabins. L'audace de ce général et de son faible détachement sut immortaliser la journée de *Loubi* ou de Nazareth (19 germinal — 8 avril). Faire face à la fois des deux côtés, combattre en silence et de sang-froid, n'employer le feu de la mousqueterie qu'au commandement, donner la mort à tout ce qui s'avance, et recevoir à bout portant trois charges successives avec la même intrépidité : voilà ce que quatre cent cinquante Français ont su exécuter au milieu de cinq mille ennemis. Les combats singuliers dont le brave Duvivier avait donné l'heureux exemple dans les plaines de Mantoue (page 256) se renouvellent en sa présence : on croyait revoir Tancrède triompher d'Argant, Godefroi de Bouillon renverser Emiren; et, comme le fier et redoutable Renaud qui, dans un même jour, vainquit Adraste et Tysapherne, le bouillant Junot, attaqué par deux Mamloùks, brûle la cervelle au premier, et d'un coup de sabre met l'autre hors de combat. Les arts ont essayé à l'envi de reproduire ce beau fait d'armes, et l'on a pu admirer les esquisses de Gros, de Meynier, de Hennequin, de Demarne et de Caraffe, cet artiste enlevé si tôt à l'amitié, et qui, long-temps avant l'expédition française, était allé sur les lieux mêmes étudier les mœurs, les costumes et les usages des Egyptiens et des Orientaux. Junot, qui opéra sa retraite en bon ordre, ne perdit que douze hommes, au nombre desquels était le capitaine Gilbert, du 3ᵉ de dragons; et ce général loua particulièrement son aide-de-camp Teinturier, le sergent-major Franquet, le caporal Lacroix, et les maréchaux-de-logis de dragons Rousse et Decamp.

Kléber, d'après les ordres du général en chef, était allé au secours de Junot; et rencontrant les ennemis à Cana (Kanah), il les avait repoussés jusqu'au Jourdain, dans un combat où Junot, toujours intrépide, avait eu ses habits percés de trois balles et deux chevaux tués sous lui, ainsi qu'un dromadaire. La bataille du Mont-Thabor avait suivi de près tous ces divers engagemens.

BATAILLE DU MONT-THABOR,

16 avril 1799.

Bonaparte, reconnaissant la nécessité de livrer une bataille décisive pour arrêter les progrès d'une armée dont les combattans égalaient en nombre, disait-on, les étoiles du ciel et les grains de sable de la mer, laissa devant Acre les divisions Reynier et Lannes, et il partit avec le reste de sa cavalerie, la division Bon et huit pièces d'artillerie. A neuf heures du matin, le 27 germinal, il arrive sur les hauteurs d'où il découvre Fouli et le Mont-Thabor. Il aperçoit, à environ trois lieues de distance, dans la plaine d'Esdrélon, la division Kléber, qui était aux prises avec près de vingt-cinq mille hommes de cavalerie, au milieu desquels résistaient deux mille Français formés en bataillons carrés, mais sur lesquels les forces immenses de l'ennemi exerçaient de terribles ravages. Il voit en outre le camp des Mamloùks, établi au pied

LE TEMPLE DE LA GLOIRE.

BATAILLE DU MONT-ABOR.
Bonaparte, Kleber, etc. Avril 1799.

BATAILLE DU MONT-THABOR.

des montagnes de Naplouze, à deux lieues en arrière du champ de bataille.

Naplouze est l'ancienne Sichem, première demeure d'Abraham dans la terre de Chanaam : les monts de Sichem se nommaient Hébal et Garisim.

Bonaparte envoie aussitôt l'adjudant-général Le Turcq, avec la cavalerie et deux pièces d'artillerie légère, sur le camp des Mamloùks.

Le général Kléber, qui avait reçu des munitions, quatre pièces de canon et un renfort de cavalerie, avait eu l'intention d'attaquer l'ennemi le 27, avant le jour, en quelque nombre qu'il pût être; mais, égaré par ses guides, retardé par la difficulté des chemins et des défilés qu'il avait rencontrés, il n'avait pu arriver qu'une heure après le soleil levé : de sorte que l'ennemi, prévenu par ses avant-postes, avait eu le temps de monter à cheval.

Le général Kléber, comme nous venons de le voir, avait formé deux carrés d'infanterie, et avait fait occuper quelques ruines où il avait placé son ambulance. L'infanterie naplouzaine, avec deux petites pièces de canon portées à dos de chameau, était au village de Fouli; mais toute la cavalerie environnait la petite armée de Kléber. Plusieurs fois elle l'avait chargée avec impétuosité, mais toujours sans succès; toujours elle avait été vigoureusement repoussée par la mousqueterie et la mitraille de la division, qui combattait avec autant de valeur que de sang-froid.

Bonaparte, n'étant plus qu'à une demi-lieue de distance, fait marcher le général Rampon, à la tête de son inséparable 32e, pour soutenir et dégager Kléber, en prenant l'ennemi en flanc et à dos. Il prescrit en même temps au général Vial de se diriger, avec la 18e, vers les montagnes de Noùrès, pour forcer l'ennemi à se jeter dans le Jourdain; et aux guides à pied, de se porter à toute course à Djényn, pour lui couper la retraite.

Au moment où les différentes colonnes prennent leur direction, Bonaparte fait tirer un coup de canon de 12; et le général Kléber, averti par ce signal, quitte la défensive, attaque et enlève à la baïonnette le village de Fouli, passe au fil de l'épée tout ce qu'il rencontre, et continue sa marche au pas de charge sur la cavalerie, qui est aussi attaquée par les troupes du général Rampon. Vial la coupe aux montagnes de Naplouze; et les guides, parmi lesquels le trompette Krettly (de Versailles) mérita un sabre d'honneur, fusillent les Arabes qui se sauvent vers Djényn, ainsi que beaucoup de Mamloùks. Krettly fut ensuite lieutenant dans les chasseurs de la garde.

Le désordre est dans tous les rangs de la cavalerie ennemie; elle ne sait plus à quel parti s'arrêter : elle se voit coupée de son camp, séparée de ses magasins, entourée de tous côtés. Enfin elle cherche un refuge derrière le Mont-Thabor; elle gagne, pendant la nuit et dans le plus grand trouble, le pont de Giz-él-Mekanié; et un grand nombre de cavaliers se noie dans le Jourdain, en essayant de le passer à gué.

Le général Murat avait de son côté, avec ses six mille fantassins et un régiment de cavalerie, chassé les Turcs du pont de Jacoub, surpris le fils du pacha de Damas, enlevé son camp, et tué tout ce qui n'avait pas fui; il avait débloqué Ssafet, et poursuivi l'ennemi sur la route de Damas, d'où le commerce va communiquer au nord avec Alep, et d'où les voyageurs vont, à l'orient, visiter les ruines de Palmyre. La colonne de cavalerie, dirigée par l'adjudant-général Le Turcq, avait surpris le camp des Mamloùks, enlevé cinq cents chameaux avec toutes les provisions, tué un grand nombre d'hommes, et fait deux cent cinquante prisonniers. Ainsi l'ennemi, battu partout et au même instant sur un développement de neuf lieues, perdit plus de cinq mille hommes; et, dans la bataille du Mont-Thabor, quatre mille Français mirent en déroute dix mille fantassins et vingt-cinq mille hommes de cavalerie.

On sait que cette victoire ne fit que retarder l'irruption des armées turques dont l'Egypte était menacée par les déserts qui la séparent de la Syrie. Mais la saison des débarquemens faisant prévoir une attaque plus imminente sur la côte, Bonaparte, après avoir foudroyé Saint-Jean-d'Acre sans y pouvoir pénétrer, se hâta de ramener son armée au Caire. Autour de cette place, pendant son absence, ainsi qu'auprès de Rosette et d'Alexandrie, les généraux Marmont, Davoust, Dugua, Lanusse, Fugières, l'adjudant-général Jullien qui avait fait bénir son administration, le chef de brigade Lefebvre, avaient eu à combattre et à vaincre les Arabes, les Mamloùks, les Fellahs révoltés, et surtout le fameux imposteur El-Mahdy qui excita un soulèvement général. Se donnant pour un ange envoyé du ciel, pour un *Messie* promis par Mahomet, El-Mahdy avait formé des troupeaux immenses de fanatiques, comme la France n'en avait que trop vu dans la Vendée, et il avait bravé les balles françaises jusqu'au 20 mai, jour où il tomba percé de coups sur le champ de bataille.

La barbarie avec laquelle ce prétendu prophète avait fait égorger soixante soldats de la légion nautique, en s'emparant de Damanhour, entraîna la destruction de cette petite ville. On la punit de l'accueil qu'elle s'était empressée de faire à cet étrange général, qui, intéressé à jeter un voile sur son vrai nom et sur son origine, déploya, pendant sa courte apparition, des talens, et prodigua des richesses qui semblaient n'être point l'apanage d'un Arabe ou d'un simple Wéchabite.

Les événemens nous pressent de toutes parts. Hâtons-nous de retracer les derniers faits d'armes de l'armée d'Orient, afin de pouvoir, comme son général, revenir en Europe, et y recueillir encore d'importans matériaux pour cet ouvrage.

LES TURCS A ABOUKIR.

Lorsque Bonaparte, de retour en Egypte, s'occupait de réorganiser son armée, et de faire poursuivre Mourâd-Bey qui se rapprochait de la mer, il lui fallut se rendre précipitamment à Alexandrie pour s'opposer à une armée turque. Elle s'était emparée du fort et de la redoute d'Aboukir, le 15 juillet, après une glorieuse résistance, et la perte du brave chef de bataillon Godard qui, abandonné à ses propres forces, avait trouvé la mort en se précipitant au milieu des ennemis. Cette armée avait commis la faute de s'entourer de retranchemens, au lieu de se jeter sur Alexandrie où Marmont n'avait pas alors assez de troupes pour lui résister. Le général français se hâta de marcher à elle, espérant, par une victoire qui devenait indispensable, prévenir les insurrections que la présence de vingt mille janissaires et le retour des Mamloûks ne manqueraient pas de faire éclater. Bonaparte, qui avait mis tant de confiance dans le général Marmont, ne put lui cacher son mécontentement de ce qu'avec douze cents hommes et cinq pièces de canon, il n'avait pas culbuté dans la mer les trois mille Turcs qu'il avait laissés s'emparer de la redoute et du fort d'Aboukir.

Le 7 thermidor, à la pointe du jour, l'armée française se mit en mouvement. L'avant-garde était commandée par le général Murat, qui avait sous ses ordres quatre cents hommes de cavalerie, les dromadaires, et le 1er bataillon de la 69e demi-brigade.

La division Lannes formait l'aile droite, et la division Lanusse l'aile gauche. La division Kléber, qui devait arriver dans la journée, formait la réserve; et le parc, couvert d'un escadron de cavalerie, suivait cette dernière division.

Le général Davoust, avec deux escadrons et cent dromadaires, prend position entre Alexandrie et l'armée, pour faire face aux Arabes et à Mourâd-Bey qui pouvaient arriver d'un moment à l'autre, et pour assurer la communication avec Alexandrie.

Le général Menou, qui s'était porté à Rosette, avait l'ordre de se trouver dès la pointe du jour vers la maison carrée, au passage du lac Maadièh, pour canonner tout ce que l'ennemi aurait dans ce lac, et lui donner de l'inquiétude sur sa gauche.

Le séraskier Mustapha-Pacha, c'est-à-dire le commandant en chef des troupes ottomanes en l'absence du grand-visir, avait sa première ligne à une demi-lieue en avant du fort d'Aboukir. Mille hommes occupaient un mamelon de sable retranché à sa droite sur le bord de la mer, soutenu par un hameau, à trois cents toises, occupé par quinze cents Turcs et quatre pièces de canon. Sur une autre montagne de sable, à gauche et en avant aussi de la première ligne, l'ennemi s'était retranché pour couvrir les puits les plus abondans d'Aboukir. Quelques chaloupes canonnières flanquaient l'espace entre les deux lignes : il y avait sur ce monticule deux mille hommes environ et six pièces de canon.

Le pacha avait sa seconde position mieux assurée, en arrière du hameau, à trois cents toises; son centre était établi à la redoute qu'il avait enlevée, et qu'il avait liée au rivage par un retranchement de cent cinquante toises : sa gauche occupait des mamelons et la plage intérieure, qui se trouvait à la fois sous les feux de la redoute et sous ceux de trente chaloupes canonnières. Il avait dans cette seconde position à peu près sept mille hommes et douze pièces de canon. A cent cinquante toises, derrière la redoute, se trouvaient le village d'Aboukir et le fort occupés par environ quinze cents hommes. Quatre-vingts hommes à cheval entouraient le pacha; et l'escadre, qui avait embarqué toutes ces troupes à Rhodes, était mouillée à une demi-lieue dans la rade.

LE TEMPLE DE LA GLOIRE,

BATAILLE D'ABOUKIR,

25 juillet 1799.

Après deux heures de marche, l'avant-garde se trouve en présence de l'ennemi; la fusillade s'engage avec les tirailleurs à sept heures du matin.

Bonaparte arrête les colonnes, et fait ses dispositions d'attaque.

Le général de brigade Destaing, avec trois bataillons, marche pour enlever la hauteur, sur la droite de l'ennemi, occupée par mille hommes; en même temps un piquet de cavalerie a l'ordre de couper ces janissaires dans leur retraite sur le village.

La division Lannes se porte sur la montagne de sable, à la gauche de la première ligne des Ottomans, où il avait deux mille hommes et six pièces de canon; Murat, avec deux escadrons, doit observer ce corps, et lui interdire aussi toute retraite.

Le reste de la cavalerie marche au centre.

La division Lanusse reste en seconde ligne.

Le général Destaing s'étant avancé au pas de charge, l'ennemi abandonna ses retranchemens, et la cavalerie sabra les fuyards.

Le corps sur lequel marchait la division Lannes, voyant que sa droite se replie, et que la cavalerie tourne sa position, veut se retirer après avoir tiré quelques coups de canon. Les deux escadrons de cavalerie et un peloton de guides à cheval lui coupent la retraite, et forcent à se noyer dans la mer ces deux mille hommes dont aucun n'évite la mort. Hercule, chef d'escadron des guides, le même qui avait rendu un important service à la bataille d'Arcole (page 247), fut le seul Français blessé dans cette occasion.

Destaing s'approche du village, centre de la seconde ligne de l'ennemi; il le tourne, en même temps que la 32ᵉ demi-brigade l'attaque de front. L'ennemi fait une vive résistance; le pacha détache un corps considérable par sa gauche, pour venir au secours du hameau. La cavalerie le charge, le culbute, et poursuit les fuyards, dont une grande partie se précipite encore dans la mer.

Le hameau est emporté; les Turcs sont poursuivis jusqu'à la redoute, centre de leur seconde position. Cette position était très-forte; la redoute

LE TEMPLE DE LA GLOIRE.

BATAILLE D'ABOUKIR.
Bonaparte - 25 Juillet 1799.

BATAILLE D'ABOUKIR.

était flanquée par un boyau qui fermait à droite la presqu'île jusqu'à la mer. Un autre boyau moins perfectionné se prolongeait sur la gauche ; le reste de l'espace était occupé par l'ennemi, disséminé confusément sur des mamelons de sable et sous des palmiers. Les osmanlis paraissant résolus à se défendre jusqu'à la dernière extrémité, le combat allait recommencer avec une nouvelle fureur.

Pendant que les troupes reprennent haleine, on place des canons au village et le long de la mer ; on bat la droite de l'ennemi et sa redoute. Les bataillons du général Destaing formaient le centre d'attaque.

Le général Fugières reçoit l'ordre de former en colonne la 18e demi-brigade, et de marcher le long de la mer pour forcer, au pas de charge, la droite des Turcs. La 32e, occupant la gauche du village, doit tenir l'ennemi en échec, et soutenir la 18e.

La cavalerie, qui a passé à la droite de l'armée, attaque l'ennemi par sa gauche. Elle le charge avec impétuosité, à plusieurs reprises, le long de la plage ; elle sabre et pousse dans la mer tout ce qui est devant elle ; mais, ne pouvant rester entre le feu de la redoute et celui des canonnières ennemies, elle se repliait aussitôt qu'elle avait chargé, et le pacha renvoyait de nouveaux janissaires sur les cadavres de ses premiers soldats.

Cette obstination et ces obstacles ne font qu'irriter l'audace et la valeur de la cavalerie : elle s'élance et charge jusque sur les fossés de la redoute qu'elle dépasse, et le brave chef de brigade Duvivier trouve là le terme fatal de son honorable carrière. L'adjudant-général Roize, qui dirige les mouvemens avec autant de sang-froid que de talent ; le chef de brigade Bessières, commandant les guides à cheval ; l'adjudant-général Le Turcq, sont à la tête des charges.

L'artillerie légère et celle des guides prennent position sous la mousqueterie ennemie, et, par le feu de mitraille le plus vif, secondent avec vigueur tous ces mouvemens. L'adjudant-général Le Turcq juge qu'il faut un renfort d'infanterie ; et le général en chef, auprès duquel un caisson rempli de gargousses vient de sauter et de brûler seulement son habit, lui donne un bataillon de la 75e. Au moment où il rejoint la cavalerie, son cheval est tué ; alors cet homme intrépide court se mettre à la tête de la 18e demi-brigade, qu'il voit en marche pour attaquer les retranchemens de la droite de l'ennemi. Celui-ci étant sorti en même temps par sa droite, les têtes des colonnes se battent corps à corps : les Turcs s'efforcent d'arracher les baïonnettes françaises ; ils mettent le fusil en bandoulière, et ils se servent du sabre et du pistolet. Enfin la 18ᵉ arrive jusqu'aux retranchemens ; mais le feu de la redoute, qui flanquait le retranchement où l'ennemi s'était rallié, arrête et fait replier la colonne. Les généraux Fugières et Le Turcq font des prodiges de valeur ; le premier reçoit une blessure à la tête, et il continue néanmoins à combattre ; un boulet lui emporte le bras gauche, et alors il est forcé de suivre le mouvement rétrograde de la 18ᵉ qui se replie sur le village dans le plus grand ordre, et en faisant un feu très-vif. L'adjudant-général Le Turcq, qui avait fait de vains efforts pour déterminer cette colonne à se jeter dans les retranchemens ennemis, s'y précipite lui-même, et y plante le drapeau français ; mais il y reçoit une mort glorieuse, ainsi qu'une trentaine de braves, officiers et soldats de la 18ᵉ, dont le chef de brigade Morangié fut blessé. Celui-ci fut promu bientôt après au grade de général. Les Turcs, malgré le feu meurtrier des Français, s'élancent alors des retranchemens pour couper la tête des morts et des blessés, afin d'obtenir l'aigrette d'argent dont leur gouvernement, suivant son féroce et antique usage, gratifie tout militaire qui apporte la tête d'un ennemi.

Cependant le général en chef avait fait avancer un bataillon de la 22ᵉ légère, et un autre de la 69ᵉ. Le général Lannes, qui était à leur tête, saisit le moment où les Turcs étaient imprudemment sortis de leurs retranchemens et occupés à recueillir leurs horribles trophées ; il attaque la redoute de vive force par sa gauche et par sa gorge. La 22ᵉ et la 69ᵉ, ainsi qu'un bataillon de la 75ᵉ, sautent dans le fossé, et sont bientôt sur le parapet et dans la redoute, à la suite du chef de bataillon Bernard et du capitaine de grenadiers Baylle, tous deux de la 69ᵉ, qui y pénètrent les premiers. La 18ᵉ alors s'était élancée de nouveau, au pas de charge, sur la droite de l'ennemi.

Le général Murat et l'adjudant-général Roize profitent habilement de cet instant décisif : ils lancent la cavalerie entre la redoute et la mer, et ils traversent toutes les positions de l'ennemi. Ce mouvement est fait avec tant d'impétuosité et d'à propos, qu'au moment où la redoute était forcée, les escadrons coupaient déjà à l'ennemi toute retraite dans le fort. La déroute devient complète : l'ennemi, en désordre et frappé de terreur, trouve partout les baïonnettes et la mort. La cavalerie l'écharpe ; il ne croit avoir de ressource que dans la mer : dix mille hommes s'y précipitent, et ils y sont

BATAILLE D'ABOUKIR.

mitraillés. Jamais spectacle aussi terrible n'avait frappé les regards des Français, et aucun janissaire ne peut regagner les vaisseaux, qui s'éloignent à deux lieues dans la rade d'Aboukir. Mustapha-Pacha, sommé par Murat de rendre les armes, blesse ce général d'un coup de pistolet, et reçoit aussitôt de lui un coup de sabre qui lui coupe deux doigts de la main droite. Il est saisi avec ses deux cents janissaires. Deux mille ennemis jonchent le champ de bataille : toutes les tentes, tous les bagages, vingt pièces de canon, dont deux anglaises qui avaient été données par la cour de Londres au Grand-Seigneur, restent au pouvoir des Français. Par un *ordre du jour*, Bonaparte fit donner ces deux canons à la brigade de cavalerie qu'avait commandée le général Murat; on dut écrire sur la volée de ces pièces : *Bataille d'Aboukir*, avec les noms de Murat, de l'adjudant-général Roize, et des trois régimens 3ᵉ et 14ᵉ de dragons, et 7ᵉ de hussards. On ne pouvait plus dignement reconnaître que cette brigade avait décidé la victoire.

Cette glorieuse journée coûta aux Français deux cents hommes tués et sept cent cinquante blessés. Les pertes qui furent le plus vivement senties furent celles de l'adjudant-général Le Turcq, du brave Duvivier, du chef de brigade du génie Crétin, officier d'un grand mérite, qui avait remplacé Dufalga et Say. Le général en chef regretta particulièrement Fortuné-Pluvié Guibert, son aide-de-camp. Bonaparte honorait de son amitié ce jeune neveu du célèbre et estimable comte de Guibert, militaire éclairé, littérateur éloquent, et mort, si mal apprécié, en 1790, parce que sa belle âme avait une égale aversion pour les excès de la licence et pour les chaînes du pouvoir absolu. Un autre Guibert, porte-étendard, le maréchal-des-logis Brunel, les brigadiers Fonade et Bochieux, le guide Paul, tous incorporés depuis dans les chasseurs de la garde, reçurent des armes d'honneur pour avoir enlevé une batterie de canon; et Libes, sergent-major à la 32ᵉ, obtint une même récompense pour avoir résisté à six Turcs, malgré ses nombreuses blessures. Celle du général Fugières avait nécessité une opération qui fit le plus grand honneur à l'habileté du chirurgien en chef Larrey. Fugières, qui ne croyait pas pouvoir survivre à ses souffrances, et sur la perte duquel le général Bonaparte s'attendrissait, lui fit cette réponse à laquelle les événemens ont imprimé depuis le caractère d'une prédiction remarquable : « *Un jour, général, vous envierez mon sort; je meurs au champ d'honneur.* » Le 27 juillet 1799, époque où le général en chef consignait cet étrange horoscope dans son rapport au Directoire exécutif, correspond au jour même où l'on publia à Londres, en 1815, la résolution prise par le cabinet de Saint-James de confiner Napoléon dans l'île de Sainte-Hélène. Fugières ne mourut point alors, et il a commandé la succursale des invalides, à Avignon, jusqu'à la fin de ses jours qui eut lieu en 1812. Les noms de Caffarelli-Dufalga, de Crétin, de Le Turcq, de Duvivier, furent donnés à divers forts d'Alexandrie. Bonaparte ordonna de construire une redoute qui prendrait le nom de Guibert, sur le mamelon où se trouvent les puits d'Aboukir, seule position militaire que cette plage puisse offrir à des troupes qui effectuent un débarquement. Menou, malgré une nouvelle recommandation du gouvernement, négligea l'exécution de cet ordre, et, vingt mois après (mars 1801), cet oubli eut un déplorable résultat.

Huit jours après la bataille d'Aboukir, le fort, dans lequel s'était enfermé le fils du pacha avec douze cents hommes, ouvrit ses portes, mais sans faire aucune capitulation. Mourant de faim, les Turcs vinrent se jeter aux genoux des assiégeans; et, dans les vingt-quatre heures, quatre cents de ces prisonniers périrent pour avoir bu et mangé avec une trop grande avidité. La nécessité à laquelle ils avaient été réduits était due aux attaques impétueuses du général Davoust, qui les avait chassés de toutes les maisons du village, et qui fut secondé par la 22ᵉ d'infanterie légère que dirigeait le chef de brigade Magni qui fut blessé; par le général Robin, par les officiers du génie Bertrand, chef de bataillon, et Liédot; par le commandant d'artillerie Faultrier, et par le chef de brigade Darmagnac. Le général Lannes, qui avait commandé ce siége, y fut encore blessé, ainsi que Bertrand, celui que nous verrons, en 1809, faire subir le joug aux flots irrités du Danube.

DÉPART DE BONAPARTE,
APERÇU DES ÉVÉNEMENS QUI LE RAPPELAIENT EN EUROPE.

Ainsi se trouvaient dissipées ces forces menaçantes qui devaient reconquérir l'Égypte; ainsi l'armée française pouvait espérer de s'affermir dans cette importante colonie, pour peu que la métropole parvînt à y faire passer les secours que des combats si multipliés rendaient de plus en plus indispensables. Mais il y avait déjà long-temps que d'autres événemens militaires avaient tout-à-fait changé les dispositions du Directoire exécutif à l'égard de l'expédition d'Orient. Non seulement il se croyait dans l'impossibilité de la favoriser, mais il avait annoncé, dès le 26 mai 1799, au général Bonaparte, que l'amiral Brueys était chargé d'aller chercher et de ramener son armée, et que la situation des affaires faisait vivement désirer au gouvernement de revoir ce général à la tête des armées françaises en Europe. Il l'autorisait au surplus, s'il croyait

DÉPART DE BONAPARTE, etc.

pouvoir le faire avec sécurité, à laisser en Egypte une partie de ses forces, et à disposer du commandement en faveur du général le plus capable de le remplacer.

Cet ordre, avec lequel coïncidaient toutes les correspondances particulières, ne tarda à être exécuté que le temps nécessaire pour anéantir l'armée ottomane à Aboukir. Bonaparte, qui, surtout après cette dernière victoire, ne pouvait pas désespérer du sort de sa conquête, saisit avec empressement l'occasion qui venait s'offrir, comme d'elle-même, d'aller influer plus directement sur sa conservation. Une autre pensée d'ailleurs devait lui sourire : c'était de se voir imploré par un gouvernement qui, dans sa jalouse inquiétude, ne lui avait pas ménagé les dégoûts, et qui l'appelait néanmoins comme le seul capable de sauver la France, menacée d'être partout envahie. A cette époque, en effet, on n'employait Moreau qu'à réparer des fautes et des revers; et les succès futurs de Brune en Hollande, et de Masséna en Helvétie, assistés l'un et l'autre par d'habiles lieutenans, n'avaient point encore démontré que la république n'était pas veuve de tous ses grands généraux. Le général en chef, après avoir ouvert des négociations avec le grand-visir stationné à Damas, et avoir essayé de rappeler la Sublime Porte à ses véritables intérêts; après avoir assuré par de sages mesures la tranquillité de l'Egypte, donné par écrit au général Kléber, auquel il transmettait l'autorité, des instructions et les assurances d'un éternel intérêt, s'embarqua, le 23 août 1799, sur la frégate *le Muiron* que commandait le contre-amiral Ganteaume. Bonaparte emmenait avec lui les généraux Berthier, Lannes, Murat, Marmont, Andréossi, son aide-de-camp Lavalette, son secrétaire Bourienne, les savans Monge, Bertholet et Denon, auxquels obtint de se réunir, au moment du départ, l'élégant et naïf Parseval-Grandmaison qui, dans son projet de se dévouer à la poésie épique, et comme s'il eût voulu prendre l'héroïsme sur le fait, s'était attaché à cette expédition mémorable. Une autre frégate, *le Carrère*, marchait de conserve avec les avisos *la Foudre*, *la Rancune* et *l'Indépendant*. Cette frégate, qui transportait deux cent cinquante guides, sous les ordres du général de brigade Bessières, était commandée par Dumanoir-le-Pelley, de Granville, qui, pour acquérir de la gloire, n'avait besoin que de suivre l'exemple donné, pendant cinquante ans, par le vertueux et intrépide Pléville-le-Pelley, son oncle, vice-amiral et ministre de la marine, et qui, ayant eu la jambe emportée lorsqu'il n'était encore qu'enseigne en 1746, n'avait cessé de combattre les ennemis de sa patrie, et de s'immoler pour sa gloire et pour son indépendance.

Nous allons aussi quitter un moment l'Egypte, où nous rameneront bientôt la bataille d'Héliopolis et le trépas d'un grand homme. Pour l'intelligence des opérations que vont couronner les victoires de Bonaparte à Marengo, de Moreau à Hohenlinden, et de Macdonald chez les Grisons et dans le Tirol, célèbres faits d'armes qui termineront ce volume, jetons un coup d'œil rapide sur quelques événemens intermédiaires, et sur des malheurs auxquels la gloire des braves cependant ne reste pas entièrement étrangère.

Le plus grand des maux, la source de tous les autres pour la France, sous le règne si court de la constitution de l'an III, fut la composition du Directoire exécutif. Si l'on ne remontait à des causes secrètes, toujours hostiles et jamais inactives, il serait impossible de s'expliquer comment, dans huit élections qui placèrent treize directeurs au timon des affaires, deux d'entre eux parurent seuls précédés d'une réputation européenne. Le Corps législatif, honteux de chacun de ses choix, ne sembla occupé pendant quatre ans qu'à les déprécier et à les détruire. Il était impossible à ce grand collège électoral, qui croyait ne céder qu'à ses passions, d'obéir plus servilement à une influence étrangère. Le gouvernement éphémère de la république, sans union, sans appui, sans dignité, semant la terreur et la corruption où n'auraient dû germer que la justice et le désintéressement, démolissant pièce à pièce les fondemens sur lesquels il devait s'appuyer, ne pouvait administrer chez lui; il voulait régner chez les autres. Faisant et défaisant des constitutions; n'adoptant des amis que comme des tributaires; renvoyant dans les capitales de vingt peuples les avanies dont il était abreuvé dans son propre palais, le Directoire, trop souvent représenté au dehors par des agens irascibles, et ne sachant, puérils imitateurs, que tracer sur la poussière le cercle de Popilius, était ainsi devenu le plus utile auxiliaire des ennemis de la France et de la liberté.

GUERRE DE NAPLES.

Le ministère anglais était trop actif pour ne pas profiter de fautes que son or avait su multiplier et rendre irréparables. Pendant qu'il ralentissait les négociations de Rastadt, et qu'il fomentait l'insurrection du peuple de Rome contre les Français, dont les divisions avaient provoqué le malheur, il décidait la cour de Naples à recourir la première à de nouvelles hostilités. Cette cour ne doutait de rien; elle venait de prendre à son service le général autrichien Mack, que son courage avait fait distinguer par les maréchaux Lascy et Laudon, mais que la faiblesse de son caractère destinait à une si déplorable célébrité. Le ministre tout puissant Acton, le Godoï du royaume de Naples, qui avait fait accueillir Nelson avec de si grandes démonstrations de joie, après sa victoire navale d'Aboukir, ayant reçu les subsides, les armes et les munitions arrivées de Londres, pressa donc la déclaration de guerre, et précipita les colonnes de l'armée napolitaine sur le territoire romain. Les Français, réorganisés par Dallemagne et par Gouvion-Saint-Cyr, et ne formant pas en tout un corps de douze mille hommes, étaient alors disséminés sur un terrain immense depuis Terracine jusqu'à Ancône. Tous leurs postes se reploient aussitôt devant quatre-vingt mille ennemis; Rome est évacuée, et le roi Ferdinand entre en triomphe dans cette capitale. On fusille, comme on l'avait fait à Naples, les fonctionnaires publics; on égorge, on noie les juifs; on jette au vent les cendres de l'infortuné général Duphot; et, au milieu de ces barbaries que l'on appelait expiatoires, le roi, pénétré d'une juste reconnaissance envers saint Janvier, invite le pape à revenir *sur les ailes des mêmes chérubins qui avaient jadis transporté Notre-Dame de Lorette*. Mais le général en chef Championnet, si glorieusement connu dans les armées de la Moselle et de Sambre-et-Meuse, avait promis de mettre un terme à cette marche rapide, à ces miracles et à cet enthousiasme. Il tint parole.

L'aile gauche de l'armée française, réunie par les généraux Rusca, Monnier et Casa-Bianca, repousse la droite des Napolitains. Les 17e et 73e demi-brigades, avec le 19e de dragons, reprennent leurs positions. Lemoine, avec une poignée de braves, avait opposé une vive résistance dans la plaine de Terni; et, soutenu par le général Dufresse et la 97e demi-brigade, il avait dégagé la droite des Français, pressée par quarante mille hommes que Mack et Ferdinand commandaient eux-mêmes. L'opération simultanée de cinq colonnes napolitaines avait échoué devant les combinaisons hardies de Macdonald, que secondèrent l'intrépidité du jeune Kellermann, du général polonais Kniazewitz, compagnon de gloire et d'infortune de l'immortel Kosciusko; le courage des généraux Lemoine et Rey, Duhesme, Dufresse, et Monnier accouru d'Ancône; des adjudans-généraux Bonnami et Thiébault, des chefs de brigade Lahure et Broussier, du chef de bataillon Villeneuve, du chef d'escadron Bru, nommé colonel sur le champ de bataille, et placé à la tête du 19e régiment de chasseurs à cheval; enfin, du capitaine Muller, dont la résistance à

GUERRE DE NAPLES, etc.

Civitta-Castellana, favorisa toutes les opérations des généraux. Le général Maurice Mathieu, déjà illustre sur les rives de la Moselle, de la Sambre et du Rhin, et qui, à la science et à la valeur, joignait cette fermeté qui maintient la discipline, source abondante et inépuisable des plus grands succès, eut, avec Kellermann, la plus grande part dans la fuite de Mack, auquel ils enlevèrent ses colonnes les plus actives, et ses deux meilleurs généraux, le cruel Mœsk et le brillant comte Roger de Damas, homme de talent et de caractère, que toute l'armée russe avait admiré, en décembre 1790, au siége célèbre et meurtrier d'Ismaïlow.

En dix-sept jours, dont chacun fut signalé par de glorieux faits d'armes et par une habileté remarquable de la part des généraux et des officiers français, quinze mille Napolitains furent détruits, et quatre-vingts pièces de canon enlevées, ainsi que vingt drapeaux, et presque tous les équipages dont cette nombreuse armée avait eu soin de se pourvoir. Mack déjà avait évacué Rome; et Macdonald, précédé de l'infatigable Emmanuel Rey, et suivi de Championnet, rentra dans cette capitale le 14 décembre 1798. C'était le jour même où l'équipage de *la Bayonnaise* s'immortalisait à la vue des côtes de France, et où cette corvette de vingt canons prenait à l'abordage une frégate anglaise.

Nous pourrons à peine indiquer la liste des combats qui se multiplièrent pendant l'année 1799. Indépendamment de ceux que nous avons vu livrer en Egypte et en Syrie, les Français eurent à combattre encore en Allemagne, en Suisse, au fond de l'Italie, dans le cœur de l'Irlande, dans nos colonies, dans l'île antique des Phéaciens (Corfou); enfin, sur toutes les mers: comme si tant de terres n'étaient pas assez abreuvées de leur sang généreux !

Sans doute le métier des armes, quand il est exercé par des braves qui combattent pour la défense de leur pays, est investi d'une grande considération. Chez la plupart des peuples, lorsque le guerrier ne périt pas sur le champ de bataille où le sort le fait succomber, il rencontre un ennemi loyal qui honore le malheur et le courage, et verse le baume sur ses blessures. Mais quel sort attend celui qui tombe devant des Turcs, des Mamloùks, des Albanais, des Calabrais insurgés, des lazzaronis, ou entre les mains d'un Ali ou d'un Djezzar-Pacha? Les égards qui consolent, la gloire qui paie de tous les maux, sont alors remplacés par les plus cruels supplices, et surtout par ce mépris brutal que les esclaves ont pour les hommes. Voilà ce que les Français ont dû affronter dans les gorges de l'Apennin, sur les sables de la Syrie, sur les côtes de l'Epire, dans l'île de Corfou, dans les bagnes de Constantinople, hélas ! et sur les horribles pontons d'une grande puissance. Voilà ce qui mérite la reconnaissance de la patrie, l'admiration des contemporains, et ce qui causera l'étonnement de la postérité.

Nous avons qualifié de cruel le général Mœsk : non seulement il avait fait égorger tout un détachement de cinquante Français surpris à Otricoli, mais il avait souffert que la ville fût traitée par ses troupes comme une ville prise d'assaut ; et, dans leur rage aveugle, elles avaient incendié l'hôpital, et livré aux mêmes flammes les blessés français et les blessés napolitains. Quel chef sauvage aurait pu confondre ainsi, dans sa vengeance, ses propres compatriotes ? Mack s'était montré aussi barbare et plus absurde : il avait osé déclarer qu'à chaque coup de canon qui serait tiré sur son armée, il livrerait *à la juste indignation des habitants de Rome* un des soldats restés dans les hôpitaux, ou de ceux laissés pour la garde de police. Macdonald lui fit répondre que l'armée napolitaine tout entière expierait le meurtre d'un seul malade français ; que les républicains n'assassinaient point, mais que de terribles représailles prouveraient, s'il le fallait, l'horreur et l'indignation qu'inspiraient à toute son armée des menaces qu'elle méprisait autant qu'elle en redoutait peu l'effet. Cette noble injonction contraignit M. Mack et le roi de Naples d'user plus modérément de leur triomphe momentané. De son côté, Kellermann, reprenant possession de Viterbe, où tant d'atrocités avaient été commises contre les Français, se bornait à faire restituer les objets volés, et à s'assurer des principaux chefs de la sédition. Un prélat vénérable, le cardinal Muzio-Gallo, évêque de Viterbe, était parvenu à dérober plusieurs victimes à la fureur de ce peuple égaré. Pour prix de son bienfait, il avait exigé d'elles le silence; mais elles se crurent dégagées de leur parole après sa mort, et leur indiscrétion fut un noble tribut de leur reconnaissance (1).

Mack, réduit à fuir précipitamment, entraînait le roi dans sa course, et le général Championnet ne tarda pas à pénétrer lui-même dans les murs de la ville de Naples. Le général Rey, chargé par lui d'insulter la forteresse de Gaëte, ne met qu'un obusier en batterie, et le gouverneur se rend à discrétion le 8 janvier 1799. Il abandonne une place munie de soixante-dix pièces de canon, de douze mortiers, de vingt mille fusils, de cent milliers de poudre, de deux équipages de pont, et de magasins immenses; une garnison de quatre mille hommes dépose les armes devant quatre cents soldats français. Nous verrons, huit ans plus tard (en juillet 1806), le prince de Hesse-Philipstadt laver dans son propre sang la honte de Gaëte, renouveler les belles défenses de 1433 contre Alphonse d'Aragon, de 1707 contre les Autrichiens, de 1734 contre don Carlos, fils de Philippe V, et faire payer cette conquête par la mort de deux généraux d'une haute espérance (Vallongue et Grigny.)

Pendant que les généraux Lemoine et Duhesme s'avançaient sur Capoue, dont la reconnaissance avait été confiée par Macdonald au général Maurice Mathieu, et pendant que ce dernier, toujours à la tête des braves, était mis momentanément hors de combat, Thiébault, chef d'état-major de Duhesme, se signalait par sa présence d'esprit et par son dévouement pour les soldats. Il apprend, en arrivant à Sulmona, que soixante blessés ont été abandonnés par la division Lemoine, et qu'après son passage ils seront inévitablement égorgés par les habitans. Thiébault, n'ayant aucun moyen de transport, convoque tous les habitans valides, sous prétexte d'une communication importante; et lorsqu'il les a réunis dans l'église principale, il choisit les trois cent soixante plus robustes pour porter les malades jusqu'à Capoue. Les brancards sont fabriqués; six porteurs sont attachés à chaque malade, et le précieux convoi, sauvé par Thiébault, s'avance ainsi au milieu de sa colonne.

D'autres blessés devaient un jour prouver au général Thiébault que la mémoire des soldats français est dans le cœur, et que les vrais braves restent toujours solidaires de la reconnaissance de leurs camarades.

La tactique du général Mack lui avait fait recourir aux insurrections: le peuple reçut du roi lui-même l'ordre de massacrer les Français, et de renouveler à leur égard les sanglantes exécutions des *vêpres siciliennes*. Cette populace superstitieuse, accoutumée à verser le sang, excitée par des individus moins ignorans et plus inhumains, était fidèle à leurs instructions. L'aide-de-camp Claye, trahi par un guide perfide, avait été dépouillé et coupé en morceaux. Une chasse était organisée contre les soldats français isolés; et les insurgés ayant pillé le parc de réserve au pont de Carigliano, et ramassé des blessés, ils les attachèrent à des arbres, les brûlèrent tout vivans, et poussèrent, autour de leurs victimes, des cris de joie, de fureur et de victoire. Ce fut dans un tel supplice que périrent Gourdel, autre aide-de-camp de Championnet, un chef de bataillon d'infanterie légère, plusieurs officiers et beaucoup de soldats qu'une loi rigoureuse avait envoyés combattre contre des hommes, sans doute, mais non contre des cannibales. Les femmes,

---

(1) Voir la belle Notice publiée par l'estimable Alexandre Méchain, dans le Moniteur du 13 pluviose an X; il y rend hommage à l'héroïsme et à la bienfaisance de plusieurs autres personnages d'une grande distinction.

GUERRE DE NAPLES, etc.

les enfans, les simples voyageurs, rien ne fut épargné. Les difficultés, dans cette pénible campagne, semblèrent ne commencer que lorsqu'il n'y eut plus d'armée napolitaine.

Sans vivres, sans munitions, sans communications avec Rome, isolé du général Duhesme, Championnet, ne songeant qu'à vendre cher la vie de ses braves, repoussait fièrement encore les parlementaires que le général Mack ne cessait de lui envoyer. Mais tout-à-coup le général ennemi renouvela ses propositions avec tant d'instances, qu'il fallut bien souscrire à un armistice, entrer sans coup férir dans Capoue, prendre possession de presque tout le royaume, recevoir une contribution de dix millions, et voir tous les bâtimens des puissances ennemies chassés des ports napolitains. Le roi Ferdinand, de la part duquel les Anglais redoutaient quelques déterminations pacifiques, fut embarqué pour la Sicile, recueillant ainsi, et non peut-être pour la dernière fois de sa vie, le fruit amer de l'intervention ruineuse de ses nobles alliés. Au surplus, la faiblesse inexplicable du général Mack peut seule excuser l'aventureuse entreprise de Championnet.

Ce dernier, incertain de l'approbation d'un gouvernement accoutumé à redouter l'influence des généraux en chef qui n'attendaient pas ses instructions pour triompher, s'occupa sur-le-champ de ménager des intelligences avec les mécontens dans la ville de Naples. Les troubles survenus à l'occasion de la présence de l'ordonnateur Arcambal, envoyé pour presser le paiement de la contribution, fournirent l'occasion de marcher sur la ville. Le général Mack, qui avait façonné le peuple aux insurrections, faillit en devenir une mémorable victime. Les lazzaronis, le regardant comme un traître, et ses officiers comme des jacobins, voulaient le brûler dans son hôtel. Il fut trop heureux de se soustraire à leur fureur, et de venir se jeter dans les bras de Championnet, qui lui donna un *sauf-conduit* pour se rendre à Milan. Les Français le retrouveront à Ulm en 1805.

De pareilles dispositions de la part des lazzaronis rendirent l'occupation de la ville très-difficultueuse, et occasionèrent soixante heures de combats sanglans. La conduite brillante du chef de bataillon Thiébault dans l'attaque de la place Capuana lui valut le grade d'adjudant-général, que Championnet lui décerna le soir même sur le champ de bataille. Nos lecteurs nous pardonneront de ne pas arrêter leurs regards sur les nouveaux miracles auxquels le sang de *saint Janvier* dut se résoudre, par ordre des généraux français. Il n'y a aujourd'hui que les imposteurs qui spéculent sur la crédulité du peuple, qui puissent ne point prendre en pitié son ignorance, et se complaire au récit des honteux mensonges avec lesquels on l'alimente. On sait au reste que saint Janvier fut puni de sa complaisance, et que Nelson, bourreau féroce de tant de Napolitains, lui défendit de ne jamais plus faire aucun miracle.

Cependant le général Macdonald avait donné sa démission immédiatement après la capitulation du 10 janvier; et le général Lemoine fut envoyé à Paris pour y chercher les instructions du gouvernement sur ce qu'on devait faire de cette nouvelle conquête. La mésintelligence qui avait éclaté entre Macdonald et le général en chef affligeait d'autant plus l'armée, que celui-ci, aussi intègre que brave, s'était vivement prononcé contre les spéculateurs qui l'avaient suivi depuis Rome, et qui recommençaient sous ses yeux le cours de leurs déprédations. L'irritation fut portée à son comble. Championnet expulsa les administrations financières de son quartier-général; le Directoire soutint ses commissaires : il ne lui répugna point de punir le général de ses triomphes, de le faire arrêter à la tête de son armée comme un autre Marillac, et de le traduire devant un conseil de guerre.

Les généraux Duhesme, Rey, Dufresse, Bonnamy, chef d'état-major-général, et Broussier, qui, dans les *fourches caudines*, venait, avec quinze cents hommes de la 17ᵉ demi-brigade et trente-six chasseurs à cheval, de détruire douze mille insurgés, furent enveloppés dans la glorieuse disgrace de leur général en chef. Quatre mois après, un conseil de guerre ayant proclamé l'innocence de Championnet, le Directoire remit ce général en activité de service, et lui confia de nouveau le commandement des armées. Justice tardive, qui du moins ornait de fleurs le cercueil où devait bientôt descendre cet illustre guerrier !

Nous ne pouvons entrer dans tout le détail des opérations militaires qui avaient précédé l'arrestation injuste de Championnet. Nous nous bornons à indiquer l'insurrection de la Pouille et de la Calabre, que sut apaiser Duhesme par sa prudence et par sa douceur. Cet habile officier sut flatter l'ambition de quelques curés et la vanité des évêques; on vit ces ecclésiastiques changer de langage, prêcher la liberté et l'égalité, et refuser l'absolution à ceux qui s'opposeraient au désarmement général ordonné par le général français. Duhesme et Broussier furent remplacés par Olivier et par Sarrazin, celui que nous avons déjà signalé. Ces nouveaux commandans reçurent bientôt l'ordre d'évacuer les provinces qui avaient tant coûté à conquérir, et qu'il fallait abandonner, ainsi que Naples, par suite des défaites essuyées dans le nord de l'Italie, sous le commandement de Schérer.

Ce ministre de la guerre, dont la funeste administration était déconsidérée, s'était fait nommer, au refus de Bernadotte, pour aller remplacer Joubert, qui ne pouvait résister aux intrigues et à la voracité des commissaires du gouvernement, et qui avait remis l'armée entre les mains de Moreau. Schérer vint ouvrir la série des revers que les Français devaient essuyer en Italie jusqu'à la bataille de Marengo, et qui marquèrent, comme des jours malheureux, les journées de Magnano sous Vérone, de Cassano, de la Trebbia, de Novi, la reddition des citadelles de Turin, d'Alexandrie, de Mantoue, et le célèbre siége de Gênes, dans lequel les amis de la gloire pourront retrouver tant de souvenirs honorables.

Avant de quitter le royaume de Naples, nous rappellerons un trait de bravoure et d'humanité que les Napolitains n'ont point effacé de leur mémoire. Le général Broussier avait été contraint de faire un exemple sévère sur la ville de Carbonara, repaire d'assassins qui n'avaient voulu entendre à aucun accommodement. Au milieu de l'incendie, Charles, dragon du 16e régiment, voit un enfant de cinq ans enveloppé par les flammes. Mettre pied à terre, se précipiter au milieu du feu, braver les débris enflammés de la maison qui s'écroulait, enlever le petit malheureux, le rapporter sain et sauf dans les rangs du régiment : tout cela fut une inspiration aussi promptement reçue qu'exécutée. Charles ignorait cette maxime, qu'on osa depuis proclamer, qu'il faut étouffer le crime dans son germe; et son cœur était loin d'imputer à l'âge de l'innocence les atrocités que les troupes étaient chargées de punir. Quelle fut la récompense de pareils actes ? La voici. Après l'évacuation de la Pouille, ordonnée par Macdonald, les Anglais avaient débarqué des troupes près de Castellamare, dans le golfe de Naples ; les troupes, unies aux insurgés, et secondées des bâtimens restés en rade, contraignirent la faible garnison de Castellamare de capituler. Lorsqu'elle eut posé les armes, elle fut entièrement égorgée par les Napolitains, sous les yeux du détachement anglais : un seul officier parvint à échapper à cette boucherie. Quelles guerres et quelles alliances ! Les Napolitains payèrent au prêtre don Reggio Rinaldi, curé de la Sala, dans les Calabres, un tribut d'hommage pour avoir imaginé ce plan terrible d'insurrection des habitans, que vint ensuite organiser et diriger le fameux cardinal Louis Ruffo, comptable infidèle, prêtre galant, amant magnifique, guerrier courageux et sanguinaire, et qui, débutant par excommunier ses ennemis, avait su tirer de la religion toutes les ressources et tout l'appui que la politique et les passions ne cesseront jamais de lui emprunter. On a dit, et nous voudrions pouvoir l'assurer, que le cardinal fut ensuite disgracié, parce qu'il blâma la violation des traités et des amnisties qu'il avait été autorisé à conclure et à promettre, et surtout parce qu'il se montra opposé à la multiplicité des supplices épouvantables imaginés par lord Nelson, et qui signalèrent le retour et les vengeances de la reine de Naples. Au surplus la marche du siècle permet de prédire que les occasions ne manqueront point aux ecclésiastiques de prouver si l'amour de la patrie et l'indépendance de leurs concitoyens ont été les véritables bases de leurs actions guerrières, ou si leur piété ne peut trouver d'énergie que lorsqu'il s'agit d'enchaîner les peuples aux pieds du despotisme.

RÉVOLUTION EN PIÉMONT.

Pendant l'expédition rapide, glorieuse et funeste du royaume de Naples, une révolution plus subite encore s'était opérée à Turin. Le roi Charles-Emmanuel avait cru le moment favorable de secouer le joug qui lui avait été imposé : il avait levé des troupes, et autorisé l'assassinat des Français. La vengeance du Directoire exécutif l'avait réduit à prendre un passeport pour la Sardaigne. Joubert, général en chef, secondé des généraux Victor, Dessolles, Casa-Bianca et Montrichard, des adjudans-généraux Musnier de la Converserie et Clausel, s'était emparé du Piémont, et il y avait organisé un gouvernement provisoire. Clausel, déjà si glorieusement connu aux Pyrénées, avait reçu l'abdication du roi ; et ce prince, satisfait des égards du général, lui avait donné le célèbre tableau de l'*Hydropique*, par Gérard Dow, et dont ce général fit hommage à sa patrie.

Nous ne ferons qu'indiquer les efforts de Championnet à travers les Alpes ; de Championnet rendu à l'amour des troupes après son injuste disgrâce ; l'agitation des peuples et même de nos soldats dans l'état de Gênes, et la victoire annonçant à Fossano qu'elle n'avait pas toujours déserté les drapeaux français. Le général Gouvion-Saint-Cyr préparait sur le territoire de la Ligurie, par son courage, sa fermeté, sa sagesse, les merveilles du fameux siège que devait bientôt soutenir Masséna. Tous ces grands mouvemens avaient été précédés des plus horribles exécutions à Naples, dans la Calabre, et dans la capitale du monde chrétien ; ils furent suivis de l'héroïque défense de la place d'Ancône par le général Monnier.

CAMPAGNE DE BRUNE EN HOLLANDE,

août — novembre 1799.

Mais une expédition d'une bien haute importance avait appelé sur la Hollande tous les regards de l'Europe attentive. Un immense armement avait jeté quarante mille Russes et Anglais sur les côtes du Helder, tandis que la flotte anglaise forçait le passage du Texel pour replacer la république batave sous le gouvernement du statoudher. Cette grande entreprise était secondée par les anciens privilégiés des états-généraux : les équipages des vaisseaux hollandais avaient été préparés à l'insurrection. L'amiral batave ne put se faire obéir quand il ordonna de combattre, et les marins livrèrent aux Anglais vingt vaisseaux, six cent cinquante pièces de canon, et quatre mille hommes d'équipage, sans brûler une amorce.

Après un si grand avantage, l'armée combinée croyait n'avoir plus qu'à se rendre en triomphe à Amsterdam; mais le général Brune était chargé de défendre le pays. Vandamme, Daëndels et Dumonceau étaient sous ses ordres, et les troupes dont ils pouvaient disposer étaient de moitié plus faibles en nombre que celles des assaillans. Les combats de Berghem et d'Alkmaër, les dispositions admirables du général français, rejettent l'armée conquérante dans le Zyp et au Helder, et contraignent le duc d'Yorck à capituler, pour obtenir la permission de rembarquer tous ses Anglais et tous ses Russes. L'ennemi se retire avec le regret de n'avoir pu inonder la Hollande, au moyen des coupures qu'il n'avait point hésité à pratiquer aux digues du Zuyderzée, et avec la résolution de ne point exécuter l'article le plus essentiel de la capitulation, qui prescrivait le renvoi sans condition, des prisons de l'Angleterre, de huit mille Français et Bataves pris antérieurement à la campagne qui se terminait d'une manière si inattendue par le cabinet de Londres.

Dominés par la multiplicité des matières, nous n'avons pu qu'indiquer sommairement des événemens si nombreux et si importans. Mais comment ne pas dire un mot de la bataille de Novi, de ce combat de géants, où Joubert, déjà si illustre et d'une si grande espérance, périt dès la première charge ; où versèrent leur sang tant de généraux qui devaient parvenir aux plus hautes dignités de l'armée, Moreau, Gouvion-Saint-Cyr, Dessolles, Pérignon, Grouchy, Watrin, Partouneaux, Colli, Lemoine et Laboissière ; où Souwarow, Kray et Mélas furent obligés de se battre comme des grenadiers, et où le spectacle du carnage épouvanta jusqu'au farouche, mais intrépide ordonnateur des massacres d'Ismaïlow et de Praga? Les malheurs de cette journée célèbre eurent cela de particulier, qu'ils ne firent qu'ajouter au dévouement du peuple français et de ses magistrats, que l'armée fut remerciée de son courage, et qu'une fête funèbre consola les mânes du jeune héros qui s'était arraché des bras d'un nouvel hymen pour aller mourir sur le champ d'honneur. La pyramide votée à Joubert n'a point été élevée, et sa statue, qui ornait le vestibule d'un palais national, a disparu. Un mot célèbre de cet illustre guerrier doit cependant ajouter encore au respect que nous portons à sa mémoire. « Il manque à la « France, disait-il, d'avoir à lutter contre de grands et longs revers; d'avoir recueilli et déve- « loppé, dans les malheurs, les vertus fortes et constantes que l'infortune seule peut donner aux « nations comme aux hommes. » Il est probable que, sous ce rapport, Joubert trouverait qu'aujourd'hui il ne manque plus rien aux Français.

Cinq mois avant la défaite de Novi, les Français, commandés par Jourdan, avaient perdu la bataille de Stockach, dans le Wurtemberg (25 mars 1799). Quelques détails en sont glorieux.

BATAILLE DE STOCKACH.

Le Directoire exécutif, qui avait eu connaissance de l'alliance secrète des trois cours d'Angleterre, de Russie et d'Autriche, s'était hâté d'aviser aux moyens de soutenir la lutte qui se préparait. Il avait réuni sur le Rhin les trois armées d'observation, de Mayence et d'Helvétie, sous les ordres des généraux Bernadotte, Jourdan et Masséna. Le général Jourdan, chef immédiat de celle de Mayence, qui bientôt prit la dénomination d'armée du Danube, commandait en chef. Une autre armée, sous le général Schérer, postée sur le Mincio, devait opérer dans le nord de l'Italie. Dès que le Directoire s'était cru en mesure, il avait fait demander aux plénipotentiaires de l'empereur une explication décisive sur les mouvemens extraordinaires des troupes autrichiennes, et sur la présence d'une armée le long du Danube. Le silence du cabinet de Vienne avait déterminé le Directoire à commencer lui-même les hostilités.

Le général Jourdan, ayant reçu les instructions du gouvernement français, avait donné aux généraux Bernadotte et Masséna les ordres nécessaires pour l'ouverture de la campagne.

Le prince Charles, commandant l'armée autrichienne, à la nouvelle de la marche de l'armée républicaine, réunit ses forces, passa le Lech avec une armée divisée en deux corps principaux : l'un de quarante mille hommes, qui devait agir contre l'armée d'Helvétie, et l'autre de quatre-vingt mille hommes contre l'armée de Mayence et l'armée d'observation.

Le général Masséna, ayant repoussé à Steig et à Coire les divers corps ennemis qu'il rencontra, fut arrêté devant Feldkirch, où les Autrichiens avaient élevé de formidables retranchemens. Dans le dessein de faciliter à l'armée d'Helvétie une attaque décisive sur cette position, le général Jourdan s'approcha du lac de Constance, afin de pouvoir le tourner, et communiquer avec Masséna par la rive orientale de ce lac.

Ayant attaqué et battu l'archiduc à Pfullendorf (20 mars), le général Jourdan fut à son tour repoussé le lendemain; et, revenant sur ses pas, il prit position à Engen, entre le Danube et le lac de Constance. Masséna, ayant également échoué sur Feldkirch (23 mars), perdit l'espoir de se réunir à l'armée du Danube; et, ne pouvant alors se maintenir au-delà du Rhin, il repassa ce fleuve et s'établit dans le pays des Grisons.

Le prince Charles, ayant réuni soixante-douze mille hommes contre l'armée du Danube, après la journée de Pfullendorf, continua son mouvement offensif, et prit position, le 23 mars, aux environs de Stockach. Le lendemain, il poussa sur tout le front de l'armée française une forte reconnaissance qu'il soutint de corps considérables. Les Autrichiens attaquèrent avec intrépidité, mais ils furent repoussés sur tous les points. Cette action très-vive coûta quatre cents hommes aux républicains : le général Compère y fut dangereusement blessé.

Cette reconnaissance avait fait connaître suffisamment l'intention de l'ennemi. Le général Jourdan, dont l'armée ne s'élevait pas au-delà de trente-cinq mille combattans, hésita s'il recevrait la bataille; mais, assuré de sa retraite, il résolut de tenter encore le sort des armes, de faire un dernier effort pour éloigner l'archiduc du lac de Constance, et pour faciliter à Masséna la reprise de l'offensive. Pendant la nuit du 24 au 25 mars, le général Jourdan forma ses troupes en trois colonnes : la première, à droite, commandée par le général Férino; la seconde par le général Souham, au centre, où la 83e demi-brigade se couvrit de gloire; et la troisième, à gauche, par le général Gouvion-Saint-Cyr.

A la pointe du jour l'armée française s'ébranla, et le général Jourdan marcha avec son état-major à la tête de son avant-garde, que dirigeait le général Soult. Ce fut par l'aile gauche et par cette avant-garde que l'action s'engagea. Leurs attaques impétueuses dépostèrent l'avant-garde autrichienne, et le général Soult la pressa si vivement qu'elle fut contrainte de se retirer en désordre.

Ce premier succès avait ébranlé le corps de bataille même. Le général Saint-Cyr vint rendre l'avantage encore plus décisif. Après avoir poussé les corps qui lui étaient opposés, il débordait déjà la droite de l'armée ennemie, lorsque l'archiduc, tirant à la hâte des troupes fraîches de sa gauche, vint arrêter le mouvement qui allait décider la victoire. On vit alors s'engager dans le bois, occupé par les Français, l'un des plus furieux combats d'infanterie qui eussent encore été livrés depuis le commencement de la guerre.

Le général Saint-Cyr, qui, par la vigueur de son attaque, était parvenu à la pointe de l'aile droite de l'ennemi, avait attiré sur lui son principal effort : pensant dès-lors que le centre affaibli serait enfoncé par les deux autres colonnes, il s'obstina à maintenir sa position. Enfin ses troupes furent repoussées après une résistance opiniâtre, et il fit sa retraite en bon ordre. Son arrière-garde, où se trouvaient les carabiniers, fut chargée et presque entourée par les grenadiers et par les cuirassiers autrichiens; mais elle les reçut si rudement, qu'elle se dégagea et se replia sans être autrement inquiétée.

La belle manœuvre du général Saint-Cyr aurait eu tout le succès qu'on devait en attendre, si les colonnes des généraux Férino et Souham avaient abordé l'ennemi en même temps ; mais, retardées dans leur marche, elles ne purent seconder son attaque, et lorsqu'elles furent en mesure d'agir, la journée était décidée en faveur des Autrichiens, parce qu'une charge de cavalerie qui avait été prescrite ne fut point exécutée.

Cependant le général Soult, avec sa division, redoublait d'efforts pour déposter de nouveau l'ennemi. Le prince Charles, qui, après la retraite du général Saint-Cyr, avait réuni ses masses sur ce faible corps de troupes, ne pouvant toutefois parvenir à l'enfoncer, refusa son centre, et étendit ses ailes dans l'intention de l'envelopper, masquant son mouvement à la faveur des bois; mais le général Soult, qui déjà dans plus d'une occasion avait donné des preuves de ce talent qui devait le placer au premier rang des guerriers de ce grand siècle, pénétra le dessein de l'archiduc, et ne donna point dans le piége qu'on lui tendait : il arrêta son mouvement offensif, se replia hors du bois, et prit une nouvelle position appuyée à la réserve de cavalerie, de manière à ne pouvoir plus être ni tourné, ni débordé.

Jusqu'à la nuit on se battit sur le même terrain avec le plus grand acharnement, et l'obscurité seule fit cesser le combat. Les pertes de part et d'autre avaient été immenses : on compta jusqu'à neuf mille morts, dont cinq mille du côté des Français. L'armée française bivouaqua sur le champ de bataille, qu'elle conserva toute la journée du lendemain, sans que l'ennemi l'inquiétât. Cependant, comme il ne lui était plus possible de se maintenir devant des forces aussi supérieures, vers le soir elle commença son mouvement rétrograde; et, suivie par l'armée autrichienne, elle le continua jusqu'au 5 avril, qu'elle s'appuya au Rhin, sur Kehl et Newbrisach. Outre les généraux que nous venons de nommer, on doit encore conserver les noms des généraux Lamartillière, Laval, Vandamme; Walter, Jardon, Mortier, Klein, Decaen, Thureau, Marescot, Lemaire, Oswald, d'Aultanne, Jacopin et Legrand. Ce dernier avait vu tuer, à ses côtés, son frère et son aide-de-camp. On cita également le courage des adjudans-généraux Defrance, Bertrand, Drouet, Ormençay, Debilly, Saligny, Fontaine, Hastrel et Molitor; de l'aide-de-camp Cohorn ; de Sahuc, commandant le 1er régiment de chasseurs; du chef de bataillon Marion, qui commandait la 8e demi-brigade, et d'une foule d'autres officiers qui, abandonnés par la victoire, ne le furent jamais par l'espérance.

VICTOIRE DE ZURICH,

(Masséna) septembre 1799.

Ce fut six mois après que Masséna battit les Autrichiens et les Russes, que l'opinion publique regardait comme invincibles. La campagne de ce héros, dans les Grisons et en Helvétie, depuis son passage du Rhin jusqu'à la prise de position sur l'Albis, la reprise du Saint-Gothard et de tous les petits cantons suisses, sa bataille de quinze jours, sur une ligne de plus de soixante lieues, contre trois armées combinées, conduites par des généraux investis d'une réputation colossale, et chassées, quoiqu'avec des peines infinies, par les Français, de positions nombreuses et regardées comme inexpugnables, feront l'admiration de la postérité. Les républicains eurent à combattre la supériorité du nombre, les élémens, tous les genres de privations, les insurrections même et la faim. Leur persévérance, à une époque où il semblait que tant de revers dussent glacer leur courage, est le plus bel éloge qu'on puisse faire des généraux, des chefs de corps, des officiers, qui, par la confiance qu'ils inspirèrent aux troupes, surent triompher d'un obstacle que les ennemis devaient croire insurmontable.

En effet, la Suisse, si long-temps préservée des fureurs de la guerre, resta stupéfaite devant les savantes combinaisons de l'*Enfant chéri de la Victoire*, auprès duquel il semblait que la fortune française fût venue chercher un asile. Ce grand capitaine, appuyé sur d'illustres lieutenans, et marchant toujours lui-même à la tête de sa *colonne infernale*, s'éleva comme une digue imposante, et arrêta le débordement des armées du nord, qui, victorieuses en Italie, se précipitaient pour inonder le sol de la France. Un biographe militaire, M. de Châteauneuf, a justement comparé Masséna à Marius, comme lui de race plébéienne, et s'opposant, avec tant de gloire et de succès, à la grande irruption des Cimbres et des Teutons, déjà vainqueurs des patriciens Silanus, Scaurus, Manlius et Cépion. L'impétueux, farouche et burlesque Souwarow, entraîné par un dépit impuissant, évacua les montagnes de la Suisse, et se sépara orgueilleusement de la coalition, sans attendre les ordres de son maître. Mais sa retraite fut celle d'un lion blessé et poursuivi par des chasseurs : harcelé de trop près, il se retourne et suspend leur marche par ses rugissemens et par sa fureur.

Dans cette longue campagne, dans ces combats multipliés, l'Europe admira les généraux Lecourbe, Soult, Ney, Loison, Oudinot, Suchet, Humbert, Klein, Mortier, Gazan, Drouet, Gudin, Bontems, Boivin, Laval, Quétard, Demont, Lorge, Mesnard, Chabran, Paillard, Molitor; les adjudans-généraux Reille, Fressinet, Lorcet, Wéber et Saligny. L'armée regretta particulièrement le chef de brigade Muller, de la 14e demi-brigade d'infanterie légère, et l'estimable général Chérin, dont le courage raisonné découlait, comme d'une source inépuisable, de son tendre amour pour la patrie. Ses cendres furent portées auprès de celles de son ami, le général Hoche, et de leur intrépide camarade, le général Marceau. Nous avons dit ailleurs quel a été, dans ces derniers temps, le sort de ces vénérables débris. Les ossemens de Phocion furent enfin recueillis sur le sol de son injuste patrie; ceux de ces trois guerriers reverront-ils jamais la France, pour laquelle ces héros sont morts à la tête de ses armées ? Masséna eut à louer les demi-brigades de ligne 1re, 2e, 12e, 23e, 25e, 36e, 37e, 38e, 39e, 44e, 46e, 56e, 57e, 67e, 76e, 84e, 89e, 94e, 100e, 102e, 103e, 106e, 108e, 109e et 110e; les 10e, 12e et 14e légères; le 13e de dragons, le 23e de chasseurs, le 4e et le 9e de hussards. Le général Oudinot, qui avait remplacé Chérin, comme chef d'état-major, ne s'en trouvait pas moins assidûment sur le champ de bataille, où il reçut plusieurs blessures. Maucune, blessé à la tête du 1er bataillon de la 39e, mérita de commander cette demi-brigade, et Brunet, chef de brigade de la 25e, fut nommé général sur le champ de bataille; la 25e passa sous les ordres du brave Godinot, qui devait se montrer digne d'elle à Ulm et à Austerlitz, et mourir général de division après une longue suite de triomphes en Espagne. Le général Lecourbe fut aussi blessé, ainsi que le chef de brigade Bouland; le chef de bataillon Maransin, et Dubalin de la 10e légère. Le nombre des militaires qui se distinguèrent dans les diverses actions est immense. Nous nommerons seulement les chefs de brigade Vallory, de la 12e légère; Prompt, de la 39e de ligne; Saundeur de la 44e; Lapisse qui devait terminer sa glorieuse carrière à la bataille de Talaveyra; Lochet, de la 94e, qui avait concouru au mémorable combat sous les murs d'Ostende; et le vieux colonel Lacroix, de la 37e, qui, à soixante-huit ans, montrait encore aux jeunes conscrits le chemin de l'honneur et de la victoire; les chefs de bataillon Graind'orge, Anouil, Durand, Imhoff; les adjudans-majors Valot et Delaar; ce dernier avait dirigé les intrépides nageurs; les aides-de-camp Franceschi, qui devaient mourir à Danztig; Burthe, dont la gloire a été long-temps inséparable de celle du 4ᵉ de hussards, et Soult, que nous retrouverons en Espagne, nommés l'un et l'autre chefs d'escadron sur le champ de bataille; les adjoints Gauthier, Compère et Scherb; les capitaines Long, Bérole, Guilbert, Mélin, Muller, Cabos et Simonin. Le colonel d'artillerie Dédon, et le chef d'escadron d'artillerie légère, Foy, si souvent signalés par nous, dont l'instruction égalaient le courage, rendirent de nouveau à l'armée des services essentiels; et jamais l'artillerie n'appela sur elle les regards par de plus brillantes merveilles. Enfin, nous terminerons ce rapide mémorial par un trait qui se rattache à un trop fameux événement politique. Les hussards de Seklers, agités par le souvenir encore récent de l'exécution de Rastadt, avaient demandé si, en effet, ainsi que l'ordre en avait été donné, on ne leur ferait aucun quartier : « *Songez à vous défendre* », avaient répondu les Français; et l'opiniâtre résistance de cette troupe lui fit essuyer un grand carnage. Ce fut dans cette rencontre, c'est-à-dire à Andelfrigen, en avant de Winther-Thur (25 mai), que le jeune Pajol, chef d'escadron du 4ᵉ de hussards, après avoir culbuté les hussards de Barcot, eut son cheval tué, et qu'il tomba un moment au pouvoir de l'ennemi. Les braves qu'il commande l'ont bientôt délivré; et, s'élançant sur un cheval de prise, cet officier exécute une nouvelle charge, et revient avec un plus grand nombre de prisonniers. Masséna le nomma colonel; et Pajol a commandé pendant cinq ans le 6ᵉ régiment de hussards. La gloire de ce guerrier, qui acquit depuis une si grande illustration, s'appuyait déjà sur de nombreux faits d'armes, et sur de graves blessures reçues à Spire, à Mayence, à Fleurus, à Maestricht, à Francfort, sur la Lahn, sur le Rhin, à Tressigny, à Alterkirchen, à Ostrach et dans la Souabe. Chaque grade de cet ancien aide-de-camp de l'immortel Kléber avait été le prix de plusieurs actions d'éclat; et l'armée de Sambre-et-Meuse l'avait choisi, dès l'année 1794, comme un de ses braves les plus distingués, pour offrir au gouvernement trente-six drapeaux enlevés aux ennemis de la France.

Cependant le général Lecourbe, épuisé de travaux, était allé succéder à Muller sur le Bas-Rhin : il avait renouvelé les blocus de Philisbourg; il avait combattu sur le Necker et sur l'Entz; et, à la nouvelle des événemens du 18 brumaire, ayant déployé une nouvelle vigueur avec Ney, Delaborde,

Decaen, d'Hautpoul et Baraguey-d'Hilliers, il avait enfin procuré quelque repos à ses troupes sur la rive gauche du Rhin.

DIX-HUIT BRUMAIRE AN VIII,

(Bonaparte Consul.)

C'était au milieu de tant de vicissitudes que Bonaparte avait débarqué à Fréjus. D'anciens souvenirs, un nouvel éclat s'unissaient à son nom ; et chacun crut que sa fortune garantirait à la France un meilleur avenir. Ce général, bientôt initié dans les divisions qui agitaient le Directoire et les conseils, accepta le rôle dont Moreau n'avait osé se charger ; et une quatrième constitution, menacée dès sa naissance du sort qu'avaient éprouvé les trois autres, donna un premier consul à la république, après la fameuse journée de Saint-Cloud. Le peuple, fatigué de dix lois d'exception, ressource méprisable et odieuse des gouvernemens sans force, sans prudence et sans considération, bénit le 18 brumaire, et se consola du moins par l'espérance.

Bonaparte aurait bien désiré que l'aurore de son nouveau gouvernement eût été signalée par les bienfaits d'une pacification générale. La lettre qu'il écrivit au roi de la Grande-Bretagne était digne de deux grandes nations ; et, du moins cette fois, il ne tint point à lui que les torches de la guerre fussent partout éteintes, et que les nations civilisées plaçassent l'espoir de leur prospérité ailleurs que dans le sort des combats. L'Angleterre, malgré les prières de ses plus illustres citoyens et le vœu de tous les peuples, repoussa la main qui lui présentait l'olivier ; et Pitt ordonna que toutes les parties du monde fussent encore ensanglantées. La guerre recommença, mais seulement avec l'Angleterre, l'Autriche, la Bavière et quelques princes de l'Empire ; car le roi de Prusse resta fidèle à son système de neutralité, dans lequel il entraîna même la Saxe, la Suède et le Danemarck, en même temps que Paul Ier était détaché de la coalition par un acte de générosité du gouvernement français, qui lui renvoyait, sans échange et habillés à neuf, tous les Russes faits prisonniers en Suisse et en Hollande.

Aussitôt le général Moreau va commander sur le Rhin ; et tandis qu'une armée de réserve est créée comme par magie, Masséna reçoit l'ordre d'aller ramener la victoire au-delà des Alpes, où sa présence devait suppléer une armée qui n'existait plus.

MASSÉNA A GÊNES,

5 avril au 5 juin 1800.

La pénurie du trésor ralentit le zèle des fournisseurs, et fait manquer les subsistances ; Masséna achète, de ses propres deniers, douze mille quintaux de blé : les chemins d'Italie en France sont couverts de déserteurs qui viennent chercher du pain et des vêtemens ; Masséna les rencontre ; il leur montre le côté où est l'ennemi, et le guerrier descend des Alpes à la tête de dix régimens qui viennent de se reformer sur ses pas, et qui brûlent de combattre sous ses ordres. Admirable privilége des fils de la victoire qui, nouveaux Cadmus, semblent faire sortir du sein de la terre des soldats tout armés, et qui n'ont qu'à paraître sur le champ de bataille pour y trouver un cortége de braves. Masséna était secondé par Soult, Gazan, Oudinot, Suchet,

MASSÉNA A GÊNES.

Miollis, Gardanne, Marbot, Buget, Serras, Clausel, Darnaud, Fressinet, Compans, Petitot, Poinsot, Jablownowski; par Lamartillière, Sugny et Marès; par les adjudans-généraux Reille, Thiébault, Gauthier, Constant, Campana, Octavi, Hervo, Degiovani, Trivulsi, Cérise, Mathis, Noël Huard, Hector, Saqueleu, et par ces illustres chefs de brigade que tous les corps français étaient accoutumés à voir à leur tête les guider dans les combats, et affronter avec eux tous les dangers. Là se distinguèrent les 2e, 3e, 24e, 41e, 45e, 55e, 62e, 63e, 73e, 74e, 78e, 92e, 93e, 97e, 106e demi-brigades de ligne, les 3e, 5e, 8e, 25e légère, l'artillerie et les sapeurs. Là les braves purent admirer Périn et Villaret, chefs des 2e et 63e, qui furent tués; Mouton, colonel de la 3e; Gond, de la 24e; Coutard, chef de bataillon, et bientôt valeureux chef de la 73e et ensuite de la 65e; Godinot, colonel, et Henrion, officier de la 25e légère. Wouillemont, Cassagne et Brun, chefs des 73e de ligne, 3e et 8e légère, furent promus généraux de brigade, et l'intrépide Burthe fut nommé adjudant-général. Tous les autres aides-de-camp de Masséna furent blessés : Landier, Sibuet, Franceschi, Marceau, frère de l'illustre général de ce nom.

Que n'avons-nous pu développer toutes les chicanes de terrain employées par le général en chef et par ses lieutenans, avant de s'enfermer dans Gênes! L'habile Soult, débordé et enveloppé, répond à la sommation de Bellegarde qu'avec des troupes françaises il n'y avait jamais de situation désespérée : maxime dont il n'a pas tenu à lui, dans la suite, qu'on ne fît une application plus importante encore. Nous regrettons de même de ne pouvoir suivre le général Suchet dans sa belle guerre pour défendre le passage du Var, et peindre en détail l'héroïque résistance de Masséna. Les amis de la gloire nationale ont entre les mains l'histoire du siége de Gênes, par le général Thiébault. Parmi les nombreux guerriers nominativement désignés dans son récit, plusieurs ont reçu des armes d'honneur : le capitaine de grenadiers Rouquette, les sergens Chabeaudy, Poirier, Bonnin, Meunier, Chanon, Olivier, Guichenot, Barthe; les caporaux Bonneau, Thomas, Mirole, Mondry; les grenadiers Ficher, Rousseau, Martin; les fusiliers Buino, Aimar, et le tambour Bonnière. Les généraux Soult, Gazan, Gardanne, Petitot, Fressinet et Darnaud furent grièvement blessés. Ce dernier, qui, à la tête de la 30e demi-brigade (1), s'était encore couvert de gloire dans la campagne de Naples, à Modène, sur la Trébia; qui, chargé de commander une division dans la rivière du Levant, s'était maintenu à plus de trois milles de Gênes, et en avait conservé les moulins, eut la jambe gauche emportée le 8 prairial (28 mai 1800). Commandant de l'hôtel des Invalides, qu'il est parvenu à garantir d'une partie des dilapidations de l'étranger, cet estimable guerrier est aujourd'hui lieutenant-général.

Nous nous bornerons à faire ici mention de la brillante campagne du Rhin, où Moreau reparaissait avec Lecourbe et Gouvion-Saint-Cyr, Dessolles et Richepanse, Delmas et Sainte-Suzanne, Vandamme et Nansouty, d'Hautpoult et Ney, Bastoul et Molitor, Lorges et Montrichard, Jacopin et Grandjean; où Dédon et Maransin signalent leur habileté et leur courage, où le colonel Balmont meurt glorieusement à la tête du 13e régiment de cavalerie. Les batailles de d'Egen, de Moesckirch, de Biberach et de Memingen réconcilient, sur le continent de l'Europe, les Français avec la victoire.

---

(1) Nous saisissons cette occasion de rectifier l'erreur commise à la page 178, ligne 19. Les fastes de la 30e demi-brigade nous reprocheraient d'en avoir séparé le souvenir de l'un de ses plus illustres chefs, qui, même depuis sa mutilation, n'a cessé de rendre des services essentiels à sa patrie.

LE TEMPLE DE LA GLOIRE,

CAMPAGNE DE MARENGO,

mai et juin 1800.

Ces nouveaux succès étaient l'heureux présage de ceux plus étonnans qu'allait obtenir cette célèbre armée de réserve que la France semblait incapable d'enfanter après les malheurs de l'année précédente, et à l'existence de laquelle le général Mélas ne put croire que lorsqu'il la vit s'étendre dans les plaines du Piémont et de la Lombardie. Le passage de cette armée par les deux cols du Saint-Bernard, par ceux du Simplon, du Saint-Gothard, du mont Genèvre et du mont Cénis; les victoires de Montébello et de Marengo, la première, titre de gloire conservé dans la famille du général Lannes, l'un de nos plus grands guerriers; la seconde, terme de la carrière de Desaix, l'un de nos plus illustres généraux. On admire comment la politique sait tirer parti d'un succès, et obtenir, par un trait de plume, la cession de territoires et de citadelles dont la conquête aurait pu faire couler des flots de sang. Les châteaux de Tortone et de Milan, de Turin et d'Alexandrie, de Pizzigthone et de Plaisance, de Savone et de Céva, d'Urbin et d'Arona sont conquis dans les plaines de Marengo; et cette même victoire, sur laquelle nous allons nous étendre davantage, ouvre les portes de Coni et de cette Gênes la superbe, que Masséna ne semble avoir quittée un instant que pour y faire entrer des vivres et pour en renouveler la garnison.

PASSAGE DU SAINT-BERNARD,

14 mai 1800.

Mais, pour arriver à de tels résultats, que n'a-t-il pas fallu de peines et de privations, d'audace et de constance de la part des Français et de leurs chefs? Les détails du passage du Saint-Bernard et du Simplon semblent plus propres à orner un roman qu'à figurer dans les pages de l'histoire. Ce qu'Annibal, qui au surplus n'a point passé aux Alpes penniennes, n'aurait jamais tenté avec ses Numides et ses Carthaginois, des Français l'exécutèrent. Une artillerie formidable franchit ces monts sourcilleux dont le voyageur ne s'approche qu'en frémissant de crainte et d'horreur. Ces bouches d'airain, que dans les plaines les plus unies les coursiers les plus vigoureux ne traînent qu'avec effort, sont montées par des soldats jusqu'au sommet des Alpes, à travers les précipices et les avalanches, et sur des sentiers que la neige ne permet pas même de deviner. Les mêmes bras les redescendent avec des dangers plus imminens encore, et avec une adresse, une intelligence, une gaieté qui ne peuvent appartenir qu'à des Français. Des récom-

LE TEMPLE DE LA GLOIRE.

PASSAGE DU MONT-SAINT-BERNARD.
Bonaparte — 14 Mai 1800

PASSAGE DU SAINT-BERNARD.

penses avaient été promises pour stimuler leur émulation : ces récompenses sont apportées au bout de la carrière, mais ces braves les repoussent; ils ont servi leur patrie, la gloire est le seul salaire qu'ils ambitionnent : ils sont payés. Ce furent les divisions Loison et Watrin, formant l'avant-garde aux ordres du général Lannes, auxquelles l'armée dut ce service signalé. La 96e demi-brigade de ligne et la 24e légère se distinguèrent dans cette mémorable expédition, où chaque soldat de la division de Watrin, outre ses armes, ses munitions, ses vivres pour cinq jours, portait encore les vivres, les munitions et les armes des soldats de la division Loison, attelés, ainsi que leurs officiers, aux traîneaux construits et aux arbres creusés par les soins du général Marmont et du général Gassendi, pour les transports des canons, des obusiers et de leurs affûts. Lorsqu'engourdis par le froid, ou prêts à succomber à la fatigue, ces héros voulaient réveiller leur courage et réparer leurs forces, ils faisaient battre la charge; et c'est au bruit du tambour, répété au loin par les sinuosités des montagnes, c'est en s'excitant par les chants immortels d'un moderne Tyrthée, qu'ils triomphèrent d'obstacles que jusqu'alors la nature et les hommes avaient crus insurmontables. Les troupes avaient trouvé, à cet hospice élevé à 2428 mètres (7540 pieds) au-dessus du niveau de la mer, un soulagement inattendu, à la distribution duquel présidaient ces vertueux cénobites, autre espèce de héros placés entre le ciel et la terre pour secourir le malheur, et pour desservir, au-dessus des nuages, le temple que la vertu consacre à l'humanité.

Le passage du Saint-Bernard a été justement loué et admiré; mais nous devons aussi notre hommage au dévouement d'une petite colonne du corps détaché de l'armée du Rhin, sous les ordres du général Moncey, et que le général Bethencourt était chargé de diriger par le Simplon. Cette colonne était formée par des détachemens de la 44e et de la 102e demi-brigade, et de quelques compagnies helvétiennes. Ce n'était pas assez d'avoir marché long-temps sur la pente des précipices, et d'avoir reformé vingt sentiers enfouis sous les avalanches; on arrive à l'un de ces ponts appelés du *Diable*, où le passage n'est obtenu qu'au moyen de pièces de bois dont une extrémité pose dans des creux pratiqués le long des rochers, et l'autre bout est supporté par une poutre placée en travers. Tout ce pont a été emporté par un éclat de roche, et entraîné dans le torrent. Comment mille hommes vont-ils franchir cet abîme, sur le bord duquel les chamois sont forcés de s'arrêter? Un soldat saisit une longue corde, met ses pieds dans les trous, marche de cavité en cavité, et va fixer le bout de cette corde à l'autre extrémité. Aussitôt le général donne l'exemple, et chacun après lui, posant ses pieds dans les trous et se suspendant par les bras à la corde, traverse cet intervalle de dix toises au-dessus du torrent rapide qui mugit au fond de l'abîme. Les postes autrichiens, profondément endormis sur la foi d'une telle barrière, se réveillent prisonniers, se consolant toutefois de n'avoir pu être surpris derrière un pareil retranchement que par des diables ou par des Français.

Cependant une autre merveille avait étonné la basse vallée d'Aoste. L'avant-garde française, composée des 28e et 44e de ligne, de la 6e légère, du 21e de chasseurs, des 11e et 12e de hussards, avait forcé les hauteurs d'Aoste et le pont de Châtillon; elle avait même emporté la petite ville de Bard à la baïonnette; mais le fort de Bard, construit sur un rocher de forme pyramidale, revêtu d'une double enceinte, et fermant la vallée d'Aoste, oppose une barrière formidable sur la rive gauche de la Doria-Baltea, dont le cours est en cet endroit plus rapide, et le lit plus profond. Il fallait franchir cet obstacle, ou voir toute l'armée périr de faim; et cependant la garnison avait repoussé avec courage toutes les attaques dirigées par Berthier, Lannes et Watrin. A force de travaux on parvient à rendre praticable pour les piétons le haut rocher d'Albarédo, sur la gauche de cette gorge étroite; des escaliers y sont taillés dans le roc; des murailles en pierres sèches y sont construites pour garantir les soldats de chutes inévitables; des ponts sont jetés là où de trop larges crevasses interceptent le passage. En deux jours cette route est achevée; les fantassins peuvent se glisser un à un le long de l'Albarédo, et les chevaux mêmes gravissent et redescendent cette rampe étroite et périlleuse. Mais l'artillerie s'encombrait, et il était impossible de rien tenter sans elle au-delà de Bard. Une nouvelle attaque du fort ayant encore échoué, Marmont entreprend de faire franchir ce défilé aux pièces et aux caissons. Il fait joncher de fumier la rue longue et étroite de la ville; il enveloppe toutes les roues de paille et de foin; cinquante hommes dévoués s'attellent à chaque pièce, et la traînent à la prolonge, dans le plus grand silence, pendant la nuit, et passent ainsi toute l'artillerie sous le feu du fort et le long de ses remparts escarpés. La vigilance de la garnison augmentait le danger : elle éclairait sans cesse la route, en y lançant des obus, des grenades et des pots-à-feu; elle tirait continuellement sur tous les points de passage. Beaucoup de braves furent victimes de leur dévouement, mais aucune blessure ne fit rompre le silence recommandé et si nécessaire dans une semblable expédition. Tous les devoirs exigés par la patrie furent remplis, et ses défenseurs surent combattre, souffrir, se taire et mourir.

La citadelle d'Ivrée est escaladée, les portes de la ville sont enfoncées à coups de hache et de canon; les Autrichiens ne peuvent résister ni sur les bords de la Chiussella, où leur artillerie est tournée et enlevée par le brave Macon qui s'est précipité dans le torrent à la tête de la 6e demi-brigade, ni sur les hauteurs de Romano. Enfin le premier Consul, dont le sommeil venait d'être respecté par toute l'armée sur le sommet de l'Albarédo, passe en revue l'avant-garde à Chivas, sur les bords de l'Eridan qui allait encore une fois se voir dompter par une armée française. Ce fut là que Bonaparte mit en usage un nouveau moyen de récompenser la constance et la valeur. La 28e demi-brigade que commandait l'intrépide Roger Walhubert, de la ville d'Avranches, se

BATAILLE DE MARENGO.
Bonaparte. — 14 Juin 1800.

battait depuis deux ans sur la cime des Alpes, privée de tout, de capottes, et même de chaussures ; sa solde était arriérée de huit mois ; aucun murmure n'était sorti de la bouche de tant de braves, et les glaces n'avaient jamais refroidi leur zèle et leur activité. Il fallait reconnaître un si grand dévouement. Le Consul s'empresse de les féliciter, et de leur annoncer qu'*à la première affaire la 28e marcherait à la tête de l'avant-garde;* et la 28e accueille avec des transports de joie ce prix signalé de tous ses sacrifices ! Nous verrons le chef de ce corps immortel payer de tout son sang, en 1805, les trophées d'Austerlitz.

La victoire de Montebello préluda, le 9 juin, à une victoire plus sanglante, plus mémorable encore et plus décisive.

BATAILLE DE MARENGO,

14 juin 1800 (Bonaparte).

Le général Mélas, voyant sa ligne de communication coupée, et jugeant l'armée française désormais trop près pour lui permettre de traverser le Pô ou de gagner Gênes, dont la route d'ailleurs était interceptée par Masséna, qui déjà occupait Acqui, prit la généreuse résolution de tenter le sort d'une bataille générale, et de se frayer ainsi la route de Plaisance.

La jonction de toutes ses forces s'était faite, le 24 prairial, à Alexandrie. Pendant la nuit du 24 au 25, il fit toutes ses dispositions, et passa la Bormida sur trois ponts. Son armée était forte de quarante-cinq mille hommes environ, dont dix mille hommes de cavalerie ; le général Zagh la commandait sous ses ordres. Une nombreuse artillerie légère précédait la première ligne. La seconde ligne, commandée par le général Mélas en personne, était formée de l'élite de l'armée ; elle avait ordre de faire feu sur tous ceux de la première ligne qui feraient un pas rétrograde.

L'armée française, bien inférieure en nombre, n'était que de vingt-huit mille hommes d'infanterie, et de trois mille sept cents de cavalerie, en comptant toutes les troupes qui ont combattu dans cette journée ; mais au commencement de l'affaire ses forces ne furent que de quinze mille combattans. Le plus ardent désir d'en venir aux mains animait toutes ces troupes. L'intrépide et austère Dumoustier, qui s'est montré dans la suite aussi grand citoyen qu'habile général, venait d'écrire de Milan à son ami l'adjudant-général Auguste Jubé, et au nom de tous ses camarades de l'ancienne garde du Directoire, alors garde des Consuls : « Quelle joie ! mon cher commandant, on « nous promet qu'à la première bataille nous donnerons *en trouée*. Quel

« plaisir de prouver que nous sommes grenadiers français! » De pareils sentimens étaient unanimes.

La division Gardanne, et la division Chambarlhach, composée des brigades des généraux Rivaud-la-Raffinière et Herbin, et sous le commandement du général Victor, étaient placées dès la veille en avant de Marengo. Le corps du général Lannes, composé de la brigade Mainony et de la division Watrin, formée des brigades Malher et Gency, était en avant de Saint-Juliano. La cavalerie, aux ordres du lieutenant-général Murat, et composée des brigades des généraux Kellermann, Champeaux et Rivaud, était sur les ailes et dans les intervalles. C'est dans cet ordre que la bataille s'est donnée.

L'ennemi, en débouchant dans la vaste plaine d'Alexandrie, se forma en trois colonnes : celle de droite remonta la Bormida, celle du centre se dirigea sur Marengo, et celle de gauche sur Castel-Ceriolo.

A huit heures du matin, les deux premières colonnes attaquent la division Gardanne par un feu d'artillerie auquel la sienne répond avec avantage ; la fusillade commence ensuite, et se continue quelque temps avec acharnement ; mais le général Gardanne, pressé par un ennemi bien supérieur, cède ce premier champ de bataille en ordre d'échelons, et vient former une ligne oblique pour défendre Marengo contre la colonne ennemie qui marchait pour s'en emparer. Ce mouvement mit la division Chambarlhach en action, et la brigade aux ordres du général Rivaud se trouva en opposition avec la colonne qui venait de combattre la division Gardanne.

Le village de Marengo, formant dans la plaine un angle très-aigu, offrait à l'ennemi l'avantage de découvrir toute l'armée française sans en être aperçu, et de déboucher à volonté par les trois belles routes qui se réunissent sur ce point : aussi cherchait-il tous les moyens de s'en emparer. Le général Rivaud-la-Raffinière, dont le coup d'œil exercé jugea bientôt l'intention de l'ennemi, sentit l'importance de couvrir cette position, et manœuvra en conséquence. Il plaça le 1er bataillon de la 43e sur le front du village, et couvrit Spinetta avec le surplus de sa brigade, en mettant devant lui le ravin formé par le ruisseau qui passe à Marengo.

Cette position en rase campagne l'exposait au feu de l'artillerie ennemie ; et, n'ayant aucune pièce pour lui répondre, il eut bientôt une assez grande quantité d'hommes emportés. S'apercevant que l'ennemi dirigeait la majeure partie de ses forces sur Marengo, il envoie d'abord le 2e bataillon de la 43^e

BATAILLE DE MARENGO.

pour soutenir le 1ᵉʳ, et il y marche immédiatement à la tête du 3ᵉ bataillon de la même demi-brigade, et du 3ᵉ de la 96ᵉ. Aussitôt il est chargé par trois mille grenadiers qui avaient déjà repoussé quelques troupes françaises. Il les attaque par un feu de peloton bien nourri, et il les force à rétrograder. Il soutient une seconde charge, et veut s'avancer à son tour; mais il est arrêté par le ravin. Alors un feu terrible s'engage de part et d'autre à bout portant; ce feu, qui ne dure qu'un quart d'heure, détruit presque la moitié de la ligne du général Rivaud. Le carnage était horrible : tous ceux qui étaient à cheval furent tués ou blessés; les chefs des corps et les capitaines furent tous atteints. Les ordonnances du général Rivaud sont tués; son aide-de-camp a la cuisse traversée d'une balle; lui-même est blessé grièvement à la hanche par un biscaïen; mais rien ne peut l'ébranler, ni lui faire céder un pouce de terrain.

La division Gardanne soutenait alors le combat le plus sanglant, en avant de Castel-Ceriolo. L'intervalle n'était que de quelques toises; toutes les armes étaient en action; des charges d'infanterie et de cavalerie, soutenues par le feu le plus violent, se succèdent et se multiplient pendant deux heures; et déjà l'ennemi commençait à plier lorsqu'une partie de sa réserve marche à son secours. L'artillerie française, réduite à de si faibles proportions à cause de la rapidité des marches et de la difficulté des passages, s'était montrée digne d'elle-même. Le lieutenant d'artillerie légère Conrad a la jambe emportée par un boulet : on s'empresse autour de lui, mais déjà il s'est soulevé; et, observant froidement les manœuvres de sa batterie, il dit aux canonniers : « *Mes amis, laissez-moi, et pointez plus bas.* »

Le lieutenant-général Lannes, pour appuyer le mouvement des divisions Gardanne et Chambarlhach, venait de donner ordre à ses troupes de quitter leur position en avant de Saint-Juliano, et de marcher sur le point d'attaque. Aussitôt sa division vient se former dans la plaine entre Spinetta et Marengo; sa droite vers Castel-Ceriolo, et sa gauche un peu à la gauche de la route de Tortone à Alexandrie; les 28ᵉ et 40ᵉ de bataille en réserve sur la droite et à la hauteur de Spinetta.

Le général Victor remplace par les troupes fraîches de la division Chambarlhach celles de la division Gardanne qui avaient le plus souffert.

Il était environ deux heures après midi. Les divisions Boudet et Monnier, sous les ordres du lieutenant-général Desaix, avaient marché le 24 sur Seravalle, par Rivalta. Là, elles avaient reçu l'ordre de se porter, sans retard, à

Torri-Garofola; elles y avaient campé et arrivaient en cet instant sur le champ de bataille. La division Monnier est aussitôt dirigée sur Castel-Ceriolo, où elle se réunit aux divisions Gardanne, Chambarlhach et Watrin. Le feu s'engage de nouveau.

La 6ᵉ légère et la 22ᵉ de bataille de la division Watrin se déploient entre Marengo et Castel-Ceriolo, repoussant avec impétuosité un corps nombreux d'infanterie et de cavalerie qui faisait de rapides progrès, et le forcent à repasser le ruisseau entre Marengo et la Bormida, l'acculant ainsi dans les marais environnans. La division Monnier secondait énergiquement ce mouvement, au moyen de la 19ᵉ légère, qui, conduite par son chef de brigade Bourgeois, sous les ordres du général Carra-Saint-Cyr, s'était portée à la droite, et avait enlevé le village de Castel-Ceriolo, tandis que la 70ᵉ, commandée par son colonel Rouyer, et guidée par le général Schilt, avait marché par la gauche, et menaçait de prendre à revers le centre de l'ennemi. Les 6ᵉ et 22ᵉ, quoique écrasées par l'artillerie et la mousqueterie, se maintiennent long-temps dans leur position, et tuent ou blessent une grande quantité de monde. Mais le général Watrin, s'apercevant que l'ennemi déployait encore une forte colonne sur sa droite, y porta sur-le-champ un bataillon de la 22ᵉ pour secourir la 6ᵉ légère qui allait être tournée. Le général Lannes appuie habilement avec la réserve, en envoyant la 28ᵉ sur le même point, pendant que la 40ᵉ soutient avec vigueur plusieurs charges de cavalerie sur la grande route de Marengo, où elle combattait près de la brigade du général Rivaud-la-Raffinière. Celle-ci n'avait pas cessé de faire tête à l'ennemi, qui, désespéré de n'avoir pu l'entamer avec son infanterie, tenta une charge de cavalerie, et fut culbuté dans le ravin, avec une perte d'environ soixante hommes; mais de nouveaux renforts lui étant encore arrivés, les Français durent céder au nombre, et se replier. Alors le général Rivaud, malgré sa blessure, se porte au centre de ses bataillons, arrête les tambours qui fuyaient, contient ses troupes, les porte encore une fois en avant, et repousse à plus de trois cents pas les grenadiers autrichiens qui étaient enfin parvenus à forcer le ravin. Mais, épuisé par les douleurs que sa blessure lui causait, et regardant le combat comme tout-à-fait rétabli par son admirable fermeté, ce général se retira vers l'ambulance pour se faire panser. Le lieutenant-général Murat, à la tête de la cavalerie, se portait intrépidement sur tous les points. Tour-à-tour il couvrait l'infanterie française, fondait sur les colonnes ennemies,

BATAILLE DE MARENGO.

recevait le choc de la cavalerie autrichienne, ou se précipitait dans ses rangs.

A la suite du combat le plus opiniâtre, les divisions commandées par le général Victor, épuisées d'un tiers par les chocs nombreux qu'elles avaient dû exécuter ou supporter, en butte à un ennemi qui recevait sans cesse de nouveaux renforts, harassées par les fatigues de la journée et manquant presque généralement de cartouches, enfoncées d'ailleurs sur leur centre, se virent obligées de faire une marche rétrograde. Quelques fuyards mirent un moment de désordre dans les rangs, mais la fermeté des chefs en contint la masse; et le général Kellermann, à la tête de sa brigade, protégea la retraite avec son activité et son courage ordinaire. L'impulsion de retraite une fois donnée, dut être suivie par les autres corps qui allaient nécessairement être enveloppés, parce que l'ennemi, profitant de cette circonstance, poursuivait vigoureusement ses succès, et marchait avec la majorité de ses forces sur Saint-Juliano. Les troupes aux ordres du général Lannes occupaient le centre de la ligne de bataille, et n'avaient ni canons ni cavalerie pour les couvrir : cependant elles se retirèrent dans le plus grand ordre, marchant par échelons sous le feu d'artillerie le plus vif, et repoussant audacieusement les charges réitérées que lui faisait éprouver la nombreuse cavalerie de l'ennemi. Dès lors la division du général Monnier, qui se trouvait entièrement sur la droite, se vit enveloppée dans le village de Castel-Ceriolo et dans la plaine; mais elle résista sans se laisser entamer : et, après une heure de combats et d'efforts extraordinaires, elle parvient à se faire jour à travers la ligne autrichienne, et à opérer, sous la protection de la brigade aux ordres du général Champeaux, sa retraite sur Saint-Juliano, où la totalité de l'armée se réunissait.

Le sort de la bataille était encore douteux à six heures du soir. Tous les généraux, avides de dangers, parcouraient les rangs pour ranimer l'ardeur des soldats. Alexandre Berthier avait été atteint d'une balle au bras; deux de ses aides-de-camp, Laborde et Dutaillis, avaient eu leurs chevaux tués sous eux : les trois autres, Arrighi, Bruyère et Lejeune, avaient couru les plus grands dangers. Le premier Consul, auprès duquel un obus venait d'éclater, paraît accompagné de ses aides-de-camp Duroc, Lauriston, Lemarrois et Lefebvre; de Beauharnais, de Dumoustier, de Dubignon, de Bourdon, de Tourné; il confère quelques instans avec le général Desaix, rappelé à la hâte sur ce champ de bataille, et Bonaparte passe presque toute la ligne en revue. L'ordre d'une nouvelle attaque est donné par ce mot devenu si célèbre : « Soldats ! c'est avoir trop fait de pas en arrière; « souvenez-vous que mon habitude est de coucher sur le champ de « bataille. »

Le général Desaix se place au centre, sur la grande route entre Saint-Juliano et Cassina-Grossa, avec la division Boudet; la 9ᵉ légère, que commande Labassée, occupant la gauche de la route, sous les ordres du général Musnier; la 30ᵉ, commandée par Lajeunesse, et la 59ᵉ par Bourdois, sous la direction du général Guesneau, sont portées sur la droite : il avait sur son front une pièce de 12, quatre de 8, et deux obusiers. Les grenadiers à pied de la garde des consuls, conduits par le chef de bataillon Soulès, sont à droite, entre ces corps et les troupes aux ordres du général Lannes. La division Gardanne occupe la gauche de la division Boudet, et s'appuie à la droite du général Kellermann. La division Monnier, un peu en arrière de la division Boudet, est prête à se porter partout où les événemens nécessiteront sa présence; et la division Chambarlhach, avec le surplus de la cavalerie, forme la réserve.

L'ennemi, croyant la victoire assurée, s'avançait avec rapidité, et déjà il avait atteint la hauteur de Cassina-Grossa.

Desaix marche à sa rencontre au pas de charge. La présence de ce héros avait réchauffé les courages, et chacun brûlait d'impatience de suivre son généreux exemple. L'ennemi s'arrête, et la fusillade s'engage à la petite portée du pistolet. La valeur, l'audace, la persévérance, toutes les vertus guerrières se font également admirer dans les deux armées. Une partie de la division Watrin marche par la gauche, et court appuyer ce premier mouvement, laissant la 40ᵉ en ligne.

Le général Monnier, s'apercevant que la droite se trouvait dégarnie par la manœuvre du général Watrin, et qu'elle était déjà dépassée par plus de deux mille chevaux appuyés par une artillerie formidable, s'avance à la tête de la majeure partie de sa division et de la 40ᵉ. Les grenadiers de la garde consulaire s'ébranlent en même temps, se réunissent à lui, et tous ensemble ils se présentent à l'ennemi. Ce fut là qu'il s'engagea une charge terrible, et telle que cette journée mémorable n'en avait point encore vu d'aussi meurtrière. Les demi-brigades semblaient disputer l'honneur du danger aux in-

BATAILLE DE MARENGO.

trépides grenadiers. La mort volait dans tous les rangs et frappait de tous les côtés : elle moissonna plus d'un tiers de ces braves, sans que leur masse en fût ébranlée. Ce fut alors que les grenadiers de la garde acquirent le nom, qu'ils ont justifié si bien pendant quinze ans, de *redoute de granit*. Dans cette même occasion la division Monnier ayant perdu son artillerie, l'adjudant-général Delaage s'élança sur Castel-Ceriolo avec un détachement de la 40ᵉ éparpillé en tirailleurs, et s'empara des pièces qui foudroyaient les Français. Nous retrouverons ce brave si aimé de Hoche, si estimé dans la Vendée, quand nous parlerons des guerres d'Allemagne, de Pologne et de Russie. Il avait été l'un de ceux qui, à Verdun, revendiquèrent le corps de Beaurepaire.

Cependant l'héroïque résistance de Monnier avait contenu la gauche de l'ennemi et préparé la victoire. Au centre, le combat se continuait avec un acharnement sans exemple, et paraissait se ranimer à tout instant avec une nouvelle ardeur. La division Gardanne et deux bataillons de la 72ᵉ se réunissent aux divisions Boudet et Watrin; les deux armées se rapprochent encore, se serrent et s'attaquent à la baïonnette. La cavalerie autrichienne se précipite dans les rangs de l'infanterie française qui se mesure avec elle corps à corps, et la force à reprendre ses premières positions.

Mélas tente un dernier effort : il porte en avant un corps d'élite de huit mille Hongrois, sur lequel il fondait tout son espoir, et qui devint la cause première de sa défaite. La 9ᵉ légère, contre laquelle ce corps se trouve particulièrement dirigé, marche à sa rencontre au pas de charge. Tant d'audace en impose à l'ennemi qui s'arrête et balance....... La victoire ne pouvait rester plus long-temps indécise, et le général Kellermann la décide par une charge aussi audacieuse que faite à propos. A la tête du 8ᵉ de dragons, des 2ᵉ, 20ᵉ et 21ᵉ de cavalerie, cet habile officier, prévenant, dit-on, l'ordre particulier qui allait lui parvenir, s'avance au grand trot, se déploie habilement, met sa troupe au galop, dépasse rapidement la colonne ennemie, et la charge impétueusement de revers, pendant que la 9ᵉ légère l'attaque de front. Vainement les Hongrois veulent fuir; le désordre dans lequel ils se trouvent ne leur en laisse ni le temps ni les moyens : la frayeur s'empare de ce corps d'élite, et le seul parti qui lui reste est de mettre bas les armes.

Un si brillant succès devint pour l'armée le signal d'un engagement général. L'ennemi est ébranlé de toutes parts; il veut disputer encore un terrain qui lui avait coûté tant de sacrifices, mais l'impétuosité française ne laisse pas à sa tactique méthodique le temps de se rallier : la déroute gagne simultanément toutes ses colonnes. Chassé du village de Marengo, poursuivi sans relâche, battu, culbuté partout, obligé de passer en désordre la Bormida, il abandonne une partie de son artillerie, et laisse le champ de bataille couvert de morts et de blessés. Une charge dernière, exécutée par le général Kellermann à la tête d'un parti de deux cents hommes réunis aux grenadiers à cheval de la garde des consuls, que commandait le colonel Bessières, mit fin au combat. Bessières, voyant un cavalier autrichien renversé, et sur le corps duquel les Français allaient passer, dit à la garde : « *Amis, ouvrez vos rangs, épargnons ce malheureux;* » et, malgré la vivacité de leur manœuvre, ces nobles grenadiers se montrèrent aussi généreux que leur chef. Les divisions Gardanne et Chambarlhach reprirent position sur le champ de bataille, en face de la tête de pont d'Alexandrie, à peu près sur le terrain qu'elles avaient occupé le matin.

Cependant ce triomphe éclatant devenait pour l'armée une source de regrets éternels, puisqu'il fut acheté au prix du sang du général Desaix. Le champ de l'honneur est devenu le tombeau de celui dont la vie tout entière fut consacrée à l'honneur. Il a péri au sein de la victoire, frappé d'une balle à la poitrine, au moment où il conduisait la division Boudet à la reprise du village de Marengo.

Ce Desaix, moderne Bayard, si brillant en Allemagne, si admirable en Egypte, si grand dans les fers de Keith, sera toujours, comme nous l'avons déjà déclaré, le vrai modèle de toutes les vertus du guerrier, et sur lequel chercheront à se former les généraux qui, en servant leur patrie, et en gravissant les sentiers escarpés de la gloire, auront le noble désir d'atteindre à la perfection. L'illustration d'un si grand nom n'a pas besoin de la phrase qu'on s'est étudié à lui faire prononcer; un seul mot a expiré sur ses lèvres, c'est celui de.... *mort!* La postérité admirera bien plus encore ses actions que ses paroles. Le corps de ce héros, inhumé dans l'église de l'hospice du Saint-Bernard, confié à la piété des cénobites, recouvert d'un mausolée du sculpteur Moitte, placé enfin au-dessus des orages qui agitent notre atmosphère, semble être lui-même un monument consacré à la gloire impérissable de sa patrie, et des armées du Rhin, d'Egypte et d'Italie.

BATAILLE DE MARENGO.

L'ennemi perdit six mille prisonniers, quatre mille blessés et deux mille tués, huit drapeaux, vingt bouches à feu et des munitions de guerre considérables. Il eut quatre cents officiers de tout grade hors de combat : les généraux Hardick et Bellegarde furent du nombre de ceux-ci; et le général Zagh, chef de l'état-major-général, et qui avait dirigé la fameuse colonne de grenadiers hongrois, fut fait prisonnier.

L'armée française, dans cette bataille qui dura treize heures, pendant lesquelles il fallut lutter sans cesse contre un ennemi bien supérieur, et pendant laquelle on peut dire qu'elle battit quatre fois en retraite, acheta la victoire par de grands sacrifices. Elle perdit environ six mille hommes, dont les trois quarts blessés ou prisonniers. Le général Champeaux mourut de ses blessures; Lucien Watrin, frère du général de ce nom, et qui venait de se distinguer à Montebello, fut emporté d'un coup de canon en chargeant avec la 22e demi-brigade.

Nous avons nommé les généraux qui combattirent dans cette journée mémorable. Parmi eux, Mainony, Malher et Rivaud furent blessés; Boudet et Gesnaux reçurent chacun une balle qui s'amortit sur l'argent qu'ils portaient dans leur poche. Il serait impossible de citer tous ceux qui se distinguèrent dans une affaire où tous les corps prirent part, où tous les individus combattirent avec une si grande valeur, et après laquelle plus de cent armes d'honneur furent distribuées. Les adjudans-généraux Pamphile-Lacroix et Dampierre, Pannetier et Stabenrath, Delort et Noguès, Girard et Delaage, Isoard, qui fut blessé, et Dalton, méritèrent une mention particulière, ainsi que les chefs de brigade Walhubert, de la 28e, grièvement blessé; Bisson, Saundeur et Lepreux, de la 43e, de la 44e et de la 96e; Macon et Ferey, de la 6e et de la 24e légère; Ywendorff et Gérard, du 2e et du 20e de cavalerie; Vialannes, du 1er de dragons; Defrance, du 12e de chasseurs, et Fournier, du 12e de hussards; Allix, chef d'escadron du 2e de cavalerie; Godin et Lebœuf, cavaliers au même régiment; Deblon, fils d'un ancien général et capitaine de chasseurs; Jolle, capitaine de grenadiers à la 59e, et Ouptil, conscrit à la 30e, eurent la gloire d'enlever chacun un drapeau à l'ennemi; et François Riche, cavalier du 2e régiment, eut celle de faire prisonnier le général Zagh.

Le général Berthier, auquel le premier Consul avait laissé le titre et abandonné les détails de général en chef, se montra digne de sa réputation;

et le général Dupont, chef de l'état-major, à l'activité et aux talens duquel on avait dû la formation si prompte de cette armée, appela sur lui, par son courage et par son habileté, les regards et la confiance du nouveau chef du gouvernement. Dupont se loua du zèle de son premier aide-de-camp Deconchy qui combattit toujours à ses côtés, et du colonel de hussards Rigau, commandant du quartier-général, qui eut deux chevaux tués sous lui pendant la bataille. Rien n'a manqué à cette glorieuse journée pour en perpétuer le souvenir : et le capitaine du génie Lejeune, aide-de-camp d'Alexandre Berthier, et acteur de ce grand drame, en a retracé sur la toile les principales circonstances. C'est le même général dont le pinceau a reproduit les victoires de Lodi, de Mont-Thabor, d'Aboukir, et ces scènes terribles de la guerre d'Espagne, ouvrages si remarquables où le génie de l'artiste s'unit si noblement aux souvenirs du guerrier.

Nous avons indiqué les résultats de la victoire de Marengo : le plus désiré, la paix continentale, ne put être obtenu. Le ministère de la Grande-Bretagne, prodigue de son or et du sang des autres peuples, condamna les Allemands à livrer de nouveaux combats et à essuyer de nouveaux revers. Déjà Moreau avait su, par des manœuvres savantes, contraindre le général Kray à quitter son camp retranché d'Ulm; il avait franchi le Danube, remporté une victoire signalée, composée d'une longue suite de combats, et vengé dans les plaines d'Hochstedt l'honneur des armes françaises, compromis, en 1704, par la rivalité puérile et par l'impéritie des maréchaux de Tallard et de Marsin. Moreau fut secondé par les généraux Sainte-Suzanne et Gouvion-Saint-Cyr, et ensuite par Richepanse et Grenier; par Lecourbe et Ney, par Dessolles, Montrichard et Decaen, par Gudin et d'Hautpoult, et par tant d'officiers et de corps qui trouvaient leur récompense dans le triomphe de leur patrie. Dégrométri, adjudant-sous-officier à la 94e, avait traversé le Danube avec quatre-vingts nageurs, en présence et malgré le feu de l'ennemi auquel ils enlevèrent même ses canons. La 10e légère, les 37e, 46e, 57e et 84e de ligne, se couvrirent de gloire, ainsi que la cavalerie des 6e, 9e et 13e régimens, des 6e et 11e de chasseurs, et des 4e et 9e de hussards. Les places semblaient être des prix de course : la division du brave Decaen traverse Augsbourg, Wertingen, Deschau, franchit quarante lieues en trois jours, bat trois fois le général Meerfeld, et entre dans Munich, que l'électeur à peine a le temps d'abandonner.

Les opérations du général Lecourbe dans le Woralberg et chez les Grisons, après ses combats de Neubourg et d'Oterhausen, multiplient les savantes leçons que les militaires sont toujours assurés de trouver, pour la guerre de montagnes, dans l'activité, les ruses, la bravoure brillante de cet illustre guerrier, citoyen dévoué, ami fidèle, et dont la gloire et les vertus puisèrent un nouvel éclat dans une disgrace momentanée. Ce fut dans cette campagne qu'un héros modeste, le vieux capitaine de *la colonne infernale, le premier grenadier de France*, Théophile-Malo-Corret-Kerbaufret de Latour-d'Auvergne, fut atteint de la lance d'un hulan, et fut enseveli dans un linceul de feuilles de chêne et de laurier sur le champ de bataille d'Oberhausen ou de Neubourg, le visage tourné vers l'ennemi. Personne ne rechercha moins les honneurs, et personne n'en reçut de plus signalés, soit pendant sa vie, soit après sa mort. Inséparable de la première

OPÉRATIONS MILITAIRES EN EUROPE.

compagnie des grenadiers de la 46e, qui avait alors pour capitaine Cambronne, cette autre propriété inaliénable de la gloire française, le cœur qu'avait percé le fer d'un étranger fut confié au plus ancien grenadier de la compagnie, dans une boîte de vermeil; et, comme le nom de Latour-d'Auvergne resta inscrit à la tête des contrôles, le dépositaire de cette précieuse relique répondait : *Présent*, à chaque appel des grenadiers, lorsqu'on nommait leur guide, leur modèle et leur ami. Ils le voyaient toujours présider à leurs combats, partager leurs travaux et leurs privations, et prolonger ainsi, sous leurs drapeaux, la noble association qu'il avait contractée avec les braves. De leur propre mouvement, ils avaient proclamé *le plus brave des braves* ce guerrier intrépide, qui était en même temps l'un des philosophes les plus érudits de l'Europe. Comme sa grande âme était élevée au-dessus des préjugés qui tiennent encore tant d'esprits enchaînés, Latour-d'Auvergne-Corret repoussa toujours une opinion qui s'obstinait à rattacher son origine à une faiblesse du grand Turenne; et, pour qu'on fût éclairé à cet égard, il publia une déclaration remarquable dans le *Moniteur* du 23 germinal an V. Cet acte de philosophie et de franchise ne peut qu'ajouter à la gloire de ce Français, de ce soldat dont s'honorera éternellement le département du Finistère, si fécond en hommes illustres, en héros et en grands citoyens.

Tant de combats amenèrent l'armistice de Parsdorff le 15 juillet, et même la signature des préliminaires de la paix à Paris, le 28 du même mois, par le comte de Saint-Julien, que le cabinet de Londres fit aussitôt démentir par l'empereur d'Allemagne, disgracier et même enfermer. L'Angleterre faisait espérer, dit-on, à ce prince qu'il trouverait, dans des insurrections partielles en Piémont, en Toscane, dans le Tirol, des chances que le sort des armes n'avait pu lui procurer. Mais ces soulèvemens, le général Soult les apaise par sa valeur et sa prudence, dans les basses vallées d'Aoste et à Turin; et le général Dupont les déjoue en occupant la Toscane. Le roi de Naples croit le moment favorable pour réunir ce qu'il appelle son armée aux insurgés du grand-duché : son général est mis en fuite; et Murat accourt pour refouler les Napolitains, délivrer Rome de leur présence, et menacer Naples même, bientôt sauvée par l'intervention de l'empereur Paul Ier, que la reine de Naples va implorer à Pétersbourg.

Avant de rendre Malte, le général Vaubois, que le Directoire exécutif avait désiré remplacer par le général Dessolles, et ensuite par le général Cambray, épuise toutes les ressources que peut fournir le courage : la famine devient l'auxiliaire des ennemis. Le siége de Peschiera, où le général Chasseloup surmonte toutes les difficultés multipliées par l'art et par la nature, et où la mémoire de Catulle préserve Sermione des horreurs de la guerre, comme autrefois la mémoire de Pindare avait préservé Thèbes de la destruction, forme un épisode d'un grand intérêt, et concourt à prouver que partout où ces *Vandales* de Français ont porté leurs armes, ils se sont montrés les amis des muses et les protecteurs des beaux-arts.

DERNIÈRES OPÉRATIONS MILITAIRES EN EUROPE.

Nous nous bornerons à indiquer la marche d'Augereau en Allemagne, et de Brune en Italie; les combats d'Aschaffembourg, de Burg-Eberach, de Nuremberg, de Neukirchen, livrés par le premier; le passage du Mincio par le second; l'heureuse témérité du général Dupont à Pozzolo; la généreuse assistance du général Suchet, qui, sans ordre, vient trois fois au secours de son collègue, et consacre par un grand exemple, hélas! trop rarement suivi, le principe de cette éternelle solidarité que ne repousseront jamais les généraux vraiment dignes de guider les Français au combat, et de récolter avec eux les lauriers de la victoire.

Nous appellerons l'attention de nos lecteurs sur l'admirable campagne d'hiver de Moreau en Allemagne.

BATAILLE DE HOHENLINDEN,

3 décembre 1800 (Moreau).

C'était un spectacle curieux pour les hommes de guerre de voir un jeune prince qui, succédant à un général expérimenté, se croyait appelé à sauver la monarchie autrichienne et à délivrer la Germanie, ne viser à rien moins, au début de sa carrière, qu'à envelopper Moreau, Moreau illustré par tant de campagnes savantes, Moreau entouré de manœuvriers habiles qui le chérissaient : car il était fidèle alors à une patrie pour laquelle il fut si long-temps un objet de prédilection. Moreau, trop adroit pour ne pas seconder la présomption de l'archiduc Jean, employait tous ses soins à l'entretenir et à l'augmenter. Les manœuvres exécutées entre l'Inn et l'Iser, les cessions de terrain, les résistances simulées n'eurent pas d'autre but que de conduire l'ennemi, comme par la lisière, sur un sol bien étudié où il fut contraint de combattre, et où la supériorité numérique de sa cavalerie ne devait lui être d'aucune utilité. Le 3 décembre 1800, la célèbre bataille de Hohenlinden vint couronner ces profondes combinaisons, accroître la gloire des armes françaises, et nécessiter un nouvel armistice.

Nous venons de dire que Moreau était entouré de grands manœuvriers. Il leur était difficile de mieux prouver que dans les défilés de Hohenlinden, ou sur les bords de l'Iser, jusqu'à quel point ils possédaient la science de la guerre. Sainte-Suzanne a ordre d'accourir du Danube pour occuper Landshut, sur l'Iser. Il apprend qu'il a été prévenu par l'ennemi; il remonte aussitôt sur sa droite, et va occuper Fressing, suppléant ainsi aux nouvelles instructions qui ne lui parviennent que sur sa route. La mission de Richepanse est d'arriver à Matenbott, pour de là tomber sur les derrières de l'armée ennemie, lorsqu'elle se sera entièrement engagée dans les défilés. Une de ses brigades, celle du brave Drouet, est attaquée et coupée de la tête de la

LE TEMPLE DE LA GLOIRE.

BATAILLE DE HOHENLINDEN.
Moreau — 3 9bre 1800.

BATAILLE DE HOHENLINDEN.

colonne : Richepanse ordonne à Drouet de tenir ferme jusqu'à ce que la division Decaen, qui suit le même chemin, soit arrivée pour le dégager. Pour lui, pénétré de l'importance du poste où il doit devancer l'ennemi, il laisse ses camarades aux prises, se tranquillisant sur leur bravoure et sur la célérité du général Decaen, et il va s'emparer de Matenbott. Cette belle et subite détermination fut regardée comme la cause décisive de la victoire. La conviction était si grande à cet égard dans l'esprit de Richepanse, que, le moment étant venu de se lancer dans les défilés, il n'attendit point pour le faire des nouvelles de Drouet. Il se précipite avec une poignée de Français sur les derrières de l'ennemi : trois pièces sont dirigées contre eux, et les couvrent de mitraille; de nombreux tirailleurs les harcellent; enfin trois bataillons de grenadiers hongrois accourent en colonne serrée, et veulent disputer le passage. Dans ce moment décisif, Richepanse se tourne vers les braves qui le suivent; il s'écrie : « Grenadiers de la 48ᵉ! que dites-vous de « ces hommes-là? — Général, ils sont morts, répondent ces guerriers. » Croiser la baïonnette, s'enfoncer dans la colonne, trouver une nouvelle ardeur dans la courageuse résistance des Hongrois, les culbuter, et triompher ensuite de tous les corps qui se présentent, ce ne fut que l'affaire d'un moment. Ney alors, avec son impétuosité brillante, refoulait dans le même défilé les têtes de colonnes ennemies qui s'efforçaient en vain de déboucher. Drouet, dégagé par Decaen, et Decaen avec lui, étaient venus seconder Richepanse; et celui-ci fait sa jonction avec Ney, après avoir l'un et l'autre marché sur le ventre des Autrichiens. Nous ne faisons qu'indiquer un épisode de ce mémorable combat qui se prolongea pendant onze heures entières, et malgré la neige qui tombait à gros flocons. Dans cette grande journée, les généraux que nous venons de nommer, et leurs collègues Grenier, d'Hautpoult, Grouchy, Legrand, Espagne, Walther, Lecourbe, Collaud, Grandjean, Bonnet, Kniazewitz, Bastoul, Durutte, Debilly, ajoutèrent à leur célébrité. Walther fut traversé d'outre en outre par une balle. Le chef de brigade Lafond, le chef d'escadron Montholon, qui, ayant eu son cheval tué sous lui, continua de combattre à la tête de l'infanterie; l'adjudant-major Connil, qui, n'ayant que deux compagnies de la 14ᵉ, fit mettre bas les armes à neuf cents Autrichiens, se couvrirent de gloire à la bataille de Hohenlinden, pour laquelle trente armes d'honneur furent accordées. Moreau, dans son rapport, fit un éloge particulier des 46°, 48°, 57°, 108° de ligne, de la 14° légère, du 1ᵉʳ de chasseurs et du 4° de hussards. L'ennemi perdit onze mille prisonniers, dont trois cents officiers, quatre-vingts bouches à feu et deux cents caissons. Jamais, dans une même affaire, l'armée autrichienne ne s'était laissé enlever autant d'artillerie.

Cette grande victoire ne tarda pas à conduire Moreau à deux journées de Vienne. Il força l'empereur à consentir à traiter sans l'intervention de l'Angleterre : les négociations reprirent leur cours; et le traité de Lunéville, conclu le 9 février 1801, confirma à la France la réunion de la Belgique et des départemens situés sur la rive gauche du Rhin.

C'était un mois avant la bataille de Hohenlinden que nous aurions pu rechercher, sur le Splugen, les traces de Macdonald, de Lariboissière, de Verrières, de Baraguey-d'Hilliers, de Pully, de Veaux, de Matthieu Dumas, de Vandamme, de Rey, de Sorbier, de Morlot, de Dampierre, de Lecchi, de Rochambeau, et de tant d'autres braves! Nous avons admiré les Français au Simplon et au Saint-Bernard : notre étonnement, notre reconnaissance redoubleraient en voyant leur constance se soutenir, malgré la destruction des plus pénibles travaux, malgré des tourmentes sans cesse renaissantes, malgré un silence obligé qui les privait et du délassement que procure le son des instrumens militaires, et de la distraction que le soldat trouve dans les chants guerriers. Les détails de ce passage paraissent fabuleux, et ce n'est pas cependant la seule des expéditions des Français où le merveilleux s'allie avec la vérité. Macdonald s'emparait de la ville de Trente le 7 janvier, et s'arrête à la nouvelle de l'armistice conclu à Steyer par le général Moreau. Les 12°, 45°, 73°, 87°, 104° de ligne, la 1ʳᵉ et la 17° légère, le 10° régiment de dragons, le 12° de chasseurs et le 1ᵉʳ de hussards, les adjudans-généraux Lacroix, Stabeinrath et Martial Thomas, les colonels Coutard, Vedel, Barrière, Cavaignac; les chefs de bataillon Seron, Levêque, Bonnard et Lambert; les officiers Cardaillac, Séroffen, Founis, et le brave Philippe Ségur, si digne d'un nom cher aux muses, à la gloire et à la patrie; Ségur, historien rapide et animé de cette pénible campagne, méritèrent les éloges du général en chef, au courage, au sang-froid et à l'humanité duquel les soldats faisaient hommage de leurs succès et de leur illustration.

APERÇU RAPIDE
DES OPÉRATIONS MARITIMES.

Nous touchons au terme de cette seconde partie de notre ouvrage, et nous n'avons point encore parlé des événemens maritimes. Nos lecteurs nous ont vu répugner toujours à aborder cette matière, non pas qu'elle ne soit riche en traits particuliers de bravoure, mais parce que l'ignorance et la trahison paraissant s'être constamment concertées pour anéantir tout le fruit des plus beaux faits d'armes, un sentiment pénible, et que les convenances ne permettent pas encore d'expliquer, vient se mêler aux plus nobles souvenirs.

L'ancienne insubordination, si fatale de tout temps à nos plus grands hommes de mer, n'émigra point avec cette foule d'officiers intrépides et éclairés que leur éducation, dans les ports de France, semblait avoir formés bien plus pour combattre les rivaux éternels de la gloire et du bonheur de leur patrie, que pour en recevoir un asile trompeur et des secours humilians. Partout où il fallut combattre en bataille rangée, l'amiral eut à se reprocher quelque faute, ou à se plaindre de quelque subalterne. Partout où des bâtimens isolés eurent à se mesurer contre des vaisseaux ennemis, l'avantage demeura au pavillon français.

Contentons-nous donc de citer avec reconnaissance les noms de Latouche-Tréville, Villeneuve, Villaret-Joyeuse, Bruix, Brueys, Martin, Truguet, Decrès, Allemand, Ganteaume, Durand-Linois, Sercey, Dupetit-Thouars, Belliard, Blanquet-Ducheila, Pérée, les Casa-Bianca, Willaumez, Lacrosse, Renaudin, Richery, Motard, Richer, Jullien, Robin, Jacob, Lhermite, Emeriau, Bompar, Cosmao-Kerjulien, Dordelin, Waustabel, Troude, Saulnier, Lafitte, Pévrieux, Magendie, Saint-Hilaire, Lejoille, Bigot, Morandi, Renaud, Moncousu, Lalonde, Bouvet-de-Cressé, Bergeret, Cordier, Moultzon, Alibert, Lantonne, Audibert, Sennequier; des capitaines de corsaires Surcouf, Souville, Léveillé, Laffont, Michaud, le vieux Laxargue, et Vaudezande. Payons un tribut de larmes et d'admiration à ceux qui périrent dans le funeste combat naval d'Aboukir; à Brueys qui, couvert de blessures et atteint d'un boulet de canon au milieu du corps, veut expirer sur son banc de quart, tandis que Nelson, légèrement blessé à la tête, quitte le pont, et va dicter sa correspondance; à Casa-Bianca et à son fils, jeune héros de dix ans, et d'une famille où la bravoure est héréditaire, qui refuse de séparer son sort de celui d'un père expirant, et qui s'engloutit avec lui et avec mille victimes de l'épouvantable explosion qui dévore le vaisseau amiral. Donnons aussi des pleurs et des couronnes civiques à l'équipage immortel du *Vengeur* qui, près de couler bas, cloue son pavillon, lâche ses deux bordées, et s'abyme dans les flots, en mêlant au fracas de son artillerie les cris de *vive la France ! vive à jamais la liberté !*

FIN DU SECOND VOLUME.

TABLE
DES PRINCIPAUX ÉVÉNEMENS
CONTENUS DANS CE VOLUME.

	Pages
Introduction, ou aperçu de la révolution française	1
Landau, Thionville, Rodemack, Montmédi	49
Bataille de Valmy	61
Bombardement de Lille	68
Reprise de Verdun et de Longwy	70
Conquête de la Savoie et du comté de Nice	72
Prise de Spire, Mayence, Francfort, Kœnigstein et Limbourg	78
Première conquête de la Belgique	84
Bataille de Jemmapes	87
Prise de Mons et des autres places	92
Combat d'Anderlecht et prise de Bruxelles	94
Prise de Namur	95
Prise de Liége et d'Aix-la-Chapelle	98
Prise d'Anvers et de Ruremonde	100
Armée de la Moselle	102
Escadre française dans le port de Naples	105
Comté de Nice	109
Prise de Bréda, Klundert et Gertruidemberg	112
Combat de Tirlemont et bataille de Nerwinde	114
Reddition de Mayence	118
Bataille d'Hondscoote	123
Bataille de Watignies près Maubeuge	126
Belle défense du fort de Bitche	129
Combats de Bliscatel et de Kaiserslautern	130
Lignes de Weissembourg forcées, Landau délivré	133
Bataille de Fleurus	135

TABLE.

	Pages
Combats sur l'Ourthe à Sprémont, et près de la Roër à Aldenhoven.	140
Guerre contre l'Espagne.	145
Saint-Laurent de la Mouga, montagne de la Madelaine et de Carbouilhe	156
Suite de la conquête de la Hollande	165
Prise de Luxembourg.	169
Passage du Rhin à Dusseldorf.	172
Second combat d'Altenkirchen.	176
Passage du Rhin à Kehl.	179
Troisième combat d'Altenkirchen.	189
Bataille de Biberach et de Steinhausen.	193
Dernières opérations de l'armée de Rhin-et-Moselle.	195
Siége de Kehl.	197
Siége de la tête de pont d'Huningue.	200
Campagnes d'Italie.	202
Batailles de Montenotte et de Millésimo.	204
Batailles de Dego et de Mondovi.	211
Passage du Pô devant Plaisance.	218
Bataille de Lodi.	220
Passage du Mincio, Combats de Borghetto et de Peschiera	225
Victoire de Castiglione, et Bonaparte à Lonato.	230
Combats de Serravalle et de Roveredo.	235
Bataille de Saint-Georges.	240
Bataille d'Arcole.	243
Bataille de Rivoli.	251
Bataille de *la Favorite*, et combat de Saint-Georges sous Mantoue.	255
Capitulation de Mantoue.	259
Dernières opérations militaires en Italie.	261
Insurrection dans les états de Venise, Massacre des Français, Abolition du plus ancien des gouvernemens aristocratiques	270
Bataille de Neuwied.	273
Nouveau passage du Rhin et reprise du fort de Kehl.	277
Négociations, Divisions intestines, Mort de Hoche, Paix de Campo-Formio, Bonaparte se dispose à une nouvelle expédition	281
Les Anglais échouent devant Ostende.	289
Expédition d'Egypte.	290

TABLE.

	Pages
Départ de l'armée d'Orient pour la conquête de l'Egypte.	292
Prise de Malte.	293
Débarquement des Français en Egypte, Prise d'Alexandrie.	295
Bataille de Chebr-Khéis.	298
Bataille des Pyramides.	301
Bataille de Salahieh.	305
Expédition du général Desaix dans la Haute-Egypte.	306
Bataille de Sédiman.	307
Bataille de Samanhout.	310
Combat de Kénêh, combat de Thèbes.	313
Combat d'Abouma'anah.	314
Combats d'Esnèh, de Soùamah, de Bénoùth et de Coptos.	316
Expédition de Syrie, Travaux des savans, Première révolte du Caire.	324
Siége de Jaffa.	328
Bataille du Mont-Thabor.	334
Bataille d'Aboukir.	338
Départ de Bonaparte, Aperçu des événemens qui le rappelaient en Europe.	342
Guerre de Naples.	344
Révolution en Piémont.	349
Campagne de Brune en Hollande.	ibid.
Victoire de Zurich.	353
Dix-huit brumaire an VIII, Bonaparte consul.	356
Masséna à Gênes.	ibid.
Campagne de Marengo.	358
Passage du Saint-Bernard.	ibid.
Bataille de Marengo.	361
Dernières opérations militaires en Europe.	371
Bataille de Hohenlinden.	372
Aperçu rapide des opérations maritimes.	375

FIN DE LA TABLE.

DE L'IMPRIMERIE DE DOUBLET, RUE GÎT-LE-CŒUR, N° 7.

www.ingramcontent.com/pod-product-compliance
Lightning Source LLC
Chambersburg PA
CBHW071943220426
43662CB00009B/970